In the cemetary of my endless skin

Yet another grave
In the cemetary of my endless skin
I am tired of creating graves
Tired of walking upon them
Stumbling
In search of my own

schon wieder ein grab
im ewigen grabfeld meiner haut
will kein grab mehr graben
will nicht mehr auf ihnen laufen
stolpern
auf der suche nach den meinen

Adam Zameenzad

Adam Zameenzad (1937–2017), geboren in Pakistan, wuchs in Kenia auf, studierte Philosophie, Persisch und Literaturwissenschaft, arbeitete anschließend in Pakistan und begann dann sein Wanderleben: Skandinavien, Kanada, Amerika. Er lebte als freier Schriftsteller in Südengland. Sein Roman *Das 13. Haus* wurde bei Erscheinen mit dem begehrten David Higham Award ausgezeichnet. Das Honorar für *Mein Freund Matt und Hena die Hure* spendete er der Hungerhilfe Afrika. Sein bisher unveröffentlichtes Gedicht wurde übersetzt von Guntram Weber.

Diese Kampagne wird unterstützt von:

UNITED
racism
fascism
nationalism

VS

Sea-Watch.org

MISSION LIFELINE
SEARCH AND RESCUE

GEMEINSAM FÜR MENSCHENRECHTE UND DEMOKRATIE

GANGWAY E.V.
Straßensozialarbeit in Berlin

„BILDUNG-VEREINT" e.V.
GOTHA

hfr
Hessischer Flüchtlingsrat

4 STUDENTS REFUGEES

Haus_
für___
Poesie

KommPottPora Netzwerk

Respekt!
DIE STIFTUNG

AYNOUNA e.V.

Arbeitskreis Asyl Stuttgart

BELLEVUE
DI MONACO

Sea-Eye

BALLHAUS
NAUNYNSTRASSE

Deutscher Kulturrat

Internationale Liga für Menschenrechte
Im Geiste Carl von Ossietzkys

AKTIONCOURAGE

matteo
Kirche und Asyl

PNJ PRESSENETZWERK FÜR JUGENDTHEMEN

ALLE MENSCHEN
Freundeskreis *Garten der Menschenrechte* (GdM)

MISEREOR 60 JAHRE
IHR HILFSWERK

PETER HAMMER VERLAG

Afghanische Frauen in München e.V.

Stiftung Genshagen

PRO ASYL
DER EINZELFALL ZÄHLT.

GIRAF
IFFD

Go Volunteer

PEN
Zentrum Deutschland

SWANS
INITIATIVE

Novo
Argumente für den Fortschritt

DGVN
Landesverband Baden-Württemberg e.V.

EDITION SEE IGEL
KLASSISCHE MUSIK UND SPRACHE

GambiaNETZWERK

KLAK
VERLAG für gute Bücher
www.klak-verlag.de

HOKISA
HOMES FOR KIDS IN SOUTH AFRICA

pax christi
Internationale Katholische Friedensbewegung

DIALOG PERSPEKTIVEN
Religionen und Weltanschauungen im Gespräch

Stiftung Weltethos

MiGAZIN
MIGRATION IN GERMANY

IHA
INTEREUROPEAN HUMAN AID ASSOCIATION

Klett Kinderbuch

AK Asyl Flüchtlingsrat RLP e.V.

SOZDIA STIFTUNG BERLIN
Gemeinsam Leben Gestalten

space eye

.EINEWELTFORUM
Münsteraner Netzwerk für Entwicklungszusammenarbeit

RADIO CORAX 95.9

Bundesvereinigung Soziokultureller Zentren e.V.

Flüchtlingsrat Niedersachsen e.V.

caritas

FRIEDRICH-BÖDECKER-KREIS E.V. • BUNDESVERBAND
FBK

Die AnStifter
Eigensinn + Zivilcourage

Hilfe für Afrika e.V.

ZENTRUM ÜBERLEBEN

unser VETO BAYERN

Asyl im OBERLAND Weilheim

Bayerischer Flüchtlingsrat

WERKSTATT GRUPPE POLITIK

Afrika Kooperative e.V.
www.afrika-kooperative.de

graswurzel revolution

deDiwan
HÖRBUCHVERLAG

UNSERE ZUKUNFT. MIT DIR!

EIN PROJEKT DES
AVICENNA
STUDIENWERK

nr
netzwerk recherche

Münster - Stadt der Zuflucht

borderline-europe

Inhalt

Die fatale Politik der Festung Europa

Liste der registrierten Asylsuchenden, Geflüchteten und Migrant*innen, die aufgrund der restriktiven Politik der Festung Europas zu Tode kamen

UNITED for Intercultural Action

Seit 1993 beobachtet UNITED for Intercultural Action den Tod von Asylbewerbern, Flüchtlingen und Migranten, die ein besseres Leben in Europa suchen. Auf dem Weg zur Festung Europa, in Haft- oder Registrierungslagern, während der Abschiebung oder zurück im Herkunftsland sterben viele Geflüchtete und Migranten. Mit dieser „Liste der zu Tode gekommenen Geflüchteten" will UNITED aufmerksam machen auf die Rolle unserer Gesellschaften beim Schutz von Menschen, die vor Krieg, Verfolgung, Armut oder Naturkatastrophen fliehen, und die schwerwiegenden Mängel in unseren Asyl- und Einwanderungssystemen hervorheben, die die Menschenwürde immer wieder bedrohen. Bis zum 3. Januar 2019 sind mehr als 36.609 Todesfälle dokumentiert. Die genaue Zahl der Geflüchteten, die wegen der Festung Europa gestorben sind, bleibt unbekannt, geschätzt wird sie dreimal höher als die dokumentierte Zahl, viele Menschen werden nie gefunden. Jeder Tod ist einer zu viel. Wie viele Todesfälle müssen wir zählen, bevor sich diese fatale Politik ändert?

Festung Europa: Tod durch Politik

Europas Abschottungspolitik macht es fast unmöglich, legal nach Europa zu gelangen. Diese fatale Politik zwingt tausende von Menschen, auf illegale Wege in ein Land auszuweichen, in dem sie Sicherheit finden und ein ökonomisches Überleben möglich ist. So unterschiedlich die Gründe für diese Todesfälle auch sind, lassen sie sich letztlich alle zurückführen auf die Errichtung einer Festung Europa, die Politik der Abschottung und die kontinuierliche Verschärfung der Asylpolitik der EU. Die Entscheidungen werden auf höchster politischer Ebene getroffen: das Schengen-Abkommen, die Dublin-Verordnung und die EU-Grenzkontrollprogramme.

Wir sehen uns einem Wetteifern der europäischen Mitgliedstaaten um die härtere Asylpolitik gegenüber – flankiert von europäischen Initiativen zur Beschränkung der Einwanderung. Die Migrationspolitik der EU wird von Zielen und Vorgaben statt von Menschlichkeit bestimmt.

Trotz Bürgerkriegen, globalen, politischen und sozialen Unruhen schottet Europa sich ab und ignoriert die Ursachen der Migration. Flüchtlinge und Migrant*innen, die nach Europa fliehen, werden in der Öffentlichkeit als die Ursache für innereuropäische Probleme dargestellt. Sie werden als Sündenböcke missbraucht, was den Rassismus befördert und rechtspopulistischen Parteien einen Nährboden bereitet. Anstatt ein Problem zu sein, suchen Geflüchtete selbst nach einer Lösung für die schwerwiegenden Probleme, derentwegen sie aus ihren Ländern fliehen mussten. Die Geflüchteten sind nicht das Problem! Das eigentliche Problem ist ein allgemeiner Mangel an Visionen in Europa bezüglich Migration und ein Mangel an Unterstützung für eine friedliche Entwicklung in ihren Heimatländern.

Zu bedenken ist, dass all diese Todesfälle auf eine Politik zurückzuführen sind, die ein grundlegendes Menschenrecht kriminalisieren: die Freizügigkeit. Auch das Recht auszureisen und in das Herkunftsland zurückzukehren, das Recht auf Asyl und das Recht auf Familienzusammenführung werden verletzt. Diese Rechte sind in der Genfer Konvention von 1951 festgelegt und stellen nicht nur eine Reihe von Werten und Prinzipien dar, die die EU wahren sollte, sondern sind Grundlage von internationalem Recht, an das jeder Staat gebunden ist.

Grenzverwaltung und Externalisierung

Das europäische Abkommen mit der Bezeichnung „Dublin-Verordnung“ verpflichtet Asylsuchende, sich in dem Land zu registrieren, in dem sie zum ersten Mal in die EU einreisen. In der Realität ist dies der Süden Europas, Italien, Spanien und Griechenland. Diese drei Länder sind hoch verschuldet und versorgen die Geflüchteten minimal. Viele Geflüchtete sind nach der Einreise in die EU schutzlos, werden aber gezwungen, in dem Land zu bleiben, das für sie „verantwortlich“ ist. Das Dublin-Abkommen wurde zu einem Instrument der Grenzkontrollen, das es ermöglichte, Geflüchtete aus den wohlhabenderen nördlichen Ländern in ärmere Beitrittsländer abzuschieben. Die EU-Grenzländer ihrerseits drängen neu eingetroffene Geflüchtete in das Nicht-EU-Gebiet zurück. Und ihre Nicht-EU-Nachbarn werden finanziell unterstützt, um die Geflüchteten noch weiter von „unseren" Grenzen fernzuhalten. Diese Pushback-Maßnahmen müssen gestoppt und Verantwortung muss übernommen werden.

Europäische Politik

Seit Jahren versuchen europäische Regierungen, Grenzkontrollen und Militarisierungsmaßnahmen einzuführen. An den Außengrenzen Europas werden strengere Kontrollen durchgeführt. Das ultimative Ziel des „Grenzschutzes an den Außengrenzen" besteht darin, Opfer von Verfolgung, Bürgerkrieg und Zwangsmigration aufzuhalten, bevor sie Europa überhaupt erreichen. Zahlreiche Todesfälle sind eine direkte Folge der Befestigung der EU-Grenzen. Eine Schließung von Grenzen führt nur dazu, dass Geflüchtete versuchen, andere Wege zu finden, oft noch gefährlichere Wege. Egal, wie sehr Europa sich bemüht, es wird seine Tore nicht effektiv schließen können. Indem es die Politik der Abschottung verschärft, zwingt es die Schwächsten bloß in noch gefährlichere Situationen und erhöht die Zahl der Todesfälle.

Europäische Politiker*innen identifizieren „Menschenhändler" und „Menschenschmuggler" als die großen Bösewichte, doch die geschlossenen Grenzen und die verschärfte Asylpolitik drängen Menschen in die Illegalität und schaffen einen Bedarf an Vermittler*innen, die Migrant*innen beim Grenzübertritt unterstützen. Menschenhändler sind nicht der Grund für die Migration. Wenn sich so viele lieber das Leben nehmen, statt zu den Lebensbedingungen zurückzukehren, aus denen sie geflohen sind, wenn Migration nicht nur die schönere, sondern die einzige Option ist, besteht eindeutig die Notwendigkeit, dass die Regierungen ihre Entscheidungsprozesse überprüfen.

Die Reden von Rechtspopulist*innen gegen Einwanderung führen zu Fremdenfeindlichkeit, rassistischen Angriffen, Hassverbrechen und wachsenden populistischen politischen Bewegungen.

Haft

Geflüchtete, Asylbewerber*innen und „illegale" Migrant*innen, auch Kinder, werden oft inhaftiert. In ganz Europa gibt es Haftanstalten, in denen die Haft von einigen Wochen bis zu einem Jahr und sogar länger andauern kann. Inhaftierte Migrant*innen werden oft schlechter behandelt als Kriminelle. Rechtsbeistand wird oft verweigert und NGOs und humanitären Organisationen wird regelmäßig der Zutritt verweigert. Die Verwaltung der Haftanstalten erfolgt oft militärisch, und mangels Dolmetscher*innen und Sozialarbeiter*innen werden Konflikte und Missverständnisse durch den Einsatz von Gewalt gelöst.

Berichte über selbstzerstörerische Handlungen gibt es häufig: von Hungerstreiks, Augen- und Mundzunähen bis hin zu allen Arten von Selbsttötung, einschließlich der Selbstverbrennung. Flüchtlings- und Gefangenenlager sind, gemessen an den internationalen Übereinkommen zu Asyl, Menschenrechten und Präventivhaft, oft halblegal. Die Regierungen müssen aufhören, Migrant*innen (und ihre Kinder) wegen des „Verbrechens" des Reisens ohne Papiere zu inhaftieren.

Abschiebung

Das grundlegende Recht auf Bewegungsfreiheit gilt bislang nur für Menschen aus den reichen Staaten des Nordens und wenn Menschen aus dem globalen Süden es für sich in Anspruch nehmen, müssen sie oft genug mit Abschiebungen in ihre Herkunftsländer rechnen. Ob aufgrund des (Irr-)Glaubens, dass Konfliktländer jetzt sichere Orte seien, an die man zurückkehren kann, oder einfach nur, weil die Voraussetzungen für den Verbleib in der EU nicht erfüllt sind: Abschiebungen sind ein bequemer Weg, um Einwanderungsstatistiken zu verwalten. Unabhängig von der Korrektheit der Entscheidung der Behörden sind diese verpflichtet, Abschiebeverfahren so durchzuführen, dass Sicherheit, Wohlergehen und die Menschenwürde gewahrt bleiben. Bei diesen Abschiebungen werden allerdings von den Behörden, die die Abschiebung anordnen und ausführen, gesundheitliche Risiken oder die Gefahr der Verfolgung im Herkunftsland oft genug ignoriert. Mit dem Hinweis auf den unmittelbaren Rechtsbruch, z. B. bei der Trennung von Familien, oder die drohende Gefahr der Folter oder diskriminierenden Behandlung im Herkunftsstaat, wird versucht derartige Abschiebungen zu verhindern. Damit wird auch an die humanitäre und menschenrechtliche Verpflichtung und Verantwortung des abschiebenden Staates im konkreten Einzelfall appelliert.

Die Tatsache, dass Regierungen in ganz Europa regelmäßig Asyl ablehnen oder Abschiebungen anordnen, hat enorme Auswirkungen auf den psychischen und emotionalen Zustand der Antragsteller*innen. UNITED hat im Laufe der Jahre viele Fälle verzeichnet, in denen Zwangsrückführungen oder gescheiterte Asylanträge zum Tod geführt haben.

Verwenden Sie die Liste der Toten!

Eine aktualisierte Version der Liste wird jährlich unter www.UNITED-AgainstRefugeeDeaths.eu veröffentlicht und kann von Aktivist*innen, Forscher*innen, Journalist*innen und Künstler*innen genutzt werden, um durch eigene Arbeiten und Projekte mehr Bewusstsein dafür zu schaffen. Journalist*innen und Forscher*innen können die kompletten Anmerkungen für die Recherche unter listofdeaths@united-againstracism.org anfordern.

Bitte unterstützen Sie UNITED.

Spenden sind sehr willkommen, um die Liste regelmäßig aktualisieren zu können.

ING Bank NL
Kontoinhaber: UNITED
IBAN: NL28 INGB 0002343715
BIC/SWIFT-Code: INGBNL2A
Bankadresse: Postbus 1800, NL-1000 BV Amsterdam, Niederlande

Geringere Summen: Verwenden Sie die Schaltfläche Paypal auf der Website von UNITED.

UNITED für Intercultural Action – European network against nationalism, racism, fascism and in support of migrants and refugees
Campaign Fatal Policies of Fortress Europe
Postbus 413 • NL-1000 AK Amsterdam • Netherlands
phone +31-6-48808808
listofdeaths@unitedagainstracism.org
www.UnitedAgainstRefugeeDeaths.eu
www.UNITEDAgainstRacism.org
Twitter @UNITED__Network #AgainstRefugeeDeaths
Facebook UNITED Against Refugee Deaths

Namenlose: Gedanken zum Gedenken

Bernd Mesovic

> *„Schwerer ist es, das Gedächtnis der Namenlosen zu ehren*
> *als das der Berühmten,*
> *dem Gedächtnis der Namenlosen ist die*
> *historische Konstruktion geweiht."*

Diese Notiz von Walter Benjamin steht eingraviert auf einer Glasplatte am Ende eines Korridors aus Stahl, der über das Meer ragt. Die Glasplatte verschließt den Korridor, setzt der Bewegung ein Ende, lässt jedoch den Blick auf Meer und Bucht zu.

Der Gedenkort „Passagen", gestaltet von Dani Karavan, erinnert an den Philosophen Walter Benjamin, der sich im nahen Port Bou auf der Flucht vor der Gestapo das Leben nahm, als ihm die Tatsache eröffnet wurde, dass ihm die Einreise nach Spanien verweigert werde. Doch das 1994 eingeweihte Denkmal ist – wie alle große Kunst – viel mehr. Es ist eben jener Versuch, mit dem Gedanken Benjamins derer zu gedenken, die als nicht Berühmte im Mahlstrom der Geschichte untergegangen sind. Erst dieses Gedenken schafft die Geschichte. Nur was im Gedächtnis bewahrt wird, ist Geschichte, die mehr ist als eine Aneinanderreihung großer Namen und eine zumeist von Siegern geschriebene Ereignisgeschichte.

Wer den Gedenkort gesehen hat, besser gesagt: im Denkmal gewesen ist, wird sich mit dem Blick aufs Meer nicht des Eindrucks erwehren können, dass der chancenlose Blick ins weite Blau das Gedenken an die Hoffnungen vieler Flüchtlinge einschließt, die in der Geschichte den Weg übers Meer versucht haben, sich in seeuntüchtigen Booten oder mit Hilfe von HelferInnen an Land gerettet haben oder mit ihren Hoffnungen gescheitert und gestorben sind. Die oft provisorisch wirkenden Grabstätten auf den Inseln und Küsten des Mittelmeers, entlang der heutigen Fluchtrouten, sind ebenfalls Gedenkorte, oft auch der Namenlosen, deren Überreste nicht identifiziert wurden.

Menschen, die Angehörige verloren haben, finden es oft besonders schwierig, mit ihrer Trauer zu leben, wenn es keinen Ort des Gedenkens gibt, den man besuchen kann, weil die Toten verschollen sind. Denkmäler als Gedenkorte sind, wenn sie nicht in banaler Pflichterfüllung entstehen, Versuche, den Verlust begreifbar zu machen.

Auch Totenlisten, wie sie seit vielen Jahren geführt werden, sind ein Versuch, Namen und die Erwähnung der unbekannt gebliebenen Toten gegen das zu setzen, was man als politisch erwünschtes Vergessen bezeichnen muss. Viele hätten gerettet werden können, durch adäquate Seenotrettung, organisiert von denen, die eigentlich dafür verantwortlich sind, die Anrainerstaaten des Mittelmeeres; durch die Bereitschaft Europas, solches zu unterstützen und sich an der Aufnahme der Geretteten zu beteiligen; und, wenn man weiter ausgreifen will: durch den ernsthaften Versuch, Fluchtursachen in den Herkunftsregionen zu bekämpfen – und nicht diejenigen, die den Weg an die Küste und in die Boote nach oft unsäglichem Leiden geschafft haben.

Die Toten mahnen – auch eine solche Formulierung ist eine historische Konstruktion. Sie erinnern uns daran (genauer: Wir erinnern uns), dass dieses Europa, dass sich gern für die „Erfindung" der Menschenrechte feiern lässt, es fertiggebracht hat, über lange Zeit hinweg dem Sterben auf dem Meer ungerührt zuzusehen. Man mag es zynisch eine Kultur des Sterbenlassens nennen, die dann von eher halbherzigen Rettungsaktionen abgelöst wurde, bis es der Einsatz der freiwilligen nichtstaatlichen Seenotrettungsinitiativen war, der deutlich gemacht hat, was man tun kann, wenn man will. Europa hat es fertiggebracht, die Kernverpflichtung aller Schiffsbesatzungen, die Seenotrettung, zu zerreden, zu diskreditieren und Besatzungen, die ihre menschenrechtliche Pflicht tun, unter Verdacht zu stellen und zu kriminalisieren. Mit den aktuellen Versuchen, Rettungsschiffe an die Kette zu legen, gegen die NGOs zu ermitteln, Schiffe am Einlaufen in die nächsten sicheren Häfen zu hindern oder ihnen die seerechtliche Zulassung zu entziehen, ist eine neue Stufe erreicht, die weit mehr ist als unterlassene Hilfeleistung, nämlich die Verhinderung effektiver Rettung gegen die Vorschriften des internationalen Seerechts.

Es geschieht dieses alles nicht zum ersten Mal. Daran sei hier erinnert, ist es doch seltsam, dass weniger als 40 Jahre nach der Flucht der boat people aus Indochina sich offenbar kaum jemand an deren Schicksal erinnert fühlt. Im September 1978 begann die Flucht Hunderttausender über das südchinesische Meer in seeuntüchtigen Booten, bedroht von Piraten. Die meisten Zielstaaten versuchten zunächst, die Boote nicht anlanden zu lassen, machten zumeist die Aufnahme der ankommenden Flüchtlinge in Drittstaaten (Resettlement) zur Bedingung, sie vorläufig bleiben zu lassen. Handelsschiffe fuhren ob dieser Unklarheiten an sinkenden Schiffen vorbei, mussten sie doch befürchten, Gerettete nirgendwo an Land bringen zu können. Nach UNHCR-Schätzungen sollen auf hoher See in der Region binnen weniger Jahre zwischen 200.000 und 400.000 Menschen umgekommen sein. Bedingt durch die extrem schlechten Bedingungen in den Erstaufnahmestaaten dürften noch mehr Flüchtlinge nach der „Rettung“ gestorben sein.

Es war dies aber auch die Stunde der privat organisierten Seenotrettung durch zivilgesellschaftliche Initiativen, die sich in Deutschland etwa mit der Cap Anamur verbindet, die allein etwa 11.000 Menschenleben rettete. Da die Niederlage der USA im Vietnamkrieg als eine Episode des Kalten Krieges gesehen wurde, bestand eine relativ große Bereitschaft, Aufnahmeplätze zur Verfügung zu stellen. Allein zwanzig westliche Staaten nahmen mehr als 620.000 Indochinaflüchtlinge im Wege des Resettlements auf. Das Zusammenwirken mehrerer Faktoren brachte so eine Lösung für einen relativ großen Teil der Flüchtlinge, die heute angesichts der viel geringeren Größe der Fluchtbewegung über das Mittelmeer und gleichzeitig geringer Aufnahmebereitschaft in den EU-Mitgliedstaaten zu denken gibt.

Doch vergessen ist auch: Die Aufnahme der boat people war in Deutschland früh umstritten. Nicht nur hier begann eine Debatte darüber, ob ihre Aufnahme nicht gerade dazu motiviere, sich auf die gefährliche Reise über See zu begeben. Flüchtlingsaufnahme und Asyl erlebten 1980 eine erste Karriere als Problemthema in Bundestagswahlkämpfen. Wir erkennen das Muster: Fluchtmotive, die zunächst als unmittelbar nachvollziehbar galten, wurden hinterfragt, die Tätigkeit der Seenotretter in Frage gestellt. Man scheute sich nicht, angesichts der dramatischen Bilder von sinkenden Flüchtlingsbooten die Tragfähigkeit des eigenen Staatsschiffes metaphorisch in den Raum zu stellen: Das Boot ist voll.

Das Boot ist niemals voll gewesen, wie wir wissen. Die Indochinaflüchtlinge sind derart integriert, dass offenbar nicht einmal sie in der aktuellen Debatte zu hören sind, die Überlebenden eines Exodus, den viele namentlich Bekannte wie Namenlose nicht überlebt haben. Immerhin: Seit 2009 gibt es einen Gedenkstein der vietnamesischen Flüchtlinge in Deutschland in Hamburg, auf dem auch aller Flüchtlinge gedacht wird, „die auf dem Weg in die Freiheit ihr Leben gelassen haben". Und in Troisdorf steht eines der Flüchtlingsboote, aus dem Menschen durch die Cap Anamur gerettet worden sind.

Die Liste der Toten ist also auch eine Fortschreibung der ungeschriebenen Liste der Schiffbrüchigen aus den Katastrophen der Geschichte. Rettung ist die Aufgabe. Zu ihrem Gedächtnis.

Bernd Mesovic ist Leiter der Abteilung Rechtspolitik bei PRO ASYL. Er ist verantwortlich für die Pressearbeit von PRO ASYL und befasst sich mit der Analyse asylrechtlicher Praxis sowie der Situation in den Herkunftsländern.

Die Todsünden Europas

Flüchtlingspolitik mit Todesfolge

Heribert Prantl

Der Leiche von Aamir Ageeb ging es gut. Sie stand unter der Obhut der Staatsanwaltschaft und fand Betreuung nach den Richtlinien für das Straf- und Bußgeldverfahren. Die Gerichtsmedizin in München inspizierte und obduzierte den Leichnam. Die Rechtsmedizin in Frankfurt wiederholte die Totenschau, „um ja nichts zu versäumen", wie der Sprecher der dortigen Staatsanwaltschaft sagte. Das Bundeskriminalamt ermittelte.

So viel juristische Sorgfalt war dem Aamir Ageeb vor seinem Tod auf dem Abschiebeflug in den Sudan nicht widerfahren. Wenigstens sein Leichnam also durfte nun erleben, wie gewissenhaft deutsche Behörden arbeiten können. Jetzt wurden Sachverständige gehört, Zeugen vernommen, Gutachten eingeholt. Immerhin das Todesermittlungsverfahren und das Ermittlungsverfahren gegen drei Grenzschutzbeamte liefen also nach jenen rechtsstaatlichen Regeln, von denen sich das Asylrecht am 1. Juli 1993 verabschiedet hatte. Dieses Asylrecht interessiert sich seitdem kaum dafür, welches Verfolgungsschicksal ein Flüchtling hat, es beschäftigt sich stattdessen mit der Fluchtroute, weil die Modalitäten der Abschiebung davon abhängen.

Aamir Ageeb, geboren am 3. August 1968 in Khartoum, abgewiesener Asylbewerber, seit drei Jahren verheiratet mit einer Deutschen, von ihr zuletzt getrennt lebend und daher ausgewiesen, starb im Mai 1999 nach dem Start des Flugzeugs in Frankfurt. Er starb extrem gefesselt und gebunden und, weil man so seinen Widerstand brechen wollte, mit einem Motorradhelm auf dem Kopf, den Grenzschützer beim Start durch „Nach-unten-Drücken fixiert" hatten. Aamir Ageeb erstickte. Die Wissenschaft spricht vom *Positional Asphyxia-Phänomen*, das bei Festnahmen mit hoher Gewaltanwendung und anschließender Fixierung häufig beobachtet wurde.

Die drei Grenzschutzbeamten, die den Flüchtling gefesselt hatten, wurden wegen Körperverletzung mit Todesfolge verurteilt und zu Schadenersatzzahlungen an die Familie von Aamir Ageeb. Der Vorsitzende der Strafkammer verglich die Zustände in der Abschiebehaft mit den Zuständen im irakischen Abu-Ghraib-Gefängnis.

Es gab nun zwei Möglichkeiten, um aus dieser Straftat und ihrer Verfolgung eine Konsequenz zu ziehen. Erstens: künftig nicht nur der Leiche eines Flüchtlings Fürsorge angedeihen zu lassen, sondern dem lebenden Flüchtling. Zweitens: sich künftig nicht einmal mehr um die Leichen zu kümmern – und den Tod von Flüchtlingen billigend in Kauf zu nehmen. Die deutsche und die europäische Politik entschieden sich für das Zweite. Man könnte nun diesen Platz daher einfach damit füllen, dass man die Namen der namenlosen Flüchtlinge aufzählt, die jüngst im Mittelmeer ertrunken sind. Man könnte den Platz auch damit füllen, dass man die Namen der Orte nennt, an denen es Angriffe und Anschläge auf Flüchtlinge und deren Unterkünfte in Deutschland gab. Und wollte man die Hetzereien dokumentieren, die solche Angriffe vorbereitet haben – dann bräuchte man auch dafür ein ganzes Buch. In Deutschland gibt es eine immer giftigere flüchtlingsfeindliche Szene, zu deren Kommunikationsmitteln Unverschämtheiten gehören. Die Situation von heute gemahnt an die vor 26 Jahren, an 1992 also, an Hoyerswerda, Rostock-Lichtenhagen, Mölln und Solingen, als sich die Nachrichten anhörten wie ein Bericht vom Krieg des Mobs gegen Flüchtlinge.

Damals wurden in Hoyerswerda die Asylbewerber unter Gejohle aus der Stadt gekarrt. Der Terror gegen Ausländer müsse sein, sagte ein Bewohner dem TV-Reporter, „bis wir frei sind von dem Viehzeug". Die Gewalt begann mit Worten und endete mit dem Pogrom von Rostock, mit Mordbrennereien – und der Abschaffung des alten Asylgrundrechts. 2019 = 1992 plus Internet? Heute gibt es aber auch, trotz oder gerade wegen alledem, eine starke zivilgesellschaftliche Bewegung, die sich um Flüchtlinge kümmert. Pro Asyl und Co. haben mehr Mitglieder als die AfD.

Das Elend der Flüchtlinge, die über das Mittelmeer nach Europa fliehen wollen, ist zum Heulen. Zum Heulen ist auch die EU-Flüchtlingspolitik. Sie leidet an Bürokratismus, Heuchelei und Hinterfotzigkeit. Die EU hat den Landweg aus den Kriegsgebieten des Mittleren Ostens versperrt. Man zwingt Flüchtlinge so auf die nasse Fluchtroute übers Meer und vergießt dann, wenn sie dort ertrinken, Krokodilstränen. Wenn es bei der

Rettung des Euro so kläglich wenig Einsatz gegeben hätte wie bei der Rettung von Flüchtlingen: Es gäbe den Euro schon längst nicht mehr.

Die EU, Trägerin des Friedensnobelpreises, findet sich damit ab, dass sich einzelne Mitglieder dieser Union einer Flüchtlingspolitik mit Todesfolge rühmen. Und seit Jahren, seit Jahrzehnten gibt es auf EU-Konferenzen die ewig gleichen, tumben Vorschläge zur Flüchtlingspolitik: Bekämpfung der Schleuserbanden, besserer Schutz der EU-Außengrenzen, Rückführungspolitik. Die Abwehr von Flüchtlingen soll also perfektioniert werden. Europas Politiker waschen bei alledem ihre Hände in Unschuld – sie waschen ihre Hände in dem Wasser, in dem die Flüchtlinge ertrinken.

Was soll man machen?, sagen sie. Sollen die Leute halt nicht in die klapprigen Boote steigen! Sollen sie bleiben, wo sie sind! Sollen sie sich eben nicht in Gefahr begeben! Wer sich aufs Meer wagt, der kommt darin um! Was soll man machen? Die EU-Politik betreibt Sicherheitspolitik und betrachtet das Meer als Verbündeten. Das Meer ist das „Ex" der europäischen Grenzschutzagentur Frontex. Die EU sichert die Grenzen mit einem Netz von Radaranlagen und Satelliten, mit Hubschraubern und Schiffen, die die Flüchtlingsboote abdrängen.

Diese Politik gilt als erfolgreich, wenn möglichst wenige Flüchtlinge Europa erreichen. Frontex ist nicht zuständig für Flüchtlingshilfsaktionen, sondern nur für Flüchtlingsabwehraktionen. Die Europäische Union schützt sich vor Flüchtlingen wie vor Terroristen und behandelt sie so. Die massenhafte Zurückweisung der Flüchtlinge, die Schiffbruchstragödien vor der Insel Lampedusa – es sind dies die Todsünden der europäischen Politik.

Das Mittelmeer ist ein Massengrab für Menschen in Not. Sie waren Bootsflüchtlinge auf dem Weg nach Europa; sie sind verdurstet auf dem Wasser, sie sind ertrunken auf hoher See oder vor Lampedusa, sie sind erfroren in der Kälte der europäischen Flüchtlingspolitik. Die gezählten und die ungezählten Toten sind auch an ihrer Hoffnung gestorben. Diese Hoffnung bestand darin, die wirtschaftliche Not hinter sich zu lassen und in Europa Freiheit und ein besseres Leben zu finden.

Die europäischen Außengrenzen wurden so dichtgemacht, dass es dort für die Humanität kein Durchkommen mehr gibt. Europa schützt die Grenzen, aber nicht die Flüchtlinge. Der nasse Flüchtlingstod ist unheimliche Routine geworden. Er wird behandelt wie ein Schicksal, das man nicht ändern kann. Europa nimmt den Tod in dem Meer, das die Römer Mare Nostrum nannten, fatalistisch hin, weil man fürchtet, dass Hilfe mehr Flüchtlinge locken könnte. Hilfe gilt als Fluchtanreiz. Deshalb laufen keine Hilfsschiffe der Marine aus, um Flüchtlinge zu retten; deshalb gibt es keine europäischen Hilfs- und Aufnahmeprogramme; deshalb werden private Flüchtlingsrettungsschiffe politisch sabotiert und kriminalisiert. Der Tod der Flüchtlinge ist Teil einer Abschreckungsstrategie. Die europäische Demokratie ist eine große exklusive Veranstaltung, die den Reichtum drinnen und die Not draußen behalten möchte.

Indes: Man kann nicht darauf warten, bis irgendwann, hoffentlich, die Bekämpfung der Fluchtursachen einigermaßen gelingt. Flüchtlinge brauchen Hilfe – jetzt! „Gib frei, die du bedrückst, reiß jedes Joch weg! Bring dem Hungrigen dein Brot, und die im Elend ohne Obdach sind, führe ins Haus!“ So steht es beim Propheten Jesaja. Der Satz des Propheten hat keine Heimat in der europäischen Politik; nicht an Weihnachten und auch an keinem anderen Tag im Jahr. Es wäre gut, wenn sich das ändert.

Prof. Dr. Heribert Prantl ist ständiger Autor und Kolumnist der *Süddeutschen Zeitung*. Er war Mitglied der Chefredaktion und leitete das Ressort Meinung.

Das Meer

Helene Seipelt

Ich verbinde alles.
Ich berühre jeden Kontinent, die Erdkruste wie die Erdatmosphäre.
Ich strecke mich.
Es dauert lange, bis ich all meine Glieder lang gemacht habe.
Ich spüre, was ich immer spüre, wenn ich mich strecke.
Es zieht sich durch meine Arme und Beine.
Ich atme ruhig und die Luft über mir wird in
einem langsam pulsierenden Rhythmus von mir
weggedrückt und nähert sich mir wieder an.
Ich weiß, dass ich alles berühre,
die ganze Welt verbinde, aber es fühlt sich anders an.
Es fühlt sich nicht an, als wäre ich ein unbedeutender
Abstand zwischen zwei Ufern,
sondern als wäre ich das Einzige, was manche Länder verbindet.
Und ich halte uns alle mit ganzer Kraft zusammen.
Und manchmal, wenn es sich anfühlt,
als würde ein Land am liebsten auf einen anderen Planeten ziehen,
nur, um so weit wie möglich von einem
anderen Land entfernt zu sein,
muss ich besonders stark festhalten.
So viel ist zwischen den Ufern, die ich zusammenhalte,
aber Einiges verbindet sie auch.
Ich halte sie ganz doll fest,
denn wir gehören alle zusammen, auch,
wenn sie sich dagegen sträuben
oder versuchen, sich zu wehren.
Ich bin stärker.

Helene Seipelt ist 2001 geboren und Schülerin in Marburg.

Gottes Liebe ist global

Rettung ist eine christliche und humanitäre Pflicht!

Heinrich Bedford-Strohm

Seit Jahren wird fast an jedem Tag davon berichtet, dass Menschen unter Lebensgefahr auf der Flucht nach Europa sind, die oft mit dem Tod endet. Menschen fliehen aus Kriegsgebieten, vor Hunger, vor politischer und religiöser Verfolgung oder weil sie in ihrem Land keine Perspektive für sich und ihre Kinder sehen. Viele von ihnen sterben auf dem Mittelmeer, aber wir wissen vielfach weder ihre Namen noch ihre Geschichte, noch, wie sie gestorben sind. All das geschieht unbeobachtet, jenseits der medialen Berichterstattung.

Das Buch, das Sie in Ihren Händen halten, veröffentlicht die Liste der belegten Todesfälle sowie Namen von Geflüchteten, deren Identität wir kennen. Die Namen und die kurzen Porträtgeschichten Einzelner stehen stellvertretend für all jene Menschen, die fliehen mussten und die dabei ums Leben gekommen sind.

Auch wenn diese Liste der Namen nicht vollständig sein kann, so vertrauen wir als Christinnen und Christen darauf, dass Gott jeden Namen kennt, dass er um jedes Schicksal weiß und dass die Toten nun in seiner Gegenwart sicher und geborgen sind. Keiner ist bei ihm vergessen – Gott ist im Leben und im Tod bei jedem von uns, und wir haben die Hoffnung auf eine Herrlichkeit bei ihm, in der alle Tränen abgewischt sind. Sowohl das Alte als auch das Neue Testament sprechen davon, dass der Tod nicht das letzte Wort haben wird:

„Er wird den Tod verschlingen auf ewig. Und Gott der HERR wird die Tränen von allen Angesichtern abwischen und wird aufheben die Schmach seines Volks in allen Landen; denn der HERR hat's gesagt." (Jesaja 25,8)

„Und ich hörte eine große Stimme von dem Thron her, die sprach: Siehe da, die Hütte Gottes bei den Menschen! Und er wird bei ihnen wohnen, und sie werden seine Völker sein, und er selbst, Gott mit ihnen, wird ihr Gott sein;

und Gott wird abwischen alle Tränen von ihren Augen, und der Tod wird nicht mehr sein, noch Leid noch Geschrei noch Schmerz wird mehr sein; denn das Erste ist vergangen.“ (Offenbarung 21,3-4)

Als Christenmensch trägt mich die Hoffnung auf eine neue Welt ohne Leid. Aber diese Hoffnung gibt mir und vielen anderen Menschen auch Kraft für diese Welt. Es gilt sich zu engagieren und der tagtäglichen Tragödie auf dem Mittelmeer Einhalt zu gebieten. Denn die Geflüchteten sind Opfer einer Politik, die wir mitverantworten. Unser Verantwortungshorizont endet nicht an den deutschen oder europäischen Grenzen. Die Menschenrechte gelten überall. Und sie erfordern überall unseren Einsatz. Mitmenschlichkeit kennt keine Nationalität, sie kennt keine geographischen Grenzen. Daher fordere ich alle politisch Verantwortlichen in unserem Land und auf unserem Kontinent und uns alle auf: Schauen wir nicht länger zu, wie Menschen grausam auf dem Mittelmeer sterben, sondern handeln wir endlich und sprechen über Lösungen, wie Menschenleben gerettet und geschützt werden können.

Ich freue mich über das zivilgesellschaftliche Engagement, das es bereits gibt: Die Aktion Seebrücke hat bundesweit zehntausende Menschen mobilisiert. Die Seenotrettungsorganisationen lassen sich nicht unterkriegen und versuchen nach Kräften zu helfen. Seenotrettung ist eine christliche und humanitäre Pflicht!

Ich freue mich auch über alle, die in ihrem Umfeld den Dialog führen, damit wir in unserer pluralen Gesellschaft friedlich zusammenleben können. Dabei muss die Würde der Gesprächspartner wie auch der Geflüchteten, über die debattiert wird, unbedingt geachtet werden. Es braucht eine differenzierte und von gegenseitigem Respekt getragene Sprache, die Menschen immer als das sieht, was sie sind, nämlich Menschen.

Und als Christinnen und Christen können wir ergänzen: Sie sind Gottes geliebte Geschöpfe und seine kostbaren Ebenbilder. Und weil Gottes Liebe global ist, müssen Menschen, die bedroht sind, auch wirklich Schutz finden, unabhängig von ihrer Herkunft, ihrer Religion oder ihrer politischen Überzeugung. Die Rettung von Menschen in Lebensgefahr muss über alles andere gestellt werden. Ein Rechtsstaat, der seinen Namen verdient, muss hier klare Signale geben.

Ich hoffe, dass durch dieses Buch viele Leserinnen und Leser in ihrem Engagement für Menschen auf der Flucht bestärkt werden oder anfangen, sich für Geflüchtete einzusetzen, und ich hoffe, dass die Politik sich von dem Leiden dieser vielen tausend Menschen wachrütteln lässt und ihre Verantwortung wahrnimmt, Menschenleben zu schützen.

Heinrich Bedford-Strohm ist Landesbischof der Evangelisch-Lutherischen Kirche in Bayern und Vorsitzender des Rates der Evangelischen Kirche in Deutschland.

Es liegt an uns

Heike Martin

Am 3. Oktober 2013 sind über 360 Menschen im Mittelmeer vor Lampedusa ertrunken, sie waren auf der Flucht vor Terror und Gewalt. Diese Tragödie hat sich damals nach einer Zäsur angefühlt, etwas, das nie wieder passieren darf. Ich war wie so viele mit Vollzeitjob und Selbstverwirklichung beschäftigt, also habe ich gespendet. Damit war mein Gewissen auch erstmal beruhigt.

Doch die Zahl der Menschen, die auf der Flucht ihr Leben verlieren, steigt unaufhörlich – es geschieht auf dem Mittelmeer, in der Wüste oder bei dem Versuch, Grenzen zu überwinden. 2014 war mein Gewissen nicht mehr mit Spenden zu besänftigen. Ich bin damals an einem saukalten Septembertag in die Erstaufnahmeeinrichtung in München gefahren, um den Menschen zu helfen, die Deutschland erreichen. Ich habe aus meiner heilen, funktionierenden Welt einen ersten Fuß in eine andere gesetzt und es hat mich mit Wucht getroffen. Es war für mich erschütternd, mit eigenen Augen zu sehen, wie die Menschen in einer Erstaufnahmeeinrichtung – heute heißt das Ankerzentrum – leben müssen. In Mehrbettzimmern, die man nicht abschließen kann, stinkenden Gängen, ekligen sanitären Einrichtungen, kein Einfluss darauf, was und wann sie essen, und keine Schule für die Kinder. Die Erkenntnis, dass in unserem reichen Land etwas sehr schiefläuft, wenn Menschen so untergebracht, teilweise entwürdigend behandelt werden, und wie unfair dann ihr Asylverfahren läuft, hat im Laufe der Zeit mein Vertrauen in unseren Staat erschüttert.

Aber nochmal zurück: 2013 großes Entsetzen über die Tragödie von Lampedusa, dann bis Oktober 2014 Italiens Seenotrettung „Mare Nostrum", das restliche Europa schaut einfach weg. 2015 der vermeintliche „Sommer des Willkommens", die Solidarität in Deutschland schien groß zu sein. Aber das war ein Trugbild. Parallel wurden Asylrechtsverschärfungen in der Bundesrepublik umgesetzt, die den einstigen Gedanken des Menschenrechts auf Asyl pervertiert haben. 2016 gab es eine Reihe von Abscheulichkeiten: der dreckige Deal mit der Türkei, Aussetzung des

Familiennachzugs für subsidiär Geschützte, ein Abschiebeabkommen mit Afghanistan, ein Bundesamt für Migration und Flüchtlinge, das Menschen als Zahlen sieht – und die Aufzählung ist hier nicht zu Ende. 2017 wird eine rechtspopulistische und menschenfeindliche Partei in den Bundestag gewählt. Und heute, 2018, geht es längst nicht mehr darum, wie die geflüchteten Menschen untergebracht werden oder wie ihnen ein faires Asylverfahren ermöglicht wird; man diskutiert offen darüber, ob sie überhaupt überleben sollen. Menschen, die andere vor dem Ertrinken im Mittelmeer gerettet haben, werden jetzt vor Gericht gestellt und kein einziges Schiff der NGOs darf noch auslaufen, um Leben zu retten. Es scheint legal, Menschen sterben zu lassen, und illegal, sie zu retten.

Ich dachte früher wie so viele: Auch wenn nicht immer alles perfekt im Asylsystem und bei der Aufnahme Schutzsuchender läuft, der Rechtsstaat wird es schon richten. Ein Irrtum.

Von meiner anfänglichen praktischen Hilfe mit Tee ausschenken und Informationen verteilen bin ich schnell zur Verfahrensberatung gekommen. Die Schutzsuchenden geraten völlig unwissend in ein System, das sie erst verschluckt und dann im schlimmsten Fall per Abschiebung wieder ausspuckt. Der Staat fühlt sich nicht zuständig, ihnen zu erklären, welche Rechte sie haben, also tun es Ehrenamtliche, die dabei zu Asylrechtsexpert*innen werden müssen. Zum Beispiel in der Anhörung: Die Asylsuchenden wissen vorher meist nicht, dass sie hier ganz explizit erklären müssen, warum sie in der Heimat bedroht sind. Und schlimmer noch: Sie müssen grausam Erlebtes erzählen, und Unaussprechliches muss ausgesprochen werden vor völlig fremden Menschen, die nicht im Umgang mit Menschen geschult sind, schon gar nicht mit Traumatisierten.

Zu Beginn war ich überzeugt, wenn die Menschen nur ehrlich ihre Geschichte erzählen, bekommen sie ihren Schutzstatus und endlich ein Leben, und habe deshalb sehr vielen bei der Vorbereitung zu ihrer Anhörung geholfen und sie auch begleitet. Dann habe ich die ersten negativen Bescheide zu lesen bekommen. Menschen, die unter Tränen oder in einem fast apathischen Zustand von ihrer Folter oder Vergewaltigung erzählt haben oder sprachlos in der Anhörung ihr T-Shirt hochgerissen haben, um ihre Narben zu zeigen, bekamen zu lesen, dass sie abgelehnt wurden. Die Begründung besteht meist aus zusammenkopierten Textbausteinen. Ein Beispiel: Die Schilderung sei „unglaubwürdig, weil nicht lebendig und detailreich genug erzählt“ – es ging dabei um eine Vergewaltigung. Was geht in einem Behördenmitarbeiter vor, der einen so menschenverachtenden Bescheid ausfertigt? Ich kann es mir nicht vorstellen.

Die Mitarbeiter des BAMF, das Personal der Ausländerbehörden, die Polizisten, die abschieben, sie alle berufen sich gerne darauf, nur Anweisungen zu befolgen; aber niemand in diesem Land hat das Recht, „nur Anweisungen zu befolgen“. Wir alle, ob als Privatperson, im Auftrag einer Behörde oder des Staates, haben die Pflicht, selbst für unser Handeln Verantwortung zu übernehmen; daher kann und werde ich niemandem aus diesen Behörden verzeihen, was sie den Menschen antun und angetan haben.

Seit 2017 sind Rechtsextreme und Rassisten im Bundestag vertreten, wir haben einen Innenminister, der die rechten Kräfte schützt und sogar anstachelt, und eine Regierungs-Koalition, die dazu schweigt. Wir haben Hetzjagden auf Geflüchtete in Chemnitz erlebt, aber auch die #ausgehetzt-Demonstration im Juli 2018 in München. Ich habe diese Demonstration als Teil der Initiative „Gemeinsam für Menschenrechte und Demokratie“ mit organisiert. 50.000 Menschen sind an diesem Tag in München gegen die menschenverachtende Politik der Angst und Spaltung auf die Straße gegangen. Es ist eine neue Bewegung entstanden, bei der sich genau die Menschen gegen den Rechtsdrall solidarisiert haben, die durch Scheindebatten über Geflüchtete gegeneinander ausgespielt werden sollen: Flüchtlingshelfer, Menschen aus der queeren und feministischen Community oder die mit sozialen Problemen wie Wohnungsnot oder prekären Arbeitsverhältnissen kämpfen, dazu Vertreter von Bürger- und Menschenrechtsorganisationen, Gewerkschaften und viele aus dem kirchlichen Kontext. Und dabei ist es nicht geblieben: Unzählige haben in den Wochen danach in unzähligen Aktionen und Demonstrationen gegen nationalistische, diskriminierende und rassistische Politik protestiert. Und am 13. Oktober 2018 sind mehr als 240.000 Menschen in Berlin unter dem Motto #unteilbar für Solidarität und eine offene Gesellschaft durch die Straßen der Hauptstadt gezogen. Das lässt hoffen.

Menschenrechte sind unteilbar, egal woher wir kommen, an wen oder was wir glauben oder wen wir lieben. Wir dürfen nicht mehr stillschweigend erdulden, was Geflüchteten und anderen, die Hass und Hetze ausgesetzt sind, widerfährt. Wir müssen lauter werden, zusammenstehen, solidarisch sein und die unantastbare Würde eines jeden Menschen verteidigen. Es geht darum, wie wir als Gesellschaft zusammenleben wollen, und um Solidarität mit allen, die Diskriminierung ausgesetzt sind. Politik ist auch unsere Aufgabe.

Menschenrechte und Demokratie sind nicht selbstverständlich, nicht mal mit dem Privileg der Geburt in diesem Land, und vor allem nicht für die, die bei uns Schutz suchen. Wir müssen uns dafür einsetzen, jetzt und immer. Wir müssen zu jeder Zeit für unser Handeln und Nicht-Handeln geradestehen. Wir müssen Wege finden, um gehört zu werden, wir müssen uns beteiligen und zu Beteiligten machen. Rassismus und die Verletzung von Menschenrechten sind Angriffe auf jeden Einzelnen von uns. Wenn wir Menschen, die auf der Flucht vor Terror und Gewalt sind, nicht helfen, zerstören wir, was uns als menschliche, zivile und vielfältige Gesellschaft ausmacht – und damit uns selbst. Es liegt an uns.

Heike Martin schreibt im Namen der Initiative Gemeinsam für Menschenrechte und Demokratie, die die Demonstration *#ausgehetzt – Gemeinsam gegen die Politik der Angst* am 22. Juli 2018 in München organisiert hat, der sich 163 Organisationen anschlossen. Dem Aufruf, auf die Straße zu gehen, folgten zehntausende Menschen. Bei der Massendemonstration *#unteilbar – Für eine offene und freie Gesellschaft – Solidarität statt Ausgrenzung* am 13. Oktober 2018 in Berlin war die Initiative aus München einer der Hauptakteure.

Amman. Beirut. Istanbul. Ich.

Flucht in der Nussschale: Begegnungen im Jahr 2018

Mohammed Ibrahim

Mein Name ist Mohammed, ich bin Medizinstudent aus Hannover. Ich wurde gebeten, für dieses Buch zu schreiben, weil ich, der junge Mann mit dem gängigsten Namen der muslimischen Welt, mir oft die Frage stelle, was mich ausmacht, was für ein Mensch ich sein möchte.

Diese Frage treibt meine Arbeit für den gemeinnützigen Verein Aynouna an. Und sie ist verbunden mit meinen Beobachtungen und Beschreibungen von Flucht und Krieg. Im Zuge unserer Vereinsarbeit in Jordanien und durch die Begegnung mit Geflüchteten im Libanon, in der Türkei und in Deutschland bin ich einer Antwort auf meine Frage nähergekommen, zumindest ein Stückchen.

Auch dieses Buch kann dabei helfen, näher zu sich selbst zu kommen. Jedem, der das möchte, empfehle ich beim Lesen zu fragen: Wohin will ich? Und was soll mir wichtig sein? Was für ein Mensch möchte ich sein? Ich glaube, jeder Mensch trägt eine Vielzahl von Gegensätzen in sich, und dennoch verstehen wir uns als kohärente Identitäten. Der Kampf mit mir selbst, den ich zu verstehen versuche, beruht auf diesen Gegensätzen, die manchmal in eine Krise, manchmal in inneren Frieden münden.

Meistens beschreibe ich Menschen, die in nicht alltäglichen Lebenssituationen Entscheidungen treffen (müssen). Ihre Art zu denken, ihre Erfahrungen und Entscheidungen und emotionalen Bindungen helfen mir dabei, ein Urteil über mein moralisches, soziales, sprich: mein ehrenamtliches Ich zu fällen.

Für mich ist es nicht wichtig, ob jemand sein Wunsch-Ich in der fürsorglichen Marian findet, die ihre Liebe den Kindern der Hope School gewidmet hat, oder in keinem der auf den folgenden Seiten porträtierten Personen Menschen sieht, die als Vorbilder taugen. Das Ziel des Textes ist es nicht, moralische Heilige im Sinne Susan Wolfs vorzustellen, Menschen, an denen wir uns eine Scheibe abschneiden sollen. Das Schöne am Menschen finde ich seine Gabe, in Gegensätzen zu leben und darin Glück zu finden.

Die Liste der Toten dient dem einen vielleicht als Mahnung, dem anderen ist sie ein Tribut an die Verstorbenen; wieder andere sehen darin vielleicht keinen Bezug zu sich selbst. Die Liste könnte in unserem Land den Diskurs über das Geschehen im Mittelmeer aufleben lassen. Die Namen und Namenlosen auf der Liste sind die stillen Protagonisten dieses Buches. Auch sie hätten Marian, Ghassan oder Maher werden können, hätten einen entscheidenden Beitrag für unsere Gesellschaften leisten können, wären sie unter den Glücklichen gewesen, die überlebt haben. Es ist die Entscheidung jedes Einzelnen, ob er in den Einträgen in diesem Buch lediglich schwarze Buchstaben auf weißem Papier sieht oder aber eine hochpolitische, vielleicht auch stark emotionale Reise zulässt.

Amman im April: Marian und Ghassan

Im einheitlichen Beige der Häuser drohe ich die Orientierung zu verlieren, bis ich an einer Ecke ein kleines metallenes Tor entdecke, darauf gepinselt: Hope School. Hinter dem Tor öffnet sich ein mittelgroßer Hof, darin das Schulgebäude, das vier Klassen beherbergt und dahinter eine große Wiese mit Olivenbäumen. Diese Wiese mitten im städtischen Marj el Hamam, arabisch für „die Wiese der Tauben", gewährt einen unverstellten Blick auf Jordaniens Hauptstadt: ein Panorama der arabischen Schönheit.

Unser Verein Aynouna unterstützt die Hope School seit 2017, sie ist unsere erste Station auf der Projektreise im Frühjahr 2018. Fast alle Kinder, die die Schule besuchen, sind aus Syrien geflohen. Während die anderen Vereinsmitglieder im Vorraum des Schulgebäudes Platz nehmen, um sich mit den Lehrern zu unterhalten, schlüpfe ich in einen der vier Klassenräume. Erste Klasse: Lehrer Ghassan erklärt den Kindern die Schadda, ein Betonungszeichen in der arabischen Sprache. Die Kinder sitzen still, den Blick auf Ghassan gerichtet. Dass ich mit Kamera und Mikrofon auf einer der engen Schulbänke hinten sitze, kümmert sie nicht. Wenn ihr Lehrer eine Frage stellt, schießen die kleinen Finger in die Luft. Alle wollen an die Tafel und einigen wird erst bewusst, dass sie die Antwort nicht wissen, als sie schon aufgerufen sind. Doch die anderen helfen, sie applaudieren dem auserwählten Kind, bis die Stimme des Lehrers wieder Ruhe einkehren lässt. Der Schulgong erklingt, doch allein der zufriedene

Blick des Lehrers signalisiert: „Wir sind fertig für heute!". Draußen auf der Wiese streifen Lehrkräfte und Schulkinder die Disziplin für eine Weile ab. Zwischen den Olivenbäumen spielen sie Reise nach Jerusalem. Die Hope School mit dem versteckten Garten hinter dem Metalltor wird zum sicheren Hafen von Kindheit.

Einer der Olivenbäume ragt auffällig in die Höhe. Er spendet Schatten, während die Mittagssonne die Wiese in flirrend rotgoldenes Licht taucht. Der Baum trägt nicht genügend Früchte, um daraus Olivenöl zu gewinnen, sagt Lehrer Ghassan. Er scherzt: „Der Baum bräuchte jemanden, der sich kümmert, aber wir kümmern uns ja um die Kinder." Die sitzen derweil ordentlich aufgereiht am Bühnenrand der Schulaula und essen frisch für sie zubereitete Sandwiches. Bis zwölf Uhr mittags haben sie heute noch Unterricht, dann wird sie der Pförtner mit einem Van nach Hause fahren. Ghassan und ich setzen uns auf zwei Plastikstühle unter den Baum, ich baue meine Kamera auf und schalte das Mikrofon ein. Wir unterhalten uns ausführlich über die Arbeit an der Schule, über die Herkunft der Kinder, ihre Erfahrungen, die Perspektiven. Ich will unsere Hilfsprojekte für unsere Spender dokumentieren. Während des Interviews wirkt Ghassan angespannt. Seine Antwort auf meine Fragen: steife Haltung, gehobenes Arabisch, Schachtelsätze – fast, als wäre er ganz unverhofft in einer Fernsehtalkshow zu Gast. Ich wirke dagegen wie sein Schüler, mit meinem libanesischen Dialekt und der holprigen Ausdrucksweise. Nach dem Interview verändert sich Ghassans Sprache. Sein – wie ich meine: irakischer – Dialekt bricht durch.

Ghassan erzählt, dass er vor zwei Jahren gemeinsam mit seiner Frau und der kleinen Tochter aus Mossul geflohen ist. Father Hassan, der Leiter der Hope School und örtliche Pastor im jordanischen Stadtteil Jabal Amman, habe das junge Lehrerpaar um Unterstützung gebeten: „Meine Frau unterrichtet eigentlich Abiturienten, kleine Kinder ist sie nicht gewöhnt", sagt Ghassan. Er selbst sei ausgebildeter Grundschullehrer. In Jordanien hoffen sie wie viele andere christlich-irakische Flüchtlinge auf ein Visum nach Australien. Arbeiten darf er hier eigentlich nicht, sonst verfällt sein Asylanspruch. Die Familie lebt seit zwei Jahren vom Ersparten und Gelegenheitsjobs. „Das Arbeiten verleiht einem Selbstbewusstsein und Sinn in einem fremden Land. Meine Tochter kann hier zur

Schule gehen und meine Frau und ich können unseren Beruf ausüben." Ich stimme ihm zu. Der beste Weg der Integration ist tatsächlich: Schule, Arbeit, Studium. Für Ghassan und seine Familie kann der jetzige Zustand keine Dauerlösung sein: Wenn in zwei Monaten keine Antwort aus Australien komme, bleibe ihnen nichts anderes übrig, als in den Irak zurückzukehren. Ghassan habe noch Kontakt zu seiner ehemaligen Schule – und er könnte dort wieder arbeiten. Er zeigt mir auf seinem Smartphone Bilder seiner Heimat. „Bevor Daesh nach Mossul kam, hatte ich ein Haus und meine Frau und ich hatten Pläne, noch ein weiteres Kind zu bekommen. Es ging uns gut; dieses Haus habe ich mit meinen eigenen Händen gebaut." Daesh ist der arabische Name für den selbsternannten „Islamischen Staat". Rußgeschwärzte Säulen auf einem Foto sind alles, was von Ghassans einstmals schönem Haus übrig sind.

Inzwischen sind die meisten Kinder nach Hause gegangen und ich setze mich in die Sonne. Baulärm dröhnt an mein Ohr. Marian setzt sich zu mir. Sie ist in ihren Vierzigern, kommt aus Amman und leitet die Schule seit einem Jahr. Ihre schwarzen Haare hat sie in einem Dutt zurückgebunden, um den Hals trägt sie eine schlichte silberne Kette mit Kreuz. Sie wirkt elegant und feminin. Wir unterhalten uns über die Arbeit mit den Kindern. Marian erzählt, wie schwierig es zu Beginn gewesen sei, mit den Kindern zu kommunizieren. „Obwohl wir dieselbe Sprache sprechen, waren viele zunächst stumm." Nachdem ich die Kinder auf der Wiese herumtollen sah, kann ich mir das kaum vorstellen. „Wir mussten erst das Vertrauen der Kinder gewinnen. Viele begegnen uns bis heute ängstlich, sie sind traumatisiert", sagt Marian. Wir reden auch über das Kollegium. Gemeinsam mit MECI, dem Middle East Children's Institute, einer Organisation, die insbesondere Schulen mit Lehrerfortbildungen unterstützt, hat Aynouna im Oktober eine Trauma-Schulung organisiert. „Die Schulung hilft uns, neue Methoden im Umgang mit traumatisierten Kindern zu erlernen und mit der Problematik umzugehen", sagt Marian. Sie betont die Bedeutung von Empathiefähigkeit und Geduld der Lehrerinnen und Lehrer: „Das kannst du nicht trainieren, das musst du für diesen Job mitbringen."

Die liebevolle Beziehung zwischen Marian und ihren Schützlingen war den ganzen Morgen über sichtbar. Sowohl im Unterricht als auch in den Pausen auf der Wiese strahlte sie eine mütterliche Anziehungskraft aus,

die selbst mich in ihren Bann zog. Die Kinder lauschten andächtig ihren Worten, nur um im nächsten Moment in Jubel auszubrechen. Ängste und Traumata waren auf den ersten Blick nicht zu erkennen – Marians Erzählungen bestürzen mich. „Wir arbeiten viel, um den Krieg aus den Köpfen der Kinder zu bekommen", sagt sie. „Das Problem sind aber häufig die Verhältnisse zu Hause. Dort werden sie mit den Nachrichten konfrontiert, mit den Bildern, vor denen sie in der Vergangenheit fliehen mussten."

Die Pausen verbringt auch Marian auf der Wiese. Unter dem Pavillon sitzt sie mit einigen Kindern auf einer Plastikmatte und fragt sie, was sie später werden wollen. Um die Aufmerksamkeit der Kinder auf mich zu lenken, starte ich meine kleine Filmdrohne. Begeistert verfolgen die Kinder die Bewegungen des Geräts in der Luft. Als Marian die freie Minute nutzen will, um ins Büro zu gehen, ist die Begeisterung über die Drohne verblasst. Während sie ihrer Klassenlehrerin hinterherlaufen, denke ich über meinen billigen Trick mit der Drohne nach. Zu stark ist die Liebe zu Marian. Es braucht schon mehr als ein Spielzeug für 100 Euro, um diese Bindung zu lösen.

Marian schöpft Motivation und Kraft aus ihrem Glauben. Der Glaube und seine grundlegenden Werte werden in den Unterricht integriert. „Mit den Kindern unterhalten wir uns nicht über diese oder jene Religion. Ganz egal, ob christlich oder muslimisch: Es ist derselbe Gott." Für den Ramadan werden die Eltern und Kinder zu einem gemeinsamen Fastenbrechen eingeladen, doch auch nationale und christliche Feiertage wie Ostern und Weihnachten werden in der Schule gefeiert. Marians Traum ist, dass die Schule größer wird und noch mehr Kindern geholfen werden kann. „Ich möchte, dass mein Name mit guten Taten in Verbindung gebracht wird." Sie hofft, dass sie für die Kinder und ihre Familien etwas Nachhaltiges geschaffen hat: die Hoffnung auf eine Perspektive. Auf eine Perspektive hoffen viele Syrerinnen und Syrer in den Nachbarstaaten ihrer Heimat, auch in der Türkei.

Istanbul im August: Ahmad, der Kellner, und das Kind von Kabataş

Istanbul mag für den einen oder anderen Europäer chaotisch wirken – immerhin übertrifft ihre Größe jede andere europäische Großstadt. Nach einem einmonatigen Aufenthalt in Jordanien und im Libanon für ein Auslandssemester in die Türkei erscheint mir das Land durchorganisiert und modern. Anders als in Beirut und Amman, wo Taxis und Minibusse ohne Zeitplan oder feste Route und Autos mit Motoren aus den 1980ern herumfahren, finde ich mich in Istanbul in öffentlichen Bussen mit W-LAN und Klimaanlage wieder.

Im Gegensatz zu den beigen einfachen Bauten, die die jordanische Hauptstadt prägen, und den heruntergekommenen Nachkriegsbauten Beiruts sehen Istanbuler Wohnsiedlungen manchmal so aus wie deutsche Stadtteile. Nagelneue Wolkenkratzer werden allerorten aus dem Boden gestampft. Die Stadt wächst rasant und mit ihr die großen infrastrukturellen Projekte. Wer in Istanbul lebt, erkennt sofort den europäischen Charakter dieser Stadt. Die Menschen in diesem Land leben seit jeher in einem besonderen Zwiespalt: Sie stehen zwischen muslimischer Identität einerseits, die seit einigen Jahren eine Renaissance erlebt, und nationaler Identität andererseits, die sich in die moderne, die westliche Welt eingliedert bzw. einzugliedern versucht.

Symbolisch dafür steht Istanbul: eine Stadt in Asien und in Europa. Inzwischen gibt es viele Verbindungen in Stein und Beton über die eurasische Grenze des Bosporus: drei große Brücken, eine Unterwasser-U-Bahn und einen Autotunnel. Wenn ich meine neu gewonnenen Freunde hier frage, welcher Seite sie sich zugehörig fühlen, schütteln sie entsetzt den Kopf. Für sie kennt Istanbul kein „entweder – oder", die Stadt kennt bloß das „und". Viele sehen keinen Gegensatz zwischen ihrer muslimischen und europäischen Identität.

All das weiß ich noch nicht, als ich am 2. August türkischen Boden betrete. Mein Shuttle-Bus vom Flughafen Sabiha-Gökcen bringt mich bis zum Taksim-Platz. Früher, erzählen mir Kommilitonen später, sei der Platz schöner gewesen. Grün und sauber, der ideale Ort, um Freunde zu treffen und über Gott und die Welt zu diskutieren. Heute unterliegt er ständigen Neuerungen, Grünflächen werden zu grauen Betonböden umgebaut. Als ich aussteige, gerate ich in eine gewaltige Menschenmasse. Ich sehe telefonierende Anzugträger, ungeduldige Taxifahrer, Verschleierte mit Gucci- und Chanel-Tüten, kahlrasierte Männer mit weißen Verbänden um den Kopf und elegante Frauen mit Pflaster auf der Nase, die vorläufigen Ergebnisse ihrer Schönheitsoperationen.

Die Sprachschule, meine erste Anlaufstelle, befindet sich in der Nähe des deutschen Konsulats. Da mein Handy-Akku leer ist, versuche ich, mich mit Hilfe einer Karte zu orientieren. Es ist heiß, ich ziehe einen schweren Koffer und habe einen großen Wanderrucksack auf dem Rücken. Mein Hemd ist durchgeschwitzt. Ich entkomme der unübersichtlich drängenden Menschenmenge in eine Seitenstraße, die meiner Karte zufolge zum Bosporus-Ufer führt. Vor einem kleinen Kiosk sitzt ein junger Mann in einem Plastikstuhl und döst vor sich hin.

„Sorry, could you help me? I am lost", sage ich zu ihm.

Während ich spreche, schreckt der Mann auf und starrt mich stumm und hilflos an. „Wie hoch ist die Wahrscheinlichkeit, dass er Arabisch spricht?", frage ich mich. Immerhin machen Araber den größten Teil der ausländischen Bewohner und Besucher Istanbuls aus. Ich stelle meine Frage erneut, auf Arabisch. Und tatsächlich: Plötzlich verwandelt sich die angespannte Mimik des Mannes in ein herzliches Lächeln. Die weit aufgerissenen dunklen Lider umrahmen seine schläfrigen schwarzen Augen. „Herzlich willkommen in Istanbul, mein Freund", sagt der Mann und erklärt mir den Weg zum Konsulat. Ich lege meine schwere Tasche ab und wir kommen ins Gespräch. Ahmad – hier in der Türkei Ahmet – kommt aus Aleppo und ist seit vier Jahren in Istanbul. Er arbeitet mal hier, mal da und kommt über die Runden. Sein langfristiges Ziel ist Europa. „Dort respektiert man die Menschenwürde und unsere Situation", erklärt er mir überzeugt. Geduldig wartet er darauf, dass Familienmitglieder, die es nach Deutschland geschafft haben, seinen Visumsprozess erleichtern. Es gebe auch andere Wege nach Europa, sagt er mir, einige seiner Freunde hätten Kontakte zu Schleppern und Grenzbeamten. Aber diese Wege will er nicht auf sich nehmen.

Ich bedanke mich für seine Hilfe und wünsche ihm alles Gute. Er lädt mich auf einen Tee ein, aber ich kann nicht bleiben. Mein erster Kurstag beginnt in zehn Minuten. Hastig eile ich den Hügel hinunter, am Konsulat mit den roten Backsteinen und dem Stacheldrahtzaun vorbei. Ich muss etwas schmunzeln, als ich merke, dass meine ersten Worte auf türkischem Boden Arabisch waren.

Meine Türkischlernkurve ging seit jenem Augustnachmittag steil nach oben. Meine Klassenkameraden im Sprachkurs kommen aus aller Welt, die meisten aber aus Syrien. Junge Männer und Frauen, deren Aussicht auf Rückkehr schlecht steht und die so gut wie möglich versuchen, in der Türkei Fuß zu fassen. Viele von ihnen haben studiert oder waren Schüler, können aber hier nicht weiterlernen. Sie halten sich mit Gelegenheitsjobs über Wasser, und ehe sie sich versehen, sind drei oder vier Jahre vergangen. Wenn ich die İstiklal Caddesi, die Haupteinkaufsstraße Istanbuls, entlanglaufe, begegne ich vielen Menschen aus Syrien. Sie arbeiten in den vielen Cafés und Restaurants, in denen Arabisch häufiger gesprochen wird als Türkisch – für die Touristen, versteht sich. Seit der heftigen Abwertung der türkischen Währung boomt der Besuch aus den Golfstaaten.

Eines Nachmittags setze ich mich in der Nähe meiner Schule mit meinen Türkisch-Lernsachen in ein Café. Ein Kellner von etwa zwanzig Jahren bringt mir einen türkischen Mokka. Während er den Kaffee serviert, grinst er mich an. Er blickt neugierig auf das Lehrbuch auf meinem Tisch. Auch während er andere Tische bedient, geht sein fragender Blick auf mein Lehrbuch. Ich winke ihn zu mir und frage nach seinem Namen: „Adın ne?“ Mein Türkisch ist zwar noch gebrochen, aber den für Araber typischen Akzent höre ich aus seiner Antwort umgehend heraus. Araber haben große Probleme mit den Umlauten „ü“ und „ö“. Und auch der Kellner erkennt meine mangelnde Aussprache sofort – er wechselt abrupt ins Arabische.

„Was machst du?“, fragt er mich. Wir kommen schnell ins Gespräch und wenig später sitzt er bei mir am Tisch: „Als ich dich gesehen habe mit deinem Buch und deinem Heft, da habe ich das vermisst. Ich meine das Lernen an der Uni, das Wissen und die Bücher.“ Seine Miene verändert sich, sein Grinsen verwandelt sich in ein unsicheres Lächeln. Er blickt immer wieder auf mein Buch und auf den darauf liegenden Stift. Dann reden wir über meinen Erasmus-Aufenthalt und über sein abgebrochenes Wirtschaftsstudium. Er kommt aus Aleppo. Seit drei Jahren ist er in Istanbul, um Geld zu verdienen. Einen Teil schickt er zu seiner Familie, den anderen Teil spart er. „Ich werde weiterstudieren, so Gott will“, sagt er zum Abschied. Der Oberkellner hat ihn gerufen.

Die Sehnsucht nach Uni, nach Schule und der Wert des Lernens stehen mir nicht häufig so deutlich vor Augen wie an diesem Tag. Hier in der Türkei hat das Semester begonnen, außerdem besuche ich drei Abende die Woche meine Sprachkurse. Erst gegen 22 Uhr steige ich den Hügel hinab, auf dem meine Sprachschule liegt. Es ist dunkel auf den steilen Abhängen nach Kabataş und nur wenige Menschen sind um diese Uhrzeit unterwegs. Einige sitzen am Straßenrand und gönnen sich eine Abendzigarette. Langsam und konzentriert steige ich die steile Treppe hinab. Auf der letzten Stufe, kurz bevor ich meine Trambahn erreiche, bemerke ich einen kleinen Jungen. Er lehnt am Treppenrand, seine Oberschenkel drückt er an den Bauch, sein Kopf hängt zwischen seinen Knien. Wenn Passanten an ihm vorbeilaufen, schaut er auf. Sein Gesicht ist hell, aber wie mit einer graubraunen Staubschicht bedeckt. Er ist barfuß und trägt ein zu weites weißes T-Shirt – zumindest vermute ich, dass es irgendwann einmal weiß war. Wenn er aufsieht, blickt er den Menschen tief in die Augen. Nicht hilflos oder bittend, sondern ernst und wütend, wie es für ein Kind seines Alters ganz unüblich ist. Seine Gesichtszüge gleichen denen eines verbitterten Greises. Niemand schenkt ihm Beachtung. Die meisten Fußgänger schauen verlegen weg. Auch ich gehe an dem Kind vorbei, dabei schaue ich ihm kalt in sein junges altes Gesicht. Durch eine Unterführung gehe ich auf die andere Straßenseite, an der sich die Bahnhaltestelle befindet. Aus der Entfernung, zwischen den Autos und Passanten, sehe ich, wie er immer noch in derselben Stellung verharrt. Meine Kälte und Distanz ekeln mich an. Dann bin ich angeekelt von den Passanten und von den Autofahrern. Am Schluss ekelt mich die Straßenbeleuchtung, die den Jungen so tragisch in Szene setzt. Trotzdem schaffe ich es nicht, zurückzukehren und den Jungen anzusprechen. Stattdessen finde ich Erklärungen für mein Handeln: „Bestimmt gehört er einer organisierten Gruppe von Bettlern an", denke ich. Meine billige Selbstrechtfertigung regt meinen Ekel nur mehr an. Dabei wäre es keine große Sache für mich, den Kleinen einfach zu fragen, warum er in der Nacht hier sitzt. Wo er lebt und wo seine Eltern leben. Ob er zur Schule geht. Während ich mich schäme, kommt meine Tram und ich steige ein. Ich kehre in den nächsten Tagen zurück, doch der Junge ist spurlos verschwunden. Die Wochen vergehen und ich kehre immer wieder zur selben Stelle zurück, um meine Bahn zu nehmen. Aber das Kind von Kabataş ist weg. Ich frage mich manchmal, was sich in seinem Leben geändert hätte, wäre ich noch am selben Abend zu ihm gegangen. Vielleicht nicht viel, vielleicht aber hätte ich dem Jungen irgendwie helfen können. Und ich denke an eine Frau, die ich in Jordanien kennengelernt und im Libanon begleitet habe. Ich frage mich, was sie getan hätte.

Beirut im Juli: Nowell und Moussa

Was mich an Großstädten wie Beirut, Amman und Istanbul besonders fasziniert, sind ihre scheinbaren Paradoxien. Die Gesellschaft lebt in diesen Gegensätzen, oft über Jahrzehnte, ohne sie zu hinterfragen. Zum Beispiel die palästinensischen Flüchtlinge in Beirut: Seit vielen Generationen leben sie als Bürger zweiter Klasse im Libanon. Die provisorischen Zelte der 1960er Jahre sind schon vor Langem festen Wohnsiedlungen gewichen. Die Wände der Häuser sehen erschöpft aus, ebenso wie ihre Bewohner. Sie sind müde vom Krieg, der offiziell in den 1990ern endete, aber jeden Tag anders fortgeführt wird. In vielen libanesischen Stadtteilen erkenne ich, dass Krieg keine AK-47 braucht. Die Kämpfe finden hier immer statt: um Wasser im Sommer, tagtäglich um Strom und alljährlich um die Schulgebühren der Kinder.

Ich fahre Richtung Pier in die Downtown Beiruts. Nur wenige Kilometer von den Stadtteilen jenseits der ehemaligen Green Line, die Beirut im Bürgerkrieg in Ost und West trennte, entstanden im Nachkriegslibanon hier um die Jahrtausendwende Boutiquen namhafter Modemarken. Cafés und Restaurants soweit das Auge reicht. Das Sushi-Lokal, in das mich meine Cousine führt, ist voll. Jung und Alt sind in schicker Abendgarderobe versammelt. Es wird gegessen, getrunken und gelacht. Wenn der Strom ausfällt, und das kommt häufig vor, wird es kurz dunkel. Die Gespräche gehen weiter, das Brummen des Stromgenerators signalisiert: Gleich erblüht alles wieder in heller Pracht.

Ich wohne in Beirut bei meinen Großeltern. Ich sitze im Wohnzimmer, als das Telefon klingelt. Mein Opa sitzt links von mir auf seinem Lieblingsplatz gegenüber dem alten Fernseher. Die ägyptischen Schwarz-Weiß-Filme aus den 1950er Jahren laufen in Dauerschleife. Die Dialoge kennt mein Opa auswendig, die Filme hat er hunderte Male gesehen. Er ist eingenickt. Manchmal schreckt mein Opa bei einer lauten Szene auf, die aber schon zum nächsten Film gehört. Während er zufrieden weiterschaut, ruft meine Oma aus dem Garten, jemand solle ans Telefon gehen.

Lulu, die Haushälterin aus dem Senegal, läuft zum Telefon: „Ist für dich, Hamad". Meinen arabischen Namen kann sie nicht so gut aussprechen. Lulu ist bei meiner Oma, seit ich denken kann. Sie hilft ihr bei den Hausarbeiten. Mehrere tausende Kilometer entfernt von ihrer Familie lebt sie bei meinen libanesischen Großeltern. Sie verdient für ihre Vollzeitbeschäftigung 200 Dollar im Monat. Eine Summe, die noch vergleichsweise hoch ist im Vergleich zu anderen Haushälterinnen im Libanon. Mein Onkel sagt, man solle sie nicht allzu gut behandeln, sonst erlauben sie sich noch was. „Sie schläft und isst kostenlos bei uns, und 200 Dollar ist ein Vermögen, da, wo sie herkommt", erklärte mal meine Oma, als wir über das Thema sprachen. Lulu schickt ihr Geld ihrer Familie und alle paar Jahre fliegt sie in die Heimat zu Besuch. Bald will sie heiraten, denn sie hat in den vergangenen 15 Jahren genug Geld dafür angespart.

Am Telefon höre ich die Stimme von Nowell. Nowell ist eine libanesische Christin aus Bcharre – der Heimat meines Lieblingsdichters und -philosophen Khalil Gibran. Sie lebte lange in Australien, mittlerweile in Bahrain, und sammelt seit sechs Jahren Spenden. Kennengelernt habe ich sie während meiner Jordanienreise im April. In nur wenigen Jahren konnte sie mehrere hunderttausend Dollar an Spenden sammeln: hauptsächlich durch Essensverkäufe, Charity-Veranstaltungen und Vorträge, die sie über ihre Arbeit an verschiedenen Orten vor interessiertem und zahlungsfreudigem Publikum hält.

„Ich kann nichts am Krieg ändern, aber ich kann den Menschen das Leben erleichtern. Gott sei Dank geht es mir und meiner Familie gut und ich habe die Mittel, zu helfen. Das ist nicht selbstverständlich", sagte sie mir damals im Auto auf der Rückfahrt von der Azraq-Schule, das ist die zweite Schule, die unser Verein Aynouna in Jordanien unterstützt.

„Wer war das?", fragt mich meine Oma skeptisch. Als meine libanesische Familie von meinem Projekt Aynouna erfuhr, in Jordanien syrischen Geflüchteten zu helfen, waren die Reaktionen sehr unterschiedlich. Krisen wie der syrische Bürgerkrieg führen häufig in den Nachbarländern, die die meisten Flüchtlinge aufnehmen, zu Missmut und erstarkendem Nationalismus. Was in Europa als Rechtspopulismus aufgefasst wird, prägt im Libanon ganz selbstverständlich die Sicht auf Politik und Gesellschaft. In den vielen Diskussionen, die ich in den vergangenen Jahren mit meiner im Libanon lebenden Familie über meine Arbeit in Jordanien geführt habe, stechen immer zwei Aussagen besonders hervor: „Die Syrer sollen es sich hier nicht gemütlich machen, sie sollen zurück und ihre Heimat aufbauen" und „Warum hilfst du nicht den Libanesen, hier haben wir auch viel Armut und denen hilft keine UN". Dabei kann man Syrer und Palästinenser beliebig austauschen, auch für die Situation der Palästinenser im Land ist das Verständnis gering.

Als ich mit Nowell im Auto sitze, spreche ich sie auf ihre Familie an. Sie erzählt mir, dass viele gegen ihre Aktionen waren. Als Christin im Libanon solle sie vor allem ihren christlichen Landsleuten unter die Arme greifen. „Es war ein langer Prozess, viele Diskussionen, aber jetzt sind die ehemals größten Kritiker meine großzügigsten Spender", sagt sie mir.

Wir fahren nach Zahle, eine kleine Provinz im Herzen des Bekaa-Tals, in dem schon Römer und Osmanen Landwirtschaft betrieben und von ihrer Schönheit schwärmten. Rundherum ragen mächtige Berge empor. Hinter den Bergen befindet sich Syrien. Vor einigen Jahren zwang der Krieg viele Menschen, über die Berge in das Tal zu fliehen. Wer Geld hatte, mietete sich eine Wohnung in einem der kleinen Dörfer des Bekaas. Anderen blieb nichts anderes übrig, als provisorisch ein Zelt für die Familie aufzustellen. Diese Zelte stehen seit fünf Jahren hier. Aus dem Provisorium ist ein Dauerzustand geworden.

Als wir im Camp ankommen, rennen die Kinder auf uns zu. Sie kennen Nowell. Seit Jahren kommt sie hierher, verteilt Nahrungspakete und kümmert sich um die Belange der Menschen. Sie gehen mit ihr um, als gehöre sie zur Familie. Moussa, ebenfalls ein Flüchtling und der Verantwortliche des Camps, erzählt mir von der miserablen Bildungssituation der Kinder. Die Eltern seien nicht wirklich interessiert, ihre Kinder für die Schule zu motivieren. Seine älteste Tochter Mariam ist 16 und kann etwas Englisch. Sie unterrichtet die Campkinder viermal die Woche in Lesen, Schreiben und Rechnen. Mariams Unterricht ist für die meisten Kinder der Siedlung – es sind etwa 300 – der einzige Bildungszugang. Strom und Wasser kommen selten, im Winter versinkt das Camp in Schnee, Regen und Schlamm. Um sich über Wasser zu halten, arbeiten Frauen wie Männer auf den Kartoffelfeldern, für weniger als vier Dollar pro Tag. Oder sie arbeiten auf den vielen Baustellen Beiruts. Einige Familien warten seit Monaten auf Visa aus Kanada oder Neuseeland. Moussa sagt mir, er habe nur einen Wunsch: Dass seine Kinder eine gute Bildung genießen. Dafür würde er alles und überall arbeiten.

Als die Römer das fruchtbare Bekaa-Tal eroberten, errichteten sie in dessen Zentrum den großen Bacchus-Tempel von Baalbek, der bis heute noch in voller Größe zu betrachten ist, so wie das große Weingut, das mindestens genauso alt ist wie der Tempel des römischen Lieblingsgottes: der Gott des Weines. Nowell nimmt mich auf dem Rückweg noch mit zu der antiken Winzerei von Ksara, wo einst jesuitische Mönche den berühmten libanesischen Wein kelterten. Nach einer Führung durch die uralten Höhlen, wo Wein aller Altersklassen gelagert wird, essen wir in dem extravaganten Restaurant auf dem Dach. Alles ist aus glänzendem Edelholz gebaut, die Tische, die Stühle, der Boden. An der Wand hängt ein großer Hirschkopf. Nowell beginnt zu erzählen.

Vor einigen Monaten war sie in einem palästinensischen Flüchtlingslager. Dort sah sie einen Jungen auf der Straße, der Taschentücher verkaufte. Sie sprach ihn an. Am ersten Tag gab sie ihm etwas Geld und sprach mit ihm über seine Eltern, seine Arbeit und warum er nicht zur Schule ging. Am zweiten Tag besuchte sie seine Eltern. Sie lernte eine mehrköpfige Familie kennen und besprach mit ihnen, wie sie helfen kann. Sie und die Familie des kleinen Taschentuchverkäufers wurden enge Freunde.

Wieder Amman, im April: Maher, die Witwe und der Märtyrer

In der direkten Konfrontation mit Armut und Not kommt in mir ein unangenehmes Gefühl von Schuld auf. Ich erinnere mich an ein Lied des libanesischen Künstlers Ziad Rahbani. In einer Strophe heißt es: Was sind das für Tage, in denen wir uns befinden? Ein Reicher gibt dem Armen Geld. Als wäre das Geld vom Himmel gefallen, für einen wenig und für einen anderen viel.

Eines Nachmittags während unserer Reise in Jordanien entscheiden wir uns, mit Maher von unserer Partnerorganisation „Helping Refugees in Jordan" die Familien der Azraq-Schulkinder zu besuchen. Was in meiner Vorstellung und während der Planung unkompliziert erschien, offenbart sich als eine der schwierigsten Situationen unserer Reise. Wir treffen auf uns unbekannte Menschen, die wir kennenlernen wollen. Doch da liegt dieser Gegensatz in der Luft, der Konflikt zwischen reich und arm, zwischen Privileg und Pech, zwischen Wohltäter und Empfänger. Bei diesen Gedanken überkommt mich die Scham.

Maher, der einst in der antiken Oasenstadt Palmyra als Touristenführer arbeitete und selbst nach Jordanien fliehen musste, wird uns zu drei Familien fahren. Im Auto liegen einige Essenspakete, die wir als Gastgeschenke mitnehmen. In der ersten Familie begrüßt uns eine junge Frau und lädt uns ein, uns zu setzen. Maher wartet draußen und raucht. Jad und Sefa von Aynouna, Kristina, die uns auf unserer Reise als Journalistin und Mensch begleitet, und ich setzen uns auf die Kissen auf dem Boden. Die anderen sehen mich erwartungsvoll an: Ich soll das Gespräch eröffnen. Die Zunge liegt schwer in meinem Mund, ich stottere. Um die unangenehme Stille zu durchbrechen, stelle ich die erste Frage: „Ihre Tochter geht auf die Azraq School, richtig?"

Ich kenne die Antwort auf diese Frage. Die Frau bejaht. Wieder Schweigen.

„Seit wann sind Sie hier?"

„Seitdem mein Mann in Syrien als Märtyrer gestorben ist."

Stille. Niemand im Raum hat das erwartet. Wie reagiert man auf so eine Aussage? Ich unterdrücke die Emotionen und spreche weiter.

Das Gespräch wird lockerer. Die Frau erzählt von ihren vier Kindern und ihren Verwandten in Jordanien, vor zwei Jahren ist sie nachgekommen, zuerst ins Camp, dann in die Stadt. „Ich bin sehr froh, dass meine Kinder in die Schule gehen", sagt sie. Bei den anderen Familien treffen wir auf ähnliche Schicksale. Der Mann tot, vier oder fünf Kinder, alleinerziehend. Eine der Frauen versorgt neben den fünf Kindern ihre kranke Mutter. Während ich mich mit ihr unterhalte, liegt die alte Frau auf dem Bett und blickt mich streng an. Sie spricht, aber man versteht sie nicht.

Die Begegnungen mit den Familien fühlen sich merkwürdig an. Nicht weil die Frauen abwehrend reagieren – im Gegenteil, sie sind freundlich, geradezu lieb – sondern weil sich in meinem Kopf Gedanken und Gefühle verwirbeln. Hilflos stehe ich vor diesen Schicksalen. Zugleich verabscheue ich meinen Anspruch, diesen Menschen helfen zu können. Ich halte die Situation kaum aus und bin erleichtert, als die Besuche vorbei sind. Wir steigen in das Auto und ich höre Radio. Sefa reißt einen Witz, ich lache. So entziehe ich mich dem Leid und Elend. Es fühlt sich besser an. Bei den Familienbesuchen habe ich den Unterschied kennengelernt, abstrakt für ein Projekt zu spenden und zu arbeiten oder dem Leid tatsächlich zu begegnen. Es fällt vergleichsweise leicht, für Aynouna Spenden zu sammeln und aus der Distanz heraus Teil einer Organisation und eines Projekts zu sein. In der direkten Konfrontation mit der Not erkenne ich, dass das eigentliche Problem größer ist als jede Organisation und jedes Projekt. Ich erkenne die Machtlosigkeit des Einzelnen im Ganzen.

Eyyüp, Istanbul: Ich

Viele meiner Freunde hier in Istanbul nennen mich Momo. Bei den vielen Mohammeds in der Türkei war es die beste Lösung, um nicht verwechselt zu werden. Seit Kurzem hat der Name für mich eine weitere Bedeutung. Das Buch von Michael Ende begleitete mich in den vergangenen Wochen. Was für ein Mensch will Momo sein?

Was die kleine Momo konnte wie kein anderer, das war das Zuhören. Das ist doch nichts Besonderes, wird nun vielleicht mancher Leser sagen, zuhören kann doch jeder. Aber das ist ein Irrtum. Wirklich zuhören können nur recht wenige Menschen. Und so wie Momo sich aufs Zuhören verstand, war es ganz und gar einmalig.

Mohammed Ibrahim ist (gemeinsam mit Jad Lehmann-Abi-Haidar) Vorsitzender des gemeinnützigen Vereins Aynouna e. V. Der Verein unterstützt Flüchtlingsprojekte in Jordanien. Diese Hilfe umfasst neben der Finanzierung von Schulmaterialien, Schulgebühren und Lehrergehältern in den jeweiligen Partnerschulen die Unterstützung geflüchteter Familien mit Versorgungspaketen. Seit Anfang dieses Jahres ist Aynouna zusätzlich am Bau einer neuen Schule im nördlichen Azraq beteiligt.

Der Verein, der im Arabischen „unser Auge“ und „unsere Quelle“ bedeuten kann, wurde Ende des Jahres 2015 gegründet.

Ein Dutzend Medizinstudenten der Medizinischen Hochschule Hannover war an dieser Gründung beteiligt. Der allgemeine Konsens innerhalb der Gruppe war, dass Aynouna Hilfe direkt vor Ort anbieten und dabei eine politische und religiöse Unabhängigkeit wahren soll. Als dringend geboten empfinden die Vereinsmitglieder die Hilfestellung in Ländern, die in Folge des Krieges in Syrien eine vermehrte Aufnahme von Geflüchteten zu verzeichnen haben.

Die dunkle Kehrseite unserer westlichen Werte

Zur verdrängten Mitverantwortung Deutschlands, Europas und des Westens für gravierende Fluchtursachen und tödliche Fluchtbedingungen

Rolf Gössner

> *Die Werte, auf die sich die Union gründet, sind die Achtung der Menschenwürde, Freiheit, Demokratie, Gleichheit, Rechtsstaatlichkeit und die Wahrung der Menschenrechte einschließlich der Rechte der Personen, die Minderheiten angehören…*
> – Artikel 2 des Vertrags der Europäischen Union

Täglich werden wir mit der verzweifelten Lage von Geflüchteten und ihren Schicksalen konfrontiert. Fast täglich kommen Menschen auf der Flucht ums Leben. Die erschreckenden Nachrichten über das Massensterben lassen sich kaum ertragen, ohne diese grausame Realität mehr oder weniger zu verdrängen – und damit auch gleich die Fluchtbedingungen und Fluchtursachen, die mit uns und der europäischen Politik mehr zu tun haben, als uns lieb sein kann. Vor diesem Hintergrund bekommen die positiv besetzten Begriffe „Willkommenskultur" und „westliche Werte" einen mehr als bitteren Beigeschmack. Dieses Buch – eine verstörende Dokumentation menschlichen Leids und einer humanitären Katastrophe – sollte uns dazu zwingen, verstärkt über die Flucht- und Migrationspolitik der EU und ihrer Mitgliedstaaten nachzudenken sowie über die vielfältigen Ursachen von Flucht und Migration. Dabei geht es um aktuelle Missstände, essentielle Zusammenhänge und historische Lasten, die im medialen Alltag und der herrschenden Politik allzu leicht untergehen. Dazu gehören die Tatsachen und Erkenntnisse:

- dass Europa und der Westen insgesamt politische Mitverantwortung tragen für die vielfältigen Fluchtursachen, die zum Teil auch Terror- und Kriegsursachen sind, und die dazu führen, dass Menschen zu Millionen in die Flucht getrieben werden;

- dass die Europäische Union und ihre Mitgliedstaaten politische Mitverantwortung tragen für die tödlichen Fluchtbedingungen, die fast täglich Menschenleben fordern;
- und dass Menschen, die Krieg, Terror, Unterdrückung, Ausbeutung, Verfolgung und Not mühsam entronnen sind, hierzulande nicht nur von vielen nicht willkommen geheißen werden, sondern zunehmend auf Angst und Abwehr stoßen, sich rassistischer Gewalt ausgesetzt sehen und erneut in Lebensgefahr geraten.

Tödliche Fluchtbedingungen: Abschottungspolitik der EU und ihrer Mitgliedstaaten

> *… Schon viel zu lange sind wir Zeugen einer der größten humanitären Katastrophen und einer der wohl größten politischen und moralischen Herausforderungen unserer Zeit: dem täglichen, massenhaften Tod von Flüchtlingen an Europas Grenzen. Wir richten an jede/n von uns, an alle Zivilgesellschaften und Politiker Europas die Frage: Wie viele denn noch? Wie viele Menschen müssen noch sterben, bevor wir uns zu einer mutigen, zukunftsweisenden europäischen Lösung für die Rettung und Aufnahme von Flüchtlingen entschließen?*
> – aus dem Aufruf von UnterstützerInnen von *SOS-Méditerranée*, 2015

Seit dem Jahr 1993 sind zehntausende Menschen auf der Flucht nach und in Europa ums Leben gekommen – UNITED for Intercultural Action dokumentiert mehr als 36.600 Tote bis einschließlich 2018. Weltweit starben allein in den vergangenen vier Jahren nach Angaben von PRO ASYL mehr als 25.000 Menschen auf der Flucht – mehr als die Hälfte von ihnen beim Versuch, nach Europa zu gelangen. Sie ertrinken im Mittelmeer oder verdursten bereits auf dem Weg dorthin in der Wüste. Allein 2016 ertranken im Mittelmeer fast 5.000 Flüchtende oder gelten als vermisst, so viele wie nie zuvor. 2017 haben mehr als 3.000 Menschen den Versuch einer Einreise nach Europa über das Mittelmeer nicht überlebt. Im Jahr 2018 sind laut UN-Flüchtlingshilfswerk fast 2.300 Menschen im zentralen Mittelmeer ertrunken, das längst zum Massengrab geworden ist.

„Das ‚Massengrab Mittelmeer' ist die Schande Europas schlechthin", so der ehemalige Berliner Verwaltungsrichter Percy MacLean. Es gehört tatsächlich zu den schrecklichen Erkenntnissen, auf die immer wieder mit Nachdruck aufmerksam zu machen ist: Die rigorose Abschottungspolitik der EU und ihrer Mitgliedstaaten ist direkt oder indirekt mitursächlich dafür, dass fast täglich Menschen auf der Flucht sterben. Die Schließung der Balkan-Route, mit rasiermesserscharfem Stacheldraht hochgerüstete Grenzzäune, die Europäische Grenzschutz-Agentur FRONTEX, die noch massiv ausgebaut werden soll, das Grenzüberwachungssystem EUROSUR, das bereits erheblich aufgerüstet worden ist und die Außengrenzen mit Satelliten, Drohnen und Sensoren überwacht – all dies trägt zur Abschottung Europas bei, mit der Folge, dass die Fluchtwege nach Europa immer riskanter geworden sind.

Diese sicherheitstechnologischen Abschottungsmaßnahmen werden flankiert durch jene menschenverachtenden Flüchtlingsdeals, wie sie mit der autokratischen Türkei und mit afrikanischen Despoten geschlossen wurden und weiterhin werden, um Flüchtlinge schon vor den Toren Europas im Zweifel gewaltsam an ihrer Flucht nach Europa zu hindern. Auffanglager wie etwa in Libyen mit menschenunwürdigen Bedingungen sind die Folge. Zur Sicherung von Europas scheinbar neuen Grenzen, die bereits in Afrika entstanden sind, zahlen europäische Regierungen Unsummen von Steuergeldern – auch an Regime und Transitländer, die Menschenrechte mit Füßen treten und die für ihre Türsteherdienste gezielt mit Überwachungs- und Sicherungstechnologie aufgerüstet werden. Das ist Entwicklungshilfe der besonders makabren Art. Diese Politik der EU versperrt Schutzsuchenden sicherere Fluchtwege und zwingt sie in ihrer Not auf teure, riskante und lebensgefährliche Routen und Transportmittel sowie in die Hände von skrupellosen Schlepperbanden.

Parallel dazu wird die zivilgesellschaftliche Unterstützungsarbeit für Geflüchtete in der Bundesrepublik und europaweit zunehmend begleitet und konterkariert von einer fremdenfeindlichen und rassistischen Debatte sowie von einem verschärften und ausgrenzenden Ausländer- und Asylrecht nach dem Motto: Grenzen dicht, „sichere Herkunftsländer" küren, Familiennachzug erschweren, Lagerunterbringung und Langzeit-Isolierung in sogenannten Transit- und Ankerzentren und schneller abschieben. Unrechtmäßige Ablehnungen von Asylanträgen sowie gewaltsame Abschiebungen – selbst von traumatisierten Menschen – in Krisen- und Kriegsgebiete wie Afghanistan oder in angeblich sichere Herkunfts- oder Drittstaaten häufen sich.

Dass bei diesem menschengefährdenden und todbringenden Flüchtlingsabwehrprogramm tatsächlich der Schutz der Außengrenzen und des Schengenraums im Vordergrund steht – voll zu Lasten des menschenrechtlich gebotenen Schutzes von Flüchtlingen –, das zeigen auch folgende skandalöse Entwicklungen und staatliche Aktionen gegen zivile Rettungsprojekte im Mittelmeer wie SOS-Méditerranée („Aquarius"), Sea-Watch, Ärzte ohne Grenzen, Jugend rettet, Mission Lifeline, Sea-Eye, Lifeboat usw. Zu den staatlichen Blockade- und Sabotage-Maßnahmen, die einzelne EU-Mitgliedstaaten zu verantworten haben, gehören u. a.:

- die Erschwerung und aktive Be- und Verhinderung der zivilgesellschaftlichen Seenotrettung im Mittelmeer – u. a. durch Abdrängen, Festhalten oder Beschlagnahmung von Rettungsschiffen, durch Verweigerung der Ausschiffung Geretteter in europäische Häfen und durch Entzug der Flagge und damit der Betriebserlaubnis wie im Fall des Seenotrettungsschiffs „Aquarius" von SOS Méditerranée;
- die Kriminalisierung freiwilliger Lebensretter und humanitärer Organisationen als angebliche Schleppergehilfen – haltlose Verdächtigungen, die immer wieder zu Inhaftierungen und langwierigen existenzbedrohenden Prozessen führen;
- die europäische Unterstützung und Kooperation mit der Küstenwache Libyens und mafiösen Grenzschutzeinheiten, die Fliehende praktisch im europäischen Auftrag gewaltsam zurückhalten und in Internierungslager verschleppen, in denen entsetzliche Zustände herrschen und schwere Menschenrechtsverletzungen begangen werden.

Diese Politik der EU und einzelner ihrer Mitgliedstaaten, Geflüchtete primär als Sicherheitsrisiken zu betrachten und wie illegale Eindringlinge, ja „Invasoren" zu behandeln und „zurückzuschlagen", verletzt fundamentale und universell geltende Menschenrechte und bricht Völkerrecht. Das Sterbenlassen von Menschen an den Außengrenzen Europas und die Beihilfe zu Verschleppung und Abschiebung von Flüchtlingen in Verfolgerstaaten und Transitländer, in Zwangsarbeit und Versklavung, Folter und Tod gehören zu den dunkelsten Kapiteln der europäischen Politik, die doch so viel auf ihre eigenen Werte hält. Hinzu kommen die katastrophalen Zustände in griechischen Flüchtlingslagern, die das Anti-Folter-Komitee des Europarates Anfang 2019 in einem Expertenbericht als „unmenschlich und entwürdigend" kritisiert. In den überfüllten und großteils verdreckten Lagern gebe es nur unzureichende ärztliche und medizinische Versorgung, Menschen würden auf engstem Raum unter desolaten hygienischen Bedingungen zusammengepfercht, Minderjährige und Frauen nicht ausreichend geschützt; außerdem komme es immer wieder zu Misshandlungen durch die Polizei.

Rassistische Hetze und neonazistische Gewalt gegen Geflüchtete und Migranten

Szenenwechsel: 1993 erlebte die Bundesrepublik eines der schwersten Verbrechen in ihrer Geschichte: den Solinger Brand- und Mordanschlag, bei dem fünf junge Angehörige der türkischstämmigen Familie Genç ums Leben kamen. Nur drei Tage vor diesem rassistisch motivierten Anschlag hatte – nach einer verantwortungslosen und agitatorischen Debatte mit Schlagworten wie „Asylantenflut" und „Überfremdung" – eine „große Koalition" aus CDU, FDP und SPD das Grundrecht auf Asyl demontiert. „Erst stirbt das Recht, dann sterben Menschen" – klarer kann man den Zusammenhang dieser beiden Ereignisse kaum formulieren, wie er später auf einer Mauer nahe des Anschlagsorts zu lesen war.

Derzeit befinden wir uns wieder in einer äußerst prekären Phase, in der erneut eine hoch gefährliche rechtspopulistische, nationalistische und fremdenfeindliche Debatte bis hinein in die Mitte der Gesellschaft stattfindet, eine Debatte um Überfremdung, Asylmissbrauch und kriminelle Ausländer. Diese unheilvolle Angstdebatte, die insbesondere von Bundesinnen- und Heimatminister Horst Seehofer („Christlich-Soziale Union", CSU), und AfD-Politikern geschürt und instrumentalisiert wird, führt zu Wahrnehmungsverzerrungen, befeuert Bedrohungsgefühle und Verunsicherung, macht jedes gesellschaftliche Problem zu einer Frage der (bedrohten) Sicherheit, macht Fremde, Flüchtlinge und sozial abgehängte

Menschen zu Sündenböcken und ist letztlich geeignet, die Situation hierzulande gewaltig und gefährlich aufzuheizen.

Und das mit fatalen Folgen. Menschen, die Verfolgung, Krieg, Terror und Tod mühsam entronnen sind, werden hierzulande von vielen nicht nur nicht willkommen geheißen, sondern sie stoßen auch auf Ängste, Abwehr und Feindschaft, geraten erneut und in jüngerer Zeit verstärkt in Gefahr. So etwa im September 2018 im sächsischen Chemnitz, als nach einem mutmaßlich von Geflüchteten begangenen Tötungsdelikt (Ermittlungen und Strafverfahren laufen noch) rassistische Hetze, fremdenfeindliche Ausschreitungen und Angriffe gegen Migranten stattfanden. Es war der damals noch amtierende Präsident des Bundesamts für Verfassungsschutz, Hans-Georg Maaßen, der diese fremdenfeindlichen und gewalttätigen Vorgänge in der Bild-Zeitung öffentlich bezweifelte, relativierte und verharmloste – obwohl sie durch Zeugen, Videos und polizeiliche Feststellungen belegt werden konnten und sich inzwischen herausgestellt hat, dass auch rechtsterroristische Aktivitäten in diesem Umfeld vorbereitet worden sind („Revolution Chemnitz"). Immerhin führte diese „verfassungsschützerische" Verharmlosung rechter Gewalt dazu, dass Maaßen seinen Chefposten räumen musste.

Seit 2015 ist angesichts der zu Hunderttausenden in die Bundesrepublik geflüchteten Menschen zwar viel von „Wir schaffen das" und „Willkommenskultur" die Rede gewesen, die in der Tat auch in weiten Teilen der Republik anzutreffen ist, und die die allermeisten Betroffenen zu schätzen wissen. Doch diese weitgehend zivilgesellschaftliche Unterstützungsarbeit wird zunehmend begleitet und konterkariert von alltäglicher rassistischer Hetze, Ausgrenzung und Gewalt. Eine besorgniserregende Entwicklung, die trotz ihrer blutigen Bilanz angesichts der so medienwirksamen und angstbesetzten „islamistischen" Terrorgefahr immer mehr aus dem öffentlichen Blick gerät. Nicht selten werden Muslime und andere Migranten im Zusammenhang mit den furchtbaren terroristischen Anschlägen, die von religiösen Fanatikern im „Namen des Islam" in Europa verübt worden sind, unter Generalverdacht gestellt.

Und die fast täglichen Angriffe auf Asylbewerber und andere Geflüchtete gehen weiter. Flüchtlingsheime brennen, Übergriffe auf Geflüchtete, ehrenamtliche Helfer und Moscheen reißen nicht ab. Nach Angaben des

Bundeskriminalamts kam es 2015 zu fast 1.500 einschlägigen Gewalttaten, darunter mehr als 1.000 Straftaten gegen Flüchtlingsunterkünfte sowie Übergriffe auf Geflüchtete – das sind fünfmal mehr als 2014. 2016 kam es laut Bundeszentrale für Politische Bildung insgesamt zu mehr als 3.700 Straftaten und Angriffen gegen Flüchtlingsunterkünfte, Flüchtlinge und Flüchtlingshelfer – also zu zehn pro Tag. Auch 2017 und 2018 gab es zahlreiche Übergriffe auf Flüchtlingsunterkünfte sowie auf Geflüchtete. Das heißt: Menschen, die dem Tod auf der Flucht entrinnen konnten und hierzulande Schutz vor Verfolgung, Folter, Ausbeutung und Tod suchen, müssen immer wieder um Leib und Leben fürchten.

Diese besorgniserregende Entwicklung vollzieht sich im Übrigen vor einem mörderischen Hintergrund, denn in der Bundesrepublik sind seit 1990, dem Jahr der „Wende", fast 200 Menschen von rassistisch eingestellten Tätern umgebracht worden. Der Mordanschlag von Solingen war bekanntlich der vorläufige Tiefpunkt einer Serie weiterer rassistisch motivierter Attentate: Hoyerswerda, Hünxe, Rostock, Quedlinburg, Cottbus, Lübeck und Mölln sind zu traurigen Fanalen geworden für diesen gewalttätigen Rassismus. Nach den NSU-Morden und -Terroranschlägen, die in der offiziellen Statistik noch nicht einmal als politisch motivierte, rechtsextremistische Straftaten gelistet sind, müssen wir zehn weitere Tote hinzurechnen.

Im NSU-Komplex war es im Übrigen zu teils rassistischen Polizeiermittlungen („Soko Bosporus", Ermittlungen gegen die türkischstämmigen Familien der Mordopfer), zu staatlichen Verstrickungen des „Verfassungsschutzes" in Neonaziszenen und zu anschließenden skandalösen Vertuschungen gekommen. Wie überhaupt der staatliche Umgang mit rechter Gewalt und Neonazi-Gruppen insgesamt von ideologischen Scheuklappen und strukturellem Rassismus geprägt ist, die zu Ignoranz und systematischer Verharmlosung des Nazispektrums führten. Auch der Polizeialltag bleibt davon nicht verschont, denken wir nur an Racial profiling – also das rassistische Sortieren von Menschen nach ihrem Aussehen – im Zuge anlassloser Polizeikontrollen.

Inzwischen haben braune Netzwerke und Zellen in Polizeibehörden mehrfach bundesweit Schlagzeilen gemacht – rechtsextreme Verdachtsfälle sowohl in der Bundespolizei als auch in etlichen Bundesländern,

u. a. in Sachsen und Hessen. Gegen rund ein Dutzend hessischer Beamter wird wegen rechtsextremer Umtriebe ermittelt. Einige von ihnen sollen in einem Internet-Chat Nazi-Parolen und -Symbole volksverhetzende Inhalte ausgetauscht haben. Sie werden auch in Zusammenhang gebracht mit Drohschreiben gegen die Anwältin Seda Basay-Yildiz, die im Münchner NSU-Prozess Angehörige eines Mordopfers als Nebenkläger vertreten hatte. Gezeichnet sind die Schreiben, in denen die Anwältin und ihre kleine Tochter mit dem Tod bedroht werden, mit „NSU 2.0". Die persönlichen Daten der Betroffenen waren unmittelbar vor der Versendung des ersten Droh-Faxes auf dem Dienstcomputer eines Frankfurter Polizeireviers abgerufen worden – ohne dienstlichen Grund. Trotz der Brisanz dieser Vorkommnisse ist die Aufklärung der Vorfälle und möglicher struktureller Hintergründe lange Zeit verschleppt und selbst gegenüber dem parlamentarischen Kontrollorgan monatelang verheimlicht worden.

Wenn Teile der Polizei als Vertreterin des staatlichen Gewaltmonopols rassistisch agieren, ihre Machtbefugnisse missbrauchen und sich als anfällig für antidemokratisches, nationalsozialistisches und rassistisches Gedankengut erweisen, dann besteht akuter Handlungsbedarf. Wir dürfen nicht zulassen, dass institutioneller Rassismus und neonazistische Gewaltentwicklung gesellschaftlich verdrängt oder verharmlost werden – und auch nicht die Tendenz dulden, Nationalismus, Rassismus, Ausgrenzung und Menschenfeindlichkeit gesellschaftlich und institutionell zu normalisieren und in Politik umzusetzen, wie es immer wieder geschieht. Wir müssen die Politik der „Inneren Sicherheit", die Strafverfolgungs- und „Verfassungsschutz"-Behörden – die im Umgang mit Neonazi-Terror lange Zeit so grauenhaft versagt haben – verstärkt in Pflicht und Verantwortung nehmen. Nur eine wache und kritische Öffentlichkeit kann genügend politischen Druck entfalten, um Xeno- und Islamophobie zu ächten, institutionellen Rassismus anzuprangern, eine Wende im Umgang mit rassistischer Hetze und neonazistischer Gewalt einzufordern und den Opferschutz zu stärken.

Darüber hinaus ist zu fordern: ernsthafte Anstrengungen gegen strukturellen und institutionellen Rassismus in Staat und Gesellschaft, eine rückhaltlose Aufklärung und konsequente Ahndung aller Neonazi-Verbrechen und aller staatlichen Verstrickungen in gewaltbereite Neonazi-

Szenen, externe unabhängige Stellen zur Kontrolle der Polizei, die rechtsstaatliche Zügelung und Kontrolle des sogenannten Verfassungsschutzes, die Stärkung zivilgesellschaftlicher Projekte gegen „Rechtsextremismus“ und bessere Unterstützung von Opfern rechter Gewalt und von deren Angehörigen. Und nicht zuletzt: Auch nach der Urteilsverkündung im Prozess vor dem Oberlandesgericht München (Juli 2018) darf es keinen Schlussstrich unter Aufarbeitung und Aufklärung des NSU-Komplexes geben. Denn es ist noch allzu viel im Dunkeln.

Auf der Suche nach den Fluchtursachen, ihren Urhebern und Profiteuren

Dritter Problemkomplex: Mit ihrer Art von Flüchtlings- und Migrationspolitik, aber auch mit ihrer Art von Antiterrorkampf zeigen sich die Bundesregierung, die Mehrheit der EU-Mitgliedstaaten sowie die EU insgesamt noch immer weitgehend ignorant gegenüber den wirklichen Ursachen und Gründen von Krieg, Terror, Gewalt, Ausbeutung und Flucht, an denen westliche Staaten und Staatengemeinschaften maßgeblich beteiligt waren, es nach wie vor sind und denen Millionen von Menschen außerhalb Europas zum Opfer fielen und weiterhin fallen.

Schließlich spielt der Westen, spielen EU, USA und NATO eine desaströse Rolle speziell im Nahen und Mittleren Osten – mit hunderttausenden toter Zivilisten allein seit 9/11. Dort wirft die sogenannte westliche Wertegemeinschaft für ihre eigenen geopolitischen, ökonomischen und militärischen Vormachtinteressen systematisch die so hochgehaltenen eigenen Werte über Bord – oft genug getarnt als Terrorbekämpfung oder humanitäre Interventionen. Mit ihren rohstoffsichernden Einmischungen, ausbeuterischen Handelsabkommen, verheerenden Wirtschaftssanktionen und Waffenexporten in Krisenregionen und an Diktaturen, mit ihren völkerrechtswidrigen Angriffskriegen und Kriegsverbrechen, mörderischem Drohnenbeschuss und Folter – mit all diesen neoimperialen Interventionen ist der Westen, auch die Bundesrepublik, mitverantwortlich für die Zerstörung menschlicher Lebensgrundlagen, mitverantwortlich für Ausbeutung, Armut, Folter und Tod, für den Zerfall ganzer Staaten. Letztlich ist er dies auch für die Entstehung der IS-Terrormiliz – „made in USA“, wie der Nahost-Experte Michael Lüders in seinem Buch *Wer den Wind sät. Was westliche Politik im Orient anrichtet* (München 2015) überzeugend aufzeigt. Zugespitzt formuliert: Mit dem „War on Terror", besonders im Irak und in Afghanistan, aber auch in Somalia, Jemen, Libyen, Pakistan und Syrien, beförderte der Westen wahre Terroristen-Rekrutierungsprojekte und züchtete sich seine eigenen Feinde heran.

Bereits Ende 2015 haben Ex-Drohnenpiloten das US-Drohnenprogramm als „eine der verheerendsten Triebfedern des Terrorismus und der Destabilisierung" bezeichnet – ein Mord-Programm, das auch über Ramstein, also über Deutschland abgewickelt wird, das ohnehin längst integraler Bestandteil des US-geführten „Kriegs gegen den Terror" geworden ist: Von deutschem Boden aus – insbesondere aus Baden-Württemberg, Rheinland-Pfalz und Hessen – organisier(t)en die USA völkerrechtswidrige Kriegseinsätze, Entführungen, Folter und extralegale Hinrichtungen von Terrorverdächtigen per Drohneneinsatz. Die Journalisten Christian Fuchs und John Goetz haben dies 2013 in ihrem Buch *Geheimer Krieg. Wie von Deutschland aus der Kampf gegen den Terror gesteuert wird* dokumentiert. Die Bundesrepublik hat als NATO-Verbündeter am US-Krieg in Afghanistan teilgenommen und leistete logistische Hilfe im illegalen Krieg der USA gegen den Irak (mit mehr als einer Million Toten); sie war beteiligt an der Destabilisierung Libyens, den verheerenden Wirtschaftssanktionen gegen Syrien – einem Waren- und Personenembargo der EU, das maßgeblich zur Verarmung des Landes und zur Aushungerung der Zivilbevölkerung beitrug.

Darüber hinaus ist die Bundesrepublik mit ihren Rüstungsexporten maßgeblich an der massiven Waffenaufrüstung u. a. der autoritären Regime Ägyptens, Saudi-Arabiens, Katars und der Türkei beteiligt. Deutschlands Rüstungsexporte, auch in Krisen- und Kriegsgebiete und an Diktaturen, hatten sich von 2014 auf 2015 insgesamt fast verdoppelt und waren auch 2016/17 extrem hoch. Allein die Ausfuhr von Munition für Kleinwaffen hat sich 2016 verzehnfacht. Zwar hat der geheim tagende Bundessicherheitsrat der Bundesregierung 2017/2018 weniger Rüstungsexporte genehmigt als zuvor – dennoch legten im Fünfjahres-Zeitraum 2014 bis 2018 deutsche Waffenexporte nach Angaben des Stockholmer Friedensforschungsinstituts Sipri (gegenüber 2009 bis 2013) um weitere 13 Prozent zu. Dabei machten Lieferungen in den Nahen Osten rund 25 Prozent aller deutschen Exporte aus. Insgesamt betrafen mehr als die Hälfte aller Waffenexport-Bewilligungen des Bundessicherheitsrates sogenannte Drittländer außerhalb von EU und NATO, wie etwa Ägypten, Algerien, Israel, Pakistan, Südkorea, Katar und Saudi-Arabien. Erst die Ermordung des regimekritischen saudischen Journalisten Jamal Khashoggi im Oktober 2018 in der saudischen Botschaft in Istanbul führte zu einem befristeten deutschen Waffenexportstopp Richtung Saudi-Arabien – nicht etwa die Beteiligung dieses Golfstaates am grausamen Bürgerkrieg im Jemen, der in erheblichem Maße auch mit deutschen Waffen geführt wird. Saudi-Arabien gehörte 2018 trotz des befristeten Exportstopps immer noch zu den besten Kunden der deutschen Rüstungsindustrie.

Wer mit Rüstungsexporten und sogenannten Anti-Terrorkriegen, mit Regime-change-Interventionen sowie mit – vorwiegend die Zivilbevölkerung schädigenden – Wirtschaftssanktionen dazu beiträgt, ganze Regionen zu zerstören und Staaten zu destabilisieren, erntet nicht etwa mehr Sicherheit, sondern früher oder später selbst Terror und Instabilität – auch bei sich zuhause in Europa und den USA. In dieser westlichen Mitverursachung von Krieg, Terror, Ausbeutung, Klimakatastrophen und Elend liegt auch die politische Mitverantwortung dafür, dass Millionen Menschen aus diesen Regionen in die oft todbringende Flucht getrieben werden: „Wir kommen zu Euch, weil Ihr unsere Länder zerstört." Diese herbe Einsicht und die koloniale und postkoloniale Vorgeschichte mitsamt den vom Westen gestützten Nachfolge-Regimen gehören zum ganzheitlichen Verständnis der realen Kriegs-, Terror und Fluchtursachen, die es mit allen friedlichen Mitteln und mit allem Nachdruck zu beseitigen gilt.

Auswege aus der humanitären Katastrophe?

All dies gehört zur überaus dunklen Kehrseite unserer hehren westlichen Werte. Es wird also weder Fortschritt noch Frieden geben ohne Stopp von völkerrechtswidrigen kriegerischen Interventionen, ohne Einstellung der exzessiven Waffenexporte in Krisen- und Kriegsgebiete sowie an Diktaturen, ohne Ausbruch aus dem destruktiven Marktradikalismus und unserer „Art zu leben und zu wirtschaften". Die kriegerischen Militärinterventionen im Nahen und Mittleren Osten sowie die Rekord-Waffenlieferungen haben jedenfalls die Welt nicht etwa sicherer und nicht freier gemacht und auch den Terrorismus nicht eingedämmt – im Gegenteil: Krieg ist seinerseits Terror und gebiert immer neuen Terror und neue Terroristen und weitere Fluchtursachen.

Es wird im Übrigen auch keinen nachhaltigen Frieden und keine soziale Gerechtigkeit geben ohne eine radikale Änderung der aggressiven Wirtschafts- und Agrar(subventions)politik, der ausbeuterischen Welthandels- und Rohstoffpolitik sowie der bisherigen Sozial-, Umwelt- und Klimapolitik. Denn es sind gerade auch die kapitalistische Wirtschaftsweise und unser westlicher Konsum- und Lebensstil, die anderswo töten und Menschen zur Flucht zwingen.

Zu fordern ist darüber hinaus eine radikale Änderung der EU-Flüchtlingspolitik, die derzeit unter Verstoß gegen die universellen Menschenrechte Fluchtwege nach Europa verplombt. Menschen, die vor Krieg, Verfolgung und Not fliehen, um ihr Leben und ihre Existenz zu retten, werden damit mutwillig auf gefährliche Wege und in die Klauen krimineller Schlepper getrieben. Die Schaffung sicherer und legaler Fluchtwege und Korridore nach Europa für Schutzsuchende ist daher ein humanitäres Gebot der Stunde. Wie auch starke Hilfen zur Verbesserung der Lebensgrundlagen und -bedingungen in den Heimatländern der Geflüchteten und in den Flüchtlingslagern ihrer Nachbarländer.

Zum Forderungskatalog gehören auch Alternativen zu den milliardenschweren „Flüchtlingsdeals" wie mit der Türkei und zu den sogenannten Migrationspartnerschaften mit autokratischen Regimen in Afrika, mit denen sich Europa auf Kosten der Menschenrechte Flüchtende gewaltsam „vom Hals halten" will und sich damit korrumpier- und erpressbar macht. Damit werden Flucht und Flüchtlinge bekämpft – nicht aber Fluchtursachen. Europäische Staaten sponsern und stabilisieren mit EU-Aufrüstungshilfen autokratische Staaten, ihre Militär- und Repressionsapparate – und verschärfen damit Fluchtgründe, anstatt sie zu beseitigen.

Nicht zuletzt muss die Be- und Verhinderung ziviler Seenotrettung umgehend gestoppt werden, um der Pflicht nach internationalem Recht, Menschen aus Seenot zu retten, nachkommen zu können. Im Übrigen ist der Einsatz für Schiffbrüchige eine Verpflichtung der EU-Mitgliedstaaten, zumal sie an der katastrophalen Situation entscheidenden Anteil haben – und wir dürfen sie aus ihrer Verantwortung nicht entlassen. Deshalb fordert etwa die zivile Seenotrettungsgesellschaft SOS Méditeranée, ebenso wie das Bündnis Seebrücke schon lange von der EU, ein funktionierendes europäisches Seenotrettungsprogramm im Mittelmeer zu etablieren, das nicht den Schutz der Grenzen, sondern die Rettung des Lebens Schiffbrüchiger zum erklärten Ziel hat. Zu diesem Ziel gehört, das Massensterben von Flüchtlingen zu beenden und insgesamt der Menschenwürde und den universellen Menschenrechten sowie den schändlich verratenen Werten Europas Geltung zu verschaffen.

Dieser Beitrag basiert in Teilen auf der Eröffnungsrede, die Rolf Gössner, damaliges Vorstandsmitglied der Internationalen Liga für Menschenrechte, anlässlich der Verleihung der Carl-von-Ossietzky-Medaillen der Liga an SOS Méditerranée und den Dokumentarfotografen Kai Wiedenhöfer Ende 2016 in der Heilig-Kreuz-Kirche in Berlin gehalten hat.

Dr. Rolf Gössner ist Rechtsanwalt, Publizist und Kuratoriumsmitglied der *Internationalen Liga für Menschenrechte* (Berlin), seit 2007 stellvertretender Richter am Staatsgerichtshof der Freien Hansestadt Bremen. Er ist Mitherausgeber des jährlich erscheinenden *Grundrechte-Reports. Zur Lage der Bürger- und Menschenrechte in Deutschland* (Fischer-TB). Er wurde mit der Theodor-Heuss-Medaille, dem Kölner Karlspreis für engagierte Literatur und Publizistik und dem Bremer Kultur- und Friedenspreis ausgezeichnet und ist Sachverständiger in Gesetzgebungsverfahren von Bundestag und Landtagen. Rolf Gössner ist Mitglied in der Jury zur Verleihung des Negativpreises *BigBrotherAward* und Autor/Herausgeber zahlreicher Bücher zum Themenbereich Demokratie, Innere Sicherheit und Bürgerrechte; zuletzt erschienen: *Menschenrechte in Zeiten des Terrors* (Hamburg 2007), *Geheime Informanten. V-Leute des Verfassungsschutzes: Neonazis im Dienst des Staates* (Knaur, München 2003; als ebook akt. 2012), *Mutige*

Aufklärer im digitalen Zeitalter. Carl-von-Ossietzky-Medaillen an Edward Snowden, Laura Poitras und Glenn Greenwald (Ossietzky Verlag, Dähre 2015), *Terror – wo er herrührt, wozu er missbraucht wird, wie er zu überwinden ist* (zusammen mit Conrad Schuhler; isw-spezial 29, München 2016) und *Mutige Lebensretter und Aufklärer in Zeiten von Flucht und Abschottung. Carl-von-Ossietzky-Medaillen an SOS Méditerranée und Kai Wiedenhöfer* (Ossietzky Verlag, Dähre 2017).

Husein

Eine schwere Geburt

Der Friede ist ein Kind, das geboren werden
soll, die Mutter ist die Welt.
Die Menschen wollen den Frieden rufen, damit er wiederkommt.
Die Mutter ist schon über neun Monate
schwanger mit dem Kind.
Es will aber gar nicht geboren werden.
Die Leute rufen und rufen: Komm, komm endlich!
Bitte mach deiner Mutter keine Schwierigkeiten.
Das Kind sagt: Ich will nicht in diese Welt geboren
werden, wo Kinder getötet und vergewaltigt werden.
Nein danke, ich will nicht in diese Welt, wo
überall Krieg und Unfrieden ist.
Die Menschen rufen aber weiter und sagen: Komm, komm.
Das Kind will nicht kommen, weil man
sich doch nicht um es kümmert.
Die Leute sagen: Komm endlich, die neun Monate sind
schon lange vorbei und der Bauch hat keinen Platz
mehr und für die Mutter ist es nun zu schwer!
Wenn du nicht endlich kommst, wird die Mutter sterben.

Die Waffenhändler haben mein Schicksal bestimmt.

In meinem Land Somalia gibt es seit mehr als dreißig Jahren Krieg. Millionen von Menschen sind gestorben, Millionen sind geflüchtet, vergewaltigt und um ihr Eigentum gebracht worden. Die Zurückgebliebenen haben keine Zukunft und keine Perspektive, viele sind schwerbehindert.

Der Grund ist der Waffenhandel. In unserer Heimat produziert man keine Waffen. Aber die Mörder erhalten die modernsten Waffen. Mit jedem Toten verdienen gewisse Leute viel Geld. Die größte Hilfe, damit niemand mehr fliehen muss, wäre, keine Waffen mehr zu liefern.

Große Firmen produzieren Waffen, liefern sie dahin, wo es Krieg gibt und verdienen viel Geld. Sie verschärfen den Krieg und die Leute müssen weggehen. Wenn man sich bei uns abends zum Schlafen hinlegt, weiß man nicht, ob man am Morgen wieder aufwacht.

Der Mann, der Honig verkauft, verdient auch Geld. Er hilft der Bevölkerung. Am Abend, wenn er nach Hause zu seiner Familie kommt, hat er Honig an den Händen und nicht Blut. Der Waffenhändler kommt mit blutigen Händen nach Hause. Sein Gewissen schreit nicht. Aber auch er kann sein Leben nicht mit Geld verlängern, wenn seine Zeit gekommen ist.

Wenn die Politiker zusammensitzen, sagen sie immer, sie sind gegen Waffenlieferungen in Kriegsgebiete. Sie sprechen von Menschenrechten. Aber sie lassen den Waffenhandel zu, Regierungen kaufen und verkaufen. Nicht nur in Europa, auch in den Emiraten, in Asien und in Äthiopien werden Waffen produziert. Sie geben sie überall dorthin, wo Krieg ist.

Wieso können gefährliche Gruppen in Somalia so moderne Technik haben? Sie könnten nicht existieren, wenn sie kein Geld hätten. Woher haben sie das Geld? Diese Gruppen bekämpfen sich gegenseitig und zerstören ganze Länder.

Es sollen keine Interessengruppen von außen unterstützt werden. Alle Waffen- und Munitionslieferungen müssen gestoppt werden.

Wir sollten nicht nur an uns, sondern weiterdenken, an die zukünftigen Generationen, damit sie in einer besseren Welt leben können. Wir müssen mit dem Herzen und dem Kopf denken. Lippenbekenntnisse reichen nicht.

Testament

In Libyen fuhren wir mit einem Pick-up durch die Wüste, durch ein Schlagloch sind wir alle rausgeflogen. Es gab viele Verletzte, mit gebrochenen Knochen und anderen Verletzungen. Wir wollten Schmerzmittel, aber wir bekamen keine. Der Schlepper hat uns zu einem Bauernhof in ein Verlies gebracht, wo etwa 250 Leute eingepfercht waren. Ich sah die Menschen und fragte mich, ob ich träume. Es war wie in einem Horrorfilm. Die Menschen waren total mager, voller Läuse, es stank fürchterlich. Manche redeten wirres Zeug. Ich war sprachlos und dachte, ich sei schon tot.
Der Schlepper gab mir ein Telefon, ich solle meine Eltern schnell anrufen, sie sollen sofort zurückrufen. Meine Eltern haben mich angerufen und ich habe meine Situation erklärt. Nachbarn mussten das Telefon übernehmen, weil meine Eltern vor lauter Weinen nicht mehr fähig waren zu sprechen. Ich dachte, dass meine Eltern Angst hatten, mich nicht mehr lebend zu sehen.

Das habe ich auf die Mauer im Gefängnis geschrieben:
Das Leben ist sehr kompliziert und
bringt so manche Wechselfälle.
Das Schicksal hat mir Schwieriges bereitet.
Oh meine Eltern, sie haben mir immer gute Ratschläge gegeben.
Sie haben mir Liebe gezeigt.
Ich bin auf der Flucht.
Ich fühle mich müde.
Ich denke, meine Beine sind gebrochen.
Ich kann nicht mehr laufen und meine Stimme versagt.

Oh meine Eltern, die mich aufgezogen haben, ich liebe sie.
Ihr seid meine Augen, ohne euch kann ich nicht sehen.
Ohne euch ist das Leben für mich dunkel.
Ich bin in ein Loch gefallen, in dem die Hyäne lauert.
Ich schlafe zwischen den Zähnen von Klapperschlangen.
Ich weiß, dass meine Eltern nicht schlafen können.
Ich weiß, dass meine Eltern leiden.
Ich weiß, dass sie sich im Moment
zurückziehen von allen Leuten.
Ich bin der Grund dieses Schmerzes.
Es ist ihr Sohn, den sie lieben.
Ich schlafe nicht am Abend.
Ich erwarte, dass die Schlepper mich köpfen.
Wenn ich umkomme, sollen meine Eltern
sich nicht schlecht fühlen.
Wenn meine Zeit da ist, kann es nicht anders sein.
Oh meine Eltern, bitte verzeiht mir, obwohl
ich die Ursache für euer Leiden bin.

Husein, 24, lebt seit drei Jahren in Europa.

Ist Menschlichkeit nur etwas für Wohlfühlzeiten?

Carlos Collado Seidel

Mehr als 36.600 Menschen sind im letzten Vierteljahrhundert beim Versuch, über das Mittelmeer nach Europa zu gelangen, ums Leben gekommen. Menschen, die auf der Flucht waren, sei es vor Verfolgung oder auch vor Armut. Menschen, die den gefährlichen Weg in der Hoffnung auf sich nahmen, der Hoffnungslosigkeit zu entrinnen. Aus Angst um die eigene Existenz. Aus Angst um das eigene Leben. Schließlich sind sie in den Weiten des Meeres ertrunken. Eine noch größere Todeszone ist die Sahara. Schätzungen zufolge liegen dort die ausgeblichenen Gebeine doppelt so vieler Menschen, die den Weg durch den Wüstensand nicht geschafft haben, ohne jeglichen Beistand jämmerlich verendet sind. Über 100.000 Menschen haben sich aus Not auf den Weg nach Europa gemacht, sind dort aber niemals angekommen. Währenddessen stritten sich die Regierungen Europas über die Aufnahme der Gestrandeten.

Die allermeisten der Toten sind für uns namenlos, doch sie alle hatten ein vorangegangenes Leben. Sie hinterlassen Angehörige und Freund*innen und damit Schicksale in ihren Heimatländern. Familien haben sich zutiefst verschuldet, um das Geld für die Schlepper aufzubringen. Nur selten wird in den anonymen, im Meer aufgesammelten oder an den Stränden Südeuropas angespülten Leichen das menschliche Schicksal sichtbar.

Dazu gehört der tote Junge mit dem roten T-Shirt und einer kurzen blauen Hose, dessen Gesicht in den Sand gedrückt lag, nachdem er an einen Strand im Süden der Türkei geschwemmt worden war. Er hieß Alan Kurdi, war zwei Jahre alt und hatte zusammen mit seiner Familie die Flucht vor der Dschihadistenmiliz des IS aus der syrischen Stadt Kobane angetreten. Das Bild ging Anfang September 2015 um die Welt. Es trug die Unterzeile „An Land gespülte Menschlichkeit" und rüttelte auf. Doch nur für kurze Zeit. An der grundsätzlichen Haltung der europäischen Staaten gegenüber den Flüchtlingen änderte sich nichts, und der Streit um einen Verteilungsschlüssel für die Ankommenden ging unverändert weiter.

Aus der Geschichte könne man lernen, heißt es immer. Das Gegenteil scheint jedoch der Fall zu sein, sobald die Erinnerung verblasst. Das Jahr 1938 liegt wohl allzu weit zurück, als auf der Konferenz von Évian nach Wegen gesucht wurde, um den im menschenverachtenden NS-Deutschland verfolgten Jüdinnen und Juden eine Zuflucht zu bieten. Die Konferenz verlief ergebnislos. Eine Schande für die zivilisierte Welt, beklagt heute die Geschichtswissenschaft. So schrieb rückblickend die spätere israelische Ministerpräsidentin Golda Meir, die auf der Konferenz zugegen war: „Dazusitzen, in diesem wunderbaren Saal, zuzuhören, wie die Vertreter von 32 Staaten nacheinander aufstanden und erklärten, wie furchtbar gern sie eine größere Zahl Flüchtlinge aufnehmen würden und wie schrecklich leid es ihnen tue, dass sie das leider nicht tun könnten, war eine erschütternde Erfahrung. [...] Ich hatte Lust, aufzustehen und sie alle anzuschreien: Wisst ihr denn nicht, dass diese verdammten ‚Zahlen' menschliche Wesen sind, Menschen, die den Rest ihres Lebens in Konzentrationslagern oder auf der Flucht rund um den Erdball verbringen müssen wie Aussätzige, wenn ihr sie nicht aufnehmt?"

Denjenigen, die in der Folge auf eigene Faust oder mit Unterstützung von Hilfsorganisationen flohen, stand ein harter Gang bevor. Der Weg durch unwegsame Pfade über die Pyrenäen aus dem besetzten Frankreich heraus war nicht nur mühsam. Ortskundige Schlepper verlangten darüber hinaus horrende Summen für die Passage von Gruppen oder Einzelpersonen. Manche behaupten, die Grundlage des heutigen Reichtums Andorras stamme aus dieser Zeit. Eine unbekannte Zahl Flüchtender kam nicht einmal an, nachdem sie Skrupellosen in die Hände gefallen waren, die wussten, dass die Hilflosen ihre letzten Wertsachen am Leibe trugen. Viele dunkle Geschichten liegen in den unwegsamen Pyrenäen verborgen.

Diese Fluchtwelle war aber beileibe nicht die einzige im Europa des 20. Jahrhunderts. In den letzten Wochen des Spanischen Bürgerkriegs flohen Hunderttausende über die Pyrenäen nach Frankreich und wurden dort in Lager gepfercht, die aus improvisierten Stacheldrahtumzäunungen ohne feste Behausungen an Stränden wie Argelès-sur-Mer oder Saint-Cyprien bestanden, wo die Erschöpften und Traumatisierten unter dem Nachthimmel im Sand schlafen mussten. Am Hafen von Alicante hatten sich wiederum Tausende spanischer Republikaner versammelt in der Hoffnung, auf ein Schiff zu gelangen, um der Repression der Sieger zu entrinnen. Allein der Kapitän der „Stambrook“ erbarmte sich und nahm, entgegen den Weisungen, 2.638 Flüchtende auf. Er brachte sie ins nordafrikanische Oran, und auch dort folgte ein Martyrium, als die Männer über einen Monat an Bord verharren mussten, um dann in weitere Internierungslager in der Wüste verfrachtet zu werden.

Als ich noch zur Schule ging, war das Asylrecht ein hohes Gut. Es ging darum, dass gerade die Deutschen angesichts der eigenen Vergangenheit eine besondere Pflicht hätten, zu verhindern, dass sich eine derartige humanitäre Katastrophe wiederhole, die der Konferenz von Évian folgte. Das Verantwortungsbewusstsein ging mit den Jahren indes nach und nach verloren. So wurde 1993 nicht nur das Asylrecht eingeschränkt. Damals entbrannte eine sich wellenartig verschärfende Debatte über „Asylmissbrauch“ und die „Überfremdung Deutschlands“.

Das war aber erst der Anfang. Nun geht es um die radikale Abschottung der EU-Außengrenzen. Frontex ist das neue Zauberwort. Und es geht um Zäune, die auch inmitten Europas wieder errichtet werden. Stacheldrahtzäune wie jene in Ceuta und Melilla mit ihren messerscharfen Klingen, die jeden Versuch, die sechs Meter hohe Umzäunung zu überwinden, in ein Blutbad verwandelt. Doch Zäune und Mauern haben in der Vergangenheit nie auf Dauer dem Druck der Menschen standhalten können, die sich auf der Suche nach einem besseren Leben in Bewegung gesetzt haben. Das wird auch diesmal der Fall sein, sei es an den Grenzen Ungarns, in Ceuta, in Melilla oder wo auch immer noch weitere errichtet werden sollten.

Wie vor achtzig Jahren ertönen wohlklingende Worte, denen im Angesicht der humanitären Katastrophe keine Taten folgen. Auch die Tore zu jenen Ländern, die für MigrantInnen zunächst offen standen, schließen sich. Reflexartig wird das Eigene vor dem Fremden abgeschottet. Nach der Aufnahme Hunderttausender im Laufe des Jahres 2015 und der damals allseits entstandenen „Wir schaffen das“-Euphorie scheint sich die Gemütslage radikal ins Gegenteil verkehrt zu haben. Sind wir Deutschen tatsächlich derart emotional veranlagt, dass wir von einem Extrem ins andere verfallen?

„Sie werden die Erste sein, die bewaffnet an der Grenze stehen wird, wenn sich die Menschenmassen in Richtung Norden in Bewegung setzen.“

Damit entgegnete um das Jahr 1990 herum ein Münchner Professor für politische Ökologie trocken dem Plädoyer einer Kommilitonin, die im Rahmen eines Seminars auf die Pflicht der Industrienationen verwies, angesichts der Ungerechtigkeit des Nord-Süd-Gefälles und der damals schon absehbaren Migrationsbewegungen Solidarität mit den durch das kapitalistische System ausgebeuteten Völkern zu zeigen. Der Satz kam mir in den Sinn, als die Stimmung nach den Ereignissen der Silvesternacht von Köln zu kippen begann. Ist Menschlichkeit nur etwas für Wohlfühlzeiten?

Ein hoffnungsvolles Zeichen der Mitmenschlichkeit setzte Mitte Juni 2018 der neu gewählte sozialdemokratische spanische Ministerpräsident Pedro Sánchez, als er das vor den Küsten Italiens umherirrende Flüchtlingsschiff „Aquarius“ im Hafen von Valencia anlanden ließ. Eine Woge der Freude erfüllte damals die Zeitungen, nicht nur in Spanien. Mit den nach oben schnellenden Zahlen von Flüchtlingen, die in Schlauchbooten die spanischen Küsten erreichen, wendete sich aber auch hier das Blatt. Die Auseinandersetzungen sind egoistischer geworden, und die Konservativen und erstarkenden Rechtsextremen hetzen nun inmitten einer aufwallenden nationalistischen Woge in bislang unbekannter Schärfe gegen die Immigrant*innen. Die Kooperationsabkommen mit den Maghrebstaaten zeigen wiederum in erschreckender Weise Wirkung, als Ende September 2018 Schüsse der marokkanischen Küstenwache auf ein Flüchtlingsboot eine junge Frau tödlich trafen. Und die messerscharfen Klingen an den Grenzzäunen von Ceuta und Melilla blitzen entgegen den Ankündigungen des Ministerpräsidenten unverändert im Sonnenlicht. Jene, denen es gelingt, den Zaun zu überwinden, werden nach Marokko zurückverfrachtet. Währenddessen werden tagtäglich weitere Leichen an Land gespült.

Wo bleibt da der Geist der Menschenrechtscharta, die alle EU-Staaten unterschrieben haben und die mehr denn je das Leitbild für unser Handeln darstellen sollte? Ist Artikel 1 des Grundgesetzes, der von der Unantastbarkeit der Würde des Menschen sowie von der Verpflichtung aller staatlichen Gewalt handelt, diese Würde zu achten und zu schützen, zu einer inhaltsleeren Hülle verkommen? Wie viel Zynismus ist nötig, um die zwangsweise Rückführung von 69 abgelehnten afghanischen Asylbewerbern als Geburtstagsgeschenk zu verstehen, von denen sich einer nach der Ankunft in Kabul aus Verzweiflung das Leben nahm? Handelt

Bundesinnenminister Horst Seehofer aus Opportunismus oder, das wäre noch weitaus erschreckender, aus Überzeugung, wenn er die Migrationsfrage als „Mutter aller politischen Probleme in Deutschland" bezeichnet? In unserem Land macht sich eine beängstigende Sprache breit, an deren Spitze lediglich das „Denkmal der Schande" und das begriffliche Wiederaufleben der Volksgemeinschaft stehen.

Der Boden ist schon vor Jahren bereitet worden. Dazu zähle ich auch die politisch befeuerte Begeisterung für die deutschen Nationalfarben und das Wir-Gefühl des „Sommermärchens" im Jahr 2006. Symbole wirken machtvoll, und nun kommt das hervor, was über Jahrzehnte unter der Oberfläche verborgen lag. Es gibt keinen Fähnchen schwingenden Party-Patriotismus. Das Wir-Gefühl bedeutet unweigerlich eine Abgrenzung gegenüber dem Anderen, dem Fremden. In Zeiten kollektiver Angst und Sorge tritt die hässliche Fratze zum Vorschein.

Allem zum Trotz: Die Willkommenskultur und vor allem die Bereitschaft, den nach Deutschland gekommenen Menschen zu helfen, bestehen nach wie vor, auch wenn dieses Engagement weitgehend aus den Schlagzeilen verschwunden ist. Zahllose Hilfsorganisationen und Einzelinitiativen setzen sich für Geflüchtete ein, in den Stadtvierteln und auf dem Land. Ein Großteil der Bevölkerung steht den Angekommenen unverändert positiv gegenüber. Die Vielfalt in unserem Lande ist eine gelebte Realität. Sie bereichert unsere Gesellschaft, und diese Einstellung wird auch von der großen Mehrheit der Bevölkerung geteilt.

Die scheinbare Omnipräsenz des Gegröles der „besorgten Bürger" und des völkischen Mobs darf nicht zu einer Verschiebung unserer Werte führen. Dem müssen wir unsere Stimmen entgegenstellen. Laut und öffentlich sichtbar. Gegen die um sich greifende Verrohung in unserem Land. Gegen Intoleranz, spalterischen völkischen Radikalismus und neokonservativen Nationalismus. Dazu bildet der vorliegende Band einen wichtigen Beitrag, einen Beitrag im Sinne der Mitmenschlichkeit und der Würde des Menschen. Es darf nicht dazu kommen, dass wir uns eines Tages schämen müssen, die Prinzipien, auf denen unsere Gesellschaft aufgebaut ist, wieder einmal verraten zu haben.

Carlos Collado Seidel ist Generalsekretär des PEN-Zentrums Deutschland (Mitglied von PEN International, in dem mehr als 140 Schriftstellerorganisationen aus 101 Nationen vereint sind). In seiner Funktion setzt er sich im Sinne der PEN-Charta für die Freiheit des Wortes, Meinungsvielfalt und verfolgte Autorinnen und Autoren weltweit ein. Er ist außerdem Professor für Zeitgeschichte an der Universität Marburg. Als Historiker forscht und lehrt er insbesondere über europäische Nationalismen, Diktaturerfahrung und Vergangenheitsbewältigung.

Mein Freund Zaki

Ruben Schenzle

„Mein Name ist Nur Zakaria Adam. Mein Weg nach Deutschland war ein weiter. Rufe ich mir diesen Lebensweg in mein Gedächtnis zurück, ist mir, als wäre mein Leben hier bereits das fünfte.“

Mit diesen Worten begann mein Freund Zaki seine Geschichte. Das war im Jahr 2012. Wir hatten uns kurz zuvor kennengelernt und den Entschluss gefasst, seine Erinnerungen gemeinsam zu Papier zu bringen. Doch blieb seine Biographie unvollendet.

Zaki stammte aus dem Westen des Sudan. Seine Heimat Darfur war ab 2003 Schauplatz blutiger ethnischer Säuberungen, die ihn als 15-Jährigen zur Flucht gen Norden zwangen. Jede Station auf seiner Flucht durch die libysche Wüste nach Tripolis, über das Mittelmeer nach Malta und schließlich Berlin kam ihm rückblickend wie ein für sich abgeschlossenes Leben vor.

Einmal erinnerte er sich:

„Lausche ich heutzutage an den ersten Frühlingstagen dem Gezwitscher der heimkehrenden Zugvögel nach Deutschland, schließe ich die Augen und male mir den Weg aus, den sie im Flug zurückgelegt haben. Es ist dasselbe Gezwitscher, das in den Monaten von September bis Dezember bei uns im Sudan zu hören war. Wenn ein Vögelchen in einem Baum saß, legte ich mich in seinen Schatten, schloss die Augen und der Gesang des Vogels trug mich in den Schlaf. So träume ich auch heute noch, wenn der Frühling anbricht."

Auch wenn unsere Gespräche immer wieder an schlimme Erfahrungen rührten, überwog eine unbezwingbare Hoffnung. Zaki war regelrecht getrieben von dem Wunsch nach Bildung, davon, als Erster in seiner Familie eine Ausbildung zu genießen. Und es schien, als wäre er nun endlich an einem Ort angekommen, wo er einen Platz für sich finden würde.

Am Ende ging es viel schneller und kam ganz anders. Mit zwei Freunden begleitete ich Zaki Ende September 2013 zur Ausländerbehörde: als seelische Stütze, um die Verlängerung seines Aufenthaltstitels in Empfang zu nehmen. Zutiefst aufgewühlt, in Sorge und schlaflos hatte Zaki diesem Tag entgegengefiebert – sollte sich anhand der befristeten Dauer dieses Bescheids doch entscheiden, ob er sich überhaupt für eine dreijährige Ausbildung würde bewerben können. An jenem Tag erhielt er drei weitere Jahre. Ein echter Erfolg, und Frustration und Stress der vergangenen Wochen und Tage fielen uns wie Steine vom Herzen.

Doch Zakis Herz war vorbelastet. Genau einen Tag nach der großen Erleichterung bei der Ausländerbehörde brach er zusammen. Länger als einen Monat lag er im Koma. Am 7. November 2013 starb Zaki im Berliner Virchow-Klinikum, wohl an den Folgen eines unerkannten Herzfehlers. Er, der die aufzehrende Flucht aus dem Westen des Sudans durch die libysche Wüste und über das Mittelmeer überstanden hatte, hielt der wahllosen Anwendung des hiesigen Asylrechts nicht stand. Zaki wurde 25 Jahre alt.

Nach nunmehr fünf Jahren erzähle ich hier zum ersten Mal von Zaki und seinem Leben. Auch wenn ich viel an ihn denke und an dem persönlichen Verlust trage, sehe ich in seinem Schicksal auch eine universelle zeitlose Mahnung: Es ist nicht das Meer, sind nicht die Grenzen allein, die töten. Es sind auch unsere Gesetze, die den Menschen keine Sicherheit geben, und sie hier zu Tode verzweifeln lassen.

Ruben Schenzle ist Mitarbeiter am Seminar für Semitistik und Arabistik der Freien Universität Berlin. Er ist Beauftragter für die allgemeine Berufsvorbereitung und stellvertretender Beauftragter für Bachelor-Studierende. Neben seiner Arbeit an der Universität engagiert er sich im Rahmen des von ihm mitbegründeten Netzwerks für Gute Arbeit in der Wissenschaft.

Es sterben Menschen, die wir retten könnten.

Lorenz Narku Laing

Gewiss war man sich im Zeichen der Menschlichkeit über allgemeingültige Alltagsprinzipien. Sie sind nicht sehr komplex und doch verlieren sie leider ihre Anerkennung.

Wenn jemand einem Menschen Essen geben könnte, bevor er verhungert, dann würden wir dies zulassen. Wenn jemand einem Menschen eine Impfung geben könnte, bevor er erkrankt, dann würden wir dies zulassen. Wenn jemand einen Hausbrand löschen könnte, während ein Hilferuf ertönt, dann würden wir dies zulassen. Das Gebot, nach Möglichkeit Hilfe zu leisten, ist Konsens. Weiterhin ist klar erkennbar: Retten zu verbieten, verbietet sich.

Selbstverständlich wäre es nicht von Bedeutung, ob der Errettete selbst mehr gegen sein Hungern hätte tun können oder ob der Mensch das Haus selbst angezündet hat. Falls hierzu der gesellschaftliche Konsens gebrochen ist, dann sollten wir dies buchstäblich als den Naturzustand unserer Gesellschaft anerkennen und über Wege zu einer menschlichen Gesellschaft streiten.

Wenn heute jemand einen Menschen aus dem Wasser ziehen könnte, bevor er ertrinkt, dann lassen wir dies nicht mehr zu. Der Jemand sind die zivilgesellschaftlichen Seenotretter. Das Wir sind die Demokratien Europas und ihre Bürger. Die Menschen sind die Menschen auf dem Mittelmeer. Es sterben Menschen, die wir retten könnten.

Die Ertrinkenden sind vielen fremd.

Einige hätten in dem vorhergehenden Abschnitt erwartet, Flüchtlinge, Migranten oder Afrikaner zu lesen – und nicht Menschen. Hauptsache, irgendeinen der häufig genannten Gruppennamen in der alltäglichen Berichterstattung. Ein Begriff, der hilft, ihr Gesicht zu verstecken und ihr Menschsein zu verschleiern. Eine Bezeichnung, die dem Anderen gehört und auf die meisten von uns nicht zutrifft. Zu gerne soll verdrängt werden, dass hier Mütter, Nachbarn und Babys ertrinken. Keine weitere Zahl. Kein weiteres Bruchstück vom sogenannten schwarzen Kontinent. Kein Tropfen in einer überwältigenden Flut. Ein Mensch.

Der Rechtspopulismus in Europa arbeitet unermüdlich an einer Entmenschlichung der „Ersoffenen". Besonders jeder junge Mann auf dem Mittelmeer wird vom Subjekt mit Rechten und Freiheiten zum entrechteten Objekt des Hasses. In der rechten Erzählung wandelt er sich von einer individuellen Persönlichkeit zum Tatwerkzeug der Kriminalität. Derzeit folgen immer größere Teile des öffentlichen Diskurses dieser Narration. An den Küsten Europas kommen nicht mehr Ahmad oder Christian an, sondern der bedrohliche Flüchtling. Diese Entindividualisierung widerspricht dem Geist unserer Gesellschaftsordnung und begünstigt Sippenhaft. Letztlich haben wir uns in einem langen historischen Prozess zu Recht davon verabschiedet, Menschen in ihrer Gruppenzugehörigkeit zu verurteilen. Im Rahmen der gefährlichen Reise verlieren diese Menschen sowohl in Libyen als auch innerhalb und außerhalb Europas Grenzen ihre Rechte. In Ungarn wurde Menschen das Essen entzogen, an der Küste Italiens wurde Menschen die medizinische Versorgung verweigert und das libysche Regime ignoriert das Recht auf körperliche Unversehrtheit. Eine schandhafte Dynamik.

Der Diskurs um Grenzen entgrenzt.

Für unser Grundgesetz bleibt es unerheblich, wo und aus welchen Gründen ein Leben gerettet wird. Die Erhaltung der Menschenwürde kennt keine Grenze. Nichtsdestotrotz wird erneut über Grenzen verhandelt. Von Sebastian Kurz über Matteo Salvini bis Horst Seehofer wird ein Kampf für Grenzsicherung versprochen. Sichere Grenzen werden verstanden als Konstrukte, die Menschen an der Überquerung hindern. Doch ist das Wort Sicherheit auf das lateinische „securitas", übersetzt: „sorglos", zurückzuführen. Im Lexikon findet sich Sicherheit erklärt als „Zustand des Sicherseins", „Geschütztseins vor Gefahr oder Schaden", „höchstmögliches Freisein von Gefährdungen". Daher widerspricht die europäische Grenzpolitik dem Leitgedanken einer humanen Grenze. Die gegenwärtigen Grenzen organisieren Sicherheit nach innen und Gewalt nach außen. Man kann über den Sinn oder Unsinn von Grenzen ausführlich diskutieren. An dieser Stelle soll lediglich verdeutlicht werden, dass eine wahrhaft sichere Grenze auch Sicherheit nach außen herstellt. Folglich kann eine Grenze, an der unbewaffnete Zivilisten sterben, nicht als ein Ort von höchstmöglichem Freisein von Gefährdungen verstanden werden. Das Recht auf Unversehrtheit ist letztlich kein Staatsbürgerrecht, sondern ein Recht für alle Menschen. Jede Grenze sollte erst als sichere Grenze verstanden werden, wenn das Sterben dort endet. Es ist eine Errungenschaft freiheitlich-demokratischer Ordnungen, das Recht zu leben für alle bedingungslos anzuerkennen. Aktuelle Versuche von Rechtspopulisten in Parlamenten, den Diskurs hierüber zu eröffnen, sind ein Rückschritt.

Gleiche Rechte für alle

Diese Entwicklung kratzt an der Allgemeingültigkeit von Menschenrechten und bringt die eigentlich überkommene Erfahrung entrechteter Gruppen zurück. Viele der geschundenen Körper sind schwarz. In der Weltgeschichte haben es schwarze Menschen, genau wie Frauen und Menschen mit Behinderung, immer wieder erlebt, keinen Zugriff auf als universell erklärte Rechte zu haben. Keineswegs nur in den Jahrhunderten von Sklaverei, sondern auch in vielen angeblichen Demokratien – wie den Vereinigten Staaten von Amerika, Großbritannien oder Südafrika – hatten bis weit ins 20. Jahrhundert hinein schwarze Menschen ungleiche Bürgerrechte. Sogar die Urväter der Demokratie, die französischen Revolutionäre, verweigerten den schwarzen Menschen in der französischen Kolonie Haiti ihre Freiheit, Gleichheit und Brüderlichkeit. Spätestens seit der in Berlin abgehaltenen Kongokonferenz zur nominellen Aufteilung Afrikas hatten die Mehrheit aller Afrikaner bis in meine heutige Elterngeneration nicht die gleichen Rechte qua Geburt wie die Europäer. Das Bundesministerium für wirtschaftliche Zusammenarbeit und Entwicklung (BMZ) schreibt in seinem Strategieplan *Marshallplan mit Afrika*: „1885 auf der Konferenz in Berlin wurde der Kontinent mit dem Lineal ohne Rücksicht auf Geschichte, Tradition und Kultur und Selbstbestimmung der Völker willkürlich aufgeteilt. Es folgte ein Zeitalter der

Unterdrückung, Bevormundung, Erniedrigung und Ausbeutung." Noch heute gibt es eine eklatante Ungleichheit der globalen Bewegungsfreiheit zwischen Afrikanern und Europäern. Im Mittelmeer setzt sich diese koloniale Tradition konkret fort. Dem schwarzen Leben wird das Privileg eines sicheren Reisewegs in weit größerem Umfang entzogen als anderen Gruppen. In unserer heutigen Welt gilt noch immer, dass es in den Peripherien und Zentren des Westens noch immer gefährlicher ist, schwarz zu sein als weiß. Dies verdeutlichen die Schüsse auf schwarze Menschen in Italien, die Polizeigewalt in den USA und auch die gefährliche Reise übers Mittelmeer. Viele Menschen afrikanischer Herkunft streben noch immer nach der rechtlichen Gleichheit mit den Menschen des Westens. Wenn heute jemand behaupten würde, es würde im Mittelmeer faktisch weniger getan, um einen schwarzen Menschen vor dem Ertrinken zu retten als einen weißen Menschen, könnte man dem glaubhaft widersprechen? Glauben Sie, man würde eine zivile Seenotrettung von Briten in der Nordsee unterbinden? Daher ist nach dem bekannten Politiktheoretiker Achille Mbembe auch in der Gegenwart leider das schwarze Leben noch immer weniger wert. Das Leben eines Schwarzen kann nach Ansicht mancher Menschen ruhig zur Abschreckung für andere potentielle Reisende auf einem gekenterten Schlauchboot enden.

Manchmal ist es unabdingbar, über Kollektive zu sprechen. Gerade, wenn sie gemeinsame Leidenserfahrung zusammenbringen. Wiederkehrend wird auch in humanitären Kreisen über die Menschen nur in Kollektiven und Zahlen gesprochen. Es wird vergessen: Die Toten von heute sind die Lebenden von gestern. Würden die Ertrunkenen von gestern und die Ertrinkenden von morgen wieder als Individuen verstanden werden, dann würden wir zu einer besseren Balance zurückfinden. Daher ist es notwendig, ihre Geschichten zu hören und sie anzusehen.

Zur moralischen Ausgewogenheit gehörte der Konsens, Lebensrettern nicht im Wege zu stehen. Wie bei der Rettungsgasse auf der Autobahn. Sie gar als Helden zu betrachten. Wie beim mutigen Fassadenkletterer in Paris. Denn wer den Tod in die Flucht schlug, auf den warteten Würdigung und Anerkennung. Doch leider haben wir Maß und Mitte verloren. Es sterben Menschen, die wir retten könnten. Denn durch die Verunmöglichung von privater Seenotrettung helfen wir weniger Menschen als wir könnten. Wir leisten Beistand unter dem Maß vorhandener Kapazitäten. Die Ehrenamtlichen auf dem Mittelmeer könnten die Gleichwertigkeit schwarzen Lebens mit ihren Taten in die Welt rufen.

Manchmal ist helfen unmöglich.

Nicht immer können wir helfen und nicht immer können wir retten. Individuen sind teilweise unfähig, Veränderung in großen Systemen zu bewirken. Der einzelne Bürger kann nicht jedes Unrecht verhindern. Der einzelne Staat kann nicht jedes Weltleiden ins Jenseits verbannen. Es gibt eine Ohnmacht von Individuen, Gruppen und Staaten. Es sind kalte Sätze eines politischen Pragmatismus. Dessen Gegenspieler war stets ein warmer, humanistischer Idealismus. Die Utopie gleicher Lebensverhältnisse für alle Menschen auf der Welt. Ein fortwährendes Wirken staatlicher Gemeinschaften zum Schutze von Leben und Rechten. Es gibt eine Wirkmacht von Individuum, Gruppen und Staaten.

Die Verantwortungsethik für das vermeintlich Eigene verbot uns, mit Charterflügen unbegrenzt hungernde Menschen aus den Krisenregionen der Welt einzufliegen, aber die Gesinnungsethik für das vermeintlich Fremde verpflichtete uns, allen schutzsuchenden Menschen an unseren Grenzen Beistand zu leisten. Es gab ein stetes Verhandeln zwischen der Begrenztheit und der Möglichkeit zu helfen. Heute aber wird in Frage gestellt, ob wir manche Formen des Rettens unmöglich machen oder akzeptieren.

Im alltäglichen Leben wird diese schmerzliche Erkenntnis mal mehr und mal weniger bewusst. Hierzu ein Beispiel aus dem Alltag: Wir alle standen schon wegen weggeworfener Lebensmittel frustriert in unserer Küche und dachten an hungernde Menschen in anderen Teilen der Welt, aber auch hier bei uns in Deutschland. Unmöglich ist es allerdings, in diesen Momenten den im Kühlschrank vergessenen Salatkopf oder die überfälligen Chips per Sofortüberweisung zu Hilfsbedürftigen zu bringen. Unser unmittelbares moralisches Dilemma lässt sich nicht sofort ins richtige Handeln übersetzen. Es wird ein Problem offenkundig, und die Lösung entzieht sich unserem Zugriff.

Wir sind nicht ohnmächtig, sondern untätig.

Das Kleine ist auch im Großen bekannt. Beängstigend sind die Bilder von den Kriegen in Syrien oder im Sudan. Gewalttätig ist das Sterben in Myanmar und in der Ukraine. Es sterben Menschen und die Lösung hierzu ist äußerst kompliziert. An manchen Tagen bringt die beschränkte Handlungsfähigkeit von Deutschland Wut hervor. Es gehen Leben verloren, auch weil wir ohnmächtig sind. Es sind Tode, die wir nicht unmittelbar verhindern können. Doch im Mittelmeer ist die heutige Situation anders. Es sterben Menschen, die wir retten könnten. Wir sind nicht ohnmächtig, sondern untätig. Lebensretter werden im öffentlichen Diskurs zunehmend in falsche und richtige aufgeteilt. Die einen retten vermeintlich das falsche Leben eines Flüchtenden und die anderen retten das richtige Leben eines Nachbarn. Heiß laufen die Diskurse, dem Polizisten und der Sanitäterin im Alltag mehr Anerkennung entgegenzubringen. Eiskalt klingen die Diskurse, Seenotretter als Schlepper zu verstehen. Der frühere universelle Heroismus des Beschützers der Schutzlosen findet sein Ende am Verhandlungstisch über Fluchtursachen.

Unser Grundgesetz hat einen klaren Imperativ. Wir helfen und schützen die Würde des Menschen. Zur Würde des Menschen gehören das Recht zu leben und das Recht auf die körperliche Unversehrtheit. Wenn wir auf die Todeszahlen im Mittelmeer schauen, dann sollte uns der Ruf zum Handeln ereilen.

Unser Lebensstil schafft Leiden.

Immer wieder wird die Verantwortung von Europa und Deutschland für die Welt grundsätzlich in Frage gestellt. Gleichzeitig ist es beinahe schon eine Binsenweisheit im öffentlichen Diskurs, dass der westliche Lebensstil und politische Entscheidungen mitverantwortlich sind für die Fluchtursachen. Im Bericht des BMZ lautet es weiter: „Und auch heute gründet der Wohlstand der Industrieländer teilweise auf der ungeregelten Ausbeutung von Menschen und Ressourcen des afrikanischen Kontinents." Unser gut gemeinter und wohlständiger Lebensstil ist verbunden mit Leiden in der Welt. Daran werden wir erinnert, wenn wir einen Dokumentarfilm über die Edelmetalle in unseren Smartphones schauen oder von den Arbeitsverhältnissen auf den Plantagen für unsere Schnittblumen lesen. In diesen Momenten kann man sich egoistisch oder gar ignorant fühlen. Seit Jahrhunderten baut der westliche Reichtum auf die Umverteilung von Produktivkraft aus dem globalen Süden in den globalen Norden. So haben heutige Generationen die koloniale Schuld geerbt, dennoch handelt es sich hierbei nicht um längst vergangene Zeiten. Noch heute profitieren westliche Gesellschaften von asymmetrischen Handelsverhältnissen.

Es entstehen Fluchtursachen und die Menschen auf der Flucht werden in ihrer Verzweiflung aufs Mittelmeer getrieben. Es fehlen sichere Fluchtrouten. Der Lebensstil, für den wir uns tagtäglich entscheiden, schafft Probleme. Einige Probleme können und manche Probleme wollen wir nicht lösen. Jedoch sterben Menschen, die wir retten könnten. Die aktuelle Grenz- und Polizeipolitik der Europäischen Union verschiebt unsere Peripherie in den Süden. Traditionsreiche Nationen in Nordafrika werden im politischen Denken zu Transitländern degradiert. Das Sterben verlagert sich aus dem Mittelmeer in die Wüste. Man könnte meinen, die Naturgewalten des Meeres wurden ersetzt durch die Ausweglosigkeit der Wüste. Die Natur fordert ihren Tribut. Doch es ist vielmehr die politische Entscheidung von Menschen über Menschen hier am Werk. Seit Jahren engagiere ich mich in der Menschenrechtsbildung, aber das größte Unverständnis über die europäische Lage von Menschenrechten im 21. Jahrhundert bleibt. Daher steht dieser aufwühlende und sich immer wieder ins Gewissen drängende Satz zum Schluss: Es sterben Menschen, die wir retten könnten.

Lorenz Narku Laing ist wissenschaftlicher Mitarbeiter am Geschwister-Scholl-Institut für Politikwissenschaft der Ludwig-Maximilians-Universität München. Aktuell forscht und lehrt er am Lehrstuhl für Politische Theorie zum Thema „Theorien der Flucht und Migration: Von der Freiheit zu gehen und dem Recht auf Schutz“. Darüber hinaus ist er freiberuflicher Diversity-Trainer bei Vielfaltsprojekten und Vorstandsmitglied von Humanity in Action Deutschland e. V., eine internationale gemeinnützige Organisation, die sich der Bildung und Vernetzung von jungem Führungspersonal im Bereich des Menschenrechts- und Minderheitenschutzes verschrieben hat.

Die stille Krise der Menschenrechte

Moustapha Diallo

Als es wieder einmal um die Diskussion über Flüchtlinge ging, sagte ein Bekannter zu mir: „Du bist unser Anwalt hier. Sag ihnen, was sie mit uns machen." In solchen Situationen komme ich mir ziemlich privilegiert vor. (Das passiert nicht so oft in Europa.)

Als Privilegierter über Unterprivilegierte zu schreiben, funktioniert nur, wenn man die Perspektive wechselt, also die Welt mit den Augen der Betroffenen betrachtet. Deshalb möchte ich mit einer Geschichte beginnen, die für viele Geschichten von Flucht aus Afrika steht. Sie ist Gegenstand eines Romanprojektes, an dem ein Freund arbeitet. Es ist die Geschichte eines kleinen Dorfes in meiner Heimat, Senegal.

Vor fünf Jahren taten sich 48 Jugendliche und junge Männer zusammen und beschlossen, ein Boot zu bauen. Sie kamen alle aus demselben Fischerdorf am Atlantik und wollten sich nicht auf die einschlägigen Seelenverkäufer verlassen. Nach monatelanger Arbeit stachen sie in See, Richtung Spanien. Am Strand war das ganze Dorf versammelt, denn jede Familie hatte mindestens ein Mitglied unter der Besatzung. Das Boot kam in Europa nie an. In dem Dorf wurde kein Fest mehr gefeiert: keine Hochzeit, keine Taufe, nichts, was Anlass zur Freude ist. Es ist ein traumatisiertes Dorf.

Interessanter als die Frage, was sie in Europa wollten, ist die Frage, wie sie auf die Idee kamen: Warum dieser kollektive Aufbruch?

Einige Jahre zuvor hatte die EU Fangrechte für senegalesische Gewässer gekauft. Was das für die einheimischen Fischer bedeutet, kann man an folgenden Zahlen sehen: Der Fang eines europäischen Schiffes entspricht dem, was ein senegalesischer Fischer fängt, wenn er jeden Tag mit seinem Boot rausfährt, und das 55 Jahre lang. Die Existenzgrundlage ganzer Dörfer wurde mit diesem Abkommen zerstört. Ähnliches erleben die lokalen Bauern und Viehzüchter.

Würden die europäischen Entscheidungsträger ihre Politik ändern, wenn sie wüssten, welche Folgen sie hat? Das fragte ich mich, als der Autor mir von seinen Motiven erzählte. Denn er sagte: „Ich möchte diese

Geschichte erzählen, damit die Europäer verstehen, warum die afrikanische Jugend ihr Leben aufs Spiel setzt."

Angesichts der Stellungnahmen europäischer Entscheidungsträger ist zu bezweifeln, dass ihre Kenntnis der Folgen ihrer Politik etwas ändern würde. Denn seit Jahrzehnten arbeiten europäische Regierungen an der Konsolidierung der *Festung Europa*. Mancher Politiker schreckt dabei nicht einmal vor menschenverachtenden Stellungnahmen zurück. So gab der frühere Innenminister Friedrich die Losung aus, „problematische Menschenströme aus fremden Kulturen [zu] verhindern". In den 1990er Jahren warnte der bayerische Ministerpräsident Stoiber vor einer „Durchrassung der deutschen Gesellschaft". Bekanntlich wurde das Grundrecht auf Asyl, das aus den Erfahrungen der Unmenschlichkeit im vergangenen Jahrhundert entstand, zu dieser Zeit praktisch abgeschafft.

In seinem Roman *Eldorado* behandelt der französische Schriftsteller Laurent Gaudé die europäische Antwort auf die Flüchtlingsfrage, indem er die Entwicklung eines italienischen Marinekommandanten schildert, der seit vielen Jahren afrikanische Flüchtlinge vor Lampedusa jagt.

„Weißt du, was sie uns in der Kommandantenschule sagten?", fragte Salvatore Piracci mit einer angewiderten Grimasse. Der alte Mann schüttelte den Kopf.

„Sie sagten uns, wir seien da, um die Tore der Zitadelle zu bewachen. Sie sind der Schutzwall Europas. Das sagten sie. Es ist ein Krieg, meine Herren. Geben Sie sich keiner Täuschung hin. Es gibt zwar weder Schüsse noch Bombardierungen, aber es ist Krieg, und Sie stehen an vorderster Front. Sie dürfen sich nicht überrennen lassen. Die Stellung muss gehalten werden. Sie werden immer zahlreicher, und die Festung Europa braucht Sie."

In den letzten Jahren sind die Hemmungen vor rassistischen Äußerungen spürbar gesunken. Rechtspopulisten sind im Aufwind. Es sind deutliche Zeichen für eine Stimmung, die Afrikaner zweifellos am stärksten zu spüren bekommen. Nicht zufällig ist von den Antragstellern bewilligter Asylbescheide nur jeder tausendste ein Afrikaner.

Gegen diese Haltung zu Afrika richtet sich die Geschichte des traumatisierten Dorfes, und den Versuch, das Bewusstsein für diese Fehlentwicklungen zu wecken, unternehmen immer mehr Betroffene. Es sind Wortmeldungen aus den Rändern der privilegierten Gesellschaften, die auf ein zentrales Problem hinweisen: die „stille Krise der Menschenrechte", wie der ehemalige UN-Generalsekretär Kofi Annan es nannte, oder konkreter: die krankhaften Züge der Weltgesellschaft.

Ein Buch darüber heißt *Der Traum vom Leben*. Es ist der Bericht eines deutschen Journalisten über die Odyssee afrikanischer Flüchtlinge. In diesem Buch erzählen Betroffene von ihren Erlebnissen, ihren Motiven und ihren Wünschen. Sie äußern sich auch zur Haltung Europas und stellen viele Fragen. So fragt die 23-jährige Joy, die zur Prostitution gezwungen wurde: „Glaubt tatsächlich irgendjemand in Europa, dass auch nur ein Afrikaner seinen Kontinent verlassen würde, wenn er nicht müsste?"

Die interessanteste Begegnung des Journalisten ist die mit einer Gruppe von Flüchtlingen im algerisch-marokkanischen Grenzgebiet. In einem Canyon haben sich 160 Leidensgefährten zusammengetan und einen provisorischen Staat gegründet. Sie nennen ihn *The Valley*, das Tal.

„Die meisten kommen aus Ghana und die anderen aus Mali, Senegal, Gambia, Kamerun, Nigeria, Kongo, Burkina Faso und Elfenbeinküste. Sie hausen in Hütten aus Pappe ... The Valley hat einen Fußballplatz, zwar löchrig und holprig, aber mit zwei Toren; es hat einen Präsidenten, eine Polizei, ein Gefängnis, Soldaten, ein Sekretariat, einen Justiz- und einen Verteidigungsminister, eine Leibwache für die, die hinausgeschickt werden, um Wasser zu holen."

In diesem Tal der Verzweifelten haben die Leute wieder ein bisschen Würde und eine Aufgabe. Im Gespräch mit dem Journalisten und seiner Begleitung erzählt der Präsident:

„Weggegangen bin ich, weil ich das Visum, das ich beantragt hatte, nicht bekam – ich wollte mein Leben trotzdem selbst planen, wollte etwas erreichen. Ich bin Computeringenieur und Video- und Fototechniker. Wenn ich Arbeitsmaterial und auch nur winzige Aufträge gehabt hätte, wäre ich geblieben, aber es gab nichts. Gar nichts. Und ich wollte einen Ort erreichen, wo ich überleben kann. Ist das zu viel verlangt? Wo ich arbeiten und ein bisschen Geld verdienen kann. Das ist doch nicht größenwahnsinnig, oder?"

Nach einem Hinweis auf die Abkommen zwischen der EU und den nordafrikanischen Staaten, die zur brutalen Jagd auf Flüchtlinge führen, schließt der Präsident mit folgenden Worten:

„Zwei Dinge sage ich euch. Erstens: Die Weißen haben Afrika als illegale Einwanderer betreten. Oder hatte irgendein Sklavenjäger ein Visum? Zweitens: Die afrikanische Odyssee wird niemals gestoppt werden. Wenn ihr uns stoppen wollt, dann baut eine Mauer mitten im Meer, und baut sie bis hinauf in den Himmel."

Aber selbst das würde nichts helfen, erklärt der nächste Gesprächspartner Felix:

„Wir wissen, dass wir gegen Militär kämpfen, aber wir sind schlau und vielseitig. Wir haben Ingenieure, Elektrotechniker, Physiker. Wir werden die Patrouillen beobachten und herausfinden, wo die Lücken sind. Sollen dort doch Millionen Kameras stehen, sollen dort Zäune gebaut werden, die bis zum Himmel reichen, sollen dort zehn Millionen Soldaten sein – wir werden nach Ceuta kommen, mein Freund, ganz sicher. Ein kleines Loch wird uns genügen, und das kriegen wir hin. Wir haben keine Angst, wir sind verzweifelt. Hier kämpft Technik gegen Verzweiflung, und ich garantiere dir: Verzweiflung ist stärker."

Die zentrale Frage bringt der 32-jährige Opoku Agyema auf den Punkt:

„Unser Problem ist euer Problem und ein Problem aller; es ist ein Problem der Menschheit. Aber ihr Europäer wollt eure schöne Welt genießen und euch um nichts kümmern; das geht bloß nicht mehr, weil anderswo Arbeit zu billig geworden ist und weil es zu viel Armut gibt. Die Welt ist außer Rand und Band, und ihr Europäer wollt Zeit gewinnen, so lange wie möglich euer Leben so zu bewahren, wie es ist."

Diese Strategie wird seit Jahrzehnten kritisiert, von Afrikanern ebenso wie von Europäern. Mit Blick auf die brutale EU-Flüchtlingspolitik, die Abkommen mit Autokraten und Diktatoren sowie die Zusammenarbeit mit kriminellen Milizen bemerkt Heiko Kauffmann zu Recht: „Auch die Demokratie ist keine Garantie zur Verhinderung der Barbarei."

Der krasse Widerspruch zwischen den vielbeschworenen Werten und der Praxis „rassistischer Abwehr" fordert die Zivilgesellschaft heraus.

Unterlassene Hilfeleistung ist strafbar.

„Von denjenigen, die gegen die Flüchtlinge wettern, würden wahrscheinlich 80 Prozent Flüchtlinge in der eigenen Familie finden, wenn sie drei Generationen zurückblickten!", kommentierte im Jahr 2015 der Freiburger Trainer Christian Streich die hetzerischen Äußerungen pöbelnder Massen. Dieser kritische Blick auf die drängende Flüchtlingsproblematik kontrastiert aufs Eklatanteste mit der Haltung des damals zuständigen Ministers de Maizière.

Von der angeblich mangelnden „Dankbarkeit", den „sich prügelnden Asylbewerbern" bis zur fahrlässigen Bemerkung über Flüchtlinge, „die Hunderte von Kilometern mit dem Taxi fahren" würden, hat er kaum etwas ausgelassen, was dazu geeignet wäre, die Hilfesuchenden zu diskreditieren. Sie alle sind Hilfesuchende, ob man ihre Not anerkennen will oder nicht! Derartige Äußerungen von offizieller Seite entlarven eine Politik, die sich in Zäunen und Abgrenzungsstrategien offenbart. Sie drücken eine unzeitgemäße Wahrnehmung der Welt aus, eine Denkweise, die es zu überwinden gilt.

Wollte man sich auf das Argumentationsniveau des Ministers begeben, so könnte man Folgendes anmerken: Viele der Verzweifelten, die im Mittelmeer ihr Leben lassen, sind Nachfahren von Männern, die im Zweiten Weltkrieg ihr Leben riskiert bzw. gelassen haben, um Europa von der Nazi-Herrschaft zu befreien. Wie viel Dankbarkeit dafür haben sie von deutscher bzw. europäischer Seite erhalten? Würden sich Deutsche nicht prügeln, wenn man sie zu Hunderten auf engstem Raum zusammenpferchen würde? Dass sie dazu nicht einmal solch eine Stresssituation brauchen, kann man jedes Wochenende bei Fußballspielen beobachten. Wer sagt denn, dass jemand, der Hilfe braucht, bettelarm sein muss? Also nicht mit dem Taxi fahren können darf? Es ist deprimierend, wie Volksvertreter angesichts greifbarer Not von Gipfel zu Gipfel rennen und ein Trauerspiel der zynischsten Art vorführen.

Statt unbedachter – um nicht zu sagen demagogischer – Bemerkungen, sollten die Entscheidungsträger endlich einsehen, dass die Abertausenden, die mit Nachdruck an die Türen Europas klopfen, vor Gewalt in ihren unterschiedlichen Formen geflohen sind: vor politischer oder religiöser Verfolgung; vor Waffen, die oft aus Europa kommen; und nicht zuletzt vor der Gewalt, die der weltbeherrschenden Wirtschaftspolitik innewohnt: Das gilt für die rücksichtslose Spekulation auf Lebensmittel ebenso wie für das hemmungslose Preisdumping, etwa in Afrika, durch den Export von Milchüberschüssen und Ausschüssen wie Hühnerrücken, Schweinepfoten u. a., die die Produzenten in den benachteiligten Ländern in den Ruin treiben.

Dass die Gewalt der bestehenden Verhältnisse tödlich ist, zeigen nicht nur Katastrophen wie eine eingestürzte Textilfabrik in Bangladesch, sondern auch der Tod von Zigtausenden, die täglich in brutaler Stille an Hunger und seinen Folgen sterben. Angesichts der Gleichgültigkeit gegenüber dem vermeidbaren Leid von Millionen forderte Peter Weiss in den 1990er Jahren, als das Asylrecht unter frustrierenden Umständen ausgehöhlt wurde: „Wir müssen massive Anstrengungen unternehmen, um die ärgerliche Unterscheidung zwischen ‚realen' und ‚wünschenswerten' Rechten zu überwinden, um Richter, Regierungsvertreter und die Öffentlichkeit insgesamt davon zu überzeugen, dass ein knurrender Magen die menschliche Würde genauso verletzt wie mitternächtliches Klopfen an der Tür. Diese Anstrengungen müssen auch politische Aktionen beinhalten." Gegen die Panik vor Fremden, die von verschiedener Seite verbreitet wird, sei daran erinnert, dass vor nicht allzu langer Zeit an die drei Millionen Russlanddeutsche aufgenommen wurden, die heute nicht mehr aus Deutschland wegzudenken sind. Dass für diese Migranten ganze Siedlungen gebaut wurden, offenbart den politischen Unwillen, eine ähnliche Haltung gegenüber den ebenso oder noch mehr gebeutelten Syrern, Afghanen, Afrikanern einzunehmen. Warum eigentlich? Nicht zufällig fragte die Festrednerin der diesjährigen Frankfurter Buchmesse Chimamanda Ngozi Adichie, ob der Grund für die hysterische Diskussion die Flüchtlinge seien oder vielmehr, dass sie Moslems seien bzw. eine dunkle Hautfarbe hätten.

Auf die Frage nach der Lösung für das Flüchtlingsproblem heißt es mittlerweile allenthalben: Wir müssen die Herkunftsländer unterstützen!

Wir müssen die Ursachen von Flucht bekämpfen! Beim UN-Entwicklungsgipfel im Juli 2015 in Addis Abeba konnte man feststellen, wie ernst die westlichen Regierungen diese Erklärung meinen: „kompromisslos und mit allen Mitteln der Einschüchterung" beharrten die Vertreter der reichen Länder auf dem Status quo und lehnten nahezu alle Vorschläge der krisengeschüttelten Länder ab, berichtete der Journalist Bernd Pickert. Und angesichts der unübersehbaren Vernachlässigung des „öffentlichen Wohls" zugunsten der „Gewinnmaximierungsinteressen transnationaler Konzerne" fordert er: „Spätestens wenn das nächste Mal ein europäischer Regierungspolitiker daherredet, man könne nicht alle Flüchtlinge aufnehmen, man solle besser die Fluchtursachen angehen, gehört ihm das Abschlussdokument von Addis Abeba so lange um die Ohren gehauen, bis es richtig wehtut." Statt einer Rückbesinnung auf humanistische Werte werden Seenotretter und Hilfsorganisationen diffamiert und Notleidende verunglimpft: Ohne jede Hemmung sprechen Unionspolitiker von „Asyl-Shuttle" oder „Asyl-Tourismus" und verhelfen so politischen Gruppierungen, die nur von Ausgrenzung leben, zu schockierenden Wahlerfolgen.

Wie unverantwortlich und entlarvend die „Das Boot ist voll"-Debatte ist, ist dem Parteifreund des damaligen Ministers de Maizière, Kurt Biedenkopf, aufgestoßen: „Immerhin haben wir 500 Jahre die Welt regiert als Europäer, haben überall ausgebeutet, wo wir hingekommen sind." Gegen ein Verständnis von Globalisierung als Fortsetzung dieser Praxis sind die Belange der Benachteiligten energisch zu behaupten. Die Verbreitung von Panik bedeutet deshalb eine perfide Untergrabung der kulturellen Erneuerung, die eine menschliche Weltgesellschaft erfordert. „In der Tat ist auf der Grundlage einer universalistischen Ethik nicht ohne weiteres einzusehen, warum der Sozialstaat auf die eigene Nation beschränkt sein sollte." So bringt das der deutsche Philosoph Vittorio Hösle auf den Punkt. Mit anderen Worten: Ob Flüchtlinge weiterhin in großer Zahl nach Europa kommen, hängt davon ab, ob Europa seine egoistische Politik weiterbetreibt. Dass hinter jeder Flucht der Drang nach würdigem Leben, Sicherheit und Freiheit steht, ist aus der Geschichte der westlichen Welt bestens bekannt.

Vor diesem Hintergrund erinnern die diesjährigen Preisträger des Deutschen Buchhandels Aleida und Jan Assmann an die Menschlichkeit, die immer den Schutz des Einzelnen meint, und an das „Nie wieder!", das als Lehre aus der Barbarei der Nazi-Herrschaft gezogen wurde und auch bedeutet: „Nie wieder Menschen im Meer ertrinken lassen! Nie wieder Hilfebedürftige an den Grenzen zurückweisen!"

„Unterlassene Hilfeleistung" ist nicht zufällig ein juristisch relevanter Begriff und wird strafrechtlich verfolgt; er gilt auch für das Leid von Menschen vom anderen Ende der Welt. Zumal es nachgewiesenermaßen vermeidbar ist. Eine Weltgesellschaft, in der Tiere oftmals mehr zur Verfügung haben als zwei Milliarden Menschen, ist eine zutiefst kranke Gesellschaft. In einem Interview legte der französische Wirtschaftswissenschaftler und langjährige Berater von François Mitterrand, Jacques Attali, das Versagen der aktuellen Entscheidungsträger offen und nannte zwei Möglichkeiten für den Ausgang aus der derzeitigen Krise: Entweder es komme irgendwann zu einer Revolution, oder ein neuer Typ von Politikern betrete die Bühne, ein „weitsichtigerer Typ als die kleinen Männer, die heute die vermeintlich großen Nationen regieren". Hinzuzufügen ist nur der einfache Satz: „Es gibt keine neue Politik, wenn man sie nicht einfordert."

In diesem Sinne bemerkt Aleida Assmann, dass „künftige Generationen uns fragen könnten: Warum habt ihr nichts gemacht?!"

Dr. Moustapha Diallo ist Literaturwissenschaftler, Publizist und Übersetzer. Er studierte Germanistik in Senegal, Österreich, Deutschland und Frankreich. Er wurde in Frankreich 1996 mit der Arbeit *Exotisme et conscience culturelle dans l'oeuvre d'Ingeborg Bachmann* („Wahrnehmung und Darstellung des Fremden im Werk Ingeborg Bachmanns"). 2008 bis 2011 war er Lehrbeauftragter am Germanistik-Institut der Universität Paderborn und Deutschlehrer am Ludwig-Erhard-Berufskolleg Münster. Seine Veröffentlichungen beschäftigen sich mit den Themen Interkulturalität, Postkoloniale Studien, Afrika in der deutschen Literatur sowie Deutschunterricht und Germanistik auf dem afrikanischen Kontinent. Er ist Herausgeber des Buchs *Visionäre Afrikas* (Peter Hammer Verlag, Wuppertal 2014).

Die tödliche Gleichgültigkeit

Stephan Lessenich

Wie ist das möglich? Wie ist es möglich, dass sich buchstäblich vor unserer Haustüre ein menschliches Kollektivdrama abspielt, vor unseren Augen eine politische und gesellschaftliche Entzivilisierungsdynamik ihren irren Lauf nimmt – und fast niemanden kümmert es, kaum jemanden bekümmert es ernsthaft?

Die Festung Europa wird mit Gewalt gesichert, und wer die Außenmauern überwindet, ist seines Lebens noch lange nicht sicher. Zehntausende Menschen werden gezählt, die in den vergangenen 25 Jahren ihr Leben lassen mussten, nur weil sie am hiesigen, nicht weniger gewaltsam erwirtschafteten Wohlstand teilhaben wollten. Weil sie teilhaben wollten an den hiesigen Lebensverhältnissen, an dem für uns ganz normalen Leben – von dem wir meinen, dass es uns zusteht, und im Zweifel nur uns. Weil sie ihr Glück suchten, aus Hoffnung oder Verzweiflung, Mut oder Angst.

Aber Glück ist eine knappe Ressource, für alle reicht es nicht. Das ist die irrationale Rationalität, die irrsinnige Logik der kapitalistischen Wirtschafts- und Gesellschaftsordnung: Die immensen Werte, die sie produziert, dürfen niemals allen zugutekommen. Genau daraus entspringt die Notwendigkeit der Schließung und der sozialen Selektion. Und so sterben die Leute halt – auf Schlauchbooten und an Grenzzäunen, in Kühllastern und Asylheimen. Oder einfach auch auf offener Straße, mitten im Leben. Dem Leben der anderen.

Die Studien zur Entzivilisierung des gesellschaftlichen Lebens und weiter Teile der „normalen" Bevölkerung im Nationalsozialismus füllen ganze Bibliotheken. Man steht ratlos davor und fragt sich noch nach Generationen, trotz oder auch wegen all der geschichtswissenschaftlichen Evidenz: Wie war das möglich? Und bleibt ratlos und dauerschockiert zurück. Die Schockstarre scheint anzuhalten und sich fortzuschreiben, auch über den mittlerweile ganz normalen Wahnsinn des Alltagsrassismus und Protofaschismus hinweg: Regierende feuern den „Fremden"-Hass an, Verfassungs„schützer" bestreiten das Offensichtliche, selbst „Linke" lassen sich vernehmen, dass das mit der Migration so nicht weitergehen könne.

Also stellen wir sie halt einfach ab. Die wenigen Guten ins Arbeitsmarkttöpfchen, auf dass die nationale Wachstums- und Wohlstandsmaschinerie weiter wie geschmiert laufen möge. Und die Masse der Schlechten eben ins Kröpfchen des Mittelmeers, der Abschiebehaft oder der – ja, das darf man heute wieder sagen – „konzentrierten" Unterbringung in Zentren für Ankunft, Entscheidung und Rückführung. Also vor allem für Rückführung natürlich.

Damit wir unsere Ruhe haben. Denn es ist ja so: Wir wollen nicht gestört werden. Wir wollen, wenn es irgend geht, so weitermachen. Akademische Diskussionen sinnieren über das „gute Leben", in Talkshows wird über die „Grenzen der Belastung" diskutiert, derweil wir über den Alltagsstress klagen und schon einmal den nächsten Urlaub buchen. Gern in einem der Länder, in denen diejenigen zurückgehalten werden, die uns nach unserer Rückkehr daheim nicht das Leben vermiesen sollen.

So geht kollektives Ausblenden heute: im Grunde genommen genau wie damals. Man weiß eigentlich, was vor sich geht. In jedem Fall kann man es alles wissen. Aber wir wollen es nicht wissen. Mehr noch, und viel praktischer auch: Wir müssen gar nicht wissen. Niemand zwingt uns dazu, uns den Realitäten unserer Lebensweise zu stellen. Nichts zwingt uns dazu, die uneingestandenen Voraussetzungen und ausgeblendeten Konsequenzen unserer Position in der globalen Wirtschafts- und Sozialordnung zur Kenntnis zu nehmen. Oder gar zu Herzen.

Dazu jedenfalls kann uns auch niemand zwingen – das müsste in der Tat schon von Herzen kommen. Was diese Gesellschaft hingegen derzeit kollektivindividuell betreibt, ist die große Gleichgültigkeit. Diese Gesellschaft ist indifferent gegenüber denjenigen, die für ihre einsame Wohlstandsposition in der Welt bezahlen müssen, die die Kosten und Lasten ihrer vermeintlich „hochproduktiven", in Wahrheit aber höchst destruktiven Ökonomie zu tragen haben. Ja sie ist geradezu indolent, schmerzunempfindlich. Wohlgemerkt: Sie ist arg empfindsam für den in die Zukunft projizierten Phantomschmerz, irgendwann auch mal Lebenschancen teilen und etwas vom Kuchen abgeben zu müssen. Aber über die Schmerzen der anderen kann sie ohne Weiteres und ohne viel Aufhebens hinwegsehen und -gehen.

Gleichgültigkeit ist eine soziale Beziehung – eine Beziehung der Beziehungslosigkeit. Wir tun so, als ob das alles nichts mit uns zu tun hätte: Die Toten im Mittelmeer, die Hetzjagden auf als „fremd" Markierte, die Rückhaltelager in Nordafrika, die Arbeitsbedingungen in Südostasien, die Umweltzerstörungen in Lateinamerika. Das Elend der Welt – *not our business.* Oder vielmehr: Im Zweifel machen wir halt Geschäfte damit, auch unsere ganz privaten und persönlichen.

Klar, wir können weiterhin das Sterben auf dem Weg nach Europa und den tödlichen Rassismus um uns herum ignorieren. Gleichgültigkeit muss man sich leisten können – und wir haben's ja! So zeigen wir bestenfalls auf die üblichen Verantwortlichen, auf EU und Frontex, Kurz und Orbán, Salvini und Seehofer. Aber warum denn wohl können sie alle ihr übles Spiel immer weiter treiben? Wann spielen wir nicht mehr mit?

Frage ich mich. Fragen uns mittlerweile 36.609 Tote. Und ungezählte weitere, nicht dokumentierte Opfer der europäischen Zivilisation.

Stephan Lessenich ist Professor für Soziologie an der Ludwig-Maximilians-Universität München und war von 2013 bis 2017 Vorsitzender der Deutschen Gesellschaft für Soziologie. Mit seinem Buch *Neben uns die Sintflut* (Hanser 2016) hat er den Begriff der „Externalisierungsgesellschaft" geprägt. Angesprochen ist damit ein Erklärungsmodell für das „soziale Versagen unserer Weltordnung".

Zeugnis ablegen über eine humanitäre Katastrophe

Angela Hermann

Warum half niemand? Warum nahm niemand sie auf? Warum durften sie nicht über die Grenze ins Nachbarland? Diese Fragen hören wir häufig, wenn wir über das Schicksal von Menschen sprechen, die vom NS-Regime oder seinen Helfern verfolgt wurden.

Auch heute fliehen Menschen vor Verfolgung, vor Kriegen, bewaffneten Konflikten oder aus anderen nachvollziehbaren Gründen. Dieses Buch legt Zeugnis ab über die humanitäre Katastrophe, die sich seit Jahren vor allem im Mittelmeer zuträgt. Aktuell wird der Kreis an Staaten, die Geflüchtete aufnehmen, immer kleiner, in ganz Europa werden Asyl- und Einwanderungsgesetze verschärft. Und es wird nicht nur die Anerkennung als Flüchtling schwieriger, immer weniger Menschen gelangen überhaupt auf unseren Kontinent, weil die Seenotrettung unterfinanziert ist und das Auslaufen zivilgesellschaftlich finanzierter Schiffe unterbunden wird.

Dabei ist die Seenotrettung Pflicht. Sie ist völkerrechtlich verankert in mehreren Abkommen, beispielsweise im Seerechtsübereinkommen der Vereinten Nationen von 1982, im SOLAS-Übereinkommen von 1974 sowie im SAR-Übereinkommen von 1979. Sie ergibt sich direkt aus den universellen Menschenrechten, die infolge des Zweiten Weltkriegs festgeschrieben wurden und allen Menschen die gleiche Würde zuweisen: „Alle Menschen sind frei und gleich an Würde und Rechten geboren", lautet Artikel 1 der Menschenrechtscharta der Vereinten Nationen von 1948. Das Grundgesetz der Bundesrepublik Deutschland, das nach der Erfahrung der NS-Gewaltherrschaft 1949 entstand, stellt das einzelne menschliche Individuum ins Zentrum und formuliert einen Handlungsimperativ des Staates: „Die Würde des Menschen ist unantastbar. Sie zu achten und zu schützen ist Verpflichtung aller staatlichen Gewalt" (Art. 1, GG). Damit wird dem deutschen Staat, seinen Ländern und Kommunen die Verantwortung zugesprochen, die Würde jedes einzelnen Menschen zu bewahren, gleich welcher Herkunft, Glaubensrichtung, Hautfarbe, sexuellen Identität, politischen oder religiösen Überzeugung oder seiner Physis. Daher verbietet sich eine Kooperation mit Regierungen oder Organisationen, die Flüchtlingsboote auf hoher See zerstören, statt die Menschen in Sicherheit zu bringen. Deswegen ist die am 12. Juli 2018 in der *Zeit* in Bezug auf die zivilgesellschaftlich organisierte Seenotrettung gestellte Frage: „Oder soll man es lassen?" empörend.

Wir Europäer haben angesichts unserer Geschichte eine besondere Verantwortung für die Menschheit, insbesondere für diejenigen, die durch die von uns produzierten Bomben vertrieben werden, die vor den von uns verursachten oder geduldeten Katastrophen flüchten oder die aus postkolonialer Not fliehen. Wir müssen unsere Regierungen dazu bewegen, dass die Seenotrettung substantiell verbessert wird, kein einziges Boot privater Helfer*innen mit fadenscheinigen Begründungen am Auslaufen gehindert wird und niemand für das Retten von Menschen vor ein Gericht gestellt wird, wie beispielsweise der im Bayerischen Landtag für seine Rettungseinsätze ausgezeichnete Kapitän der Lifeline Claus-Peter Reisch. Wir dürfen nicht zulassen, dass wieder darüber debattiert wird, welches Menschenleben sich zu retten lohnt – und in welchem Fall man es sein lassen könne. Wenn man eines aus der Geschichte lernen kann, dann ist es die Erkenntnis, dass sich Inhumanität zunächst gegen die Schwächsten richtet, bevor sie sich wie ein Flächenbrand ausbreitet.

Dr. Angela Hermann ist Historikerin am NS-Dokumentationszentrum München. Sie ist eine ausgewiesene Kennerin der Geschichte des Natonalsozialismus, promoviert wurde sie mit einer quellenkritischen Studie über den NS-Propagandachef Joseph Goebbels mit dem Titel *Der Weg in den Krieg* (De Gruyter 2011). Sie war wissenschaftliche Mitarbeiterin am Institut für Zeitgeschichte in München sowie an der Universität Erlangen-Nürnberg.

Nicht. Mehr.

Mahmoud Juma

Zehn Tage auf dem Meer. Ich will mich nicht erinnern. Von Libanon nach Ägypten und dann nach Italien. Ich will nicht daran denken. Einer ist bei uns gestorben. Wir dürfen nur Datteln essen und ein bisschen Wasser trinken, damit wir nicht aufs Klo müssen. Wir sind 7x gewechselt. Zuerst waren wir auf einem kleinen Boot, dann gewechselt auf ein größeres, weil da Wasser eingedrungen ist. Immer größer, ein Containerschiff aus China hat uns Wasser und Essen gegeben, Thunfisch und Linsen, und das Boot mit einem Seil am Schiff festgebunden. Wir haben auf ein italienisches Schiff gewartet, ein richtig großes Schiff mit 300 bis 400 Containern. Und wir haben das Land gesehen. Alle sind fröhlich geworden, als sie das Land gesehen haben. Da waren auch schwarze Männer da, die waren ganz unten, zehn Tage ohne Licht. Alle Kinder und alle Frauen, ob schwarz oder weiß, in der Mitte und oben draußen die weißen Männer, weil sie mehr Geld bezahlt haben. Ich war mit meiner Mutter in der Mitte und mein großer Bruder war oben. Bei uns übergibt sich einer über mich. Ich konnte nichts machen, weil er seekrank war. Das war schlimm. Ich will nicht daran denken. Nicht. Mehr.

Wenn mir einer sagt: Ich gebe dir zwei Milliarden, geh zurück und komm noch mal nach Deutschland, so, wie du gekommen bist, dann sage ich nein.

Mahmoud Juma ist 16 und Schüler in Göttingen.

Festung Europa und ihr mediterraner Burggraben

Die EU als imperiale Struktur und das Sterben im Mittelmeer

Christoph K. Neumann

Ende des Sommers: im Zug aus Italien zurück nach München. Irgendwann zwischen Bozen und Brenner gehen zwei italienische und zwei österreichische Polizisten durch die Wagen und kontrollieren Ausweise. Nicht von jedermann, nur von Leuten, die nicht weiß und mitteleuropäisch aussehen. Das ist ein inzwischen schon gewöhnlicher Vorgang; im Wagon hängt eine Wolke betretenen Fremdschämens. U. hält das nicht aus, sie sucht ihren österreichischen Ausweis raus und besteht darauf, dass er ebenfalls gemustert wird. Weil ich eher finde, dass es im Schengengebiet darum geht, keine Pässe zu kontrollieren, mache ich ihre Solidaritätsbekundung nicht mit, teile aber ihre Empörung und frage deshalb die Beamten, ob sie denn wüssten, was sie da tun. „Ja, sicher!"

„Sie sind sich klar, dass das *racial profiling* ist!"

Worauf die vier Polizisten einfach weitergehen. Schräg gegenüber sitzt ein dunkelhäutiger Brasilianer-Deutscher, mit dem U., die einfach über großartige Kommunikationsfähigkeiten verfügt, schon geplauscht hat. Der lacht nur und meint, er nehme das cool, dass die ihn bei solchen Gelegenheiten immer unter die Lupe nähmen. „Bringt nichts, sich da aufzuregen." Na ja, er arbeitet als Streetworker in Magdeburg; da dürfte er einiges gewohnt sein. Mein Hirn setzt meine eigenen allzu naheliegenden stereotypen Szenarien zusammen.

Was im Zug zwischen Bologna und München sichtbar wird, ist eine EU, die wie ein Imperium handelt. Imperien sind staatliche Strukturen, die Unterschiedlichkeiten verwalten. Darin unterscheiden sie sich von Nationalstaaten, die Unterschiede nicht moderieren, sondern beseitigen wollen. Deswegen trennen Nationalstaaten möglichst klar und einfach, wer dazu gehört und wer nicht; danach versuchen sie, die Unterschiede zwischen denen, die dazugehören, möglichst zum Verschwinden zu bringen oder doch wenigstens unsichtbar zu machen und zu ignorieren. Die nicht dazugehören, haben ohnehin eigentlich nichts zu suchen im Staatsgebiet.

Imperien sind anders. Sie tun zwar so, als gebe es ein Zentrum, das seine Herrschaft über alle und alles ausübt; möglicherweise haben sie sogar weltweite Ansprüche. Tatsächlich aber reagieren sie auf die Komplexität ihrer großen und diversen Gesellschaften mit der Einführung von Differenzierungen, die es erlauben, unterschiedliche Gruppen auf unterschiedliche Weise zu verwalten und zu beherrschen. Das ist aufwendig, aber immer noch simpler, als ein Muster für alle durchzusetzen.

Im Zug über eine innereuropäische Grenze kontrollieren so Angehörige der Polizeikräfte zweier Mitgliedstaaten und bemühen sich um die Durchsetzung von komplexen Unterscheidungen, die zunächst kaum auffallen. Denn die rassistische Kontrolle ausschließlich Dunkelhäutiger (zu denen ganz schnell auch Süd- oder Südosteuropäer gehören) hat zur Folge, dass den vermutlich und vermeintlich eindeutigen EU-Bürgern ihre unkontrollierte Reisefreiheit erhalten bleibt, allen anderen aber jeweils ihr Platz zugewiesen wird: der Brasilianer-Deutsche ist EU-Bürger, obwohl er nicht weiß ist, seine Frau ist außereuropäische Ausländerin mit einem Aufenthaltsstatus; ein Paar hinten links sind US-amerikanische Touristen chinesischer Abstammung mit 90-Tage-Schengen-Visum. Die österreichischen oder italienischen Polizisten können eingreifen, je nachdem, ob sich ein Reisender in Italien oder Österreich, nur in einem anderen oder auch in gar keinem EU-Land aufhalten (oder halt im Zug sitzen) darf. Die Leute im Wagon sind hier nicht mehr Passagiere, definiert durch ihre Fahrkarte und ihre Anwesenheit, sondern Inhaber verschiedener Rechte mit unterschiedlichen Beziehungen zu den diversen EU-europäischen und nationalstaatlichen Institutionen, die die vier Polizisten zu ihrer rassistischen Amtstätigkeit losgeschickt haben.

Die Europäische Union als imperiale Struktur

Im letzten halben Jahrhundert ist der Nationalstaat völlig zu Recht schneidender Kritik unterworfen worden. Wie künstlich und historisch neu das Gebilde der jeweiligen Nation ist, wie unhaltbar der jeweilige Anspruch auf Überlegenheit und wie gewalttätig die Etablierung von Nationalstaaten abläuft, haben Historiker und Politikwissenschaftler klar herausgearbeitet – der Holokaust ist das Verbrechen eines Nationalstaates und seiner Angehörigen.

Parallel haben sich Sympathien für Imperien entwickelt. Die Vielfalt imperialer Gesellschaften, die Fähigkeit von Zentren, Eliten und Gemeinschaften, immer wieder aufs Neue Arrangements auszuhandeln und dadurch Imperien über ausgesprochen lange Zeiträume funktional zu halten, bot einen vielleicht zu klaren Kontrast zu den Nationalstaaten. Zu leicht vergessen wurde, dass etwa koloniale Ausbeutung, systematische Unterdrückung und Marginalisierung und eben auch Ungleichheit als direkte Folge von Diversität eher mit Imperien in Zusammenhang zu bringen sind als mit Nationalstaaten (wobei ein genauerer Blick offenbart, dass „Imperium" und „Nationalstaat" Idealtypen sind und viele Gesellschaften Züge beider tragen). Zutreffend ist allerdings das neue Bild von Imperien als komplexen Herrschafts-Aushandlungs-Maschinen, das die einstige Vorstellung abgelöst hat, imperiale Herrschaft werde völlig einseitig, zentral und rücksichtslos ausgeübt.

Die EU beziehungsweise ihre Vorgängerorganisationen von der Montanunion zur Europäischen Gemeinschaft sind nicht seit jeher imperial, im Gegenteil. Diese Organisationen waren Kinder des Kalten Krieges; ihre Mitglieder waren Nationalstaaten, die ein gemeinsames Projekt verfolgten, das zwei Aspekte hatte: gemeinsame Bereicherung und die sogenannten europäischen Werte. Letztere waren universalistisch. Sie konnten es sein, weil sich Nationalstaaten auf der Basis universaler Gemeinsamkeiten auf ein theoretisch gleichberechtigtes Nebeneinander einigen können, ohne ihre Vorstellung eigener Einzigartigkeit aufzugeben; sie mussten es aber auch sein, um als gemeinsame Grundlage zu dienen und nach außen zu wirken. Schließlich wollte dieses politische Europa wachsen und tat es auch. Erst nach dem Ende der Sowjetunion entwarf der Vertrag von Maastricht 1992 Strukturen, deren imperialer Charakter damals nur ansatzweise deutlich wurde, inzwischen aber unübersehbar ist: Denn der Vertrag entwirft einen „einheitlichen institutionellen Rahmen, der die Kohärenz und Kontinuität der Maßnahmen zur Erreichung ihrer – der EU – Ziele unter gleichzeitiger Wahrung und Weiterentwicklung des gemeinschaftlichen Besitzstands sicherstellt". Dabei handelt es sich um eine Art imperiales Zentrum, das auf unterschiedlichen Ebenen unterschiedlich wirkt.

So ist die EU zwar kein Imperium im eigentlichen Sinne (dazu fehlt ihr schon der Imperator), aber sie weist Strukturen auf, die sie wie eines handeln lassen. Wie verschachtelt sie auch organisiert, wie schwierig es im Einzelnen auch nachzuverfolgen ist, wie wessen Interessen in der EU durchgesetzt werden, und wie uneinig sich die EU nach außen auch zeigt: Am Ende agiert sie als Instrument ihres wirtschaftlichen und politischen Zentrums, das eindeutig in Mitteleuropa und Frankreich liegt, mit Deutschland als wichtigstem Schwerpunkt.

So funktioniert die EU heute nicht mehr als ein Projekt von Nationalstaaten für gemeinsamen Wohlstand und zur Durchsetzung gemeinsamer Werte, die Unterstützung mobilisieren und Grundlage für die Lösung von Konflikten sind. Heute hat der Gegensatz zwischen südlichen und zentraleuropäischen Ländern der Euro-Zone dazu geführt, dass zentrale EU-Institutionen in den südlichen Ländern die wirtschaftlichen Interessen der reicheren Länder auf Kosten der EU-Bürger in Griechenland, Italien oder Spanien schützen.

Und die östlichen EU-Mitgliedstaaten, die erst nach Ende des Kalten Krieges beigetreten sind? Sie verweigern die Einhaltung von politischen und humanitären Normen, weil ihre gewählten Regierungen Kriterien von Rechtsstaatlichkeit, Pressefreiheit oder Humanität nicht mehr für eine gemeinsame Grundlage halten, sondern für Instrumente, mit denen der „einheitliche institutionelle Rahmen“ Herrschaft über sie ausübt und ihre Souveränität beschneidet. Tatsächlich funktionieren diese europäischen Werte nicht nur als Geschäftsgrundlage, sondern auch als so etwas wie die imperiale Ideologie der EU, mit der diese nicht nur intern versucht, Mitgliedsregierungen zur Einhaltung der von ihr vertretenen Politik zu zwingen, sondern sich auch außenpolitisch gegenüber Russland, China und neuerdings den USA profiliert.

Andererseits benötigt eine imperiale Struktur, dessen Zentrum ja mit seinen jeweils unterschiedlichen Bevölkerungsgruppen, Partnern und sogar Gegnern unterschiedliche Arrangements eingeht, kaum universale oder auch nur universalistische Werte. Jedenfalls sind sie nicht Grundlage ihrer Existenz. Für die EU sind sie intern (wenn es zum Beispiel um Aufenthaltsrechte und Flüchtlingsfragen geht) und extern (etwa wenn die EU mit dem iranischen Atomprogramm oder dem syrischen Bürgerkrieg befasst ist) durchaus verhandelbar. Es geht immer wieder auch ohne sie. Besonders gilt das, wenn es sich entweder um Gebiete außerhalb der EU handelt oder um Menschen, Dinge oder Beziehungen, die als extern verstanden werden: der Flüchtling aus Afghanistan und die in südostasiatischen Sweatshops gefertigte Elektronik kommen möglicherweise beide auf EU-Territorium, aber höchstwahrscheinlich nie im Geltungsbereich der universalen Werte der EU an.

Wie Grenzen gezogen werden, zeigt die EU gerade an ihren Peripherien, die sie herausgebildet hat, wie das Imperien im Allgemeinen tun. Erkennbar an einem Erlebnis, das T. hatte, eine türkische Wissenschaftlerin, die nach Deutschland migriert ist und nicht in die Türkei reisen kann, weil sie dort politische Prozesse erwarten: Sie flog im Sommer nach Lesbos, um Urlaub zu machen, vor allem aber türkische Freunde und Verwandte zu treffen, für die die griechischen Inseln in der Ägäis das am leichtesten und billigsten erreichbare Ausland sind. T. (Schengenvisum, befristeter Aufenthaltstitel in Deutschland) erzählt, wie sie bei der Ankunft als einzige Touristin bei der Passkontrolle herausgewinkt und mit ihrer Tochter zwanzig Minuten lang befragt worden ist, was sie denn hier wolle. Die Befragung fand auf Deutsch statt, denn die Grenzpolizisten waren keine Griechen, sondern Deutsche: Lesbos war wohl zu wichtig, um die Kontrolle allein dem anderen Nationalstaat zu überlassen.

Vor den sogenannten Außengrenzen der EU liegen Staaten wie der Kosovo, die Ukraine und die Türkei, alle mit der Union eng verbunden, aber ohne realistische Aussicht darauf, in absehbarer Zeit ihr Mitglied zu werden. Dafür akzeptiert die EU, dass in diesen Ländern ihre universalen Werte nicht gelten. So konnte Recep Tayyip Erdoğan seine Diktatur etablieren, ohne dass die EU, der wichtigste politische und wirtschaftliche Partner der Türkei, ernsthaft auf das Geschehen einzuwirken versuchte.

Überleben und Sterben an der Kante Europas

Spätestens seit dem Flüchtlingsdeal mit der Türkei im März 2016 ist die Türkei nämlich zum Glacis und Vorwerk der Festung Europa geworden, getrennt von ihr durch den Burggraben der Ägäis. Das Land hat ja ohnehin Millionen von Flüchtlingen aus Syrien aufgenommen: Im Sommer

2018 betrug ihre Zahl mehr als dreieinhalb Millionen (von denen nur knapp 200.000 in Flüchtlingslagern untergebracht waren). Damit diese Menschen nicht nach Europa kommen, hat die EU gegen die Bereitstellung von Projektmitteln von zweimal drei Milliarden Euro die Türkei bewogen, die Flucht über die Ägäis zu unterbinden und solche Flüchtlinge zurückzunehmen, die es doch versuchen und auf ihrer Flucht oder nach ihrer Landung von EU-Institutionen aufgegriffen werden.

Damit übernimmt die Türkei einen guten Teil der schmutzigen Arbeit, die zumindest einige EU-Länder nicht selbst übernehmen wollen (übrigens zeigt das Beispiel der Türkei, dass die Aufnahme auch von Millionen von Flüchtlingen nicht notwendigerweise bedeutet, dass ein Land im Chaos versinkt). Weil aber nicht zu erwarten ist, dass Syrien, Afghanistan oder der Irak sich in absehbarer Zeit in blühende Landschaften verwandeln, ist das eine Daueraufgabe – und damit hat die Türkei auf unabsehbare Zeit die Funktion eines Puffers zwischen der EU und den Ländern, aus denen Flüchtlinge kommen.

Selbstverständlich kommen Flüchtlinge nicht nur aus dem Osten. Sie kommen zum Beispiel und besonders auch aus Afrika, aus Gründen, über die im Allgemeinen noch weniger Klarheit besteht als im Falle Syriens, Afghanistans oder des Irak. Afrikaner kommen einfach, und also vermutlich, weil sie an den europäischen Reichtum wollen. Oder? Und einen Puffer wie die Türkei gibt es am Südufer des Mittelmeeres auch nicht, weil in Marokko, Algerien und vor allem Libyen eine geregelte Aufnahme von Flüchtlingen und eine Rücknahmevereinbarung nicht funktionieren, selbst wenn beide Seiten das wollen wie im Falle Marokkos. Stattdessen fliehen Menschen nicht nur durch diese Länder, sondern auch aus ihnen – etwas, das übrigens auch in der Türkei schon wieder geschieht. Hunderte von Wissenschaftlerinnen und Wissenschaftlern haben das Land bereits verlassen. Organisationen wie die Off-University, bei der ich aktiv bin, versuchen, diesen Leuten eine Fortsetzung ihrer Karriere zu ermöglichen.

Allenthalben in der EU wird nun die Haltung eingenommen, die Flüchtlinge sowie die Gründe und Folgen ihrer Flucht so darzustellen, als hätten sie mit Europa rein gar nichts zu tun. Imperien beanspruchen nicht nur weltweiten Glanz, sondern auch eine Trennungslinie zwischen sich selbst und einer Gegenwelt, die dann als ein Bereich des Dunkels verstanden wird. In diese Gegenwelt gehören die Flüchtlinge; und diese Gegenwelt mag sich die EU nicht zumuten: Außerhalb der Union, so die Vorstellung, die erzeugt wird, um den Ausbau ihrer Grenzen zur Festung zu rechtfertigen, befinden sich Barbarei, Wüste und Wildnis. Davor, so die Behauptung, müsse sich Europa hüten. Abschottung, so die Illusion, sei nicht Gewalt gegen andere, sondern Selbstschutz. Zu bewahren seien Identität, die christlich-jüdische Kultur (die es übrigens erst seit dem Ende des Zweiten Weltkriegs gibt) und der hart erarbeitete Wohlstand. Vor allem: der Wohlstand.

An diesem Punkt treffen sich rechtsradikale Populisten und Verantwortung tragende Verwaltungsjuristen, (in ihren Mitteln) beschränkte Lokalpolitiker und das reine Gewissen Europas: Die Flüchtlinge haben nichts mit uns zu tun. Imperiale Strukturen haben dieses Argument zur Verfügung, weil sie eine kategorische Linie zwischen Innen und Außen ziehen. Verantwortlichkeit gilt dann nur noch für das Innen. Der Universalismus wird – bestenfalls – zur Binnenangelegenheit.

Auf einmal gibt es keine weltweite Verpflichtung mehr, keine Globalisierung. Niemand hat ein Interesse an Afrika. Die Gesellschaften des Irak und Syriens haben nichts mit unseren zu tun. Afghanistan ist sicher, weil Sicherheit für Afghanen etwas ganz anderes ist als für uns. Argumentationshilfen stellt das gesamte Instrumentarium der Folterkammer abendländischen Denkens – und im Allgemeinen genügt es, die Geräte nur vorzuzeigen, man muss sie gar nicht körperlich anwenden (das tun nur die, die „Mob" genannt werden): Orientalismus, Rassismus, Fremdenhass, Islamophobie, auch Antisemitismus.

Zur Aufrechterhaltung der Illusion von der Fremdheit des Flüchtlings ist es notwendig, dass die Begegnung mit ihm unterbleibt oder nur in kleiner Dosis als Ausweis der eigenen Humanität geschieht.

Auf diese Weise wurden in der gesamten EU (aber nicht in Dänemark, Ungarn, Polen, Großbritannien und Island) zwischen 2016 und 2018 knapp 34.000 Flüchtlinge aus italienischen und griechischen Flüchtlingslagern umgesiedelt. Stolz war die Rede von dem erfolgreichen Abschluss des EU-Umsiedlungsplans.

Auf diese Weise gehen die Flüchtlinge unter, sie verschwinden – metaphorisch und tatsächlich – im Wasser des Mittelmeeres.

Tatsächlich gibt es keine große Debatte mehr um Aufnahme von Flüchtlingen. Neuankömmlinge spielen keine Rolle, jedenfalls in weiten Teilen Deutschlands nicht. Es geht inzwischen fast nur noch um Abschiebungen und deren Verhinderung oder um die Rettung von Ertrinkenden durch Privatpersonen, die eine neue Kriminalität hervorgebracht haben: das Verbrechen der Solidarität. Der italienische Innenminister Salvini ist nur konsequent, wenn er versucht, Gerettete nicht vom Schiff auf das von ihm verwaltete Territorium zu lassen. Nach einem universalen Verständnis sind Menschenrechte Güter, die alle anderen Ansprüche in den Schatten stellen. Im imperialen Verständnis des rechtsradikalen Symbolpolitikers ist dieses Gut aber für Menschen innerhalb des Territoriums Europa beschränkt, weswegen Flüchtlinge keinen Fuß auf italienische und europäische Erde setzen dürfen (die komplizierte Frage von Hoheitsgewässern sei hier ausgespart).

Es ist von meinem Münchner Schreibtisch aus wirklich total unmöglich, nachzuvollziehen, wie sich eine Flucht durch die Sahara, das libysche Kriegsgebiet und über das Meer in Richtung Sizilien anfühlt. Wie es ist, am Grenzzaun von Ceuta zu warten. Oder wie sich ein nächtlicher Aufbruch im Schlauchboot von türkischen Stränden anfühlt, die ich, als ich noch Reiseführer veröffentlichte, selbst beschrieben habe.

Trotzdem ist die Bemühung um das konkrete Begreifen von Flucht als menschlicher Erfahrung die einzige Chance. Es geht um Erinnern, Nachvollzug, Einfühlung und genaues Berichten. Fotos wie die des zweijährigen Alan Kurdî, der am 2. September 2015 ertrunken an einen türkischen Strand gespült wurde, zerstören die Illusion und Lüge, dass Flüchtlinge anders sind als wir und wir mit ihrer Flucht nichts zu tun haben. Die Chance der Europäer sind Frauen wie Yusra und Sarah Mardini, Schwimmerinnen, die bei ihrer Flucht das vollbesetzte Boot, als dessen Motor ausfiel, an das Ufer zogen, von denen die eine an den Olympischen Spielen 2016 teilnahm und UN-Sonderbotschafterin für Flüchtlinge ist, die andere im Sommer 2018 als Flüchtlingshelferin in Griechenland festgenommen wurde. Beide setzen sich mit ihren Mitteln für das Gleiche ein; die eine wird hoch geehrt, die andere landet im Gefängnis.

Bilder, Geschichten, Menschen zeigen, wie unsinnig es ist, universalistische Werte nicht universal anwenden zu wollen. Postmoderne Kritik hat erhebliche Zweifel an dem Konzept des Universalen geweckt. Politisch allerdings scheinen universale Werte nach wie vor die einzige Grundlage von Regelungen zu sein, die Menschenwürde und Menschenrechte, Gleichheit und die Idee einer Menschheit überhaupt denkbar machen. An dieser Stelle wird sichtbar, wie riskant ein Leben in imperialen Strukturen sein kann, die solche Werte für ihr eigenes Funktionieren nicht notwendig brauchen. Die Flexibilität imperialer Herrschaft und imperialer Gesellschaften führt tendenziell eben zu großen Ungleichheiten. Deswegen ist es im Interesse der EU-Bürger, dass die von der EU in universalistischer Weise als europäisch reklamierten Werte weiter universal verstanden werden.

Gerade Leute, die jetzt Angst vor Fremden, Überfremdung und Flüchtlingswellen haben, werden Rechte und Werte möglicherweise selbst dringlich benötigen, von denen sie glauben, dass sie Migranten leicht zu verweigern sind. Die Aufgabe dieser gemeinsamen Werte zerstört nämlich auch innerlich die Grundlage europäischer Gesellschaft. Das haben zugleich mit syrischen und südsudanesischen Flüchtlingen griechische Rentnerinnen, italienische Arbeitslose und spanische Arbeitnehmer im Krankenstand bereits am eigenen Leib erfahren.

Christoph K. Neumann, Jahrgang 1962, ist Professor für Türkische Studien an der Ludwig-Maximilians-Universität München. Er beschäftigt sich wissenschaftlich mit osmanischer Geschichte, türkischer politischer Kultur und moderner türkischsprachiger Literatur. Zugleich gehört er zum Vorstand der Off-University e. V., einer Organisation, die sich bemüht, verfolgten türkischen Wissenschaftlerinnen und Wissenschaftlern Forschung und Lehre zu ermöglichen.

Menschenrechte für Bootsflüchtlinge durchsetzen!

Der Migrationspakt der Vereinten Nationen weckt Hoffnungsschimmer

Karl-Heinz Meier-Braun

Welche Brisanz im *Globalen Pakt für eine sichere, geordnete und reguläre Migration* (Global compact for safe, regular and orderly migration: http://www.un.org/depts/german/migration/A.CONF.231.3.pdf) steckt, wurde kurz vor seiner Verabschiedung im Dezember 2018 deutlich: die belgische Regierung ist darüber zerbrochen. Rechtspopulisten hatten sich im wahrsten Sinne des Wortes auf das Abkommen eingeschossen. Obwohl im Migrationspakt immer wieder unterstrichen wird, dass es sich nur um einen rechtlich nicht bindenden Kooperationsrahmen handelt und obwohl der Globale Pakt mehrfach das „souveräne Recht der Staaten, ihre nationale Migrationspolitik selbst zu bestimmen" betont, behaupteten die Gegner jenseits aller Fakten immer wieder, das Gegenteil sei der Fall, durch den Pakt würden Tür und Tor für alle Flüchtlinge und Migrant*innen der Welt geöffnet. Mit Verschwörungstheorien und professionell aufgemachten Kampagnen wurde gezielt Stimmung gemacht. Auf der Webseite der AfD war beispielsweise von einem „versteckten Umsiedlungsprogamm für Wirtschafts- und Armutsflüchtlinge" die Rede. Selbst in der CDU brach kurz vor der Abstimmung über den UN-Migrationspakt noch Streit darüber aus, ob man der Vereinbarung zustimmen könnte. Nach viel zu spät erfolgten Klarstellungen der Bundesregierung, dass der Pakt völkerrechtlich nicht bindend sei, stellte sich auch der Bundestag mehrheitlich hinter die internationale Vereinbarung in der Migrationspolitik.

Besser wäre es wohl gewesen, „compact" mit „Übereinkunft" zu übersetzen, „Pakt" steht doch eher für einen rechtsverbindlichen Vertrag und darum handelt es sich eben nicht. So öffnete man den Migrationsgegnern schon mit der Terminologie Tür und Tor für Missdeutungen, vor allem auch deshalb, weil eben nicht rechtzeitig umfassend über Text, Ziel und Inhalt informiert wurde.

Erstaunlich ruhig blieb es dagegen um den parallel einmütig verabschiedeten *Globalen Pakt für Flüchtlinge* (https://www.unhcr.org/dach/wp-content/uploads/sites/27/2018/11/GCR_final_GER.pdf).

Dabei geht es um die 68,8 Millionen Menschen, die weltweit auf der Flucht sind und von denen die meisten in den Herkunftsländern und in den Nachbarländern bleiben, auch wenn es in den letzten Jahren anders ausgesehen haben mag. Alle zwei Sekunden (!) wird ein Mensch zur Flucht gezwungen, weil die Menschenrechte verletzt werden, politische, soziale Ungerechtigkeiten oder Umweltprobleme die Menschen aus ihrer Heimat vertreiben. Für diese Flüchtlinge besteht bereits – im Gegensatz zu den Arbeitsmigranten, um die es im Migrationspakt geht – ein völkerrechtlich verbindliches Rahmenwerk wie die Genfer Flüchtlingskonvention. Der Flüchtlingspakt sieht einen umfassenden Plan für Hilfsmaßnahmen vor, beispielweise humanitäre Aufnahmeprogramme. Auch das alles auf freiwilliger Basis, nicht völkerrechtlich bindend.

Was den Globalen Migrationspakt betrifft, so hat sich die Völkergemeinschaft zum ersten Mal auf Leitprinzipien geeinigt, auf gemeinsame Ziele im Umgang mit Migration und Flucht und dabei ausdrücklich auf die Agenda 2030 für nachhaltige Entwicklung und ihre Ziele hingewiesen. Im Vertrag schlägt sich die Erkenntnis nieder, „dass Migration von keinem Staat allein gesteuert werden kann, da das Phänomen von Natur aus grenzüberschreitend ist und somit Zusammenarbeit und Dialog auf internationaler, regionaler und bilateraler Ebene erfordert." Kein Wunder, dass die Nationalisten und Gegner internationaler Zusammenarbeit angesichts solcher Formulierungen auf die Barrikaden gegangen sind. Bisher hat es noch keinen solchen Weltmigrationsvertrag gegeben, der in 23 Zielen die Bekämpfung des Menschenhandels oder die Rechte und Bedürfnisse von Kindern aufzählt. Wichtig ist auch, dass der Vertrag den gesellschaftlichen Diskurs anspricht, der weltweit von Mythen und Legenden bestimmt wird, wenn es um Migration geht. Der Vertrag könnte so einen wichtigen Beitrag zur Versachlichung der Debatte leisten.

Bemerkenswert ist, dass der Vertrag sich für die Menschenrechte von Migrant*innen einsetzt, die noch unterwegs sind. Unter den „Leitprinzipien" heißt es: „Durch die Umsetzung des Globalen Paktes sorgen wir dafür, dass die Menschenrechte aller Migranten, ungeachtet ihres Migrationsstatus, während des gesamten Migrationszyklus wirksam geachtet, geschützt und gewährleistet werden." Das heißt, die Menschenrechte sind auf allen Routen, also auch auf dem Meer, zu schützen. Bemerkenswert ist Ziel 8 der Vereinbarung: „Rettung von Menschenleben und Festlegung koordinierter internationaler Maßnahmen betreffend vermisste Migranten." Dabei ist ausdrücklich von einer „Verpflichtung" die Rede, so die Wortwahl in der offiziellen deutschen Übersetzung des Dokuments, das englische Original spricht von „commitment", was wiederum Spielraum für Interpretation gibt, ob diese Formulierung dem deutschen „Verpflichtung" entspricht. In der deutschen Version steht auf jeden Fall: „Wir verpflichten uns zur internationalen Zusammenarbeit mit dem Ziel, durch einzelne oder gemeinsame Such- und Rettungseinsätze und durch standardisierte Sammlung und Austausch einschlägiger Informationen Menschenleben zu retten und den Tod und die Verletzung von Migranten zu verhindern." Außerdem verpflichten sich die Staaten, die Toten oder Vermissten zu identifizieren und die Kommunikation mit den betroffenen Familien zu erleichtern. Aufnahme- und Hilfskapazitäten sollen verbessert und sichergestellt werden, „dass die Bereitstellung von Hilfe aus rein humanitären Gründen nicht als rechtswidrig erachtet wird". Auch in dieser Formulierung steckt die Hoffnung, dass dadurch die Kriminalisierung der privaten Seenotrettung ein Ende haben könnte.

Wenn sich die Staaten an diese Verpflichtungen halten, hätte das insgesamt gravierende Auswirkungen auf den Schutz der Menschenrechte von Flüchtlingen auf den „Mittelmeerrouten", auf die Rettung von Bootsflüchtlingen, wo private Seenotrettungsschiffe nicht nur von der sogenannten libyschen Küstenwache bedroht werden, sondern ihnen auch der Zugang zu Häfen in Italien verwehrt wird, so dass immer mehr Menschen ertrinken. Mit dem globalen Migrationspakt könnte so dem Sterben im Mittelmeer Einhalt geboten werden, vor allem, wenn ihn die Nationalstaaten wie Italien umsetzen, wobei von der gegenwärtigen Regierung in Rom wenig zu erwarten ist, um es vorsichtig zu formulieren.

Die Realität sieht eher so aus: 70 Jahre nachdem die UN-Generalversammlung die Allgemeine Erklärung der Menschenrechte verabschiedet hat, sind die Menschenrechte insbesondere der Migrant*innen gefährdet, das gilt nicht nur für die Bootsflüchtlinge im Mittelmeer oder für Geflüchtete in Ungarn, wo ihre Rechte mit Füßen getreten werden. In vielen Ländern kämpft die Zivilgesellschaft verzweifelt darum, dass die Menschenrechte eingehalten werden. Bereits 2017 stiegen die USA unter Präsident Trump aus den Verhandlungen für ein internationales Migrationsabkommen aus; Ungarn folgte kurze Zeit später, weil die Übereinkunft eine „Bedrohung für die Welt" sei. Die Begründung der Trump-Regierung: „Der globale Ansatz der New Yorker Erklärung ist nicht vereinbar mit der Souveränität der USA, unsere Entscheidungen zur Immigrationspolitik müssen stets von Amerikanern, und zwar nur von Amerikanern getroffen werden." Trump sagte 2018 sogar, Flüchtlinge und Migranten „seien keine Menschen, sie sind Tiere" („These aren´t people, these are animals ..."). Der italienische Innenminister Salvini bezeichnete die Bootsflüchtlinge im Mittelmeer als „Menschenfleisch." Moderater, aber ebenso populistisch, äußerte sich Bundesinnenminister Seehofer, als er die Migrationsfrage als „Mutter aller politischen Probleme" bezeichnete. Kurz vor der Verabschiedung des Migrationspakts scherten immer mehr Regierungen aus den Verhandlungen aus, dazu gehören Österreich, Lettland, Bulgarien und die Slowakei. Brasilien kündigte nach dem Wechsel zur Regierung unter dem rechtspopulistischen Jair Bolsonaro an, wieder aus dem Pakt auszuscheiden. Auch die Dominikanische Republik oder Chile verließen den Pakt, obwohl sie ursprünglich dafür waren.

Letztendlich stimmten in der UN-Generalversammlung 152 Staaten dem Migrationspakt zu, fünf – die Tschechische Republik, Ungarn, Israel, Polen und die Vereinigten Staaten stimmten dagegen, zwölf Länder, darunter die Schweiz, Bulgarien, Chile und Australien, enthielten sich der Stimme. Zuvor war das Dokument in Marrakesch mehrheitlich angenommen worden, dort hatten verschiedene Länder, die den Pakt ablehnten, gar nicht an dem Treffen teilgenommen. Bei der Abstimmung in New York betonte der Vertreter Ungarns, die Vollversammlung würde einen schweren Fehler machen, indem sie dieses „Pro-Migration Dokument" annimmt. Migration sei „ein gefährliches Phänomen". Noch im September 2016 hatten sich die 193 Staaten der Generalversammlung der Vereinten Nationen einstimmig für internationale Vereinbarungen in der Migrationspolitik ausgesprochen. Der entsprechenden New Yorker Erklärung stimmten alle in den Vereinten Nationen vertretenden Staaten zu, auch die heutigen Gegner des Globalen Paktes für eine sichere, geordnete und reguläre Migration und die – abgesehen von den USA – bis zur Verabschiedung des Enddokuments am 13. Juli 2018 an der Ausarbeitung mitgearbeitet hatten.

Der Ausstieg der Trump-Regierung aus dem Pariser Klimaabkommen, der Austritt aus der UNESCO, die drastische Kürzung der Finanzbeiträge für UN-Friedensmissionen und andere UN-Programme, haben viele positive Ansätze gefährdet. Vor allem die Tatsache, dass die USA sogar den UN-Menschenrechtsrat verlassen haben, ist weltweit ein verheerendes Signal. So ist der Pakt zu einer Art Nagelprobe für die internationale Völkergemeinschaft und ihre Werte geworden, auch wenn das Abkommen nicht rechtsverbindlich ist.

Die Vereinten Nationen schätzen die Zahl der Migrant*innen weltweit auf 258 Millionen. Die Zahl der Flüchtlinge erreicht Jahr für Jahr eine neue Rekordmarke. Seit dem Jahr 2000 sind mindestens 60.000 Menschen auf der Flucht ums Leben gekommen. Schwere Menschenrechtsverletzungen durch diktatorische Regime sind eine der wichtigsten Fluchtursachen, die Europa bekämpfen will. Dabei arbeitet die EU mit solchen Ländern wie dem Sudan oder Eritrea zusammen, stärkt dort die Polizei oder den Grenzschutz und unterstützt damit geradezu diese Despoten. Um wenigstens die größten Probleme zu lösen, müsste das Hochkommissariat für Flüchtlinge der Vereinten Nationen (UNHCR) auf jeden Fall mit mehr Geld und Personal ausgestattet werden. Das UNHCR leidet seit Jahren unter chronischen personellen und finanziellen Problemen, weil es nur zwei Prozent seiner Gelder aus dem UN-Budget erhält. Bei dem Rest – mehr als eine Milliarde Dollar im Jahr – ist es auf die freiwilligen Leistungen der Geberländer angewiesen. In den Flüchtlingslagern rund um Syrien mussten daher beispielsweise die Nahrungsmittelrationen gekürzt werden, weil nicht mehr genügend finanzielle Hilfsmittel zur Verfügung standen. Angesichts dieser Misere und ohne Aussicht auf ein Ende des Krieges in ihrer Heimat verwundert es nicht, dass sich so viele Flüchtlinge auf den Weg nach Europa gemacht haben. Die unzureichende Ausstattung des UNHCR hat daher bei der Vorgeschichte der neuesten „Flüchtlingskrise“, die eine Krise der Migrationspolitik und nicht der Flüchtlinge ist, eine fatale Rolle gespielt.

Nach wie vor fehlt eine zentrale Institution mit UN-Mandat für Migration, die dringend notwendig wäre. Das neue Abkommen könnte ein erster Schritt in diese Richtung sein. Gerade in diesen Zeiten, wo der Populismus in vielen Ländern der Welt um sich greift, wo Fremdenfeindlichkeit und Rassismus die Menschenrechte von Flüchtlingen bedrohen, setzt das Abkommen ein weltweites Zeichen für eine weltoffene Gesellschaft, für die Menschenrechte von Männern, Frauen und Kindern, die weltweit auf der Flucht sind oder ihre Heimat auf der Suche nach einem besseren Leben verlassen müssen, weil sie dort keine Zukunftsperspektiven haben.

Der Migrationspakt soll alle vier Jahre evaluiert werden. Entscheidend kommt es jetzt darauf an, wie seine Ziele verwirklicht werden. So soll auf globaler Ebene die Umsetzung durch ein zwischenstaatliches Forum, das sogenannte „Überprüfungsforum Internationale Migration (International Migration Review Forum)“ unter Beteiligung aller relevanten Interessenträger beobachtet werden. Daneben sind regionale Plattforen und Organisationen aufgerufen, die Umsetzung des Paktes auf regionaler Ebene zu überprüfen. Ein Austausch im Rahmen von anderen zwischenstaatlichen Foren wie dem Globalen Forum für Migration und Entwicklung, ist ebenfalls vorgesehen. Nichtregierungsorganisationen, die Zivilgesellschaften insgesamt, können jetzt ihre Chancen nutzen, sich in den weiteren Umsetzungsprozess des Migrationspaktes einzubringen und ihren Regierungen genau auf die Finger zu schauen, damit nicht vieles wieder bei Absichtserklärungen bleibt, sondern dass die Leitprinzipien und Verpflichtungen mit Leben gefüllt werden.

Prof. Dr. Karl-Heinz Meier-Braun (www.meier-braun.de) ist Landesvorsitzender der Deutschen Gesellschaft für die Vereinten Nationen e. V. (DGVN) und Mitglied im Bundesvorstand dieser Organisation, die sich für die Menschenrechte einsetzt (https://menschenrechte-durchsetzen.dgvn.de/). Meier-Braun, Migrationsexperte, Honorarprofessor an der Universität Tübingen, war Redaktionsleiter und Integrationsbeauftragter des Südwestrundfunks (SWR) und hat zahlreiche Bücher zur Migrationspolitik geschrieben. Seine neueste Publikation *Schwarzbuch Migration. Die dunkle Seite unserer Flüchtlingspolitik* ist 2018 im C. H. Beck Verlag erschienen: https://www.chbeck.de/Meier-Braun-Heinz-Schwarzbuch-Migration/product/22723518.

Welches Land, Freunde, ist dies?

Elisabeth Plessen

Ein junger Afrikaner
rücklings
in zerfetztem rotem Hemd
auf Lampedusas Stein
geworfen

wie malerisch der Schöne
wie malerisch das Elend
dieses Flüchtlings
da es zu Ende ist

was hat ihn seinen Traum gekostet
was sein Traum

was hat ihn sein Tod gekostet
was seinen Tod

wen ließ er zurück
der nicht Antwort gibt
wie die vielen seinesgleichen
die das Meer sich nahm

glitzerndes Europa
du verbotenes Land

Dieses Gedicht verfasste Elisabeth Plessen unter dem Eindruck des Titelfotos der *Unità* vom 8. Juni 2008, einem Tag, an dem 13 Menschen im Mittelmeer ertrunken waren.

Elisabeth Plessen arbeitete für Rundfunk und Fernsehen und gab 1974 Katia Manns *Meine ungeschriebenen Memoiren* heraus. 1976 erschien ihr erster Roman *Mitteilung an den Adel*, für den sie den Deutschen Kritikerpreis erhielt. Weitere Romane: *Kohlhaas* (1979), *Stella Polare* (1984), *Der Knick* (1997), *Das Kavalierhaus* (2004) und 2010 *Ida*. 1980 begann ihre Lebens- und Arbeitsgemeinschaft mit Peter Zadek. 1988 erhielt sie den Droste-Preis der Stadt Meersburg. 2010 gab sie den letzten Band von Peter Zadeks Autobiographie *Die Wanderjahre 1980–2009* heraus. Elisabeth Plessen lebt und arbeitet in Berlin und Lucca (Italien). Im Frühjahr 2019 erschien ihr neuer Roman *Die Unerwünschte*.

Wir wollen eine menschliche, verantwortungsvolle und vernünftige Flüchtlingspolitik!

Monika Hoenen

Ich spreche hier heute für matteo. Unser Verein hat sich aus der kirchlichen Flüchtlingshilfe gegründet, die sich überall in Bayern und ganz Deutschland in den vielen Dörfern und Städten gebildet hat – oft in Zusammenarbeit mit überkonfessionellen Initiativen.

Ich gehöre zu den vielen stillen Helfern. Heute erhebe ich aber meine Stimme, weil Pfarrerinnen und Pfarrer in den Kirchengemeinden in Bayern zum ersten Mal in der Geschichte des Kirchenasyls mit Strafanzeigen verfolgt werden. Es darf nicht sein, dass Rettung – egal, ob Seenotrettung oder Kirchenasyl – kriminalisiert werden. Kirchenasyl will immer vor Menschenrechtsverletzungen beschützen. Kirchenasyl will also nie Recht unterlaufen, sondern Menschenrechte sichern.

Mit einer Politik der Angst werden hier Bürgerinnen und Bürger eingeschüchtert, die nicht wegschauen, sondern einschreiten, wenn Menschenrechtsverletzungen drohen.

Herr Söder hat in allen Amtsstuben Kreuze aufhängen lassen. Ist das wirklich geschehen, um an christliche Werte zu erinnern? Ging es darum, an den Schutz der Würde jedes Einzelnen zu erinnern, an Barmherzigkeit, Mitgefühl und Gerechtigkeit? Wie passt das zu Strafanzeigen, die ein 1000-jähriges Zufluchtsrecht von Kirchen für illegal erklärt und Rettung kriminalisiert? Wie passt das zu Massenlagern?

Wir wollen nicht, dass Schutzsuchende in Stacheldraht bewehrten Massenlagern eingesperrt und dadurch entwürdigt werden! Wir wollen nicht, dass unbescholtene Schüler aus ihrer Klasse heraus verhaftet werden, um in ein Land im Krieg abgeschoben zu werden. Afghanistan ist nicht sicher – das weiß auch unsere Regierung! Und wir rufen den Schülern aus Nürnberg zu: Respekt, dass ihr nicht stumm zugeschaut habt, sondern mit eurer friedlichen Sitzblockade Mitgefühl demonstriert habt!

Wir wollen nicht, dass Geflüchtete in jahrelanger Angst vor Abschiebung seelisch krank gemacht werden, statt ihnen eine neue Perspektive und Hoffnung zu geben. Wir fordern: Lasst sie endlich in Arbeit und Ausbildung! Nicht nur diejenigen, die jetzt schon in Arbeit sind, verdienen eine Perspektive, sondern auch die in den letzten Jahren keine Arbeits- und Ausbildungs-Erlaubnisse bekommen haben! Eine bessere Investition in die Zukunft dieser Menschen, in unsere Wirtschaft und in eine echte Völkerverständigung kann es nicht geben!

Wir wollen, dass die Fluchtursachen glaubwürdig bekämpft werden, nicht die Geflüchteten!

Wir wollen mutige Politikerinnen und Politiker, die an unsere Werte wirklich glauben und für sie einstehen: Wenn Herr Seehofer als Bundesinnenminister sich über Abschiebungen freut oder hochrangige CSU-Politiker Flüchtlingshelfer und Anwälte als „Anti-Abschiebe-Industrie" verunglimpfen und Herr Söder zynisch von „Asyltourismus" spricht, dann sind sie es, die unser Wertefundament abschaffen.

Wir haben keine Angst vor Menschen, die vor Krieg, Terror und Elend um ihr Leben gelaufen sind. Wir haben Angst um unseren Rechtsstaat, wenn unsere eigenen Regierungsvertreter unsere Grundwerte nicht mehr vertreten und an den Grundrechten rütteln.

Wer aus der Rechtsprechung Mitgefühl und Barmherzigkeit verbannt, der macht Gesetze zu einem Instrument kalter Machtpolitik. Es gibt keine Gerechtigkeit ohne Mitgefühl und Barmherzigkeit!

Nie wieder dürfen in Deutschland Gesetze so verfasst oder interpretiert werden, dass Menschenrechtsverletzungen „legal" verübt werden können.

Wir appellieren an das Pflichtgefühl aller demokratischen Politiker: Zeigen Sie Haltung! Schützen sie unser Wertefundament, helfen Sie denen, die helfen, und zeigen Sie, dass Menschlichkeit nicht verhandelbar ist. Entwickeln Sie glaubwürdige, zuversichtliche Konzepte, die unser Vertrauen gewinnen. Jeder Zweite hat in Deutschland in irgendeiner Form schon Geflüchteten geholfen. Wir sind alle noch da und wir wollen eine menschliche, verantwortungsvolle und vernünftige Flüchtlingspolitik!

Diese Rede hat Monika Hoenen auf der Demonstration „*Jetzt gilt's*" am 3. Oktober 2018 in München gehalten.

Monika Hoenen schloss die Studien Germanistik, Romanistik, Pädagogik, Musikvermittlung/Musikmanagement sowie Konzertpädagogik ab. Sie arbeitete für den WDR Köln und für internationale Musikprojekte wie die Jeunesses Musicales Deutschland, Rhapsody in School oder das Kammermusikfest SPANNUNGEN und ist Mitbegründerin von KLASSIKhautnah. Sie ist Dozentin für Deutsch und Deutsch als Zweitsprache. Ihr Engagement in der Hilfe für Geflüchtete im Landkreis Ansbach ist vielfältig: u. a. Gründung der Integrations-Mediathek mit dem Helferkreis Dinkelsbühl, den sie koordiniert. Monika Hoenen ist Gründungsmitglied von matteo – Kirche und Asyl e. V.

Die Liste

Tot aufgefunden	Zahl	Name	Herkunftsland	Todesursache	Quelle
03.01.19	5	N.N.	unbekannt	hatten vermutlich versucht, Italien zu erreichen; Leichen wurden an der Küste von Sirte (LY) angespült	Zaidy
02.01.19	1	N.N.	unbekannt	tot auf einem Boot zwischen Marokko und Spanien aufgefunden; 67 Überlebende	HelenaMaleno
02.01.19	1	N.N.	Subsahara-Afrika	tot im Meer vor Kap Trafalgar (ES) aufgefunden; hatte vermutlich von Marokko aus versucht, das Meer zu überqueren	EurPress
28.12.18	7	N.N.	Syrien	bei rauer See zwischen Libanon und Zypern ertrunken; nachdem das GPS Signal verloren gegangen war, ging der Treibstoff aus; 1 Überlebender	CypMail/ AlarmPhone/IOM
25.12.18	1	N.N. (Junge)	Afghanistan	blinder Passagier; hatte sich unter einem Lastwagen in Griechenland festgebunden und wurde zerquetscht, als der Lkw im Hafen von Ancona von der Fähre fuhr.	Zancan/ CDS/IOM
24.12.18	4	N.N.	unbekannt	tot auf einem Migrant*innenboot vor der Küste Marokkos aufgefunden; 52 Menschen gerettet	HelenaMaleno/IOM
23.12.18	2	N.N. (Baby, 12 Monate; Mädchen, 4)	unbekannt	vermisst nach Schiffbruch im Alborán-Meer; 69 Menschen wurden gerettet	ElDiario/ RCSpain/ IOM/ELM
23.12.18	12	N.N. (1 Frau, 11 Männer)	unbekannt	vermisstes Schlauchboot zwischen Tanger (MA) und Spanien; trotz wiederholter Alarmrufe wurden die Menschen nicht gerettet	AlarmPhone/IOM
21.12.18	1	N.N. (Mann, ±20)	Algerien	tot am Strand von Calamacarro aufgefunden; hat wahrscheinlich versucht Benzú (spanische Enklave von Ceuta) auf dem Seeweg zu erreichen	Ceutaldia/ FaroCeuta/ IOM
20.12.18	24	N.N. (2 Frauen (1 schwanger), 10 Männer)	Subsahara-Afrika	12 starben, 12 vermisst, als das Boot auf dem Weg von Marokko nach Spanien im Alborán-Meer kenterte; 33 gerettet	Repubblica/ UNHCR/EP/ RCAlmeria/ IOM
20.12.18	20	N.N. (2 Babys, 1 Mädchen, 2 Frauen, 2 Männer)	Algerien	8 ertrunken, 12 vermisst, nachdem leckes Boot an der algerischen Küste in Brand geraten war; 9 Menschen gerettet	AlgeriePresse/Réf/ Algérie360/ IOM/TheHuffMaghreb/Alg24
20.12.18	1	N.N.	unbekannt	starb, als ein Migrant*innenboot von Marokko nach Spanien im Alborán-Meer kenterte; 56 Menschen gerettet	UNHCR/SalvaM/IOM
19.12.18	1	N.N. (Mann, 25)	Tunesien	Stromschlag; Leiche im Zug am Bahnhof in Sid (RS) gefunden	Srbija Danas/IOM Serbia
18.12.18	1	N.N. (Mann)	unbekannt	bei Rettungsaktion tot auf einem Migrant*innenboot im Alborán-Meer aufgefunden; 58 Menschen gerettet	SUR/Caminando/IOM

Tot aufgefunden	Zahl	Name	Herkunftsland	Todesursache	Quelle
18.12.18	8	N.N.	Algerien	vor den Küsten von Tabarka und Banzart (TN) tot aufgefunden; versuchten Spanien von Algerien aus zu erreichen	Alg24/IOM
13.12.18	3	N.N. (Männer)	unbekannt	Autounfall; das Fahrzeug brannte auf Autobahn in der Nähe von Kavala (GR); der Fahrer verlor die Kontrolle aus Angst vor der Polizei	KI/IOMGriechenland
11.12.18	2	N.N.	unbekannt	tot auf einem Migrant*innenboot im Alborán-Meer gefunden; 53 Menschen wurden gerettet	Caminando/HelenaMaleno/IOM
06.12.18	1	N.N. (Mann)	Subsahara-Afrika	ertrunken; Leiche im fortgeschrittenen Zustand der Verwesung 28 Meilen vor Ceuta (ES) gefunden	CeutaActualidad/IOM
05.12.18	1	N.N. (Mann)	unbekannt	in der Nähe von Edirne erfroren, nachdem die griechischen Grenzsoldaten ihn gezwungen hatten, in die Türkei zurückzukehren	DailySabah/Ansamed/IOM
04.12.18	4	N.N.	Algerien	1 tot, 3 vermisst, als ein Boot in der Nähe von Tigzirt (DZ) auf dem Weg nach Spanien sank; 5 gerettet	ElW/Alg24/LibAlergie/IOM
04.12.18	1	Midour Mohamed (Mann, 29)	Algerien	ertrank mit 5 anderen, als das Boot in der Nähe von Tigzirt (DZ) auf dem Weg nach Spanien sank; 5 gerettet	ElW/Alg24/LibAlergie/IOM
04.12.18	1	Zaoui Karim (Mann, 24)	Algerien	ertrank mit 5 anderen, als das Boot in der Nähe von Tigzirt (DZ) auf dem Weg nach Spanien sank; 5 gerettet	ElW/Alg24/LibAlergie/IOM
04.12.18	15	N.N.	Subsahara-Afrika	starb an Hunger und Durst auf einem Boot, das 12 Tage vor der Küste Libyens trieb; 10 Menschen gerettet	AP/IOM/Reuters/InfoMigrants/LibOb
04.12.18	1	N.N.	Afghanistan	erfror, als die griechischen Behörden ihn zwangen, den Evros in eisiger Kälte in die Türkei zu überqueren	HurriyetDN/AP/Sky/DailySabah/BFMTV/IOM
04.12.18	1	N.N.	Mittlerer Osten	erfror, als die griechischen Behörden ihn zwangen, den Evros in eisiger Kälte in die Türkei zu überqueren	HurriyetDN/AP/Sky/DailySabah/BFMTV/IOM
04.12.18	1	N.N.	Mittlerer Osten	erfror, als die griechischen Behörden ihn zwangen, den Evros in eisiger Kälte in die Türkei zu überqueren	HurriyetDN/AP/Sky/DailySabah/BFMTV/IOM
02.12.18	2	N.N. (Männer)	Algerien	ertrunken, als zwei Schlauchboote vor Arzew (DZ) auf dem Weg nach Spanien sanken; 32 Menschen wurden gerettet	Oran/AlgeriePresse/IOM

Tot aufgefunden	Zahl	Name	Herkunftsland	Todesursache	Quelle
02.12.18	1	Souaro Jaiteh (Mann, 18)	Gambia	starb bei einem Feuer im „Ghetto" Zeltlager in San Ferdinando (IT), das durch ein Lagerfeuer entstand	LocalIT/Fato/OxfamIT/Soumahoro/OpenMigration
30.11.18	1	N.N. (Mann)	unbekannt	ertrunken in der Dobra zwischen Lipa und Protulipa südwestlich von Karlovac (HR); 3 Überlebende	HRT/IOM-Kroatien
30.11.18	1	N.N. (junger Mann)	Algerien	Skelett in der Nähe vom Oued el Agueb Strand, Seraidi (DZ) gefunden; versuchte 2 Monate zuvor Europa zu erreichen	EIW/IOM
27.11.18	4	N.N. (2 Männer, 2 Frauen)	unbekannt	von einem Zug erfasst; haben vermutlich auf den Gleisen in der Nähe von Fylakas (GR) an der Grenze zur Türkei geschlafen	KI/AFP/IOM-Greece
27.11.18	1	N.N. (Mann)	unbekannt	ertrunken, während er versuchte, den Fluss Reka bei Ilirska Bistrica (SI) zu überqueren; 5 Überlebende	STA/IOM
24.11.18	29	N.N.	Kamerun/Guinea/Marokko	20 starben, 9 infolge des Schiffbruchs vor Marokko vermisst; spanische und marokkanische Behörden hatten die Rettung verzögert	EP/Watch-TheMed/France24/AMDHN-ador/Caminando/IOM
22.11.18	1	L. Slimane (Mann, 27 Jahre)	Algerien	tot aufgefunden, nachdem das Boot den Strand von Oued el Agueb (DZ) verlassen hatte und sank; 6 andere vermisst	EIW/IOM
22.11.18	6	N.N. (Männer, 18–34)	Algerien	vermisst, nachdem das Boot den Oued el Agueb Strand, Seraidi (DZ), verlassen hatte und auf dem Weg nach Europa sank	EIW/IOM
22.11.18	1	Fatoumata (schwangere Frau)	unbekannt	starb nach Rettung; Schiffbruch vor der Küste von Almería (ES); 42 Menschen gerettet	EP/Kirchenzeiten/SalvaM/HelenaMaleno/SRodrigo/IOM
22.11.18	14	N.N.	unbekannt	vermisst nach Schiffbruch vor der Küste von Almería (ES); 42 Menschen gerettet	EP/Kirchenzeiten/SalvaM/HelenaMaleno/SRodrigo/IOM
20.11.18	9	N.N. (Frau, ±30; junger Mann)	Subsahara-Afrika	2 Tote, 7 Vermisste, als das Boot aus Tanger (MA) in der Nähe von Vejer de la Frontera (ES) sank; 1 Überlebender	EurPress/ChurchTimes/AndaluciaInfo/VozCadiz/Iom
19.11.18	1	N.N. (Mann)	Syrien	starb bei einem Schiffbruch zwischen Bodrum (TR) und der griechischen Insel Kos; 10 Menschen gerettet	HurriyetDN

Tot aufgefunden	Zahl	Name	Herkunftsland	Todesursache	Quelle
18.11.18	1	N.N. (Mann)	unbekannt	Leiche wurde unter einem Bus am Eurotunnel-Terminal in Folkestone, Kent (GB), gefunden	Hurriyet/ IOM/KM
18.11.18	22	N.N.	Marokko	vermisst; Boot sank während eines Sturms in der Nähe von Tiznit (MA) auf dem Weg zu den Kanarischen Inseln (ES); 3 Überlebende	Huff-Maghreb/ AGI/IOM/ EFE/2M/ Medien/ Orient
15.11.18	9	N.N.	Algerien	1 ertrunken, 8 vermisst, nachdem das Boot aus Annaba (DZ) in der Nähe der Insel Toro, Sardinien (IT) sank	ANSA/ Stampa/ IOM/Arm-edForcesIt/ Stampa/ Alg24/Fatto/ InfoMigrants
15.11.18	1	N.N. (Mann, 30)	Algerien	ertrank, nachdem das Boot aus Annaba (DZ) in der Nähe der Insel Toro, Sardinien (IT) sank	ANSA/ Stampa
14.11.18	1	N.N. (junger Mann)	Syrien	starb im Krankenhaus in Belgrad an auf dem Weg in Serbien erlittenen Verletzungen, weil es keine Medikamente gab.	UNHCR/IOM
13.11.18	9	N.N. (inkl. Kinder und Frauen)	unbekannt	Boot verschwand auf See zwischen Westalgerien und Murcia (ES); dem Boot ging der Treibstoff aus, der Kontakt ging verloren	Wachtest
12.11.18	1	N.N. (Frau)	unbekannt	Auto auf der Autobahn Egnatia Odos bei Thessaloniki (GR) umgestürzt; 9 Überlebende	IOMGriechenland
12.11.18	10	N.N. (3 Kinder)	Afghanistan	6 ertrunken, 4 vermisst, nachdem das Boot zwischen Dikili (TR) und Lesbos (GR) gesunken war; 5 Überlebende	DailySabah/ HurriyetDN/ KI/Azertac/ ActuNews/ IOMTurkey
11.11.18	1	N.N. (Mann)	unbekannt	ertrunken; gefunden an der Grenze des Flusses Drina in der Nähe von Roćević (BH), nahe der serbischen Grenze	UNHCR/ IOMSerbia
10.11.18	1	N.N. (Mann)	unbekannt	ertrunken, als ein Boot aus Libyen in der Nähe von Lampedusa (IT) sank, konnte sich nicht am Rettungsnetz festhalten; 40 gerettet	ANSA/NuovoSud/IOM
10.11.18	1	N.N. (Mann, ±20)	Subsahara-Afrika	in Ceuta (ES) angespült, höchstwahrscheinlich ein ehemaliger Bewohner des Ceuta-Internierungslagers	FaroCeuta/ ABC/CeutaActualidad/IOM
10.11.18	2	N.N. (Junge, Mann)	Marokko	tot auf einem Schlauchboot gefunden, das von Marokko an einen Strand in der Nähe von Málaga (ES) gelangte; 13 Überlebende	AP/SUR/EP/ CadSER/IOM

Tot aufgefunden	Zahl	Name	Herkunftsland	Todesursache	Quelle
09.11.18	1	N.N. (Junge, 4)	unbekannt	Lieferwagen mit Migrant*innen kollidierte frontal mit einem LKW auf der Autobahn bei Thessaloniki (GR); 27 verletzt	EFSYN/ Newsbomb/ IOMGreece
09.11.18	1	Bouacha Sofiane (junger Mann)	Algerien	verschwand mit 12 anderen auf dem Weg von Annaba (DZ) nach Sardinien (IT); alle Spuren des Bootes gingen verloren	ANSA/Stampa/EIW/ IOM
09.11.18	1	Djouamaa Ahlem (junge Frau)	Algerien	verschwand mit 12 anderen auf dem Weg von Annaba (DZ) nach Sardinien (IT); alle Spuren des Bootes gingen verloren	ANSA/Stampa/EIW/ IOM
09.11.18	1	Djamel "L'Algerois" (junger Mann)	Algerien	verschwand mit 12 anderen auf dem Weg von Annaba (DZ) nach Sardinien (IT); alle Spuren des Bootes gingen verloren	ANSA/Stampa/EIW/ IOM
09.11.18	1	Zerrouri Yacine (junger Mann)	Algerien	verschwand mit 12 anderen auf dem Weg von Annaba (DZ) nach Sardinien (IT); alle Spuren des Bootes gingen verloren	ANSA/Stampa/EIW/ IOM
09.11.18	1	Mohamed Sami Kebaili (junger Mann)	Algerien	verschwand mit 12 anderen auf dem Weg von Annaba (DZ) nach Sardinien (IT); alle Spuren des Bootes gingen verloren	ANSA/Stampa/EIW/ IOM
09.11.18	8	N.N. (junge Männer)	Algerien	verschwanden auf dem Weg von Annaba (DZ) nach Sardinien (IT); alle Spuren ihres Bootes gingen verloren	ANSA/Stampa/EIW/ IOM
06.11.18	5	N.N.	unbekannt	Kleinbus mit Migrant*innen verunglückte auf einer Straße in der Nähe von Saray (TR); 16 wurden verletzt	Anadolu-Agentur/ Sabah/IOM
06.11.18	1	Ayoub Mabrouk (Mann, 21)	Marokko	starb bei einem Schiffbruch in Canos de Meca (ES); marokkanischer Kickbox-Champion mit großem Ehrgeiz	TheHuffPostMaghreb/EP/ InfoMigrants/AFP/ DailyMail/ Ansamed/ EPress/ ElPeriodico/ CBC/Xinhua/ Sputnik/VK/ Olive/Punch
06.11.18	1	N.N. (Mann, 25)	Nordafrika	starb, als ein Migrant*innenboot aus Marokko in Canos de Meca (ES) in auf einen Felsen prallte; 22 Überlebende	EP/InfoMigranten/AFP/ DailyMail/ Ansamed/ EPress/ ElPeriodico/ CBC/Xinhua/ Sputnik/VK/ Olive/Punch

Tot aufgefunden	Zahl	Name	Herkunftsland	Todesursache	Quelle
06.11.18	21	N.N. (20-30)	Marokko/Algerien	starben, als ein Migrant*innenboot aus Marokko in Canos de Meca (ES) auf einen Felsen prallte; 22 Überlebende	InfoMigrants/AFP/EP/DailyMail/Ansamed/EPress/ElPeriodico/SalvaM/ElDiario/ElEsp/CBC/Xinhua/AndalusienInfo/LV/Public/EFE/Sputnik/VK/Olive/Punch/IOM
05.11.18	1	N.N. (Mann, 29)	Irak	beim Gehen auf der Egnatia-Autobahn in Igoumenitsa (GR) von einem Auto angefahren; Fahrer beging Fahrerflucht	PressePub/IOMGreece
05.11.18	31	N.N. (Männer)	Marokko/Algerien	starben, als zwei Boote in der Nähe der Insel Alborán (ES) kenterten; 80 gerettet	EP/AFP/DailyMail/LeMonde/El Diario/ElEsp/SalvaM/WatchTheMed/Olive/Sputnik/Punch/IOM
01.11.18	1	N.N. (Mann)	unbekannt	ertrunken; gefunden an der Grenze des Flusses Drina in der Nähe von Roćević (BH), nahe der serbischen Grenze	UNHCR/IOMSerbia
8.10.18	1	N.N. (Baby)	Subsahara-Afrika	nach Schiffbruch im Alborán-Meer (MA/ES) trotz Wiederbelebungsversuchen gestorben; 55 gerettet	AP/ELM/IOM
7.10.18	1	Mouch Navw (Frau, 31; schwanger)	Irak	starb bei Schiffbruch des Migrant*innenbootes zwischen Bodrum (TR) und der Insel Kos (GR); 12 Menschen gerettet	Watchthemed/IOM/AA
7.10.18	55	N.N.	unbekannt	verschwanden auf stürmischer See auf dem Weg von Marokko nach Spanien, obwohl NGOs die Behörden über das Boot in Seenot alarmierten	AlarmPhone/Caminando/IOM
7.10.18	17	N.N. (junge Männer)	Marokko	vermisst nach dem Schiffbruch in der Nähe von Charrana (MA) auf dem Weg nach Spanien; 2 Überlebende	LocalES/HuffMaghreb/AMDHNador/Rifdia/IOM
5.10.18	1	N.N. (Mann)	unbekannt	von einem Zug in der Nähe von Lutros, Alexandroupolis (GR) erfasst und mitgezogen	IOM Griechenland/Evros 24

Tot aufgefunden	Zahl	Name	Herkunftsland	Todesursache	Quelle
25.10.18	3	N.N. (1 Frau; 2 Kinder, 3 & 12)	Irak	vermisst, nachdem das Boot bei dem Versuch, den Fluss Evros bei Orestiada (GR) zu überqueren, kenterte	KI/IOMGriechenland
25.10.18	6	N.N. (Männer aus derselben Familie)	Syrien	Familie wurde in der Nähe von Kızılçat (TR) von Strömung mitgerissen, als sie versuchte von Latakia (SY) in die Türkei zu gelangen	APnews/HaberT/CNNTurk/IOM
25.10.18	2	N.N. (Männer, ± 30)	unbekannt	Leiche in der Nähe von Plage de Trougout, Nador (MA) aufgefunden	AMDHNador/Arifino/IOM/Parisien
24.10.18	1	Abdulaziz (Mann, 28)	Somalia	Selbstmord; zündete sich im Lager Triq al Sikka (LY) an, nachdem Italien ihn dorthin zurückgebracht hatte	IrishTimes/AlJazeera
22.10.18	2	N.N. (Mädchen, 7; Kind)	Palästina/Somalia	starben im Krankenhaus, nachdem das Boot nur wenige Minuten nach dem Verlassen von Bodrum (TR) nach Kos (GR) gesunken war	Reuters/DailySabah/AA/IOM
21.10.18	1	N.N. (Mann)	Subsahara-Afrika	starb an einem Herzstillstand, während er mit 300 anderen Menschen versuchte, den Zaun zwischen Marokko und Melilla (ES) zu besteigen	AP/EP/CGTNAfrica/PedroSanchez/HelenaMaleno/AMDHNador/IOM/EP
20.10.18	1	N.N. (Frau)	unbekannt	tot am Strand von Amejaou, westlich von Nador (MA) gefunden; hat wahrscheinlich versucht Spanien zu erreichen	AMDHNador/IOM
20.10.18	1	N.N. (Mann, 22)	Eritrea	starb im Zintan Gefängnis (LY) aufgrund von Mangel an Nahrungsmitteln und medizinischer Behandlung	NationalAE
15.10.18	1	Amadou Jawo (Mann, 22)	Gambia	erhängte sich im Flüchtlingszentrum in Castellaneta Marina, Taranto, nachdem er zwei Jahre in Italien auf eine Entscheidung in seinem Asylverfahren gewartet hatte	Italian Insider
15.10.18	1	N.N. (Frau, ±30)	Subsahara-Afrika	im fortgeschrittenen Zustand der Verwesung am felsigen Strand in der Nähe von La Madrague, Ain el Turck (DZ) gefunden	EIW/Ref/Oran/IOM
14.10.18	1	N.N. (Mann, 35)	unbekannt	in fortgeschrittenem Zustand der Verwesung im Meer vor der Küste von Arzew (DZ) gefunden	Oran/Ref/IOM
14.10.18	22	N.N. (2 Babys, 2 Kinder, 1 Schwangere)	unbekannt	starben, als der Lastwagen der Schmuggler auf dem Weg zur Insel Samos (GR) in der Nähe von Izmir (TR) einen Unfall hatte; 13 verletzt	DevDiscourse/Rappler/AFP/IOM/DailySabah/AA

Tot aufgefunden	Zahl	Name	Herkunftsland	Todesursache	Quelle
13.10.18	11	N.N. (3 Kinder)	unbekannt	starben, als das Auto der Schmuggler in der Nähe von Kavala auf dem Weg nach Thessaloniki (GR) mit einem Lastwagen kollidierte	BBC/Gulf/Iefimerida/IOM
12.10.18	2	N.N. (Kind, 3; Frau, ±30)	Subsahara-Afrika	tot im Meer vor dem Kap Falcon, Ain El Turck (DZ) gefunden	Algerie360/Oran/IOM
12.10.18	20	N.N.	unbekannt	3 Tote, 17 Vermisste nach dem Schiffbruch eines Migrant*innenbootes im Alborán-Meer; 35 Menschen gerettet	SalvaM/IOM
12.10.18	4	N.N. (Mann, 26; junge Männer)	Algerien	2 Tote, 2 Vermisste; das Boot in Richtung Spanien versank kurz nach dem Verlassen von Mostaganem (DZ); 13 Überlebende	EIW/Ref/LibAlgerie
11.10.18	1	N.N. (Mann, ±30)	Subsahara-Afrika	tot im Meer vor Kap Falcon, Ain El Turck (DZ) mit Rettungsweste gefunden	EIW/Ref/Oran/IOM
11.10.18	1	N.N.	unbekannt	in fortgeschrittenem Zustand der Verwesung und ohne Kopf im Meer vor Marsat el Hadjadj (DZ) gefunden	EIW/Ref/Oran/IOM
11.10.18	2	N.N.	Subsahara-Afrika	starben nach Kentern ihres Schlauchbootes in der Nähe des Sloukia Beach, Tanger (MA) auf dem Weg nach Spanien; 9 Überlebende	2M
10.10.18	2	N.N. (Männer, ±30)	unbekannt	im fortgeschrittenen Zustand der Verwesung vor Kap Falcon, Ain El Turck (DZ), aufgefunden; trugen Rettungswesten	EIW/Ref/Oran/IOM
10.10.18	34	N.N. (11 Kinder, 1 Frau)	Irak/Afghanistan	9 ertrunken, 25 vermisst, nachdem das Boot vor der Türkei auf dem Weg nach Chios (GR) sank; 1 Überlebender	Reuters/HurriyetDN/KI/Rudaw/IOM
09.10.18	1	Gebre Mariam (junger Mann)	Eritrea	Selbstmord in der Haftanstalt Vottem (B); wurde in depressivem Zustand allein in einem Raum untergebracht	Cire/CMS
7.10.18	1	Walid Boukhalda (Mann, 23)	Tunesien	ertrunken, als das Boot aus Tunesien nach Italien in der Nähe von Djerba (TN) kenterte; 9 Überlebende	ArabNews/Kapitalis/Mosaique/IOM
2.10.18	1	N.N. (Mann)	Pakistan	starb im Krankenhaus; entkräftet in der Nähe eines Waldes an der griechisch-bulgarischen Grenze gefunden	BordermonBG/Xinhua/IOM
1.10.18	3	N.N.	unbekannt	starb im Sept./Okt. im Zintan Gefängnis (LY) an Mangel an Nahrungsmitteln und medizinischer Versorgung	NationalAE
1.10.18	1	N.N. (Mann)	unbekannt	starb im Lager Triq al Sikka (LY) an mangelnder medizinischer Versorgung und harten Lebensbedingungen	NationalAE
.09.18	7	N.N. (4 Frauen; 3 Männer)	Syrien	ertrunken, 2 vermisst; Leichen wurden vor der Küste von Enez, Provinz Edirne (TR) gefunden; 3 gerettet	IOM/TurkCoastG

Tot aufgefunden	Zahl	Name	Herkunftsland	Todesursache	Quelle
29.09.18	1	N.N. (Mann, 31)	Syrien	bei einem Streit zwischen afghanischen und syrischen Flüchtlingen in einem Lager in Malakasa (GR) getötet; 8 andere verletzt	KI
28.09.18	1	N.N. (Frau)	unbekannt	ertrunken; Leiche im fortgeschrittenen Stadium der Verwesung am Strand Peña Parda in La Herradura (E) gefunden	Granada-Hoy/EFE/IOM
25.09.18	1	Hayat Belkacem (Frau, 19)	Marokko	von der marokkanischen Marine erschossen, als ein Fluchtboot abgefangen wurde, das auf dem Weg nach Spanien war; 3 weitere verletzt	Ansamed/Aljazeera/DailyMail/NYTimes/Independent/IOM/Sputnik/MSNcom/El-País/AMDH/Caminando
25.09.18	1	N.N. (Mann)	Afrika	vermutlich ertrunken; Leiche wurde auf der Insel Alborán, zwischen Spanien und Marokko gefunden	LV/IOM
23.09.18	1	N.N. (Frau)	unbekannt	ertrunken, als das Boot vor der Küste von Bodrum (TR) auf dem Weg nach Kos kenterte; 16 gerettet	HurriyetDN/DailySabah/IOM/KUNA
23.09.18	1	N.N. (schwangere Frau)	Subsahara-Afrika	ertrunken; Leiche der schwangeren Frau wurde ohne Kopf und Hand am Strand von Cabo Negro (MA) gefunden	Al-Sharq/Zoubeidi/IOM
23.09.18	1	N.N. (Mann)	unbekannt	ertrunken; fiel ins Wasser beim Versuch, im Hafen von Calais (F) eine Fähre oder ein Schlauchboot nach Großbritannien zu betreten; 2 gerettet	Ouest-France/NordLittoral/IOM/ExpressUK
22.09.18	1	N.N. (Junge, 5)	Palästina	ertrunken, nachdem das Boot vor der libanesischen Küste auf dem Weg nach Zypern kenterte; 38 gerettet	Reuters/GuardianUn./IOM
21.09.18	1	N.N. (Mann, 31)	Tunesien	Selbstmord in der Haftanstalt des Flughafens Toulouse-Blagnac (F) nachdem seine Haft verlängert wurde	France-Bleu/20Mf/KozPost
21.09.18	1	N.N. (Frau)	Subsahara-Afrika	ertrunken; Leiche wurde von Fischern 1,5 Meilen vor Punta Alima, Ceuta (E) im Wasser treibend gefunden	CeutaActualidad/IOM
20.09.18	1	N.N.	unbekannt	ertrunken; Leiche im fortgeschrittenen Stadium der Verwesung am Strand La Rabita, Albunol (ES) gefunden	ElDiario/LV/IOM
20.09.18	1	N.N.	unbekannt	ertrunken; Leiche im fortgeschrittenen Stadium der Verwesung am Strand La Rábita, Albuñol (E) gefunden	LV/El Diario/IOM

Tot aufgefunden	Zahl	Name	Herkunftsland	Todesursache	Quelle
19.09.18	1	N.N.	unbekannt	wurde tot in sinkendem Boot während Rettungsarbeiten in der Nähe der Insel Alborán (E) gefunden; 57 gerettet	SalvaM/IOM/Caminando
19.09.18	**1**	**Amad. A. (Mann, 26)**	**Syrien**	**im Krankenhaus in Bochum an den Folgen eines Brands in seiner Gefängniszelle gestorben**	
18.09.18	1	N.N. (Mann)	unbekannt	ertrunken; Leiche wurde im fortgeschrittenen Stadium der Verwesung 50 Meilen südlich des Hafens von Motril (E) gefunden	EP/Granada-Hoy/IOM
17.09.18	1	N.N. (Frau)	unbekannt	ertrunken; in Almuñécar (E) in der Herradura-Bucht treibend gefunden	EP/Granada-Hoy/IOM
17.09.18	1	Arazu Tariq (Frau)	Kurdistan	Kurdin; ertrank, als Boot in Bağlar Bay in der Nähe von Bodrum (TR) sank; ihre Schwester ertrank auch; 18 gerettet	Rudaw/IOM
17.09.18	1	Hawnaz Tariq (Frau)	Kurdistan	Kurdin; ertrank, als Boot in Bağlar Bay in der Nähe von Bodrum (TR) sank; ihre Schwester ertrank auch; 18 gerettet	Rudaw/IOM
17.09.18	1	N.N. (Frau)	Kurdistan	Kurdin; ertrunken, als Boot in Bağlar Bay in der Nähe von Bodrum (TR) sank; 18 gerettet	Rudaw/IOM
16.09.18	1	N.N. (Frau)	unbekannt	vermutlich ertrunken; war in einem Boot mit Motorschaden auf dem Alborán-Meer; 55 gerettet	El Diario/IOM
15.09.18	1	N.N.	unbekannt	ertrunken; Leiche gefunden am Strand Castell de Ferro in Gualchos (E)	EP/Granada-Hoy/IOM
13.09.18	1	Zenettin Hafez (Mann)	Syrien	Busunfall auf Schnellstraße in der Provinz Aksaray (TR); starb an seinen Verletzungen im Krankenhaus; 21 Überlebende	Hurriyet/IOM
13.09.18	2	N.N. (1 Frau; 1 Mann)	Subsahara-Afrika	ertrunken; Fischer fand verweste Leichen in der Nähe von Beni Ensar (MA), nahe von Melilla (E)	MelillaHoy/IOM/Zoubeidi
.3.09.18	1	N.N.	unbekannt	ertrunken; Leiche gefunden am Strand von Boucana in der Nähe von Beni Ensar (MA), nahe Melilla (E)	Zoubeidi/IOM
3.09.18	1	N.N. (Mann)	unbekannt	ertrunken; Fischer fand verweste Leiche in Fischernetz in der Nähe von El Sarchal, Ceuta (E)	CeutaActualidad/IOM
2.09.18	1	N.N. (Mann, 24)	Eritrea	starb an Stichwunden nach einem Streit zwischen Migranten auf dem Parkplatz an der Autobahn E40, Wetteren (B)	Avenir/IOM
1.09.18	1	N.N. (Frau)	unbekannt	gefunden am Strand von Las Salinas in der Nähe von Roquetas de Mar, Almería (E), im fortgeschrittenen Stadium der Verwesung	Ideal/IOM

Die Verwechslung

Im Hochsommer eines heißen Jahres, am 6. Juli 2018, wird der 26-jährige Syrer Amad Ahmad in Geldern festgenommen. Im goldenen Herbst ist er tot. Er liegt auf dem Bonner Nordfriedhof begraben. Bei seiner Beerdigung trägt sein Vater, der im Internet von seinem Tod erfuhr, ein bemaltes Stück Stoff über dem Hemd: „Wer ist der Mörder unseres Sohns?" steht darauf. Während der Trauer am offenen Grab wehen kurdische Fahnen. Politiker aus der ersten Reihe der nordrhein-westfälischen Landespolitik sind auch da: zwei Minister und drei Landtagsabgeordnete. Amads Mutter kann nicht da sein, obwohl die Landesregierung ein Visum für sie organisiert hat. Die Türkei verweigert ihr und anderen Familienmitgliedern die Ausreise.

Amad, der junge Mann aus Aleppo, ist verwechselt worden. Man hielt ihn für Amedy G., einen Mann aus Mali, der in Deutschland unter mehreren Decknamen registriert ist, wegen Diebstahls verurteilt wurde und deshalb den Rest seiner Haftstrafe absitzen soll. Die Staatsanwaltschaft Hamburg hat ihn zur Fahndung ausgeschrieben. Es gibt gleich zwei Haftbefehle gegen diesen Mann. Ein Abgleich der Fotos der beiden hätte sofort ergeben: Amads Haut ist heller. „Es ist überhaupt nicht nachvollziehbar, wie man eine schwarzafrikanische Person aus Mali mit einer Person kurdisch-arabischer Abstammung aus Syrien verwechseln kann", sagt der Rechtsanwalt Daniel Nierenz, der Amad in seinem Asylverfahren vertrat. Zum Verhängnis wird dem jungen Syrer sein bei den deutschen Behörden hinterlegtes Geburtsdatum, das er mit sehr vielen Menschen teilt: der 1. Januar, in seinem Fall 1992. Der 1. Januar wird bei allen Asylsuchenden eingetragen, die ihr tatsächliches Geburtsdatum nicht nachweisen können oder wollen. So auch bei besagtem Mann aus Mali: Amedy G., geboren am 1.1.1992, Treffer beim Datenabgleich. Amad Ahmad wurde übrigens am 13. Juli 1992 geboren, er hat das bei seinen Behördenterminen immer wieder gesagt. Das Standarddatum, das die Polizei zu Beginn eingetragen hat, wurde aber nie geändert.

Es ist ähnlich absurd und folgenschwer wie der Fall Franco A., der bundesweit für Schlagzeilen sorgte: Ein deutscher Offizier gibt sich auf dem Bundesamt für Migration und Flüchtlinge (BAMF) als David Benjamin,

Christ und Obstverkäufer aus Damaskus aus. Er werde in Syrien wegen seines Glaubens und des jüdisch klingenden Namens verfolgt, gibt er zu Protokoll. Die Anhörung findet auf Französisch statt; er habe französische Wurzeln und ein französisches Gymnasium besucht, sein Arabisch sei nicht so gut. Dass er bei seiner Anhörung immer wieder ins Deutsche verfällt, irritiert offenbar ebenfalls nicht. Der Bundeswehrsoldat Franco A. spricht in der Tat nicht nennenswert Arabisch, aber sehr gut Französisch. So gut, dass er an der Militär-Elitehochschule „École Spéciale Militaire de Saint-Cyr" in der Bretagne studieren konnte, wo er eine Abschlussarbeit mit dem Titel *Politischer Wandel und Subversionsstrategie* abgab. Französische Professoren haben diese als „völkisch" und „rechtsextrem" bezeichnet: Die Arbeit handle von Verschwörungstheorien über das Aussterben der europäischen Rasse. Das Zentrum für Militärgeschichte und Sozialwissenschaften der Bundeswehr wird von den französischen Kollegen alarmiert. Sie beauftragen den Historiker Jörg Echternkamp mit der Prüfung der Arbeit. Er kommt zu dem Ergebnis, dass sie ein „radikalnationalistischer, rassistischer Appell" sei. Dieser Franco A. also, ein „Opfer seiner eigenen intellektuellen Fähigkeit in der Darstellung", wie sein Wehrdisziplinaranwalt ihn bezeichnete, wurde daraufhin lediglich mündlich ermahnt, seine Personalakte blieb blütenweiß. Dieser Erfolg mag den jungen Mann beflügelt haben in seinen rechtsextremen Aktivitäten, die derzeit untersucht werden. Die Bundesanwaltschaft ermittelt wegen des Verdachts auf die Planung von Terroranschlägen.

Nicht jeder hat bei den deutschen Behörden so viel Glück wie Franco A. Als der Syrer Amad im Juli an einem nordrhein-westfälischen Badesee festgenommen wird, weil sich vier Mädchen von ihm belästigt fühlen, beginnt eine verhängnisvolle Schleife der Verwechslung. Die Beamten nehmen ihn, der in Richtung der jungen Frauen Masturbationsbewegungen gemacht haben soll, wegen des Verdachts auf sexuelle Belästigung fest und prüfen seine Fingerabdrücke in ihrem System; Papiere hat er nicht dabei an dem Tag. Die Polizisten stoßen auf eine Übereinstimmung: Einer der Tarnnamen Amedy G.s aus Mali ist Amads Namen sehr ähnlich. Anstatt nachzuforschen, wird Amad festgehalten, „anders als die eindeutige Erlasslage vorschreibt", sagt später NRW-Innenminister Herbert Reul. Nicht nur die Hautfarbe hätte Anlass zum Stutzen gegeben: Nach

Meinung von Reul „wäre sofort aufgefallen, dass da etwas nicht stimmen kann – weil der Gefasste und der Gesuchte unterschiedliche Geburtsorte haben und – vor allem – einfach komplett unterschiedlich aussehen". Niemand macht sich die Mühe, in der Asylbewerber-Unterkunft Amads nachzufragen, allerdings fragt man schnell die Justizvollzugsanstalt (JVA) Kleve. Von dort heißt es, es lägen keine Nachweise gegen Amad vor.

Amad wird in einem gesonderten Haftraum festgehalten und beobachtet. Beim Erstgespräch in der JVA äußert er nämlich Suizidgedanken. Amad hatte schwere psychische Probleme, hat sein Anwalt der Zeitung *Die Welt* gesagt. Er war deshalb in Behandlung, das sei den Behörden bekannt gewesen. Nierenz habe den jungen Mann Ende 2015 im Rahmen eines Deutschkurses kennengelernt. Seine Freunde schilderten ihn als „sehr sensibel, freundlich, aber auch schwer traumatisiert durch die Gewalt der Terrororganisation Islamischer Staat", schreibt der Journalist Kristian Frigelj. Amad habe in Syrien die Vergewaltigung seiner Geliebten mitansehen müssen, erzählten seine Freunde.

In der Tat wird später bekannt, dass Amad bereits bei Haftantritt als akut suizidgefährdet galt: In seinen Gesundheitsakten fanden sich Eintragungen zu „THC-Abhängigkeit, schädlicher Konsum von Alkohol, Persönlichkeitsstörung (Dauerdiagnose), Anpassungsstörung (...), Borderline-Persönlichkeitsstörung". Auch wird darin die Gruppenvergewaltigung seiner Verlobten in Syrien erwähnt, und dass sie nach diesem grausamen Gewaltakt vor seinen Augen verblutete. Am 4. September wird die für Suizidgefährdete besondere Beobachtung im Gefängnis trotzdem eingestellt, nachdem eine Gefängnispsychologin keine Anzeichen für eine Selbstgefährdung mehr erkennen kann.

Amad ist in Deutschland durchaus aktenkundig: Er sei „mehrfach polizeilich in Erscheinung getreten", sagte Innenminister Reul. Es habe den Verdacht auf Raub gegeben, es habe den Verdacht auf Bedrohung und Verstoß gegen das Betäubungsmittelgesetz und der Leistungserschleichung gegeben. Einmal wurde er wegen des Verdachts auf Körperverletzung für einige Tage festgenommen. Das Verfahren wurde gegen Zahlung einer Geldstrafe eingestellt.

Amad war im Sommer 2013 aus Syrien geflohen und lebte zwei Jahre in der Türkei. Er floh weiter: Mazedonien, Serbien, Ungarn, Österreich.

Das ist beim BAMF dokumentiert. Im März 2016 erreichte er Deutschland. Gemäß der Dublin-Regelung wurde sein Asylantrag für unzulässig erklärt: Deutschland sei nicht zuständig, der traumatisierte Amad wird zurück nach Ungarn abgeschoben. Sein Anwalt erreicht über den Petitionsausschuss des Deutschen Bundestags, dass er wieder zurückkommen darf und sein Verfahren wiederaufgenommen wird. Im Mai 2018 wird dem Kriegsflüchtling aus Syrien der subsidiäre Schutzstatus zugesprochen.

Am 3. September, inzwischen zu Unrecht inhaftiert, spricht Amad mit einer Gefängnispsychologin. Er will ihr erklären, dass er nicht Amedy G. ist. Er kenne diesen Mann nicht, er kenne diesen Namen nicht. Er weist immer wieder auf die offensichtliche Verwechslung hin, belegt sie mit Daten. Niemand geht seiner Aussage nach.

Am 17. September gegen 19 Uhr bricht ein Feuer aus. Amads Gefängniszelle, in der er nie hätte sitzen dürfen, brennt. In seinem Haftraum wird die Gegensprechanlage betätigt, so steht es in einem nicht öffentlichen Bericht des NRW-Justizministeriums, aus dem die *Welt* zitiert. Ein Mitarbeiter habe auf das Signal reagiert – und gesagt, dass er wegen eines Telefonats mit einem anderen Häftling gerade keine Zeit habe und sich später melden werde. Dazu sollte es nicht mehr kommen. Mehrere Personen werden bei dem Brand verletzt, Amad Ahmad sehr schwer, er muss ins Krankenhaus. Man findet ein verkohltes Feuerzeug neben der verkohlten Matratze.

Am 26. September schließlich haben die Sicherheitsbehörden seine Identität überprüft. Sie stellen fest: Amad Ahmad saß zu Unrecht in der Zelle. Drei Tage nach dieser Feststellung, zwölf Tage, nachdem die Zelle brannte, um 14.10 Uhr, stirbt Amad im Krankenhaus in Bochum an den Folgen seiner Verbrennungen.

„Nach all diesen Fehlern, Unterlassungen und Merkwürdigkeiten wundert es dann kaum noch, dass Polizisten aus Kleve als Erste den ausgebrannten Haftraum untersuchen durften", kommentierte Andreas Wyputta in der *taz* das Vorgehen der Ermittlungsbehörden. Er fügt richtigerweise hinzu: „Zumindest theoretisch hatten sie damit die Chance, Beweismaterial zur Seite zu schaffen, das ihre Kollegen vor Ort belasten könnte – nicht umsonst untersucht mittlerweile die Polizei Krefeld den

Fall. All das ist mehr als Schlamperei: Es scheint, als habe der Rechtsstaat zumindest für Amed A. nicht existiert. Dafür muss es Verantwortliche geben – und die haben Namen."

Die Umstände des Brands sind noch nicht aufgeklärt und im Rechts- und Innenausschuss des nordrhein-westfälischen Landtags wird bald gesagt, dass es Anhaltspunkte gebe, die auf Brandstiftung hindeuten. Es wird dort auch über das Suchtverhalten Amads gesprochen, sicher weiß man es nicht, aber er „hat wohl doch geraucht".

Gegen sechs Polizisten laufen Ermittlungsverfahren wegen Verdachts auf Freiheitsberaubung. Innenminister Reul bat für die Verwechslung – „für diesen Fehler in meinem politischen Verantwortungsbereich" – die Familie Amads „von ganzem Herzen um Entschuldigung". Das sagt er auf der Sondersitzung des Rechts- und Innenausschusses. SPD und Grüne sprechen von einem „Justizskandal". Und Landesjustizminister Peter Biesenbach, „tief betroffen", sagt schon im ersten Satz seiner Stellungnahme, Amad habe den Brand in der Zelle „möglicherweise selbst verschuldet". Nach einem Brandgutachten vom November gehen die Behörden schließlich von „vorsätzlicher Brandstiftung durch den syrischen Staatsangehörigen – mit suizidaler Absicht" aus. Minister Biesenbach schließt einen Mordversuch durch Justizbeamte aus.

Dennoch soll sich ein Untersuchungsausschuss des nordrhein-westfälischen Landtags mit dem Tod Amads beschäftigen. Und eine Initiative hat sich gegründet: Seine Freunde in Geldern fordern schonungslose und vollständige Aufklärung des Falls. Im Dezember wurde dafür demonstriert. Dies scheint auch nötig zu sein: Zuletzt wurde durch Recherchen des WDR bekannt, dass das offizielle Brandgutachten massive Widersprüche und zweifelhafte Einschätzungen enthält. Das Politmagazin *Westpol* hat es drei unabhängigen Brandexperten vorgelegt, die sich unter anderem darüber wundern, dass der offizielle Gutachter darin auch die psychische Situation Amads analysierte und einen Suizid vermutete, was dessen Kompetenz deutlich überschreite. Die Suizid-These war bereits zuvor von einem Brandgutachter, der im Auftrag des ARD-Fernsehmagazins *Monitor* die Abläufe bewertet hatte, erheblich bezweifelt worden.

Seine Suizidgedanken hat Amad im Gespräch mit der Gefängnispsychologin später revidiert. Er habe sie bei seiner Verhaftung geäußert, um freizukommen. Bei dem Gespräch betonte er, dass er sich noch nie selbst verletzt habe.

Nicht nur die Justiz hat versagt im Fall Amad Ahmad. Deutschland hat versagt, auf vielen Ebenen.

In der JVA Kleve gibt es eine Akte über Amad. Darin steht: „Für die Zeit nach der Entlassung habe er noch keine konkreten Pläne. Er wolle jedoch in Deutschland bleiben. Ihm sei egal, wo er wohnen werde. Hauptsache sei, dass er eine Chance auf ein gutes Leben hätte.“

Tot aufgefunden	Zahl	Name	Herkunftsland	Todesursache	Quelle
10.09.18	6	N.N. (1 Kind; 2 Frauen; 3 Männer)	Subsahara-Afrika	tot aufgefunden an einem Strand in der Nähe von Driouch/Nador (Marokko); hatte wahrscheinlich versucht, Spanien zu erreichen	AMDH/AlYaoum
09.09.18	1	N.N.	unbekannt	beim Überqueren der Autobahn E40 in der Nähe von Mannekesvere (B) auf dem Weg nach Calais von einem Auto angefahren	RTLbe/IOM/ Nieuwsblad
05.09.18	4	N.N.	Subsahara-Afrika	tot am Saidia Strand (Marokko, in der Nähe der algerischen Grenze) aufgefunden; wollte wahrscheinlich Spanien erreichen	QUOTI
05.09.18	6	N.N.	unbekannt	vermisst, nachdem ein Schlauchboot, das von Nador (MA) nach Spanien fuhr, im Alborán-Meer sank; 52 gerettet	Caminando
05.09.18	5	N.N. (1 Frau; 4 Männer)	unbekannt	ertrunken, nachdem ein Schlauchboot, das von Nador (MA) nach Spanien fuhr, im Alborán-Meer sank; 53 gerettet	SalvaM/ Ideal/Caminando
04.09.18	8	N.N.	Subsahara-Afrika	tot gefunden in der Nähe von Bider Strand, Marsa Ben M'hidi (Algerien); wahrscheinlich von einem Schiff mit 50 Menschen, das kenterte	QUOTI/ LibAlgerie
04.09.18	1	N.N.	Subsahara-Afrika	gefunden vor der Küste von Ghazaouet (Algerien); wahrscheinlich von einem Schiff mit 50 Menschen, das auf dem Weg nach Spanien gekentert ist	QUOTI/ LibAlgerie
04.09.18	1	N.N. (Mann, 42)	Albanien	Selbstmord; sprang von Brücke in Iserlohn (D), statt die Flugtickets zur Abschiebung der Familie abzuholen	IKZ
03.09.18	61	N.N.	unbekannt	vermisst nach einem Schiffbruch im Alborán-Meer zwischen Marokko und Spanien	Caminando/ GlobePost
03.09.18	5	N.N.	unbekannt	ertrunken; ging mit dem Wrack des Bootes im Alborán-Meer zwischen Marokko und Spanien unter; 30 gerettet	Eldiario/IOM
01.09.18	130	N.N. (2 Babys; 20 Kinder)	Sudan, Mali, Niger, Kamerun, Ghana, Libyen, Algerien, Ägypten	2 ertrunken, 128 vermisst, nachdem das Boot vor der libyschen Küste Luft verlor; 55 Überlebende	BBC/Info-Migrants/ NationPK/ TeleSur
im Sep 18	3	N.N. (1 Frau)	Syrien, Irak	starb bei einem Autounfall während einer Fahrt durch Nordgriechenland; 7 Überlebende inkl. 2 Kinder der toten Frau	IRIN
im Sep 18	1	N.N. (junger Mann)	Afrika	Selbstmord; erhängte sich in einem fensterlosen Keller in Zypern, wo er übernachtete, aus Verzweiflung über seine aussichtslose Situation ohne gesicherten Schlafplatz und Lebensunterhalt	UNHCR

Tot aufgefunden	Zahl	Name	Herkunftsland	Todesursache	Quelle
im Sep 18	3	N.N.	unbekannt	Leichen im fortgeschrittenen Stadium der Verwesung in der Region Granada (ES) aufgefunden; einige trugen Schwimmwesten	ElDiario/LV/IOM
30.08.18	52	N.N. (6 Frauen; 1 Schwangere)	unbekannt	vermisst nach einem Schiffbruch im Alborán-Meer zwischen Marokko und Spanien	Caminando/GlobePost/Watchthemed
27.08.18	1	N.N.	unbekannt	tot im Fluss Evros gefunden, natürliche Grenze zwischen der Türkei und Griechenland	Wachtest
24.08.18	2	N.N. (1 Mann, < 30)	Subsahara-Afrika	1 ertrunken, Leiche im fortgeschrittenen Zustand der Verwesung vor der Küste der Insel Alborán (E); 1 vermisst	El Diario/El Plural/IOM
22.08.18	2	N.N.	unbekannt	tot auf einem Boot gefunden, das südlich von Malta Schiffbruch erlitten hatte; ein Patrouillenboot rettete 100 Personen	Armed Forces of Malta
20.08.18	8	N.N. (junge Männer)	Tunesien	ertrunken; Boot sank vor der Küste von Ajim (TN); 1 gerettet	Kapitalis/IOMTunesien/Mosaique
20.08.18	1	Ahmed Traouit (Mann, 26)	Tunesien	ertrunken vor der Küste von Ajim (TN); 1 gerettet	Kapitalis/IOMTunesien
18.08.18	1	N.N. (Mann, 19)	Vietnam	in Jabbeke (B) von einem Auto angefahren; wollte wahrscheinlich mit dem LKW von dem nahe gelegenen Parkplatz nach England übersetzen	Standaard/Sudinfo/7sur7/IOM
17.08.18	8	N.N. (Männer)	Elfenbeinküste, Kongo	ertrunken, als Küstenwache das Boot vor der Küste von Jebiniana (TN) abgefangen hatte; 14 Überlebende	VOAafrique/IOMTunesien/Mosaique
16.08.18	1	N.N. (junger Mann)	Mali	starb durch Polizeigewalt, nachdem er in Tanger (MA) verhaftet und nach Südmarokko gebracht wurde	El Diario/InfoMigrants/IOM/h24info/WatchTheMed
15.08.18	1	Moumine Traoré (Junge, 16)	Mali	starb durch Polizeigewalt, nachdem er in Tanger (MA) verhaftet und nach Südmarokko gebracht wurde	El Diario/InfoMigrants/HelenaMaleno/IOM/h24info/WatchTheMed
12.08.18	2	N.N. (junge Männer)	Syrien	starb bei einem Erdrutsch, als er nach dem Grenzübertritt von Bosnien im Wald bei Dreznica (Kroatien) schlief	DW/Balkaneu/IrishTimes

Tot aufgefunden	Zahl	Name	Herkunftsland	Todesursache	Quelle
10.08.18	1	N.N.	unbekannt	tot aufgefunden an Bord eines Bootes vor der Küste von Cabo de Gata (E); 65 gerettet	SalvaMännertoM/IOM
10.08.18	1	N.N.	unbekannt	vor der Küste von Cabo de Gata (E) vom Boot gefallen und ertrunken; 65 gerettet	SalvaMännertoM/IOM
08.08.18	5	N.N. (4 Kinder; 1 Frau)	Irak	ertrunken auf dem Weg von der Türkei nach Samos (GR); Schiffbruch aufgrund von Panik, verursacht durch das Verhalten des Schmugglers	DailySabah/Ansamed
08.08.18	4	Rahad (3 Kinder; 1 Frau)	Irak	ertrunken auf dem Weg von der Türkei nach Samos (GR); Schiffbruch aufgrund von Panik, verursacht durch das Verhalten des Schmugglers	DailySabah/Ansamed
07.08.18	1	N.N. (Frau, 20–30)	Subsahara-Afrika	ertrunken; Leiche von einem Fischereifahrzeug vor der Küste von Kap Trafalgar bei Cádiz (E) gefunden	El Diarion/SalvaM/IOM
07.08.18	1	N.N.	unbekannt	ertrunken; Leiche gefunden vor der Küste von Demre (TR)	IOM/TurkishCoastG
im August 18	1	N.N.	unbekannt	von Wachen zu Tode gefoltert, nachdem er in Libyen gegen seine Lebensbedingungen im Lager protestiert hatte	NationalAE
30.07.18	6	N.N. (3 Kinder)	unbekannt	nach einem Schiffbruch in der Ägäis in der Nähe der griechischen Insel Lesbos tot aufgefunden	InfoMigrants
30.07.18	1	N.N. (Mann)	unbekannt	ertrunken vor der Küste von Achakkar (MA); 2 gerettet	Tanja7/IOM
29.07.18	1	N.N. (Junge, 14)	unbekannt	Leiche wurde in fortgeschrittenem Verwesungsstadium im Fluss Evros an der griechisch-türkischen Grenze gefunden	Ekathimerini/IOM
25.07.18	2	N.N.	unbekannt	mutmaßlich ertrunken; Leichen wurden in Tajura, Libyen geborgen	IOMLibya
24.07.18	10	N.N.	unbekannt	ertrunken; fiel von Floß nach etlichen Tagen auf See vor der Küste von Al-Hoceima (MA); 32 gerettet	Caminando/IOM/APDHA
24.07.18	1	N.N. (Mann)	Ägypten	erschossen durch Sicherheitsbeamten, als Lastwagen mit Migranten in den Checkpoint in Al Baydan (LY) raste	EFE/LibOb/IOM
22.07.18	1	N.N. (Mann, 45)	unbekannt	starb bei einem Schiffbruch im Mittelmeer; floh vor der Miliz zu Hause; Vater von drei Kindern	TimesM
22.07.18	1	N.N. (schwangeres Mädchen, 16)	unbekannt	starb im Mittelmeer, nachdem sie aufgrund ihrer Schwangerschaft nicht mehr als Sexsklavin verwendet werden konnte	TimesM
22.07.18	1	N.N. (Mann, 20)	Syrien	Selbstmord; wurde erhängt in einem Flüchtlingslager in Oinofyta, nördlich von Athen (GR) aufgefunden	Ekathimerini

Tot aufgefunden	Zahl	Name	Herkunftsland	Todesursache	Quelle
20.07.18	2	N.N.	unbekannt	von Zug erfasst in der Nähe von Antheia (GR); die Zugtrasse verläuft parallel zur griechisch-türkischen Grenze	APnews/ Ekathimerini /IOMGreece
20.07.18	3	N.N. (18–30)	Algerien	mutmaßlich ertrunken; waren an Bord eines Fischerboots, das vor der Küste von Cherchell (DZ) kenterte; 10 gerettet	EIW/Algérie-Presse/IOM
19.07.18	4	N.N. (3 Kinder; 1 Frau)	Turkei	vermisst beim Überqueren des Flusses Evros (Türkei/Griechenland); Familie entfloh politischer Säuberung, Vater überlebte	InfoMigrants
19.07.18	2	N.N. (1 Frau; 1 Mann)	unbekannt	mutmaßlich ertrunken; Leichen wurden in Tajura und Garabulli, Libyen gefunden	IOMLibya
18.07.18	49	N.N. (Kinder; schwangere Frau; Männer)	Syrien	19 Ertrunkene, 30 Vermisste bei einem Schiffsunglück zwischen der Türkei und Zypern; 105 Menschen gerettet	Reuters/AA/ NationalAE/ StarTribune/ Spokes-Mann/ DemNow/ BusinessZA
18.07.18	1	N.N. (Mann)	unbekannt	starb an einer Krankheit, bevor er es schaffte, von Nador (MA) nach Melilla (E) zu gelangen	AMDH/IOM
16.07.18	8	N.N. (6 Kinder; 1 Frau; 1 Mann)	unbekannt	in einem Kühlcontainer in der Nähe von Zuwarah (Libyen) erstickt; 90 andere ins Krankenhaus gebracht	Aljazeera/ Carbonated
16.07.18	2	N.N. (Junge, 4; 1 Frau)	unbekannt	starb, nachdem sie auf See verlassen wurden, weil sie sich weigerten, das Schiff der libyschen Küstenwache zu besteigen	Reuters/ ANSA/BBC/ Guardian/Independent/ DailyMail/ Fox/NewIndianExpress/ Euronews/ NewArab/ Sun/Metro/ StarTribune/ USNews
16.07.18	1	N.N. (kleines Mädchen)	unbekannt	starb auf treibendem Schlauchboot im Mittelmeer; 165 wurden gerettet, 2 andere wurden zurückgelassen und starben später	BBC
15.07.18	17	N.N.	unbekannt	ertrank an unbekanntem Ort vor der Küste von Sabratha (LY); 18 gerettet	IOMLibya
13.07.18	4	N.N. (Junge, 17; 3 Erwachsene)	Somalia	ertrunken, nachdem sie ins Wasser gesprungen waren, um ein Rettungsschiff in der Nähe der Insel Linosa (Italien) zu erreichen	ANSA/IOM/ StarTribune
10.07.18	1	N.N. (Mann, 23)	Afghanistan	Selbstmord, nachdem er nach 8 Jahren in Deutschland nach Afghanistan deportiert wurde	Gandhara

Tot aufgefunden	Zahl	Name	Herkunftsland	Todesursache	Quelle
09.07.18	9	N.N.	unbekannt	mutmaßlich ertrunken; Leichen wurden an unterschiedlichen Orten entlang der libyschen Küste gefunden	IOMLibya
08.07.18	45	N.N. (7 Frauen)	Subsahara-Afrika	hatten versucht, über den Atlantischen Ozean nach Spanien zu gelangen; Leichen wurden vor Larache (Marokko) gefunden; 33 gerettet	MEM/MorWN
05.07.18	1	N.N. (Mann, 22)	Pakistan	ertrunken aufgrund von Temperaturschock, während er im Fluss Uni in Bihać (BH) nahe der kroatischen Grenze badete	N1/Klix/GlasSrpske/IOM
04.07.18	**1**	**Jamal Nasser Mahmoudi (Mann, 23)**	**Iran**	**hat sich nach seiner Abschiebung aus Deutschland nach Kabul im Hotel Spinsar – der von der afghanischen Regierung und der Internationalen Organisation für Migration (IOM) organisierten Erstunterkunft – erhängt**	
04.07.18	1	Yemane (Mann, 20)	Eritrea	beging Selbstmord in einem Park in Genf (CH); sein Asylantrag wurde ein Jahr zuvor abgelehnt	Vivre
03.07.18	1	N.N. (Mann, 19)	Senegal	starb auf in Seenot geratenem Boot, das Marokko in Richtung Spanien verließ; Mitreisende wollen seine Leiche nach Hause schicken	WatchTheMed/IOM
03.07.18	7	N.N.	Afrika	ertrunken, als das Schlauchboot vor der libyschen Küste in Seenot geriet; 125 Menschen gerettet	Guardian
01.07.18	63	N.N.	unbekannt	starb, nachdem ein kleines Schlauchboot vor Al Khums (LY) gekentert war; 41 Menschen gerettet	SeaWatch/IOM/UN
01.07.18	101	N.N.	unbekannt	vermisst, nachdem das überfüllte Schlauchboot vor Al Khums (Libyen) gekentert war; 41 Menschen gerettet	IOM/UN/ABC17
30.06.18	1	Mustafa Dawood (Mann, 23)	Sudan	fiel durch das Dach, als er versuchte, einer überraschenden Razzia an seinem Arbeitsplatz in Newport (GB) zu entkommen	Independent
29.06.18	114	N.N. (3 Babys)	unbekannt	3 ertrunken, 111 vermisst, nachdem das Boot in der Nähe von Tripoli (LY) im Mittelmeer gesunken war; 16 gerettet	IOM/UN/Guardian/GreekReporter/ABC17
27.06.18	3	N.N. (1 Frau; 2 Männer)	unbekannt	Autounfall; italienisches Fahrzeug kam auf Schnellstraße nahe Alexandroupolis (GR) vom Kurs ab; 7 verletzt	Ekathimerini/IOM
25.06.18	2	N.N. (Männer)	Bangladesch, Sri Lanka	Lastwagen mit Migranten prallte an Brücke zwischen Radovish und Shtip (MK); 17 verletzt, Fahrer geflohen	Xinhua/IOMMacedonia
24.06.18	8	N.N.	unbekannt	Leichen geborgen in Al Maya und Sayiad (Libyen)	IOMLibya

Einer aus 69

„Ausgerechnet an meinem 69. Geburtstag – das war von mir nicht so bestellt – sind 69 Personen nach Afghanistan zurückgeführt worden. Das liegt weit über dem, was bisher üblich war."

Bundesinnen- und Heimatminister Horst Seehofer sagte dies bei der Vorstellung seines lange angekündigten und mit Spannung erwarteten „Migrationsplans" in Berlin. Zuvor hatte er die Arbeit der Großen Koalition tagelang mit seiner Rücktritts„drohung" und schließlich mit der wahrgemachten Drohung seines Nicht-Rücktritts lahmgelegt. Seehofer, offenbar auch in den angespanntesten Situationen stets für einen Scherz zu haben und mindestens genauso gut informiert, feiert seine Geburt jährlich am 4. Juli. Der Abschiebeflug, über den er sprach, ging aber bereits am Tag zuvor. Für eine afghanischstämmige Familie im Iran ist der 4. Juli sicher kein Tag zum Feiern mehr: Es ist der Todestag von Jamal Nasser Mahmoudi, einem 23-jährigen Mann, der lange in Deutschland lebte, bevor die Politik sich entschied, ihn in die Hauptstadt Afghanistans zu bringen.

Jamal war einer der 69 Geflüchteten, die am 3. Juli im Flieger nach Kabul saßen. Auch wurde er nicht „rückgeführt", wie Seehofer es bezeichnete. Jamal hatte Afghanistan davor nämlich noch nie wirklich gesehen. Man kann nur dorthin zurückkehren, wo man schon einmal gewesen ist. Afghanistan, Jamals „Herkunftsland", war ihm nur aus Erzählungen von Familienmitgliedern bekannt. Medienberichten zufolge stammt seine Familie ursprünglich aus der Provinz Balch im Norden Afghanistans, eine bedeutende Wallfahrtstätte des Landes, nur wenige Kilometer entfernt von Masar e-Sharif, ganz in der Nähe von „Camp Marmal", des größten Feldlagers der deutschen Bundeswehr im Ausland. Wie gut Jamal über Afghanistan und den Krieg dort Bescheid wusste, wissen wir nicht. Jamal ist als Kind von Geflüchteten im Iran aufgewachsen. Seine gesamte Familie ist dort. Er hat das Land vor seiner Flucht nie verlassen.

Viele der Menschen, die nach Afghanistan abgeschoben werden, kommen eigentlich aus dem Iran. Das wissen die wenigsten und doch ist es wichtig. Sie verlassen in Kabul das Flugzeug und betreten den Boden eines Landes, das ihnen völlig fremd ist. Sie haben dort keine Verwandten. Keine Freunde. Diese Situation ist vergiftet in einer Gesellschaft, die von Stammesstrukturen geprägt ist. Es gibt keinen Ort, an den sie gehen können. Sie wissen nicht umzugehen mit der Kultur, auf die sie treffen. Sie sind noch gefährdeter als die gebeutelte afghanische Durchschnittsbevölkerung, für die terroristische Anschläge zum Alltag gehören.

„Er hat mit niemandem gesprochen und war am liebsten mit sich alleine", schilderte ein anderer der Männer, die am 3. Juli nach Afghanistan abgeschoben wurden, Jamals Verhalten in der Übergangsunterkunft in Kabul der Nachrichtenagentur *dpa*. Für die Dauer von zwei Wochen bietet die afghanische Regierung in Kooperation mit der Internationalen Organisation für Migration (IOM) den Menschen, die aus Europa kommen (müssen), die Möglichkeit, in einem Hotel zu bleiben.

Jamal wurde also im Hotel Spinsar untergebracht. Er habe ihn um eine Zigarette gebeten, sagte der andere junge Mann aus dem Hotel der deutschen Nachrichtenagentur. Aber auch da habe er nicht reden wollen und sei nur unruhig umhergelaufen. Jamal erhängt sich in diesem Hotel. Noch am selben Tag, an dem er dort ankommt.

„Ich habe Traurigkeit gesehen in den Augen von den Menschen hier nach seinem Tod", wird der andere zitiert – „Wir alle hier haben sowieso kein Glück. Aber er war ein Mensch, und er muss Träume gehabt haben, und dann hat nichts geklappt."

„Möge er in Frieden ruhen. Ich würde nie so weit gehen; Selbstmord ist eine Sünde im Islam. Ich und meine Freunde, die abgelehnt wurden, wollen natürlich auch nicht abgeschoben werden. Wir haben uns mit viel Mühe nach Deutschland durchgeschlagen, um ein neues Leben aufzubauen", sagte Jawad Anwari der *Deutschen Welle*. Der teilte in der Wohnunterkunft Lademannbogen im Hamburger Stadtteil Hummelsbüttel mitten im Industriegebiet zwei Tage lang sein Zimmer mit Jamal. Die Unterkunft besteht aus einem großen roten Backsteingebäude, in dem die alleinstehenden Männer leben, sowie aus Wohncontainern für die Familien. Die jungen Männer warten dort mehr, als dass sie leben. Im Minutentakt fliegen Flugzeuge über die Anlage hinweg, es ist nicht weit zum Flughafen.

In den zwei Tagen, in denen die beiden jungen Männer ein Zimmer teilen, wirkt Jamal auf seinen Mitbewohner sehr besorgt und unruhig. Fast alle Geflüchtete sorgen sich dort wegen einer stets möglicherweise bevorstehenden Abschiebung. Dass Jamal besonders verzweifelt war, bestätige sein Suizid, sagt Jawad.

Jalal Ahmadi, ein anderer junger Mann, ebenfalls abgelehnter Asylsuchender, der Jamal vier Monate lang in der Unterkunft erlebte, sagte: „Jamal hatte viele psychische Probleme." Stephan Dünnwald, der Sprecher des Bayerischen Flüchtlingsrates (BFR), betonte in einer Pressemitteilung wenige Tage nach Jamals Tod seine Fassungslosigkeit angesichts des Umgangs mit psychisch Labilen, gegenüber „einer Situation, in der Abschiebung fast als Selbstzweck erscheint". Mehrere psychisch belastete Menschen allein aus Bayern seien an diesem Tag nach Kabul abgeschoben worden, „eine Person von einer psychiatrischen Klinik und laufender stationärer Behandlung an die Polizei ausgeliefert, eine andere Person trotz schwerer Selbstverletzungen nur notdürftig versorgt und zum Flug gebracht".

Ob Jamal in psychologischer Behandlung war, weiß Jalal Ahmadi nicht. Auch er teilte sich eine Weile das Zimmer mit ihm in Hamburg. Es sei aber offensichtlich gewesen, dass „etwas mit ihm nicht stimmte". Jamal habe oft mit anderen Bewohnern und auch mit Freunden Streit angefangen.

Jamal kam 2011 als unbegleiteter Minderjähriger nach Deutschland. In Hamburg stellte er seinen Asylantrag, der 2012 vom Bundesamt für Migration und Flüchtlinge (BAMF) abgelehnt wurde. Jamal klagte gegen diese Entscheidung. Ab diesem Zeitpunkt lebte er mit einer Aufenthaltsgestattung in Deutschland, bis das Hamburger Verwaltungsgericht über den Fall entschied. Das war nach fünf Jahren, im Jahr 2017. Wegen „mangelnder Mitwirkung des Klägers" wurde das Verfahren eingestellt. Die Folge: Jamals Aufenthaltsgestattung erlischt, ab sofort ist er nur noch „geduldet", denn abschieben kann man ihn im Moment nicht. Die Lage in Afghanistan oder fehlende Papiere lassen es offenbar nicht zu. Doch die Situation verändert sich: Jamal ist bald „vollziehbar ausreisepflichtig" – und wird in den Flieger gesetzt. „Warum muss ein junger Mann, der ein Drittel seines Lebens in Deutschland verbracht hat, in ein ihm weitgehend unbekanntes Land abgeschoben werden", fragte der BFR in seiner Pressemitteilung. Die Antwort nicht weniger Menschen in Deutschland darauf wäre: Weil er straffällig geworden ist.

Viele Jahre lebte Jamal unter uns. In dieser Zeit hat er sich einiges zuschulden kommen lassen. Nach Angaben des für Ausländerangelegenheiten zuständigen Einwohner-Zentralamtes in Hamburg war er mehrfach vorbestraft. Jamal wurde rechtskräftig verurteilt. Wegen Diebstahl, wegen versuchter gefährlicher Körperverletzung, wegen Widerstandes gegen Vollstreckungsbeamte und wegen Verstoßes gegen das Betäubungsmittelgesetz. Im Jahr 2013 ist er außerdem wegen des Verdachts auf Raub-, Drogen- und Körperverletzungsdelikte mehrfach angezeigt worden. Sein Vorstrafenregister sei der Grund gewesen, warum Jamal im Abschiebeflieger saß. Nach dem vorübergehenden Abschiebestopp nach Afghanistan würden „verurteilte Straftäter, Gefährder und Identitätsbetrüger" nun wieder abgeschoben werden.

Die Wochenzeitung *Die ZEIT* hat in einem Mammutakt der journalistischen Recherche am 13. September 2018 unter dem Titel „Seehofers 69" die Geschichten aller am 3. Juli 2018 nach Afghanistan Abgeschobenen nachvollzogen, soweit dies möglich war. Inwiefern die Beschreibung „Straftäter, Gefährder und Identitätsbetrüger" die Abgeschobenen treffend und hinreichend bezeichnet, dazu kann sich nun jeder selbst ein Bild machen. Abgesehen davon aber drängt sich eine grundsätzliche Frage auf: Welche Straftat kann man eigentlich begehen, die es rechtfertigen würde, in den Tod geschickt zu werden? Von einem Land, das sich einmal aus guten Gründen gegen die Todesstrafe entschieden hat.

Als Jamals Tod an die Öffentlichkeit gerät, muss die Politik reagieren. Es werden Rücktrittsforderungen gegen den Heimatminister laut. Gyde Jensen, die Vorsitzende des Menschenrechtsausschusses im Deutschen Bundestag, hält Seehofer nach seiner zynischen öffentlichen Freude über sein „Geburtstagsgeschenk" für „offensichtlich falsch im Amt". Das Bundesinnenministerium ringt sich dazu durch, den Tod Jamals als „zutiefst bedauerlichen Vorfall" zu bezeichnen. Diese Einschätzung teile auch Minister Seehofer.

„Ich höre, wie Sie, Herr Innenminister Seehofer, einen Witz machen über Ihren 69. Geburtstag und die 69 Abschiebungen nach Afghanistan, und wenig später kommt eine Nachricht von dort: Einer der Abgeschobenen, Jamal Nasser Mahmoudi, habe sich in Kabul erhängt. Ich komme für mich zu dem einzig möglichen Schluss, dass Sie, Herr Minister Seehofer, keine Pressekonferenzen mehr geben und Geburtstage nicht mehr öffentlich feiern sollten.“ Das hat die Schriftstellerin Lina Atfah aus Salamiyya in Syrien für *Die ZEIT* in einem Offenen Brief an Horst Seehofer geschrieben. Die Lyrikerin wurde in ihrer Heimat im Alter von siebzehn Jahren der Gotteslästerung und Staatsbeleidigung beschuldigt, heute lebt sie in Wanne-Eickel.

In ihrem Brief schrieb sie auch: „Wissen Sie, was Menschenfarmen sind? Dort werden wir gezähmt, unsere Gehirne werden gewaschen und unsere Seelen getötet. Und gleichgültig, ob sich unsere Zahl verdoppelt oder verringert, sind wir dort nichts als Nummern. Nummern, die laufen können. (...) Ich dachte, dass nur unsere elenden Länder von Tyrannei und Unterdrückung regiert wären. Ich dachte, dass Ungerechtigkeit nur von unseren Diktatoren ausgeht. Aber als ich Sie sah, während Sie die Anzahl ihrer Lebensjahre mit der Anzahl der Abgeschobenen verglichen, wusste ich, dass Unterdrückung keine Grenzen kennt. Dass sogar die Länder, die in meiner Fantasie ein Bild von Aufrichtigkeit und Menschlichkeit abgeben, ein hässliches Gesicht haben können.“

Der Text dieser Frau aus Syrien, die sich mit den nach Afghanistan Abgeschobenen vom 3. Juli 2018 solidarisierte, endet mit den Worten: „Ja, Herr Minister, die meisten Menschen sind, wenn sie ihre Lebensjahre zählen, voller Liebe im Herzen, und es gibt die unterschiedlichsten Methoden, das auszudrücken. Die Zahl der eigenen Jahre steht in solchen Momenten selten für das, was sie einem anderen Menschen nehmen, sondern für das, was sie anderen geben. ‚Mensch‘ – das ist das Wort, das ich gern nachträglich für Sie buchstabieren würde, auf Deutsch und auf Arabisch.“

Tot aufgefunden	Zahl	Name	Herkunftsland	Todesursache	Quelle
22.06.18	5	N.N.	Sudan, Nigeria, Tschad, Ägypten	ertrunken, als das Boot in der Nähe von Garabulli (Libyen) sank; 94 Menschen gerettet	DailyMail
21.06.18	1	N.N. (Mann)	unbekannt	ertrunken im Fluss Evros (GR), dem Grenzfluss zwischen Griechenland und der Türkei; Leiche wurde nach 3 Wochen gefunden	UNHCR/IOM
21.06.18	1	N.N. (Mann, ±35)	Afrika	ertrunken; Leiche wurde im Wasser treibend vor dem Strand von Ventimiglia (I) in der Nähe der französichen Grenze gefunden	LR/Giornale/ IOM
21.06.18	26	N.N.	unbekannt	Leichen wurden an unterschiedlichen Orten entlang der Küste von Libyen geborgen	IOMLibya
20.06.18	50	N.N.	unbekannt	vermisst in einem Schiffswrack vor der Küste von Garabulli (Libyen)	UNHCR/ IOM/BBC/ USAToday
20.06.18	1	N.N.	Subsahara-Afrika	tot aufgefunden während einer Rettung vor der Küste von Al Hamidiyah, Tajoura (Libyen); 82 Personen gerettet	LibCoastG/ IOM
19.06.18	70	N.N.	unbekannt	vermisst in einem Schiffswrack vor der Küste von Dela (Libyen); 60 Personen gerettet	USAToday/ BBC/IOM/ UNHCR
19.06.18	1	N.N. (Mann, 20)	Guinea	blinder Passagier; hatte sich unter einem Touristenbus nach England versteckt und wurde in Berchem-Sainte-Agathe (B) unter der Achse erdrückt	RTLbe/ RTBF/IOM
19.06.18	95	N.N.	unbekannt	vermisst in einem Schiffswrack vor der Küste von Mayia (Libyen); 5 Personen gerettet	UNHCR/ IOM/BBC/ USAToday
19.06.18	6	N.N. (2 Kinder)	unbekannt	ertrunken, als ein Schlauchboot vor der Küste von Al Maya (Libyen) kenterte; 50 Personen gerettet	IOMLibya
18.06.18	220	N.N.	unbekannt	ertrunken in drei Schiffswracks mit Migranten innerhalb von 2 Tagen im Juni 2018 vor der libyschen Küste	USAToday/ BBC
18.06.18	1	N.N. (Mädchen, 4)	Irak	starb, nachdem sie in einem Flüchtlingslager in Thiva, Griechenland, in einen tiefen Abwasserkanal gefallen war	Ansamed
18.06.18	5	N.N. (2 kleine Jungen; 3 Frauen)	unbekannt	ertrunken beim Versuch, in Panik in ein Boot der libyschen Küstenwache zu steigen; 115 gerettet	Ya.N/Libyan Navy/IOMLibya/AFP
17.06.18	1	N.N.	unbekannt	starb an Bord eines Handelsschiffs nach Rettung vor der libyschen Küste	IlTempo/ IOM
17.06.18	43	N.N. (5 Männer)	Subsahara-Afrika	5 ertrunken, 38 vermisst in Schiffswrack im Alborán-Meer zwischen Marokko und Spanien; nur 4 Überlebende	Ideal/ElPais SalvaM/Eur Press/IOM

Tot aufgefunden	Zahl	Name	Herkunftsland	Todesursache	Quelle
16.06.18	4	N.N.	unbekannt	in Schiffswracks zwischen Marokko und Spanien ertrunken; 986 Menschen wurden an diesem Tag gerettet	Spectator
16.06.18	1	N.N.	unbekannt	erschossen von türkischen Grenzposten westlich von Idlib (Syrien) beim Versuch, die syrisch-türkische Grenze zu überqueren	SOHR/IOM
14.06.18	2	N.N.	unbekannt	vermisst, nachdem das kleine Boot kurz nach der Abfahrt aus Tanger (MA) gekentert war; 4 Überlebende	Wachtest
14.06.18	1	N.N.	unbekannt	tot aufgefunden während einer Rettungsaktion in der Straße von Gibraltar zwischen Marokko und Spanien; 11 Überlebende	SalvaM/IOM
12.06.18	60	N.N.	unbekannt	12 ertrunken, 48 vermisst, nachdem ein Schlauchboot vor der libyschen Küste gesunken war; 40 Menschen gerettet	DailyMail
12.06.18	1	Louis (Mann, 19)	Ghana	Selbstmord; erhängte sich im Aufnahmezentrum Croisilles (F); hätte sich kurz davor mit Psychologen treffen sollen	VoixDu-Nord/france3/Koz-Post/CMS
11.06.18	1	N.N. (Mann, ±25)	unbekannt	wurde auf seinem Weg nach Großbritannien auf der Autobahn A16 in der Nähe von Calais (F) von nicht identifiziertem Fahrzeug erfasst	NordLittoral/IOM/LePhare/Radio6
10.06.18	1	N.N. (Mann, 18)	unbekannt	blinder Passagier; fiel vom LKW auf der Autobahn nahe Falconara Marittima (I); starb an Verletzungen im Krankenhaus	ChronAncona,/CorAdriatico/IOM
10.06.18	1	N.N. (Mann, 21)	unbekannt	wurde zwischen zwei Lastwagen im Hafen von Patras (GR) auf dem Weg nach Iraly zerquetscht	HelCoastG/IOM1
09.06.18	2	N.N.	unbekannt	ertrunken vor der Küste von Libyen; 937 Migranten aus demselben Boot wurden gerettet	CNN
09.06.18	4	N.N.	unbekannt	bei Rettungsaktion zwischen Marokko und Spanien tot aufgefunden; 49 Menschen aus demselben Boot gerettet	NOS/EP/DailyStarLB/KSL
09.06.18	1	N.N. (junger Mann)	Syrien	erschossen von türkischen Grenzposten in der Nähe von Iskenderun (Türkei) beim Versuch, die syrisch-türkische Grenze zu überqueren	Syrian Observatory for HuMann Rights
09.06.18	2	N.N. (Männer)	Sudan, Nigeria	laut Verwandten vermisst während einer kritischen Rettungsaktion vor der Küste von Libyen; 229 Personen gerettet	SOSMed/MSF/IOM
08.06.18	6	N.N. (3 Kinder 5, 9, 12)	Irak, Syrien	Autounfall mit Kleinlaster an der Egnatia Odos Autobahn in der Nähe von Kavala (GR); 11 Überlebende	KI/CypMail/IOMGreece

Tot aufgefunden	Zahl	Name	Herkunftsland	Todesursache	Quelle
08.06.18	1	N.N.	unbekannt	fiel von einem Flüchtlingsboot vor der Küste von Libyen, bevor die anderen 119 Passagiere gerettet wurden	SeaWatch/ IOM
06.06.18	1	N.N. (Mann, ± 35)	unbekannt	blinder Passagier; erstickte auf der Autobahn A57 in der Nähe von Venedig (I) im Transporter von Griechenland	LaNVenezia/ ANSA/IOM
06.06.18	1	N.N. (Junge)	Syrien	erschossen von türkischen Grenzposten in der Nähe von Iskenderun (TR) beim Versuch, mit seiner Familie in die Türkei zu gelangen	SOHR/IOM
04.06.18	1	N.N. (Mann, 42)	Georgien	Selbstmord; hat sich im Abschiebezentrum in Büren (D) erhängt; wurde mit einer Geisteskrankheit diagnostiziert	InfoMigrants/NW/ LZ
04.06.18	1	N.N. (Mann, 41)	Georgien	Selbstmord; hat sich im Abschiebezentrum in Büren (D) erhängt; wurde trotz psychischer Krankheit nicht ins Krankenhaus gebracht	NW
03.06.18	3	N.N. (1 Frau; 2 Männer)	Syrien	ertrunken, 1 vermisst; Schnellboot kenterte vor der Küste von Kekova Geyikova Insel (TR); 5 gerettet	TurkishCoastG/Daily-Sabah/IOM/ Ansamed/ StarTribune/ Gulf/Eye-News/VK/ Newsweek/ TorontoStar/ Firstpost
03.06.18	1	N.N. (Mann)	unbekannt	ertrunken; Leiche im fortgeschrittenen Stadium der Verwesung am Strand von Sidi Rihane östlich von Algier (DZ) gefunden	La Dépêche de Kabylie/ IOM
03.06.18	1	N.N. (junger Mann)	unbekannt	ertrunken; Leiche im Fluss Kupa in der Nähe von Gornje Prilišće (HR) an der Grenze zu Slowenien gefunden	KAPortal/24 sata/Radio Mreznica/ Tportal/ IOM
03.06.18	1	Darin Rashid (Junge, 13)	Syrien	ertrunken mit 4 Geschwistern; Speedboot sank vor der Küste von Kekova Geyikova Island (TR); Eltern gerettet	TurkishCoastG/Daily-Sabah/IOM/ Ansamed/ StarTribune/ Gulf/Eye-News/VK/ Newsweek/ TorontoStar/ Firstpost

Tot aufgefunden	Zahl	Name	Herkunftsland	Todesursache	Quelle
03.06.18	1	Dildar Rashid (Junge, 10)	Syrien	ertrunken mit 4 Geschwistern; Speedboot sank vor der Küste von Kekova Geyikova Island (TR); Eltern gerettet	TurkishCoastG/DailySabah/IOM/Ansamed/StarTribune/Gulf/EyeNews/VK/Newsweek/TorontoStar/Firstpost
03.06.18	1	Shiar Rashid (Junge, Zwilling, 8)	Syrien	ertrunken mit 4 Geschwistern; Speedboot sank vor der Küste von Kekova Geyikova Island (TR); Eltern gerettet	TurkishCoastG/DailySabah/IOM/Ansamed/StarTribune/Gulf/EyeNews/VK/Newsweek/TorontoStar/Firstpost
03.06.18	1	Dijwar Rashid (Junge, Zwilling, 8)	Syrien	ertrunken mit 4 Geschwistern; Speedboot sank vor der Küste von Kekova Geyikova Island (TR); Eltern gerettet	TurkishCoastG/DailySabah/IOM/Ansamed/StarTribune/Gulf/EyeNews/VK/Newsweek/TorontoStar/Firstpost
03.06.18	1	Amina Rashid (Mädchen, 3)	Syrien	ertrunken mit 4 Geschwistern; Speedboot sank vor der Küste von Kekova Geyikova Island (TR); Eltern gerettet	TurkishCoastG/DailySabah/IOM/Ansamed/StarTribune/Gulf/EyeNews/VK/Newsweek/TorontoStar/Firstpost
03.06.18	1	Mohammed Bilal (Junge, 14)	Syrien	ertrunken, 1 vermisst; Schnellboot kenterte vor der Küste von Kekova Geyikova Insel (TR); 5 gerettet	TurkishCoastG/DailySabah/IOM/Ansamed/StarTribune/Gulf/EyeNews/VK/Newsweek/TorontoStar/Firstpost

Tot aufgefunden	Zahl	Name	Herkunftsland	Todesursache	Quelle
03.06.18	1	Zahra Bilal (Mädchen, 10)	Syrien	ertrunken, 1 vermisst; Schnellboot kenterte vor der Küste von Kekova Geyikova Insel (TR); 6 gerettet	TurkishCoastG/DailySabah/IOM/Ansamed/StarTribune/Gulf/EyeNews/VK/Newsweek/TorontoStar/Firstpost
02.06.18	8	N.N. (1 Frau, 7 Männer)	unbekannt	7 starben bei einem Schiffbruch im Mittelmeer zwischen Spanien und Marokko; 1 vermisst, 1 Überlebender	Wachtest
02.06.18	108	N.N.	Tunesien, Libyien, Marokko, Subsahara-Afrika	72 ertrunken, 36 vermisst, als das Boot nach Italien vor der Küste von Kerkennah Island (Tunesien) sank; 68 gerettet	CNN/BBC/Reuters/VK/DailyMail/DailySabah/Aljazeera/Ansamed/Gulf/MEOnline/Newsweek/UPI/TheGlobe/ModernGhana/Firstpost/Ya.N/StarTribune/TorontoStar/EyeNews/The News/Aawsat/ArabWeekly/WorldCrunch
02.06.18	1	Riadh Khalifa (Junge)	Tunesien	ertrank mit 111 anderen, als das Boot nach Italien vor der Küste von Kerkennah Island (Tunesien) sank; 68 gerettet	MEOnline
02.06.18	1	Zoubeir (Junge, 17)	Tunesien	ertrank mit 111 anderen, als das Boot nach Italien vor der Küste von Kerkennah Island (Tunesien) sank; 68 gerettet	MEOnline
02.06.18	1	N.N.	unbekannt	ertrank, als das Boot der Migranten im Mittelmeer zwischen Nordafrika und Spanien sank; 41 gerettet	StarTribune/Ansamed/Firstpost/Gulf
02.06.18	1	Tarek (Junge)	Tunesien	ertrank mit 111 anderen, als das Boot nach Italien vor der Küste von Kerkennah Island (Tunesien) sank; 68 gerettet	WorldCrunch
02.06.18	1	Ammar (Junge)	Tunesien	ertrank mit 111 anderen, als das Boot nach Italien vor der Küste von Kerkennah Island (Tunesien) sank; 68 gerettet	WorldCrunch

Tot aufgefunden	Zahl	Name	Herkunftsland	Todesursache	Quelle
02.06.18	2	N.N. (1 Frau, 1 Mann)	Subsahara-Afrika	ertrunken; Leichen gefunden am Strand in Tanger (MA)	APDHA/IOM
in Jun 18	1	N.N. (Mann)	Marokko	im Flüchtlingslager Velika Kladuša (Grenze Bosnien-Kroatien) erstochen	IrishTimes
29.05.18	2	N.N.	unbekannt	1 verschwunden, 1 tot aufgefunden in Schiffswrack in der Straße von Gibraltar in der Nähe von Tarifa (E); 3 gerettet	SalvaM/ Caminando/ IOM
28.05.18	2	N.N. (1 Frau; 1 Mädchen)	unbekannt	ertrunken, wollte den Fluss Evros/ Meriç in der Nähe von Gemici (TR) nach Bulgarien überqueren	Kronos Haber/IOM-Turkey
27.05.18	1	N.N. (Mann)	Syrien	erschossen von türkischen Grenzsoldaten in der Nähe des Gouvernements Idlib (Syrien) beim Versuch, die syrisch-türkische Grenze zu überqueren	SOHR/IOM
26.05.18	1	Mamadou ba Camara (junger Mann)	Guinea	von anderen Migranten im Wald in der Nähe des Melilla-Grenzzauns, Nador (MA), tot aufgefunden	APSM/ AMDH/IOM
26.05.18	1	N.N.	unbekannt	erschossen von türkischen Grenzsoldaten in der Nähe des Gouvernements Idlib (Syrien) beim Versuch, die syrisch-türkische Grenze zu überqueren	SOHR/IOM
26.05.18	1	N.N. (Mann, 20)	Eritrea	starb an Krankheit und Hunger auf einem Boot von Libyen nach Italien; 720 Menschen gerettet	UNHCR/IOM
25.05.18	1	N.N. (Mann)	Syrien	ertrunken beim Versuch, den Fluss Evros/Meriç in der Nähe von Uzunköprü (TR) zu überqueren	HurriyetDN/ IOMTurkey
25.05.18	1	Mohamed Fofana (Mann, 28)	unbekannt	starb am Col de l'Echelle Bergpass (I) an Unterkühlung; wurde zuvor am gleichen Tag an der französischen Grenze zurückgewiesen	Quotidiano/ LR/Le Monde/IOM
5.05.18	5	N.N. (2 Jungen; 2 Männer)	unbekannt	vermisst, nachdem bei Sicht der libyschen Küstenwache, die zur Rettung kam, Panik ausbrach	SeaWatch
4.05.18	18	N.N. (2 Frauen; 2 Männer)	Marokko	4 Ertrunkene, 14 Vermisste in einem Schiffswrack vor dem Strand von Ben Mannsour (Marokko); 12 Menschen gerettet	ELM/Hespress
2.05.18	1	N.N.	Afghanistan	Autounfall; LKW mit Migranten überschlug sich in der Nähe von Bayramli, Van Region (TR); 70 verletzt	AA/IOM
1.05.18	1	N.N. (Mann)	unbekannt	ertrank beim Versuch, den Fluss Kolpa/Kupa an der slowenisch-kroatischen Grenze nahe Rosalnice (SI) zu überqueren; 2 Überlebende	Delo/IOMSlovenia
).05.18	1	Ihsan Udin (Mann, 21)	Afghanistan	ertrank in der Nähe von Cazin (BH) im Fluss Korana, der zwischen Bosnien und Herzegowina und Kroatien verläuft	Nezavisne/ InfoMigrants/AFP/ IOM

Tot aufgefunden	Zahl	Name	Herkunftsland	Todesursache	Quelle
18.05.18	1	N.N (Mann)	Afrika	Leiche gefunden von Wanderern im Hochgebirgswald in Montgenèvre (FR) nahe der italienischen Grenze	20Mf/InfoMigrants/DICI/IOM
17.05.18	1	Mawda Shawri (Mädchen, 2)	Irak	Kurdin; getötet von einer Kugel aus einer Polizeiwaffe in der Nähe von Mons (B) während der Verfolgung eines Fahrzeugs in Richtung UK	AD/RTBF/RTLbe/DH/Sputnik/IOMZambia/EastAfrican/Xinhua
14.05.18	7	N.N. (3 Kinder)	Afghanistan	ertrunken; kleines Boot aus Ayvalik (Türkei) kenterte auf dem Weg nach Lesbos (GR); 13 gerettet	DailySabah/TurkCoastG/IOMTurkey
13.05.18	9	N.N. (2 Männer, 25–30)	Syrien	ertrunken; Leichen gefunden an den Ufern der Region Karpaz, Nordzypern	Kibrik/Reuters/IOMTurkey
13.05.18	1	N.N. (Mann)	Syrien	erschossen von türkischen Grenzsoldaten in der Nähe von Darkoush (Syrien) beim Versuch, die syrisch-türkische Grenze zu überqueren	SOHR/IOM
12.05.18	1	N.N. (Mann)	unbekannt	im Mittelmeer vor der Küste von Al Khums (Libyen) tot aufgefunden	LibCoastG/IOM Libya
10.05.18	1	N.N. (Frau)	unbekannt	Leiche in Beni Chiker (MA) nahe dem Grenzzaun von Melilla aufgefunden	AMDH/IOM
08.05.18	1	N.N. (Mann, 20–25)	Afghanistan	ertrunken, nachdem er in Paris (FR) betrunken in den Kanal gesprungen war; hatte im nahe gelegenen Flüchtlingslager gelebt	Parisien/LeFigaro/FranceBleu/NouvelObs/Ya.N
08.05.18	2	N.N. (1 Mann)	Syrien	erschossen von türkischen Grenzsoldaten in der Nähe des Gouvernements Idlib (Syrien) beim Versuch, die syrisch-türkische Grenze zu überqueren	SOHR/IOM
07.05.18	1	N.N.	unbekannt	ertrunken bei dem Versuch, den Evros von der Türkei nach Griechenland bei Didymoteicho (Griechenland) zu überqueren	Wachtest
07.05.18	1	Blessing Matthew Obie (Frau, 19)	Nigeria	ertrank im Fluss Durance in der Nähe von Briançon (Alpen, französisch-italienische Grenze) bei der Flucht vor der Polizei	Vivre/CDS/Francetvinfo/20MF/IOM/DICI
06.05.18	4	N.N. (1 Mann)	Afrika	1 starb vor der Küste Tripolis, nachdem die LY-Küstenwache NGO-Schiffe gestoppt hatte; 3 vermisst, 114 gerettet	AFP/IOM Libya/BangkokPost
06.05.18	1	N.N. (Mann)	unbekannt	tot in einem Kanal in der Nähe des Flüchtlingslagers "Millenaire" in Paris (FR) aufgefunden	NouvelObs FranceBleu Ya.N
05.05.18	13	N.N. (1 Frau)	Komoren, Madagaskar	1 ertrank, 12 fehlten, als ein Boot beim Versuch, Mayotte (Frankreich) von den Komoren zu erreichen, unterging	ComoresInfo

Tot aufgefunden	Zahl	Name	Herkunftsland	Todesursache	Quelle
01.05.18	1	N.N. (Mann, 19)	Eritrea	Selbstmord in einer Londoner Unterkunft (GB) aufgrund von starkem Stress durch langwieriges Asylverfahren	Wächter
01.05.18	**1**	**Faraidun Salam Aziz (Mann, 38)**	**Irak**	**sprang aus dem Fenster des Flüchtlingszentrums in Apolda (D); Wachen sperrten ihn ein, weil er am Telefon zu laut war**	**VRF/FR**

Er kämpfte darum, zu seinem Bruder ziehen zu dürfen.

Vor zehn Jahren floh Faraidun aus der Kurdenregion im Irak nach Deutschland und wohnte acht Jahre lang in zwei verschiedenen Flüchtlingsheimen in Apolda. Faraidun war im Irak zum Christentum konvertiert und deshalb in Gefahr geraten. Sein Asylantrag in Deutschland wurde zweimal abgelehnt, ihm blieb nichts, als weiter um einen Aufenthaltsstatus zu kämpfen, aber vergeblich. Sieben Jahre vergingen und nichts ging für ihn voran. Es war bekannt, dass er unter starken Depressionen litt. Erfolglos kämpfte er darum, zu seinem Bruder nach Westfalen umziehen zu dürfen. Der Bruder spricht perfekt Deutsch, hat Familie, Arbeit und zu Hause Platz für Faraidun, er hätte ihn gern aufgenommen. Die Mutter kam zu Besuch, die Schwester lebt dort – Faraidun aber war in Apolda allein.

Unter den anderen Geflüchteten war er als freundlich und hilfsbereit bekannt. Er grüßte und behandelte alle mit Respekt. Bei den Behörden übersetzte er oft für sie, ohne dafür Geld zu nehmen. Seine Muttersprache war Kurdisch und er konnte sich auf Deutsch und Arabisch verständigen.

Weil die Ausländerbehörde einen Umzug zu seiner Familie nicht zuließ, fuhr Faraidun schließlich nach Westfalen, blieb dort und kam einmal im Monat nach Apolda, um sich zu melden und seine Sozialhilfe abzuholen. Anschließend fuhr er sofort zurück nach Hause. „Die Ausländerbehörde hat Theater gemacht", sagt sein Bruder. „Der Mitarbeiter sagte, er habe ihn abgemeldet, sie hätten ihn ein paar Monate nicht in Apolda gesehen." Das entsprach nicht der Wahrheit, aber Faraidun hatte Angst, wegen seiner Aufenthaltspapiere in Schwierigkeiten zu kommen. Und da ihm fortan die Sozialhilfe wöchentlich ausgezahlt wurde und das Abholen der Sozialhilfe als Anwesenheitskontrolle gilt, blieb er schweren

Herzens in Apolda. Das Geld reichte nicht, um jede Woche die Fahrt zu seinem Bruder zu bezahlen.

Faraidun hätte jede Arbeit angenommen, um nicht vom Staat leben zu müssen, wenn er nur gedurft hätte. Er beschäftigte sich mit der Kunst der Kalligraphie und dem Malen von Bildern. Seine rechte Hand war kaputt, untauglich.

Tagtäglich telefonierte er mit der geliebten Verlobten in Irakisch-Kurdistan. Sie wollte nicht mehr warten, sondern zu ihm kommen, egal auf welchem gefährlichen Weg. Nun trauert sie um ihn.

Faraidun sprang aus dem Fenster der 3. Etage des Wohnheims und starb. Was dem vorausgegangen war, berichten Mitbewohner des Hauses: Nach einer Beschwerde eines Bewohners, dass Faraidun mitten in der Nacht zu laut sei, er habe zu viel getrunken und gesungen, seien Security-Männer gekommen, hätten ihn in sein Zimmer geschoben und die Tür zugesperrt. Faraidun konnte nicht selbst wieder aufschließen, da die Security-Männer von außen den Schlüssel stecken lassen hatten. Er habe nicht mehr hinaus, geschweige denn ins Bad gekonnt, er habe um Hilfe gerufen und gebeten, die Tür aufzuschließen, aber vergeblich. Er soll gesagt haben: „Bitte, ich will doch reden."

„Statt abzusperren, hätten sie die Polizei rufen können", sagt sein Bruder. Dann wäre Faraidun vielleicht noch am Leben. Sie öffneten die Tür nicht, Faraidun sprang aus dem Fenster. Ob er sich das Leben nehmen wollte oder ob er hoffte, dem zum Gefängnis gewordenen Zimmer zu entkommen, weiß niemand.

„Warum hat er es gemacht?", fragt ein Mitbewohner. „Faraidun hatte keine Probleme mit den Leuten."

Zum Erschrecken aller Bewohner kamen Krankenwagen und Polizei erst nach geschätzten 45 Minuten, und dann habe die Leiche noch lange vor aller Augen auf dem Boden gelegen. Die Polizisten hätten erst Fotos gemacht und noch lange mit den Sanitätern daneben gestanden und geraucht.

Tot aufgefunden	Zahl	Name	Herkunftsland	Todesursache	Quelle
01.05.18	1	N.N (junger Mann)	Afghanistan	ertrank, als er versuchte, über den Fluss Korana von Bosnien nach Kroatien zu gelangen	IrishTimes
30.04.18	2	N.N. (2 Männer)	unbekannt	Leichen wurden in Gasr Garabulli (aka Castelverde) (LY) geborgen	IOM Libyen
30.04.18	1	N.N. (Frau)	unbekannt	Leiche wurde am Strand von Tajoura (LY) geborgen	IOM Libyen
30.04.18	6	N.N. (1 Baby; 5 Männer)	unbekannt	Leichen wurden in Zuwara (LY) geborgen	IOM Libyen
30.04.18	1	N.N. (Mann)	Algerien	ertrank beim Versuch, über den Fluss Kolpa an der kroatisch-slowenischen Grenze zu schwimmen; 7 wurden von der Polizei abgefangen	IOM Slowenien/TotSloveniaNews
29.04.18	19	N.N. (1 Mann)	Afrika	16 ertranken bei einem Schiffbruch vor Cap Falcon, Oran (DZ) auf ihrem Weg nach Spanien; 3 Vermisste, 19 Überlebende	ObsAlgerie/Caminando/EFE/Réf/QUOTI/IOM
25.04.18	17	N.N.	Subsahara-Afrika	5 ertranken, als ihr Boot zwischen Marokko und Spanien nahe der Insel Alborán sank; 12 Vermisste, 17 Überlebende	ElDiario/Caminando/SalvaM/EuroPress
22.04.18	11	N.N. (1 Junge; 10 Männer)	unbekannt	ertranken, als ihr Schlauchboot im Mittelmeer nahe Sabratha (LY) kenterte; 83 Überlebende	MEE/Reu./IOM Libyen/Japan Times
20.04.18	1	N.N. (Junge, 6 Monate)	Eritrea	Mutter tötete ihr Baby und erhängte sich anschließend in der Asylunterkunft in Eckolstädt (DE)	Berliner Ztg/FR-th/OTZ
20.04.18	1	Snaid Tadese (Frau, 19)	Eritrea	Suizid; tötete ihr Baby und erhängte sich aus Verzweiflung in der Asylunterkunft in Eckolstädt (DE)	Berliner Ztg/FR-th/OTZ
20.04.18	1	N.N. (Mann, 30)	unbekannt	starb durch einen Stromschlag, als er auf das Dach eines Güterzuges im Depot vor Thessaloniki (GR) stieg	AP/NYTimes/MailOnline
19.04.18	2	N.N.	unbekannt	starben während eines Unfalls in Horasan (TR), weil der Schmuggler, der ihren LKW fuhr, einen Kontrollpunkt erblickte und panisch wurde	HurriyetDN/PrensaLat
18.04.18	**1**	**Tsanait Tadese (Frau, 20)**	**Eritrea**	**gestorben in Eckolstädt, Landkreis Weimarer Land**	
18.04.18	**1**	**Nahom Tadese (Kind, 1)**		**gestorben in Eckolstädt, Landkreis Weimarer Land**	
4.04.18	1	N.N. (Mann)	unbekannt	starb an Herzstillstand; Leiche wurde nahe des Grenzzauns in Anyera in der spanischen Enklave von Ceuta (ES) gefunden	FaroCeuta/APDHA/CeutaTV/IOM
3.04.18	1	N.N. (Mann)	unbekannt	starb an einem Herzstillstand; Leiche wurde nahe des Grenzzauns in Anyera in der spanischen Enklave von Ceuta (ES) gefunden	FaroCeuta/APDHA/IOM/CeutaTV
0.04.18	1	N.N. (Mann)	unbekannt	ertrunken im Fluss Kolpa nahe Črnomelj (SI), an der Grenze zu Kroatien	IOM Slowenien/AFP

Sie wollte in einem weltoffenen Land leben.

Die 17-jährige Tsanait ist allein aus Eritrea geflohen. Drei Monate zuvor war ihr Vater gestorben.

Im Sudan verliebt sie sich und heiratet in der orthodoxen Kirche in Khartum. Bleiben können sie und ihr Mann dort nicht, es besteht die Gefahr, von der sudanesischen Polizei oder vom eritreischen Geheimdienst verschleppt und nach Eritrea abgeschoben zu werden. Mit zwei anderen Eritreern wollen Tsanait und ihr Mann nach England oder in die Niederlande – sie wünschen sich, in einer weltoffenen toleranten Gesellschaft zu leben. Der Weg ist teuer.

Vier Tage treiben sie in einem Schlauchboot auf dem Mittelmeer und glauben nicht mehr, dass sie es überleben. Aber sie werden gerettet und gehen in Italien an Land. Sie sind einfach nur erleichtert und glücklich, Europa unversehrt erreicht zu haben, und wissen nicht, was es bedeutet, in Italien mit Fingerabdrücken registriert zu werden.

Als sie sehen, dass die Flüchtlinge in Italien auf der Straße schlafen und hungern und sich nicht waschen können, reisen sie direkt weiter durch die Schweiz nach Deutschland. Dort werden sie von der Polizei festgehalten und können nicht weiter. Als sie von der Dublin-Regelung erfahren, ist die große Angst wieder da. Sie besuchen beide einen Deutschkurs, aber sie fühlen sich nie mehr sicher, die Angst vor Abschiebung ist immer da. Auch, als ihr Kind schon auf der Welt ist.

Tsanait träumt davon, Köchin zu werden und in einem Restaurant zu arbeiten. Aber die Erinnerung an das, was sie in der Sahara, in Libyen und auf dem Mittelmeer durchgemacht hat, die große Angst vor Abschiebung aus Deutschland lasten so auf ihr, dass ihr Mann beim Sozialamt mehrmals um psychologische Hilfe für sie bittet. Aber vergeblich. Der von der Behörde erzwungene Umzug in ein Dorf, wo sie keinerlei soziale Kontakte und außer ihrem Mann niemanden hat, der ihre Sprache spricht, sind zu viel für sie.

Tot aufgefunden	Zahl	Name	Herkunftsland	Todesursache	Quelle
09.04.18	1	N.N. (Mann)	unbekannt	ertrunken im Fluss Kolpa nahe Črnomelj (SI), an der Grenze zu Kroatien	DELO/IOM Slowenien
09.04.18	36	N.N.	unbekannt	6 vermutlich vor der Küste von Houara 20 km südlich von Tangier (MA) ertrunken; 30 Vermisste, 10 Überlebende	EFE/Caminando/El Diario/IOM
06.04.18	1	Omar "Susi" (Junge, 16)	Maghreb	absichtlich von Lastwagen erdrückt nahe des Hafens von Ceuta (ES); Fahrer hatte zuvor Flüchtlinge verfolgt	El Faro de Ceuta/Ceuta Actualidad/IOM
06.04.18	1	N.N. (Frau)	unbekannt	ertrunken; am Strand von Jabonera in Tarifa, Cádiz (ES) gefunden	Diario de Cádiz/IOM/EPress/EFE
02.04.18	1	N.N. (Mann)	unbekannt	vermutlich ertrunken; Leiche wurde 6 nautische Meilen nordwestlich vom Hafen von Bouzedjar in Ain Témouchent (DZ) gefunden	Liberté/Ouest Tribune/IOM
01.04.18	11	N.N. (1 Mann)	unbekannt	4 ertranken, nachdem Boot zwischen Tangier (MA) und Tarifa (ES) kenterte; 7 Vermisste, 1 Überlebender	Watch The-Med/IOM Spanien/SalvaM/Hindu Times
01.04.18	1	N.N. (Mann)	unbekannt	vermutlich ertrunken; Leiche wurde nahe der Insel Habibas vor der Küste von Ain Témouchent (DZ) gefunden	Réf/DK/OuestT/IOM
01.04.18	1	N.N. (Mann)	unbekannt	vermutlich ertrunken; Leiche wurde vor der Küste von Al Hoceima (MA) gefunden	EFE/IOM/YABI
01.04.18	1	N.N.	unbekannt	Körper von Migrant*in wurde nach dem Schmelzen des Schnees in den Alpen an der französisch-italienischen Grenze gefunden	CNN
1.03.18	1	N.N.	unbekannt	vermutlich ertrunken; Leiche wurde westlich vom Strand von Sbiaat in Ain Témouchent (DZ) gefunden	Réf/DK/OuestT/IOM
0.03.18	17	N.N.	unbekannt	starben bei einem Verkehrsunfall in der Provinz Igdir (TR) nahe der Grenze zu Armenien; 33 Überlebende	Reu./LV/IOM
9.03.18	7	N.N. (7 Männer)	unbekannt	vermutlich ertrunken an einer unbekannten Stelle in der Straße von Gibraltar zwischen Marokko und Spanien	Caminando/IOM
8.03.18	1	N.N. (Junge, 16)	Eritrea	starb im Krankenhaus von Lille, nachdem er von einem Lastwagen auf der Autobahn nahe dem Hafen von Calais (FR) sprang	CMS/Parisien/VoixDuNord/IOM
4.03.18	1	N.N. (Frau)	unbekannt	starb durch fehlenden Zugang zu Medikamenten im Krankenhaus von Turin (IT), nachdem sie an der italienisch-französischen Grenze abgewiesen wurde	CDS/FrSoir/IOM

Tot aufgefunden	Zahl	Name	Herkunftsland	Todesursache	Quelle
22.03.18	1	N.N. (Mann, 22)	Algerien	blinder Passagier; ist zwischen zwei Fahrzeugen am Hafen von Zeebrugge (BE) steckengeblieben, als er versuchte nach Großbritannien zu kommen	CMS
20.03.18	1	N.N. (Mann)	unbekannt	vermutlich ertrunken; Leiche wurde an der Küste von Tripoli (LY) gefunden	IOM Libyen
18.03.18	1	N.N. (Mann)	unbekannt	ertrunken; Leiche wurde am Strand von Rota, Cádiz (ES) geborgen	GuardiaCivil/EPress/IOM
17.03.18	4	Malek (Kinder)	Afghanistan	ertrunken mit 15 anderen, als das Boot der Migrant*innen vor Agathonisi (GR) kenterte; 3 gerettet	ProAsyl/HellCoastG/IOM Griechenland/Reuters/AP/ChNewsAsia
17.03.18	1	Freshta Darvish (Frau)	Afghanistan	ertrank mit 18 anderen, als das Boot der Migrant*innen vor Agathonisi (GR) kenterte; 3 gerettet	ProAsyl/HellCoastG/IOM Griechenland/Reuters/AP/ChNewsAsia
17.03.18	3	Darvish (2 junge Erwachsene, 1 Mann)	Afghanistan	Vater und seine erwachsenen Kinder; ertranken mit 16 anderen, als das Boot vor Agathonisi (GR) kenterte	ProAsyl/HellCoastG/IOM Griechenland/Reuters/AP/ChNewsAsia
17.03.18	1	Ejaz Khan (Mann, 25)	Afghanistan	mit einem Messer getötet in Calais (FR) in der Nähe des Krankenhauses, in dem die Verteilung von Nahrungsmitteln Konflikte verursacht hatte	LeMonde/PassH/CMS
17.03.18	2	N.N.	unbekannt	starben bei einem Verkehrsunfall nahe Xanthi (GR) in der Nähe der bulgarischen Grenze; 7 Überlebende	Reu./AP/IOM/ChNewsAsia
17.03.18	19	N.N. (9 Kinder)	Afghanistan, Irak	16 ertranken, nachdem Boot vor der Küste von Agathonisi (GR) kenterte; 3 Vermisste, 3 Überlebende	HellCoastG/IOM Greece/Reu./AP/ChNewsAsia
16.03.18	1	N.N. (Mann)	unbekannt	vermutlich ertrunken; Leiche wurde am Strand von Tinajo, Lanzarote (ES) gefunden	EFE/La Provincia/IOM/VozDel
15.03.18	1	Mame Mbaye Ndiaye (Mann, 35)	Senegal	starb an einem Herzinfarkt, nachdem Polizisten den Straßenverkäufer durch Madrid (ES) jagten, bis er kollabierte	LocalES/AfricaNews/TeleSur
14.03.18	1	N.N.	unbekannt	vermisst während einer Rettungsaktion auf dem Meer nahe Tangiers (MA); 9 Überlebende	Watch TheMed

Tot aufgefunden	Zahl	Name	Herkunftsland	Todesursache	Quelle
13.03.18	1	Tesfalidet "Segen" Tesfon (Mann, 22)	Eritrea	starb an Tuberkulose und Unterernährung, nachdem er von einem Boot gerettet wurde; war 18 Monate lang in Libyen gefangen	Proactiva/IOM/ANSA/Reu./LocaIIT/HRW
12.03.18	1	N.N. (Mann, ±30)	unbekannt	tot im Delta des Flusses Evros an der türkisch-griechischen Grenze gefunden	AP/MENAFN/IOM
12.03.18	12	N.N.	unbekannt	tot auf einem sinkenden Boot im Alborán-Meer zwischen Marokko und Spanien gefunden; 22 Überlebende	Caminando Fronteras/IOM
08.03.18	1	N.N. (Mann)	unbekannt	ertrunken; Leiche wurde am Strand in Rota, Cádiz (ES) geborgen	Guardia Civil/EPress/IOM
06.03.18	1	N.N. (Mann)	unbekannt	ertrunken im Fluss Evros nahe Edirne (TR) und der griechischen Grenze	IOM Türkei/HurriyetDN
03.03.18	23	N.N. (2 Babys; 4 Frauen; 17 Männer)	Subsahara-Afrika	2 tot auf einem Boot gefunden, vermutlich vor der Küste Libyens ertrunken; 21 Vermisste, 30 Überlebende	SOSMed/IOM/Reu.
03.03.18	3	N.N. (2 Frauen; 1 Mann)	unbekannt	ertrunken; Leichen wurden vor der Küste von Benzú in der spanischen Enklave von Ceuta (ES) gefunden; 2 Überlebende	UNHCR/Caminando Fronteras/IOM/El Periódico
02.03.18	**1**	**Lamine Condeh (Mann, 20)**	**Sierra Leone**	**starb in Passau (DE) an Leberkrebs, nachdem er monatelang nicht behandelt wurde; wurde zuvor trotz schwerer Erkrankung nach Italien abgeschoben**	**matteo**
18.02.18	1	N.N. (Mann)	unbekannt	von der Küstenwache tot aufgefunden nahe dem Strand von Bouzedjar in Ain Témouchent (DZ)	RadioAlg/IOM
17.02.18	6	N.N. (4 Kinder; 1 Frau; 1 Mann)	unbekannt	starb an Unterkühlung nahe dem Fluss Mergasur (IQ) und der türkischen Grenze; 4 Überlebende	Kurdistan24/DailySabah/IOM/Rudaw
16.02.18	1	N.N. (Mann)	unbekannt	starb an einem Herzstillstand; Leiche wurde in Tarifa, Cádiz (ES) gefunden	Epress/IOM/JuntaAndalucía
15.02.18	1	N.N. (Mann)	unbekannt	vermutlich ertrunken; Leiche wurde am Strand von Levante in Cádiz (ES) gefunden	EPress/AndalucíaInfo/IOM/CostaCádiz
.02.18	2	N.N. (1 Frau; 1 Mann)	unbekannt	vermutlich ertrunken; Leichen wurden 25 nautische Meilen nördlich von Béni-Saf in Ain Témouchent (DZ) gefunden	SoirAlgerie/Algérie360/IOM/Réf
.02.18	2	N.N.	unbekannt	vermutlich ertrunken; Leichen wurden 8 nautische Meilen nördlich vom Strand von Bouzedjar in Ain Témouchent (DZ) gefunden	Réflexion/IOM Algerien
.02.18	1	N.N.	unbekannt	ertrunken; Leiche wurde 10 km vor der Küste von Benabdelmalek Radane in Mostaganem (DZ) gefunden	IOM Algerien/TheHuff

„Ich bin in Europa und habe auch hier keinen Schutz."

„Wenn es mir besser geht, will ich richtig lernen", hatte Lamine zu seinen Freunden im Lager Deggendorf gesagt. Zuerst wollte er Deutsch lernen und dann studieren, sein Traum war es, Maschinenbauingenieur zu werden und in der Autoindustrie zu arbeiten.

„Das kannst du nicht, das schaffst du nicht", sagten seine Freunde. Aber Lamine erwiderte nur: „Das wisst ihr nicht. Das könnt ihr nicht wissen."

Er sprach schon drei Sprachen, Mandingo, Krio und Englisch, und lernte Deutsch.

Sie alle wussten, dass Lamine schon krank nach Deutschland gekommen war. Nach einigen Monaten, ohne hier richtig behandelt worden zu sein, war er sehr schwach und müde geworden. Im Gemeinschaftszimmer half ihm oft sein Mitbewohner auf oder brachte ihm, was er brauchte. Zum Beispiel warmes Wasser. Der Arzt hatte gesagt, Lamine solle viel warmes Wasser trinken. Weitergehende Untersuchungen gab es viel zu lange nicht.

Lamine Condeh wurde am 5.12.1997 in Freetown in Sierra Leone geboren. Nach einer langen Odyssee war er zusammen mit seinem Freund Adam, der ihm wie ein Bruder war, von Sierra Leone über Guinea, Mali, Burkina Faso, Algerien, durch die Sahara nach Libyen, über das Mittelmeer nach Italien gekommen. Adam war noch in Libyen und so wartete Lamine einen Monat auf Sizilien, bis Adam es wirklich über das Meer geschafft hatte und sie wieder zusammen waren. Dann schlugen sie sich nach Deutschland durch, wo sie am 24. Dezember 2014 ankamen.

Lamine war schwach und hatte Rückenschmerzen. Im Januar 2017 wurde bei ihm Hepatitis B diagnostiziert. Das war's dann erst mal. Es gab keine Untersuchung der Leber und keinen Test auf Hepatitis C, obwohl er schon die Symptome einer Leberschädigung hatte. Der für das Lager Deggendorf zuständige Arzt habe nach Berichten mehrerer Geflüchteter die Menschen grundsätzlich nicht untersucht, sondern ihnen entweder Schmerzmittel oder Schlafmittel verschrieben, sie unterschreiben lassen und wieder weggeschickt. Die Medikamente habe er ihnen persönlich ins Lager gebracht. „Er untersucht uns nicht. Aber wenn wir nicht krank wären", sagte ein anderer Freund Lamines, „würden wir doch nicht erst zum Arzt gehen."

Für Lamine gab es eben darüber hinaus nur noch den Rat, viel warmes Wasser zu trinken.

Adam oder ein anderer Freund brachten ihn immer wieder zum Arzt und versuchten, für Lamine zu sprechen. Aber der Arzt habe keinen Begleiter zur Unterstützung ins Sprechzimmer gelassen und die afrikanischen Patienten nie berührt.

Oft saßen die jungen Afrikaner zusammen und diskutierten über ihre Zukunft. Aber Lamine wurden diese Gespräche schnell zu anstrengend, dann stand er auf und sagte, er müsste jetzt etwas trinken. Und er setzte sich abseits allein wieder hin.

Er sprach nicht viel, alle im Lager erinnern sich, dass er sehr still war. „Ich bin in Europa und habe auch hier keinen Schutz", sagte er einmal.

Seinem Mitbewohner war Lamine ein wichtiger Ratgeber und seine Ratschläge befolgte er: Halte dich von Schlägereien fern, streite nicht. Stiehl nichts, auch wenn dir im Supermarkt nur ein, zwei Cent fehlen, um das zu kaufen, was du möchtest. Geh nirgendwohin, wo es Probleme gibt. Sei nicht arrogant. Ich will nicht hören, dass du irgendwo streitest und dich schlägst.

Am 25. Juli 2017 kam nachts um zwei Uhr die Polizei ins Zimmer und nahm Lamine mit. Er sagte, er sei krank, er habe einen Arzttermin, zeigte den Polizisten die entsprechenden Unterlagen, woraufhin sie sagten, sie würden ihn zum Arzt bringen. Aber sie brachten ihn zum Flughafen Frankfurt und er wurde nach Mailand abgeschoben. Dort erging es ihm wie allen, er wurde von der italienischen Polizei in der Stadt auf der Straße ausgesetzt, ohne Essen, Trinken, ohne Dach über dem Kopf, ausgeliefert dem Wetter und den Kriminellen. Am 7. August 2017 hatte er sich wieder nach Deutschland durchgeschlagen und wurde zurück ins Lager Deggendorf geschickt. Sein gesundheitlicher Zustand hatte sich in der kurzen Zeit deutlich verschlechtert. Nun spuckte er Blut. Aber immer noch bekam er vom Arzt keine Überweisungen zu weitergehenden Untersuchungen und wurde daher auch nicht behandelt.

Lamine war ein großer Fußball-Fan und verfolgte die Spiele von Real Madrid, Arsenal London und Bayern München. Gern hätte er, wie früher

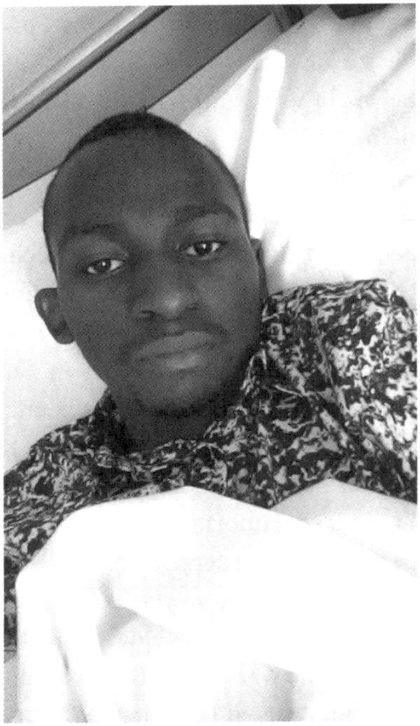

Abschiebung nach Italien.

BAYERN
Wir trauern um
Lamin aus Passau.
Kirche und Asyl
matteo

in Freetown, auch selbst Fußball gespielt, aber dafür war er zu schwach. Er hörte viel Musik, besonders mochte er Reggae aus Jamaika, die Texte erzählen vom Leben.

In Freetown hatte er seinem Bruder in dessen kleinem Handel geholfen. Aber dann geriet er in Gefahr und flüchtete.

Lamine war oft traurig und weinte sehr schnell. Besonders nach seiner Familie stellten ihm die Freunde gar keine Fragen mehr, denn dann begann er sofort zu weinen und alle weinten mit ihm. Lamines Vater lebte nicht mehr, seine Mutter war ins benachbarte Guinea gezogen. Lamine hinterlässt einen kleinen Sohn in Sierra Leone.

Zurück in Deutschland verschlechterte sich Lamines Gesundheitszustand rapide. Von der Leber ausgehend hatte er Metastasen in der Wirbelsäule und starke Schmerzen. Erst als er das Lager Deggendorf verlassen durfte, um in einem Flüchtlingsheim zu wohnen, bekam er Überweisungen zu weitergehenden Untersuchungen. Im Oktober 2017 wurde er operiert, ihm wurden in der Klinik in Passau Metastasen an der Wirbelsäule entfernt. Aber erst im Januar 2018 wurde der wichtige Test durchgeführt und Hepatitis C festgestellt. Inzwischen aber war Lamine zu schwach, um zu weiteren Untersuchungen zu gehen und aus einem Leberabszess war Krebs geworden.

Im Klinikum Passau konnten die Ärzte trotz aller Bemühungen sein Leben nicht mehr retten. Nur noch verhindern, dass er auf Anordnung der Ausländerbehörde Deggendorf in die Gemeinschaftsunterkunft zurückverlegt wurde, und dafür sorgen, dass er in Würde sterben konnte.

Drei Tage vor seinem Tod war die Polizei im Auftrag der Ausländerbehörde in die Klinik gekommen und wollte ihn wieder nach Italien abschieben. Das ließen die Ärzte nicht zu.

Am 2. März 2018 starb Lamine in Passau. Beerdigt wurde er in Hutthurm bei Passau. „Was bleibt, ist nicht nur Trauer, sondern auch die Fassungslosigkeit der Ärzte und Helfer über die Abschiebepolitik im Allgemeinen und die Art, wie mit Lamine umgegangen wurde im Speziellen", schrieb die Passauer Neue Presse. Lamines Freunde und Bekannte aus dem Lager Deggendorf wollten an der Trauerfeier teilnehmen, bekamen aber von der Ausländerbehörde nicht die Genehmigung, das Lager zu verlassen. Andere verpassten den Zug, weil das Büro, von dem sie sich die

Genehmigungen ausstellen lassen mussten, absichtlich zu spät geöffnet wurde. Manchen wurden bei der Gelegenheit die Aufenthaltserlaubnis entzogen.

Am 8. Mai 2018 erschien in der Wochenzeitschrift Die ZEIT ein Artikel, der einem Arzt des Lagers Deggendorf ausführlich Gelegenheit bot, sich anonym darüber zu verbreiten, dass „keiner seiner heutigen Patienten vor einem Krieg geflohen" sei. Die ZEIT schreibt weiter: „Viele hält er für „Medizintouristen'. Manche hat er im Verdacht, mit den Medikamenten zu dealen, die er ihnen verschreibt." Und zitiert ihn so: „Die Klientel ist eine andere geworden, frech und fordernd. Da kommen jetzt Leute, die wollen Viagra." Oder künstliche Hüften oder ein neues Gebiss. Und es kämen junge Männer, die – so sagt es der Arzt – nacheinander ‚motorisch völlig unauffällig' in sein Behandlungszimmer federten, die Ohrstöpsel ihrer MP3-Player nicht abnähmen und wortgleich ‚serious pain' beklagten, heftige Schmerzen, gegen die sie dringend starke ‚pain killer' benötigten. Asylbewerber aus Sierra Leone würden über „Wehwehchen" klagen. Angesichts dessen betreibe er „eine Art Leistungsabwehr". Wer diese Zitate liest, bekommt den Eindruck, man hätte es mit Lamines Arzt zu tun, dem Die ZEIT da eine solche Plattform bot. Meinte der Arzt vielleicht Lamine aus Sierra Leone, der „serious pain" simulieren und über „Wehwehchen" klagen würde?

Lamine lebt nicht mehr, seine Freunde trauern noch um ihn. Jeden Monat geht Adam an sein Grab.

Wie es zu Lamines Tod kommen konnte, wird nicht mehr geklärt werden können, denn die Krankenakten für den Aufenthalt in Deggendorf sind nicht mehr zugänglich, trotz vieler Zeugen konnte der gesamte Ablauf von Lamines Leidensweg nicht vollständig aufgearbeitet werden. Die Antworten auf eine Anfrage der Abgeordneten Christl Kamm an die Staatsregierung seien laut des Vereins matteo teilweise nachweisbar unrichtig oder unvollständig gewesen.

Tot aufgefunden	Zahl	Name	Herkunftsland	Todesursache	Quelle
16.02.18	1	N.N.	unbekannt	vermutlich ertrunken; Leiche wurde in Zawiyah (LY) geborgen	IOM Libyen
16.02.18	1	N.N.	unbekannt	vermutlich ertrunken; Leiche wurde in Tripoli (LY) geborgen	IOM Libyen
16.02.18	1	N.N.	unbekannt	vermutlich ertrunken; Leiche wurde am Strand von Madag, Aïn El Kerma, westlich von Oran (DZ) gefunden	EIW/Réf/IOM
15.02.18	11	N.N.	unbekannt	vermutlich ertrunken; Leichen wurden in Zuwara (LY) geborgen	IOM Libyen
15.02.18	1	N.N. (Mann)	unbekannt	vermutlich ertrunken; Leiche wurde am Strand von Bouzedjar in Ain Témouchent (DZ) gefunden	AlgériePresse/QUOTI/Réf/IOM
15.02.18	2	N.N. (2 Männer)	unbekannt	vermutlich ertrunken; Leichen wurden am Strand (Andalouses, Bousfer) westlich von Oran (DZ) gefunden	EIW/Réf/IOM
14.02.18	1	N.N. (Mann)	unbekannt	vermutlich ertrunken; Leiche wurde am Strand von Sbiaat in El Messaid, Ain Témouchent (DZ) gefunden	RaduiAlg/Quoti/Réf/IOM
14.02.18	1	N.N. (Mann)	unbekannt	vermutlich ertrunken; Leiche wurde am Strand von Sassel nahe Ouled Boudjemaa, Ain Témouchent (DZ) gefunden	RaduiAlg/Quoti/Réf/IOM
14.02.18	19	N.N. (4 Kinder; 1 Frau; 14 Männer)	Somalia, Eritrea	starben bei einem Verkehrsunfall 60 km südöstlich von Bani Walid (LY); 159 Überlebende	DTM/NationalAE/Reu./MENAFN/IOM Libyen
14.02.18	1	N.N. (Junge, 17)	Pakistan	ertrunken in der Seine, Paris (FR); in staatlicher Obhut, aber nicht genügend betreut; psych. Probleme	Le Monde
13.02.18	1	N.N. (Mann)	unbekannt	ertrunken; Leiche wurde am Strand von Sidi Mejdoub, westlich von Mostaganem (DZ) gefunden	Alg24/IOM Algerien
13.02.18	1	Ayse Abdulrezzak (Frau, 37)	Türkei	Lehrerin, die vor Razzien in der Türkei floh; ertrank, nachdem Boot im Fluss Evros auf der türkisch-griechischen Grenze sank	Reu./TDEMD/IOM Türkei/TurkeyPurge/TRMinute
13.02.18	1	Ibrahim Selim (Junge, 3)	Türkei	vermisst, nachdem Boot im Fluss Evros auf der türkisch-griechischen Grenze sank; floh vor den Razzien in der Türkei nach dem Putschversuch	Reu./TDEMD/IOM Türkei/TurkeyPurge/TRMinute
13.02.18	1	Asli Doğan (Frau, 27)	Türkei	vermisst, nachdem Boot im Fluss Evros auf der türkisch-griechischen Grenze sank; floh vor den Razzien in der Türkei nach dem Putschversuch	Reu./TDEMD/IOM Türkei/TurkeyPurge/TRMinute

Tot aufgefunden	Zahl	Name	Herkunftsland	Todesursache	Quelle
13.02.18	1	Fahrettin Dogan (Mann, 39)	Türkei	vermisst, nachdem Boot im Fluss Evros auf der türkisch-griechischen Grenze sank; floh vor den Razzien in der Türkei nach dem Putschversuch	Reu./ TDEMD/ IOM Türkei/ TurkeyPurge/TRMinute
13.02.18	1	Ugur Abdulrezzak (Mann, 39)	Türkei	vermisst, nachdem Boot im Fluss Evros auf der türkisch-griechischen Grenze sank; floh vor den Razzien in der Türkei nach dem Putschversuch	Reu./ TDEMD/ IOM Türkei/ TurkeyPurge/TRMinute
13.02.18	1	Halil Munir Abdulrezzak (Junge, 3)	Türkei	ertrunken, als Boot im Fluss Evros an der türkisch-griechischen Grenze sank; Sohn von Lehrerin, die vor den Razzien aus der Türkei floh	Reu./ TDEMD/ IOM Türkei/ TurkeyPurge/TRMinute
13.02.18	1	Enes Abdulrezzak (Junge, 11)	Türkei	ertrunken, als Boot im Fluss Evros an der türkisch-griechischen Grenze sank; Sohn von Lehrerin, die vor den Razzien aus der Türkei floh	Reu./ TDEMD/ IOM Türkei/ TurkeyPurge/TRMinute
12.02.18	1	N.N. (Mann)	unbekannt	ertrunken; Leiche wurde in der Nähe des Hafens von Cabopinon in Málaga (ES) gefunden	Hoy/LV/ Onda/IOM
12.02.18	1	N.N. (Mädchen)	unbekannt	vermutlich ertrunken an unbekannter Stelle in der Straße von Gibraltar zwischen Marokko und Spanien	Caminando/ IOM
11.02.18	5	N.N.	unbekannt	ertrunken; Leichen wurden 22 Meilen vor dem Kap der drei Gabeln in Nador (MA) gefunden; 29 Überlebende	Caminando/ Epresse/ IOM
11.02.18	1	N.N.	unbekannt	ertrunken; Leiche wurde vor dem Strand von Bahara, Ouled Boughalem, 90 km östlich von Mostaganem (DZ) gefunden	EIW/Algérie-Presse/IOM
10.02.18	1	N.N. (Mann)	unbekannt	ertrunken; Leiche wurde am Strand von Zeralda, nahe Algiers (DZ) gefunden	Alg24/IOM Algerien
09.02.18	3	N.N. (3 Männer)	unbekannt	starben an Unterkühlung 27 Meilen vor der Insel Alborán zwischen Marokko und Spanien; 32 Überlebende	SalvaM / Caminando/ IOM
09.02.18	7	N.N.	unbekannt	vermutlich ertrunken; Leichen wurden in Zuwara (LY) geborgen	IOM Libyen
08.02.18	1	N.N. (Mann, 30)	Sudan	an Grippe und mangelnder Gesundheitsversorgung vor einem Aufnahmezentrum für Migrant*innen in Paris (FR) gestorben	Le Monde

Tot aufgefunden	Zahl	Name	Herkunftsland	Todesursache	Quelle
08.02.18	1	N.N.	unbekannt	ertrunken; Leiche wurde vor dem Strand von Kaf Lasfer, zwischen Sidi Lakhdar und Hadjadj, 36 km östlich von Mostaganem (DZ) gefunden	EIW/Réf/IOM
04.02.18	1	Alpha Oumar Diallo (Mann, 19)	unbekannt	ertrunken, als ein kleines Holzboot vor der Küste der spanischen Enklave Melilla (ES) sank; 1 Überlebende*r	PRI/Privat-eSource/BBC/El Diario/Caminando/IOIM
04.02.18	1	Mamadou Dian Diallo (Mann, 21)	unbekannt	ertrunken, als ein kleines Holzboot vor der Küste der spanischen Enklave Melilla (ES) sank; 1 Überlebende*r	PRI/Privat-eSource/BBC/El Diario/Caminando/IOIM
04.02.18	1	Amadou Bailo Diallo (Mann, 19)	unbekannt	ertrunken, als ein kleines Holzboot vor der Küste der spanischen Enklave Melilla (ES) sank; 1 Überlebende*r	PRI/Privat-eSource/BBC/El Diario/Caminando/IOIM
04.02.18	1	Thierno Bah (Mann, 21)	unbekannt	ertrunken, als ein kleines Holzboot vor der Küste der spanischen Enklave Melilla (ES) sank; 1 Überlebende*r	PRI/Privat-eSource/BBC/El Diario/Caminando/IOIM
04.02.18	1	Mamadou Aliou Bah (Mann, 28)	unbekannt	ertrunken, als ein kleines Holzboot vor der Küste der spanischen Enklave Melilla (ES) sank; 1 Überlebende*r	PRI/Privat-eSource/BBC/El Diario/Caminando/IOIM
04.02.18	1	Aladji Abdoulaye Diallo (Mann, 27)	unbekannt	ertrunken, als ein kleines Holzboot vor der Küste der spanischen Enklave Melilla (ES) sank; 1 Überlebende*r	PRI/Privat-eSource/BBC/El Diario/Caminando/IOIM
04.02.18	1	Amadou Bah (Mann, 22)	unbekannt	ertrunken, als ein kleines Holzboot vor der Küste der spanischen Enklave Melilla (ES) sank; 1 Überlebende*r	PRI/Privat-eSource/BBC/El Diario/Caminando/IOIM
04.02.18	1	Kaissa Camara (Frau, 20)	unbekannt	ertrunken, als ein kleines Holzboot vor der Küste der spanischen Enklave Melilla (ES) sank; 1 Überlebende*r	PRI/Privat-eSource/BBC/El Diario/Caminando/IOIM

Tot aufgefunden	Zahl	Name	Herkunftsland	Todesursache	Quelle
04.02.18	1	Safourata "Sofia" Sow (Frau, 28)	unbekannt	ertrunken, als ein kleines Holzboot vor der Küste der spanischen Enklave Melilla (ES) sank; 1 Überlebende*r	PRI/Privat-eSource/ BBC/El Diario/ Caminando/ IOIM
04.02.18	1	Djenabou Bah (Frau, 19)	unbekannt	ertrunken, als ein kleines Holzboot vor der Küste der spanischen Enklave Melilla (ES) sank; 1 Überlebende*r	PRI/Privat-eSource/ BBC/El Diario/ Caminando/ IOIM
04.02.18	1	Binta "Bobo" Baldé (Frau, 21)	unbekannt	ertrunken, als ein kleines Holzboot vor der Küste der spanischen Enklave Melilla (ES) sank; 1 Überlebende*r	PRI/Privat-eSource/ BBC/El Diario/ Caminando/ IOIM
04.02.18	1	Aminatou Diallo (Frau, 25)	unbekannt	ertrunken, als ein kleines Holzboot vor der Küste der spanischen Enklave Melilla (ES) sank; 1 Überlebende*r	PRI/Privat-eSource/ BBC/El Diario/ Caminando/ IOIM
04.02.18	1	Marlyatou "Marly" Diallo (Frau, 26)	unbekannt	ertrunken, als ein kleines Holzboot vor der Küste der spanischen Enklave Melilla (ES) sank; 1 Überlebende*r	PRI/Privat-eSource/ BBC/El Diario/ Caminando/ IOIM
04.02.18	1	Youssouf Diallo (Frau, 18)	unbekannt	ertrunken, als ein kleines Holzboot vor der Küste der spanischen Enklave Melilla (ES) sank; 1 Überlebende*r	PRI/Privat-eSource/ BBC/El Diario/ Caminando/ IOIM
04.02.18	1	Oumou "Belle" Bah (Frau, 16)	unbekannt	ertrunken, als ein kleines Holzboot vor der Küste der spanischen Enklave Melilla (ES) sank; 1 Überlebende*r	PRI/Privat-eSource/ BBC/El Diario/ Caminando/ IOIM
04.02.18	1	Tidjane Bah (Mann, 19)	unbekannt	ertrunken, als ein kleines Holzboot vor der Küste der spanischen Enklave Melilla (ES) sank; 1 Überlebende*r	PRI/Privat-eSource/ BBC/El Diario/ Caminando/ IOIM
04.02.18	1	Junior (Mann, 29)	unbekannt	ertrunken, als ein kleines Holzboot vor der Küste der spanischen Enklave Melilla (ES) sank; 1 Überlebende*r	PRI/Privat-eSource/ BBC/El Diario/ Caminando/ IOIM

Tot aufgefunden	Zahl	Name	Herkunftsland	Todesursache	Quelle
04.02.18	1	Ali Keita (Mann, 27)	unbekannt	ertrunken, als ein kleines Holzboot vor der Küste der spanischen Enklave Melilla (ES) sank; 1 Überlebende*r	PRI/Privat-eSource/ BBC/El Diario/ Caminando/ IOIM
04.02.18	1	Mamadou Saliou Bah (Mann, 23)	unbekannt	ertrunken, als ein kleines Holzboot vor der Küste der spanischen Enklave Melilla (ES) sank; 1 Überlebende*r	PRI/Privat-eSource/ BBC/El Diario/ Caminando/ IOIM
04.02.18	1	Jalloh "JJ" Thierno Bah (Mann, 26)	unbekannt	ertrunken, als ein kleines Holzboot vor der Küste der spanischen Enklave Melilla (ES) sank; 1 Überlebende*r	PRI/Privat-eSource/ BBC/El Diario/ Caminando/ IOIM
04.02.18	1	Mamadou Saliou Bah (Mann, 19)	unbekannt	ertrunken, als ein kleines Holzboot vor der Küste der spanischen Enklave Melilla (ES) sank; 1 Überlebende*r	PRI/Privat-eSource/ BBC/El Diario/ Caminando/ IOIM
04.02.18	1	Oury Diallo (Mann, 18)	unbekannt	ertrunken, als ein kleines Holzboot vor der Küste der spanischen Enklave Melilla (ES) sank; 1 Überlebende*r	PRI/Privat-eSource/ BBC/El Diario/ Caminando/ IOIM
04.02.18	1	Mamadou Aliou Diallo (Mann, 34)	unbekannt	ertrunken, als ein kleines Holzboot vor der Küste der spanischen Enklave Melilla (ES) sank; 1 Überlebende*r	PRI/Privat-eSource/ BBC/El Diario/ Caminando/ IOIM
04.02.18	1	Amoudou Taibou Diallo (Mann, 16)	unbekannt	ertrunken, als ein kleines Holzboot vor der Küste der spanischen Enklave Melilla (ES) sank; 1 Überlebende*r	PRI/Privat-eSource/ BBC/El Diario/ Caminando/ IOIM
04.02.18	1	Mamadou Billo Diallo (Mann, 25)	unbekannt	ertrunken, als ein kleines Holzboot vor der Küste der spanischen Enklave Melilla (ES) sank; 1 Überlebende*r	PRI/Privat-eSource/ BBC/El Diario/ Caminando/ IOIM
04.02.18	1	Bambino Bah (Junge, 14)	unbekannt	ertrunken, als ein kleines Holzboot vor der Küste der spanischen Enklave Melilla (ES) sank; 1 Überlebende*r	PRI/Privat-eSource/ BBC/El Diario/ Caminando IOIM

Tot aufgefunden	Zahl	Name	Herkunftsland	Todesursache	Quelle
04.02.18	1	Ben Ali Bah (Mann, 24)	unbekannt	ertrunken, als ein kleines Holzboot vor der Küste der spanischen Enklave Melilla (ES) sank; 1 Überlebende*r	PRI/PrivateSource/BBC/El Diario/Caminando/IOIM
04.02.18	1	Bouboucar Bah (Mann, 32)	unbekannt	ertrunken, als ein kleines Holzboot vor der Küste der spanischen Enklave Melilla (ES) sank; 1 Überlebende*r	PRI/PrivateSource/BBC/El Diario/Caminando/IOIM
04.02.18	1	Amoudoubailo Diallo (Mann, 20)	unbekannt	ertrunken, als ein kleines Holzboot vor der Küste der spanischen Enklave Melilla (ES) sank; 1 Überlebende*r	PRI/PrivateSource/BBC/El Diario/Caminando/IOIM
04.02.18	1	Alhassane Barry (Mann, 21)	Guinea	ertrunken, als ein kleines Holzboot vor der Küste der spanischen Enklave Melilla (ES) sank; 1 Überlebende*r	PRI/PrivateSource/BBC/El Diario/Caminando/IOIM
04.02.18	1	Alpha Moron Diallo (Mann, 28)	unbekannt	ertrunken, als ein kleines Holzboot vor der Küste der spanischen Enklave Melilla (ES) sank; 1 Überlebende*r	PRI/PrivateSource/BBC/El Diario/Caminando/IOIM
04.02.18	1	Hassane Traoré (Mann, Zwilling, 28)	Elfenbeinküste	ertrunken, als ein kleines Holzboot vor der Küste der spanischen Enklave Melilla (ES) sank; 1 Überlebende*r	PRI/PrivateSource/BBC/El Diario/Caminando/IOIM
04.02.18	1	Houseine Traoré (Mann, Zwilling, 28)	Elfenbeinküste	ertrunken, als ein kleines Holzboot vor der Küste der spanischen Enklave Melilla (ES) sank; 1 Überlebende*r	PRI/PrivateSource/BBC/El Diario/Caminando/IOIM
04.02.18	1	Abdul Karim Barry (Mann, 17)	Guinea	ertrunken, als ein kleines Holzboot vor der Küste der spanischen Enklave Melilla (ES) sank; 1 Überlebende*r	PRI/PrivateSource/BBC/El Diario/Caminando/IOIM
04.02.18	1	Mohammed Diallo (Mann, 21)	unbekannt	ertrunken, als ein kleines Holzboot vor der Küste der spanischen Enklave Melilla (ES) sank; 1 Überlebende*r	PRI/PrivateSource/BBC/El Diario/Caminando/IOIM

Tot aufgefunden	Zahl	Name	Herkunftsland	Todesursache	Quelle
04.02.18	1	Tahirou Barry (Mann, 22)	Guinea	ertrunken, als ein kleines Holzboot vor der Küste der spanischen Enklave Melilla (ES) sank; 1 Überlebende*r	PRI/PrivateSource/BBC/El Diario/Caminando/IOIM
04.02.18	1	Tidiane Jalloh "TJ" Bah (Mann, 17)	unbekannt	ertrunken, als ein kleines Holzboot vor der Küste der spanischen Enklave Melilla (ES) sank; 1 Überlebende*r	PRI/PrivateSource/BBC/El Diario/Caminando/IOIM
04.02.18	1	Mamadou Laly Barry (Mann, 30)	unbekannt	ertrunken, als ein kleines Holzboot vor der Küste der spanischen Enklave Melilla (ES) sank; 1 Überlebende*r	PRI/PrivateSource/BBC/El Diario/Caminando/IOIM
04.02.18	9	N.N. (1 schwangere Frau)	Guinea, Mali, Senegal, Elfenbeinküste	ertrunken, als ein kleines Holzboot vor der Küste der spanischen Enklave Melilla (ES) sank; 1 Überlebende*r	PRI/PrivateSource/BBC/El Diario/Caminando/IOIM
01.02.18	100	N.N. (1 Kind, 5; 1 Frau)	Pakistan, Libyen, unbekannt	14 ertranken, nachdem ihr Boot nach Italien in der Nähe von Zuwara (LY) kenterte; 86 Vermisste, 3 Überlebende	Telegraph/CNN/GuardianUn./NYTimes/Reu./IOM
29.01.18	1	Adero (Mann, 40)	Äthiopien	von Auto erfasst, als er über eine Autobahn rannte, um eine Polizeikontrolle in der Nähe von Jabbeke (BE) zu umgehen	France3/7sur7be/SudInfo/IOM/AFP/CMS
28.01.18	40	N.N. (3 Frauen)	unbekannt	3 starben, als ihr Schiff von Zuwara (LY) nach Italien sank; 37 Vermisste, 106 Überlebende	SOSMed/IOM Italien
27.01.18	1	Becky Moses (Frau, 26)	Nigeria	starb während eines Brandes in einem Migrantenlager in Rosarno (IT); ihr war Asyl verwehrt worden	LocalIT
22.01.18	3	N.N. (3 Kinder)	unbekannt	2 ertranken, als ihr Boot auf den Weg von den Komoren nach Mayotte (FR) kenterte; 1 Vermisster, 11 Überlebende	IOM
19.01.18	1	H. (Mann, 23)	Afghanistan	Suizid; sprang vor einen Zug in Maintal-Dörnigheim (DE) aus Angst vor einer Abschiebung	FR
18.01.18	1	N.N. (Baby, 3 Monate)	unbekannt	starb an Mangelernährung und Fieber auf einem NGO-Schiff, das sie zwischen Libyen und Italien gerettet hatte	IOM/Reu.
16.01.18	2	N.N. (1 Frau; 1 Mann)	Algerien	ertranken während eines Schiffbruchs nördlich von Cap Falcon (DZ); 17 Überlebende	IOM

Tot aufgefunden	Zahl	Name	Herkunftsland	Todesursache	Quelle
16.01.18	2	N.N. (1 Baby; 1 junger Mann)	unbekannt	tot aufgefunden in einem überfüllten Holzboot während einer Rettungsaktion vor der Küste Libyens	IOM
15.01.18	7	N.N.	Nordafrika	5 Leichen wurden auf einem Boot vor Costa Teguise, Lanzarote (ES) gefunden; 2 starben nach ihrer Rettung; 20 Überlebende	VanguardNGR/ IOM/BBC
14.01.18	1	N.N. (Mann, 28)	Gambia	blinder Passagier, durch Stromschlag auf dem Dach eines Zuges von Ventimiglia (IT) nach Menton (FR) gestorben	Parisien/ MidiLibre/ TV5/IOM
13.01.18	1	N.N.	unbekannt	tot am Strand von Zemmouri El Bahri (DZ) aufgefunden	IOM
13.01.18	1	N.N. (Mann, 30)	Marokko	von Zug erfasst in der Nähe von Bolzano, Südtirol (IT), nahe der italienisch-österreichischen Grenze	ANSA/Secolo/Trentino/ IOM
12.01.18	1	N.N. (Mann, 23)	Algerien	von Fischern in der Nähe von Mostaganem (DZ) tot aufgefunden; vermisst, nachdem er versuchte hatte nach Spanien überzusetzen	IOM
11.01.18	1	N.N. (Mann, 26)	Afghanistan	von Fahrzeug erfasst auf der A14 in der Nähe von Castel San Pietro (CH)	GazettaS/ BolognaT/ IOM
10.01.18	100	N.N.	Libyen	vermisst, nachdem ihr Boot vor der Küste Libyens sank; 17 Überlebende	Eagle/NAN/ DailyStar/ SunNewsOnline/ IOMLib./ Reu.
09.01.18	1	S. (junger Mann)	Eritrea	blinder Passagier, von Fahrzeug erfasst auf der A16 nahe Marck, zwischen Calais und Dunkirk (FR)	CMS/GuardianUn./VoixDuNord/ Parisien/ Francetv
09.01.18	11	N.N.	unbekannt	3 ertranken, nachdem ihr Boot auf dem Weg von Marokko nach Spanien sank; 8 Vermisste, 43 Überlebende	Caminando
07.01.18	12	N.N. (2 Frauen)	Afrika	2 tot auf gerettetem Boot vor der Küste Libyens aufgefunden; 10 Vermisste, 270 Überlebende	IOM Libyen/ Ansamed/ USNews
06.01.18	64	N.N. (5 Kinder; 8 Frauen)	Nigeria, Guinea, Sierra Leone, Mali	8 ertranken, nachdem ihr überfülltes Schlauchboot nördlich von Garabulli (LY) sank; 56 vermisste, 86 Überlebende	GuardianUn./SOS-Med/DW/ BBC/IOM Italien/MSF
05.01.18	4	N.N.	unbekannt	tot auf sinkendem Boot in der Nähe des Frachthafens von Tangiers (MA) aufgefunden; 4 Überlebende	IOM
05.01.18	1	N.N.	Tunesien	Suizid in Flüchtlingslager von Lampedusa (IT)	CLUE
04.01.18	1	N.N.	unbekannt	tot vor der Küste von Sanlucar de Barrameda, in der Nähe von Cádiz (ES) aufgefunden	IOM

Tot aufgefunden	Zahl	Name	Herkunftsland	Todesursache	Quelle
02.01.18	1	N.N. (Frau)	Somalia	erfroren aufgefunden; vermisst von Weggefährten in der Nähe von Ravadinovo (BG)	Novinite
02.01.18	1	N.N.	unbekannt	vermutlich ertrunken im Fluß Kolpa in Crnomelj (SI); 1 Überlebende/r	z24.si/IOM Slowenien
01.01.18	1	Taher I. (Mann, 22)	Afghanistan	Suizid; sprang aus einem Fenster in der Flüchtlingsunterkunft in Abensbergen (DE) aus Angst vor der Deportation	SDZ/Thruttig
01.01.18	1	N.N. (Frau)	unbekannt	starb an Erkrankung; arbeitete in Großbritannien ohne Papiere, hatte zu viel Angst vor einer Abschiebung, um den Arzt zu besuchen	TheHuff
01.01.18	1	N.N.	unbekannt	tot an der Landgrenze zwischen der Türkei und Griechenland aufgefunden; starb vermutlich beim Versuch, den Fluss Evros zu überqueren	IOM
im Jahr 2018	2	N.N. (junge Männer)	Sudan	starb in den Händen von Schmuggler*innen in Tripolis (LY), wie von ihrem Bruder/Freund berichtet	Statewatch
im Jahr 2018	6	N.N. (1 Frau)	Eritrea/Somalia	im Lager Triq al Sikka (LY) an Hunger und mangelnder medizinischer Behandlung gestorben	NationalAE
31.12.17	64	N.N. (8 Frauen)	Libyen	vermisst, vermutlich tot; verschwanden von leckgeschlagenem Schmuggler-Schlauchboot mit 150 Menschen an Bord; 8 Leichen gefunden, 86 Überlebende	USNews/AP/FoxNews
29.12.17	1	Mohamed Bouderbal (Mann, 36)	Algerien	Suizid im Gefängnis von Archidona (ES), das als vorübergehende Unterbringung für Migrant*innen genutzt wurde	EWN/Olive/ArabNews
29.12.17	1	N.N. (Mann, 31)	Eritrea	blinder Passagier; zu Tode gequetscht von der Ladung des Lkw, in dem er sich nach einem Unfall in der Nähe von Calais (FR) versteckte	LocalFR/GuardianUn.
29.12.17	1	Jabar	Afghanistan	blinder Passagier; hinten im LKW erdrückt in der Nähe des Hafens von Calais (FR) beim Versuch, zu seiner Familie in Großbritannien zu kommen	CMS/The Local/IOM
28.12.17	1	N.N. (Mann, 20–25)	Afrika	starb beim Versuch, durch den Fluss Evros zwischen der Türkei und Griechenland zu schwimmen	GreekReporter/NewArab/IOM
27.12.17	1	N.N. (Mann, 20)	Afrika	fiel aus einer Hütte, in der er über der A8 zwischen Ventimiglia (IT) und Nizza (FR) geschlafen hatte	LocalFR/RivRadio/FranceBleu
25.12.17	1	N.N. (Mädchen)	unbekannt	tot auf einem Boot aufgefunden, das zwischen der türkischen Küste und Lesbos (GR) gerettet wurde; 76 Überlebende	Watch TheMed

Tot aufgefunden	Zahl	Name	Herkunftsland	Todesursache	Quelle
22.12.17	1	Abdullah Dilsouz (15)	Afghanistan	von Kühllastwagen überfahren, als er entlang einer Autobahn in der Nähe von Calais (FR) auf dem Weg nach Großbritannien war	GuardianUn./CMS
21.12.17	1	N.N. (Junge, 15)	Afghanistan	von LKW auf einer Umgehungsstraße zum Hafen von Calais (FR) erfasst	VoixDuNord/L'Express
20.12.17	7	N.N. (2 Kinder)	unbekannt	erschossen von türkischen Grenzpolizisten nahe Diriyah (SY) beim Versuch, die syrisch-türkische Grenze zu überqueren	HRW/IOM
20.12.17	1	M.G. (Mann, 18)	Pakistan	starb an Unterkühlung, nachdem ihn Grenzpolizisten durch einen kalten Fluß von Griechenland zurück in die Türkei schickten	DailySabah/Haberler/IOM/Milliyet
16.12.17	1	N.N.	unbekannt	fiel ins Wasser, als er versuchte eine Klippe hochzuklettern, nachdem das Boot im Hafen von Tangier (MA) strandete	Watch TheMed
13.12.17	1	N.N.	unbekannt	tot in einem Boot nahe der Insel Alborán zwischen Spanien und Marokko aufgefunden; 68 Überlebende gerettet	IOM
13.12.17	3	N.N.	unbekannt	vermisst im Alborán-Meer zwischen Spanien und Marokko; 32 Überlebende	Watch TheMed/IOM
08.12.17	8	N.N. (3 Männer)	unbekannt	3 ertrunken; ihre Leichen wurden vor dem Strand von Messida in El Kala (DZ) gefunden; 5 Vermisste, 4 Überlebende	QUOTI/IOM
04.12.17	1	N.N.	unbekannt	tot vor der Küste von Nerja (ES) gefunden; hatten vermutlich versucht von Marokko aus überzusetzen	IOM
04.12.17	3	N.N. (1 Frau; 2 Männer)	unbekannt	ertranken, als ihr Boot in Gewässern kurz vor Larache (MA) kenterte; 40 Überlebende	LV/AsiaPacific/IOM/Africa News
03.12.17	10	N.N. (6 Kinder)	unbekannt	starben bei Autounfall im Altinozu Bezirk von Hatay (TR); 8 Überlebende	DailySabah/AsiaPacific/IOM/NewArab
30.11.17	28	N.N. (1 Junge; 4 Frauen; 23 Männer)	Subsahara-Afrika	vermisst, nachdem ihr Boot in der Straße von Gibraltar zwischen Asilah (MA) und Spanien kenterte; 6 Überlebende	Caminando/ElPaís/IOM
29.11.17	4	N.N.	Subsahara-Afrika	3 tot aufgefunden während einer Rettungsaktion 5 Meilen südlich von Tarifa (ES); 1 Vermisster, 2 Überlebende	SalvaM/EFE/IOM/El Diario
28.11.17	4	N.N.	unbekannt	starben, nachdem Schmuggler ihr Auto über eine Klippe nahe Kavala (GR) fuhren; 4 Überlebende	AP/PakToday/IOM
28.11.17	1	N.N. (Mann)	Subsahara-Afrika	tot vor der Küste von Kap Trafalgar bei Barbate (ES) gefunden	IOM

Tot aufgefunden	Zahl	Name	Herkunftsland	Todesursache	Quelle
27.11.17	1	N.N.	unbekannt	blinder Passagier; starb in einem Container auf einer Fähre, die vom Hafen der spanischen Enklave Melilla (ES) zum spanischen Festland fuhr	IOM
26.11.17	1	N.N. (junge Frau)	unbekannt	tot in einem treibenden Boot im Mittelmeer aufgefunden; NGO musste Stunden warten, bis sie eine Rettungserlaubnis von Italien erhielt	SOSMed
25.11.17	1	N.N. (Junge, 10)	Afghanistan	zu Tode getrampelt auf einem Boot nach Lesbos (GR); Panik brach beim Anblick eines Frontex Patroullienbootes aus	Aljazeera/ RTBF/Gulf-Today/IOM/ Euronews/K
25.11.17	31	N.N. (3 Kinder; 18 Frauen)	unbekannt	ertranken, nachdem ihr Boot vor Garabulli (LY) kenterte; unbekannte Anzahl Vermisster, 60 Überlebende	Reu./BBC/ IOM/AFP/ LibCoastG
25.11.17	6	N.N.	unbekannt	Leichen wurden am Wochenende vom 25. zum 26. November an der Küste Marokkos geborgen	IOM/Caminando
25.11.17	1	N.N.	unbekannt	tot in der Nähe von Barbate (ES) aufgefunden; hatte vermutlich versucht das Mittelmeer von Marokko aus zu überqueren	IOM
25.11.17	1	N.N.	unbekannt	tot in der Nähe von Tarifa (ES) aufgefunden; hatte vermutlich versucht das Mittelmeer von Marokko aus zu überqueren	IOM
23.11.17	1	Lula (Frau, 28)	Eritrea	starb krankheitsbedingt in Libyen, bevor sie ein Boot nach Italien nehmen konnte; nach Vergewaltigung schwanger und hatte eine späte Abtreibung	IOM/MSF/ Proactiva// UNHCR
23.11.17	20	N.N.	unbekannt	ertranken während eines Schiffbruchs im Mittelmeer	IOM/MSF/ Proactiva/ UNHCR
22.11.17	1	N.N. (Mann, 34)	Algerien	starb im Krankenhaus, nachdem ihn die Polizei am Flughafen Kastrup (DK) zusammenschlug, weil er die Abschiebung ablehnte	TheHuff/ Vivre/ObsAlgerie
22.11.17	6	N.N. (1 Mann)	unbekannt	vermisst nach Schiffbruch auf dem Mittelmeer zwischen Libyen und Italien; 107 Überlebende	Proactiva
21.11.17	3	N.N.	Syrien	starben beim Versuch, die syrisch-türksiche Grenze zu überqueren	IOM
21.11.17	1	Madina Hussini (Mädchen, 6)	Afghanistan	wurde von einem Zug erfasst, nachdem kroatische Grenzpolizisten ihre Familie unter unsicheren Bedingungen nach Serbien zurückzwangen	USNews/ IOM/AP/ FoxNews
21.11.17	1	N.N. (Mann, 20–30)	unbekannt	wurde tot in einem verlassen Gebäude in einem Bergdorf in der Grenzregion Evros (GR) aufgefunden	Fox/IOM

Tot aufgefunden	Zahl	Name	Herkunftsland	Todesursache	Quelle
19.11.17	1	Arim Bakar (Mann, 27)	Irak	Suizid im Gefängnis Morton Hall (GB); er stand unter besonderer Beobachtung zum Schutz vor Selbstmord	IRR/No-Deportations
19.11.17	4	N.N. (1 Junge; 3 Männer)	unbekannt	3 ertranken; ihre Leichen wurden in der Nähe von Santa Catalina in Ceuta (ES) gefunden; 1 Vermisster	FaroCeuta/ Caminando/ IOM
17.11.17	1	N.N. (Junge, 17)	Syrien	gefoltert von türkischen Grenzpolizisten in der Nähe von Iskenderun (TR) beim Versuch, die syrisch-türksiche Grenze zu überqueren	SOHR/IOM
13.11.17	1	N.N. (Junge, 11)	Afghanistan	Selbstmord in Flüchtlingsunterkunft in Baden (AT); sein verwirrter 23-jähriger Bruder musste auf ihn und 5 Geschwister aufpassen	ORF/Heute/ DerStandard
11.11.17	4	Maden (3 Kinder; 1 Frau)	Türkei	2 wurden tot an einem Strand auf Lesbos (GR) gefunden; Familie des Lehrers, der vor der Verfolgung in der Türkei floh; 2 Vermisste	GulfToday/ RTBF/TurkeyPurge/ IOM/HelCoastG
11.11.17	1	Huseyin Maden (Mann, 40)	Türkei	wurde tot an einem Strand auf Lesbos (GR) gefunden; war ein Lehrer, der vor der Verfolgung in der Türkei floh	GulfToday/ RTBF/TurkeyPurge
10.11.17	2	N.N. (1 Frau; 1 Mann)	Syrien	erschossen von türkischen Grenzpolizisten in der Nähe von Iskenderun (TR) beim Versuch, die syrisch-türkische Grenze zu überqueren	SOHR/IOM
06.11.17	55	N.N. (2 Kinder)	unbekannt	5 ertranken im Mittelmeer, als während einer Rettungsmission Panik ausbrach; 50 Vermisste, 106 Überlebende	SeaWatch/ Breitbart/ IOM Italien/ Giornale/ eNCA/Indep.
04.11.17	1	N.N. (Frau)	unbekannt	starb an den Folgen schwerer Treibstoffbrände in einem Krankenhaus in Tangier (MA), nachdem sie von einem sinkenden Boot gerettet worden war	IOM
03.11.17	1	Marian Shaka (schwangere Frau, 20)	Nigeria	ertrank während eines Schiffbruchs vor der Küste Libyens mit 25 anderen jungen Frauen	CNN/ TheHuff/ NYtimes/ CTV/IOM/ Xinhua/ Guardian
03.11.17	1	Osato Osara (schwangere Frau, 20)	Nigeria	ertrank während eines Schiffbruchs vor der Küste Libyens mit 25 anderen jungen Frauen	CNN/ TheHuff/ NYtimes/ CTV/IOM/ Nigerian Voice

Tot aufgefunden	Zahl	Name	Herkunftsland	Todesursache	Quelle
03.11.17	14	N.N. (3 Frauen, 14–18)	Nigeria, Niger, unbekannt	3 ertranken während eines Schiffbruchs vor der Küste Libyens; 11 Vermisste, 125 Überlebende	CNN/NYtimes/CTV/IOM/Nigerian Voice
03.11.17	74	N.N. (21 Frauen, 14–18)	Nigeria, Niger, unbekannt	1 starb an Leberriss; 20 ertranken während des Schiffbruchs vor der Küste Libyens; 53 Vermisste, 64 Überlebende	Guardian/Trouw/VK/Xinhua/IOM/CNN/Newser
03.11.17	10	N.N. (1 Frau)	unbekannt	4 ertranken bei einem Schiffbruch nahe Kalolimnos (GR) und der Türkei; 6 Vermisste, 15 Überlebende	Watch TheMed/IOM Türkei/Reu.
01.11.17	13	N.N. (1 Kind, 3)	unbekannt	Leichen wurden im Mittelmeer gefunden	NYtimes
01.11.17	8	N.N.	unbekannt	wurden auf einem Schlauchboot mit 150 Menschen auf dem Weg von Libyen nach Italien tot aufgefunden	IOM
01.11.17	1	N.N. (Frau)	unbekannt	starb aufgrund mangelnder medizinischer Hilfe; wurde mit Überlebenden auf einem Boot vor der Küste Libyens entdeckt	IOM
01.11.17	6	N.N.	unbekannt	ertrunken, nachdem sie nachts von einem Boot vor der Küste Libyens fielen; 107 Überlebende	IOM
30.10.17	1	N.N. (Mann, ±30)	unbekannt	Leiche wurde an der Notspur der A23 von Palmanova nach Tarvisio, in der Nähe von Pagnacco (IT) gefunden	Ansa/IOM
29.10.17	5	N.N.	unbekannt	2 starben, nachdem ihr Boot vor der Küste von Tangiers (MA) kenterte; 3 Vermisste, 46 Überlebende	Caminando/ElDiario/IOM/Público
26.10.17	1	N.N. (Mann)	Nordafrika	blinder Passagier; fiel in der spanischen Enklave von Melilla (ES) vom LKW, als dieser auf eine Fähre nach Spanien fuhr	Público/IOM
25.10.17	1	N.N. (Mann)	Syrien	totgeschlagen von Grenzpolizisten in Ras al-Ayn (SY) nahe syrisch-türkischer Grenze; 3 Schwerverletzte	SOHR/IOM
22.10.17	8	N.N.	unbekannt	tot in der Nähe von Al Khums (LY) aufgefunden; ertranken vermutlich beim Versuch, das Mittelmehr zu überqueren	IOM Libyen
19.10.17	1	N.N.	unbekannt	tot in Al Maya (LY) gefunden; ertrank vermutlich beim Versuch, das Mittelmeer zu überqueren	IOM
16.10.17	1	N.N. (Mann, 26)	Algerien	blinder Passagier, von Stoßstange des Lasters, in dem er sich versteckte, nahe von La Jonquera (ES) an der Grenze zu Frankreich getroffen	DiariGirona/IOM
14.10.17	2	N.N. (2 junge Männer)	Syrien	erschossen von türkischen Grenzpolizisten in der Nähe von Dorriyeh (SY) beim Versuch, die syrisch-türkische Grenze zu überqueren	SOHR/IOM

Tot aufgefunden	Zahl	Name	Herkunftsland	Todesursache	Quelle
13.10.17	28	N.N.	unbekannt	Leichen wurden vor der Küste von Al Khums (LY) entdeckt	IOM Libyen
11.10.17	4	N.N.	unbekannt	vermutlich ertrunken; Leichen wurden von der Küste von Sfax (TN) geborgen	IOM Tunesien
10.10.17	1	N.N. (Mann, 29)	China	Suizid; erhängte sich in der Asyl-Transitzone vom Frankfurter Flughafen (DE)	FR
09.10.17	52	N.N. (8 Männer)	Tunesien	45 ertranken, als ihr Boot nach Italien mit einem tunesischen Marineschiff kollidierte; 7 Vermisste, 38 Überlebende	Reu./Telegraph/Ansamed/DRS/News 24/NationalCA
08.10.17	1	N.N. (Mann)	Afrika	blinder Passagier; starb, als er von einem Güterzug vor Gemünden am Main (DE) sprang; 2 Überlebende	SDZ/Main-Post/IOM
03.10.17	1	Carrington Spencer (Mann, 38)	Jamaica	starb aufgrund mangelnder medizinischer Versorgung nach einem Schlaganfall am 28. September im Gefängnis in Morton Hall (GB)	IRR/No-Deportations/Symagg
03.10.17	68	N.N.	unbekannt	vermutlich ertrunken; Leichen wurden vor der Küste von Tripoli (LY) entdeckt	IOM Libyen
01.10.17	3	N.N. (1 Kind; 2 Männer)	unbekannt	zu Tode gequetscht an unbekannter Stelle zwischen Sabratha (LY) und Italien	UNHCR Italien/IOM
01.10.17	**1**	**Bereket (Mann, 20)**	**Äthiopien**	**im Mittelmeer ertrunken**	
01.10.17	1	N.N. (Mann)	Kurdistan	starb bei dem Versuch, das Schwarze Meer von der Türkei nach Rumänien zu überqueren	Rudaw
01.10.17	5	N.N. (Jungen)	Senegal	ertrunken nach einem Monat auf dem Mittelmeer; die Jungen stammten aus einem Dorf in Pakour (SN)	VK
30.09.17	1	N.N.	unbekannt	starb auf einem Boot in Seenot nahe Tangiers (MA) beim Versuch, Spanien zu erreichen; 6 Überlebende	Watch TheMed
30.09.17	6	N.N. (2 Kinder; 4 Männer)	unbekannt	erschossen von türkischen Grenzpolizisten nahe Diriyah (ST) beim Versuch, die syrisch-türkische Grenze zu überqueren	Human Rights Watch/IOM
28.09.17	1	N.N. (Mädchen, 9)	unbekannt	starb beim Versuch, von der Türkei nach Kastellorizo (GR) überzusetzen; 6 Überlebende	IOM
28.09.17	1	N.N. (Mädchen, 9)	unbekannt	starb im Krankenhaus, nachdem das Boot vor der Küste von Kastellorizo (GR) kenterte; 6 Überlebende	IOM Griechenland
27.09.17	1	N.N. (Mann, 17)	Libyen	blinder Passagier; hielt sich an der Achse eines LKW fest, fiel herunter und wurde auf der A28 in der Nähe von Abbeville (FR) überfahren	Le Figaro/IOM

Tot aufgefunden	Zahl	Name	Herkunftsland	Todesursache	Quelle
26.09.17	1	N.N. (Mann)	Iran	an Hyperglykämie an rumänisch-serbischer Grenze in der Nähe von Jimbolia (RO) gestorben, nachdem Grenzschützer die medizinische Hilfe verweigerten	Jurnalul/PressAlert/IOM
25.09.17	3	N.N.	Afghanistan	erschossen von PKK-Militanten, die das Feuer auf einen Minibus eröffneten, der von türkischen Sicherheitskräften in Dogubeyazit (TR) gestoppt wurde	Hurriyet/IOM
24.09.17	2	N.N. (2 Männer)	unbekannt	vergast durch Sicherheitskräfte beim Versuch, die spanische Enklave von Melilla (ES) über die Kanalisation unter dem Grenzzaun zu erreichen	Caminando/FaroMelilla/IOM
23.09.17	1	N.N. (Mann, 28)	Ukraine	verblutet, nachdem ihn ein anderer Bewohner der Flüchtlingsunterkunft in Eggenfelden (DE) aus Rache für seine Vergewaltigung kastrierte	Wochenblatt
22.09.17	1	Lawend Shamal (Junge, 3)	Irak	ertrank mit 37 anderen, als ihr Boot auf dem Weg von Kocaeli (TR) nach Rumänien im Schwarzen Meer sank	DailySabah/HurriyetDN/ABCNews/IOM/VK
22.09.17	37	N.N.	Irak	ertrunken, als das Boot auf dem Weg von Kocaeli (TR) nach Rumänien im Schwarzen Meer sank; 40 Überlebende	DailySabah/HurriyetDN/ABCNews/IOM/VK
20.09.17	1	N.N. (Junge)	unbekannt	erschossen von türkischen Grenzsoldaten in Al-Muhasan (SY) beim Versuch, die syrisch-türkische Grenze zu überqueren	SOHR/IOM
19.09.17	1	N.N. (Mann)	China	starb in der Haftanstalt Dungavel in Schottland (GB)	BBC/IRR/TFN/SDV/IndCat
15.09.17	97	N.N.	Afrika	9 starben, als ihrem Boot von Sabratha (LY) kommend der Treibstoff ausging und es sank; 88 Vermisste, 35 Überlebende	News24/VanguardNGR/USNews/IOM
15.09.17	3	N.N.	unbekannt	tot in einem Schlauchboot bei einer Rettungsaktion auf dem Meer nordwestlich von Tripoli (LY) aufgefunden	IOM
15.09.17	1	N.N. (Junge 12)	Syrien	erschossen von türkischen Grenzsoldaten an unbekanntem Ort beim Versuch, die syrisch-türkische Grenze zu überqueren	SOHR/IOM
15.09.17	3	N.N. (1 Kind, 3; 1 Frau; 1 Mann)	Kamerun, unbekannt	tot auf einem Schlauchboot während einer Rettungsaktion 44 Kilometer vor der Küste von Tripoli (LY) gefunden; 139 Überlebende	DefenceForcesIRL/IOM/RCItaly
13.09.17	7	N.N.	Algerien	1 ertrunken, nachdem das Boot von Algerien kommend vor der Küste von Almería (ES) kenterte; 6 Vermisste, 3 Überlebende	IOM/SalvaM

Tot aufgefunden	Zahl	Name	Herkunftsland	Todesursache	Quelle
12.09.17	2	N.N.	Syrien	erschossen von türkischen Grenzsoldaten in der Nähe von Iskenderun (TR) an der syrisch-türkischen Grenze, 10 Verletzte	SOHR/IOM
07.09.17	1	Marcin Gwozdzinski (Mann, 28)	Polen	Selbstmord; in der Haftanstalt von Harmondsworth (GB) gefunden und vier Tage später im Krankenhaus gestorben	GuardianUn./IRR
03.09.17	1	N.N. (Mädchen)	Syrien	erschossen von türkischen Grenzsoldaten in der Nähe von Atmeh (SY) beim Versuch, die syrisch-türkische Grenze zu überqueren	SOHR/IOM
02.09.17	1	N.N. (Junge)	Syrien	erschossen von türkischen Grenzsoldaten in der Nähe von Hatay (SY) beim Versuch, die syrisch-türkische Grenze zu überqueren	SOHR/IOM
31.08.17	7	N.N. (7 Frauen)	Kongo, Guinea	gestorben, als Behörden sie auf ihrem Weg zur spanischen Enklave von Melilla (ES) abfingen	MEOnline
31.08.17	1	N.N.	Syrien	erschossen von türkischen Grenzsoldaten beim Versuch, die syrisch-türkische Grenze zu überqueren	SOHR/IOM
31.08.17	7	N.N. (7 Frauen)	Kongo, Guinea	ertrunken; sprangen ins Wasser, um die Rettung an der Küste nahe der spanischen Enklave von Melilla (ES) zu erzwingen; 13 Überlebende	Caminando/IOM/Contexto
30.08.17	120	N.N. (25 Frauen; 95 Männer)	Nigeria, unbekannt	vermisst nach einem Schiffsunglück vor der Küste von Ben Gardane (TN) auf dem Weg von Zuwara (LY) nach Italien; 1 Überlebende/r	IOM Tunesien/AA
27.08.17	2	N.N. (2 Männer)	unbekannt	von Zug erfasst, als sie entlang der Schienen zwischen Alexandroupoli und Dikaia (GR) in der Grenzregion Evros gingen	AP/IOM Griechenland/Ekathimerini
27.08.17	5	N.N. (5 Männer)	unbekannt	vermutlich ertrunken; Leichen wurden in Al Khums (LY) geborgen	IOM Libyen
26.08.17	1	N.N. (Mann)	unbekannt	blinder Passagier; durch einen Stromschlag gestorben, aufgefunden auf einem von Italien kommenden Zug am Bahnhof Cannes-La Bocca (FR)	Parisien/IOM
24.08.17	1	N.N. (junger Mann)	Syrien	erschossen von türkischen Grenzsoldaten an unbekanntem Ort nahe der syrisch-türkischen Grenze; Ehefrau und Kind wurden verletzt	SOHR/IOM
22.08.17	1	N.N. (Junge)	Syrien	erschossen von türkischen Grenzsoldaten in der Nähe von Jisr al-Shughur (SY) beim Versuch, die syrisch-türkische Grenze zu überqueren	EASO/IOM
20.08.17	1	Nassur Said Mhadji "DJ Silva" (Mann)	Komoren	vermisst, nachdem das Boot auf dem Weg von Anjouan (KM) nach Mayotte (FR) sank	HabComores

Tot aufgefunden	Zahl	Name	Herkunftsland	Todesursache	Quelle
20.08.17	1	Mohamed "Govea" Assoumani (Mann)	Komoren	vermisst, nachdem das Boot auf dem Weg von Anjouan (KM) nach Mayotte (FR) sank	HabComores
20.08.17	9	N.N. (3 Kinder; 5 Frauen; 1 Mann)	Komoren	1 ertrunken, nachdem das Boot auf dem Weg von Anjouan (KM) nach Mayotte (FR) sank; 8 vermisst	HabComores
17.08.17	1	N.N. (Mann)	Syrien	erschossen von türkischen Grenzsoldaten an einem unbekannten Ort beim Versuch, die syrisch-türkische Grenze zu überqueren	SOHR
16.08.17	1	N.N. (Mann, 36)	Irak	erfasst von einem Zug am Eingang des Peglia Tunnels in Ventimiglia (IT)	ANSA/IOM
15.08.17	2	N.N.	unbekannt	zwischen dem 15. und 18. August tot in Zawiyah (LY) aufgefunden	IOM
11.08.17	1	N.N. (Frau)	Syrien	erschossen von türkischen Grenzsoldaten in der Nähe von Darkush (SY) beim Versuch, die syrisch-türkische Grenze zu überqueren	SOHR/IOM
09.08.17	1	N.N. (junger Mann)	Syrien	erschossen von türkischen Grenzsoldaten an unbekanntem Ort beim Versuch, die syrisch-türkische Grenze zu überqueren	SOHR/IOM
08.08.17	1	N.N. (Mann)	Syrien	gefoltert von türkischen Grenzsoldaten nahe Al-Malikiyah (SY) beim Versuch, die syrisch-türkische Grenze zu überqueren	SOHR/IOM
07.08.17	2	N.N. (2 Männer)	Syrien	von türkischen Grenzsoldaten nahe von Darkush (SY) erschossen, als sie versuchten die syrisch-türkische Grenze zu überqueren	SOHR/IOM
06.08.17	8	N.N.	unbekannt	tot in einem Schlauchboot nahe Sabratha (LY) aufgefunden	IOM Libyen
03.08.17	1	Fisha (Mann, 22)	Eritrea	blinder Passagier, der von einem Fahrzeug auf der A16 nahe Calais (FR) sprang und von zahlreichen Fahrzeugen erfasst wurde	VoixDu-Nord/Ya.N/CMS
01.08.17	8	N.N. (3 Männer; 5 Frauen)	unbekannt	erstickt auf einem Schlauchboot vor der Küste Libyens; 500 Überlebende	IOM Italien/Citizen
01.08.17	**1**	**Tsegeweyni (Mann, 21)**	**Eritrea**	**in Libyen im Lager Bin Walid verhungert**	
Aug 17	**1**	**Tekle (Mann, 18)**	**Eritrea**	**in Libyen im Lager Bin Walid an Hunger und Krankheit gestorben**	
01.08.17	1	N.N.	unbekannt	Anfang August tot in der Straße von Gibraltar, südlich von Tarifa (ES) aufgefunden	IOM
31.07.17	1	N.N. (Mann)	unbekannt	ertrunken in der Straße von Gibraltar, südlich von Isla de las Palomas, Tarifa (ES)	DiarioCadiz
28.07.17	4	N.N.	unbekannt	von türkischen Grenzsoldaten nahe Darkush (SY) erschossen, als sie versuchten die syrisch-türkische Grenze zu überqueren	SOHR/IOM

Tot aufgefunden	Zahl	Name	Herkunftsland	Todesursache	Quelle
27.07.17	2	N.N. (Männer)	unbekannt	von türkischen Grenzsoldaten nahe Harem (TR) erschossen, als sie versuchten die syrisch-türkische Grenze zu überqueren	SOHR/IOM
27.07.17	8	N.N. (5 Kinder; 2 Frauen)	unbekannt	7 ertranken, als das Boot vor der Küste von Cesme (TR) kenterte; 1 vermisst, 9 gerettet	IOM Türkei/ AA
25.07.17	16	N.N. (8 Frauen; 2 schwangere Frauen)	unbekannt	13 tot auf einem Schlauchboot vor der Küste Libyens gefunden; 3 vermisst, 181 gerettet	Reu./The-Huff/PBS/ Proactiva/ UNHCR/El Diario
25.07.17	2	N.N.	unbekannt	Leichen wurden in der Nähe von Tripoli (LY) geborgen	IOM Libyen
22.07.17	1	Omar (Junge, 17)	Sudan	blinder Passagier; vom Bus überfahren, den er vom Gare du Nord in Brüssel (BE) nach Calais (FR) nehmen wollte	BrusselsTimes/CMS
16.07.17	1	N.N. (Mann)	unbekannt	ertrunken; Leiche wurde in der Nähe von Mojácar, Almería (ES) geborgen	20ME/IOM
15.07.17	1	N.N. (Mann)	unbekannt	tot aufgefunden am Strand von Calahonda in Mijas, Málaga (ES)	SUR/IOM
15.07.17	6	N.N.	unbekannt	von türkischen Grenzsoldaten nahe Iskenderun (TR) erschossen, während sie versuchten die syrisch-türkische Grenze zu überqueren	SOHR/IOM
12.07.17	1	N.N. (Mann, 23)	Gambia	von einem Laster an der Strada Statale 1 nahe von Ventimiglia (IT) erfasst, nachdem er aus Frankreich ausgewiesen wurde	Stampa/ IOM
.2.07.17	3	N.N. (1 Kind)	unbekannt	in der Provinz Idlib (SY) von türkischen Grenzsoldaten erschossen, als sie versuchten die syrisch-türkische Grenze zu überqueren	SOHR/IOM
2.07.17	1	N.N. (Mann)	unbekannt	ertrunken; die Leiche wurde 33 Meilen süd-östlich von Málaga (ES) gefunden	SalvaM/IOM
1.07.17	3	N.N.	unbekannt	vor der Küste von Al Hoceima (MA) ertrunken; 48 Überlebende	Caminando/ Ell Diario/ IOM
0.07.17	1	N.N. (Mann)	unbekannt	tot aufgefunden in Al Maya (LY); vermutlich beim Versuch, das Mittelmeer zu überqueren, ertrunken	IOM
3.07.17	2	N.N.	unbekannt	erschossen von türkischen Grenzsoldaten in der Nähe von Ayn al-Bayda (SY), als sie versuchten die syrisch-türkische Grenze zu überqueren	SOHR/IOM
3.07.17	35	N.N.	unbekannt	vermisst, nachdem ihr Schlauchboot nordwestlich von Garabulli (LY) sank; 65 gerettet	Aljazeera

Tot aufgefunden	Zahl	Name	Herkunftsland	Todesursache	Quelle
06.07.17	49	N.N.	unbekannt	vermisst, nachdem ihr Boot auf dem Weg von Marokka nach Spanien im Alborán-Meer kenterte; 3 Überlebende	SalvaM/Epress/El Diario/IOM/VozAlm
03.07.17	4	N.N.	unbekannt	tot aufgefunden in Tajoura, östlich von Tripolis (LY); vermutlich ertrunken bei dem Versuch, das Mittelmeer zu überqueren	IOM Libyen
01.07.17	1	N.N.	unbekannt	in der Nähe von Ventimiglia (IT) an der italienisch-französischen Grenze tot aufgefunden	OpenMigration/IOM
01.07.17	9	N.N. (6 Frauen; 3 Männer)	unbekannt	ertrunken, als sie versuchten das Mittelmeer zwischen Libyen und Italien zu überqueren	CoastGuardS/IOM
01.07.17	4	N.N. (2 Männer)	Afrika	vor der Küste Tunesiens tot aufgefunden, mindestens 2 Monate vorher ertrunken; in Zarzis (TN) begraben	World-Crunch
30.06.17	1	N.N. (Mann)	unbekannt	an unbekannten Ursachen im Krankenhaus in Lampedusa (IT) gestorben, nachdem er vor der Küste Libyens gerettet wurde	Proactiva/IOM
30.06.17	60	N.N.	unbekannt	zwischen Libyen und Italien ertrunken; 80 Überlebende	IOM Italien
28.06.17	1	N.N.	unbekannt	während eines Schiffbruchs nahe Tajoura (LY) gestorben	BDNews24
28.06.17	29	N.N. (2 Frauen; 27 Männer)	unbekannt	ertrunken; Leichen wurden nahe Tajoura (Libyen) geborgen	IOM Libyen
28.06.17	2	N.N.	unbekannt	Leichen wurden in Zawiyah (LY) geborgen	IOM Libyen
27.06.17	7	N.N.	unbekannt	ertrunken; Leichen wurden in Tajoura, östlich von Tripoli (LY) geborgen	IOM Libyen
26.06.17	10	N.N.	unbekannt	erschossen von türkischen Grenzsoldaten in der Provinz Idlib (SY), während sie versuchten die syrisch-türkische Grenze zu überqueren	SOHR/IOM
26.06.17	2	N.N. (2 Männer)	Syrien	erschossen von türkischen Grenzsoldaten nahe Darkush (SY), während sie versuchten die syrisch-türkische Grenze zu überqueren	SOHR/IOM
21.06.17	5	N.N. (5 Männer)	unbekannt	Leichen nahe Tajoura (LY) geborgen	IOM Libyen
21.06.17	18	N.N.	unbekannt	Leichen wurden nahe Garabulli (LY) geborgen; 2 Überlebende	IOM Libyen
20.06.17	3	N.N.	unbekannt	ertrunken; Leichen wurden in fortgeschrittenem Verwesungszustand 20 Meilen nördlich von Zuwara (LY) entdeckt	JugendR/IOM/Proacitva
19.06.17	7	N.N.	unbekannt	ertrunken, als das Flüchtlingsboot zwischen Libyen und Italien sank	Independent
19.06.17	85	N.N. (inkl. Kinder)	Nord-Afrika, Syrien	ertrunken, als das Flüchtlingsboot zwischen Libyen und Italien zerbrach	Independent
18.06.17	9	N.N.	unbekannt	ertrunken; Leichen wurden in Tajoura, östlich von Tripolis (LY) gefunden	IOM Libyen

Tot aufgefunden	Zahl	Name	Herkunftsland	Todesursache	Quelle
18.06.17	7	N.N.	unbekannt	ertrunken; Leichen wurden nordwestlich von Zawiyah (LY) gefunden	IOM Libyen
17.06.17	5	N.N.	unbekannt	ertrunken vor der Küste von Sbratha (LY); 135 gerettet	UNHCR
17.06.17	110	N.N.	unbekannt	vermisst, nachdem ihr Boot vor der Küste von Zuwara (LY) sank; 25 gerettet	IOM Libyen
16.06.17	129	N.N.	Sudan, Nigeria	vermisst, nachdem syrischem Flüchtlingsboot der Motor gestohlen wurde und sank; 4 gerettet	Idependent/ DW/DerStandard/ IOM Italien/ FFM
16.06.17	5	N.N.	Subsahara-Afrika	Leichen wurden in fortgeschrittenem Verwesungszustand auf einem treibenden Boot 70 Meilen vor Cartagena (ES) gefunden	SalvaM
16.06.17	8	N.N.	unbekannt	Leichen wurden in Al Mutred, westlich von Zawiyah (LY) gefunden	IOM Libyen
15.06.17	4	N.N.	unbekannt	ertrunken; verweste Leichen wurden am Strand in Zawiyah (LY) gefunden	RCI Libyen / IOM Libyen
15.06.17	3	N.N.	unbekannt	ertrunken; Leichen wurden in Janzour, westlich von Tripolis (LY) gefunden	RCLibyen/ IOM Libyen
14.06.17	5	N.N. (1 Kind)	unbekannt	erschossen von türkischen Grenzpolizisten nahe Hassaniya Hattiya (SY) während des Versuchs, die syrisch-türkische Grenze zu überqueren	SOHR/IOM
12.06.17	2	N.N. (2 Männer)	unbekannt	ertrunken; Leichen wurden in einem fortgeschrittenen Verwesungszustand vor der Küste von Aguadú (ES) gefunden	APDHA/IOM
10.06.17	110	N.N. (6 Frauen; 10 Männer)	Afrika	10 ertranken während zahlreicher Vorkommnisse auf dem Weg von Lybien nach Italien; 100 vermisst, 1650 an dem Tag gerettet	Reu./RT/ NY Times/ Tagesschau/ IOM Italien/ UNHCR
09.06.17	1	N.N. (Junge, ±9)	unbekannt	Leiche wurde nahe Isleta del Moro, Almería (ES) im Meer treibend gefunden	EurPress/ IOM
08.06.17	1	N.N. (Mann, ±20)	Afrika	blinder Passagier; fiel nahe Großkarolinenfeld (DE) von einem Frachtzug auf dem Weg von Italien nach München	AZ/IOM
04.06.17	9	N.N.	Pakistan, Afghanistan	Verkehrsunfall mit Minibus, der von einem 16-Jährigen gefahren wurde nahe der türkisch-griechischen Grenze bei Pazardjik (BG); 7 Überlebende	DW/IOM
04.06.17	19	N.N. (2 Kinder; 9 Frauen; 8 Männer)	unbekannt	ertrunken; Leichen wurden bei Zarzis (TN) angespült	IOM Tunesien

Tot aufgefunden	Zahl	Name	Herkunftsland	Todesursache	Quelle
03.06.17	1	N.N. (Junge, 5)	Russland	ermordet von einem Mann aus derselben Flüchtlingsunterkunft; die Behörden wussten, dass der Mann gefährlich war	SDZ/RT
03.06.17	4	N.N. (1 Frau)	unbekannt	Leichen wurden in beschädigtem Schlauchboot in der Straße von Sizilien nahe Italien gefunden; 1 Baby verlor seine Mutter, 125 gerettet	SC/IOM
01.06.17	1	N.N.	unbekannt	tot aufgefunden mit Brandmalen, vermutlich von einem Stromschlag am Bahnhof Sorghum in Dialogi (GR)	IOM Griechenland
01.06.17	1	Alfatehe Ahmed Bachire (Mann, 17)	Sudan	ertrunken, als er seine Schuhe im Fluss Roia in Ventimiglia (IT) putzte, wo viele Geflüchtete kampieren	Guardian
31.05.17	1	Kim Le	Vietnam	Suizid in Krankenhaus in Angres (FR) nach Aufenthalt in nahe gelegenem Flüchtlingslager	CMS
31.05.17	13	N.N.	unbekannt	Leiche vor der tunesischen Küste gefunden	IOM Tunesien
29.05.17	20	N.N. (2 Frauen; 8 Männer)	unbekannt	10 ertrunken, 10 vermisst nach Schiffbruch zwischen Libyen und Italien	IOM Italien
29.05.17	30	N.N. (1 Kind)	unbekannt	2 Leichen gefunden, 28 vermisst; ertrunken oder in Panik niedergetrampelt, als das Boot vor Libyen sank	VOA/USNews
27.05.17	10	N.N.	unbekannt	ertrunken während einer 24-stündigen Rettungsaktion zwischen Libyen und Italien; 2.200 gerettet	DailySabah
24.05.17	82	N.N.	unbekannt	vermisst, nachdem ihr Schlauchboot zwischen Libyen und Italien beschädigt wurde und sie ins Wasser fielen	USNews
23.05.17	1	N.N. (Mann)	Senegal	blinder Passagier; durch Stromschlag gestorben, in Zug aus Italien im Bahnhof Cannes-La Boca (F) gefunden	GazzettaMezzo/IOM/MMP
23.05.17	1	N.N. (Mann)	unbekannt	erschossen von türkischen Grenzposten in der Provinz Idlib (TR) beim Versuch, die syrisch-türkische Grenze zu überqueren	SOHR/IOM
23.05.17	34	N.N. (7 Kinder; 13 Frauen)	unbekannt	ertrunken, als das Schiff mit 500 Personen vor Libyen plötzlich kenterte; 200 fielen über Bord	DailyStar/USNews/Xinhua
22.05.17	2	N.N.	Westafrika, unbekannt	1 ertrunken, 1 vermisst im Mittelmeer auf dem Weg nach Italien	IOM
22.05.17	2	N.N. (Männer)	unbekannt	Leichen wurden in Al Maya (LY) gefunden	IOM
19.05.17	1	N.N.	Subsahara-Afrika	vermisst, nachdem Boot in der Nähe der spanischen Enklave Melilla (E) gesunken war, als sich die Küstenwache näherte; 24 gerettet	LV/El Diario

Tot aufgefunden	Zahl	Name	Herkunftsland	Todesursache	Quelle
19.05.17	1	N.N. (Mann, 30)	Mali	blinder Passagier; erlag einem Stromschlag; wurde in einem Zug aus Ventimiglia (IT) in Cannes (FR) gefunden	Parisien/ Nice/Mail Online
19.05.17	2	N.N.	unbekannt	1 ertrunken, 1 vermisst während Rettungsaktion zwischen Libyen und Italien	IOM
19.05.17	157	N.N. (Kinder; Frauen; Männer)	unbekannt	1 ertrunken, 156 vermisst, als das Boot nach Italien im Mittelmeer sank	Australian
17.05.17	2	N.N.	unbekannt	Leichen wurden in Tripoli (LY) gefunden	IOM
16.05.17	7	N.N.	unbekannt	vermisst, nachdem Boot, das versuchte die Straße von Gibraltar zu durchqueren, nicht gefunden werden konnte	LV/SUR
16.05.17	1	N.N. (Frau)	unbekannt	Leiche wurde in Sabratha (LY) gefunden	IOM
16.05.17	2	N.N. (1 Frau; 1 Mann)	unbekannt	Leichen wurden in Az-Zawiyah (LY) gefunden	IOM
16.05.17	1	N.N.	unbekannt	Leiche wurde in Tripoli (LY) gefunden	IOM
15.05.17	1	N.N.	unbekannt	vermisst in der Straße von Gibraltar vor der Küste Tangers (MA); 6 Überlebende	PerCat/LV/ SUR/IOM
14.05.17	7	N.N. (Männer)	unbekannt	wurden während einer Rettungsaktion im Mittelmeer tot aufgefunden; 484 Personen gerettet	RTLNieuws
12.05.17	20	N.N. (7 Männer)	unbekannt	7 tot aufgefunden während Rettungsaktion im Mittelmeer; 13 vermisst, 484 gerettet	RTLNieuws/ Diario de Noticias/ IOM Italy/ Reu.
10.05.17	1	Farhad (Mann, 29)	Afghanistan	zusammen mit seinem Cousin von den Taliban erschossen, nachdem er aus Deutschland nach Afghanistan abgeschoben wurde	Asyl in Not
07.05.17	11	N.N. (1 Frau)	Komoren	1 ertrank, nachdem das Boot auf der Reise von Ajouan (KM) nach Mayotte (FR) sank; 10 vermisst, 13 Überlebende	GazetteComores
07.05.17	163	N.N. (1 Baby; 9 Kinder; 40 Frauen)	unbekannt	11 ertrunken, 152 vermisst, nachdem das Schiff vor der Küste Libyens sank; 7 geborgen	Independent/PBS/ Trouw/VK
05.05.17	82	N.N.	unbekannt	vermisst; überladenes, leckgeschlagenes Boot kenterte zwischen Libyen und Italien; 50 Überlebende	Independent/PBS/ Trouw/VK
04.05.17	19	N.N.	unbekannt	wurden von Fischern vor der libyschen Küste nahe Sabratha (LY) tot aufgefunden	IOM
04.05.17	1	N.N.	unbekannt	erschossen; wurde während einer Rettungsaktion von zwei Schiffen zwischen Libyen und Italien tot aufgefunden	IOM

Tot aufgefunden	Zahl	Name	Herkunftsland	Todesursache	Quelle
02.05.17	1	N.N. (Mann)	unbekannt	blinder Passagier; erlitt einen Stromschlag, als er auf das Dach eines Eurostar-Zuges aus Paris nach London stieg	Sun
May 17	12	N.N.	unbekannt	vermisst im Mittelmeer während des Aufzeichnungszeitraums von einer Woche	IOM
May 17	1	Rosa Maria (Frau, ±20)	Nigeria	ertrunken im Mittelmeer, identifiziert durch Überlebende ihres Bootes; in Zarzis (TN) begraben	GuardianUn./LAT
01.05.17	6	N.N.	unbekannt	wurden während einer Rettungsaktion zwischen Libyen und Italien tot aufgefunden	IOM
01.05.17	1	N.N.	unbekannt	vermisst in der Straße von Gibraltar vor der Küste Tangers (MA)	IOM
26.04.17	1	N.N.	unbekannt	wurde an der Küste vor Tobruk, im Osten Libyens, tot aufgefunden	IOM
24.04.17	1	N.N. (Mann, ±30)	Iran	gestorben, nachdem Lieferwagen von der türkischen Grenze während einer Verfolgungsjagd mit der Polizei in der Nähe von Xanthi (GR) verunglückte; 13 Überlebende	AP/IOM/StandardHK
24.04.17	28	N.N. (2 Kinder; 6 Frauen; 8 Männer)	Syrien, Kamerun, Kongo	16 ertrunken als Boot vor Lesbos (GR) sank; 12 vermisst, 2 gerettet	Rel/News24/ChAfrica
21.04.17	1	N.N. (Mann)	unbekannt	verstarb wegen fehlendem Zugang zu Medikamenten in Krankenhaus in Bari (I); wurde mit hohem Fieber nach Seenotrettung eingeliefert	Messogiorno/IOM
24.04.17	28	N.N. (4 Frauen)	unbekannt	verdursteten und verhungerten nach einer Boot-Havarie vor der Küste von Sabratha (LY)	Rel/News24/ChAfrica
18.04.17	4	N.N.	unbekannt	wurde in Flüchtlingsboot im Mittelmeer zwischen Libyen und Italien erdrückt aufgefunden	IOM Italy
18.04.17	99	N.N.	unbekannt	vermisst in mehreren Schiffswracks am selben Tag im Mittelmeer zwischen Libyen und Italien	IOM Italy
16.04.17	13	N.N. (1 Kind; 2 Frauen; 4 Männer)	unbekannt	starben auf See bei Rettungsaktionen auf dem Weg von Libyen nach Italien während eines Wochenendes; 8.500 Personen gerettet	IOM Italy/BBC
16.04.17	7	N.N. (1 Junge; 1 Schwangere)	unbekannt	starben auf See bei Rettungsaktionen zwischen Libyen und Italien während eines Wochenendes; 8.500 gerettet	VK/FocusDE/Reuters
16.04.17	100	N.N.	unbekannt	Berichten zufolge vermisst nach Rettungsaktionen zwischen Libyen und Italien während eines Wochenendes	MiddleEastOnline
15.04.17	5	N.N.	unbekannt	ertrunken; Leichen wurden vor der Küste von Garabulli (LY) gefunden; 101 gerettet	IOM Libya

Tot aufgefunden	Zahl	Name	Herkunftsland	Todesursache	Quelle
13.04.17	97	N.N. (5 Kinder; 15 Frauen)	Subsahara-Afrika	vermisst, nachdem das Boot vor Tripoli (LY) sank; 23 Überlebende	Metro/ WorldBul/ VOA
12.04.17	5	N.N.	unbekannt	mutmaßlich ertrunken in der Straße von Gibraltar vor der Küste von Spanien; 6 Überlebende	APDHA/ IOM/Caminando
11.04.17	3	N.N. (1 Kind; 1 Frau; 1 Mann)	unbekannt	ertrunken, nachdem das Boot vor der Küste der Insel Alborán kenterte; 32 gerettet	AEspagnola/ IOM/SUR
10.04.17	1	N.N. (Mann, 29)	Syrien	Suizid; verbrannte sich in einem Geflüchtetencamp in Chios (GR); erlag 11 Tage später seinen Verletzungen	Ansamed
09.04.17	1	Branko Zdravkovic (Mann, 43)	unbekannt	Selbstmord; erhängte sich in Toilettenkabine in der Haftanstalt Verne (GB); Risiko der Selbstverletzung wurde vermutet	BourEcho/ IRR/DailyEcho
05.04.17	1	N.N.	unbekannt	wurde tot in Zug nahe Portogruaro (IT) aufgefunden	PrensaLat/ IOM
02.04.17	1	N.N. (Mann)	unbekannt	ertrunken; Leiche wurde nahe Panagiouda, Lesbos (GR) geborgen	HelCoastG/ IOM
01.04.17	1	Mohammed Hassan (17)	Irak	erdrückt, als der Lastwagen, an dem er sich festhielt, in Branbury, Oxfordshire (GB) über ihm zurücksetzte	BBC/IOM
30.03.17	1	Faisal Imran (Mann, 28)	Pakistan	Suizid; sprang von einem Hoteldach in Leipzig (DE); der Asylsuchende starb im Krankenhaus	AlleBleiben/ Geo
29.03.17	3	N.N. (1 Frau; 2 Männer)	unbekannt	ertrunken vor der Küste von Sabratha (LY)	IOM Libya
28.03.17	5	N.N.	unbekannt	ertrunken, als das Boot vor Libyen sank; 141 Überlebende	Reuters/Mic
27.03.17	1	N.N. (Frau)	unbekannt	ertrunken in Fluss auf der Grenze zwischen Irakisch-Kurdistan und Türkei	EASO/IOM
26.03.17	3	N.N. (3 Frauen)	unbekannt	ertrunken im Fluss Mergasur (IQ) nahe der irakisch-türkischen Grenze; 2 Überlebende	Rudaw/IOM
24.03.17	**3**	**Suzan Hayider (Frau) mit Tochter (3) und Sohn (1)**	**Syrien**	**ertrunken, als das Boot nahe Güzelçamlı kenterte**	
23.03.17	240	N.N.	unbekannt	vermisst, nachdem 2 Boote nahe der libyschen Küste kenterten	BBC/CTV/ Sun
23.03.17	11	N.N. (5 Kinder)	Syrien	ertrunken, als das Boot Richtung Griechenland vor Kusadasi (TR) sank; 9 Personen gerettet	BBC/CTV
23.03.17	6	N.N. (5 junge Männer, 16–25)	Afrika	ertrunken, als 2 Boote nahe der libyschen Küste kenterten	BBC/CTV/ Sun
21.03.17	1	N.N. (Mann)	unbekannt	starb auf einem Bergpfad zwischen Menton (FR) und Grimaldo (IT), nachdem ihn das Rettungsteam nicht rechtzeitig gefunden hatte	AFP/IOM

„Es ist der schlimmste Fall meines Lebens."

Der 32-jährige Salah J. hat seinen Sohn nie kennengelernt. Nie durfte er ihm über den schwarzen Haarflaum auf dem kleinen Kopf streichen, nie in seine großen dunklen Augen sehen. Das Baby ist in der Ägäis gestorben, mit ihm seine dreijährige Schwester und seine Mutter. Sie war Salahs Frau, ihr Name war Suzan.

Ende März 2017: Salah ruft seine Frau an. Er sorgt sich, zu lange hat er nichts von ihr und den beiden Kindern gehört. Der Anruf wird angenommen. Er hört eine fremde Stimme. Deine Familie ist tot, sagt sie. Stille.

Etwa zweitausend Meter Wasserstraße – die Mycale-Straße – trennt den Güzelçamlı-Naturpark in der Türkei von der griechischen Insel Sisam. Güzelçamlı, das kann man übersetzen als der Ort „mit der schönen Tanne". Er ist bei Touristen sehr beliebt. Und bei Menschen, die nach Europa wollen. Am 24. März, es ist ein Freitag, wartet an der Landzunge des Nationalparks ein Schlauchboot. Suzan Hayider, das Baby auf dem Arm, das Kleinkind an der Hand, steigt hinein. Keiner der 19 Menschen auf dem Boot trägt eine Schwimmweste. Das Boot legt ab, das Wetter ist ungünstig: hohe Wellen, starker Wind. Das Boot kentert. Zwei der Gekenterten können so gut schwimmen, dass sie ans noch nahe türkische Festland gelangen und die Küstenwache alarmieren. Sieben Personen aus dem Boot werden gerettet, Suzan Hayider, ihre beiden Kinder und acht weitere Menschen ertrinken im Meer.

Suzan Hayider war eine hochintelligente Frau. Sie studierte an der Universität Aleppo Medizin. Während die Zahl der Nachbarn, der Tanten und Neffen, der Cousins und Freundinnen auf der Flucht steigt und steigt, bleibt sie mit ihrer Familie in Syrien. Erst als ihrem Mann Salah die Wiedereinberufung als Reservist der Assad-Armee droht, flieht das Paar. Sie haben eine kleine Tochter, ein weiteres Kind trägt Suzan Hayider in ihrem Bauch. Die Kinder sollen mit ihrem Vater aufwachsen dürfen. Sie schaffen es in die Türkei. Die Situation für die Familie im Flüchtlingslager ist untragbar. Sie trennen sich. Salah J. nimmt die Balkanroute. Bulgarien. Rumänien. Serbien. Ungarn. Österreich.

Im Frühjahr 2015 erreicht Salah J. Deutschland, seine schwangere Frau und die einjährige Tochter will er so schnell wie möglich nachholen. Die deutschen Behörden sind überfordert, es dauert zehn Monate, bis Salah J. offiziell seinen Asylantrag stellen kann. Die kurze Episode, als die Menschen aus dem syrischen Bürgerkrieg hier bloß einen Fragebogen ausfüllen mussten, um automatisiert den Flüchtlingsstatus nach der Genfer Flüchtlingskonvention (GFK) zu erhalten, hat er ganz knapp verpasst. Salah J., dem als Deserteur die bittere Rache des Regimes droht, muss zur persönlichen Anhörung beim Bundesamt für Migration und Flüchtlinge (BAMF), um seine Fluchtgründe darzustellen. Das Verfahren zieht sich in die Länge. Suzan Hayider mit den beiden Kindern, der kleine Sohn ist inzwischen auf die Welt gekommen, hofft in der Türkei auf Deutschland. Sie hofft und zweifelt, und irgendwann wird sie verzweifeln.

Im September 2016, eineinhalb Jahre nach seiner Einreise, liegt die Entscheidung des BAMF auf dem Tisch: Salah J. erhält subsidiären Schutz in der Bundesrepublik Deutschland. Der gilt, im Gegensatz zum Flüchtlingsstatus, nur für ein Jahr. In vielerlei Hinsicht hat er darüber hinaus keine weitere rechtliche Schlechterstellung zu bedeuten. Aber es gibt einen wichtigen Punkt, und an dem verzweifelt die Familie: Salah J. darf Suzan und die beiden Kinder nicht zu sich holen. Deutsche Politiker haben das pauschal so entschieden: Der Familiennachzug für subsidiär Schutzberechtigte wurde erst einmal „ausgesetzt" – Große Koalition, Asylpaket II. Syrerinnen und Syrer seien davon ohnehin kaum betroffen, hieß es damals, denn die bekämen in der Regel ja den Flüchtlingsstatus. Doch kaum ist das Gesetz unterschrieben, steigt die Zahl derjenigen aus Syrien, denen das BAMF nur den subsidiären Schutz zuspricht. So wie bei Salah. Auch die Türkei, wo Suzan mit ihren Kindern mittlerweile bei Verwandten wartet, zeigt sich restriktiv. Salah erhält kein Visum, um seine Familie zu besuchen. Sie leiden unter der Trennung. Salah verliert seinen Minijob in Deutschland. Er kann die 300 Euro, die er jeden Monat an seine Familie in der Türkei überwiesen hat, nicht mehr aufbringen. Suzan kann sich und ihre Kinder nicht mehr ernähren.

Der Tag, an dem Suzan Hayider verzweifelt, ist der 24. März 2017. Sie steigt mit ihren Kindern in das Boot. Mit den letzten Geldreserven haben sie und ihr Ehemann die Schlepper bezahlt.

Salah J. hat wie viele andere gegen seinen BAMF-Bescheid geklagt – sein Anwalt ist Jeremias Mameghani in Düsseldorf. Der schreibt einen

Brief an den damaligen Innenminister, als er vom Tod Suzan Hayiders und ihrer Kinder erfährt. Darin heißt es: „Ich wende mich direkt an Sie in meiner Eigenschaft als Rechtsanwalt, Helfer in der Flüchtlingshilfe und letztendlich vor allem auch als Mensch." Den Medien sagte der Anwalt, mit den Tränen kämpfend: „Es ist der schlimmste Fall meines Lebens." Er sammelte in Ratingen, wo Salah J. lebt, mehr als 2.000 Euro, um die Überführung der drei Leichen zur Bestattung in Syrien bezahlen zu können. Diesen Betrag verlangten die türkischen Behörden von Salah, der das Geld natürlich nicht hatte.

Ob Innenminister Thomas de Maizière seinen Brief gelesen hat, weiß Mameghani bis heute nicht.

Wenige Wochen nach dem Tod von Suzan Hayider und ihrer beiden Kinder erhält Salah J. den Flüchtlingsstatus nach Genfer Konvention. „Hätte das Bundesamt hier richtig entschieden, so wäre die Familie jetzt noch am Leben", stand in Mameghanis Brief. Das Urteil des Verwaltungsgerichts Düsseldorf bestätigt: Das BAMF hat falsch entschieden.

Tot aufgefunden	Zahl	Name	Herkunftsland	Todesursache	Quelle
21.03.17	66	N.N.	unbekannt	vermisst; Boot kenterte zwischen Libyen und Italien; 54 Personen gerettet	CTV
20.03.17	10	N.N. (1 Frau; 9 Männer)	unbekannt	verbrannt; Leichen wurden an unbestimmtem Ort vor der Küste von Zawiyah (LY) gefunden	IOM Libya
20.03.17	10	N.N.	unbekannt	vermisst; mutmaßlich ertrunken; Leichen wurden an unbestimmtem Ort in der Straße von Sizilien gefunden; 117 gerettet	UNHCR
19.03.17	3	N.N.	unbekannt	ertrunken; Leichen wurden an unbestimmtem Ort vor der Küste von Zuwara (LY) gefunden; 215 gerettet	IOM Libya
18.03.17	8	N.N.	unbekannt	ertrunken; Leichen wurden an unbestimmtem Ort zwischen Nordafrika und Italien gefunden	IOM Italy
11.03.17	1	N.N. (Mann, 20)	Afghanistan	blinder Passagier; stieß sich den Kopf, als er aus einem Lastwagen sprang, der in die falsche Richtung auf der A16 nahe Dunkirk (FR) fuhr	LePhare/ IOM
09.03.17	11	N.N.	unbekannt	ertrunken; Leichen wurden am Strand von Tallil Seyahi in der Nähe von Sabratha (LY) geborgen	UNHCR Libya/IOM
08.03.17	3	N.N.	unbekannt	ertrunken; Leichen wurden an der Küste von Al Khums (LY) geborgen	IOM Libya
03.03.17	25	N.N. (6 Frauen)	unbekannt	vermisst, nachdem Boot 5 km vor der Küste von Tajoura (LY) sank; 115 gerettet	IOM Italy
03.03.17	1	N.N. (Junge, 16)	unbekannt	starb auf Rettungsboot im Mittelmeer nahe Catania, Sizilien (IT), wegen fehlendem Zugang zu Medikamenten	Reu./IOM
03.03.17	1	N.N. (Mann)	Subsahara-Afrika	ertrunken; Leiche wurde am Strand von Camposoto in San Fernando, Cádiz (ES) gefunden	APDHA/ IOM/Voz-Cádiz
02.03.17	1	Mamadou Konate (Mann, 33)	Mali	starb bei Brand in einem Camp für Migrant*innen in San Severo (IT); 100 Hütten wurden zerstört	Express/ Reuters/ ANSA/Breitbart
02.03.17	1	Nouhou Doumbia (Mann, 36)	Mali	starb bei Brand in einem Camp für Migrant*innen in San Severo (IT); 100 Hütten wurden zerstört	Express/ Reuters/ ANSA/Breitbart
01.03.17	1	N.N.	unbekannt	ertrunken im Fluss Tisza in der Nähe von Subotica (RS) nahe der ungarisch-serbischen Grenze	IOM Bulgaria
01.03.17	1	N.N. (Mann)	Afrika	blinder Passagier; erlitt einen Stromschlag, als er auf das Dach eines Zuges von Como (IT) in die Schweiz stieg	WorldRadio

Tot aufgefunden	Zahl	Name	Herkunftsland	Todesursache	Quelle
27.02.17	1	N.N. (Mann)	Syrien	erschossen durch türkische Grenzposten an unbestimmtem Ort beim Versuch, die syrisch-türkische Grenze zu überqueren	SOHR
23.02.17	1	Lazragui Khalea (Mann, 27)	Algerien	ertrunken beim Versuch, zu einem Boot zu schwimmen; Bewohner des Zentrums für vorübergenden Aufenthalt von Migranten in Ceuta (ES)	EFE
23.02.17	14	N.N.	unbekannt	ertrunken in Schiffswrack im Mittelmeer vor der Küste von Zuwara (LY); 400 Überlebende	IOM Libya
22.02.17	3	N.N.	Pakistan	ertrunken, nachdem Schlauchboot auf dem Fluss Maritza nahe Ipsala an der türkisch-griechischen Grenze kenterte; 5 Überlebende	HurriyetDN/IOM
22.02.17	15	N.N.	unbekannt	ertrunken; Leichen wurden vor der Küste Al-Khums (LY) gefunden	Rel
20.02.17	101	N.N.	unbekannt	21 vermisst, 80 ertrunken während eines Schiffbruchs nahe Zawiya (LY); Leichen und das Schiff wurden angespült	DailySabah/Examiner/CBS/SFNM
19.02.17	6	N.N.	unbekannt	Leichen geborgen in der Nähe von Zawiyah (LY)	IOM Libya
19.02.17	118	N.N.	unbekannt	vermisst nach Schiffbruch im Mittelmeer vor der Küste von Al Khums (LY)	IOM Libya
18.02.17	1	Frederick Ofosu (Mann, 33)	Ghana	Selbstmord; strangulierte sich mit Stromkabel auf einer Baustelle in Qawra (MT); sein letzter Asylantrag wurde abgelehnt	TimesM
17.02.17	1	N.N.	unbekannt	starb an Unterkühlung; Leiche wurde nahe des Flusses Euphrat in der östlichen Türkei gefunden	Sozcu/IOM
17.02.17	1	N.N. (Mann)	unbekannt	blinder Passagier; wurde verbrannt auf dem Dach eines Zuges aus Ventimiglia (IT) in Cannes (FR) gefunden	Parisien
15.02.17	9	N.N.	unbekannt	ertrunken, als das Boot in der Straße von Gibraltar sank; 2 Personen gerettet	IOM
12.02.17	1	N.N. (Mann)	Pakistan	starb an Unterkühlung, nachdem er von Schleppern auf Hügeln nahe Pirot (RS) an der serbisch-bulgarischen Grenze stehengelassen wurde	UNHCR Serbia/IOM
12.02.17	2	N.N.	unbekannt	ertrunken, als das kleine Schiff zwischen Marokko und Tarifa (ES) sank; 3 Überlebende	IOM
06.02.17	1	N.N. (Junge, 15)	Äthiopien	starb an Dehydrierung im Krankenhaus in Vibo Valentia (IT), nachdem er vom Schiff mit 600 Leuten gerettet wurde	Lametino/IOM/ANSA
05.02.17	1	N.N. (Mann, 20)	Nordafrika	von französischer Regionalbahn erfasst in Latte, Ventimiglia (IT), als er versuchte die Grenze zu Fuß zu überqueren	Laguria/IOM

Tot aufgefunden	Zahl	Name	Herkunftsland	Todesursache	Quelle
04.02.17	1	N.N. (Frau)	Äthiopien	ertrunken; wurde vor der Küste Griechenlands gefunden	Rel
Feb 17	5	N.N. (Teenager)	Afghanistan	Selbstmorde zwischen Januar und Februar 2017 in verschiedenen Asylbewerberheimen in Schweden	DFunk/ EpochTimesDE
30.01.17	1	N.N. (Mann, 20)	Pakistan	starb an Kohlenmonoxidvergiftung durch den Rauch aus dem Ofen im Moria Camp auf Lesbos (GR)	Reuters/ Newsweek/ KI/Sputnik
30.01.17	3	N.N.	unbekannt	vermisst bei einem Schiffbruch vor Almería (ES); 11 Personen gerettet	IOM
28.01.17	2	N.N. (2 Kinder)	unbekannt	Leichen wurden auf in Seenot geratenem Boot vor der Küste von Libyen gefunden; 132 gerettet	Independent
28.01.17	1	N.N. (Mann, 46)	Syrien	starb, weil er im Moria Camp auf Lesbos (GR) Rauch vom Ofen einatmete	Reuters/ Newsweek/ KI/Sputnik
	1	Veronique (Frau)	Kongo	ertrunken mit ihrem Sohn Samuel und 5 anderen; das Boot sank zwischen Marokko und Spanien	BBC/Reuters
27.01.17	1	Samuel (Junge, 6)	Kongo	ertrunken mit seiner Mutter Veronique und 5 anderen; das Boot sank zwischen Marokko und Spanien	BBC/Reuters
24.01.17	1	N.N. (Mann, 22)	Ägypten	starb, weil er im Moria Camp auf Lesbos (GR) Rauch aus dem Ofen einatmete	Reuters/ Newsweek/ KI/Sputnik
24.01.17	10	N.N. (1 Kind; 1 Frau; 8 Männer)	unbekannt	Leichen wurden vor der Küste Tripolis (LY) gefunden; 135 am selben Tag in der Nähe gerettet	Rel
21.01.17	6	N.N.	unbekannt	Leichen wurden im Meer gefunden, 5 vor Sabratha (LY) und 1 vor Tripoli (LY)	Rel
21.01.17	1	N.N. (Mann, 20)	Äthiopien	von einem Lkw erfasst beim Versuch, als blinder Passagier auf der vielbefahrenen A16, die nach Calais (FR) führt, aufzusteigen	Telegraph/ Express
17.01.17	1	N.N. (Mann)	unbekannt	tot aufgefunden; war nahe Feres (GR) an der türkisch-griechischen Grenze unter einer 1 Meter hohen Schneedecke begraben	SofiaGlobe
4.01.17	2	N.N.	unbekannt	wurden auf dem Meer treibend nahe Algeciras (ES) gefunden; versuchten, von Marokko zur spanischen Enklave Ceuta zu schwimmen	Independent
4.01.17	2	N.N.	unbekannt	wurden auf dem Meer treibend nahe Tarifa (ES) gefunden; versuchten, von Marokko zur spanischen Enklave Ceuta zu schwimmen	Independent
4.01.17	98	N.N.	unbekannt	8 ertrunken, 90 vermisst, nachdem das Boot vor der libyschen Küste sank; 4 Personen gerettet	BBC
4.01.17	1	N.N. (Frau)	Kongo	ertrunken nach einem Schiffbruch vor Nador (MA)	SofiaGlobe

Tot aufgefunden	Zahl	Name	Herkunftsland	Todesursache	Quelle
14.01.17	3	N.N. (1 Frau; 2 Männer)	unbekannt	vermisst in der Gegend von Nador (MA)	SofiaGlobe
14.01.17	3	N.N.	unbekannt	starben an Unterkühlung in einem Schlauchboot, das zwischen Libyen und Italien gerettet wurde	SofiaGlobe
14.01.17	180	N.N.	Somalia, Eritrea, Äthiopien	8 ertrunken, 172 vermisst, als das Boot vor der Küste Libyens aufgrund eines Motorschadens sank; 4 Personen gerettet	Reuters/ SofiaGlobe/ Newsaust
14.01.17	**4**	**Rawa (31), ihre Kinder Diamond (8), Sidona (6), Kristina (3)**	**Eritrea**	**im Mittelmeer ertrunken** 	
13.01.17	2	N.N.	unbekannt	erdrückt in einem Boot, in dem 191 weitere Passagiere auf der Überfahrt von Libyen nach Italien waren	Independent
13.01.17	21	N.N. (1 Baby; 2 Frauen)	unbekannt	vermisst vor der Küste von Tanger (MA) und Tarifa (ES)	SofiaGlobe/ Reuters
11.01.17	1	Lukasz Debowski (Mann, 27)	Polen	Suizid im Abschiebegefängnis Morton Hall (GB); eine Freilassung gegen Kaution wegen der Geburt seines Kindes wurde abgelehnt	OpenDem/ Socialist Worker
11.01.17	5	N.N. (Männer)	Subsahara-Afrika	ertrunken; das Boot sank zwischen Tanger (MA) und Tarifa (ES)	BBC/Reuters
06.01.17	1	Talat Abdulhamid (Mann, 36)	Irak	erfroren, nachdem er 48 Stunden durch die Berge an der türkisch-bulgarischen Grenze lief	Independent
06.01.17	1	Hardi Ghafour (Mann, 29)	Irak	erfroren, nachdem er 48 Stunden durch die Berge an der türkisch-bulgarischen Grenze lief	Independent
03.01.17	1	N.N. (Mann, 20)	Afghanistan	starb an Unterkühlung, nachdem er den Fluss Evros (GR) von der Türkei nach Griechenland überquert hatte	Independent
2017	1	Basheer (Junge, 18)	unbekannt	starb beim Versuch, über den Fluss Evros von der Türkei nach Griechenland zu schwimmen	ICRC
2017	2	N.N. (1 Junge; 1 Frau)	unbekannt	Mutter und Sohn starben an Unterkühlung, nachdem sie den Fluss Evros von der Türkei nach Griechnland überquerten	ICRC/GuardianUn.

Tot aufgefunden	Zahl	Name	Herkunftsland	Todesursache	Quelle
2017	1	N.N. (Mann)	unbekannt	warf sich vor einen fahrenden Lastwagen an der italienisch-französischen Grenze in der Nähe von Ventimiglia (IT)	GuardianUn.
2017	2	N.N. (1 Mädchen, 10; 1 Frau, Mutter)	unbekannt	gefangen unter gekentertem Flüchtlingsboot vor der Küste der Insel Alborán (ES); 1 ertrunken, 1 auf dem Weg ins Krankenhaus gestorben	MirrorNews
2017	2	N.N. (2 Männer)	unbekannt	tot aufgefunden auf Playa de Los Muertos, Almería (ES)	MirrorNews
2017	1	N.N. (Junge, 8)	unbekannt	tot aufgefunden im Meer in der Nähe von Playa de Los Muertos, Almería (ES)	MirrorNews/Sun
2017	4	N.N.	Elfenbeinküste, Kongo, Nigeria	zu Tode geschlagen während der Haft in Lager in Zawiyah (LY)	WorldCrunch
01.01.17	1	N.N. (Frau)	Somalia	starb in den Bergen nahe der türkisch-bulgarischen Grenze an Unterkühlung	Independent
25.12.16	1	N.N. (Mann)	Kurdistan	blinder Passagier; fiel vom Lkw, in dem er sich am Hafen von Dünkirchen (FR) versteckte, um nach Großbritannien zu gelangen	TM/RT
25.12.16	2	N.N.	Subsahara-Afrika	ertrunken, als sie versuchten, die spanische Enklave Ceuta von Marokko aus zu erreichen	MNS
24.12.16	1	N.N. (Junge, 17)	Kongo	blinder Passagier; starb, nachdem er von dem Lkw fiel, in dem er sich nahe Calais (FR) versteckte, um nach Großbritannien zu gelangen	VoixDuNord
23.12.16	1	N.N. (Mann, ±20)	unbekannt	wurde nahe Ventimiglia (IT) vom Zug erfasst, als er über die Gleise Richtung Frankreich lief	Parisien
21.12.16	7	N.N.	unbekannt	starben, als 3 Schlauchboote und ein Holzboot auf dem Meer Richtung Italien angegriffen wurden	AFP/Ya.N
16.12.16	1	N.N. (Mann, ±40)	Mali	sprang aus dem Fenster eines Arbeiterwohnheimes für Migrant*innen in Paris (FR), als ein Feuer ausbrach	AP
08.12.16	1	Haji (Mann)	Somalia	obdachloser Geflüchteter auf Malta; wurde tot unter der Brücke gefunden, unter der er lebte	TimesM
06.12.16	1	Bai Ahmed Kabia (Mann, 49)	Sierra Leone	starb im Krankenhaus an unbehandelter Krankheit, nachdem er 2 Jahre im Abschiebegefängnis Morton Hall (GB) verbracht hatte	OpenDem/UCGlasgow/GuardianUn.
02.12.16	1	Tarek Chowdhury (Mann, 64)	Bangladesch	starb im Krankenhaus an seinen Verletzungen; wurde von Mitgefangenen im Abschiebegefängnis Colnbrook (GB) angegriffen	Independent/PA/Ya.N
01.12.16	1	Khalid Safi (Mann, 18)	Afghanistan	erstochen auf der Straße in London, nachdem er 5 Jahre in Calais (FR) als minderjähriger Geflüchteter alleine gelebt hatte	Mail Online/TheHuff

Tot aufgefunden	Zahl	Name	Herkunftsland	Todesursache	Quelle
01.12.16	1	N.N. (junger Mann)	Pakistan	erfroren; Leiche wurde an der bulgarisch-türkischen Grenze aufgefunden	TimesM
24.11.16	2	N.N. (Junge, 6; Frau, 66)	unbekannt	starben in der Aufnahmestelle für Geflüchtete auf Lesbos (GR), als ein Gaskocher Feuer fing	Independent/Telegraph/MNS
21.11.16	1	S. G. (Mann)	Afghanistan	starb bei einem Streit zwischen verschiedenen Gruppen von Migrant*innen in Belgrad (RS)	Tanjug
19.11.16	6	N.N.	unbekannt	starben, als das Boot auf dem Weg nach Agathonisi (GR) nahe Didim (TR) Schiffbruch erlitt	WatchTheMed/HurriyetDN
19.11.16	3	N.N.	unbekannt	vermisst, nachdem das Boot vor Didim (TR) auf dem Weg nach Griechenland Schiffbruch erlitt	WatchTheMed/HurriyetDN
16.11.16	7	N.N.	unbekannt	starben, als das Frachtschiff, das Migrant*innen transportierte, in die Straße von Sizilien abdriftete; 27 Überlebende	TheHuff/ANSA/MSF/LR/La Stampa
16.11.16	96	N.N.	Subsahara-Afrika	vermisst, nachdem das Frachtschiff, das Migrant*innen transportierte, in die Straße von Sizilien abdriftete; 27 Überlebende	TheHuff/ANSA/MSF/LR/La Stampa
16.11.16	4	N.N. (Männer, 20–40)	unbekannt	starben an Unterkühlung in einem Boot, das nahe der Insel Thassos (GR) gefunden wurde; 15 Personen gerettet	NewArab
16.11.16	1	N.N.	unbekannt	ertrunken auf dem Weg von Libyen nach Italien; 580 Personen wurden an diesem Tag bei fünf Rettungsaktionen geborgen	NewArab
15.11.16	4	N.N. (1 Kind)	unbekannt	starben, nachdem Schlauchboot mit Migranten Richtung Italien vor der Küste von Libyen Luft verlor	Reu./UNHCR/SOSMed
15.11.16	98	N.N. (9 Frauen)	unbekannt	8 ertrunken, 90 vermisst, nachdem das Schlauchboot auf dem Weg von Libyen kenterte; 23 Überlebende	Independent/Reu./UNHCR/SOSMed
15.11.16	1	N.N. (Junge, 15)	unbekannt	ertrunken, nachdem das Schlauchboot auf dem Weg von Libyen kenterte; 23 Überlebende	Independent/Reu./UNHCR/SOSMed
15.11.16	1	N.N.	unbekannt	ertrunken; sprang ins Wasser, als das Schlauchboot vor der Küste Libyens sank; 114 Überlebende	Independent/Reu./UNHCR/SOSMed
15.11.16	5	N.N.	unbekannt	erdrückt; wurden auf einem Boot gefunden, das vor der Küste Libyens sank; 114 Überlebende	Independent/Reu./UNHCR/SOSMed
14.11.16	5	N.N.	unbekannt	starben nahe Libyen, als sie versuchten, Italien in überladenen Schlauchbooten zu erreichen; 550 Personen gerettet	AFP/Local.it/Ya.N

Tot aufgefunden	Zahl	Name	Herkunftsland	Todesursache	Quelle
14.11.16	135	N.N.	Subsahara-Afrika	vermisst, nachdem das Schlauchboot in Richtung Italien vor der Küste Libyens sank; 15 Überlebende	Independent/AFP/UNHCR/MOAS
06.11.16	3	N.N.	unbekannt	Schiffbruch auf dem Weg nach Italien; ertrunken, bevor Retter sie erreichen konnten	TheHuff/ANSA/Web Strait/Tgcom24
06.11.16	1	N.N. (Mann)	unbekannt	starb in einem Schlauchboot auf dem Weg nach Italien	TheHuff/ANSA/Web Strait/Tgcom24
06.11.16	1	N.N.	Subsahara-Afrika	tot aufgefunden nahe Homs (LY) auf einem Boot, das 116 Migrant*innen nach Italien brachte	TheHuff/LibOb
06.11.16	1	N.N. (Mann)	Westafrika	starb an Leberversagen in der Haftanstalt Al Hamra in Gharyan (LY)	IOM/VOA
05.11.16	12	N.N. (2 Kinder)	unbekannt	starben vor der libyschen Küste in der Straße von Sizilien, als sie versuchten, Italien zu erreichen	TheHuff/ANSA/LR/La Stampa
04.11.16	**1**	**Ali Mbengu (Mann, 22)**	**Gambia**	**im Mittelmeer ertrunken. Nur zehn von mehr als hundert Personen auf dem Boot überlebten**	

Mille Franc war ein Nationalheld

Unter seinem Spitznamen Mille Franc war Ali Mbengu in der Sportwelt von Gambia bekannt. Er war ein Nationalheld. Seine körperliche Stärke und sein Geschick im traditionellen Ringkampf hatten ihn zu einem Maßstab für alle jungen Gambier gemacht, die diesen Sport, auch bekannt als der „senegalesische Kampf", verehrten.

Ringen ist in Gambia und Senegal sehr populär, die jungen Männer trainieren in Vereinen und wer es in die großen Ringkämpfe schafft, kann vielleicht eines Tages viel Geld verdienen. Ali Mbengu arbeitete als Schneider. Seine Familie und sein Trainer wurden davon überrascht, dass er sich auf den Weg gemacht hatte. Ali habe seinen Vater, seine Mutter und seinen Bruder unterstützen wollen, sagte sein Trainer. Bereits 2014 machte Ali Mbengu sich auf den Weg nach Libyen. Im November 2016 sagte er seiner Familie am Telefon, dass es nun aufs Boot gehe, vier Freunde zusammen. Nur einer von ihnen überlebte – er rief Ali Mbengus Bruder von Italien aus an, um ihn zu benachrichtigen, dass Ali ertrunken sei. Er sagte, nur zehn von über hundert Menschen hätten überlebt.

Ali Mbengu war einer der disziplinierttesten Ringer in Gambia. Mit 18 kämpfte er für den Verein Serrekunda Gome Saboppa in einem Außenbezirk von Gambias Hauptstadt Banjul. Einige der besten Ringer des Landes leben inzwischen in Europa. Der gambische Ringerverband bittet die jungen Leute dringend zu bleiben und so eine gefährliche Flucht nicht auf sich zu nehmen. In Gambia leben knapp zwei Millionen Menschen. Jedes Jahr verlassen viele junge Leute das Land, allein im Jahr 2016 waren es etwa 11.000. Es kommt immer wieder vor, dass in Dörfern oder Städten mehrere Trauerfeiern an einem Tag stattfinden – für Angehörige, die im Mittelmeer ertrunken sind.

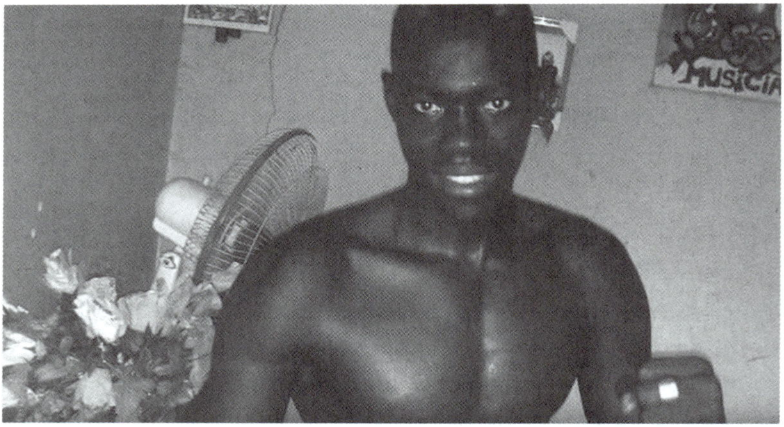

Tot aufgefunden	Zahl	Name	Herkunftsland	Todesursache	Quelle
03.11.16	1	N.N. (Frau)	Mali	erdrückt, als sie versuchte, ihre beiden Kinder auf dem sinkenden Schiff in der Straße von Sizilien zu beschützen	TheHuff/ ANSA
02.11.16	12	N.N. (3 Kinder)	unbekannt	ertranken in Schiffswrack auf dem Weg von Libyen nach Italien	IOM
02.11.16	113	N.N. (9 Kinder; 18 Frauen; 86 Männer)	Afrika	12 ertrunken, 101 vermisst, als das Schlauchboot zwischen Libyen und Italien sank; 27 Überlebende	IOM/ RefDeeply/ ANSA/The-Huff
02.11.16	128	N.N.	unbekannt	Berichten zufolge vermisst, nachdem das Schlauchboot in Richtung Italien vor der libyschen Küste kenterte; 2 Überlebende	IOM/ANSA/ TheHuff
02.11.16	101	N.N.	unbekannt	Berichten zufolge vermisst nach Schiffbruch auf dem Weg nach Italien; es waren Kinder an Bord	IOM
30.10.16	16	N.N.	unbekannt	Leichen wurden, bis zur Unkenntlichkeit verwest, am Ufer von Zuwara (LY) angeschwemmt gefunden	LibyanEx-press/Red-Crescent-Libya
27.10.16	**1**	**Fatim Jawara (Frau, 19)**	**Gambia**	**im Mittelmeer ertrunken**	
26.10.16	29	N.N.	unbekannt	erstickt oder ertrunken vor der libyschen Küste auf einem Schlauchboot, das mit Treibstoff und Meerwasser überflutet war	AFP/Alja-zeera
26.10.16	90	N.N.	Afrika	ertrunken, als das Boot in Richtung Italien vor der Küste Libyens sank	AP/NYtimes
23.10.16	**1**	**Darel (Junge, 2)**	**Kamerun**	**ertrunken im Mittelmeer beim Versuch, mit seiner Mutter Europa zu erreichen. Seine Mutter wurde nach Libyen zurückgebracht**	
21.10.16	1	N.N. (Junge, 17)	Somalia	wurde von Neonazis gezwungen, von einem Turm in Schmölln, Thüringen (DE) in den Tod zu springen	IBTimes/ Mail Online/ Indepen-dent
21.10.16	4	N.N.	unbekannt	starben, als das Schlauchboot in Seenot von der libyschen Küstenwache angegriffen wurde	SeaWatch/ Reuters/Gu-ardianUn.
21.10.16	3	N.N.	unbekannt	tot aufgefunden auf einem Schlauchboot aus Libyen in Richtung Italien	Reuters/ SeaWatch
21.10.16	15	N.N.	unbekannt	vermisst, nachdem das Schlauchboot in Seenot von der libyschen Küstenwache angegriffen wurde	Reuters/RFI
18.10.16	1	N.N. (Mann)	unbekannt	blinder Passagier; erstickt im hinteren Teil eines Lkws, der von Calais (FR) nach Großbritannien fuhr	Telegraph/ Mail Online
17.10.16	1	Mohammad Eyman (Mann, 26)	Sudan	schikaniert und zu Tode geprügelt von Schleppern in einem Camp nahe Norrent-Fortes in Calais (FR)	Passeurs d'hospita-lités

„Sie sprachen mit ihr den ganzen langen Weg über.“

Fatim Jawara, geboren am 10.03.1997 in Serrekunda (Kanifing Municipal) in Gambia, ist am 27.10.2016 im Mittelmeer auf dem Weg von Libyen nach Italien ertrunken. Sie stand schon mit 17 Jahren für die gambische Fußballnationalmannschaft der Frauen im Tor.

Als kleines Mädchen spielte Fatim Jawara mit den Jungen Fußball. Später in einem Spitzenverein des gambischen Frauenfußballs in ihrer Heimatstadt Serrekunda, bei den Red Skorpions. Bis zum Herbst 2016 stand sie für den Verein im Tor, wurde aber wie alle Spielerinnen nicht bezahlt. Zeitweise wurde sie an Teams im Senegal und in Marokko ausgeliehen. Mit der gambischen U-17-Nationalmannschaft nahm sie an der U-17-Fußball-Weltmeisterschaft der Frauen 2012 in Aserbaidschan teil, mit der gambischen Nationalmannschaft der Frauen spielte sie gut drei Jahre später in einem Freundschaftsspiel in Schottland gegen die Frauen von Glasgow City und hielt einen Elfmeter.

Ende September 2016 verließ Fatima Jawara Gambia. Sie ging den „Back Way“, die Fluchtroute nach Norden - wie Tausende andere Gambier – durch mehrere Länder, die Sahara, Libyen und über das Mittelmeer. Auf dem Weg hielt sie Kontakt zu ihrer Familie. In einem ihrer letzten Gespräche flehte ihre Familie sie an zurückzukommen. Aber Fatim Jawara war entschlossen – für sie gab es keinen Weg zurück, egal, wie hoch das Risiko war. Sie hatte den gefährlichen Weg auf sich genommen, sie wollte ihrer Familie helfen und im Leben weiterkommen und für einen großen europäischen Fußballverein spielen. Und wie alle Flüchtlinge wusste auch sie, dass sie unterwegs ihr Leben verlieren könnte. Ihre Familie konnte sie nicht zurückholen. „Sie sprachen mit ihr mitten in der Wüste, den ganzen langen Weg über. Sie baten sie, die Reise abzubrechen, aber sie sagte, sie wollte weitergehen und ihrem Schicksal folgen“, sagte später Sainey Sissoho, eine Vereinskollegin.

Ende Oktober schließlich befand sich Fatim Jawara auf einem von zwei Booten, die Tripolis in Richtung Lampedusa verließen. Die Boote gerieten in Seenot und mit den anderen Insassen ertrank Fatim Jawara.

Die Vereinten Nationen vermuten, dass in diesen beiden Booten 239 Menschen gestorben sind. Eine Sprecherin des UNHCR sagte, zwei Überlebende hätten in Lampedusa die Tragödie bezeugt. Fatim Jawaras Familie erfuhr erst einige Tage später durch ihren Agenten von ihrem Tod.

„Fatim war wie viele andere junge Fußballspieler hier. Sie kam aus armen Verhältnissen wie die meisten Gambier. Jeder kennt die Stars, die in den europäischen Vereinen Millionen verdienen. Diese jungen Leute wollen einfach nur ihre Familien versorgen, so wie sie auch. Also riskieren sie den Back Way. Manche schaffen es, manche nicht. Sie hat ihn nicht geschafft und das ist eine Tragödie und ein großer Verlust für den gambischen Fußball", sagte Ebou Faye, Vizepräsident der Gambia's Football Federation.

Tot aufgefunden	Zahl	Name	Herkunftsland	Todesursache	Quelle
16.10.16	2	N.N. (Kind, 10; Frau, 35)	Syrien	kurdische Mutter und ihr Sohn; starben, als sie in Griechenland von einem Auto angefahren wurden; die Polizei verweigerte Hilfe	AP/KI
14.10.16	1	N.N.	unbekannt	von einem Frachtzug nahe Calais (FR) auf den Gleisen in Richtung Großbritannien erfasst	VoixDuNord/ Passeurs d'hospitalités
09.10.16	1	N.N. (Mann)	Eritrea	auf der Autobahn A16 nahe Calais (FR) auf dem Weg nach Großbritannien von einem Auto erfasst	Reu./AFP/Le Monde/AFP/ Europe1
07.10.16	1	Milet (Frau, 16)	Eritrea	von einem Lkw erfasst, als sie durch einen Tunnel die Grenze zwischen Grimaldi (IT) und Menton (FR) überqueren wollte	LeMur
03.10.16	9	N.N.	unbekannt	starben auf dem Mittelmeer zwischen Libyen und Sizilien (IT)	Express-Tribune/ Reuters/ DailySabah
03.10.16	11	N.N.	unbekannt	ertrunken, als sie Italien mit einem Boot erreichen wollten; ihre Leichen wurden an einem Strand nahe Tripoli (LY) angespült	Reuters/DailySabah
03.10.16	2	N.N.	unbekannt	ertrunken, als das Boot vor der libyschen Küste nahe Sabratah (LY) kenterte	Reuters/DailySabah
04.10.16	29	N.N. (19 Frauen; 10 Männer)	Subsahara-Afrika	erdrückt auf einem Boot, das über 1.000 Passagiere aus Libyen nach Italien transportierte	NYtimes/ BBC/Daily-Sabah
01.10.16	1	Fatim Jawara (Frau, 19)	Gambia	starb vor der Küste Libyens, als sie versuchte, Italien zu erreichen	BBC/AFP
01.10.16	**1**	**Aboubacar Sow (Mann, 15)**	**Guinea**	**im Mittelmeer ertrunken**	
01.10.16	**1**	**Sidy Bah (Mann, 20)**	**Guinea**	**im Mittelmeer ertrunken**	
01.10.16	**1**	**Luwam (Frau, 20)**	**Eritrea**	**im Mittelmeer ertrunken**	
25.09.16	**1**	**Alhaji N. Kamara (Mann, 22)**	**Sierra Leone**	**wurde in Libyen erschossen, nachdem er mit vielen anderen vor einer Mafia fliehen wollte, die ihn als Sklave gefangen hielt**	
24.09.16	1	N.N. (Mann, 30)	Sudan	wurde nahe des Hafens von Calais (FR) von einem Frachtzug erfasst, als er versuchte, nach Großbritannien zu gelangen	MNS
21.09.16	442	N.N.	Afrika	42 ertrunken, 400 vermisst, nachdem das Boot nahe Alexandria (EG) kenterte; 155 Personen gerettet	VK/eNCA/ NationPK
21.09.16	202	N.N.	Ägypten, Sudan, Eritrea	starben, als das Boot Richtung Italien mit mindestens 450 Personen nahe Rosetta im Nildelta (EG) kenterte	Reuters/ IOM/ Aljazeera/ Alahram

„Let's go home!"

Kamara hatte Sierra Leone verlassen, weil er einen 18-Jährigen beschützen wollte. Selbst lebte er in gesicherten Verhältnissen, arbeitete bei einer Computerfirma sowie für die Verkehrspolizei zur Kontrolle der Motorradrikschas. Für den Jungen fühlte er sich verantwortlich wie ein großer Bruder, er hatte guten Kontakt zu dessen Mutter. Der Junge lebte bei seiner Mutter, er war unehelich geboren und deshalb rechtlos: Ziel von Respektlosigkeit, Verachtung und Misstrauen. Aber durch die Mutter war er geschützt. Als jedoch die Ebola-Epidemie sich in Sierra Leone ausbreitete, erkrankte auch seine Mutter und starb.

Im Frühjahr 2014 meldete die Weltgesundheitsorganisation (WHO), dass eine Epidemie ausgebrochen war. In Guinea hatte sie begonnen und breitete sich schnell auch in Sierra Leone und Liberia aus. Schon im Sommer 2014 waren 1.500 Todesfälle bekannt. Die WHO erklärte die Infektionskrankheit zu einer „internationalen öffentlichen Gesundheitskatastrophe", die „in den bislang betroffenen Ländern allein nicht bewältigt werden" könne. Im Frühjahr 2015 waren schon mehr als 10.000 Menschen gestorben. Doch erst, als die Krankheit aus Afrika hinaus übertragen, der erste Erkrankte im Oktober 2014 in den USA gestorben war, wurden die westlichen Regierungen aktiv und halfen. Der deutsche Außenminister sagte, „wir alle" hätten den tödlichen Ebolavirus zu lange unterschätzt.

„Kann es sein, dass ‚wir alle' erst aufgewacht sind, nachdem deutlich wurde, dass dieses Virus schnell auch wohlhabende Länder betreffen kann?", fragt Lutz van Dijk in seinem Buch *Afrika*. „Denn im gleichen Zeitraum von vier Monaten sterben in Sierra Leone im Durchschnitt 3.000 Menschen an Malaria, ohne dass dies auch nur zu irgendeiner internationalen Besorgnis führt, da es in wohlhabenden Ländern in der Regel ausreichend Medikamente gegen Malaria gibt."

Der junge Mann musste nach dem Tod seiner Mutter 42 Tage lang in Quarantäne. Um ein Gebäude war ein Sicherheitsnetz gespannt, er war dort allein und gefangen, das Gebäude wurde von bewaffneten Polizisten und Soldaten bewacht. Ihm wurde Essen und Trinken unter dem Netz durchgeschoben.

Als er schließlich entlassen wurde und in sein Viertel zurückkehrte, wollte niemand etwas mit ihm zu tun haben. Im Gegenteil waren die Leute misstrauisch, ob er wohl die Krankheit mitbringe. Er hatte nicht nur seine Mutter verloren und war allein, er war auch aus der Gemeinschaft ausgestoßen. Die Wohnung war vollkommen leer, alle Habseligkeiten waren verbrannt worden. Er legte sich in diesem leeren Raum zum Schlafen auf den Boden. Es war Kamara, der kam und sagte: Let's go home. Er nahm ihn zu sich, gab ihm einen Schlüssel, teilte mit ihm Wohnung und Essen.

Aber der junge Mann fand keinen Frieden; Verwandte der Mutter wollten nicht dulden, dass er noch lebte. Sie wussten, dass er bei Kamara wohnte – wenn er einfach verschwunden wäre, hätten sie Kamara gesucht oder ihm die Polizei auf den Hals gehetzt. Also ging Kamara mit ihm.

Die beiden wollten nicht weit gehen, nur so weit, bis sie in Sicherheit sein würden. Im Nachbarland Guinea waren die Kriminellen lebensgefährlich, also weiter. In Mali wurden sie mit Waffen bedroht, in Burkina Faso bekamen sie mit, wie auf Flüchtlinge geschossen wurde, und in Niger mussten sie sich verstecken, um nicht verkauft zu werden. Zurück konnten sie nicht, vorwärts hieß in die Sahara, aber bleiben konnten sie doch nicht. So gingen sie in Richtung Libyen; aber Afrikaner mit dunkler Hautfarbe sind dort immer in Gefahr. Sie wurden schnell gefangen und von der Gruppe verkauft an eine andere Mafiagruppe in Sabha. Die brachte sie mitten in die Wüste und dort wurden sie Sklaven. Nachts eingesperrt in einer Baracke, tags gezwungen, von 7 bis 22 Uhr im Gemüseanbau und in der Ernte zu arbeiten. Mit Schaufeln, mit einem Pflug, ohne ausreichend zu essen und sowieso ohne Lohn. Sie hungerten, am Tag bekamen sie ein Weißbrot für drei Leute.

Kamara weinte manchmal. Vorher hatte er ein normales Leben gehabt.

Nachts kamen die Libyer und ihre Helfer mit den Telefonen und die Schläge begannen: Call! Ruf an! Riefen die Gefangenen bei ihren Familien an, schlugen die Menschenhändler sie, sodass die Familienmitglieder die Schreie hören konnten und Geld schickten. Jeden Tag gab man ihnen ein Handy: Call! Aber wen sollten Kamara und sein Freund anrufen? Sie hatten niemanden. Jede Nacht wurden sie geschlagen. Kamaras Freund musste auf Knien zur Arbeit gehen, so verletzt waren seine Fußsohlen durch die Schläge.

Irgendwann, vielleicht nach zwei oder drei Monaten, gelang es den Gefangenen, das Blechdach der Baracke anzuheben und hinauszuklettern. Sie rannten weg. Aber die Wächter fingen einige wieder ein. Sie schossen auf die Fliehenden. Kamara wurde am Rücken getroffen. Der junge Mann weinte und Kamara sagte: Renn! Renn weg von mir! Andere zogen ihn von Kamara weg und nahmen ihn mit.

Viele der Gefangenen konnten entkommen, aber eine andere Mafiagruppe fand sie schnell. Verschiedene bewaffnete Gruppen in Libyen bekämpfen sich und rauben sich gegenseitig die flüchtenden Menschen, denn sie sind viel Geld wert. Wenn die Mafias sich bekämpfen, ist Krieg. Die Libyer schießen in die Luft, sie wollen sich nicht töten, sagt Kamaras Freund. Aber von den Geflüchteten wurden viele an den Beinen verletzt. Mit einem Auto wurden die erneut Gefangenen nach Tripolis gefahren und wieder verkauft. Der junge Mann erfuhr, als er dort war, dass sein Freund gestorben war.

In Tripolis war er wieder eingesperrt. Wer noch etwas Kraft hatte und nicht zu krank war, den holten die Libyer, um Leichen aus dem Meer zu ziehen, auch den jungen Mann. Die Leichen mussten sie in einen Sack mit Reißverschluss legen und in der Wüste vergraben.

Einmal sah der junge Mann abends am Strand, wie eine Gruppe von Menschen ein Schlauchboot bestieg. Entdecken die Schlepper jemanden, der in ein Boot steigt, ohne bezahlt zu haben, erschießen sie ihn. Oder sie verkaufen ihn weiter.

Kamaras Freund aber konnte sich unter die Menschen in die Gruppe mischen und mit ins Boot steigen. So entrann er der Sklaverei und schaffte es schließlich, bis nach Deutschland zu gelangen. Hier aber ist das Bangen, ob er in Sicherheit wird leben können, noch nicht zu Ende.

Kamara war 22 Jahre alt, als er starb. Er war groß, stark und sehr still. Er redete nicht viel, und wenn, dann war er sehr direkt. Wenn sein Freund bei ihm saß, sagte er manchmal: Lass mich, rede nicht so viel.

Was zu tun war, das tat Kamara. Was er tun konnte, hat er getan.

Tot aufgefunden	Zahl	Name	Herkunftsland	Todesursache	Quelle
16.09.16	1	Raheemullah Oryakhel (Junge, 14)	Afghanistan	tot aufgefunden nahe des Hafens von Calais (FR), versuchte allein von Afghanistan nach Großbritannien zu gelangen	GuardianUn./VoixDuNord/MNS
14.09.16	2	N.N. (1 Junge; 1 Mann)	Irak	ertrunken; sie versuchten, mit einem Boot, das 10 Personen nach Rumänien brachte, die Donau (BG) zu überqueren	LeCourrierdesBalkans
14.09.16	4	N.N. (2 Kinder; 2 Frauen)	Irak	Berichten zufolge vermisst, als sie versuchten, die Donau (BG) mit einem Boot Richtung Rumänien zu überqueren	LeCourrierdesBalkans
05.09.16	15	N.N.	unbekannt	starben im Mittelmeer, als sie versuchten, in überfüllten Schlauchbooten von Libyen aus nach Europa zu gelangen	Reu./AFP/JIJI/ANSA
01.09.16	2	N.N. (2 Kinder)	unbekannt	starben bei Verkehrsunfällen, als sie auf einer vielbefahrenen Autobahn zwischen Grimaldi (IT) und Menton (FR) liefen	LeMur
29.08.16	1	Arkadiusz Jóźwik (Mann, 40)	Polen	auf der Straße von Jugendlichen angegriffen, die hörten, dass er Polnisch sprach; starb im Krankenhaus in Cambridge (GB)	GuardianUn.
23.08.16	1	N.N. (Mann, ±30)	Sudan	starb bei einer gewalttätigen Auseinandersetzung zwischen Migrant*innen nahe der Autobahn A16 in Marck, Calais (FR)	AFP/LaDepeche/Nord Littoral
23.08.16	1	N.N. (Mann, 20)	Afghanistan	erschossen; vermutlich von einem Jäger nahe Pirot (RS), nachdem er die bulgarisch-serbische Grenze überquert hatte	SofiaNewsAgency/Novinite/AFP
18.08.16	5	N.N. (2 Mädchen, 8 Monate; 2 Frauen; 1 Mann)	Syrien	starben, als ein kleines Holzboot, das 27 Personen nach Italien transportierte, vor Libyen kenterte	MOAS/AP
18.08.16	1	N.N.	Syrien	vermisst, nachdem ein Holzboot, das 27 Personen nach Italien transportierte, vor Libyen kenterte	MOAS/AP
12.08.16	1	Zhang Chaolin (Mann, 49)	China	angegriffen von Rassisten auf der Straße im Vorort Aubervilliers bei Paris (FR); starb nach 5 Tagen im Koma	BBC/NYtimes
im August 18	**1**	**Fallone (Frau, 23)**	**Kamerun**	**ertrunken im Mittelmeer beim Versuch, Europa zu erreichen**	
im August 18	**1**	**Mimi (Frau, 23**	**Kamerun**	**ertrunken im Mittelmeer beim Versuch, Europa zu erreichen**	
31.07.16	1	N.N. (Mann)	unbekannt	Wanderarbeiter aus Osteuropa; starb bei einem Brand auf einem schottischen Bauernhof	BBC/TheCourier
27.07.16	1	N.N. (Mann, 28)	Sudan	auf der Autobahn A16 nahe Calais (FR) von einem Auto erfasst, als er versuchte, Großbritannien zu erreichen	AFP/France3

Tot aufgefunden	Zahl	Name	Herkunftsland	Todesursache	Quelle
26.07.16	1	N.N. (Mann, 37)	Äthiopien	erstochen in einem Camp in Calais (FR) bei einem Streit zwischen verschiedenen Gruppen von Migrant*innen	AFP/Voix-DuNord/Express
25.07.16	1	Muhammed Wisam Sankari (Mann)	Syrien	enthauptet in Istanbul (TR), nachdem er entführt und vergewaltigt wurde, weil er homosexuell war	Libération/KaosGL
23.07.16	87	N.N.	unbekannt	Berichten zufolge ertrunken, als sie versuchten, Italien zu erreichen; Leichen wurden nahe Tripoli (LY) an Land gespült	Aljazeera
21.07.16	1	N.N.	unbekannt	tot aufgefunden am Rande der Autobahn A16 nahe Calais (FR); versuchte, nach Großbritannien zu gelangen	AFP/France3
21.07.16	17	N.N. (1 Junge; 16 Männer)	unbekannt	starben in einem überfüllten Holzboot; versuchten Italien von Libyen aus zu erreichen	IBTimes/Reuters
20.07.16	22	N.N. (21 Frauen; 1 Mann)	Nigeria, Ghana, Mali, Elfenbeinküste	ertrunken oder erdrückt in einem Schlauchboot, das mind. 230 Menschen aus Libyen nach Italien brachte	Le Monde
13.07.16	5	N.N. (1 Mädchen; 1 Junge; 1 Frau; 1 Mann)	unbekannt	ertrunken, als das Boot aus der Türkei vor der Küste der Insel Lesbos (GR) kenterte; 6 Personen gerettet	Aljazeera/AP/Independent/KTG
12.07.16	1	Samrawit (Frau, 17)	Eritrea	von einem Lkw erfasst auf der Straße nahe dem Hafen von Calais, nachdem das Steenvoorde-Camp (FR) geräumt wurde	VoixDu-Nord/Ouest-France
12.07.16	4	N.N.	unbekannt	erstickten unter Deck in einem überladenen Holzboot beim Versuch, Italien von Libyen aus zu erreichen	Reuters/MOAS
12.07.16	1	N.N.	unbekannt	starb im Mittelmeer beim Versuch, Italien von Nordafrika aus zu erreichen	WatchThe-Med
08.07.16	1	N.N. (Mann)	Kamerun	starb beim Versuch, die spanische Enklave Ceuta von Marokko aus zu erreichen	Statewatch/Faro
06.07.16	1	Emmanuel Namdi (Mann, 35)	Nigeria	Asylsuchender in Italien; starb bei einem rassistischen Angriff eines lokalen Fußball-Hooligans auf der Straße	AP/NBC/NigeriaToday/QZ
04.07.16	1	N.N.	unbekannt	von einem Fahrzeug erfasst beim Versuch, Großbritannien zu erreichen; am Straßenrand in Calais (FR) tot aufgefunden	VoixDuNord
30.06.16	10	N.N.	unbekannt	ertrunken, als das Schlauchboot, das Migrant*innen nach Italien brachte, im Mittelmeer sank	AFP/Ya.N
26.06.16	1	Pape Ndiaye	Senegal	starb aufgrund unterlassener Hilfeleistung der marokkanischen Marine; das Boot Richtung Tarifa (ES) kenterte nahe Tanger (MA)	WatchThe-Med

Tot aufgefunden	Zahl	Name	Herkunftsland	Todesursache	Quelle
26.06.16	1	Cheik Ndiaye	Senegal	starb aufgrund unterlassener Hilfeleistung der marokkanischen Marine; das Boot Richtung Tarifa (ES) kenterte nahe Tanger (MA)	WatchThe-Med
26.06.16	1	Saliou Fall	Senegal	starb aufgrund unterlassener Hilfeleistung der marokkanischen Marine; das Boot Richtung Tarifa (ES) kenterte nahe Tanger (MA)	WatchThe-Med
23.06.16	1	N.N. (Mann, 32)	Ägypten	starb bei einer gewalttätigen Auseinandersetzung im Souda Camp für Geflüchtete auf der Insal Chios (GR)	GreekReporter
19.06.16	11	N.N. (4 Kinder)	Syrien	erschossen von türkischen Grenzsoldaten, als sie versuchten, die türkisch-syrische Grenze zu überqueren	SOHR/ NYtimes/ Libération
17.06.16	34	N.N. (20 Kinder; 9 Frauen)	Niger	starben nahe der algerisch-nigerianischen Grenze, nachdem Schlepper sie in der Wüste zurückließen, mind. 20 Kinder	EinNews/ African-PO/AFP/ France24
07.06.16	1	N.N. (Mann)	Subsahara-Afrika	starb in Marokko beim Versuch, die spanische Enklave Melilla durch die Kanalisation zu erreichen	Le360
02.06.16	117	N.N. (6 Kinder; 75 Frauen; 36 Männer)	unbekannt	ertrunken beim Versuch, Italien mit einem Boot zu erreichen; die Leichen wurden nahe Zuwara (LY) angespült	LibyaRed-Crescent/ MigrantReport
01.06.16	1	Farhan al-Hwaish (Mann, 22)	Syrien	starb im Fluss Tisza (HU), nachdem er beim Versuch, Ungarn über Serbien zu erreichen, von der Polizei angegriffen wurde	Reu./ LeCourrier-desBalkans/ MNS
01.06.16	1	Okbay Tsegeweyni (Frau, 27)	Eritrea	im Mittelmeer ertrunken	
29.05.16	**1**	**Ibrahim Jabuti (Mann, 19)**	**Somali aus Djibouti**	**im Mittelmeer ertrunken**	
29.05.16	1	Hasan UK (Mann, 23)	Somali aus Mogadischu	im Mittelmeer ertrunken	
29.05.16	1	Sharmake (18)	Somali aus Äthiopien, aus Dhire-Dhawa	im Mittelmeer ertrunken	
29.05.16	1	Ahmed	Äthiopien, geboren in Harar	im Mittelmeer ertrunken	
29.05.16	1	Yusuf (Mann)	Somalia	im Mittelmeer ertrunken	
29.05.16	1	Hodan Ali Ahmed (Mann)	Somaliland, Hargaissa	im Mittelmeer ertrunken	
29.05.16	1	Arab (Spitzname) (Mann)	Somalia	im Mittelmeer ertrunken	
29.05.16	2	Frau mit kleinem Mädchen	Somaliland, Hargaissa	im Mittelmeer ertrunken	
29.05.16	**1**	**Mahamed Sheik Abdillahi Shide (Mann, 21)**	**Somali aus Luuq**	**im Mittelmeer ertrunken**	

Husein berichtet

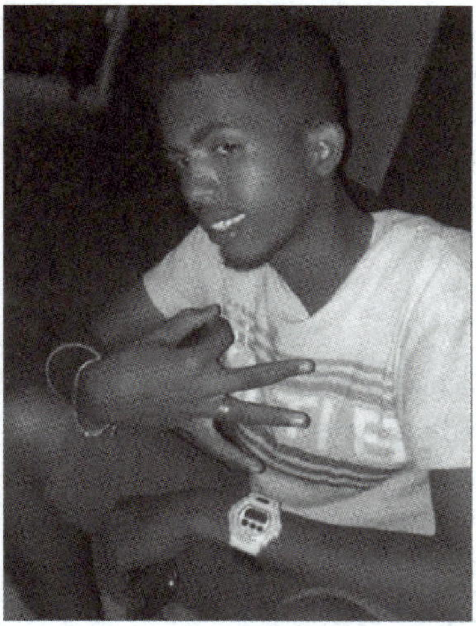

Ibrahim Jabuti war ein toller Mensch. Freundlich. Er redete mit allen. Er hatte eine Freundin, sie hat überlebt. Sie wohnt in Italien und geht in die Berufsschule.

Viel weiß ich vom ihm nicht, denn wir waren in einer unangenehmen Situation im Schleppergefängnis. Jeder denkt, wir müssen sterben. Man spricht nicht viel, weil man zu schwach ist. Man denkt: Werde ich Glück haben oder werde ich sterben?

Jeder denkt für sich selbst: Warum bin ich hier? Ich sterbe hier. Was denken die Eltern dann, wie geht es ihnen? Werden sie Probleme haben?

Jeder ist krank, entweder am Körper oder psychisch.

Es gibt nur zwei Toiletten für 400 Personen in dem Schleppergefängnis. In zwei kleinen Zimmern sind je 200 Personen eingeschlossen, alle mit Läusen, mit Krankheiten. Wir können uns nicht waschen. Die Toilette ist im Zimmer, offen, jeder sieht das, es stinkt.

Es ist so eng, wir sind übereinander, nicht alle können liegen, wir können uns nicht bewegen. Nachts sitzen manche, die anderen schlafen. Nach zwei, drei Stunden wecken, jetzt bin ich dran. Man muss abwechselnd schlafen.

Wir hören viel. Wir hören von ISIS in Libyen, sie holen junge Leute aus dem Gefängnis und schicken sie in den Krieg. Oder geben ihnen eine Bombe, damit sie töten. Das ist uns zum Glück nicht passiert.

Wir fragen, wann können wir weg? Wir hören viel, auch dass Menschen im Mittelmeer ertrunken sind.

Ich konnte nur auf dem Bauch schlafen, zwei Monate lang. Ich war wie alle verletzt von der Fahrt durch die Wüste. Du hast Schmerzen, kannst nicht liegen, die Haut ist offen. In der Sahara auf dem Pick-up mit 30 Personen, du bist einmal oben, einmal unten, der fährt 180 Kilometer, wir haben auch einen Unfall gehabt, manche sind runtergefallen, ein Mädchen hat sich ein Bein gebrochen, ein Junge die Hand. Du denkst, wenn ich sterbe, bin ich froh. Ich will sterben, ich kann diese Schmerzen nicht ertragen. Ich habe Glück gehabt, weil ich überlebt habe.

Ibrahim Jabuti hat den Weg durch die Sahara und das Schleppergefängnis in Libyen überlebt. Aber dann ist er im Mittelmeer ertrunken.

In Europa Medizin studieren

Mahamed wächst in der Stadt Luuq auf. Dort geht er zur Grundschule. In Somalia ist Bürgerkrieg und die Miliz Al-Shabaab versucht, die Jungen für sich zu rekrutieren. Die Angst vor der Miliz ist allgegenwärtig, und für Mahameds Eltern ist es sogar zu gefährlich, mit ihrem eigenen Sohn gegen die Miliz zu sprechen. Er ist noch ein Junge, als seine Eltern ihn allein ins Nachbarland Kenia schicken, um ihn in Sicherheit zu wissen.

Im kenianischen Flüchtlingslager Hagadera besucht Mahamed die Oberschule. Danach besucht er das Gymnasium in Nairobi und macht seinen Abschluss. Sein Wunsch ist es, Medizin zu studieren. Am liebsten in Somalia, wo er bei seiner Familie leben kann. Zurück in Luuq verbringt er gern seine Zeit mit anderen jungen Leuten, er unterhält sich gern, er ist freundlich und sein Hobby ist Fußballspielen.

Aber nicht lange nach seiner Rückkehr aus Kenia bekommt Mahamed einen Anruf von der Terrormiliz Al-Shabaab und man kündigt ihm an, dass man ihn töten werde. Die Terroristen glauben, wer im Ausland gelernt habe, werde mit den jungen Leuten gegen sie sprechen. Oder er sei zurückgekommen, weil der Geheimdienst ihn geschickt habe, damit er für die Regierung oder das Militär berichte.

Mahamed flüchtet nach Nairobi und wartet dort auf einen Studienplatz. Er muss lange warten, und schließlich überlegt er, vielleicht in Europa Medizin zu studieren. Also entschließt er sich loszugehen. Von Kenia über Südsudan, Sudan, die Sahara nach Libyen. Dort tauschen die bei den Schleusern gefangenen Menschen miteinander die Telefonnummern ihrer Familien aus. Jede Person gibt fünf oder sechs anderen ihre Nummer. Alle denken an ihre Eltern. Falls sie sterben, muss jemand den Eltern Bescheid sagen. Manche Eltern suchen schon seit fünf oder sechs Jahren nach ihren Kindern.

Mahamed gibt auch mehreren anderen seine Telefonnummer. Mehrere müssen es sein, vielleicht überlebt einer von ihnen.

Mahamed ist im Mittelmeer ertrunken, aber ein Mädchen, das im gleichen Boot war wie er, hat überlebt. Als sie in Italien angekommen ist, hat sie seine Eltern angerufen und sie benachrichtigt.

Mahameds sieben Geschwister und seine Eltern leben in Luuq. Sein Bruder konnte in Somalia Medizin studieren und lebt heute in der Schweiz.

Tot aufgefunden	Zahl	Name	Herkunftsland	Todesursache	Quelle
28.05.16	1	N.N. (Mann, 25)	Afghanistan	auf der Autobahn A16 in Richtung Großbritannien nahe Calais (FR) von einem Lkw erfasst	VoixDuNord/Parisien/MNS
27.05.16	45	N.N. (3 Babys)	Eritrea, Nigeria, Sudan	starben, als das Boot, das Migrant*innen von Libyen nach Italien brachte, sank; 135 Personen gerettet	Reuters/MSF/UNHCR
27.05.16	120	N.N.	Eritrea, Nigeria, Sudan	vermisst, nachdem Schlauchboot mit Migranten Richtung Italien sank	Reu./MSF/UNHCR
27.05.16	360	N.N.	unbekannt	9 ertrunken, 351 vermisst, nachdem das große Boot mit Migrant*innen nahe Kreta (GR) sank; 340 Personen gerettet	GuardianUn./AFP/DailySabah
26.05.16	550	N.N.	Eritrea, Nigeria, Sudan	ertrunken, als das große Boot mit 670 Passagier*innen vor der Küste Libyens sanken; 15 Leichen geborgen, 114 Personen gerettet	Reu./IOM/UNHCR/GuardianUn./AFP
25.05.16	7	N.N.	unbekannt	ertrunken, als das Schiff kenterte, nachdem es aus Ägypten aufbrach; etwa 500 Personen gerettet	GuardianUn.
25.05.16	100	N.N.	unbekannt	ertrunken oder erstickt im Rumpf eines Bootes, das auf dem Weg nach Italien nahe Libyen kenterte	NYtimes/Reu./IOM/UNHCR/Guardian
09.05.16	1	N.N. (Mann, 24)	Pakistan	von einem Fahrzeug erfasst auf dem Weg nach Großbritannien auf der Autobahn A16, nahe Port of Calais (FR)	VoixDuNord
09.05.16	1	N.N. (junger Mann)	Syrien	erschossen von türkischen Sicherheitskräften beim Überqueren der syrisch-türkischen Grenze	SOHR
01.05.16	**1**	**Awed (26)**	**Eritrea**	**im Mittelmeer ertrunken; es gab viele Tote; er hat in Khartoum vorübergehend in einer Seifenfabrik gearbeitet**	
29.04.16	15	N.N.	Nigeria, Guinea, Mali, Elfenbeinküste	Berichten zufolge vermisst, nachdem das Schiff auf dem Weg nach Italien vor der libyschen Küste kenterte	AFP/Libération Maroc
29.04.16	84	N.N.	Westafrika	Berichten zufolge vermisst, nachdem das Boot auf dem Weg nach Italien vor der libyschen Küste sank	AFP/IOM/Libération Maroc
27.04.16	30	N.N.	Ägypten, Syrien	erschossen von Schleppern in Bani Walid (LY) nach einem Streit zwischen Migrant*innen und Schleppern	NewArab
25.04.16	1	N.N. (Junge, 17)	Mali	Suizid; minderjähriger Geflüchteter in Isolationshaft beging Selbstmord in der Haftanstalt in Loiret (FR)	Humanité
21.04.16	**1**	**Sidiki (Mann, 28)**	**Kamerun**	**Bruder von Askar, ertrunken im Mittelmeer beim Versuch, Europa zu erreichen**	
21.04.16	**1**	**Askar (Mann, 23)**	**Kamerun**	**Bruder von Sidiki, ertrunken im Mittelmeer beim Versuch, Europa zu erreichen**	

Awed, Mai 2016

Letztes Foto von Sidiki und Askar in Libyen, April 2016

Tot aufgefunden	Zahl	Name	Herkunftsland	Todesursache	Quelle
18.04.16	400	N.N.	Subsahara-Afrika	vermisst, nachdem vier Boote aus Ägypten beim Versuch, die Straße von Sizilien zu überqueren, sanken; 30 Personen gerettet	BBC
17.04.16	1	Maslah Mohamed (Mann, 22)	Somalia	ertrunken, als er versuchte, Italien in einem überfüllten Boot zu erreichen, nachdem er ein Geflüchtetencamp in Kenia verließ	RadioErgo
17.04.16	6	N.N.	unbekannt	starben auf halbversunkenem Schlauchboot, das Geflüchtete nach Italien transportierte; 108 Personen gerettet	RTE/BBC/UNHCR/SOSMed/Breitbart
16.04.16	6	N.N.	Kamerun, Gambia, Costa Rica	starben, als sie versuchten, Spanien von Nordafrika aus zu erreichen; 21 Personen gerettet	El Diario
09.04.16	500	N.N. (100 Kinder; 400 Erwachsene)	Äthiopien, Sudan, Ägypten, Somalia, Syrien	starben bei Schiffbruch im Mittelmeer; zwei Boote aus Libyen und Ägypten mit vielen Kindern an Bord	Reuters/BBC
11.04.16	1	Mustapha Jatta (Mann, 19)	Gambia	starb an einer Magenkrankheit in einem Krankenhaus in Neapel (IT), während er auf den Asylentscheid wartete	Freedom-News
02.04.16	4	N.N.	Afrika	erschossen von libyschen Wärtern, als sie versuchten, aus einer Haftanstalt in Zawiya (LY) zu entkommen; 20 Verletzte	MigrantReport
01.04.16	1	Safi Siyap (Mädchen, 12 Monate)	unbekannt	starb während einer Rettungsaktion in der Ägäis auf dem Weg nach Lesbos (GR)	CNN
01.04.16	2	N.N. (Mädchen, 2 und 7)	Irak	Schwestern; starben auf dem Weg nach Lesbos (GR); wurden auf der Insel begraben	CNN
01.04.16	1	N.N.	unbekannt	blinder Passagier; erdrückt unter Lastwagen, nachdem er Großbritannien von Dunkirk (FR) aus erreicht hatte	Passeurs d'hospitalités
01.04.16	1	Mohamed Husain (Mann, 18)	Kurdistan	blinder Passagier; erdrückt in einem Lkw in Oxfordshire (GB), nachdem er aus Dünkirchen (FR) angekommen war	GuardianUn./Passeurs d'hospitalités
31.03.16	1	Ali Sarail (Mann, 22)	Afghanistan	von einem Schwertransporter auf der Autobahn A16 in Marck, nahe Calais (FR) erfasst beim Versuch, Großbritannien zu erreichen	VoixDuNord/MNS
20.03.16	2	N.N. (Männer)	Syrien	1 erlag einem Herzinfarkt, nachdem er Lesbos (GB) erreicht hatte und von der Abschiebung in die Türkei bedroht war	MEOnline/WatchTheMed/Mail Online
19.03.16	2	N.N. (Kind, 8; junger Mann)	unbekannt	ertrunken; fielen vor der türkischen Küste ins Wasser; Rettungsteams wurden von der türkischen Küstenwache behindert	SeaWatch

Tot aufgefunden	Zahl	Name	Herkunftsland	Todesursache	Quelle
19.03.16	1	N.N. (Mädchen, 4 Monate)	unbekannt	starb, als das Boot, das Migrant*innen aus der Türkei nach Chios (GR) brachte, in der Ägäis sank	AA/HurriyetDN
19.03.16	2	N.N. (Mädchen, 12 und 24 Monate)	unbekannt	ertrunken nahe der Insel Ro (GR), nachdem sie die Türkei auf einem Boot in Richtung Griechenland verließen	UNHCR/AFP/AA/HurriyetDN/KTG
14.03.16	3	N.N. (2 Frauen (1 schwanger); 1 Mann)	Afghanistan	ertrunken im Fluss Suva (MK) beim Versuch, Mazedonien von Griechenland aus zu erreichen	Aljazeera/WatchTheMed/NOS
12.03.16	1	N.N. (Junge, 15)	unbekannt	starb in der spanischen Enklave Melilla, als er versuchte, heimlich auf ein Schiff nach Málaga (ES) zu gelangen	El Diario
11.03.16	1	N.N. (Junge, 17)	Ägypten	sprang von einem fahrenden Zug nahe München (DE), nachdem die Polizei seinen Abschiebebescheid entdeckt hatte	MNS
09.03.16	5	N.N.	Subsahara-Afrika	starben bei einer Massenabschiebung durch algerische Behörden; 30 Verletzte	Le Monde/LADDH
09.03.16	5	N.N. (1 Baby)	unbekannt	starben, als das Boot, das afghanische und iranische Migrant*innen nach Lesbos (GR) brachte, vor der türkischen Küste sank	AFP/DHA
09.03.16	2	N.N.	unbekannt	vermisst, nachdem das Boot, das afghanische und iranische Migrant*innen nach Lesbos brachte, vor der türkischen Küste sank	AFP/DHA
06.03.16	25	N.N. (10 Kinder)	unbekannt	starben, als das Boot in Richtung Griechenland mit 10 Kindern an Bord vor der türkischen Küste kenterte	HurriyetDN/AA/AP/Independent
05.03.16	2	N.N.	Syrien	erschossen von türkischer Grenzpolizei beim Versuch, die Grenze zwischen Syrien und der Türkei zu überqueren	IBTimes
04.03.16	1	N.N. (Mann, 19)	unbekannt	erstochen während eines Streits in einer Unterkunft für Geflüchtete in Lindesberg (SE)	AFP/DailyStar
02.03.16	1	N.N. (Mann)	Sudan	tot aufgefunden in seinem Zelt in Calais (FR); vermutlich Herzinfarkt	Passeurs d'hospitalités
01.03.16	2	N.N.	Syrien	ertrunken auf dem Weg nach Griechenland; beerdigt auf dem Dogancay Friedhof in Izmir (TR)	VK
01.03.16	1	N.N. (Junge, 5)	Syrien	ertrunken auf dem Weg nach Griechenland; beerdigt auf dem Dogancay Friedhof in Izmir (TR)	VK
01.03.16	1	N.N. (Junge, 8 Monate)	Syrien	ertrunken auf dem Weg nach Griechenland; beerdigt auf dem Dogancay Friedhof in Izmir (TR)	VK
01.03.16	3	N.N. (Kinder)	Syrien	ertrunken auf dem Weg nach Griechenland; beerdigt auf dem Dogancay Friedhof in Izmir (TR)	VK

Tot aufgefunden	Zahl	Name	Herkunftsland	Todesursache	Quelle
01.03.16	1	Bacayaco Alhasane (Mann, ±18)	Elfenbeinküste	in der Sahara verdurstet	
01.03.16	1	Boubacar Bah (Mann, ±18)	Guinea	in der Sahara verdurstet	
01.03.16	1	Moustafa Barry (Mann, ±18)	Guinea	in der Sahara verdurstet	
01.03.16	2	N.N. (2 Männer, ±18)	Mali	in der Sahara verdurstet	

Wer nein antwortet, muss in der Wüste bleiben.

Berichtet von Lamin aus Guinea: Lamin ist noch nicht erwachsen, muss sein Land verlassen und ist in Gao in Mali angekommen. Dort finden er und viele andere von Schleusern angestellte Fluchthelfer, die ihnen weiterhelfen.

Ein Lastwagen fährt 150 Menschen an die Grenze zu Algerien in die Nähe der Stadt Timiaouine in der Wüste. Irgendwo in der Wüste an einem Hof angekommen, ruft der Fahrer den Chef, den Schleuser, an. Der kommt mit anderen und die Menschen müssen absteigen und am Tor zum Hof ihren Namen sagen. Jeder Einzelne wird gefragt: Bezahlst du das Geld? Wer nein antwortet, nicht bezahlen kann, muss draußen in der Wüste bleiben. Wer ja sagt, wird eingelassen. Alle sagen ja.

Der Schleuser schreibt alle Namen in ein Heft. Seine Buchführung.

In diesem Hof bekommen die Menschen Wasser und ein bisschen Essen. Sie sind Flüchtlinge und nun zu Gefangenen geworden. Bewacht werden sie tagsüber von Tuareg, nachts wird abgeschlossen und sie sind allein.

Dann kommen die Handys. Die Tuareg-Bewacher verteilen sie, denn die Menschen im Hof sollen ihre Eltern anrufen und sich Geld schicken lassen. Sobald sie bezahlt hätten, würden sie rüber nach Algerien gebracht.

Lamin und elf andere haben keine Eltern mehr. Manche haben ihre Eltern durch die Ebola-Epidemie in West-Afrika verloren. Die Jugendlichen geben falsche Telefonnummern an. Eine Woche lang geht es, in der zweiten Woche fangen die Tuareg an, zu schreien und sie zu schlagen. In der dritten Woche werden die Schläge gefährlich. Die Tuareg stoßen den am Boden liegenden Menschen ihre Knüppel auf den Kopf und den Leib wie in einen Mörser. Lamin hat bis heute Schmerzen in der Schulter.

Man kann nachts über die Mauer des Hofs schauen. Am Himmel sehen sie ein helles Licht. Das kommt aus Algerien, dort muss eine Stadt sein, sehr weit weg. Sie haben Angst, totgeschlagen zu werden, weil sie nicht bezahlen können. Auch, wenn der Weg zu dem Licht sehr weit sein muss, auch wenn sie da draußen sterben könnten, sie müssen einen Ausweg finden.

In einer Nacht klettern zwölf Jungen über die Mauer und gehen los, in Richtung des Lichts. Gehen, bis sie nicht mehr können, ruhen aus, gehen weiter, manchmal nimmt sie jemand im Auto ein kleines Stück mit, nicht lange, denn die Fahrer haben Angst vor Kontrollen der Gendarmen. Die zwölf Jungen gehen und haben kein Wasser. Und Angst, sich zu verlaufen. Von den Autofahrern haben sie gelernt, sich an den Stromleitungen zu orientieren, egal, wie der Weg ist, über Berge, durch Täler, niemals die Stromleitungen zu verlassen. Alle 15 Kilometer ein himmelhoher Mast. Sie gehen einer hinter dem anderen, doch bald verlieren sie sich aus den Augen; sie haben nicht das gleiche Tempo, jeder geht so schnell oder langsam, wie es seine Kraft ohne Wasser und Essen zulässt. Alle sind schwach. Wenn einer fällt, kann niemand zurückbleiben, alle müssen weitergehen. Vor Lamin bleibt Mustafa Barry liegen, aber Lamin kann ihm nicht helfen, kann nicht stehen bleiben, er will ja nicht sterben. Lamin erreicht nach Tagen die Stadt mit dem Licht, etwa 500 Kilometer ist er durch die Wüste gegangen. In Tamanrasset treffen sich die überlebenden jungen Männer wieder. Sie fragen einander nach den fehlenden. Einen hat Lamin sterben sehen, die anderen erzählen ihm vom Tod der fehlenden drei. Acht haben überlebt.

In Algerien konnten Lamin und die anderen nicht bleiben, selbst wenn sie wollten, weil die Polizei Menschen mit schwarzer Hautfarbe festnimmt, weit hinaus in die Wüste fährt und dort aussetzt, was einem Todesurteil gleichkommt. Also muss Lamin sich verstecken, bis er in ein anderes Land gehen kann. Es bleiben nur Marokko oder Libyen.

Nachdem er noch mehrmals dem Tode so nahe war, kommt Lamin im Dezember 2016 in Deutschland an und denkt, nun sei er in Sicherheit und könne in Ruhe zur Schule gehen und lernen. Aber Sicherheit ist nie, sondern immer die Angst vor der Ausländerbehörde und der Abschiebung nach Italien, in ein Land, wo es für Flüchtlinge nicht genug zu essen und keine Arbeit gibt und viele auf der Straße schlafen. Im Januar 2018 ist er 18 Jahre alt und wird nach Italien abgeschoben.

Tot aufgefunden	Zahl	Name	Herkunftsland	Todesursache	Quelle
17.02.16	1	Amir Siman-Tov (Mann, ±30)	Marokko	Suizid in einer Isolationszelle im Abschiebegefängnis in Colnbrook (GB)	GuardianUn./ Politics UK
14.02.16	1	N.N. (Mann, ±20)	Afghanistan	erstochen während eines Streits zwischen zwei Gruppen von Migrant*innen nahe der Unterkunft für Asylsuchende in Ljusne (SE)	Mail Online
12.02.16	28	N.N.	unbekannt	Berichten zufolge vermisst zwischen Mauretanien und den Kanarischen Inseln (ES)	El Diario
12.02.16	1	N.N. (Mann, ±30)	unbekannt	Stromschlag erlitten bei dem Versuch, auf einen Güterzug nahe Subotica (RS) in Richtung Ungarn zu steigen	Blic
11.02.16	1	Mohamed (Mann, 36)	Afghanistan	wurde mehrere Tage, nachdem er verschwunden war, im Hafen von Calais (FR) tot aufgefunden	VoixDu-Nord/Nord Littoral
08.02.16	2	N.N. (Mädchen, 14; Frau, 40)	Irak	erfroren, als sie den Fluss Rezovo zwischen der Türkei und Bulgarien überqueren wollten	BalkanInsight/Mail Online
08.02.16	27	N.N. (11 Kinder)	unbekannt	ertrunken, als das Boot in Richtung Lesbos (GR) in der Bucht von Edremit (TR) sank	BBC/GuardianUn.
07.02.16	5	N.N.	unbekannt	Berichten zufolge gestorben während einer 5-tägigen Reise von Westsahara nach Gran Canaria (ES)	20ME
07.02.16	1	N.N.	unbekannt	starb in einem Krankenhaus in Gran Canaria (ES) nach einer 5-tägigen Reise von Westsahara aus	20ME
06.02.16	2	N.N. (Kind; Mann)	Syrien	erschossen von der türkischen Grenzpolizei beim Versuch, die syrisch-türkische Grenze zu überqueren	IBTimes
01.02.16	**1**	**Ali Fakat (Mann, 32)**	**Somalia, aus Mogadischu**	**im Schleppergefängnis Umu Arab in Libyen erschossen**	
30.01.16	3	Kazem (1 Baby; 1 Junge, 4; 1 Frau)	Syrien	Mutter und ihre beiden Kinder starben, als das Boot aus der Türkei Richtung Lesbos (GR) in der Ägäis auf Klippen stieß	FR-BW/AP/ NYtimes/ WPost/AA/ BBC
30.01.16	41	N.N. (4 Babys; 6 Kinder)	Syrien, Myanmar, Afghanistan	starben, als das Boot, das Migrant*innen aus der Türkei nach Lesbos (GR) brachte, in der Ägäis auf Klippen stieß	AP/NYtimes/ WPost/AA/ BBC
28.01.16	26	N.N. (10 Kinder)	Irak	Kurd*innen; starben, als das Boot aus der Türkei Richtung Griechenland vor der Insel Samos (GR) kenterte	RTE/IOM/ CNN/Reuters
28.01.16	9	N.N.	Irak	vermisst, nachdem das Boot aus der Türkei Richtung Griechenland vor der Insel Samos (GR) kenterte	Reuters/ RTE/IOM/ CNN
27.01.16	7	N.N. (2 Kinder; 2 Frauen; 3 Männer)	unbekannt	tot aufgefunden nahe der Insel Kos (GR), nachdem das Boot aus der Türkei Richtung Griechenland kenterte	BelT/Reuter
23.01.16	1	N.N.	unbekannt	tot aufgefunden; vermutlich nach der Durchquerung der Berge zwischen Bulgarien und Serbien an Unterkühlung gestorben	UNHCR

Ali Fakat wollte die Frauen beschützen

Husein berichtet: Die Männer, die für die Schlepper arbeiten, kamen und schlugen uns jeden Tag. Und sie holten die Mädchen und Frauen. Immer nur die neu Angekommenen, weil sie sagten, die anderen haben Krankheiten. Drei sind schwanger geworden und haben Kinder bekommen.

Es ist nicht ihre Schuld, aber die Mädchen schweigen. Sie erzählen den Leuten eine andere Geschichte, sie sagen, sie waren verheiratet und ihr Mann sei in Libyen gestorben.

Die Schlepper kamen immer abends, um sich Frauen zu holen.

Ali Fakat war der Älteste von uns. Um die Frauen zu beschützen, stellte er sich vor die Tür, damit sie nicht reinkommen, und sagte: „Nein!“

Einer hat ihn erschossen.

Tot aufgefunden	Zahl	Name	Herkunftsland	Todesursache	Quelle
22.01.16	8	N.N. (6 Kinder; 2 Frauen)	unbekannt	ertrunken, als das Holzboot aus der Türkei vor der Küste der Insel Farmakonisi (GR) sank; 41 Überlebende	AP/NYtimes/INDie/GuardianUn.
22.01.16	48	N.N. (11 Kinder; 17 Frauen)	Syrien, Irak	38 ertrunken, 10 vermisst, nachdem das Boot aus der Türkei vor der Küste der Insel Kalolimnos (GR) sank; 32 Personen gerettet	AP/NYtimes/INDie/WatchTheMed
20.01.16	1	N.N.	unbekannt	tot aufgefunden; vermutlich nach der Durchquerung der Berge zwischen Bulgarien und Serbien an Unterkühlung gestorben	UNHCR
20.01.16	3	N.N. (1 Kind, 5; 2 Frauen)	unbekannt	starben an Unterkühlung, nachdem sie von der Türkei aus die Insel Lesbos (GR) erreichten	IFRC
17.01.16	1	N.N. (Mann, 33)	Indien	erfror in einem Auto nahe Alakurtti (RU), nachdem er 5 Tage darauf wartete, die Grenze zu Finnland zu überqueren	BarentsObs
16.01.16	1	Hussein Ali Abdel Amer (Mann, 30)	Irak	Suizid; erhängte sich im Zentrum für Asylsuchende in Alphen (NL)	AD/VK/NRC
11.01.16	1	N.N. (Frau)	Somalia	ertrunken, nachdem Schlepper eine Gruppe von 40 Migranten in das Adriatische Meer nahe Puglia (IT) warfen	Xinhua/RAI/ANSA/LR
11.01.16	3	N.N. (Frauen)	Somalia	3 vermisst, nachdem Schlepper 40 Migrant*innen nahe Puglia (IT) in das Adriatische Meer warfen	Xinhua/RAI/ANSA/LR
09.01.16	7	N.N.	Syrien	starben, als der Bus, der Migrant*innen zu einem Boot nach Lesbos (GR) brachte, sich in Balikesir (TR) überschlug	AFP/AlArabia/AA
08.01.16	6	N.N.	Syrien, Myanmar, Afghanistan	starben, als der Bus, der Migrant*innen zu einem Boot nach Griechenland brachte, in ein Auto in Canakkale (TR) fuhr	AFP/AlArabia/DHA
06.01.16	34	N.N. (7 Kinder; 1 schwangere Frau)	unbekannt	in Ayvalik und Dikili (TR) an Land gespült, nachdem drei Boote Richtung Lesbos (GR) kenterten	WatchTheMed/IrishTimes
05.01.16	1	Faris K. Ali (Junge, 4 Monate)	Syrien	erfror in einem Zelt bei Batman (TR) aus Mangel an Benzin, Elektrizität und Obdach	CihanNews/NRT
04.01.16	3	N.N.	Subsahara-Afrika	ertrunken, nachdem das Boot in Richtung Ceuta (ES/MA) von der marokkanischen Küstenwache zurückgetrieben wurde	EFE/Publico/WatchTheMed
03.01.16	1	Masud Naveed (Mann, 15)	Afghanistan	starb beim Versuch, nach Ablehnung seines Asylantrags von Calais aus zu seiner Schwester nach Großbritannien zu gelangen	
02.01.16	1	N.N. (Junge, 2)	unbekannt	starb, nachdem das Boot, das Migrant*innen aus der Türkei nach Griechenland brachte, nahe Agathonisi (GR) auf Klippen stieß	AFP/AlArabia/RTE/WatchTheMed

Tot aufgefunden	Zahl	Name	Herkunftsland	Todesursache	Quelle
01.01.16	3	N.N.	unbekannt	tot aufgefunden in den Dünen von Calais (FR); Gerüchten zufolge wurden sie von Rechtsextremen angegriffen	VK
01.01.16	**1**	**Fu'aad (Mann, 20)**	**Somalia, aus Hargeisa**	**starb im Schleppergefängnis Umu Arab an Hunger und Krankheit**	
Jan 16	**1**	**Fajac (±19)**	**Somalia, aus Flüchtlingslager Awbare Refugee Camp in Äthiopien**	**starb im Schleppergefängnis Umu Arab an Hunger und Krankheit**	
Jan 16	**1**	**Ban Bas (18)**	**Somalia, aus Äthiopien**	**starb im Gefängnis Umu Arab an einer Krankheit**	
Jan 16	**1**	**Abdi Khaliq (Mann, 17)**	**Somalia, geboren in Äthiopien**	**gestorben in Libyen, nachdem er 2 Monate im Gefängnis Umu Arab in einem Raum ohne Tageslicht eingesperrt war; kurz vor dem Hungertod wurde er raus in die Sonne gelegt und starb**	
Jan 16	**1**	**N.N. (Junge, 15)**	**Somalia**	**geboren in Somalia, aufgewachsen im Shedder Refugee Camp in Äthiopien; war 3 Monate in Libyen von Schleppern in einem Stall gefangen und starb dort**	
Jan 16	**1**	**Mebratom Nuguse (Mann, 25)**	**Eritrea**	**im Mittelmeer ertrunken**	
2016	**1**	**Simon Tsegay (Mann)**	**Eritrea**	**im Mittelmeer ertrunken**	
2016	**1**	**Dawit Tadese (Mann, 25)**	**Eritrea**	**im Mittelmeer ertrunken**	

Dawit Tadese

Tot aufgefunden	Zahl	Name	Herkunftsland	Todesursache	Quelle
28.12.15	1	N.N. (Mann, ±30)	unbekannt	blinder Passagier; hat sich beim Versuch, von Grande-Synthe (FR) nach Großbritannien zu gelangen, den Kopf angeschlagen	VoixDu-Nord/ France3
25.12.15	2	N.N.	Kamerun	ertrunken beim Versuch, von Marokko in die spanische Enklave Ceuta zu schwimmen	FFM/Faro/ Local.es/ AFP/StraitTimes
25.12.15	1	N.N. (Mann, 41)	Guinea-Bissau	erstochen auf der Straße in Roquetas de Mar, Almería (ES)	Local.es
24.12.15	20	N.N. (11 Kinder; 1 schwangere Frau)	unbekannt	ertrunken, als das Holzboot in Richtung Lesbos (GR) nahe Izmir (TR) sank	DailySabah/ AA/AP/Irish-Times
23.12.15	13	N.N. (7 Kinder)	unbekannt	ertrunken nahe der Insel Farmakonisi (GR), nachdem sie die türkische Küste verließen; 12 Personen gerettet	SP/Reuters/ AFP/INDie
23.12.15	1	N.N. (Mann)	unbekannt	vermisst nahe der Insel Farmakonisi (GR), nachdem er die türkische Küste verließ; 12 Personen gerettet	SP/Reuters/ AFP
22.12.15	11	N.N. (3 Kinder)	unbekannt	ertrunken, als das Boot, das Migrant*innen aus der Türkei nach Griechenland brachte, in der Ägäis kenterte	SP/AP
19.12.15	1	N.N. (Mann, 24)	Eritrea	fiel aus der 3. Etage eines italienischen Krankenhauses bei Fluchtversuch, um in einem anderen Land Asyl zu beantragen	Local
19.12.15	1	N.N. (Mann)	Kongo	Suizid in Vottem (BE), nachdem er 15 Jahre lang Asyl suchte; sollte abgeschoben werden	MNS
18.12.15	18	N.N.	Irak, Syrien, Pakistan	ertrunken, als das Boot in Richtung Griechenland vor Bodrum (TR) sank; 14 Personen gerettet	KI/DHA/ Reuters
16.12.15	54	N.N. (3 Frauen)	unbekannt	tot aufgefunden in einem Fischerboot vor der Küste Libyens; 3.000 Personen gerettet	Observer Gazette
16.12.15	2	N.N.	unbekannt	ertrunken; das Boot kenterte vor dem Strand von Eftalou auf der Insel Lesbos (GR); 90 Personen gerettet	SeaWatch
14.12.15	1	N.N.	unbekannt	blinde*r Passagier*in; erdrückt; hielt sich am Bodengestell eines Lkws aus Calais (FR) Richtung England fest	VK
09.12.15	12	N.N. (6 Kinder; 2 Frauen; 4 Männer)	unbekannt	starben, als das Holzboot aus Didim (TR) nahe der griechischen Insel Farmakonisi kenterte	HurriyetDN/ DHA/AFP/ AP/INDie
09.12.15	13	N.N.	unbekannt	vermisst, nachdem das Holzboot aus Didim (TR) nahe der griechischen Insel Farmakonisi kenterte	HurriyetDN/ DHA/AFP/ AP/INDie
08.12.15	1	N.N. (Baby, 6 Monate)	unbekannt	tot aufgefunden, nachdem das Boot, das Migrant*innen nach Farmakonisi (GR) brachte, in der Ägäis kenterte	HurriyetDN/ DHA

Tot aufgefunden	Zahl	Name	Herkunftsland	Todesursache	Quelle
08.12.15	1	N.N. (Kind)	unbekannt	starb, als das Boot Richtung Griechenland in der Ägäis nahe der Türkei sank	HurriyetDN/DHA
08.12.15	1	N.N. (Mann, 25)	Sudan	erstochen in einem Geflüchtetencamp in Boulogne-Sur-Mer, Calais (FR)	Local.fr/Passeurs d'hospitalités
08.12.15	6	N.N. (1 Baby; 5 Kinder)	Afghanistan	ertrunken, als das Schlauchboot in Richtung der griechischen Insel Chios nahe Cesme (TR) kenterte	BBC/HurriyetDN/DHA/AP/INDie
07.12.15	1	Sajida Ali (Mädchen, 5)	unbekannt	gestorben bei einem Schiffbruch, beim Versuch, Griechenland zu erreichen; Leiche wurde in Cesme (TR) an Land gespült	HurriyetDN/DHA/Telegraph/AA
03.12.15	1	N.N. (Mann)	Marokko	Stromschlag erlitten beim Versuch, auf einen Zug an der griechisch-mazedonischen Grenze zu steigen	Mail Online/Reuters/AFP/DW/Sky
03.12.15	1	Joseph (Junge, 16)	Sudan	erfasst von einem Lkw auf der Autobahn A16 in Calais (FR) beim Versuch, Großbritannien zu erreichen	Libération/AFP/VoixDuNord
01.12.15	1	N.N. (Junge, 17)	Syrien	verunglückt bei einem Unfall in einem Geflüchtetencenter in Vestby (NO)	Klassekampen
01.12.15	2	N.N. (Kinder)	Irak	ertrunken; das Boot kenterte zwischen Cesme (TR) und der Insel Chios (GR); 72 Personen gerettet	Imkander
01.12.15	13	N.N.	unbekannt	10 erstickt, 1 ertrunken, 2 vermisst; das Boot sank zwischen der Türkei und Griechenland; 15 Personen gerettet	Imkander
01.12.15	6	N.N.	unbekannt	3 ertrunken, 3 vermisst; das Boot sank auf dem Weg von Antalya (TR) nach Griechenland; 17 Personen gerettet	Imkander
01.12.15	4	N.N.	unbekannt	ertrunken, als das Boot auf dem Weg von Bodrum (TR) nach Griechenland sank; 58 Personen gerettet	Imkander
Ende Nov 15	**1**	**Nalo (Junge, 14)**	**Somalia**	**verhungerte im Schleppergefängnis Umu Arab in Libyen**	
Ende Nov 15	**1**	**Mohammad (Mann, 21)**	**Oromo aus Äthiopien**	**starb in der Sahara**	
30.11.15	2	N.N. (Männer, 23 und 24)	Kamerun	erstickt, als die Polizei das Geflüchtetencamp in Fnideq (MA) nahe Ceuta (ES/MA) abbrannte	Obs. france24/EFE/YABI
24.11.15	18	N.N. (2 Kinder)	Nigeria	starben bei einem Brand in einem Camp für afrikanische Migrant*innen in Algerien	AFP/BBC
20.11.15	1	N.N. (Mann, ±20)	Irak	von einem Auto erfasst auf der Autobahn A16 in Grande-Synthe, nahe Calais (FR)	VoixDuNord

Nalo

Husein berichtet: Nalo war noch ein Kind. Nachdem ihn einmal ein betrunkener Schlepper sehr geschlagen hatte, war er schockiert und sprach wenig. Er hatte viel Angst.

Wenn wir Essen kriegen, Makkaroni nur mit Wasser, ist es ein kleiner Teller für je fünf Personen. Je mehr junge Leute dabei sind, desto schneller essen sie. Die älteren Leute überlegen, dass sie das Essen abkühlen lassen. Die Jungen wollen so schnell wie möglich essen, das Essen kommt nur zwei Mal am Tag, sehr heiß, sie verbrennen sich die Hand, so schnell essen sie. Einer nimmt zehn Mal, einer nimmt zwei oder drei Mal. Aber es gibt keinen Streit.

Wann man Freiheit hat, wenn man Energie hat, kann man diskutieren. Aber alle sind zu schwach, sie können nicht reden.

Du bekommst Angst. Du überlegst viel. Warum bin ich hier? Was soll meine Zukunft sein? Du siehst genau, dass man nur sterben kann. Du kannst dir nicht vorstellen, dass du weiterleben kannst. Du freust dich, dass du stirbst. Du denkst, ich bin froh, wenn ich sterbe.

Immer wenn wir schlafen, ist am Morgen jemand tot.

Wir haben geschlafen, am Morgen war Nalo tot.

Husein berichtet

Ich konnte ein bisschen helfen. Wenn sie Essen kriegen, einen Teller Makkaroni mit Wasser für fünf Personen, da konnte ich sagen, wasch die Hand. Ich konnte sagen, nicht mehr Wasser trinken. Wir hatten ja alle Hunger. Wer viel getrunken hat, bekam sofort Magenschmerzen. Wir hatten alle Hunger. Dann kamen die Schmerzen und der Durchfall. Wenn der Durchfall kommt, kann der Mensch nicht mehr leben, er stirbt sofort. Dann geht die Energie weg, er kann nicht mehr aufstehen. Er stirbt. Andere kriegen Magenschmerzen.

Ja, es war furchtbar.

Die Schlepper schlugen alle, die Mohammad helfen wollten.

Husein berichtet: Der libysche Fahrer fuhr den mit Menschen vollgeladenen Pick-up sehr schnell und ohne Rücksicht. Mohammad fiel vom Auto, wir konnten den Fahrer zum Anhalten bringen. Wir haben ihn geholt, er war zwischen Kopf und Schulter verletzt.

Als wir an einer Station in der Wüste angekommen waren, gab es für Mohammad keine Medikamente, keine Hilfe. Er lag immer auf dem Boden, in der Wüste ist es in der Nacht sehr kalt. Wir wollten ihm helfen, aber wir konnten nicht. Die Schlepper schlugen alle, die ihm helfen wollten, mit Eisenstangen. Er starb dort.

Tot aufgefunden	Zahl	Name	Herkunftsland	Todesursache	Quelle
19.11.15	1	N.N. (Frau, ±30)	unbekannt	tot aufgefunden, nachdem das Boot nahe Bodrum (TR) kenterte	HurriyetDN/ DHA
19.11.15	1	N.N. (Mann, 30)	unbekannt	ertrunken zwischen der Türkei und Lesbos (GR); beerdigt auf einem Friedhof auf Lesbos	Reuters
19.11.15	1	N.N. (Mann, 35)	unbekannt	ertrunken zwischen der Türkei und Lesbos (GR); beerdigt auf einem Friedhof auf Lesbos	Reuters
19.11.15	1	N.N. (Junge, 7)	unbekannt	ertrunken zwischen der Türkei und Lesbos (GR); beerdigt auf einem Friedhof auf Lesbos	Reuters
19.11.15	1	N.N. (Junge, 12)	unbekannt	ertrunken zwischen der Türkei und Lesbos (GR); beerdigt auf einem Friedhof auf Lesbos	Reuters
19.11.15	1	N.N. (Mädchen, 17)	Eritrea	erstochen von einem 18-jährigen Jungen (vermutlich ihr Freund) in der Unterkunft für Geflüchtete in Sunndal (NO)	VG
18.11.15	14	N.N.	unbekannt	vermisst, nachdem das Boot nahe Bodrum (TR) kenterte	HurriyetDN/ DHA
14.11.15	1	N.N. (Mann, 29)	Afghanistan	tot aufgefunden, nachdem er von einem Zug in Cherbourg (FR) erfasst wurde	AFP/Le Figaro
11.11.15	14	N.N. (Kinder)	unbekannt	ertrunken, als das Holzboot zwischen der Türkei und Lesbos (GR) sank; 27 Personen gerettet	Reuters
01.11.15	12	N.N. (4 Babys; 3 Kinder; 5 Frauen)	unbekannt	ertrunken, als das Boot nahe der griechischen Insel Samos kenterte; 15 Personen gerettet, 2 vermisst	GuardianUn./VK
01.11.15	2	N.N.	unbekannt	ertrunken, als das Boot nahe der Küste von Farmakonisi (GR) sank	VK
Nov 15	1	N.N. (Mädchen, 4)	Syrien	von Zug erfasst, als sie mit ihrer Familie entlang der Zugtrasse in der Nähe des Flusses Evros auf der türkish-griechischen Grenze lief	ICRC
01.11.15	8	Asaho (7 Kinder, 0–9; 1 Frau)	Syrien	ertrunken auf dem Weg aus der Türkei nach Griechenland; Familie floh vor dem IS	MNS
01.11.15	1	N.N.	unbekannt	erschossen von einem Grenzpolizisten beim Versuch, mit 50 anderen die türkisch-bulgarische Grenze zu überqueren	Imkander
01.11.15	8	N.N.	unbekannt	ertrunken zwischen Libyen und Italien, während 633 bei Rettungsaktionen gerettet wurden	Imkander
01.11.15	12	N.N.	unbekannt	ertrunken, als das Boot in der Ägäis auf dem Weg nach Lesbos (GR) sank; 25 Personen gerettet	Imkander
01.11.15	2	N.N. (1 Frau; 1 Mann)	unbekannt	1 ertrunken, 1 vermisst (Ehepaar), nachdem das Boot nahe Didim (TR) sank; 11 Personen gerettet	Imkander

Tot aufgefunden	Zahl	Name	Herkunftsland	Todesursache	Quelle
01.11.15	15	N.N.	unbekannt	vermisst, nachdem das Boot nahe Bodrum (TR) sank; 5 Personen gerettet	Imkander
01.11.15	2	N.N. (Kinder)	unbekannt	ertrunken, als eines von drei Booten aus Bodrum (TR) nach Kos (GR) sank; 28 Personen gerettet	Imkander
01.11.15	14	N.N.	unbekannt	ertrunken, als das Boot nahe Ayvacik (TR) auf dem Weg nach Lesbos (GR) sank; 27 Personen gerettet	Imkander
01.11.15	4	N.N. (3 Kinder; 1 Frau)	Afghanistan	ertrunken, als drei Boote aus Ayvacik (TR) nach Lesbos (GR) im Sturm sanken; 135 Personen gerettet	Imkander
01.11.15	2	N.N. (1 Frau)	unbekannt	Leichen wurden an der Küste von Gerence und Göreme, Datça (TR) an Land gespült	Imkander
01.11.15	1	N.N. (Baby, 8 Monate)	Syrien	ertrunken, als das Boot vor Lesbos (GR) sank; 34 Personen gerettet	Imkander
01.11.15	3	N.N. (2 Kinder; 1 Frau)	unbekannt	vermisst; überladenes Boot in Richtung Lesbos (GR) sank nahe Ayvacik (TR) in einem Sturm; 21 Personen gerettet	Imkander
01.11.15	1	N.N. (Mann)	unbekannt	Leiche wurde an der türkischen Küste bei Ayvacik während einer Rettungsaktion gefunden; 1.300 Personen gerettet	Imkander
01.11.15	5	N.N. (1 Frau; 4 Männer)	unbekannt	Leichen wurden nahe Ayvacik (TR) gefunden	Imkander
01.11.15	2	N.N. (Männer)	unbekannt	Leichen wurden in einem Hafen nahe des Dorfes Behramkale, Ayvacik (TR) gefunden	Imkander
01.11.15	2	N.N. (1 Frau)	unbekannt	Leichen wurden an der Acidere Küste, im Dorf Gülpinar, Ayvacik (TR) gefunden	Imkander
01.11.15	4	N.N. (1 Mädchen; 3 Jungen)	unbekannt	ertrunken, als das Boot in Richtung Lesbos (GR) nahe Ayvacik (TR) in einem Sturm sank; 51 Personen gerettet	Imkander
01.11.15	5	N.N. (5 Jungen, 0–6 Monate)	unbekannt	Leichen wurden im Dorf Ahmetçe, Ayvacik (TR) gefunden	Imkander
01.11.15	9	N.N.	unbekannt	ertrunken, als ihre Boote nahe der Insel Kos (GR) kenterte	Imkander
01.11.15	11	N.N.	Syrien	9 ertrunken, 2 vermisst, nachdem das Boot 1 km vor der Insel Kos (GR) kenterte; 7 Überlebende	Imkander
31.10.15	1	N.N. (Frau, 63)	Afghanistan	starb in einem Camp für Geflüchtete in Opatovac (HR), vermutlich auf dem Weg nach Deutschland	AP
30.10.15	3	N.N.	unbekannt	starben bei Schiffbruch vor der griechischen Insel Rhodos in der Ägäis; 6 Personen gerettet	IOM/NBC/AP/KI

Tot aufgefunden	Zahl	Name	Herkunftsland	Todesursache	Quelle
30.10.15	3	N.N.	unbekannt	vermisst nach Schiffbruch vor der griechischen Insel Rhodos in der Ägäis; 6 Personen gerettet	IOM/NBC/AP/KI
29.10.15	39	N.N. (mind. 2 Babys)	Kamerun, Nigeria, Mali	4 gestorben, 35 vermisst, nachdem das Boot im Alborán Meer zwischen Alhucemas (MA) und Málaga (ES) kenterte	EFE/ElPeriodico
29.10.15	14	N.N.	unbekannt	ertrunken, als das Boot zwischen den Inseln Kalymnos und Kalolimnos (GR) kenterte	IOM/UNHCR/Xinhua
28.10.15	3	N.N. (1 Kind; 1 Mädchen, 3; 1 Junge, 6)	unbekannt	ertrunken, als das Boot vor der Insel Lesbos (GR) sank; 71 Personen gerettet	IOM
28.10.15	30	N.N.	unbekannt	vermisst, nachdem das Holzboot nahe der griechischen Insel Lesbos sank; 242 Personen gerettet	IOM/Reuters/UNHCR
28.10.15	11	N.N. (5 Kinder; 1 Frau)	unbekannt	starben, als ein Holzboot nahe der griechischen Insel Lesbos sank; 242 Personen gerettet	IOM/Reuters/UNHCR
28.10.15	1	N.N. (Mädchen, 5)	Syrien	starb im Krankenhaus, vermutlich aufgrund Unterkühlung, nachdem sie auf der griechischen Insel Samos ankam	IOM/UNHCR
28.10.15	2	N.N.	unbekannt	vermisst, nachdem das Boot vor der griechischen Insel Samos sank; 47 Personen gerettet	IOM/UNHCR
28.10.15	1	N.N. (Kind)	unbekannt	starb im Krankenhaus, vermutlich aufgrund Unterkühlung, nach der Ankunft auf Lesbos (GR)	IOM/UNHCR
28.10.15	3	N.N.	Syrien, Afghanistan	ertrunken, als das Boot nahe der griechischen Insel Samos kenterte; 52 Personen gerettet	IOM/UNHCR
28.10.15	1	N.N. (Kind)	unbekannt	vermisst, nachdem das Boot nahe der griechischen Insel Samos kenterte; 52 Personen gerettet	IOM/UNHCR
28.10.15	4	N.N. (Kinder)	unbekannt	starben, als das Boot nahe der griechischen Insel Agathonisi kenterte; 372 Überlebende	IOM/UNHCR
27.10.15	1	N.N.	Syrien	von einem Auto nahe Calais (FR) erfasst beim Versuch, nach Großbritannien zu gelangen; 3 Personen wurden verletzt	FranceSoir/MNS
26.10.15	1	N.N.	unbekannt	starb Berichten zufolge an Verletzungen, die an Bord eines Schiffes nahe der griechischen Insel Agathonisi erlitten wurden	WatchTheMed
25.10.15	3	N.N. (2 Kinder; 1 Frau)	unbekannt	starben, nachdem das Boot nahe der griechischen Insel Lesbos sank	AFP/KI/WatchTheMed
25.10.15	10	N.N.	Afghanistan	starben, nachdem das Boot nahe der griechischen Insel Lesbos sank	AFP/KI/WatchTheMed

Tot aufgefunden	Zahl	Name	Herkunftsland	Todesursache	Quelle
24.10.15	1	N.N. (Junge, 2)	Afghanistan	vermisst, nachdem er auf der Reise nach Griechenland ins Meer fiel	AFP/KI
22.10.15	1	Ahmed Hassan (Junge, 15)	Somalia	ermordet bei einem rassistischen Angriff in der Schule in Trollhattan (SE); ein weiterer Schüler aus Syrien verletzt	Mail Online
16.10.15	1	N.N. (Junge, 17)	unbekannt	von einem Frachtzug in Coquelles nahe Port of Calais (FR) erfasst und über die Schienen geschleift	Parisien/Lacote/MNS
15.10.15	1	N.N.	Afghanistan	erschossen von der Grenzpolizei in Sredets (BG) nahe der bulgarisch-türkischen Grenze	Reuters/Novinite/VOA/MNS
15.10.15	1	N.N.	Syrien	von einem Auto auf der Autobahn A16 nahe des Ärmelkanals in Calais (FR) erfasst beim Versuch, nach Großbritannien zu gelangen	AFP/Ya.N/MNS
15.10.15	1	Mohamed Januzi (Junge, 4)	Bosnien	ermordet, nachdem er von einer Erstaufnahmestelle in Berlin (DE) entführt wurde	AFP/Local.de/Mail Online/Bild
15.10.15	1	N.N. (Junge, 17)	Afghanistan	von einem Frachtzug nahe des Ärmelkanaltunnels in Calais (FR) erfasst beim Versuch, nach Großbritannien zu gelangen	Parisien/Lacote
15.10.15	1	N.N. (Frau)	Irak	starb auf dem Weg aus der Türkei nach Lesbos (GR); wurde an Bord gezwungen, obwohl sie einen Herzinfarkt erlitt	PRI
14.10.15	1	Mohamed Akram (Mann, 22)	Afghanistan	blinder Passagier; von einem Lkw und einem Auto auf der Autobahn M20 in Kent (GB) erfasst	Mail Online/KentOnline
14.10.15	1	N.N. (Frau, ±30)	Syrien	von einem Auto auf der Autobahn A16 in Calais (FR) erfasst beim Versuch, nach Großbritannien zu gelangen	VoixDuNord/Passeurs d'hospitalités
10.10.15	1	N.N. (Junge, 16)	Afghanistan	ermordet von den Taliban, nachdem er und sein Bruder aus Dänemark nach Afghanistan abgeschoben wurden	Vivre
09.10.15	1	N.N. (Junge, 12 Monate)	Syrien	starb auf einem sinkenden Boot nahe Lesbos (GR)	AFP/AlArabia
09.10.15	1	Olivier (Mann)	Kamerun	starb, als das Floß nahe der spanischen Enklave Ceuta aufgrund brutaler Intervention der Marine kenterte	CadSER/GADEM
09.10.15	1	Giorgio (Mann)	Guinea	starb, als das Floß nahe der spanischen Enklave Ceuta aufgrund brutaler Intervention der Marine kenterte	CadSER/GADEM
01.10.15	1	N.N. (Mann, ±20)	Eritrea	von einem Lkw nahe des Ärmelkanaltunnels erfasst beim Versuch, von Frankreich nach Großbritannien zu gelangen	MNS

Tot aufgefunden	Zahl	Name	Herkunftsland	Todesursache	Quelle
01.10.15	1	N.N.	Afghanistan	von einem Auto auf der Autobahn in Calais erfasst	MNS
01.10.15	60	N.N.	unbekannt	starben, als das Boot in der Ägäis zwischen der Türkei und Lesbos (GR) sank	PRI
01.10.15	1	N.N. (Kind)	unbekannt	starb auf dem Weg aus der Türkei nach Lesbos (GR)	VK
01.10.15	13	N.N. (2 Kinder)	unbekannt	3 ertrunken, 10 vermisst, nachdem das Boot aus der Türkei nach Griechenland auf Klippen stieß; 45 Personen gerettet	Imkander
01.10.15	1	N.N.	Syrien	ertrunken, als das Boot aus Cesme (TR) in Richtung Chios (GR) am Kap Kara Mahmut sank; 43 Personen gerettet	Imkander
01.10.15	42	N.N. (12 Kinder)	unbekannt	19 ertrunken, 23 vermisst, nachdem das Boot nahe der Insel Kardak (TR) sank; 138 Personen gerettet	Imkander
01.10.15	2	N.N. (1 Baby)	unbekannt	vermisst, nachdem das Boot aus der Tasburun Bucht (TR) nahe Didim kenterte; 93 Personen gerettet	Imkander
Oct 15	70	N.N.	Subsahara-Afrika	40 Leichen; tot an Land gespült bei Zliten, Tripoli und Khoms (LB); 30 vermisst	Imkander/ SBS
30.09.15	1	N.N. (Mann, ±20)	Eritrea	tot aufgefunden, nachdem er von einem Shuttlebus nahe des Ärmelkanaltunnels in Coquelles, Calais (FR) erfasst wurde	20 Mf/AFP/ Passeurs d'hospitalités
29.09.15	1	N.N. (Mann, 20)	Irak	blinder Passagier; von Paletten im Frachtraum eines Lkws in Richtung Großbritannien nahe Hafen von Calais (FR) erdrückt	Francetvinfo/France3/ AFP/Ya.N/ MNS
27.09.15	17	N.N. (5 Kinder)	unbekannt	ertrunken, als das Boot nahe Bodrum (TR) auf dem Weg nach Kos (GR) sank; 20 Personen gerettet	HurriyetDN/ DHA/Independent/ BBC
24.09.15	1	N.N. (Junge)	Afrika	von einem Güterzug nahe des Ärmelkanaltunnels in Calais (FR) erfasst beim Versuch, nach Großbritannien zu gelangen	VICE/Ouest-France/ Nord Littoral/AFP
20.09.15	13	N.N. (4 Kinder)	unbekannt	starben, nachdem das Boot auf dem Weg nach Lesbos (GR) nahe des Hafens von Canakkale (TR) mit einer Fähre zusammenstieß	BBC
20.09.15	24	N.N.	unbekannt	vermisst, nachdem das Boot nahe Lesbos (GR) sank; 12 Personen gerettet	AFP/eNCA/ BBC
20.09.15	1	N.N. (Mann)	Marokko	tot aufgefunden nahe des Hafens von Calais (FR), nachdem er versuchte, zu einer Fähre zu schwimmen	VoixDuNord/ Passeurs d'hospitalités
20.09.15	1	N.N. (Mädchen, 7)	unbekannt	starb, als das Boot nach Griechenland in der Ägäis sank	AFP/eNCA/ BBC

Tot aufgefunden	Zahl	Name	Herkunftsland	Todesursache	Quelle
19.09.15	1	N.N. (Mädchen, 5)	Syrien	starb, als das Boot nach Griechenland in der Ägäis sank	AFP/IrishTimes/Reu./Independent
19.09.15	13	N.N.	Syrien	vermisst, nachdem das Boot vor Lesbos (GR) sank; 12 Überlebende	Independent/Reu./AP/IrishTimes/BBC
19.09.15	1	N.N. (Frau)	Afrika	tot aufgefunden auf einem Boot vor der libyschen Küste; 4.500 Personen gerettet	MNS
18.09.15	7	N.N. (1 Kind)	unbekannt	starben, als das Boot in Richtung Europa vor der libyschen Küste sank	Euronews
18.09.15	1	Abdel Kader Hanna (Mann ±30)	Syrien	gestorben durch einen Stromschlag auf dem Dach eines Güterzuges im Ärmelkanaltunnel in Calais (FR) in Richtung Großbritannien	BBC/France3/Passeurs d'hospitalités
17.09.15	1	N.N.	Syrien	gestorben durch einen Stromschlag beim Versuch, auf das Dach eines Zuges im Ärmelkanaltunnel zu springen	CalaisMS/MNS
15.09.15	22	N.N. (4 Kinder; 11 Frauen; 7 Männer)	unbekannt	ertrunken, als das Boot vor Bodrum (TR) auf der Überfahrt zur griechischen Insel Kos kenterte	IrishTimes/Reu./DHA/Ya.N//AFP
13.09.15	1	N.N. (Mann, 21)	Syrien	erstochen auf einer Straße in Sofia (BG)	Sputnik/BGNES
13.09.15	34	N.N. (4 Babys; 11 Kinder)	unbekannt	ertrunken nahe Farmakonisi (GR), als das überfüllte Holzboot bei starkem Wind kenterte; 98 Überlebende	GuardianUn./Athens-NewsAgency
12.09.15	1	N.N.	Afrika	blinde*r Passagier*in; tot aufgefunden im Fahrwerk eines Flugzeuges aus Afrika am Flughafen Schiphol (NL)	MNS
12.09.15	4	N.N. (Kinder)	unbekannt	vermisst, nachdem das Boot nahe der Insel Samos (GR) kenterte	GuardianUn.
08.09.15	**1**	**Abdulsalam Alshekh (Mann, 55)**	**Syrien**	**tot aufgefunden in einem Lkw an der österreichisch-deutschen Grenze, Opfer von illegalem Organhandel**	
08.09.15	**1**	**Fadeela Alshekh (Frau, 50)**	**Syrien**		
08.09.15	**1**	**Hind Alshekh (Mädchen, 17)**	**Syrien**		
08.09.15	**1**	**Mothanna Alshekh (Mann, 18)**	**Syrien**		

Tot aufgefunden	Zahl	Name	Herkunftsland	Todesursache	Quelle
06.09.15	15	N.N.	Subsahara-Afrika	vermisst, nachdem das Boot auf dem Weg von Libyen nach Italien in stürmische See geriet; 107 Personen gerettet	IOM
06.09.15	2	N.N.	Afrika	1 tot aufgefunden, 1 vermisst; vor der Küste der spanischen Enklave Ceuta	IOM/SP/ Globedia
05.09.15	1	N.N. (Baby, 2 Monate)	Syrien	gestorben, nachdem das Boot auf die Klippen der Insel Agathonisi (GR) stieß und kenterte	IOM/SP
04.09.15	1	N.N. (Mann, 51)	Pakistan	gestorben, nachdem er in Bicske (HU) auf der Flucht vor der Polizei auf Bahngleise fiel und sich den Kopf anstieß	ExpressTribune/Independent/ Mirror
02.09.15	**1**	**Alan Kurdi (Junge, 2)**	**Syrien**	**ertrunken, als das Boot nahe Bodrum (TR) kenterte**	**IBTimes/GuardianUn./ CBS/VK**
02.09.15	**1**	**Ghalip Kurdi (Junge, 5)**	**Syrien**	**ertrunken, als das Boot nahe Bodrum (TR) kenterte**	**IBTimes/GuardianUn./ CBS/VK**
02.09.15	**1**	**Rehan Kurdi (Frau)**	**Syrien**	**ertrunken, als das Boot nahe Bodrum (TR) kenterte**	**IBTimes/GuardianUn./ CBS/VK**
02.09.15	10	N.N. (2 Kinder, 10 und 11)	Syrien	ertrunken, als das Boot nahe Bodrum (TR) kenterte	IBTimes/ Guardian/ CBS/VK/ Imkander
01.09.15	28	N.N. (11 Kinder)	unbekannt	ertrunken nahe Didim (TR) beim Versuch, in einem Fischerboot nach Griechenland zu gelangen	Imkander
01.09.15	2	N.N.	Syrien	ertrunken nahe Seferihisar (TR)	Imkander
01.09.15	22	N.N. (4 Kinder; 11 Frauen)	unbekannt	gestorben, nachdem ihr Boot nahe Datca (TR) sank; 211 auf See gerettet	Imkander
01.09.15	1	N.N. (Mädchen, 4)	Syrien	erstickt auf einem Boot, das über Cesme (TR) nach Griechenland fuhr; 14 Personen gerettet	Imkander
01.09.15	12	N.N.	unbekannt	ertrunken, als 2 Boote nahe Bodrum (TR) sanken	Imkander
01.09.15	17	N.N.	unbekannt	ertrunken, als ihr Boot vor der Insel Cavus (TR) kenterte	Imkander
29.08.15	1	N.N. (Junge, 17)	unbekannt	getötet bei einem Schusswechsel zwischen der Polizei und Schleppern in Symi (GR)	Enikos/ Guardian/ Telegraph/ Imkander
27.08.15	71	N.N. (4 Kinder; 8 Frauen; 59 Männer)	unbekannt	erstickten im Laderaum eines Lkws; aufgefunden vor Parndorf (AT), nachdem sie von Schleusern zurückgelassen wurden	DerStandard/ Guardian/ Reuters/ Vivre
27.08.15	200	N.N.	unbekannt	tot aufgefunden auf einem Boot und auf dem Meer treibend vor der Küste Zuwaras (LY)	GuardianUn./BBC/ DerStandard

Die Menschlichkeit an Land gespült

Sein Bild ging um die Welt, es ist die Ikone der größten humanitären Katastrophe unseres Jahrhunderts. Menschen haben es auf Mauern gesprayt, als Sandskulptur geformt, den schmalen Schultern in Gemälden Flügelchen verpasst. Das französische Satireblatt *Charlie Hebdo* hat es in Karikaturen dargestellt, der chinesische Künstler Ai Wei Wei nachgestellt. Über den Hashtag #HumanityWashedAshore – die Menschlichkeit an Land gespült – verbreitete sich das Bild innerhalb weniger Stunden bis in den letzten Winkel der Erde. Alan Kurdi: ein kleiner Körper ohne Leben, dunkelblaue Hose, karminrotes T-Shirt, winzige Turnschuhe; das Gesicht im nassen Sand. Man wird nicht vergessen, wie er dort lag, am Strand in der Nähe von Bodrum, diesem Urlaubsidyll der türkischen Mittelschicht. Alan war der Sohn von Abdullah und Rehan Kurdi, einem Ehepaar aus Damaskus. Er hatte einen Bruder, Ghalip, fünf Jahre jung, dessen Körper hundert Meter weiter angeschwemmt wurde. Auch die Mutter hat die Fahrt über das Mittelmeer nicht überlebt.

Das Leben der Kurdis in Syrien vor dem Krieg war aufgeräumt. Sie gehörten der Mittelschicht an, dort, wo man sich Gedanken macht über die beste Ausbildung für die Kinder. Doch die Stationen des kurzen Lebens von Alan Kurdi klingen anders: Damaskus, Aleppo, Kobane. Es ist eine Aneinanderreihung der Schreckensorte aus mittlerweile acht Jahren Krieg. Zuletzt, den Fassbomben des Assad-Regimes und dem Terror des selbsternannten Islamischen Staates entkommen, lebte Familie Kurdi in Istanbul. Die Kinder, „die schönsten Kinder der Welt" findet der Vater, weckten ihn jeden Morgen ungeduldig auf, sie wollten spielen: „Gibt es irgendetwas Schöneres?"

Als Flüchtling durfte Abdullah Kurdi in der Türkei nicht arbeiten. Illegal schuftete er auf Baustellen, um seine Frau und die beiden Söhne durchzubringen in dieser schwierigen Zeit mit einer ungewissen Zukunft. Kanada, wo seine Schwester wohnt und versuchte, die Familie zu sich zu holen, verlangte Dokumente, an die ein Syrer in der Türkei nicht kommt. Der Bruder des Vaters, Mohammed, einst erfolgreicher Damaszener Friseur mit eigenem Salon, nun in derselben Stadt, in derselben Lage, hielt die Hoffnungslosigkeit nicht mehr aus und machte sich auf den Weg nach Europa. Von Heidelberg aus riet er Abdullah und seiner Schwägerin Rehan, es auch zu versuchen: Zwischen Verzweiflung und Hoffnung liegt nur das Mittelmeer. Danach: Griechenland, fester Boden in Europa.

Ein Kontinent, der viel verspricht und wenig hält: Das Boot auf dem Weg dorthin kentert, dutzende Menschen kämpfen im Wasser um ihr Leben. Abdullah Kurdi lässt seine Kinder los, als er merkt, dass sie tot sind. Auch seine Frau kann er nicht retten. Er lässt die Leichen in Syrien begraben. Er selbst hat überlebt, das bringt ihn um, jeden Tag.

Alan Kurdis Bild, kurz nach der Katastrophe fotografiert, bewegte die Menschen weltweit, die Politik musste reagieren. Kanada, Australien und die USA kündigten an, mehr Bürgerkriegsflüchtlinge aus Syrien aufzunehmen. Recep Tayyip Erdoğan bot Alans Vater, dem Kurden, die türkische Staatsbürgerschaft an. Der Präsident der autonomen Kurdenregion im Irak, Massud Barsani, versprach, ihn auf Kosten seiner Regierung in Erbil unterzubringen.

Am 2. Januar 2016, wenige Monate nach Alan Kurdis Tod, ertrinkt ein zweijähriger Junge im Mittelmeer. Das Boot, auf dem er saß, war vor der griechischen Insel Agathonisi auf die Klippen gestoßen. Es gibt kein Foto, die Meldung ist bloß eine Randnotiz. Niemand weiß, woher er kam, und niemand kennt seinen Namen.

Tot aufgefunden	Zahl	Name	Herkunftsland	Todesursache	Quelle
27.08.15	2	N.N.	unbekannt	tot aufgefunden auf einem Boot, das Migrant*innen von Libyen nach Lampedusa (IT) brachte	SeaWatch
26.08.15	52	N.N.	unbekannt	erstickt im Laderaum eines Bootes vor der Küste Libyens aufgefunden; wurden gezwungen, unter Deck zu bleiben; 439 gerettet	Aljazeera/ BBC/GuardianUn./VK
26.08.15	3	N.N. (Frauen)	unbekannt	von Rettern auf einem Schlauchboot vor der Küste Libyens tot aufgefunden	Aljazeera
26.08.15	1	N.N.	unbekannt	gestorben nach der Rettung von einem Boot vor der Küste Libyens	Aljazeera/ BBC/GuardianUn.
18.08.15	6	N.N. (1 Baby)	Syrien	ertrunken, als das Boot auf dem Weg von der Türkei zur griechischen Insel Kos kenterte	Morning-Journal
17.08.15	1	N.N.	unbekannt	von einem Frachtzug an der mazedonisch-serbischen Grenze erfasst	Fox
15.08.15	49	N.N.	unbekannt	erstickten vor libyscher Küste, nachdem ihnen nicht erlaubt wurde, den Laderaum des Schiffes zu verlassen; 320 gerettet	NYTimes/ INDie
06.08.15	1	T.K. (Mann, 30)	Uganda	Suizid im Abschiebegefängnis in Verne (GB), nachdem ihm medizinische Versorgung verweigert wurde	Dorset Echo/DetainedVoices/ Sputnik
06.08.15	200	N.N.	unbekannt	ertrunken, als das Boot vor der libyschen Küste kenterte	Telegraph/ GuardianUn./Imkander
03.08.15	5	N.N.	unbekannt	starben Berichten zufolge an Dehydrierung; befanden sich auf verschiedenen Booten vor der libyschen Küste	Local
02.08.15	1	N.N. (Frau)	Indien	Hausangestellte; sprang aus dem Fenster der Wohnung des Arbeitgebers, wo sie gegen ihren Willen festgehalten wurde (CY)	KISA/Cyprus-mail
02.08.15	4	N.N. (Männer)	Subsahara-Afrika	ertrunken beim Versuch, von Marokko aus schwimmend die spanische Enklave Ceuta zu erreichen	El Diario/EFE
01.08.15	1	N.N. (Mann, 27)	Marokko	blinder Passagier; erstickte in einem Koffer im Kofferraum eines Autos auf der Reise von Melilla nach Almería (ES)	BBC/SP/Welt
01.08.15	1	N.N.	unbekannt	ertrunken, als das Boot nahe Bodrum (TR) auf dem Weg nach Lesbos (GR) sank; 9 Personen gerettet	Imkander
01.08.15	3	N.N.	Syrien, Afghanistan	ertrunken, als das Boot nahe Ayvacik (TR) auf dem Weg nach Lesbos (GR) sank; 70 Personen gerettet	Imkander
01.08.15	9	N.N.	unbekannt	gestorben bei einem Verkehrsunfall in Ayvalik (TR); 30 Verletzte	Imkander

Tot aufgefunden	Zahl	Name	Herkunftsland	Todesursache	Quelle
Aug 15	48	N.N.	unbekannt	vermisst, nachdem Schlauchboot in der Straße von Sizilien Luft verlor; 54 gerettet	Imkander/ Independent/BBC
29.07.15	1	N.N. (Mann, ±25)	Sudan	von einem Lkw in Calais (FR) erfasst beim Versuch, auf einen Zug von Frankreich nach Großbritannien zu steigen	Reuters/ BBC/IBTimes
28.07.15	1	N.N. (Mann)	Ägypten	erlitt einen Stromschlag beim Versuch, auf das Dach eines Eurostar-Zuges von Paris nach London zu steigen	MNS
28.07.15	1	Sadiq (Mann, 30)	Pakistan	gestorben an Verletzungen, die er sich im Ärmelkanal zwischen Großbritannien und Frankreich zuzog	IBTimes
27.07.15	14	N.N.	unbekannt	tot aufgefunden unter dem Deck eines Kahns vor der Küste Libyens	RTE/HeraldIRL/Reuters/Mail Online
24.07.15	1	Ganet (Frau, 23)	Eritrea	von einem Auto auf einer Autobahn in Calais (FR) überfahren nach einem Tränengasangriff durch die Polizei	Newsweek/ IBTimes
23.07.15	1	Husham Alzubair (Mann, 22)	unbekannt	gestorben an einer Kopfverletzung; Leiche wurde auf dem Dach eines Zuges von Frankreich nach Großbritannien gefunden	BirminghamMail/ Mirror/Independent
23.07.15	40	N.N. (7 Kinder)	Subsahara-Afrika	ertrunken, als das Schlauchboot vor der Küste Libyens sank; 88 Personen gerettet	Reuters/ Local/Imkander
19.07.15	1	Houmed Moussa (Mann, 17)	Eritrea	ertrunken in Calais (FR) beim Versuch, sich vor der Polizei zu verstecken	Vice/Socialist Worker/ IBTimes
16.07.15	1	Achrat Mohamed (Mann, 23)	Pakistan	gestorben in Calais (FR), nachdem er beim Versuch, den Ärmelkanaltunnel zu durchqueren, starke Verbrennungen erlitt	ExpressTribune/MEM/ SP/IBTimes
14.07.15	1	N.N. (Mädchen, 10)	Syrien	gestorben in diabetischem Koma, nachdem ihre Insulintasche auf der Überfahrt nach Italien über Bord geworfen wurde	DW/AP/ Reu./DPA/ WatchTheMed
08.07.15	12	N.N. (2 Schwangere)	Afrika	gestorben, nachdem das Boot auf dem Weg nach Italien vor der libyschen Küste sank	MigrantReport/IOM
08.07.15	1	N.N. (Mann)	unbekannt	gestorben, als das Boot in der Ägäis nahe der Insel Farmakonisi (GR) kenterte; 21 Personen gerettet	MigrantReport/ UNHCR/ Imkander
08.07.15	18	N.N.	unbekannt	vermisst, nachdem ein Boot in der Ägäis nahe der Insel Farmakonisi (GR) kenterte; 21 Personen gerettet	MigrantReport/ UNHCR/ Imkander
07.07.15	1	Abdel Majid (Mann, 45)	Sudan	gestorben in Calais (FR) beim Versuch, auf einen Frachtzug in Richtung Großbritannien zu steigen	GuardianUn./IBTimes

Tot aufgefunden	Zahl	Name	Herkunftsland	Todesursache	Quelle
07.07.15	25	N.N.	Syrien, unbekannt	3 ertrunken, 22 vermisst, nachdem zwei Boote nahe Didim (TR) auf dem Weg nach Farmakonisi (GR) kenterten	DailySabah
04.07.15	1	Samir Khedija (Baby)	Eritrea	gestorben nahe Calais (FR) nach Frühgeburt in der 22. Woche, die durch den Sturz der Mutter von einem Lkw ausgelöst wurde	GuardianUn./IBTimes
01.07.15	1	N.N. (Mann)	Elfenbeinküste	sprang aus dem Fenster seiner Wohnung, als die Polizei im Viertel Boukhalef, Tanger (MA) Razzien durchführte	El Diario/ RFI/PICUM
01.07.15	1	N.N. (Mann)	Elfenbeinküste	gestorben während einer Polizeiaktion, bei der Migrant*innen aus Boukhalef (MA) vertrieben wurden	RFI/PICUM
01.07.15	6	N.N.	unbekannt	ertrunken; Boot sank vor Ayvacik (TR); 10 Personen gerettet	Imkander
Jul 15	**1**	**Merhawi Isak (Mann, 20)**	**Eritrea**	**im Mittelmeer ertrunken**	
30.06.15	1	Zebiba (Frau, 23)	Eritrea	von einem Auto erfasst auf der Autobahn A16 zwischen Calais und Marck (FR)	Libération/ IBTimes
26.06.15	1	Getenet Legese Yacob (Mann, 32)	Äthiopien	gestorben beim Versuch, auf einen fahrenden Zug in Coquelles (FR) aufzusteigen	Parisien/GuardianUn./ IBTimes
23.06.15	1	N.N. (Mann)	unbekannt	Berichten zufolge getötet, als das Schlauchboot auf dem Weg nach Italien von einem libyschen Boot beschossen wurde	Le Figaro/ AFP
18.06.15	1	N.N. (Mann, 24)	Südafrika	blinder Passagier; fiel von einem Flugzeug, das von Johannesburg (ZA) nach Großbritannien flog	BBC
15.06.15	1	N.N. (Mann, 28)	Südafrika	Suizid; erhängte sich aus Angst vor Abschiebung in Rotterdam (NL)	Rijnmond/ NU/Joop
01.06.15	1	N.N. (±25)	unbekannt	von einem Auto auf der Autobahn A16 nahe Calais (FR) erfasst	VoixDuNord/IBTimes
01.06.15	22	N.N.	Subsahara-Afrika	vermisst, nachdem das Boot aus El Hoceima (MA) im Mittelmeer verschwand	El Diario
01.06.15	6	N.N.	unbekannt	ertrunken; das Boot, das von Bodrum (TR) nach Kos (GR) fuhr, sank nahe der Insel Kara; 56 Personen gerettet	Imkander
Jun 15	**1**	**Tekle Gerebrehan (Mann, 25)**	**aus dem Dorf Scheschebit in Eritrea**	**Autounfall in der Sahara, 4 Tote; die Schlepper fahren betrunken oder unter Drogen und sehr schnell; das Auto kippte um**	
29.05.15	17	N.N.	unbekannt	ertrunken; Leichen wurden von Rettungsteams in verschiedenen Booten vor der Küste Libyens gefunden	Aljazeera/ TimesOfIsrael

Tot aufgefunden	Zahl	Name	Herkunftsland	Todesursache	Quelle
25.05.15	1	Osama (Junge, 17)	Marokko	fiel von einer Klippe, als er versuchte, die spanische Enklave Melilla von Marokko aus zu erreichen	El Diario
12.05.15	7	N.N. (6 Kinder; 1 Frau)	unbekannt	erfroren beim Versuch, mit 26 anderen die Türkei vom Iran aus zu betreten	Imkander/ ANFenglish
05.05.15	40	N.N.	unbekannt	ertrunken, nachdem dem Schlauchboot die Luft ausging und es vor der Küste von Catania (IT) sank	Telegraph/ Reu./VK/ NRC/Imkander
03.05.15	10	N.N.	unbekannt	ertrunken; Leichen wurden von Rettungsteams in verschiedenen Booten vor der Küste Libyens gefunden	USAToday/ IBTimes/ Imkander
01.05.15	2	N.N.	unbekannt	ertrunken; das Boot sank nahe Egrilman (TR); 13 Personen gerettet	Imkander
23.04.15	14	N.N. (±25)	Somalia, Afghanistan	auf einem schmalen Gebirgspfad bei Veles (MK) auf ihrem Weg nach Ungarn von einem Zug erfasst	VK/MNS
20.04.15	20	N.N.	unbekannt	ertrunken; das Boot sank mit 300 Geflüchteten auf dem Weg von Libyen nach Italien	ClandestinE
20.04.15	3	N.N. (Kind, 4; 1 Frau; 1 Mann)	unbekannt	ertrunken vor dem Strand von Zefyros, Rhodos (GR) nach Kentern des Bootes mit 93 weiteren Personen an Bord	WB/VK
20.04.15	1	N.N. (Mann, 33)	Indien	gestorben an einem Herzinfarkt während der Haft in der Yarl's Wood Haftanstalt (GB)	GuardianUn.
19.04.15	1050	N.N. (50 Kinder; 250 Frauen)	Mali, Gambia, Sierra Leone	ertrunken; Boot kenterte nach Kollision mit anderem Wasserfahrzeug nahe Gergarish (LY); Hunderte im Schiff eingeschlossen	MNS/NRC/ AFP/Le Monde/ STAMPA/ ICRC
19.04.15	1	More K. Dibanneh (26)	Gambia	ertrunken; Boot kenterte nach Kollision mit anderem Wasserfahrzeug nahe Gergarish (LY)	VK
19.04.15	1	N.N.	Afrika	von Schleppern erschossen und über Bord geworfen; stand ohne Erlaubnis auf; nahe Gergarish (LY)	VK
16.04.15	41	N.N.	unbekannt	ertrunken, als das Boot auf dem Weg nach Italien vor der libyschen Küste sank; 4 Personen gerettet	ClandestinE/ Imkander
15.04.15	12	N.N.	Ghana, Nigeria	ertrunken; Christen wurden von Muslimen nach religiös motiviertem Streit auf dem Weg von Libyen nach Sizilien über Bord geworfen	VK/MNS/ CNN
13.04.15	400	N.N.	Subsahara-Afrika	ertrunken; Schiff kenterte vor der libyschen Küste; 144 Personen gerettet, 9 Leichen geborgen	Tagesschau/ MNS/Reu/ NOS/taz/VK
13.04.15	1	N.N. (Schwangere)	Subsahara-Afrika	starb vor Erschöpfung auf dem Boot, das 144 Menschen von einem kenternden Schiff auf dem Weg von LY nach IT gerettet hatte	taz

Tot aufgefunden	Zahl	Name	Herkunftsland	Todesursache	Quelle
06.04.15	7	N.N.	unbekannt	ertrunken, nachdem das Boot vor der Küste der griechischen Insel Symi kenterte	GreekReporter
02.04.15	1	Oumar Dansokho (Mann, 25)	Guinea	verbrannte sich selbst auf der Toilette der Erstaufnahmestelle Fedasil in Brüssel (BE), nachdem sein Asylantrag abgelehnt wurde	BrusselsTimes/MNS/Knack
02.04.15	1	Benamar Lamri (Mann, 42)	Marokko	erhängte sich in der Haftanstalt Merksplas (BE), während er auf seine Abschiebung nach Marokko wartete	BrusselsTimes/MNS/Knack
01.04.15	2	N.N.	unbekannt	ertrunken; das Boot sank nahe Foca (TR); 6 Personen gerettet	Imkander
01.04.15	8	N.N.	unbekannt	ertrunken; das Boot sank nahe Mugla (TR); 9 Personen gerettet	Imkander
01.04.15	3	N.N.	unbekannt	ertrunken; das Boot sank nahe Datca (TR); 28 Personen gerettet	Imkander
Apr 15	**1**	**Danelna Mahtemu (Mann, 17)**	**Äthiopien**	**wurde in Libyien von Terroristen enthauptet** 	
27.03.15	2	N.N.	Syrien	gestorben während eines Brandes im Gebäude am Grenzübergang in Bajakovo (RS)	Dalje
03.03.15	50	N.N.	Palästina, Syrien, Libanon	ertrunken nach Schiffbruch vor der Küste von Sizilien (IT); Berichten zufolge aus Syrien geflüchtet	MNS
03.03.15	40	N.N.	unbekannt	ertrunken nach Schiffbruch nahe der Küste von Sizilien (IT); 10 Leichen geborgen; 127 Personen gerettet	MNS
Mär 2015	1	N.N. (Frau)	Syrien	ertrunken; das Boot sank zwischen Libyen und Italien; der 2-jährige Sohn ist vermisst, der Ehemann und 3 Kinder überlebten	SP
Mär 2015	1	Raif (Junge, 2)	Syrien	vermisst; das Boot sank zwischen Libyen und Italien; die Mutter ertrank, der Vater und 3 Geschwister überlebten	SP
Mär 2015	2	N.N. (Männer)	Irak	gestorben nach Zurückdrängung durch bulgarische Behörden in die Türkei	ForcedMigration

Tot aufgefunden	Zahl	Name	Herkunftsland	Todesursache	Quelle
Mär 2015	1	N.N.	unbekannt	ertrunken während Schiffbruchs vor der tunesischen Küste; 79 Personen gerettet	Imkander
Mär 2015	6	N.N.	unbekannt	ertrunken; das Boot sank vor Bodrum (TR); 8 Personen gerettet	Imkander
Mär 2015	50	N.N.	unbekannt	vermisst; das Boot sank zwischen Libyen und Italien	Imkander
Mär 2015	10	N.N.	unbekannt	ertrunken; das Boot sank auf dem Weg nach Italien	Imkander
14.02.15	1	Tesfaye (Mann, 26)	Äthiopien	Leiche wurde in einem Zelt im Geflüchtetencamp Calais (FR) gefunden	IBTimes
14.02.15	1	Fata Abdul (Mann, 23)	Jemen	Suizid; erhängte sich mit einem T-Shirt in einer Haftanstalt in Thessaloniki (GR)	KI/aida/IRR/MNS
13.02.15	1	Muhammad Nadim (Mann, 28)	Pakistan	Suizid; erhängte sich mit Handtüchern in der Haftanstalt Amygdaleza (GR)	KI/IRR
10.02.15	1	Sayed Mehdi Ahbari (Mann, 23)	Afghanistan	gestorben aufgrund verspäteter medizinischer Versorgung in einer Haftanstalt in Griechenland	Clandestina/IRR
08.02.15	300	N.N.	Mali, Senegal, Gambia, Elfenbeinküste	ertrunken bei stürmischer See, auf 4 Schlauchbooten von Libyen nach Italien mit 400 Personen; 3 Leichen geborgen, 86 gerettet	VK/NRC/UNHCR/IOM/GuardianUn.
08.02.15	29	N.N.	Mali, Senegal, Gambia, Elfenbeinküste	starben an Unterkühlung während der Rettung eines von vier Booten aus Libyen vor der Küste von Lampedusa (IT)	VK/NRC/UNHCR/IOM/GuardianUn.
07.02.15	8	N.N.	unbekannt	ertrunken, nachdem das Boot vor der Insel Symi (GR) kenterte	GreekReporter/Clandestina
01.02.15	3	N.N.	unbekannt	vermisst; das Boot sank nahe Canakkale (TR); 7 Personen gerettet	Imkander
01.02.15	1	N.N.	Syrien	ertrunken nahe Ayvacik (TR) beim Versuch, nach Griechenland zu gelangen; 7 Personen gerettet	Imkander
01.02.15	8	N.N.	unbekannt	ertrunken; das Boot sank nahe Marmaris (TR); 9 Personen gerettet	Imkander
01.02.15	1	Shadi Omar Khataf (Mann)	Syrien	Leiche wurde an die Küste von Farsund (NO) gespült, Monate nach dem Versuch, von Frankreich nach England zu schwimmen	IBTimes/MNS
01.01.15	2	N.N. (35)	unbekannt	ertrunken; das Boot sank in der Ägäis; Leichen wurden auf den Inseln Psemiros und Kalimnos (GR) gefunden	Imkander
01.01.15	14	N.N.	unbekannt	ertrunken während Schiffbruchs vor Ayvalik im Bezirk Balikesir (TR); 8 Personen gerettet	Imkander
01.01.15	15	N.N.	unbekannt	ertrunken während Schiffbruchs vor Ayvalik im Bezirk Balikesir (TR); 40 Personen gerettet	Imkander

Tot aufgefunden	Zahl	Name	Herkunftsland	Todesursache	Quelle
19.12.14	3	N.N. (3 Babys)	unbekannt	ertrunken nach Kentern des Bootes vor der Nordküste Marokkos auf dem Weg nach Spanien	BS/AAN/MNS
19.12.14	6	N.N.	unbekannt	ertrunken nach Kentern des Bootes vor der Nordküste Marokkos auf dem Weg nach Spanien	BS/AAN/MNS
12.12.14	1	N.N. (Mann)	Sudan	blinder Passagier; auf der Reise von Frankreich nach Großbritannien beim Versuch, auszusteigen, von Lastwagenreifen erdrückt	BBC
05.12.14	17	N.N.	unbekannt	starben an Unterkühlung und Dehydration auf der Schiffpassage von Libyen nach Italien	MNS/ANSA
05.12.14	22	N.N.	unbekannt	Berichten zufolge vermisst; stürzten bei starkem Wellengang südöstlich von Almería (ES) über Bord	NDTV/The Age
01.12.14	1	N.N. (Mann)	unbekannt	getötet in Calais (FR) beim Versuch, eine Autobahn zu überqueren, die besonders von Lkws mit Ziel Großbritannien befahren wird	CMS/Nord Littoral
01.12.14	180	N.N.	Syrien, Subsahara-Afrika	30 ertrunken, 150 vermisst, nachdem das Boot vor der Küste Libyens kenterte; 70 Personen gerettet	MNS
19.11.14	2	N.N.	unbekannt	blinde Passagier*innen; getötet auf dem Weg von Frankreich nach England während eines Feuers in einem Lkw	CMS/MailOnline/EastAFRO
16.11.14	1	N.N. (Mann, 29)	Eritrea	gestorben an Rauchvergiftung während eines Brandanschlags auf eine Unterkunft für Geflüchtete in der Schweiz; 13 Verletzte	MNS
07.11.14	2	N.N. (Männer)	Syrien	auf den Bahngleisen zwischen Griechenland und der Türkei von einem Zug erfasst	HurriyetDN/Mail Online
06.11.14	1	Mohamed Asfak (Mann, 26)	Pakistan	starb aufgrund verspätet eintreffender medizinischer Hilfe nach Schlägerei in einer Haftanstalt in Griechenland	GR/infomob/Tribune
03.11.14	24	N.N.	Afghanistan, Syrien	ertrunken nach Kentern des Bootes auf dem Schwarzen Meer (TR) auf dem Weg nach Bulgarien/Rumänien	HurriyetDN/NRC/MailOnline/Alakhbar
03.11.14	12	N.N.	Afghanistan, Syrien	vermisst nach Kentern des Bootes auf dem Schwarzen Meer bei der Überfahrt nach Bulgarien/Rumänien	HurriyetDN/NRC/MailOnline/Alakhbar
25.10.14	1	Afom (Mann, 26)	Eritrea	starb kurz nach Entlassung aus der Polizeistation, als er von Lkw erfasst wurde; war 9 Tage im Koma	CMS
24.10.14	1	N.N. (Mann, 22)	Sudan	blinder Passagier; starb nach Sprung von einer Brücke bei dem Versuch, auf einem Lkw von FR nach GB zu gelangen	CMS

Tot aufgefunden	Zahl	Name	Herkunftsland	Todesursache	Quelle
20.10.14	1	N.N. (Frau, 16)	Äthiopien	getötet bei dem Versuch, eine Autobahn in Frankreich zu überqueren; besonders befahren von Lkws mit Ziel nach Großbritannien	CMS/EastAFRO
13.10.14	2	N.N. (Junge, 8; Frau)	Subsahara-Afrika	ertranken in einem sinkenden Boot aus Marokko, welches von seinem Weg nach Spanien abgekommen war; 52 Menschen wurden gerettet	Kouame
01.10.14	10	N.N.	Senegal	2 ertrunken, 8 vermisst, nachdem das Boot nahe Tanger (MA) kenterte	MNS
01.10.14	1	Mouaz al Balkhi (Mann, 22)	Syrien	Leiche an die Küste von Texel (NL) gespült nach dem Versuch, von Calais (FR) nach Großbritannien zu schwimmen	IBTimes/MNS/CMS/DutchN/VK
26.09.14	1	N.N. (Mann, 26)	Sudan	ertrunken in einem Kanal im Zentrum von Calais (FR)	CMS
23.09.14	1	N.N. (Mann)	unbekannt	gestorben nach einer gewalttätigen Auseinandersetzung in einer Unterkunft für Geflüchtete nahe Wolfsburg (DE)	WAZ
22.09.14	40	N.N.	unbekannt	vermisst, nachdem das Boot nahe der libyschen Küste kenterte; 55 Personen gerettet	MNS
14.09.14	214	N.N.	Afrika	ertrunken vor Tajoura (LY) nach Kentern eines Bootes mit 250 Personen auf dem Weg nach Italien; 36 gerettet	Reuters/GuardianUn./BBC/Telegraph
13.09.14	20	N.N.	Palästina	15 ertrunken, 5 vermisst, nachdem das Boot nahe Al-Ajami (EG) kenterte; 72 Personen gerettet	UNHCR
10.09.14	487	N.N.	Palästina, Syrien, Ägypten, Sudan	ertrunken im Mittelmeer, nachdem Schlepper ein Boot mit 500 Migrant*innen absichtlich zum Kentern brachten	IOM/Reuters/GuardianUn./MPG/BBC
05.09.14	**1**	**Youssef (ungeboren)**	**Syrien**	**im Mutterleib zerquetscht**	
01.09.14	1	Rubel Ahmed (Mann, 26)	Bangladesch	Suizid; erhängte sich in seiner Zelle im Abschiebegefängnis Morton Hall (GB)	OpenDem
31.08.14	105	N.N.	Afrika	ertrunken nach Kentern eines Schlauchbootes kurz nach Abfahrt aus Libyen; keine Überlebenden	MPG/DN
30.08.14	1	Roumian Tisse (Mann, 26)	Kamerun	starb bei dem Versuch, über den Zaun zwischen Marokko und Melilla (ES) zu klettern	ProAsyl / ELM
28.08.14	153	N.N.	unbekannt	ertrunken, als das Boot nahe Al-Khums (LY) sank; 17 Personen gerettet	MNS/Imkander
24.08.14	1	Sireen Mekdad (Frau)	Syrien	ertrank mit 35 anderen, als ein Boot mit 400 Menschen vor der libyschen Küste versank; identifiziert und in Sizilien begraben	UNHCR/AlJazeera

Als sei alles umsonst gewesen.

Ein Bericht von Mohammed Amin

Es war drei Uhr nachts, als wir – 135 Leute – mitten in der Nacht von Bengasi mit einem ganz kleinen Schiff Richtung Europa starteten. Die libyschen Kontrolleure konnten uns so nicht erwischen. Die Schlepper waren bezahlt. Auch hatten wir genug Essen und Wasser für eine Woche. Als die Sonne hochgegangen war, lag ein schöner Tag vor uns, das Meer ganz still. Wir waren beruhigt. Davor hatten alle Angst, weil wir nicht wussten, was passieren wird. Aber jeder hatte sich ja für diesen Weg entschieden. Soweit war also alles gut.

Am zweiten Tag hatten wir ein Problem. Der Motor des Bootes war kaputt. Aber wir konnten es reparieren. Am dritten Tag auf Meer sahen wir ein großes Frachtschiff. Unsere Rettung war in greifbarer Nähe. Die Frauen weinten vor Freude. Als wir merkten, dass die Mitarbeiter aus Syrien, aus Latakia waren, bekamen wir es mit der Angst zu tun: Womöglich würden wir unser Ziel Europa doch nicht erreichen. Wo würde uns dieses Schiff hinbringen? Doch es gab keine Alternative – Essen und Diesel würden nicht mehr lange reichen. So befolgten wir die Anweisungen und suchten Wege, auf das große Schiff zu kommen.

Es war schlimm, denn das Boot war viel zu klein, so dass wir nicht einfach in die Tür des großen Schiffes klettern konnten. Alle mussten auf das Dach unseres Bootes und von dort auf eine Leiter, die uns die Mitarbeiter heruntergelassen hatten. Gemeinsam mit ein paar Männern half ich, Mensch für Mensch auf das große Boot zu bringen. Doch es war unglaublich schwierig. Das Meer war jetzt sehr unruhig und die Wellen ließen unser Boot hin- und herschaukeln. Man fand kaum Halt. Chaos und Panik entstanden.

Eine Frau, schwanger im siebten Monat, wartete deshalb, bis alle anderen auf dem großen Schiff waren. Sie wollte ihr Baby nicht gefährden. Nur für ihr Kind hatte sie den Weg nach Europa gewählt. Es sollte nicht im Krieg aufwachsen müssen. Ich half Sara erst aufs Dach und dann auf die Leiter. Sie setzte ihren Fuß auf die erste Stufe und hielt sich fest. In diesem Moment kam eine große Welle.

Unser Boot schlug heftig gegen das große Schiff. Sara rutschte ab und wurde mit voller Wucht zwischen den beiden Booten eingequetscht. Sie fiel ins eiskalte Wasser. Zwei Männer und ich sprangen vom Boot, um Sara zu suchen. Es dauerte fünf Minuten, bis wir sie bewusstlos und schwer verletzt fanden. Wir banden Sara mit Kleidung an einen Rettungsring und hievten sie erst auf das kleine Boot, es war näher. Dann zog man sie auf das große Schiff.

Ich packte die letzten Dinge. Als ich dann auf das Frachtschiff kam, wurde Sara behandelt. Ein Erste-Hilfe-Schiff aus Catania war angefordert worden, um sie schnellstmöglich versorgen zu können.

Ihre Schmerzensschreie werde ich nie vergessen, es war Horror. Immer wieder schrie sie: „Mein Baby, mein Baby."

Es grenzt an ein Wunder, dass Sara überlebte. Und doch schien es in diesem Moment so, als sei alles umsonst gewesen.

Tot aufgefunden	Zahl	Name	Herkunftsland	Todesursache	Quelle
24.08.14	1	Nasir Gulid (Mann, 32)	Somalia	starb an einer Kopfwunde nach Schlägerei in einer Unterkunft für Geflüchtete in den Niederlanden; angespannte Bedingungen	WijZijnHier/ VK
24.08.14	24	N.N.	Afrika	ertrunken, nachdem Fischerboot mit 400 Personen vor der libyschen Küste wegen schlechten Wetters kenterte	UNHCR
24.08.14	12	N.N.	Afrika	vermisst, nachdem Fischerboot mit 400 Personen vor der libyschen Küste wegen schlechten Wetters kenterte	UNHCR
23.08.14	18	N.N.	Nordafrika	starben vermutlich an Dehydration und Entkräftung im Mittelmeer, nachdem ihr Schlauchboot in Seenot geriet; 73 Überlebende	DW/UNHCR
23.08.14	10	N.N.	Nordafrika	vermisst; vermutlich im Mittelmeer ertrunken, nachdem das Schlauchboot in Seenot geriet; 18 weitere starben; 73 Überlebende	UNHCR
22.08.14	239	N.N.	unbekannt	vermutlich ertrunken nach Kentern eines überfüllten Bootes vor Garibouli (LY); nur 19 Überlebende	UNHCR/AP/ MNS
22.08.14	5	N.N. (kleine Kinder)	unbekannt	ertrunken nach Kentern eines überfüllten Bootes vor Garibouli (LY); nur 19 Überlebende	UNHCR/AP/ MNS
22.08.14	7	N.N. (Frauen)	unbekannt	ertrunken nach Kentern eines überfüllten Bootes vor Garibouli (LY); nur 19 Überlebende	UNHCR/AP/ MNS
21.08.14	1	Abdelhak Goradia (Mann, 51)	Algerien	starb während der Abschiebung in Frankreich; Erstickungstod durch Erbrechen	MNS/Open-Democracy/ Paris-luttes
18.08.14	1	Amdi Mostafa (Mann)	unbekannt	Suizid; sprang mit einem Strick um den Hals vom Balkon der Unterkunft für Asylbewerber in Haldensleben (DE)	Ayslstrike-Berlin/Refu-geeProtest -
16.08.14	1	Meet Singh Kapoor (Mann, 40)	Afghanistan	blinder Passagier; versteckt in Transportcontainer an den Tilbury Docks (GB); 34 Überlebende	Guardia-nUn./AP/ Telegraph/ MNS
13.08.14	1	Toumani Samake (Mann, 23)	Mali	starb Berichten zufolge nach Prügel durch spanischen "Bürgerschutz" beim Versuch, in die spanische Enklave Melilla zu kommen	ProAsyl/ MNS
Aug 14	1	Ayman Karawani (Mann, ±30)	Syrien	ertrunken, nachdem altes Holzfischerboot vor der Küste von Libyen kenterte, es wurden etwa 600 Personen befördert	GuardianUn.

Tot aufgefunden	Zahl	Name	Herkunftsland	Todesursache	Quelle
Aug 14	**1**	**Khalil (Junge, 6)**	**Libanon**	**im Mittelmeer ertrunken, als ein Boot auf dem Weg von Ägypten nach Italien unterging**	
Aug 14	**1**	**Khalils Mutter**	**Libanon**	**im Mittelmeer ertrunken, als ein Boot auf dem Weg von Ägypten nach Italien unterging und mit ihm alle Menschen darauf. Ihr Mann suchte nach ihr und fand schließlich mithilfe eines Selfies auf dem Handy seiner Frau die Spur zu der Frau, die zuvor mit ihr zusammen in Ägypten gewartet hatte, bis sie auf das Meer geschickt würden. Diese Frau war mit ihren Kindern auf einem anderen Boot. Der Mann fand sie in Deutschland und sie sagte ihm, dass die Menschen in zwei Gruppen geteilt worden waren und alle aus der zweiten Gruppe ertrunken seien, auch seine Frau und sein Sohn.**	
Aug 14	**1**	**Mann (über 40)**	**Libyen**	**auf einem Boot auf dem Weg von Ägypten nach Italien vermutlich vor Schwäche gestorben. Das Boot mit etwa 450 Menschen wurde von einem chinesischen Containerschiff gesichert, die Menschen wurden von einem größeren Containerschiff an Bord genommen und vor der italienischen Küste von Rotkreuzbooten ausgeschifft.**	
01.08.14	1	N.N.	unbekannt	vermisst, nachdem das Boot nahe Ayvalik (TR) sank; 12 Personen gerettet	Imkander
29.07.14	1	Dorel Iosif Floarea (Mann, 42)	Rumänien	tot aufgefunden in einem provisorischen Camp auf einem leerstehenden Parkplatz in Metz (FR)	IRR
28.07.14	128	N.N.	Subsahara-Afrika	20 ertrunken, 180 vermisst, nachdem das Boot vor der libyschen Küste sank; 22 Personen gerettet	WMN/ISNA
27.07.14	1	N.N. (Junge)	Afrika	blinder Passagier; gefunden im Fahrwerk eines US-Militärflugzeugs nach Landung in Ramstein (DE)	MNS/CBS/CNN/Mail Online
24.07.14	1	Ahmed Osman (Junge, 17)	Eritrea	blinder Passagier; von einem Bus in einem Depot in Bexwell (GB) erfasst; war seit Calais (FR) darunter versteckt	EDP24/CMS
22.07.14	1	N.N. (Mann, 52)	Pakistan	starb nach verspätet eintreffender medizinischer Hilfe in der Haftanstalt in Amygdaleza (GR)	MNS/Clandestina
21.07.14	19	N.N.	unbekannt	5 ertrunken, 14 vermisst nach Schiffbruch in der Straße von Sizilien (IT); 61 Personen gerettet	ANSA

Tot aufgefunden	Zahl	Name	Herkunftsland	Todesursache	Quelle
21.07.14	1	Sergio C. González (Mann, 26)	Kolumbien	Suizid in der Haftanstalt in Helsinki (FI), nachdem er wegen fehlender gültiger Arbeitserlaubnis inhaftiert wurde	MigrantTales/IRR
19.07.14	29	N.N.	Syrien, Pakistan, Nigeria	starben vermutlich den Erstickungstod durch giftige Dämpfe eines Schiffsmotors; waren auf dem Weg nach Italien	IOM/UNHCR/LR/NRC/GuardianUn.
19.07.14	1	Mohamed (Junge, 1)	Syrien	ertrunken; fiel über Bord eines überfüllten Bootes auf dem Weg nach Italien	IOM/UNHCR/LR/NRC/GuardianUn.
19.07.14	151	N.N.	Syrien, Pakistan, Nigeria	Berichten zufolge auf dem Weg nach Italien auf einem überfüllten Schiff ermordet	IOM/UNHCR/LR/NRC/GuardianUn.
18.07.14	60	N.N.	unbekannt	vermisst, nachdem das Schiff vor der Küste Libyens sank; 62 Personen gerettet	LAInfo
14.07.14	109	N.N.	unbekannt	vermisst, nachdem das Boot vor der Küste Libyens kenterte; 12 Personen gerettet	UNHCR
11.07.14	6	N.N.	unbekannt	ertrunken, als das Boot vor der Insel Samos (GR) sank; 13 Personen gerettet	ClandestinE
10.07.14	1	N.N. (Neugeborenes)	Syrien	Mutter hatte Fehlgeburt auf einem Bahnsteig während der Abschiebung aus der Schweiz nach Italien	Vivre
06.07.14	1	N.N. (Mutter)	Syrien	ertrunken nach Kentern des Bootes vor der Küste von Tripoli (LY)	UNHCR
06.07.14	1	N.N. (Kind, 3)	Syrien	ertrunken nach Kentern des Bootes vor der Küste von Tripoli (LY)	UNHCR
06.07.14	1	N.N. (Kind, 6)	Syrien	ertrunken nach Kentern des Bootes vor der Küste von Tripoli (LY)	UNHCR
06.07.14	3	N.N.	Eritrea	ertrunken nach Kentern des Bootes vor der Küste von Tripoli (LY)	UNHCR
06.07.14	6	N.N.	Afrika	ertrunken nach Kentern des Bootes vor der Küste von Tripoli (LY)	UNHCR
02.07.14	74	N.N.	Afrika	Berichten zufolge ertrunken nach Kentern des Bootes vor Sizilien (IT); 27 Personen gerettet	BBC/Ans
01.07.14	6	N.N.	unbekannt	ertrunken, als das Boot vor der Insel Samos (GR) sank; 31 Überlebende	Imkander
01.07.14	19	N.N.	unbekannt	gestorben an Rauchvergiftung auf einem alten Boot auf dem Weg nach Lampedusa (IT)	Imkander
01.07.14	5	N.N. (2 Frauen)	unbekannt	4 ertrunken, 1 vermisst, nachdem das Boot vor Ayvalik (TR) sank; 12 Personen gerettet	Imkander

Tot aufgefunden	Zahl	Name	Herkunftsland	Todesursache	Quelle
29.06.14	45	N.N. (Männer)	Syrien, Senegal, Mali, Gambia	erstickt und erdrückt; gefunden im Laderaum eines Schiffes mit 600 Migrant*innen aus Afrika	OOB/Ans/GuardianUn./Telegraaf/Alj.
23.06.14	1	T. B. (Mann, 27)	Äthiopien	gestorben an hohem Fieber, vermutlich Tuberkulose, in Rom; lebte mit 500 Migrant*innen in einem besetzten Haus	COR
23.06.14	1	N.N. (Mann)	unbekannt	tot aufgefunden, einen Tag, nachdem er in Rom ankam; vermutlich an Dehydration und Erschöpfung gestorben	COR
13.06.14	100	N.N.	unbekannt	10 tot aufgefunden, 80–90 vermisst nach einem Schiffbruch vor der Küste Siziliens (IT); 40 Personen gerettet	AFP
07.06.14	3	N.N.	unbekannt	ertrunken, als sich das Schlauchboot mit 112 Migrant*innen beim Rettungsversuch vor Malta überschlug	MT/Xinhua/MNS/Rel/GuardianUn.
07.06.14	6	N.N.	unbekannt	vermisst, nachdem sich das Schlauchboot mit 112 Migrant*innen beim Rettungsversuch vor Malta überschlug	MT/Xinhua/MNS/GuardianUn./Rel
07.06.14	4	N.N.	Afrika	starben nach Sturz von Strickleiter bei Rettungsversuch auf dem Mittelmeer	Rel/GuardianUn./MNS/SydHerald
03.06.14	1	N.N. (Mann)	Afghanistan	Leiche an der Nordküste der Insel Lesbos (GR) an den Strand gespült	Lesvosnews
01.06.14	30	N.N. (2 Schwangere)	unbekannt	erstickten; während einer Rettungsaktion in einem Boot mit 550 Migrant*innen in der Straße von Sizilien (IT) aufgefunden	Imkander
31.05.14	1	Lütfullah Tacik (Junge, 17)	Afghanistan	von zwei Polizisten in Zentrum für Migration zu Tode geprügelt, nachdem er an der Grenze beim Betreten der Türkei erwischt wurde	HurriyetDN/state.org
23.05.14	1	Haroon Youssef (Mann, 19)	Sudan	blinder Passagier; starb nach Sturz von Reisebus, in dem er sich versteckt hatte, um nach England zu kommen	CMS
23.05.14	1	Jeanneath Beltran (Frau)	Nigeria	starb nach verspätet eintreffender medizinischer Hilfe in einem Krankenhaus in Toledo (ES)	MNS
22.05.14	1	N.N. (Junge, 15)	Afghanistan	blinder Passagier; tot aufgefunden im Laderaum eines Lkws in Griechenland mit Ziel Italien	Infomob/CMS/Neokronos
12.05.14	12	N.N. (Frauen)	Afrika	ertrunken; Boot mit 400 Migrant*innen sank vor der libyschen Küste auf dem Weg nach Italien; 206 gerettet; 17 Leichen geborgen	BBC/LR/VK/Aljazeera/Ya.N/UNHCR
12.05.14	3	N.N. (Kinder)	Afrika	ertrunken; Boot mit 400 Migrant*innen sank vor der libyschen Küste auf dem Weg nach Italien; 206 gerettet; 17 Leichen geborgen	BBC/LR/VK/Aljazeera/Ya.N/UNHCR

Tot aufgefunden	Zahl	Name	Herkunftsland	Todesursache	Quelle
12.05.14	2	N.N. (Männer)	Afrika	ertrunken; Boot mit 400 Migrant*innen sank vor der libyschen Küste auf dem Weg nach Italien; 206 gerettet; 17 Leichen geborgen	BBC/LR/VK/Aljazeera/Ya.N/UNHCR
12.05.14	177	N.N.	Afrika	vermisst; Boot mit 400 Migrant*innen sank vor der libyschen Küste; 206 Personen gerettet; 17 Leichen geborgen	BBC/LR/VK/Aljazeera/Ya.N/UNHCR
11.05.14	40	N.N.	Subsahara-Afrika	ertrunken nach Sinken des Bootes ca. 37 Meilen vor Tripoli (LY); 51 Personen gerettet	Reuters
07.05.14	1	N.N. (Mann, 20)	Eritrea	starb durch Schlag auf den Kopf in der Nähe von Pozzallo (IT), als er gezwungen wurde, ein Boot zu besteigen	ANSAmed
06.05.14	44	N.N.	Afrika	ertrunken auf dem Weg nach Italien nach Sinken des Bootes mit 130 Personen vor der libyschen Küste; 53 Überlebende	UNHCR/GuardianUn./BBC/SP
06.05.14	33	N.N.	Afrika	vermisst nach Sinken des Bootes mit 130 Personen vor der libyschen Küste auf dem Weg nach Italien; 53 Überlebende	UNHCR/GuardianUn./BBC/SP
05.05.14	18	N.N.	Somalia, Syrien, Eritrea	ertrunken, als das Boot aus Richtung Türkei vor der Küste von Samos (GR) kenterte	SP/AP/MNS
05.05.14	4	N.N. (Kinder)	Somalia, Syrien, Eritrea	ertrunken, als das Boot in der Ägäis vor der Küste von Samos (GR) kenterte	SP/AP
05.05.14	10	N.N.	Somalia, Syrien, Eritrea	vermisst seit Kentern des Bootes in der Ägäis vor der Küste von Samos (GR)	SP/AP
02.05.14	4	N.N.	Afrika	ertrunken, nachdem das Boot 5 km vor der libyschen Küste leck schlug; 80 Personen von der Küstenwache gerettet	MT/GuardianUn.
02.05.14	1	Mengs Medhane (Junge, 16)	Eritrea	blinder Passagier; starb bei Sturz von Lkw bei dem Versuch, nach England zu gelangen	CMS
01.05.14	28	N.N.	unbekannt	ertrunken; versteckten sich im Laderaum eines nahe Samos (GR) gesunkenen Schiffes; 36 Personen gerettet	Imkander
30.04.14	40	N.N.	Somalia	Angaben zufolge ertrunken; das Boot sank vor der libyschen Küste; 1 Überlebende*r	MT/GuardianUn.
6.04.14	7	N.N.	Syrien	ertrunken nach Kentern des Bootes auf dem Weg von der Türkei nach Griechenland; 3 weitere gerettet	DN
6.04.14	1	N.N. (Kind)	Syrien	ertrunken nach Kentern des Bootes auf dem Weg von der Türkei nach Griechenland; 3 weitere gerettet	DN

Tot aufgefunden	Zahl	Name	Herkunftsland	Todesursache	Quelle
16.04.14	5	N.N.	Syrien	ertrunken nach Kentern des Bootes auf dem Weg von der Türkei nach Griechenland; 3 weitere gerettet	DN
15.04.14	1	N.N.	unbekannt	erschossen von griechischer Küstenwache auf einem Boot zwischen GR und der TR; verdächtigt, ein Schlepper zu sein	Reuters/JW
13.04.14	1	Joshua (Baby, 1 Monat)	Ghana	starb, nachdem man der Mutter medizinische Hilfe in einem Krankenhaus (DE) aufgrund fehlender Versicherung verweigerte	HAZ/FR-NieSa/BildZ
12.04.14	1	Artavazd Gasparyan	Armenien	Suizid nahe der Unterkunft für Asylsuchende (NL) wegen Abschiebung nach Deutschland; psychische Probleme wurden ignoriert	NRC/21Miles/DutchN
09.04.14	1	N.N.	unbekannt	verstorben; aufgefunden während Rettungsaktion in Italien auf einem Boot mit Migrant*innen mit dem Ziel Europa	NBC/Zeit
01.04.14	1	N.N.	Afrika	verstorben; aufgefunden von der italienischen Marine auf einem Boot; 4.000 weitere Personen gerettet	GuardianUn./SD/LocIT/IOL
30.03.14	1	Christine Case (Frau, 40)	Jamaica	starb an massiver Lungenembolie nach unzureichender medizinischer Versorgung (GB)	GuarianUn./Independent/BBC
18.03.14	5	N.N.	Syrien	ertrunken, als das Boot vor der Küste von Lesbos (GR) leck schlug; 8 Personen gerettet	GuardianUn./Reuters
18.03.14	1	N.N. (Mädchen, 4)	Syrien	ertrunken, als das Boot vor der Küste von Lesbos (GR) leck schlug; 8 Personen gerettet	GuardianUn./Reuters
18.03.14	1	N.N. (Mann, 47)	Syrien	ertrunken, als das Boot vor der Küste von Lesbos (GR) leck schlug; 8 Personen gerettet	GuardianUn./Reuters
18.03.14	2	N.N.	Syrien	vermisst, seit das Boot vor der Küste von Lesbos (GR) leck schlug; 8 Personen gerettet	GuardianUn./Reuters
14.03.14	1	N.N. (Mann, 20)	Äthiopien	blinder Passagier; schlug sich den Kopf in dem Lkw an, in dem er sich versteckte, um nach England zu gelangen	CMS
14.03.14	1	Senay Berha (Mann, 25)	Eritrea	tot aufgefunden an einem Fluss nahe eines eriträischen Camps für Geflüchtete bei Calais (FR); wurde seit Tagen vermisst	CMS
12.03.14	1	Mesfin Germa (Mann)	Äthiopien	starb, als er im Hafen von Calais von einem Lkw erfasst wurde bei dem Versuch, nach England zu gelangen	CM/DM
09.03.14	1	N.N. (Mann)	Albanien	starb nach Messerattacke auf einer Autobahn außerhalb von Calais (FR)	CMS

Tot aufgefunden	Zahl	Name	Herkunftsland	Todesursache	Quelle
07.03.14	1	N.N. (Mann, ±20)	Subsahara-Afrika	starb an Unterkühlung, nachdem er von einem Boot vor Tarifa (ES) gerettet wurde; 9 weitere Personen gerettet	EP
01.03.14	4	N.N.	unbekannt	ertrunken; das Boot sank vor der Küste von Bodrum (TR) auf dem Weg nach Griechenland; 3 Personen gerettet	Imkander
01.03.14	**1**	**Selina (Frau, Anfang 20)**	**Eritrea**	**im Mittelmeer ertrunken** 	
26.02.14	2	N.N. (Männer)	Albanien	vermisst; Berichten zufolge ertrunken, als sie während ihrer Abschiebung aus Großbritannien von einer Nordseefähre sprangen	Mirror/BBC
20.02.14	1	Kahve Pouryazdan (Mann, 49)	Iran	Suizid; zündete sich nach 10 Jahren Asylsuche in Deutschland selbst an	Karawane
15.02.14	1	N.N. (Mann, 23)	Indien	Suizid; sprang aus dem Fenster einer Unterkunft für Asylsuchende	MZ/MDR/FR-S
14.02.14	1	Ahmed J. (Mann, 43)	Libyen	starb an Lungenembolie, nachdem der Sicherheitsdienst verweigerte, den Rettungsdienst zu rufen	MDR/MZ/ProAsyl
06.02.14	1	Ibrahim Keita (Mann)	Afrika	erschossen von spanisch-marokkanischen Polizisten in Fnideq (MA) beim Versuch, die spanische Enklave zu erreichen	BB/FFM/Reuters/Teleg./VK/SP/ECRE
06.02.14	1	Armand D. Bakayo (Mann)	Afrika	erschossen von spanisch-marokkanischen Polizisten in Fnideq (MA) beim Versuch, die spanische Enklave zu erreichen	BB/FFM/Reuters/Teleg./VK/SP/ECRE
06.02.14	1	Joseph Blaise (Mann)	Afrika	erschossen von spanisch-marokkanischen Polizisten in Fnideq (MA) beim Versuch, die spanische Enklave zu erreichen	BB/FFM/Reuters/Teleg./VK/SP/ECRE
06.02.14	1	Yves Martin Blong (Mann)	Afrika	erschossen von spanisch-marokkanischen Polizisten in Fnideq (MA) beim Versuch, die spanische Enklave zu erreichen	BB/FFM/Reuters/Teleg./VK/SP/ECRE

Tot aufgefunden	Zahl	Name	Herkunftsland	Todesursache	Quelle
06.02.14	1	Ousman Kenzo (Mann)	Afrika	erschossen von spanisch-marokkanischen Polizisten in Fnideq (MA) beim Versuch, die spanische Enklave zu erreichen	BB/FFM/Reuters/Teleg./VK/SP/ECRE
06.02.14	1	Oumar Ben Sanda (Mann)	Afrika	erschossen von spanisch-marokkanischen Polizisten in Fnideq (MA) beim Versuch, die spanische Enklave zu erreichen	BB/FFM/Reuters/Teleg./VK/SP/ECRE
06.02.14	17	N.N.	Afrika	erschossen von spanisch-marokkanischen Polizisten in Fnideq (MA) beim Versuch, die spanische Enklave zu erreichen	BB/FFM/Reuters/Teleg./VK/SP/ECRE
05.02.14	3	N.N. (Kinder, 6 und 7; Frau, 33)	Pakistan	Mutter und ihre beiden Kinder starben in einem Feuer in der Unterkunft für Asylsuchende in Eimsbüttel (DE)	Karawane/FR/Tagesspiegel/MNS
03.02.14	1	N.N.	Iran	erschossen im Industriegebiet Marcel Doret in Calais (FR)	CMS
30.01.14	1	N.N. (Junge, 17)	Iran	blinder Passagier; starb bei Sturz von Lkw beim Versuch, die Grenze nach England zu überqueren	CMS
24.01.14	1	N.N.	unbekannt	ertrunken nach Kentern des Bootes nahe Kusadasi (TR); 11 Passagiere gerettet; 7 weitere vermisst	TodZam/Xinhua
24.01.14	7	N.N.	unbekannt	vermisst; Angaben zufolge ertrunken nach Kentern des Bootes nahe Kusadasi (TR); 11 Passagiere gerettet	TodZam/Xinhua
21.01.14	2	N.N. (1 Kind; 1 Frau, Mutter)	unbekannt	ertrunken, nachdem Begegnung mit der griechischen Küstenwache das Boot nahe Farmakonisi (GR) zum Kentern brachte	ProAsyl/ECRE/Infomobile/Euronews/Xinhua
21.01.14	10	N.N. (8 Kinder; 2 Frauen)	Afghanistan, Syrien	vermisst; Berichten zufolge ertrunken, nachdem Boot nach Zusammenstoß mit griechischer Küstenwache nahe Farmakonisi (GR) kenterte	ProAsyl/ECRE/Infomobile/Euronews/Xinhua
16.01.14	1	N.N. (Mann, 54)	Sudan	bei Flussüberquerung zwischen der EU und Russland erfroren	EXP/EUbusiness/GP
13.01.14	3	N.N. (Männer)	unbekannt	ertrunken; Leichen an verschiedenenen Stränden auf der Insel Chios (GR) aufgefunden	W2EU/Greekreporter/Newsit
28.12.13	1	N.N. (Mann)	Syrien	Suizid; erhängte sich aus Angst vor Abschiebung am Ende einer einjährigen Haft in Zypern	IRR
21.12.13	1	N.N. (Mann, 28)	Iran	Suizid durch Selbstverbrennung auf einer Kreuzung im Zentrum Athens (GR); starb auf dem Weg ins Krankenhaus	MNS/Voice of Russia
11.12.13	1	N.N. (Mann)	Subsahara-Afrika	vermisst, nachdem das kleine Boot in der Straße von Gibraltar (ES) kenterte; 2 Personen gerettet	EP

Tot aufgefunden	Zahl	Name	Herkunftsland	Todesursache	Quelle
09.12.13	1	N.N.	Syrien	ertrunken, als das Boot mit 36 Migrant*innen vor der Küste von Izmir (TR) auf dem Weg zur Insel Chios (GR) sank	AdnK/Tod-Zam
09.12.13	1	N.N.	Myanmar	ertrunken, als das Boot mit 36 Migrant*innen vor der Küste von Izmir (TR) auf dem Weg zur Insel Chios (GR) sank	AdnK/Tod-zam
09.12.13	1	N.N.	Afghanistan	ertrunken, als das Boot mit 36 Migrant*innen vor der Küste von Izmir (TR) auf dem Weg zur Insel Chios (GR) sank	AdnK/Tod-Zam
09.12.13	4	N.N.	unbekannt	vermisst, seit das Boot mit 36 Migrant*innen vor der Küste von Izmir (TR) auf dem Weg zur Insel Chios (GR) sank	AdnK/Tod-Zam
09.12.13	1	Yemane Gaberanguse (Mann, 22)	Eritrea	starb bei dem Versuch, nach England zu gelangen; vor seiner Abreise wurde er medizinisch nicht behandelt	CMS
08.12.13	1	Kallo Al-Hassan (Mann, 43)	Ghana	starb aufgrund verspäteter Reaktion auf Notruf in einer Unterkunft für Geflüchtete (DE)	Karawane/Westen
02.12.13	3	N.N. (Männer, ±20)	unbekannt	vermisst, nachdem das Boot im Fluss Evros an der türkisch-griechischen Grenze kenterte; 1 Überlebende*r	KI
30.11.13	3	N.N.	Afghanistan, Iran, Pakistan	vermisst, nachdem das Boot im Fluss Evros an der türkisch-griechischen Grenze sank; 15 Überlebende	GWM/TVXS
29.11.13	1	N.N. (Frau, ±35)	Asien	gestorben beim Versuch, den Fluss Evros von der Türkei nach Griechenland zu überqueren	Avgi
29.11.13	5	N.N. (3 Kinder)	Syrien	ertrunken, als das Boot mit 14 Migrant*innen vor der türkischen Küste in der Ägäis sank (TR-GR)	TodZam/NewsD/Xinhua/AdnK/MNS
21.11.13	1	Kathan al Omar (Mann, 35)	Syrien	starb an einem Herzinfarkt im Camp für Geflüchtete; Klagen über Schmerzen in der Brust wurden ignoriert	MNS
15.11.13	12	N.N. (4 Kinder)	Syrien	ertrunken, als das Boot vor der Insel Lefkada (GR) kenterte; Angaben zufolge auf dem Weg nach Italien	GuardianUn./Xinhua/AdnK/CBC/MNS
05.11.13	1	N.N.	Afrika	fiel vom Grenzzaun bei dem Versuch, von Marokko in die spanische Enklave Melilla zu gelangen	MNS/Naharnet
04.11.13	1	Robiel (Mann)	Eritrea	tot aufgefunden im Hafenbecken von Calais (FR); versuchte, am 9. Oktober zu einer Fähre mit Ziel England zu schwimmen	CMS
1.10.13	268	N.N. (100 Kinder; 168 Erwachsene)	Syrien	34 ertrunken, 234 vermisst; Boot sank nach Verfolgung und Beschuss 113 km vor Lampedusa (IT); Notruf wurde ignoriert	Repubblica/BorderlineEU/Asyl in Not

Tot aufgefunden	Zahl	Name	Herkunftsland	Todesursache	Quelle
11.10.13	12	N.N.	Syrien, Palästina, Ägypten	ertrunken nach Kentern des Bootes nahe des ägyptischen Hafens von Alexandria	LR/BBC/AI/Nu
11.10.13	22	N.N.	Syrien, Palästina, Ägypten	vermisst seit Kentern des Bootes mit 150 Personen nahe des ägyptischen Hafens von Alexandria; 12 Personen ertrunken	LR/BBC/AI/Nu
03.10.13	373	N.N.	Afrika	ertrunken, als das Boot auf dem Weg von Libyen nach Italien Feuer fing und sank; ca. 155 Personen gerettet	VK/NRC/ANP /AiN/Presse/NY-times
01.10.13	1	Aref Hassanzade (Mann, 22)	Afghanistan	Berichten zufolge von den Taliban in Afghanistan ermordet, nachdem er aus Belgien abgeschoben wurde	IRR
01.10.13	**1**	**Tekeste (Mann)**	**Eritrea**	**im Mittelmeer ertrunken**	
01.10.13	**1**	**Musie (Mann)**	**Eritrea**	**im Mittelmeer ertrunken**	
01.10.13	**1**	**N.N. (2 junge Männer der Ethnie Bilen)**	**Eritrea**	**im Mittelmeer ertrunken**	
30.09.13	13	N.N. (Männer)	Eritrea, unbekannt	ertrunken, nachdem sie gezwungen wurden, das gestrandete Schiff vor der Küste Siziliens (IT) zu verlassen	AdnK/Reuters/TimesM/EP/VK
28.09.13	1	N.N. (junger Mann)	unbekannt	tot aufgefunden im Meer von Sidi Lakhdar (DZ); Leiche trieb seit Monaten im Meer	QUOT
17.09.13	1	Fadwa Taha Ali (Frau, 50)	Syrien	erschossen, als das Boot mit 200 Geflüchteten von der ägyptischen Marine beschossen wurde	AI/LR
17.09.13	1	Amr Dailool (Mann, 30)	Syrien	erschossen, als das Boot mit 200 Geflüchteten von der ägyptischen Marine beschossen wurde	AI/LR
16.09.13	12	N.N.	Subsahara-Afrika	Angaben zufolge vermisst; Boot mit 42 Personen kenterte vor Ceuta (ES/MA); 30 Personen gerettet	MNS/EP
01.09.13	**1**	**Baby**	**Eritrea**	**auf dem Weg durch die Sahara vom Sudan nach Libyen verdurstet; die Mutter ist mit ihrem zweiten Kind in Libyen angekommen**	
10.08.13	6	N.N.	Ägypten	ertrunken; Boot fuhr auf Sandbank; sie dachten, sie hätten Land erreicht, aber das Wasser war noch zu tief (IT)	AFP/SPFrance24/Euronews/24News
10.08.13	1	Moustapha Anaki (Mann, 31)	Marokko	starb aus ungeklärten Umständen in der Aufnahmestelle Crotone (IT), wonach Proteste ausbrachen; Aufnahmestelle geschlossen	LR
06.08.13	1	Commandan (junger Mann)	Afghanistan	erstochen von einem andereren Afghanen im Lager in Calais (FR); es war eine Vergeltungstat, ohne Tötungsabsicht	CMS

Tot aufgefunden	Zahl	Name	Herkunftsland	Todesursache	Quelle
04.08.13	3	N.N. (Frauen)	Afrika	starben während Überfahrt in einem Schlauchboot nach Europa; Leichen wurden über Bord geworfen	GlobalPost
01.08.13	1	N.N.	Marokko	verstorben; schlechter gesundheitlicher Zustand; starb trotz medizinischer Versorgung während Rettungsoperation (ES)	ABC
01.08.13	1	N.N. (Mann)	Indien	Suizid in der Unterkunft für Geflüchtete in Harbke (DE)	Karawane
01.08.13	1	Lamis Abounahi (Frau)	Syrien	starb auf Samos (GR), nachdem sie von Schleppern zurückgelassen und von den griechischen Behörden nicht beachtet wurde	MNS/ Infomob/ Roarmag
01.08.13	1	Uday Abounahi (Junge, 4)	Syrien	starb auf Samos (GR), nachdem er von Schleppern zurückgelassen und von den griechischen Behörden nicht beachtet wurde	MNS/ Infomob/ Roarmag
01.08.13	1	Layan Abounahi (Mädchen, 9 Monate)	Syrien	starb auf Samos (GR), nachdem sie von Schleppern zurückgelassen und von den griechischen Behörden nicht beachtet wurde	MNS/ Infomob/ Roarmag
31.07.13	24	N.N. (Kinder; Erwachsene)	Iran, Pakistan, Syrien, Afghan.	ertrunken, nachdem das Boot in der Ägäis sank (TR); 12 weitere Personen gerettet	TodZam/ Infomob/ AD/GreekReporter
27.07.13	1	Mohammad Hassan (Mann)	Afghanistan	starb an Lungenentzündung, die die Haftaufseher über Monate ignorierten (GR)	Kuwait Times
26.07.13	31	N.N. (9 Frauen)	Westafrika	ertrunken, als das Boot auf dem Weg von Libyen nach Lampedusa (IT) kenterte; 22 weitere Personen gerettet	GuardianUn./ Reuters/ allAfrica
25.07.13	1	N.N. (Mann, 30)	Subsahara-Afrika	starb an Herzanfall während des Versuchs, die spanische Enklave Melilla zu erreichen	ABC
25.07.13	1	N.N. (Mann, ±25)	unbekannt	ertrunken nach Kentern des Bootes vor der griechischen Insel Chios; 46 weitere Personen gerettet	Xinhua/Ekathimerini
25.07.13	1	N.N. (Mann, 25)	Syrien	ertrunken; Leiche an der Küste von Kos (GR) gefunden, vermutlich von einem gesunkenen Schiff mit 13 Migrant*innen	Xinhua/GR/ TodZam
25.07.13	1	N.N. (Frau, 20)	Syrien	ertrunken; Leiche an der Küste von Kos (GR) gefunden, vermutlich von einem gesunkenen Schiff mit 13 Migrant*innen	Xinhua/GR/ TodZam
25.07.13	1	N.N. (Frau, 40)	Syrien	ertrunken; Leiche an der Küste von Kos (GR) gefunden, vermutlich von einem gesunkenen Schiff mit 13 Migrant*innen	Xinhua/GR/ TodZam

Tot aufgefunden	Zahl	Name	Herkunftsland	Todesursache	Quelle
25.07.13	1	N.N. (Mädchen, 13)	Syrien	ertrunken; Leiche an der Küste von Kos (GR) gefunden, vermutlich von einem gesunkenen Schiff mit 13 Migrant*innen	Xinhua/GR/TodZam
25.07.13	1	N.N. (Junge, 5)	Syrien	ertrunken; Leiche an der Küste von Kos (GR) gefunden, vermutlich von einem gesunkenen Schiff mit 13 Migrant*innen	Xinhua/GR/TodZam
25.07.13	1	N.N. (Junge, 8)	unbekannt	ertrunken; Leiche an der Küste von Kos (GR) gefunden, vermutlich von einem gesunkenen Schiff mit 13 Migrant*innen	Xinhua/GR/TodZam
25.07.13	6	N.N.	Syrien	vermisst; Boot mit 13 Personen sank nahe Bodrum (TR); 6 Leichen nahe Kos (GR) geborgen	GuardianUn./Reuters/allAfrica
17.06.13	1	Samiyou Djimadou (Mann, 29)	Benin	Suizid aus Angst vor Abschiebung aus Brüssel (BE), weil der Asylantrag 10 Monate in Bearbeitung war	MNS/21miles/DH
16.06.13	7	N.N.	unbekannt	ertrunken bei dem Versuch, über die italienische Grenze zu gelangen, durch Festhalten an einem Thunfischkäfig auf See	ABC/Ansamed/jW/MNS
15.06.13	1	N.N. (Frau)	unbekannt	starb bei der Geburt ihres Kindes auf einem Boot zwischen TR und IT; ihre Leiche wurde ins Meer geworfen; das Baby ist gesund	Repubblica
13.06.13	1	N.N. (Mann, 31)	Somalia	Suizid nach abgelehntem Asylantrag; sprang aus dem Fenster in Florenz (IT)	MNS/Ansa
10.06.13	1	Apti Nazjujev (Mann)	Tschetschenien	zu Tode gefoltert; Norwegen schob ihn nach Russland ab, von wo aus er nach Tschetschenien abgeschoben wurde	Ny Tid
06.06.13	1	Vahide Selami (45)	Afghanistan	ertrunken; Boot sank in der Ägäis aus unbekannten Gründen; 9 weitere Personen gerettet	Greek reporter/Khaama/DN/Xinhua
06.06.13	5	N.N.	Afghanistan	vermisst; Angaben zufolge ertrunken; Boot in der Ägäis aus unbekannten Gründen gesunken; 9 weitere Personen gerettet	Greek reporter/Khaama/DN/Xinhua
01.06.13	1	N.N. (Mann)	Georgien	blinder Passagier; erfroren in I-Fly Chartermaschine (RU); erst nach mehr als 7 Flügen entdeckt	News24/VK/Z24
01.06.13	1	Fahezeh Ahmadi (Frau, 17)	Afghanistan	erstochen von ihrem Freund; sie hatte Ausgang von ihrer Unterkunft in Lyng (NO)	Klassekampen
30.05.13	1	Adams Bagna (Mann, 31)	Nigeria	starb aufgrund fehlender medizinischer Versorgung an chronischem Asthma (DE)	Indymedia/Karawane
28.05.13	1	Djamaa Isu (Mann, 21)	Tschad	Suizid in der Unterkunft für Geflüchtete in Eisenhüttenstadt (DE)	Karawane/VRF/Berliner Zeitung

Tot aufgefunden	Zahl	Name	Herkunftsland	Todesursache	Quelle
20.05.13	5	N.N. (Männer)	unbekannt	ertrunken, als das Boot vor der Küste von Marokko auf dem Weg nach Spanien kenterte; 7 weitere Personen gerettet	MNS/The-Local
16.05.13	1	N.N. (Mädchen, 6)	unbekannt	ertrunken, als das kleine Boot vor Farmakonisi (GR) sank	Ekathimerini, MigrantsGR
02.05.13	1	Moncef (Mann, 25)	Tunesien	Suizid; brachte sich aus Verzweiflung über bevorstehende Abschiebung in Zürich (CH) um	WSWS/Bildungfuralle/ Libertareaktion
01.05.13	1	Hashim Yasbek (Mann, 34)	Libanon	starb an Heroinüberdosis in der Unterkunft für Asylsuchende in Schönefeld Ost (DE); Leiche nach 6 Wochen gefunden	Karawane/ MDR
25.04.13	1	Cosmo Saizon (Mann, 33)	Benin	starb aufgrund fehlender medizinischer Versorgung in Bitterfeld (DE)	Karawane
21.04.13	1	Alpha Pam (Mann, 28)	Senegal	starb an Tuberkulose in einem Krankenhaus auf Mallorca (ES), nachdem medizinische Versorgung verweigert wurde	IBT/MNS/TL
18.04.13	23	N.N.	Subsahara-Afrika	10 ertrunken, 13 vermisst, nachdem das Boot vor den Alhucemas Inseln (MA/ES) sank; 24 Personen gerettet	MNS
17.04.13	1	N.N.	unbekannt	starb nach Rettung mit 14 weiteren Personen, in schlechter gesundheitlicher Verfassung; verstarb auf dem Weg ins Krankenhaus (ES)	AFP/MWN/ GP
17.04.13	1	Mohammed Kamiran (Mann, 33)	Syrien	Suizid auf Arodes, Zypern, nachdem Hilfe- und Sorgenrufe nach seiner Frau und seinen 4 Kindern ignoriert wurden	Kisa
16.04.13	11	N.N. (2 Kinder; 3 Frauen; 6 Männer)	Subsahara-Afrika	10 ertrunken, 1 gestorben auf dem Weg ins Krankenhaus, nachdem das Boot vor Hoceima (MA) kenterte; 23 Personen gerettet	DNE/AlArabia
01.04.13	5	N.N.	Subsahara-Afrika	starben auf einem Boot, das auf dem Mittelmeer trieb; wurden über Bord geworfen; 89 Personen gerettet	Reuters/ MNS/Morroco world news
30.03.13	2	N.N.	Afrika	starben an Unterkühlung nach Rettung durch italienische Küstenwache aufgrund fehlender medizinischer Versorgung	PICUM/CDS
30.03.13	1	Khalid Shahzad (Mann, 52)	Pakistan	starb aufgrund schlechter gesundheitlicher Verfassung wenige Stunden nach Entlassung aus Strafanstalt (GB)	GuardianUn.
16.03.13	2	N.N. (1 Frau; 1 Mann)	Subsahara-Afrika	vermisst, nachdem das Boot vor Taifa (ES) sank; 8 Personen gerettet	EP
15.03.13	6	N.N.	Syrien	ertrunken auf dem Weg von der Türkei nach Lesbos (GR)	MNS/CMS

Tot aufgefunden	Zahl	Name	Herkunftsland	Todesursache	Quelle
15.03.13	8	N.N.	Syrien	Angaben zufolge vermisst; waren auf dem Weg von der Türkei nach Lesbos (GR)	MNS/CMS
11.03.13	4	N.N.	Marokko	tot aufgefunden in einem Boot vor der Küste von Tantan (MA)	Ansamed/MNS
03.03.13	2	N.N.	Afrika	ertrunken auf dem Weg nach Spanien; 1 gehörte zu marokkanischer Fährenbesatzung und starb bei Rettungsversuch	MNS/Al arabiya
03.03.13	2	N.N.	Afrika	vermisst auf dem Weg von Marokko nach Spanien; 2 weitere tot aufgefunden, 2 weitere gerettet	MNS/Al arabiya
17.02.13	1	N.N. (Mann)	unbekannt	Leiche trieb vor dem Strand von Doumia (DZ); vermutlich versuchte er, Spanien zu erreichen	QUOT
10.02.13	1	Alois Dvorzac (Mann, 84)	Slowenien	starb in Handschellen am Herzschlag in einem Migrationszentrum (GB) nach versäumter medizinischer und sozialer Versorgung	Independent/GuardianUn./BBC
01.02.13	1	Cheick Nydiaye (Mann)	Senegal	von Polizisten bei einer Verfolgung in Athen (GR) auf U-Bahn-Gleise gestoßen	CS
22.01.13	1	N.N. (Junge, 16)	unbekannt	starb an Erschöpfung am Flussufer nahe der griechisch-türkischen Grenze; Schlepper hatten ihn und 8 weitere zurückgelassen	KI
17.01.13	1	Alexander Dolmatov (Mann, 36)	Russland	Suizid aus Angst vor Abschiebung aus den Niederlanden	UNITED/Telegraaf/ANP/NRC/Parool
17.01.13	1	Shehzad Luqman (Mann, 27)	Pakistan	starb nach Messerattacke durch zwei Mitglieder der Partei Goldene Morgenröte in Athen (GR)	Reuters/MNS/KTG/CS
13.01.13	3	N.N. (Männer)	unbekannt	ertrunken; zwei Leichen vor Chios (GR) von Fischern gefunden, ein dritter von Küstenwache geborgen	Ekathimerini/GRreporter
04.01.13	1	N.N.	Kurdistan	Suizid; erhängte sich im Polizeigefängnis in Zürich (CH)	WSWS/WOZ
03.01.13	42	N.N. (8 Kinder)	Syrien, Afghanistan, Pakistan	vermisst seit dem Versuch, die apulische Küste Italiens zu erreichen; 28 Personen gerettet	PICUM
2013	**1**	**N.N. (Frau)**	**Eritrea**	**in der Sahara durch einen Unfall des mit Flüchtlingen beladenen Autos mit dem Fahrer und vielen anderen ums Leben gekommen. Die Überlebenden des Unfalls sind von nachfolgenden libyschen Schleppern aufgenommen worden, darunter das Baby der Frau. Es wurde von zwei eritreischen Frauen unversehrt über das Mittelmeer gebracht und von einer der beiden Frauen mitgenommen.**	

Tot aufgefunden	Zahl	Name	Herkunftsland	Todesursache	Quelle
31.12.12	1	N.N. (Mann)	Tunesien	ertrunken, als ihn ein Schlepper ein paar Meter vor der Küste Siziliens (IT) ins Meer stieß	LR/PICUM
31.12.12	1	N.N. (Mann)	Tunesien	Angaben zufolge ertrunken; vermisst, nachdem er durch Schlepper vor der Küste Siziliens (IT) ins Meer gestoßen wurde	LR/PICUM
26.12.12	1	Umar Bilemkhanov (Mann)	Tschetschenien	zu Tode gefoltert; Norwegen schob ihn nach Russland ab, von wo aus er nach Tschetschenien abgeschoben wurde	Ny Tid
14.12.12	1	N.N. (Junge, 17)	Afghanistan, Irak	ertrunken mit 27 anderen; das Boot aus der Türkei sank nahe Lesbos (GR); 2 Überlebende	Alj./Reuters/ PICUM/ MSF/Infomobile
14.12.12	1	N.N. (Mann)	Afghanistan, Irak	ertrunken mit 27 anderen; das Boot aus der Türkei sank nahe Lesbos (GR); 2 Überlebende	Alj./Reuters/ PICUM/ MSF/Infomobile
14.12.12	27	N.N. (2 Babys; 2 Frauen)	Afghanistan, Irak	19 ertrunken, 7 vermisst; das Boot aus der Türkei sank nahe Lesbos (GR); 2 Überlebende	Alj./Reuters/ PICUM/ MSF/Infomobile
13.12.12	8	N.N.	Marokko	1 ertrunken, 7 vermisst nach Zusammenstoß eines Patrouillenbootes mit einem Boot mit 25 Migrant*innen (ES)	PICUM/El Pais/FFM/ taz
01.12.12	1	N.N. (Mann)	Syrien	erfroren nahe Kraynovo (BG) beim Versuch, die Grenze zwischen BG und TR zu überqueren; 1 Mann im Krankenhaus	PICUM/ Vreme
25.11.12	1	N.N. (Mann)	unbekannt	ertrunken beim Versuch, in einem Boot von Libyen nach Italien zu gelangen; 500 weitere Migrant*innen gerettet	Repubblica/ PICUM
25.11.12	2	N.N.	unbekannt	vermisst; Angaben zufolge ertrunken bei dem Versuch, per Boot von Libyen nach Italien zu gelangen	Repubblica/ PICUM
19.11.12	1	N.N. (Mann)	Armenien	Suizid; in einem Krankenhaus in Winterthur (CH) tot aufgefunden, nachdem sein Asylantrag abgelehnt worden war	ProAsyl/ WSWS/Le Courrier
16.11.12	1	N.N. (Frau)	Eritrea	Suizid in einer psychiatrischen Anstalt in Liestal (CH)	ProAsyl/Le Courrier/20Min
12.11.12	1	Oleg N. (Mann, 28)	Russland	Suizid; erhängte sich nach Ablehnung des Asylantrags; Angst vor Verfolgung als Homosexueller in Russland	ProAsyl/ AiCH/ WSWS/Le-Courrier
08.11.12	1	N.N. (Mann)	unbekannt	ertrunken; Leiche im Wasser treibend 12 Meilen von Tarifa (ES) entfernt aufgefunden	MUGAK

Tot aufgefunden	Zahl	Name	Herkunftsland	Todesursache	Quelle
07.11.12	3	N.N.	unbekannt	vermisst; Angaben zufolge ertrunken, nachdem das Boot in der Meerenge von Gibraltar vor Tarifa (ES) sank	MUGAK
05.11.12	1	Saar Yatta (Mann, 30)	Subsahara-Afrika	ertrunken; Leiche nahe der Küste von Ceuta (ES/MA) aufgefunden; vermutlich versuchte er, nach Ceuta (ES/MA) zu schwimmen	VDG
05.11.12	1	N.N.	Subsahara-Afrika	Leiche an der Küste von Nador (MA) nahe der spanischen Enklave Melilla aufgefunden	AFP
03.11.12	11	N.N. (8 Frauen; 3 Männer)	unbekannt	ertrunken auf dem Weg nach Lampedusa (IT); Schiff sank 35 Meilen vor der libyschen Küste; 70 Überlebende	Repubblica/PICUM/MNS
01.11.12	21	N.N. (Kinder; Frauen; Männer)	unbekannt	19 Leichen aufgefunden, 2 vermisst vor der Küste Tangers (MA)	AFP
01.11.12	2	N.N. (Mann und junger Sohn)	unbekannt	tot aufgefunden am Ufer in der Gegend von Nador (MA) und Melilla (ES/MA)	AFP
01.11.12	54	N.N.	unbekannt	ertrunken während Schiffbruchs zwischen Marokko und Spanien; 6 Überlebende	FE
30.10.12	1	Prince Kwabena Fosu (Mann, 31)	Ghana	starb aus ungeklärten Gründen in Strafanstalt in Hammondsworth (GB)	IRR/SchNews
26.10.12	2	N.N.	Afrika	ertrunken beim Versuch, mit einem Boot von Marokko nach Spanien überzusetzen; 50 weitere Personen gerettet	FE
25.10.12	14	N.N.	Afrika	ertrunken, als das Boot nahe der Küste von Marokko auf dem Weg nach Spanien sank; 17 Personen gerettet, 4 vermisst	EP/Aljazeera/MaltaToday
25.10.12	4	N.N.	Afrika	vermisst seit Sinken des Bootes nahe der marokkanischen Küste auf dem Weg nach Spanien; 17 gerettet, 14 Leichen geborgen	EP/Aljazeera/MaltaToday
23.10.12	1	N.N. (Mann, ±25)	Subsahara-Afrika	ertrunken; Leiche bei Punta Almina (ES) an Land gespült; Angaben zufolge fiel er auf dem Seeweg von Marokko ins Meer	ABC/FE
09.10.12	1	N.N. (Mädchen, ±5)	Subsahara-Afrika	ertrunken; Leiche nahe dem Strand von Galapagos (ES) gefunden; vermutlich von gekentertem Boot	FE/SUR
08.10.12	6	N.N.	Afrika	ertrunken, als das Boot mit 24 Migrant*innen von den Komoren vor der Küste von Mayotte (FR) kenterte	VOA/UN/IRR
08.10.12	10	N.N.	Afrika	vermisst, nachdem das Boot mit 24 Migrant*innen von den Komoren vor der Küste von Mayotte (FR) kenterte	VOA/UN/IRR
08.10.12	5	N.N. (2 Kinder; 3 Frauen)	Subsahara-Afrika	vermisst, nachdem das Boot vor dem Strand von Galapagos (ES) kenterte	FE/SUR
08.10.12	1	N.N. (Baby, 8 Monate)	Subsahara-Afrika	ertrunken; Boot sank vor der Küste von Melilla (ES/MA)	FE/20Me/MUGAK

Tot aufgefunden	Zahl	Name	Herkunftsland	Todesursache	Quelle
01.10.12	1	N.N. (Frau, 39)	Nepal	fiel aus dem 5. Stock eines Gebäudes bei Fluchtversuch vor Polizeikontrolle auf einer Party in Larnaca (CY), hatte keine Papiere	CypMail
28.09.12	1	Newzad (Mann, 20)	Irak	Kurde; Suizid nach endgültiger Ablehnung des Asylantrages im Saltdal Zentrum für Geflüchtete in Rognan (NO)	NRK
27.09.12	1	Zelimkhan Isakov (Mann, 35)	Tschetschenien	erlag einem Herzinfarkt im Abschiebegefängnis in Wien (AT), nachdem medizinische Versorgung verweigert wurde	IRR/DerStandard
19.09.12	3	N.N.	Algerien	1 ertrunken, 2 vermisst nach Schiffbruch vor spanischer Küste; 9 weitere gerettet	MUGAK/El Pais
18.09.12	1	N.N. (junger Mann)	unbekannt	Leiche im Stadium fortgeschrittener Verwesung vor Ceuta (ES/MA) aufgefunden; angeblich über Bord gefallen	ABC/FE
17.09.12	1	N.N. (junger Mann)	unbekannt	ertrunken; kleines Boot sank vor Mostaganem (DZ), war auf dem Weg nach Spanien	TSA/FE
16.09.12	1	N.N. (Mann, 30)	Eritrea	gestorben bei Autounfall nahe Alexandroupolis (GR); Auto eines Schleppers überschlug sich bei Verfolgung durch die Polizei	PICUM
09.09.12	1	Jose Matada (Mann, 26)	Mosambik	blinder Passagier; Leiche fiel während Flug zwischen Angola und Heathrow aus dem Flugzeug auf eine Straße in Mortlake (GB)	BBC/IRR/ Evening Stand./ MNS/IND.
08.09.12	1	N.N. (Mann, 25)	Eritrea	erschossen von ägyptischen Grenzwachen; weigerte sich aufzugeben und rannte in Richtung ägyptisch-israelischer Grenze	GulfNews
08.09.12	27	N.N.	Afrika	vermisst, nachdem das Boot mit 36 Migrant*innen aus Anjouan (KM) vor Mayotte (FR) sank	Universal/ AFP
08.09.12	6	N.N. (1 Kind; 5 Frauen)	Afrika	ertrunken, nachdem das Boot mit 36 Migrant*innen aus Anjouan (KM) vor Mayotte (FR) sank	Universal/ AFP/PICUM
07.09.12	74	N.N.	Tunesien	Angaben zufolge ertrunken, nachdem das Boot vor Lampedusa (IT) gesunken war; Leichen und Boot werden noch vermisst	PICUM/ MAS/LRP/ FE/BCC/ CNN
07.09.12	5	N.N.	Tunesien	ertrunken nach Sinken des Bootes vor Lampedusa (IT); 56 weitere Personen gerettet	PICUM/ MAS/LRP/ FE/BCC/ CNN
06.09.12	30	N.N. (18 Frauen; 12 Männer)	Palästina, Syrien, Irak	ertrunken; überfülltes Boot aus Ahmetbeyli (TR) sank vor der ägäischen Küste; 46 Überlebende	jW/Reu./ AFP/Le Monde/Migreurop/SP

Tot aufgefunden	Zahl	Name	Herkunftsland	Todesursache	Quelle
06.09.12	31	N.N. (3 Babys; 28 Kinder)	Palästina, Syrien, Irak	ertrunken; überfülltes Boot aus Ahmetbeyli (TR) sank vor der ägäischen Küste; 46 Überlebende	jW/Reu./AFP/Le Monde/Migreurop/SP
04.09.12	1	Samir Hashemi (Mann, 27)	Iran	Suizid in der Unterkunft für Geflüchtete in Kirchheim (DE); Depression aufgrund schlechter Lebensbedingungen	RTA/INDd/VRF/Karawane
29.08.12	7	N.N. (2 Kinder; 1 Frau; 4 Männer)	Syrien	ertrunken; Asyl suchende Familie; Schiffbruch auf dem Weg von Latakia (SY) nach Zypern	PICUM/UN/Migrantsatsea/FE/CypM.
26.08.12	39	N.N.	Ägypten	3 ertrunken, 36 vermisst, nachdem das Boot vor dem Hafen von Bardia an der libysch-ägyptischen Grenze sank; nur 1 gerettet	Ahram/VK
26.08.12	32	N.N.	Afrika, Bangladesch	vermisst; Angaben zufolge ertrunken nach Kentern des Bootes aus Tripoli (LY) vor der libyschen Küste	MNS/FE
26.08.12	10	N.N.	Afrika, Bangladesch	ertrunken; Leichen nach Kentern des Bootes aus Tripoli (LY) vor der libyschen Küste geborgen	MNS/FE
23.08.12	1	N.N. (Mann)	unbekannt	blinder Passagier; gefunden im Fahrwerk eines Flugzeugs nach Heathrow (GB); kam aus Südafrika	GuardianUn./IRR/BBC
18.08.12	1	N.N.	unbekannt	Leiche im Evros aufgefunden; Angaben zufolge Migrant*in; versuchte, von der Türkei aus nach Griechenland zu gelangen	FE
17.08.12	2	N.N.	Somalia, Eritrea	starben nach Rettung; Schlauchboot von Libyen nach Malta trieb 4 Tage auf See	FE/Ansamed/PICUM/Times of Malta
16.08.12	2	N.N.	Somalia, Eritrea	verhungerten, nachdem das Boot von Libyen nach Malta 4 Tage auf See trieb; Leichen auf Schlauchboot gefunden	FE/Ansamed/PICUM/Times of Malta
16.08.12	2	N.N.	Somalia, Eritrea	ertrunken während Rettungsaktion; Schlauchboot von Libyen nach Malta trieb 4 Tage auf See	FE/Ansamed/PICUM/Times of Malta
13.08.12	1	N.N. (19)	Afghanistan	verstorben; Leiche am Ufer des Flusses Evros (GR) im Gebiet von Marasia aufgefunden	PICUM/Clandestina/Agelioforos/Skai
12.08.12	1	N.N. (Frau, 30)	Asien	Leiche in Badeanzug nahe des Strandes von Wimereux (FR) gefunden; versuchte, den Kanal nach Großbritannien zu überqueren	IRR/Mail Online/21Miles/DailyRec
12.08.12	1	N.N. (Mann, 19)	Irak	niedergestochen von 5 Männern auf Motorrädern in Athen (GR)	KTG

Tot aufgefunden	Zahl	Name	Herkunftsland	Todesursache	Quelle
01.08.12	1	N.N.	unbekannt	ertrunken, bevor das Boot eine spanische Insel nahe Marokko erreicht hatte	MUGAK
30.07.12	1	Bee Moyo (Mann, 45)	Zimbabwe	Suizid; erhängte sich in Rotherham Park (GB), nachdem sein Aufenthaltsantrag abgelehnt wurde	IRR/Star
12.07.12	1	N.N. (Mann, 23)	Afghanistan	blinder Passagier; erstickt; unter Lkw auf der Fähre von Griechenland nach Venedig (IT) gefunden	CDS/FE
10.07.12	54	N.N.	Eritrea, Somalia, Sudan	verdurstet; Schlauchboot trieb 15 Tage auf See; waren auf dem Weg von Libyen nach Italien; erreichten die tunesische Küste	MUGAK/ EP/ELC/LV/ PICUM/ UNHCR
09.07.12	1	Bernard Hukwa (Mann)	Zimbabwe	Suizid; Leiche in der Themse (GB) gefunden; wartete auf Bearbeitung des Asylantrags	IRR/ZimEye
07.07.12	1	N. Mohamed (Mann, 28)	Sudan	tot im innerstädtischen Kanal von Calais (FR) gefunden; ungeklärte Todesumstände	CMS
05.07.12	3	N.N.	unbekannt	ertrunken; Schiffbruch vor Monastir (TN) auf dem Weg nach Italien; Grenzwache konnte 22 Personen retten	TNNum
30.06.12	1	Manadou Kamara (Mann, 32)	Mali	Angaben zufolge von Soldaten zu Tode geprügelt während Arrest in Safi (MA); traf tot im Krankenhaus ein	EUobserver/ MaltaToday/ MaltaStar
28.06.12	1	N.N.	unbekannt	ertrunken; aufgefunden im Stadium fortgeschrittener Verwesung, Schiffbruch vor der Küste von Leuca (IT)	LR/FE
23.06.12	2	N.N.	Afghanistan	blinde Passagier*innen; starben an Überhitzung oder erstickten in einem Lkw auf einer Fähre von Griechenland nach Ancona (IT)	PICUM/Infomob/FE/LR
19.06.12	6	N.N.	unbekannt	vermisst; Angaben zufolge ertrunken; kleines Segelboot aus Richtung Nordafrika kenterte vor der Küste von Leuca (IT)	PICUM/LRB/ FE/Infomob
01.06.12	55	N.N.	Somalia, Sudan, Eritrea	starben beim Versuch, von Tripoli (LY) aus Italien zu erreichen; Abbas (25, Eritrea) war der einzige Überlebende	NOB/B4P/ GuardianUn./MaltaToday
26.05.12	20	N.N.	unbekannt	ertrunken, nachdem das Schlauchboot mit Ziel Italien vor der libyschen Küste Luft verlor	Migreurop/ LRP
25.05.12	10	N.N.	Somalia	mindestens 10 Vermisste, nachdem Schlauchboot auf dem Weg von Libyen nach Italien im sizilianischen Kanal kenterte	LR/Fe
25.05.12	1	N.N. (Mann, ±30)	Subsahara-Afrika	Leiche in fortgeschrittenem Stadium der Verwesung an den Strand der Insel Lampione (IT) gespült	FE/ANSA

Tot aufgefunden	Zahl	Name	Herkunftsland	Todesursache	Quelle
22.05.12	1	N.N. (Mann, 45)	Eritrea oder Äthiopien	in Streit in Ny-paradis Straße nahe Flüchtlingsheim in Ytrebygda, Bergen (NO) mit Messer erstochen	NRK
19.05.12	5	N.N.	Anjouan, Komoren	ertrunken nach Sinken des Bootes mit 43 Migrant*innen vor der Küste von Mayotte (FR)	Le Monde/ AFP/Migreurop
19.05.12	15	N.N.	Anjouan, Komoren	vermisst nach Sinken des Bootes mit 43 Migrant*innen vor der Küste von Mayotte (FR)	Le Monde/ AFP/Migreurop
02.05.12	1	N.N. (Junge, 16)	Afghanistan	blinder Passagier; erstickte in Lkw, in dem er sich auf dem Weg von Griechenland nach Venedig (IT) vor der Grenzpolizei versteckte	Migreurop/ PICUM/ AdnK/MP
01.05.12	7	N.N.	Somalia	starben in einem Boot während einer wochenlangen Überfahrt von Libyen nach Malta; Boot wurde in die Rivierabucht getrieben	UNHCR
29.04.12	2	N.N.	unbekannt	starben bei Autounfall beim Versuch, einer Frontex-Kontrolle zu entgehen	Migreurop/ KTG/PICUM/ Clandestina
28.04.12	1	N.N. (Junge, 16)	Ägypten	ertrunken; von einem Boot mit 80 Menschen von Schleppern über Bord geworfen, als sich eine Polizeipatrouille näherte	Migreurop/ LRP
28.04.12	30	N.N.	Subsahara-Afrika	ertrunken, nachdem ein marokkanisches Marineschiff das Boot mit 70 Migrant*innen mit Absicht versenkte	PICUM/Afrik/El Pais
26.04.12	1	N.N. (Mann, 40)	Afghanistan	ertrunken, nachdem er von Schleppern mehrere Meilen vor der kalabrischen Küste über Bord geworfen wurde	LR/Migreurop/PICUM/FE
12.04.12	1	N.N.	Subsahara-Afrika	starb nach dem Sprung aus einem Bus während Deportation aus Nador (MA)	MUGAK
09.04.12	1	Alain Hatungimana (Mann, 36)	Burundi	Suizid kurz vor Abschiebung aus den Niederlanden; vermutlich, um Abschiebung seiner Kinder zu verhindern	DutchN/ Migreur./ RNW/PICUM/ENAR
03.04.12	10	N.N.	Somalia, Eritrea	starben auf See zwischen Libyen und Lampedusa (IT); Berichten der 48 Geretteten zufolge wurden die Leichen zurückgelassen	FE
01.04.12	6	N.N. (5 Frauen; 1 Mann)	unbekannt	ertrunken bei dem Versuch, das Rettungsschiff zu erreichen; dem Boot aus Richtung LY im Kanal von Sizilien ging der Sprit aus	BBC
01.04.12	1	Samia Yusuf Omar (Frau, 21)	Somalia	ertrunken beim Versuch, das Rettungsschiff zu erreichen; war auf dem Weg von LY nach IT; Olympionikin, sie erhielt Todesdrohungen	BBC/Gulf/ SP/WIK/ IlMess
31.03.12	10	N.N.	Eritrea, Somalia	verhungerten; Leichen wurden während der Überfahrt von Libyen nach Italien über Bord geworfen	Affarl/Vanguard/Agi

Tot aufgefunden	Zahl	Name	Herkunftsland	Todesursache	Quelle
29.03.12	1	N.N.	unbekannt	Leiche in fortgeschrittenem Stadium der Verwesung aufgefunden, in der ländlichen Gegend von Tichero, Präfektur Evros (GR)	PICUM/Age/Clandestina
17.03.12	1	N.N. (±28)	unbekannt	ertrunken bei dem Versuch, den Fluss Evros zu durchqueren, um nach GR zu gelangen; Leiche bei Nea Vissa (GR) gefunden	PICUM/Age
16.03.12	5	N.N.	unbekannt	Leichen aufgefunden in einem Boot mit 57 Personen in Richtung Lampedusa; von ital. Behörden im liby. Hoheitsgebiet gerettet	PICUM/LR/jW
15.03.12	1	N.N.	unbekannt	ertrunken bei der Überquerung des Evros, um nach GR zu gelangen; Leiche nahe des Flusses bei Soufli (GR) aufgefunden	PICUM
12.03.12	1	N.N. (Mann, 28)	Eritrea	nahe des Hafens von Patras (GR) von Lkw überfahren, unter dem er sich versteckte, um Griechenland zu verlassen	PICUM/patrasT
05.03.12	1	N.N. (Mann, ±24)	Maghreb	ertrunken; Leiche im Tajo-Segura-Kanal von Torre-Pacheco (ES) treibend gefunden	MUGAK/Raz
02.03.12	2	N.N. (Männer, ±22)	Subsahara-Afrika	ertrunken; Leichen trugen Rettungswesten; sie wurden nahe der Bucht von Melilla (ES/MA) geborgen	MUGAK/Raz/Diario de Noticias/ElDia
29.02.12	1	N.N. (Mann)	Ägypten	starb an Unterkühlung; Leiche in Lagerhaus im Gebiet von Korinthia (GR) gefunden	PICUM/Proto
21.02.12	1	N.N. (Frau, ±20)	Afrika	starb an Unterkühlung bei dem Versuch, die Türkei über den Fluss Evros zu verlassen; Leiche nahe Orestiada (GR) gefunden	PICUM/Infomob/Skai/Clandestina
21.02.12	1	N.N.	Subsahara-Afrika	ertrunken bei dem Versuch, nach Ceuta (ES/MA) zu gelangen; schwamm entlang der Küste von Marokko	MUGAK/ElDia
21.02.12	1	N.N. (Frau, ±23)	Afrika	Leiche von Grenzwachen im Fluss Evros (GR) gefunden	MNS
15.02.12	1	Arman Palani (Mann, 17)	Kurdistan	erstochen in einer gewalttätigen Auseinandersetzung in der Dale Unterkunft für Asylsuchende in Sandnes (NO)	NRK
10.02.12	1	N.N. (±40)	unbekannt	starb an Unterkühlung bei dem Versuch, den Evros zu überqueren, um nach GR zu gelangen; Leiche nahe Tichero gefunden	PICUM/Rizo
07.02.12	1	N.N. (25)	unbekannt	starb an Unterkühlung im Gesundheitszentrum von Soufli nach Überquerung des Evros, um nach GR zu gelangen	PICUM/Skai

Tot aufgefunden	Zahl	Name	Herkunftsland	Todesursache	Quelle
06.02.12	3	N.N. (±20)	Afghanistan	blinde Passagier*innen; erstickten in Lkw auf dem Weg nach Igoumenitsa (GR), einem Hafen mit Schiffen nach Italien	PICUM/ TVXS/MNS
01.02.12	1	Rexhep Salijaj (Mann)	Kosovo	Suizid; nur wenige Stunden bevor sein Aufschub, Belgien zu verlassen, ablief	MNS
30.01.12	1	N.N. (Mann)	Palästina	starb an Unterkühlung bei dem Versuch, gemeinsam mit 14 Migrant*innen, die gerettet wurden, den Fluss Evros (GR) zu durchqueren	PICUM/ Clandestina/ Skai/ToV
29.01.12	1	Mohammad Rahsepar (Mann, 29)	Iran	Suizid; erhängte sich mit einem Laken in einer Unterkunft für Asylsuchende in Würzburg (DE)	FR-BW/ INDd/ARD/ HRS/SD/ MainP
28.01.12	5	N.N.	Afghanistan	blinde Passagier*innen; starben bei Unfall; versteckt in einem Lkw, der von Griechenland nach Italien fuhr	AFP
22.01.12	1	N.N. (Mann, ±25)	Nordafrika	Leiche in fortgeschrittenem Stadium der Verwesung 7 Meilen vor Cabo de Palos (ES) treibend gefunden	MUGAK/ Verdad
21.01.12	2	N.N. (1 Frau; 1 Mann)	Afrika	erschossen von ägyptischen Grenzsoldaten beim Versuch, die ägyptisch-israelische Grenze zu überqueren	FE
16.01.12	1	Garolin Nesarajah (Frau, 24)	Sri Lanka	Suizid; legte ein Feuer, in dem sie und ihr Baby starben in Førde (NO); der Asylantrag wurde abgelehnt und sie litt an Depressionen	NRK
16.01.12	1	Rojg Nesarajah (Junge, 2)	Sri Lanka	starb im Feuer, das seine Mutter gelegt hatte, in Førde (NO)	NRK
15.01.12	15	N.N. (1 Baby; 12 Frau; 2 Männer)	Somalia	Leichen an libyschen Stränden gefunden nach Schiffbruch eines Bootes aus einer Gruppe von 4 Booten auf dem Weg nach Italien	PICUM/FE/ TimesM/ AFP/jW
15.01.12	1	N.N.	Somalia	tot aufgefunden in schiffbrüchigem Boot, das Teil einer Gruppe von 4 Booten auf dem Weg von Libyen nach Italien war	PICUM/FE/ TimesM/ AFP/jW
15.01.12	40	N.N.	unbekannt	vermisst nach Schiffbruch eines Bootes, das Teil einer Gruppe von 4 Booten auf dem Weg von Libyen nach Italien war	PICUM/FE/ TimesM/ AFP/jW
12.01.12	8	N.N.	Afghanistan	vermisst nach Umkippen zweier Plastikboote bei dem Versuch, von TR nach GR über den Fluss Evros zu gelangen	PICUM/ ClandestinE/ Infomob/ MNS
12.01.12	4	N.N.	Bangladesch	vermisst nach Umkippen zweier Plastikboote bei dem Versuch, von TR nach GR über den Fluss Evros zu gelangen	PICUM/ ClandestinE/ Infomob/ MNS
10.01.12	1	N.N.	unbekannt	ertrunken; Leiche 25 Meilen südöstlich von Cape Gata (ES)	ElDia

Tot aufgefunden	Zahl	Name	Herkunftsland	Todesursache	Quelle
10.01.12	1	N.N. (Mann, ±25)	unbekannt	ertrunken, vermutlich über Bord gestürzt; Leiche 33 Meilen von Montril (ES) entfernt im Meer treibend gefunden	MUGAK/ElDia
09.01.12	3	N.N.	Subsahara-Afrika	ertrunken bei dem Versuch, die spanische Enklave Melilla (ES/MA) über See zu erreichen	SolidMar
08.01.12	1	N.N. (Mann, ±28)	Subsahara-Afrika	ertrunken bei dem Versuch, mit einer Rettungsweste an Land zu schwimmen; Leiche auf dem Strand von Melilla (ES) gefunden	MUGAK/LV
05.01.12	1	Idrissa Diallo (Mann, 21)	Guinea-Conraki	Herz-Lungen-Versagen; fehlende medizinische Hilfe in Haftanstalt in Barcelona (ES)	IRR/MUGAK/LV/EP/EPress
03.01.12	1	N.N. (55)	Indien	Migrant*in ohne Papiere in einem Container gefunden, der als Unterschlupf nahe Thiva (GR) genutzt wurde	PICUM
03.01.12	1	N.N. (junger Mann)	Afghanistan	starb an Rauchvergiftung infolge eines in einer Dose entfachten Feuers, um sich in einem verlassenen Lkw zu wärmen (GR)	MNS/PICUM/Ekathimerini
29.01.12	2	N.N. (1 Mädchen, 9; 1 Mann, 55)	Afghanistan	vermisst, nachdem Boot bei der Überquerung des Flusses Evros an der türkisch-griechischen Grenze kenterte; Mädchen und ihr Großvater	CMau/KI/Le Figaro
01.01.12	1	Samuel Festus (Mann)	unbekannt	starb im Krankenhaus in Essen (DE); drohende Abschiebung und Arbeitsverbot führten zu Erkrankung	VRF
01.01.12	1	N.N. (Junge, 3)	Sudan	erlag seinen Verletzungen, nachdem ein Kocher in der Unterkunft für Asylsuchende in Rondeslottet (NO) auf ihn fiel	Aftenposten
01.01.12	1	N.N. (Mann, 23)	Eritrea	starb an Herzleiden im Torshov Transitzentrum in Oslo (NO)	NRK
01.01.12	1	N.N.	unbekannt	ertrank bei einem Unfall in der Haugaland Unterkunft für Asylsuchende in Haugesund (NO)	NRK
01.01.12	14	N.N.	unbekannt	starben über das Jahr 2012 in norwegischen Erstaufnahmeeinrichtungen	Foreigner/MNS
01.01.12	20	N.N. (Kinder; Frauen; Männer)	Syrien	ertrunken; von Schleppern in zwei Schlauchbooten in der Nacht zurückgelassen; wollten den Fluss Evros (TR/GR) überqueren	GuardianUn.
2012	25	N.N. (25 junge Männer)	unbekannt	erstickt; von Schleppern im Bootsinneren zusammen mit weiteren 250 Personen auf der Überfahrt von Libyen nach Lampedusa eingesperrt	Raz
29.12.11	1	N.N. (Mann, 41)	Sri Lanka	Suizid in der Erstaufnahmestelle in Schiphol (NL), einen Tag, nachdem der zweite Asylantrag abgelehnt wurde	NOS/Vrijheid

Tot aufgefunden	Zahl	Name	Herkunftsland	Todesursache	Quelle
27.12.11	1	N.N. (Junge, 12)	Iran	starb an Unterkühlung; Leiche von Polizei am Ufer des Flusses Evros (GR) aufgefunden	MNS/PICUM
27.12.11	1	N.N. (Frau, 59)	Iran	starb an Unterkühlung; Leiche von Polizei am Ufer des Flusses Evros (GR) aufgefunden	MNS/PICUM
27.12.11	1	N.N. (Mann, ±30)	Afrika	starb an Unterkühlung; Leiche von Polizei am Ufer des Flusses Evros (GR) aufgefunden	MNS/PICUM
24.12.11	1	N.N. (Mann)	Subsahara-Afrika	ertrunken beim Versuch, die spanische Enklave Ceuta mit 80 anderen zu erreichen	FE
22.12.11	1	Predrag Molnar (Mann, 40)	Serbien	vermutlich Selbstmord in Arrestzelle in den Niederlanden Tage vor der Abschiebung; ungeklärte Umstände	Vrijheid
22.12.11	1	Ismael (Mann)	Äthiopien	tot aufgefunden am Fuß einer Brücke im Stadtzentrum von Calais (FR); ungeklärte Umstände	INDgb/CMS
19.12.11	1	Samba Martine (Frau, 41)	Kongo	starb an einer Hirnhautentzündung, 6 Stunden nach Überführung ins Krankenhaus aus dem Haftzentrum in Aluche (ES)	IRR/ICARE/ MUGAK
10.12.11	2	N.N.	unbekannt	versuchten, die Grenze zwischen TR und GR über den Evros zu überqueren; Leichen im Gebiet von Petalo (GR) aufgefunden	MNS/PICUM
07.12.11	54	N.N.	Subsahara-Afrika	vermisst, nachdem sie versucht hatten, nach Ceuta (ES/MA) zu gelangen; schwammen von Marokko aus	Ansamed
06.12.11	1	N.N. (Mann, ±32)	Nordafrika	gefoltert und erschossen, möglicherweise von Schleppern; außerhalb des Thriassio-Krankenhauses, Attik (GR) aufgefunden	MNS
06.12.11	2	N.N.	Somalia	starben auf See auf dem Weg aus Libyen; das Boot mit 44 Migrant*innen wurde 75 Meilen vor der Südküste von Malta gefunden	TimesM
06.12.11	2	N.N. (1 Mädchen; 1 Frau)	Kongo	verdursteten in einem angeschlagenen Boot mit 53 Migrant*innen; Rettung vor der marokkanischen Küste	FE
06.12.11	2	N.N.	unbekannt	verdursteten in einem angeschlagenen Boot mit 53 Migrant*innen; Rettung vor der marokkanischen Küste	FE
06.12.11	1	N.N. (junger Mann)	Kongo	ertrunken; fiel aus angeschlagenem Boot mit 53 Migrant*innen; Rettung vor der marokkanischen Küste	FE
03.12.11	1	Fares Chebchoub (Mann, 24)	Algerien	angeblich Selbstmord; erhängt aufgefunden in einer Haftanstalt in Cagliari (IT); ungeklärte Umstände	EIW

Tot auf-gefunden	Zahl	Name	Herkunftsland	Todesursache	Quelle
01.12.11	1	N.N. (Junge, 16)	Syrien	getötet nach Verfolgungsjagd mit der griechischen Grenzpolizei und Frontex im Auto in Evros (GR)	MNS/PICUM
01.12.11	11	N.N. (Männer)	Algerien	vermisst, nachdem sie auf einem provisorischen Boot von Sidi Lakhdar (DZ) aus in Richtung Spanien segelten	FE/Le Matin/DZ
28.11.11	1	N.N. (Mann, ±25)	Subsahara-Afrika	ertrunken; aufgefunden im Hafen von Ceuta (ES/MA) in fortgeschrittenem Stadium der Verwesung	FE/ElDia/ MUGAK
27.11.11	3	N.N.	Afghanistan, Pakistan	Leichen am südöstlichen Hafen von Brindisi (IT) gefunden, nachdem das Boot nahe der Küste sank	MNS
27.11.11	20	N.N.	Afghanistan, Pakistan	vermisst, nachdem das Boot vor der Küste von Brindisi (IT) sank	MNS
26.11.11	30	N.N.	Afghanistan, Kurdistan	Berichten zufolge ertrunken; vermisst nach Sinken des Bootes vor der Küste von Brindisi (IT) auf dem Weg in die Türkei	FE/LR/ PICUM/ LRB/Blitz/ MUGAK
26.11.11	3	N.N.	unbekannt	ertrunken; Leichen gefunden nach Sinken des Bootes vor der Küste von Brindisi (IT); kamen aus Richtung der Türkei	FE/LR/ PICUM/ LRB/Blitz/ MUGAK
24.11.11	1	N.N.	Asien	starb an Unterkühlung; Leiche in der Region Peplos gefunden, am Ufer des Flusses Evros (GR)	MNS
24.11.11	1	N.N.	Asien	starb an Unterkühlung; Leiche in einem Landwirtschaftsgebiet in Thymaria, Alexandropouli (GR) gefunden	MNS
23.11.11	3	N.N.	Subsahara-Afrika	ertrunken; Leichen an marokkanischem Strand gefunden; Teil einer Gruppe von 90, die versuchten, nach Ceuta zu schwimmen	MNS
09.11.11	43	N.N.	unbekannt	vermisst nach Notruf an italienische Behörden, weil in ihr Boot auf stürmischer See Wasser eindrang	MNS
11.10.11	2	N.N.	Iran	starben, als sich das Auto von Schleppern auf dem Weg von Komotini (GR) nach Kavala überschlug; wollten der Polizei entgehen	MNS
07.10.11	2	N.N.	unbekannt	von Zug bei Feres (GR) überfahren, als sie an den Gleisen entlanggingen	MNS
01.10.11	1	Khaled Khodena (Mann)	Irak	aus religiösen Motiven ermordet, nach seiner Abschiebung aus Schweden; sein Asylantrag wurde abgelehnt	UNHCR/ Sveriges
01.10.11	1	Michael Kelly (Mann)	Liberia	10 Tage nach seinem Tod in seinem Zimmer in der Unterkunft für Asylsuchende von Gerstungen (DE) aufgefunden worden	VRF
28.09.11	4	N.N.	Tunesien	verbrannt; Feuer entstand durch brennende Kerze in Pantin-Unterkunft, Paris (FR), ein Gebäude in städtischem Besitz	MNS/ FTRC/Raz/ Le Monde/ Libération

Tot aufgefunden	Zahl	Name	Herkunftsland	Todesursache	Quelle
28.09.11	2	N.N.	Ägypten	erstickt; Feuer entstand durch brennende Kerze in Pantin-Unterkunft, Paris (FR), ein Gebäude in städtischem Besitz	MNS/FTRC/Raz/Le Monde/Libération
14.09.11	1	N.N.	unbekannt	ertrunken; vom Jetski gestoßen, als der Schlepper die Küstenwache sah; Andalusien (ES)	Sur/MUGAK
01.09.11	2	N.N. (1 Mädchen; 1 Mann)	unbekannt	über Bord geworfen von Schleppern, als sie sich Samos (GR) näherten, berichtet Mutter bzw. Schwester	MNS
24.08.11	1	N.N. (Mann)	unbekannt	ermordet; erschossen von Frontex-Polizist bei Beschuss eines Bootes, das die türkisch-griechische Grenze am Evros überquerte	ClandestinE/Son Dakika/MNS
22.08.11	1	James (Mann)	Liberia	Suizid; erlag 20 Tage, nachdem er sich in der Unterkunft für Asylsuchende in Echt (NL) in Brand setzte, seinen Wunden	Vrijheid/HartNL
13.08.11	1	Marius B. (Mann, 45)	Rumänien	Suizid; erhängte sich in der Haft, nachdem er 15 Tage lang ohne Anklage festgehalten wurde	IRR
04.08.11	100	N.N.	Afrika	Leichen über Bord geworfen; das Boot kam aus Richtung Libyen; Rettung 104 Meilen vor Lampedusa (IT)	Telegraph/MAS/CDM
02.08.11	1	N.N. (Mann)	Asien	Suizid; erhängte sich in der Dusche im Campsfield Abschiebegefängnis (GB)	MNS
01.08.11	25	N.N. (Männer)	Subsahara-Afrika	erstickten; reisten in einem Boot mit 275 Überlebenden; SOS 35 Meilen vor Lampedusa (IT) ausgesendet	SP/FE/Le Figaro
29.07.11	30	N.N.	unbekannt	Leichen auf Boot gefunden; der Motor war 1 Woche nach Abfahrt aus Ägypten ausgefallen	FE/Libero
13.07.11	1	N.N. (Mann, 23)	Kuba	blinder Passagier; erdrückt und gefunden im Fahrwerk einer Iberia-Passagier-Maschine in Spanien	MNS
05.07.11	1	N.N. (Mann, ±25)	Maghreb	ertrunken; Leiche in fortgeschrittenem Verwesungszustand nahe Selinunte, Trapani (IT) gefunden	ANSA/FE
02.07.11	1	Muhammad Shukat (Mann, 47)	Pakistan	starb an Herzinfarkt nach medizinischer Vernachlässigung im Colnbrook Abschiebegefängnis (GB)	GuardianUn.
29.06.11	1	N.N. (Mann)	Subsahara-Afrika	vermutlich erfroren; Leiche im Meer vor Ceuta (ES/MA) geborgen; trug Rettungsweste	FE/VDG
25.06.11	45	N.N.	Marokko	Berichten zufolge ertrunken; fielen vom Boot nahe Motril, Granada (ES); zweites Boot vermisst	FE/PICUM/Diario de Navarra
25.06.11	1	N.N. (Mann, 20)	Marokko	ertrunken; Leiche 4 Meilen vom gekenterten Boot entfernt an der Küste von Motril, Granada (ES) aufgefunden	FE/PICUM/Diario de Navarra

Tot aufgefunden	Zahl	Name	Herkunftsland	Todesursache	Quelle
25.06.11	1	N.N. (Mann, 38)	Ghana	epileptischer Anfall; libyscher Geflüchteter auf Boot von Lampedusa (IT) in Richtung Festland; Krankheit war bekannt	PICUM/FE/AdnK
03.06.11	1	N.N. (Frau, 30)	Nigeria	tot in Arrestzelle aufgefunden; festgenommen, da sie am Züricher Flughafen (CH) keine Papiere vorweisen konnte	Migreurop/AP
01.06.11	1	N.N.	unbekannt	Todesursache unbekannt; starb auf dem Weg von Libyen nach Malta; Leiche wurde über Bord geworfen	ANSA/Fe
01.06.11	273	N.N.	Westafrika, Pakistan, Bangladesch	ertrunken, 2 geborgen; überfülltes Boot kenterte 300 km vor Tripoli (LY) auf dem Weg nach Lampedusa (IT)	Migreurop/MUGAK/UNHCR/Universo
29.05.11	3	N.N.	unbekannt	Überlebende meldeten Vermisste, als sie die Küste vor Sant'Antioco (IT) erreichten; kamen aus Libyen	ANSA/FE
29.05.11	4	N.N.	unbekannt	ertrunken, Leichen vermisst; Boot kollidierte auf dem Weg von Libyen nach Italien mit anderem Boot vor Libyen	FE/ilClandestino
22.05.11	1	N.N. (Frau)	Subsahara-Afrika	ertrunken; verweste Leiche bei Cabo de Gata (ES) aufgefunden; erlitt vermutlich Schiffbruch am 05.05.2011	ABC/MUGAK
12.05.11	1	Alim Abdul Manan (Mann, 21)	Bangladesch	niedergestochen von zwei Männern auf Motorrädern in Athen (GR)	IRR/CS
11.05.11	1	Aminullah Mohamadi (Junge, 17)	Afghanistan	Suizid; erhängte sich im Parc de la Villette, Paris (FR), als er erfuhr, dass er abgeschoben wird	DRARI/INDf
10.05.11	1	N.N.	Iran	blinde*r Passagier*in; stürzte von Lkw nahe Calais (FR); war auf dem Weg nach England	LePhare
09.05.11	3	N.N.	unbekannt	tot aufgefunden im Frachtraum eines Bootes, das nahe Lampedusa (IT) sank, nachdem 528 gerettet wurden	Telegraph
08.05.11	1	N.N. (Mann, 30)	unbekannt	blinder Passagier; starb in Fulda (DE) an Überhitzung in Lkw, der Kabelrollen geladen hatte; kam aus Richtung Griechenland	HessenR/HNA/Welt/SP
08.05.11	1	N.N. (Mann, ±25)	unbekannt	blinder Passagier; starb in Fulda (DE) an Überhitzung in Lkw, der Kabelrollen geladen hatte; kam aus Richtung Griechenland	HessenR/HNA/Welt/SP
06.05.11	32	N.N.	Subsahara-Afrika	vermisst, nachdem das Boot mit 600 Migrant*innen auf dem Weg nach Italien vor der Küste von Tripoli (LY) sank	Corrispondenti/VF/ABC/UNHCR
06.05.11	2	N.N. (Babys)	Subsahara-Afrika	ertrunken, als das Boot mit 600 Migrant*innen auf dem Weg nach Italien vor der Küste von Tripoli (LY) sank	Corrispondenti/VF/ABC/UNHCR

Tot aufgefunden	Zahl	Name	Herkunftsland	Todesursache	Quelle
06.05.11	13	N.N.	Subsahara-Afrika	ertrunken, als das Boot mit 600 Migrant*innen auf dem Weg nach Italien vor der Küste von Tripoli (LY) sank	Corrispondenti/VF/ABC/UNHCR
06.05.11	1	N.N. (Baby, 4 Monate)	Subsahara-Afrika	ertrunken, als das Boot mit 600 Migrant*innen auf dem Weg nach Italien vor der Küste von Tripoli (LY) sank	Corrispondenti/VF/ABC/UNHCR
05.05.11	22	N.N. (Männer)	Subsahara-Afrika	Berichten zufolge ertrunken; Boot sank 2 Meilen vor Adra, Küste von Almería (ES); 29 Überlebende	Humano/Publico/MUGAK/EP
05.05.11	1	N.N. (Frau)	Subsahara-Afrika	Berichten zufolge ertrunken; Boot sank 2 Meilen vor Adra, Küste von Almería (ES); 29 Überlebende	Humano/Publico/MUGAK/EP
05.05.11	1	N.N. (Mädchen, 3)	Subsahara-Afrika	Berichten zufolge ertrunken; Boot sank 2 Meilen vor Adra, Küste von Almería (ES); 29 Überlebende	Humano/Publico/MUGAK/EP
05.05.11	1	N.N. (Mädchen, 12 Monate)	Subsahara-Afrika	Berichten zufolge ertrunken; Boot sank 2 Meilen vor Adra, Küste von Almería (ES); 29 Überlebende	Humano/Publico/MUGAK/EP
17.04.11	1	Ifeanyi Nwokoye (Mann, 29)	Nigeria	starb auf dem Weg ins Krankenhaus; bei einem Fluchtversuch aus der Haftanstalt von Soldaten niedergeschlagen	TimesM
16.04.11	1	N.N. (Mann)	Nigeria	ertrunken; 3 Tage nach Schiffbruch vor Pantelleria (IT) aufgefunden; kam aus Richtung Libyen	LR/FE
13.04.11	1	Leonie (Frau, 38)	Kongo	ertrunken; sprang vom Boot, das vor Pantelleria (IT) Schiffbruch erlitt; kam aus Richtung Libyen	LR/FE/DerStandard/MAS/Mail Online
13.04.11	1	Cinie (Frau, 28)	Kongo	ertrunken; sprang vom Boot, das vor Pantelleria (IT) Schiffbruch erlitt; kam aus Richtung Libyen	LR/FE/DerStandard/MAS/Mail Online
13.04.11	1	N.N. (Mann)	unbekannt	ertrunken; Leiche nach Schiffbruch vor Pantelleria (IT) gefunden; kam aus Richtung Libyen	LR/FE/MAS/Mail Online
12.04.11	1	N.N. (Schwangere)	Nigeria	starb, nachdem sie Meerwasser getrunken hatte; Boot mit 72 Personen trieb tagelang im Mittelmeer	MNS
11.04.11	10	N.N.	unbekannt	gestorben während der Seefahrt von Libyen nach Lampedusa (IT); Leichen wurden über Bord geworfen	VK
11.04.11	1	N.N. (Frau, 29)	Somalia	Leiche in Holzboot gefunden, das vor der Küste Maltas trieb; von Wasserpolizei geborgen	FE/AFM
10.04.11	1	N.N. (Baby)	unbekannt	verhungert und verdurstet; Boot trieb 16 Tage im Mittelmeer; SOS von der NATO ignoriert	GuardianUn./MUGAK/ELM/VDG/Raz
10.04.11	1	N.N. (Baby, 12 Monate)	unbekannt	verhungert und verdurstet; Boot trieb 16 Tage im Mittelmeer; SOS von der NATO ignoriert	GuardianUn./MUGAK/ELM/VDG/Raz

Tot aufgefunden	Zahl	Name	Herkunftsland	Todesursache	Quelle
10.04.11	1	N.N.	unbekannt	verhungert und verdurstet; Boot trieb 16 Tage im Mittelmeer; SOS von der NATO ignoriert	GuardianUn./MUGAK/ELM/VDG/Raz
10.04.11	1	N.N.	unbekannt	starb im Gefängnis von Misrata (LY); Boot trieb 16 Tage im Mittelmeer; SOS von NATO ignoriert	GuardianUn./MUGAK/ELM/VDG/Raz
10.04.11	59	N.N.	Äthiopien, Nigeria, Eritrea	verhungerten und verdursteten; Boot trieb 16 Tage im Mittelmeer; SOS von der NATO ignoriert	GuardianUn./MUGAK/ELM/VDG/Raz
08.04.11	1	Kambiz Roustayi (Mann, 36)	Iran	Suizid; zündete sich in Amsterdam (NL) nach abgelehntem Asylantrag selbst an; hatte Angst vor Abschiebung	NBK/VK/Eindhovens Dagblad/IMA
06.04.11	177	N.N.	Bangladesch, Tschad, Elfenbeinküste	vermisst, mit weiteren 325 Migrant*innen auf einem Boot von LY nach IT; sank 39 Meilen vor Lampedusa in maltesischen Gewässern	ANSA/Reu./Migreur./Raz/Mail Online
06.04.11	37	N.N. (Frauen)	Bangladesch, Tschad, Elfenbeinküste	vermisst, mit weiteren 325 Migrant*innen auf einem Boot von LY nach IT; sank 39 Meilen vor Lampedusa in maltesischen Gewässern	ANSA/Reu./Migreur./Raz/Mail Online
06.04.11	1	N.N. (Frau, 24)	unbekannt	vermisst, mit weiteren 325 Migrant*innen auf einem Boot von LY nach IT; sank 39 Meilen vor Lampedusa in maltesischen Gewässern	ANSA/Reu./Migreur./Raz/Mail Online
06.04.11	3	N.N. (Minderjährige)	Bangladesch, Tschad, Elfenbeinküste	vermisst, mit weiteren 325 Migrant*innen auf einem Boot von LY nach IT; sank 39 Meilen vor Lampedusa in maltesischen Gewässern	ANSA/Reu./Migreur./Raz/Mail Online
06.04.11	1	N.N. (Junge, 3)	unbekannt	vermisst, mit weiteren 325 Migrant*innen auf einem Boot von LY nach IT; sank 39 Meilen vor Lampedusa in maltesischen Gewässern	ANSA/Reu./Migreur./Raz/Mail Online
06.04.11	1	N.N. (Junge, 12 Monate)	unbekannt	vermisst, mit weiteren 325 Migrant*innen auf einem Boot von LY nach IT; sank 39 Meilen vor Lampedusa in maltesischen Gewässern	ANSA/Reu./Migreur./Raz/Mail Online
02.04.11	1	N.N. (Mann, 23)	Afghanistan	blinder Passagier; erstickt; Leiche in Lieferwagen am Hafen von Ancona (IT) auf einer Fähre aus Großbritannien gefunden	PICUM/FE/ANSA/ClandestinE
02.04.11	1	N.N. (Mann, 20)	unbekannt	ertrunken, als er aus einem Boot mit 500 Migrant*innen in Modica (IT) stieg; Leiche bei Punta Reglioni (IT) gefunden	FE/PICUM
01.04.11	1	N.N. (Mann, 23)	Eritrea	ertrunken, als er aus einem Boot mit 500 Migrant*innen in Modica (IT) stieg	PICUM/FE

Tot aufgefunden	Zahl	Name	Herkunftsland	Todesursache	Quelle
01.04.11	27	N.N.	Tunesien	ertrunken; Angaben zufolge von einem seit 27.03.2011 vermissten Boot; Leichen vor Kerkenneh (TN) gefunden	FE/PICUM
01.04.11	58	N.N.	Tunesien	ertrunken; Leichen von Küstenwache an tunesischen Stränden gefunden	Migreurop
31.03.11	70	N.N.	Somalia, Eritrea	ertrunken; vor der Küste von Tripoli (LY) gefunden; vermutlich von 2 vermissten Booten auf dem Weg nach Italien	Quotidiano/ Migeurop/ Kaosenlared
28.03.11	10	N.N.	Subsahara-Afrika	ertrunken; Boot sank auf dem Weg von Libyen nach Lampedusa (IT); 6 Personen von ägyptischen Fischerbooten gerettet	GuardianUn./PerCat/AdnK
28.03.11	27	N.N.	unbekannt	ertrunken; vor der Küste von Kerkennah (TN) gefunden; 2 Boote, die aus Richtung Libyen kamen und sanken	PUB/Reu./ TunisieSoir/ GuardianUn.
28.03.11	1	N.N. (Baby, 12 Monate)	Subsahara-Afrika	ertrunken; Boot sank auf dem Weg von Libyen nach Lampedusa (IT); 6 Personen von ägyptischen Fischerbooten gerettet	GuardianUn./PerCat/AdnK
27.03.11	308	N.N.	unbekannt	Berichten zufolge ertrunken; Boot mit 335 Personen von Libyen nach Italien; wurde 2 Wochen vermisst	Quotidiano/ Migeurop/ Kaosenlared
26.03.11	1	Seydina Moh. Mbaye (Junge, 5)	Senegal	Lungenembolie auf dem Flug zur Notoperation in Strasbourg (FR); Konsulat verzögerte Visum	Seneweb/ Nouvel Obs
25.03.11	295	N.N.	unbekannt	Berichten zufolge ertrunken; 2 Boote aus Richtung Sidi Bilal (LY) sanken auf dem Weg nach Italien	PUB/Reu./ TunisieSoir/ GuardianUn.
25.03.11	10	N.N.	Ägypten	Berichten zufolge ertrunken; 2 Boote aus Richtung Sidi Bilal (LY) sanken auf dem Weg nach Italien	PUB/Reu./ TunisieSoir/ GuardianUn.
22.03.11	3	N.N.	unbekannt	vermisst; schickten Notsignal nahe Paxoi (GR) auf dem Weg nach Italien; sprangen während Rettungsaktion ins Meer	ORF
22.03.11	1	N.N.	Bangladesch	ertrunken; vor Kreta gefunden; sprang auf dem Weg von Libyen nach Italien vom Schiff	MNS
18.03.11	3	N.N. (Männer, ±28)	unbekannt	ertrunken; Polizei fand Leichen im Gebiet von Petalo am Fluss Evros (GR)	clandestinE
14.03.11	40	N.N.	Tunesien	17 ertrunken, 23 vermisst; Boot sank nahe Kerkenneh (TN) auf dem Weg nach Lampedusa (IT)	LR/AFP/ LeFigaro/EP/ DiariodeNoticias
06.03.11	18	N.N.	Bangladesch	3 ertrunken, 15 vermisst; sprangen in Souda (GR) vom Boot; kamen aus Richtung LY, Ziel GR	KI/MNS

Tot aufgefunden	Zahl	Name	Herkunftsland	Todesursache	Quelle
04.03.11	2	N.N.	Tunesien	ertrunken; Boot kenterte in Sturm vor Lampedusa (IT); 28 Personen gerettet	AFP/Le Monde/ Migreurop/ Romandie
04.03.11	2	N.N. (Jungen)	Tunesien	ertrunken; stürzten ins Meer während Rettungsaktion von 22 Migrant*innen aus Tunesien 50 km vor Marsala (IT)	FE/GRR
02.03.11	1	N.N. (Mann, ±27)	Subsahara-Afrika	ertrunken; verweste Leiche vor dem Strand von La Carihuela, Torremolinos (ES) gefunden	SUR/MUGAK
01.03.11	1	Shambu Lama (Mann, 40)	Nepal	Suizid; lag unter Zug in Gifhorn (DE) aus Angst vor Abschiebung; lebte 16 Jahre in Deutschland und hinterlässt einen Sohn	Karawane/ taz/jW/waz
Mär 2011	3	N.N.	unbekannt	verbrannten in Baracke in Melilla (ES/MA), als sie auf eine Chance warteten, zum Festland zu gelangen	ABC/MUGAK
Mär 2011	2	N.N.	unbekannt	ertrunken; Leichen in fortgeschrittenem Stadium der Verwesung nahe Lampedusa (IT) gefunden	LR
27.02.11	1	N.N. (Junge, ±16)	Subsahara-Afrika	ertrunken bei dem Versuch, die Brandung von Benzu (MA) nach Ceuta (ES/MA) zu durchqueren; Leiche Stunden später gefunden	Faro/FE/Diario Vasco
12.02.11	2	N.N. (Männer)	unbekannt	ertrunken; Boot sank vor Zarzis (TN) auf dem Weg nach Italien; 1 Leiche gefunden; 1 vermisst; 10 Überlebende	LESP
12.02.11	4	N.N. (Männer)	unbekannt	Leichen von Küstenwache auf einem abgetriebenen Boot vor der Küste von Sfax (TN) gefunden	LR
12.02.11	4	N.N. (Männer)	unbekannt	Leichen von Küstenwache auf einem abgetriebenen Boot vor der Küste von Sfax (TN) gefunden; waren auf dem Weg nach Italien	LR
11.02.11	35	N.N.	Tunesien	ertrunken; 5 Leichen gefunden, 30 vermisst, Boot sank, nachdem es von der tunesische Küstenwache gerammt wurde	MNS/BBC/ LESP/LR/Le Monde
31.01.11	1	N.N. (Mann, 54)	Pakistan	Asylantrag abgelehnt; starb nach Sprung aus dem Fenster während einer Polizeikontrolle in einer Wohnung in Nicosia (CY)	CypMail
23.01.11	1	N.N. (Mann)	Mali	Atemstillstand; stark geschwächt nach 4 Tagen des Wartens in der Meerenge von Gibraltar auf einem Boot nach Spanien	Humano
18.01.11	1	Garrach (Junge)	Tunesien	ertrunken; Boot kenterte nahe Metline (TN) während Grenzkontrolle	FE

Tot aufgefunden	Zahl	Name	Herkunftsland	Todesursache	Quelle
17.01.11	2	N.N. (Männer)	Algerien	ertrunken; zündeten das Boot an und sprangen ab, um der Grenzpatrouille in Annaba (DZ) zu entgehen; wollten nach Italien	FE/Migreurop/EIW
16.01.11	33	N.N.	Afghanistan	vermisst; Berichten zufolge ertrunken, als das Schiff nahe Korfu (GR) auf dem Weg nach Italien sank; 230 Überlebende	ClandestinE/AFP/KI/VK/MNS/BBC
08.01.11	1	N.N. (Mann, ±25)	Afrika	erfroren; Leiche in Nea Vissa, Evros (GR), nahe der türkischen Grenze gefunden	ClandestinE/Frontexplode
07.01.11	1	Borka T. (Frau)	Kosovo	Hirnblutung; erhielt keine medizinische Versorgung nach Abschiebung aus Deutschland in den Kosovo	WSWS/LV/MNS/Karawane
06.01.11	2	N.N. (Männer)	unbekannt	ertrunken; Leichen im Fluss Evros gefunden; versuchten, die griechisch-türkische Grenze zu überqueren	FE/AFP
04.01.11	1	Alta Ming (Frau, 34)	Mongolei	keine medizinische Hilfe; brachte ein Kind in Rennes (FR) zur Welt; nach Verhaftung des Ehemanns in den NL war sie obdachlos	Rue89
28.12.10	1	N.N. (Mann, 33)	Kamerun	blinder Passagier; von Ladung in Lkw erdrückt, in dem er sich versteckte; war auf dem Weg von Ceuta (ES/MA) nach Spanien	MUGAK/ELM
20.12.10	1	N.N. (Mann, ±28)	Afrika	erfroren; in Nea Vissa (GR) aufgefunden; versuchte die türkisch-griechische Grenze zu überqueren	Frontexplode/MNS
17.12.10	2	N.N. (Männer)	Afrika	erfroren; Leichen in Nea Vissa (GR) gefunden, nahe türkischer Grenze	Frontexplode/MNS
12.12.10	1	Saidou Gadiaga (Mann, 37)	Senegal	Asthma-Attacke auf der Polizeistation Masotti Carabinieri, Brescia (IT); medizinische Versorgung kam zu spät	MNS/LR
11.12.10	5	N.N.	unbekannt	vermisst; ertrunken, als das Schiff vor Kani Keli, Mayotte (FR) sank; 31 Überlebende	info/FE
07.12.10	2	N.N.	unbekannt	ertrunken; Leichen in der Region Evros (GR) gefunden, nahe der tükischen Grenze	ClandestinE/Frontexplode
01.12.10	1	N.N. (Junge, 16)	Afghanistan	blinder Passagier; erstickte, als er sich in einem Lkw auf einer Fähre von Patras (GR) nach Ancona (IT) versteckte	Migreurop/FE/Kinisi/CorAdriatico
29.11.10	1	Mahamadou Maréga (Mann, 38)	Mali	starb an Schock; Teaser wurden von der Polizei in Colombes (FR) benutzt, um einen Streit unter Geflüchteten zu schlichten	Europe1/MNS/Parisen
27.11.10	1	Sardar Ayari (Mann, 25)	Afghanistan	blinder Passagier; zwischen zwei Lkws erdrückt bei dem Versuch, in Patras (GR) in einen anderen zu klettern, der nach Italien fuhr	Migreurop/Kinisi/FE

Tot aufgefunden	Zahl	Name	Herkunftsland	Todesursache	Quelle
23.11.10	4	N.N. (Männer)	Iran	blinde Passagiere; erstickten im Laderaum eines Lieferwagens nahe Amfilochia (GR); waren auf dem Weg nach Italien	Europe1/FE/PICUM/MNS
22.11.10	2	N.N. (Männer, ±20)	Maghreb	starben an Brandverletzungen und Rauchvergiftung; hatten Feuer gemacht, um ihre Unterkunft in Santurtzi (ES) zu beheizen	EP/ELC
16.11.10	1	N.N. (Mann, 23)	Somalia	ertrunken; Boot sank in der Nähe von in Bari (IT)	FE/PICUM
09.11.10	1	Brahim A. (Mann, 54)	Marokko	Hirnblutung; stürzte 6 Meter in die Tiefe; arbeitete ohne Papiere; wurde vor dem Krankenhaus von Ceuta (ES/MA) zurückgelassen	ElDia/LV/MUGAK/DiariodeNavarra
01.11.10	2	N.N. (Männer)	Eritrea	von Schleppern getötet, die sie in der Sinai-Wüste (IL) festhielten, weil sie versucht hatten, über Telefon Hilfe zu rufen	LR/ECRE
01.11.10	6	N.N.	Eritrea	in der Sinai-Wüste (IL) von Schleppern mit Stöcken zu Tode geprügelt, weil sie versucht hatten, die Gruppe zu verlassen	ECRE/LR
12.10.10	1	Jimmy Mubenga (Mann, 46)	Angola	starb an Herzinfarkt während Abschiebung auf dem Flug ab Heathrow (GB)	GuardianUn./NR/IndGB/Demotix/BBC
07.10.10	1	N.N. (Mann)	Algerien	blinder Passagier; ertrunken, als er vom Schiff aus zum Strand von Pinedo, Valencia (ES) schwimmen wollte	Provincias
02.10.10	5	N.N. (Männer, 18–36)	Algerien	vermisst; Berichten zufolge ertrunken; 30 weitere Personen wurden vor der Küste von Mostaganem (DZ) gerettet	FE/Swiss.ch
23.09.10	1	Bertha Penetes Acosta (Frau, 74)	Kolumbien	starb nach Festnahme in der Abschiebehaft in Ter Apel (NL); lebte Jahrzehnte lang ohne Papiere in den Niederlanden	TVblik/VK
21.09.10	1	N.N. (Mann, 22)	Eritrea	blinder Passagier; kam aus Richtung Georgien; sprang hastig von einem Lkw nahe Foggia (IT) und fiel auf den Kopf	Migreurop/FE/FaiNoti
13.09.10	1	Andoine Bassoumga (Mann, 41)	Kongo	Herzinfarkt; Diabetiker; Asylsuchender in Nicosia (CY); schlechte Ernährung, als die Sozialhilfe gekürzt wurde	KISA/Cyp-Mail
08.09.10	24	N.N.	Maghreb	vermisst; Berichten zufolge ertrunken; waren mit dem Boot von El Bouni, Annaba (DZ) aus nach Sardinien (IT) aufgebrochen	Les Temps D'Algerie/FE

Tot aufgefunden	Zahl	Name	Herkunftsland	Todesursache	Quelle
08.09.10	19	N.N.	Maghreb	vermisst; Berichten zufolge ertrunken; waren mit dem Boot von El Bouni, Annaba (DZ) aus nach Sardinien (IT) aufgebrochen	Les Temps D'Algerie/FE
01.09.10	3	N.N.	Subsahara-Afrika	Leichen über Bord geworfen; Boot mit 34 weiteren Personen nahe Alborán (ES) gefunden	Humano
01.09.10	1	Nezam Azimi (Mann, 60)	Afghanistan	von Taliban ermordet; wurde 2006 nach Kabul (AF) abgeschoben, als der Asylantrag in den Niederlanden abgelehnt worden war	MNS/Telegraaf
31.08.10	2	N.N.	Maghreb	Leichen in fortgeschrittenem Verwesungszustand von Zivilbeamten am Strand von Ceuta (ES/MA) gefunden	SUR
28.08.10	2	N.N.	unbekannt	Leichen vor der Küste von Ceuta (ES/MA) gefunden; vermutlich Monate zuvor von Boot gestürzt	MAC
27.08.10	37	N.N.	Elfenbeinküste, Mali, unbekannt	Angaben zufolge vermisst; Boot auf dem Weg von Marokko nach Spanien	MAC
25.08.10	1	N.N. (Kind)	Afghanistan	Leiche von Polizei an der Ionischen Küste, Kalabrien (IT) gefunden; angeblich beim Ausstieg aus Segelboot verunglückt	ANSA/Gazzettino
15.08.10	3	N.N.	Kamerun	in der algerischen Wüste nahe Tamarasset verdurstet; versuchten mit 9 weiteren Europa zu erreichen	AFP/FocusNews/AllWAfrica
15.08.10	3	N.N.	Mali	in der algerischen Wüste nahe Tamarasset verdurstet; versuchten mit 9 weiteren Europa zu erreichen	AFP/FocusNews/AllWAfrica
15.08.10	2	N.N.	Elfenbeinküste	in der algerischen Wüste nahe Tamarasset verdurstet; versuchten mit 10 weiteren Europa zu erreichen	AFP/FocusNews/AllWAfrica
15.08.10	2	N.N.	Senegal	in der algerischen Wüste nahe Tamarasset verdurstet; versuchten mit 10 weiteren Europa zu erreichen	AFP/FocusNews/AllWAfrica
15.08.10	1	N.N.	Gambia	in der algerischen Wüste nahe Tamarasset verdurstet; versuchte mit 11 weiteren Europa zu erreichen	AFP/FocusNews / AllWAfrica
15.08.10	1	N.N.	Guinea	in der algerischen Wüste nahe Tamarasset verdurstet; versuchte mit 11 weiteren Europa zu erreichen	AFP/FocusNews/AllWAfrica
12.08.10	1	N.N. (Mann, 55)	Algerien	ertrunken; Leiche von Flugrettung 24 km von Tabarca, Alicante (ES) gefunden	Provincias/Deia/Diario de Navarra
11.08.10	8	N.N.	unbekannt	ertrunken; 6 vermisst; 2 von Küstenwache nahe Alicante (ES) gefunden; kamen aus Algerien	Les Temps d'Algerie/Migreurop
11.08.10	2	N.N. (Männer)	Subsahara-Afrika	ertrunken; Leichen in La Linea de la Conception (ES) nahe Gibraltar gefunden	EFE/SUR

Tot auf-gefunden	Zahl	Name	Herkunftsland	Todesursache	Quelle
11.08.10	1	N.N. (Mann)	Subsahara-Afrika	ertrunken; Spur eines Schlags auf den Kopf; Leiche nahe des Strandes von Levante (ES) gefunden	EFE
11.08.10	1	Arslan Duzhiev (Mann, 37)	Tschetschenien	erhängt aufgefunden in seiner Zelle in der Haftanstalt in Traiskirchen (AT)	IRR
07.08.10	1	N.N.	unbekannt	ertrunken; Schiffbruch im Ibizakanal erlitten; Leiche 2 Meilen von Altea, Alicante (ES) gefunden	Provincias/ EP/MNS/ RoundTown
07.08.10	1	N.N.	unbekannt	ertrunken; Schiffbruch im Ibizakanal erlitten; Leiche am Strand von San Juan (ES) gefunden	Provincias/ EP/Round-Town
01.08.10	1	N.N.	unbekannt	ertrunken; Schiffbruch im Ibizakanal erlitten; Leiche von Fischern in Calp, Alicante (ES) gefunden	EP/Provin-cias/Round-Town
28.07.10	2	N.N.	unbekannt	ertrunken; Schiffbruch im Ibizakanal erlitten; Leichen vor der Küste von Javea (ES) gefunden	Provincias/ DiarioVasco/ RoundTown
25.07.10	1	Osman Rasul (Mann, 27)	Irak	Suizid; sprang vom Balkon in Nottingham (GB); fand keinen Anwalt für seinen Asylantrag	Guardian Un./BBC/ IRR/ThisIs-Not
11.07.10	3	N.N. (Frauen)	Subsahara-Afrika	Leichen auf beschädigtem Boot gefunden, das vor der Küste von Motril, Granada (ES) gerettet wurde; 25 Überlebende	Diario de Noticias/ Diario de Navarra
11.07.10	2	N.N. (Babys)	Subsahara-Afrika	Leichen auf beschädigtem Boot gefunden, das vor der Küste von Motril, Granada (ES) gerettet wurde; 25 Überlebende	Diario de Noticias/ Diario de Navarra
01.07.10	1	Dembo Fofana (Mann, 28)	Guinea	ertrunken in der Seine (FR) nach Flucht vor Polizeikontrolle; besaß keine Papiere	Parisen
01.07.10	1	N.N. (Mann, 20)	Afghanistan	Leiche an ionischer Küste, Kalabrien (IT) Ende Juli gefunden; verunglückte beim Verlassen des Bootes	ANSA/Gaz-zettino
01.07.10	1	N.N. (Junge, 14)	Afghanistan	Berichten zufolge in Ionischer See, Kalabrien (IT) seit Ende Juli vermisst; war mit Segelboot unterwegs	ANSA/Gaz-zettino
27.06.10	1	Zahara Bare (Schwangere, 42)	Somalia	starb in der Unterkunft für Asylsuchende von Leersum (NL); medizinische Hilfe war verweigert worden	aduc/ Doorbraak/ SunaT/IRR
25.06.10	2	N.N. (Frauen)	unbekannt	ertrunken; Boot überschlug sich bei der Überquerung des Evros zwischen der TR und GR; Leichen in Orestiada (GR) gefunden	TimesM/ Migreurop/ AFP
25.06.10	1	N.N. (Mann, 25)	unbekannt	von anderem Asylsuchenden in Alvesta (SE) in einer Wohnung umgebracht, die vom Migrationsrat vermietet wurde	UNHCR/DS
08.06.10	1	N.N.	Afrika	im Fluss Evros (GR) ertrunken auf dem Weg von der Türkei nach Griechenland	MNS

Tot aufgefunden	Zahl	Name	Herkunftsland	Todesursache	Quelle
03.06.10	1	N.N. (Mann)	Elfenbeinküste	ungeklärte Umstände; litt an psychischer Erkrankung; blieb in der Unterkunft für Asylsuchende von Charleroi (BE) unbehandelt	MNS/FIDH/IRR
02.06.10	1	Slawik C. (Mann, 58)	Armenien	Suizid; erhängte sich mit Strick im Gefängnis von Langenhagen (DE) wegen bevorstehender Abschiebung	762/IRR
01.06.10	6	N.N. (Männer)	unbekannt	ertrunken; Boot überschlug sich bei der Überfahrt über den Evros (GR); Leichen in Orestiada (GR) gefunden	TimesM/Migreurop/AFP
01.06.10	2	N.N. (Frauen)	unbekannt	ertrunken; Boot überschlug sich bei der Überfahrt über den Evros (GR); Leichen in Orestiada (GR) gefunden	TimesM/Migreurop/AFP
01.06.10	3	N.N.	unbekannt	vermisst; vermutlich ertrunken; Boot überschlug sich bei der Überquerung des Evros (GR) zwischen der TR und GR	TimesM/Migreurop/AFP
01.06.10	5	N.N.	unbekannt	ertrunken; Boot überschlug sich bei der Überquerung des Evros (GR); versuchten, nach Griechenland zu gelangen	TimesM/Migreurop
30.05.10	20	N.N.	Tschad, Ägypten, Nigeria	während der Überfahrt nach Europa in Tripoli und Benghazi (LY) wegen angeblicher krimineller Delikte hingerichtet	LR
13.05.10	1	Mohamed Abagui (Mann, 22)	Marokko	Suizid; hat sich beim Warten auf die Abschiebung in der Haftanstalt in Barcelona (ES) mit einem Bettlaken erhängt	SetDirecta/FAIV/EP/PerCat
03.05.10	1	Abdoulaye (Mann, 23)	Elfenbeinküste	blinder Passagier; hing unter einem Lkw; hatte Erlaubnis, nach Ceuta-Málaga (ES) zu reisen, wurde aber daran gehindert	MNS/MUGAK/SUR
02.05.10	1	Alan Rasoul Ahmed (Mann)	Irak	Suizid; Asylsuchender erhängte sich in Liverpool (GB) aufgrund von Heimweh und Ungewissheit	IRR
01.05.10	1	N.N. (Mann, 34)	Maghreb	aus den Niederlanden abgeschoben; starb beim Versuch, über Samos (GR) mit dem Boot wieder nach Europa einzureisen	VK
18.04.10	1	N.N. (Mann, ±25)	Algerien	ertrunken beim Versuch, zur Stadt zu schwimmen; Leiche an den Strand von Chorillo, Ceuta (ES/MA) gespült	Provincias/SUR/Can7
18.04.10	4	N.N.	unbekannt	ertrunken; Leichen im Evros nahe Edirne (TR) gefunden, als das Boot Schiffbruch erlitt; 7 Überlebende	PICUM/UNHCR
16.04.10	1	Yeni P. (Frau, 34)	Indonesien	Suizid; erhängte sich im Abschiebegefängnis in Hamburg (DE)	jW/Karawane/IRR/FR-H
15.04.10	1	Eliud Nguli Nyenze (Mann, 40)	Kenia	starb, nachdem das Personal in der Haftanstalt Oakington (GB) medizinische Versorgung verweigerte	GuardianUn./IndyMedia/MornStar

Tot aufgefunden	Zahl	Name	Herkunftsland	Todesursache	Quelle
13.04.10	11	N.N.	Algerien	Berichten zufolge ertrunken, als das Boot aus Algerien an der Küste von Almería (ES) sank; 3 Überlebende	PUB/SUR/Provincias/Can7/Nerja
11.04.10	1	Ramahdin (Junge, 16)	Afghanistan	fiel unter die Räder eines Lkw beim Auffahren auf ein Boot in Richtung Großbritannien in Dunkerque (FR)	PICUM/IRR
10.04.10	1	N.N. (Mann, 27)	Sri Lanka	in Venedig (IT) vom Mitbewohner aus Neid über unbefristete Aufenthalts- und Arbeitserlaubnis erstochen	LaNVenezia
07.04.10	1	N.N. (Mann, 30)	Afghanistan	bei einer Schlägerei wegen Überbelegung in der Unterkunft für Asylsuchende in Sandholm (DK) erstochen	CPH/IRR/MNS
02.04.10	1	N.N. (Mann, 30)	Tschetschenien	von einem betrunkenen Asylsuchenden in der Unterkunft für Asylsuchende im Mostviertel (AT) mit einem Brotmesser erstochen	DerStandard/Salzburger Nachrichten
01.04.10	1	N.N. (Kind)	unbekannt	Suizid; Depression nach Ablehnung des Asylantrages; bekam keine medizinische Unterstützung	UNHCR/Sverinsge
30.03.10	7	N.N.	unbekannt	ertrunken; Boot kenterte 3 Meilen vor Kafr el Sheikh, Ägypten, auf dem Weg nach Italien; 38 Überlebende	Le Monde/MP/FE/KI
28.03.10	1	N.N. (Junge, 15)	Afghanistan	Asylsuchender; starb bei einer Bombenexplosion in Athen (GR); war auf der Suche nach Essensresten im Müll	IRR/MNS
21.03.10	3	N.N.	Somalia	Leichen auf dem Weg nach Sizilien (IT) über Bord geworfen; 20 von der Grenzpatrouille gerettete Überlebende	LR/FE
17.03.10	1	Joseph Ndukaku (Mann, 29)	Nigeria	starb während der Abschiebung am Flughafen Zürich (CH), geschwächt vom Hungerstreik; Polizei wendete Gewalt an	AdnK/Swiss.ch/BBC/UNHCR
10.03.10	1	Frau G.	unbekannt	seltene Gehirninfektion; keine medizinische Versorgung und keine Sozialhilfe nach Anerkennung des Asylantrags	GuardianUn.
08.03.10	1	E.G. (Junge)	unbekannt	verhungert; starb 2 Tage vor seiner Mutter; Familie erhielt Asyl in Großbritannien, aber keine Sozialhilfe	GuardianUn.
07.03.10	1	David Mardiani (Junge, 17)	Georgien	Suizid; Asylsuchender; erhängte sich im Abschiebegefängnis Hamburg (DE) nach einem Hungerstreik	WSWS/Migreurop/CaucKnot/SP/jW
07.03.10	1	Serge Serykh (Mann, 43)	Russland	Suizid; sprang mit seiner Familie aus dem 15. Stock in Glasgow (GB); Asylantrag war abgelehnt worden	GuardianUn./IRR
07.03.10	1	Tatiana Serykh (Frau, ±40)	Russland	Suizid; sprang mit ihrer Familie aus dem 15. Stock in Glasgow (GB); Asylantrag war abgelehnt worden	GuardianUn./IRR
07.03.10	1	Stefan Serykh (Mann, 21)	Russland	Suizid; sprang mit seiner Familie aus dem 15. Stock in Glasgow (GB); Asylantrag war abgelehnt worden	GuardianUn./IRR

Tot aufgefunden	Zahl	Name	Herkunftsland	Todesursache	Quelle
03.03.10	1	N.N. (Mädchen, 13 Monate)	Nigeria	wegen neuer diskriminierender Gesetze wurde ihr die Behandlung im Krankenhaus in Cernusco sul Naviglo (IT) verweigert	Everyone Group
11.02.10	6	N.N. (Männer)	unbekannt	Berichten zufolge ertrunken; Schlauchboot aus der Türkei kenterte an der Küste von Samos auf dem Weg nach Griechenland	KI/FE/AP/ Migreurop/ ECRE
11.02.10	1	N.N. (Frau)	unbekannt	Berichten zufolge ertrunken; Schlauchboot aus der Türkei kenterte an der Küste von Samos auf dem Weg nach Griechenland	KI/FE/AP / Migreurop/ ECRE
11.02.10	1	N.N. (Mädchen)	unbekannt	Berichten zufolge ertrunken; Schlauchboot aus der Türkei kenterte an der Küste von Samos auf dem Weg nach Griechenland	KI /FE/AP/ Migreurop/ ECRE
11.02.10	8	N.N.	unbekannt	Berichten zufolge vermisst; Schlauchboot aus der Türkei kenterte an der Küste von Samos auf dem Weg nach Griechenland	KI/FE/AP/ Migreurop/ ECRE
16.01.10	1	M. El Abbouby (Mann, 25)	Nordafrika	Suizid; ließ Camping-Gas in seiner Zelle im S. Vittore-Gefängnis, Mailand (IT) ausströmen	LR/IRR
10.01.10	2	N.N.	unbekannt	ertrunken; es wird vermutet, dass das Boot 6 Tage zuvor auf der Fahrt von der Türkei nach Griechenland gekentert ist	TodZam/ NOB
04.01.10	1	M. Yahya Tabbabi (Mann, 31)	Tunesien	Asylsuchender; starb in der Haftanstalt in Vottem (BE) mangels medizinischer Behandlung	Migreurop/ IRR/ST
04.01.10	19	N.N.	unbekannt	ertrunken, nachdem Boot auf dem Weg von der Türkei nach Griechenland kenterte	TodZam/ NOB
01.01.10	1	Wadim S. (Mann, ±21)	Lettland	Suizid; sprang vor einen Zug in Hamburg (DE), nachdem er von seiner bevorstehenden Abschiebung erfahren hatte	SP
02.07.05	5	N.N.	unbekannt	ertrunken; Schiffbruch mit 36 Überlebenden; Leichen wurden vor der Küste Valencias (ES) gefunden	LV
02.07.05	13	N.N.	unbekannt	ertrunken; das Boot sank vor der andalusischen Küste (ES); 10 Leichen gefunden; 3 vermisst	LV
02.07.05	2	N.N. (Babys)	unbekannt	vermutlich ertrunken; vermisst, nachdem das Boot vor der andalusischen Küste (ES) sank	LV
31.12.09	14	N.N.	Asien	Berichten zufolge auf dem Weg aus der Türkei ertrunken; Schiffbruch vor Alexandroupoli (GR)	FE/Migreurop/AP/ Le Figaro/ ANSA/Unita'/TodZam

Tot aufgefunden	Zahl	Name	Herkunftsland	Todesursache	Quelle
31.12.09	7	N.N. (7 Frauen)	Asien	Berichten zufolge auf dem Weg aus der Türkei ertrunken; Schiffbruch vor Alexandroupoli (GR)	FE/Migreurop/AP/Le Figaro/ANSA/Unita'/TodZam
31.12.09	1	N.N. (Kind, 2)	Asien	Berichten zufolge auf dem Weg aus der Türkei ertrunken; Schiffbruch vor Alexandroupoli (GR)	FE/Migreurop/AP/CDS/ANSA/Unita'/TodZam
31.12.09	22	N.N. (1 Kind, 2; 7 Frauen)	Asien	Berichten zufolge auf dem Weg aus der Türkei ertrunken; Schiffbruch vor Alexandroupoli (GR)	FE/Migreurop/AP/Le Figaro/CDS
25.12.09	1	Carlos (Frau, 34)	Brasilien	Suizid; Transgender; erhängte sich mit einem Bettlaken in der Haftanstalt von Mailand (IT)	EveryOne Group/LR/Migreurop
15.12.09	1	Maiouad (Junge, 15)	Afghanistan	beim Überqueren einer Autobahn nahe Calais (FR) getötet; versuchte in einem Lkw nach Großbritannien zu gelangen	NOB/FE
12.12.09	2	N.N.	unbekannt	Berichten zufolge ertrunken; Boot vor Leros (GR) gesunken; 25 Überlebende	NOB/TodZam
09.12.09	1	N.N. (Mann)	Afrika	blinder Passagier; erfroren beim Versuch, in einem Lkw von Tanger (MA) nach Marseille (FR) zu gelangen	AP/FE
Dec 09	1	N.N.	unbekannt	bei Schiffbruch in der Nähe von Alexandroupoli (GR) ertrunken	KI
24.11.09	1	Ibrahim M.B. (Mann 35)	Senegal	durch seinen Arbeitgeber in Vercelli (IT) ermordet, als dieser ihm das Gehalt von 3 Monaten nicht auszahlen wollte	CDS
24.11.09	23	N.N.	Komoren	Berichten zufolge ertrunken; Boot sank zwischen der Insel Mayotte (FR) und den Komoren	Publico/AFP/MigrantsOM
20.11.09	1	N.N. (Mann, 30)	Bolivien	starb nach 26 Tagen Abschiebungshaft in der Haftanstalt in Málaga (ES)	Sur
18.11.09	1	N.N. (Mann)	Subsahara-Afrika	Berichten zufolge ertrunken; fiel vor der Küste von Tarifa (ES) aus einem Holzboot	EP/FE
12.11.09	1	Jianping Liu (Frau, 35)	China	Suizid; sprang nahe Heathrow (GB) von einer Brücke, als die Polizei nach ihrer Aufenthaltsgenehmigung fragte	IRR/UxbGaz
06.11.09	6	N.N. (4 Kinder; 1 Frau; 1 Mann)	Afghanistan	ertrunken; 5 Tote, 1 vermisst; das überladene Boot sank vor der Küste von Bodrum (TR)	FE/Ansa/Le Monde/NOB
06.11.09	1	Abdelkader H. (Mann, 19)	Algerien	Suizid; sprang während der Flucht vor der Polizei, die ihn für einen Dieb hielt, in Bilbao (ES) in einen Fluss	EP
01.11.09	1	N.N. (junger Mann)	unbekannt	blinder Passagier; erstickt; gefunden auf der Ladefläche eines Lkws, der den Tunnel (FR) nach England durchqueren wollte	FE/Mail Online/IRR

Tot aufgefunden	Zahl	Name	Herkunftsland	Todesursache	Quelle
01.11.09	1	N.N. (Mann, ±30)	Somalia	starb bei seinem Aufenthalt in der Unterkunft für Asylsuchende in Norwegen mangels medizinischer Betreuung an Schweinegrippe	UNHCR/IRR
30.10.09	1	Mohammed Iqbal Safi (Mann, 18)	Afghanistan	ertrunken; sprang in die Themse (GB) nach Befragung durch die Polizei im Gewahrsam für ausländische Straftäter	IRR
30.10.09	1	N.N. (Mann, 25)	Indien	blinder Passagier; erstickte versteckt in einem Lkw nahe Calais (FR) beim Versuch, nach England zu gelangen	Libération/PrivateSource/Libelille
29.10.09	3	N.N.	Algerien	Leichen auf einem Boot aufgefunden, das an der spanischen Südküste südöstlich von Cartegena (ES) entdeckt wurde	EXP/UnSarda/Earth/EP/PUB/PICUM
27.10.09	9	N.N. (5 Kinder; 3 Frauen; 1 Mann)	Afghanistan	ertrunken, nachdem ein Holzboot aus der Türkei auf Felsen an der Insel Mytilini (GR) aufgelaufen war	LR/TDN/Le Figaro/CDS/Migreurop
27.10.09	1	N.N.	unbekannt	auf einem Boot aufgefunden, das nach Sizilien (IT) gebracht wurde; Malta lehnte drei Tage lang die Einreise ab	LR/Can7/PICUM/NOB
15.10.09	16	N.N. (1 Kind; 1 Frau)	Kosovo	ertrunken; 11 Tote, 5 Vermisste; Boot kenterte auf dem Fluss Tisza beim Versuch, die serbisch-ungarische Grenze zu überqueren	PICUM/UNMIK/NOB
12.10.09	7	N.N. (3 Kinder; 4 Frauen)	unbekannt	ertrunken; Boot sank bei Kani-Keli, Süd-Mayotte (FR), von den Komoren kommend	Malanga
10.10.09	1	Mohammad Atif Kamran (Mann, 25)	Pakistan	ermordet; geschlagen, ins Polizeirevier von Nikaia (GR) verschleppt und zu Tode gefoltert	Anarkismo/IRR
06.10.09	7	N.N.	Ägypten, Somalia	4 Tote, 3 Vermisste; ertrunken beim Versuch, von einem Schlauchboot zur Küste von Gela (IT) zu schwimmen	Picum/EveryOne Group/NOB
06.10.09	1	Hasun Albaadzh (Mann)	Syrien	starb nach 3 Jahren im Busmantsi Gefängnis (BG) wegen medizinischer Unterversorgung	IRR
19.09.09	28	N.N. (7 Frauen; 1 Mann)	Subsahara-Afrika	ertrunken; 8 Leichen gefunden, 20 Vermisste; kleines Boot sank an der Küste von Marokko in der Nähe der Insel Perejil (ES)	AFP/EP/Diario Vasco/Razon/ELM
14.09.09	1	Gagabdeep Singh K. (Mann, 32)	Indien	Suizid; starb nach monatelangem Hungerstreik im Gefängnis in Wien (AT) an Herzinfarkt	DerStandard/FRO/Asyl in Not
10.09.09	1	Hassan Rahimi (Junge)	Afghanistan	Suizid; unbegleiteter Minderjähriger erhängte sich in London (GB) aus Angst vor Abschiebung	IRR
29.08.09	1	N.N.	Maghreb	Todesursache unbekannt; starb während einer Bootsfahrt; aufgefunden in Granadilla, Teneriffa (ES)	Diario de Noticias/ElDia/ABC/Verdad

Tot aufgefunden	Zahl	Name	Herkunftsland	Todesursache	Quelle
28.08.09	1	N.N. (Frau)	Afrika	auf dem Weg aus Afrika bei einer Rettungsaktion an der Birzebugga-Küste (MT) ertrunken	GARA/MUGAK/NOB
25.08.09	1	Mahmum O. (Mann, 26)	Irak	Suizid; Asylsuchender 4 Tage zuvor in Gefängniszelle in Nürnberg (DE) erhängt aufgefunden	IRR
24.08.09	1	Frau T. (32)	Libanon	Suizid; Überdosis, nachdem die Familie in eine Unterkunft für Asylsuchende in Mittweida (DE) übergesiedelt war	ARI
20.08.09	72	N.N. (17 Frauen; 55 Männer)	Eritrea	Leichen nach 23 Tagen Reise von Libyen nach Lampedusa (IT) über Bord geworfen	LR/CDS/GE/FE/MUGAK/EP/AFP
17.08.09	27	N.N. (1 Mann)	Subsahara-Afrika, Marokko	ertrunken; 7 Leichen gefunden, 20 Vermisste, 10 Überlebende; Schiffbruch in der Nähe des Trafalgar Strands in Südspanien	LatinAHTribune
16.08.09	1	Jasraj S. Kataria (Mädchen, 23 Monate)	Afghanistan	fiel aus dem Fenster des 3. Stockes einer ungeeigneten Unterkunft eines Subunternehmens des britischen Grenzschutzes	IRR
12.08.09	2	N.N.	Türkei	ertrunken; 2 Tote; das Motorboot aus der Türkei sank vor der Küste von Kos (GR)	FE/PICUM/Cesdop/NOB
10.08.09	20	N.N.	Somalia	ermordet; Wachen eröffneten das Feuer während eines Fluchtversuchs aus Haftanstalt in Benghazi (LY)	FE/VOA
09.08.09	1	N.N.	unbekannt	blinde*r Passagier*in; im Brindisi-Lecce-Korridor (IT) tot aufgefunden in umgestürztem Lkw; 17 Überlebende	CDS/NOB
09.08.09	12	N.N.	Somalia	vermisst nach dem Massaker durch die Polizei in Haftanstalt in Benghazi (LY) auf der Route von Libyen nach Italien	FE/GiovaniE
09.08.09	6	N.N.	Somalia	ermordet durch die Polizei im Benghazi-Massaker (LY) beim Fluchtversuch aus Haftanstalt	FE/GiovaniE
09.08.09	1	Heval Huseyn Ismail (Mann, 28)	Kurdistan	Suizid; abgelehnter Asylsuchender erhängte sich im South Shields Park (GB)	ShieldsG
08.08.09	12	N.N.	unbekannt	1 Tote*r, 11 Vermisste; Boot prallte im Hafen von Annaba (DZ) mit Schiff der algerischen Küstenwache zusammen	BBC/Migreurop/NOB
06.08.09	1	F.A. (Frau, 27)	Marokko	Suizid; warf sich aus Angst vor einer Abschiebung in den Fluss Brembo in Bergamo (IT)	LR/IRR
03.08.09	12	N.N. (1 Mann)	Algerien	ertrunken; 1 Tote*r, 11 Vermisste; Holzboot kenterte 4 Meilen vor Cabo de Palos (ES)	EP/Verdad/ELM/RAZ/MUGAK

Tot aufgefunden	Zahl	Name	Herkunftsland	Todesursache	Quelle
27.07.09	1	Arivan Osman Asis (Mann, 20)	Irak	ermordet; durch die Grenzpolizei erschlagen beim Versuch, ein Schiff nach Italien zu besteigen; starb in GR im Krankenhaus	AFP
27.07.09	1	N.N.	unbekannt	Berichten zufolge ertrunken; Leichenteile entlang des Fontanilla-Strands auf Marbella (ES) gefunden	FE/SUR
25.07.09	1	Luis Beltran Larrosa (Mann, 56)	Uruguay	starb an Herzinfarkt auf Teneriffa (ES); Arbeitgeber rief keine Hilfe, weil er keine Aufenthaltsgenehmigung hatte	Can7/VDG/ElDia/Publico
14.07.09	1	N.N.	Subsahara-Afrika	starb im Krankenhaus von El Hierro, Kanarische Inseln (ES), nachdem das Boot den Hafen von La Estaca erreicht hatte	Verdad/ Diario de Navarra
14.07.09	1	Azad Hayi (Mann, 28)	Kurdistan	Totschlag; erschlagen durch Neonazis bei nächtlicher Rückkehr zur Unterkunft für Asylsuchende in Möhlau (DE)	taz
12.07.09	2	N.N.	Subsahara-Afrika	1 starb während der Reise; 1 starb im Krankenhaus von El Hierro (ES) an Dehydration	Publico/EP/ Diario de Noticias/ VDG
01.07.09	1	N.N. (Mann)	Subsahara-Afrika	ertrunken; Leiche 42 Meilen südlich von Cabo de Gata in Almería (ES) von liberianischem Schiff entdeckt	PICUM
29.06.09	9	N.N. (1 Kind; 3 Frauen; 5 Männer)	Subsahara-Afrika	ertrunken; Holzboot prallte auf Felsen an der Barbate Küste (ES)	PICUM/SUR/ Publico/EP/ ELM/Verdad
23.06.09	1	Amir Rohol (Mann, 19)	Afghanistan	blinder Passagier; fiel vom Lkw, in dem er sich versteckte; starb 3 Stunden später im Krankenhaus in Ancona (IT)	PICUM/LR/ MP/NOB
19.06.09	1	Jonathan Sizalina (Mann, 20)	Ecuador	Suizid in einer Zelle in Barcelona (ES); erhängte sich mit seinem eigenen T-Shirt; Wärter sollen ihn in der Haftanstalt in Barcelona geschlagen haben	EP/AVUI/ MUGAK
17.06.09	2	N.N. (Männer)	Algerien	1 ertrunken, 1 vermisst nach Schiffbruch aufgrund stürmischer See, 30 Meilen südlich von Cartagena (ES)	LV/Verdad/ PICUM/ NOB
04.06.09	25	N.N. (8 Babys; Frauen; Männer)	Subsahara-Afrika, Marokko	vermisst, nachdem das Boot auf der Überfahrt von Tanger (MA) 10 Meilen vor Tarifa, Cadiz (ES) sank	ABC/MUGAK/EP/ ELM/LV/EFE
03.06.09	34	N.N.	Komoren	Berichten zufolge ertrunken; Boot lief auf Felsen zwischen Anjouan (KM) und Mayotte (FR)	Malango
03.06.09	1	M'manga Soule	Komoren	ertrunken; Boot lief auf Felsen zwischen Anjouan (KM) und Mayotte (FR)	Malango

Tot aufgefunden	Zahl	Name	Herkunftsland	Todesursache	Quelle
03.06.09	1	Atiki	Komoren	ertrunken; Boot lief auf Felsen zwischen Anjouan (KM) und Mayotte (FR)	Malango
01.06.09	1	N.N. (Junge, 16)	unbekannt	Suizid in der Unterkunft für Asylsuchende in Varmland (SE) nach abgelehntem Asylantrag	IRR
27.05.09	1	Mir Abbas Safari (Mann, 36)	Afghanistan	Suizid nach 67 Tagen in der Haftanstalt in Gavle (SE) aus Angst, abgeschoben zu werden	IRR/UPP/NewsD
19.05.09	1	N.N. (Mann)	Vietnam	starb beim Versuch, auf Autobahn in Teteghem (FR) auf fahrenden Lkw Richtung England zu springen	VoixDuNord
07.05.09	1	N.N. (Frau, 49)	Tunesien	Suizid in der Haftanstalt von Ponte Gallera, Rom (IT)	IlMess/IRR
01.05.09	2	N.N.	Somalia	ertrunken auf dem Weg durch den Fluss Evros von der Türkei nach Griechenland	MNS
01.05.09	1	N.N.	Tunesien	ertrunken auf dem Weg durch den Fluss Evros von der Türkei nach Griechenland	MNS
30.04.09	1	N.N. (Mann)	Subsahara-Afrika	starb im Krankenhaus von Tarifa, nachdem spanische Behörden ein Boot aus Tanger (MA) blockiert hatten	EFE/NOB
23.04.09	35	N.N. (9 Frauen; 26 Männer)	Afrika	ertrunken; Leichen nach Schiffbruch auf der Überfahrt von Somalia 250 km östlich von Aden (YE) aufgefunden	MUGAK/Can7/EFE/UNHCR/GARA
23.04.09	20	N.N.	Afrika	vermisst nach Schiffbruch auf der Überfahrt von Somalia 250 km östlich von Aden (YE); 165 Überlebende	MUGAK/Can7/EFE/UNHCR/GARA
23.04.09	2	N.N.	unbekannt	Berichten zufolge an Unterkühlung gestorben; aufgefunden durch spanische Behörden in der Straße von Gibraltar (ES)	MUGAK/EFE/DiariodeNav./PICUM
18.04.09	1	N.N.	Subsahara-Afrika	Leiche von mauretanischer Küstenwache auf einem Boot nahe Nuadibu gefunden, auf dem Weg zu den Kanarischen Inseln (ES)	MUGAK/EFE/ElDia/Diario de Navarra
16.04.09	1	Esat Ekos (Schwangere, 19)	Nigeria	starb während einer Rettungsaktion; Boot wartete vier Tage an der italienischen Küste, bevor es anlegen durfte	MUGAK/TimesM/Diario de Navarra
05.04.09	1	N.N. (Mann, 26)	Afghanistan	erstochen nach einer gewalttätigen Auseinandersetzung am Villemin-Platz, Paris (FR), wo er als Asylsuchender gelebt hatte	Reu./Ya.F/MSF/MRAP/CSE10/AFP
05.04.09	1	N.N. (Mann)	unbekannt	blinder Passagier; tot aufgefunden im Ärmelkanaltunnel in Calais (FR); fiel vermutlich von einem Lkw	Reu./Ya.F/CSE10/NOB/7sur7.be

Tot auf-gefunden	Zahl	Name	Herkunftsland	Todesursache	Quelle
03.04.09	2	N.N. (1 Frau; 1 Mann)	Afrika	Leichen auf einem Boot aufgefunden, 60 km vor Lampedusas Südküste (IT); Berichten zufolge aus Libyen kommend	ANSA/AVV/NOB
03.04.09	1	Zivko Kosanovic (Mann, 49)	Serbien	erschossen in seiner Heimatstadt Sid (RS) nach Abschiebung aus den Niederlanden	VPRO
01.04.09	300	N.N.	Algerien, Somalia, Nigeria	Berichten zufolge ertrunken, nachdem 3 Boote auf dem Weg von Libyen nach Italien kenterten	ABC/MUGAK/Deia/DiariodeNavarra
29.03.09	213	N.N.	Afrika	vermisst auf dem Weg von Libyen nach Italien nach Schiffbruch der Boote in Sturm	ABC/MUGAK/Deia/DiariodeNavarra
29.03.09	21	N.N.	Afrika	ertrunken, als das überfüllte Boot bei Sturm auf dem Weg von Libyen nach Italien sank	ABC/MUGAK/Deia/DiariodeNavarra
29.03.09	1	N.N. (Mann, 20)	Irak	blinder Passagier; starb unter einem Lkw, an dem er sich festhielt, um Grenze im Hafen von Ancona (IT) zu überqueren	CDS/NOB
26.03.09	1	N.N. (Mann, 20)	Irak	Asylsuchender; im Hafen von Venedig (IT) von Lkw überfahren; Berichten zufolge wollte er einer Passkontrolle entkommen	CDS/ANSA/AdnK/NOB
23.03.09	1	Mazir (Mann, 24)	unbekannt	im Fluss Votanikos nahe dem Ausländeramt in Athen (GR) gefunden; lag 3 Monate im Koma	NR/IRR
22.03.09	2	N.N.	Maghreb	vermisst, als die spanische Grenzwache die Passagier*innen vor Cabo de Gata (ES) von ihrem Boot holte	MUGAK/EFE/PUB/NOB
19.03.09	67	N.N.	Afrika	17 Tote, 50 Vermisste nach Schiffbruch in der Nähe von Sfax (TN) auf dem Weg von Libyen nach Italien	LS/FE/ANSA/Ach/AFP/LSW/NOB
19.03.09	1	Salah Soudami (Mann, 42)	Algerien	Berichten zufolge erschlagen in Haftanstalt Ponte Gallierra in Rom (IT), nachdem ihm medizinische Behandlung verweigert wurde	CARTA/ElW
17.03.09	1	N.N. (Mann)	Subsahara-Afrika	Leiche an Land gespült am Strand Linea de la Concepcion, Cadiz (ES)	MUGAK/DNA/SUR/PUB/EFE/ELM
16.03.09	11	N.N. (4 Frauen; 7 Männer)	Nigeria	verdurstet in der AlGatrun Wüste (LY); hatten versucht, nach Italien zu gelangen, wurden aber von Behörden abgefangen	NOB/LR
06.03.09	1	N.N. (Mann, ±20)	Afrika	verfing sich im Stacheldraht, als er versuchte über einen Grenzzaun von Marokko nach Ceuta (ES/MA) zu springen	Reuters/NOB

Tot aufgefunden	Zahl	Name	Herkunftsland	Todesursache	Quelle
Mär 2009	14	N.N. (1 Schwangere)	Nigeria	1 starb bei Entbindung; mit 13 weiteren Personen in der Wüste von Oran (AR) verirrt; Treibstoff und Wasser gingen aus	FE/NAN/NT/ODILI
21.02.09	1	N.N.	Afrika	starb, als das Schiff versuchte, in der Nähe von Motril (ES) anzulegen; 34 Migrant*innen überlebten	NOB/Reuters
15.02.09	2	N.N. (1 Schwangere; 1 Frau)	Maghreb	ertrunken, nachdem das Boot auf einen Felsen lief und 20 Meter vor der Küste Lanzarotes (ES) sank	Can7/ABC/Publico/ELM/DiariodeNav.
15.02.09	19	N.N. (4 Mädchen; 15 Jungen)	Maghreb	ertrunken, nachdem das Boot auf einen Felsen lief und 20 Meter vor der Küste Lanzarotes (ES) sank	Can7/ABC/Publico/ELM/DiariodeNav.
15.02.09	4	N.N. (Männer)	Maghreb	ertrunken, nachdem das Boot auf einen Felsen lief und 20 Meter vor der Küste Lanzarotes (ES) sank	Can7/ABC/Publico/ELM/DiariodeNav.
15.02.09	1	N.N.	Maghreb	vermisst, nachdem das Boot auf einen Felsen lief und 20 Meter vor der Küste Lanzarotes (ES) sank	Can7/ABC/Publico/ELM/DiariodeNav.
02.02.09	3	N.N. (Männer)	Gambia	starben Berichten zufolge an Dehydration nach vier Tagen ohne Wasser und Nahrung in einem Boot nahe den Kanarischen Inseln (ES)	ABC/EP/MUGAK/ELM/DiariodeNav.
01.02.09	1	N.N. (Mann)	Afrika	Leiche aufgefunden in einem Boot, das zwei Tage lang in der Nähe der Küste von Motril (ES) trieb; 34 Überlebende	AFP/MAG
31.01.09	1	N.N. (Frau)	Subsahara-Afrika	Leiche von der marokkanischen Flotte in einem Boot in der Nähe der Küste von Al Hoceima (MA) aufgefunden	Can7/MUGAK
29.01.09	8	N.N.	Tunesien	ertrunken; Schiffbruch in stürmischer See in der Bucht von Tunis (TN)	ANSA
28.01.09	5	N.N.	unbekannt	Leichen an Land gespült in der Nähe von Bodrum (TR)	AFP/Reuters/NOB
22.01.09	1	Vivede (Frau, 19)	Nigeria	starb an Verbrennungen, während sie mit dem Boot von Afrika nach Lampedusa (IT) segelte	LR/ASCA
21.01.09	1	N.N. (Mann)	Afrika	Leiche im Boot mit 53 Überlebenden am Strand von Cala Pisana, Lampedusa (IT) aufgefunden	LR/MP/AdnK/ANSA/NOB
21.01.09	8	N.N.	Libyen	Berichten zufolge auf der Überfahrt von Libyen nach Lampedusa (IT) erfroren	LR/CDS
19.01.09	30	N.N. (±25)	Tunesien	vermisst nach Schiffbruch mit 35 Geflüchteten vor Tunesien, auf dem Weg nach Italien	LR/FE/LPC/PICUM/APDHA/CDS

Tot aufgefunden	Zahl	Name	Herkunftsland	Todesursache	Quelle
19.01.09	1	N.N. (Mann, 48)	Sri Lanka	erfroren; Leiche in der Vittorio Emanuele Galerie in Messina (IT) aufgefunden	Ansa
14.01.09	4	N.N. (±25)	Algerien	Berichten zufolge vermisst, nachdem das Boot nach Verlassen von Kristel (DZ) aufgrund von Motorproblemen kenterte	QUOTI/FE
13.01.09	1	N.N. (Baby, 18 Monate)	unbekannt	ertrunken vor Syros (GR), nachdem das Boot mit 19 Geflüchteten kenterte	FE/KI/NOB
10.01.09	4	N.N. (Frauen)	Senegal	ertrunken; auf Kanu umgestiegen, nachdem sie die Bootsreise nach (ES) aufgeben wollten; kenterten vor der Küste von Senegal	NOB/FE
09.01.09	1	N.N. (Mann)	unbekannt	überfahren vom Lkw, an dem er sich festhielt, um die Grenze im Hafen von Ancona (IT) zu überqueren	Adnk
07.01.09	1	N.N. (Mann, 30)	Afghanistan	erstochen bei einer Schlägerei mit Migrant*innen, die in Calais (FR) versuchten, an Bord eines Lkws nach England zu gelangen	Telegraph/ Mail Online/ Evening Stand.
03.01.09	1	Hussein Zahidul (Mann, 24)	Bangladesch	Todesursache unbekannt; Leiche in einem Graben in Votanikos (GR) in der Nähe der Ausländerbehörde gefunden	KI/IRR/MNS
01.01.09	1	Alino (Mann, 29)	Kamerun	starb auf dem Weg ins Krankenhaus in Nador (MA), nachdem die Grenzwache in Farhana (ES/MA) auf ihn geschossen hatte	AI/Diversity/ MUGAK/ Connect/EP
01.07.05	12	N.N. (±25)	Algerien	Berichten zufolge vermisst; verließen die Küste von Arzew (DZ) am 2. Januar bei schlechten Wetterbedingungen	QUOTI/FE
01.07.05	1	Jonson Ibitui (Mann)	Nigeria	Herzschlag durch Stress, kurz nach seiner Freilassung nach einem Jahr Gefangenschaft in der Busmantsi Haftanstalt (BG)	GloDP/IRR
01.07.05	20	N.N. (überwiegend Kinder)	Afrika	starben im Feuer in einem unsicheren Gebäude in Paris, in dem viele Migrant*innen lebten, die keine andere Wahl hatten	SurprisingE
24.12.08	1	N.N. (Mann)	Subsahara-Afrika	Leiche in fortgeschrittenem Verwesungsstadium vor der Küste von Melilla (ES/MA) von Fischern aufgefunden	MUGAK/Publico/SUR/ NOB
18.12.08	7	N.N.	Somalia, Mauretanien	ertrunken; 3 aufgefunden, 4 vermisst; Schlauchboot sank aufgrund schlechten Wetters in der Ägäis auf dem Weg nach GR	PICUM/AFP/ ANSA/NOB
10.12.08	1	Rezai Mahumut (Junge, 13)	Afghanistan	vom Lkw in Mestre, Venedig (IT) überfahren, als er sich daran klammerte	CDS/ST/EpolisR/NOB

Tot aufgefunden	Zahl	Name	Herkunftsland	Todesursache	Quelle
07.12.08	1	N.N. (Mann)	Afrika	Leiche in einem Boot gefunden, das von spanischen Behörden nahe Arguineguin, Kanarische Inseln (ES) geborgen wurde	Publico/NOB
06.12.08	4	N.N. (1 Frau; 3 Männer)	Palästina	ertrunken, nachdem das Schlauchboot bei Ayvalik (TR) sank; Leichen wurden vom Wasser abgetrieben; 23 Überlebende	KI/FE/PICUM/NOB
06.12.08	1	N.N. (Kind, 4)	unbekannt	ertrunken; Schlauchboot sank beim Versuch, das Meer zwischen der Türkei und Samos (GR) zu überqueren	EarthT/PICUM/NOB
02.12.08	1	Hamid al-Amrani (Junge, 12)	Marokkko	Suizid; erhängte sich mit dem Bademantel-Gürtel im Krankenhaus in Madrid (ES), als sein Vater abgeschoben wurde	AOL/Publico/Terra/ABC/adn/Epress
02.12.08	1	Duy Nguyen (Mann, 25)	Vietnam	blinder Passagier; erfroren auf einem Lkw auf dem Weg von Frankreich nach England	IRR
25.11.08	2	N.N.	unbekannt	Leichen in Kühl-Lkw gefunden zusammen mit 30 weiteren versteckten Personen an der Südküste von Griechenland	FE/IntHeraldTribune/NOB
21.11.08	21	N.N.	unbekannt	ertrunken nach Schiffbruch in der Nähe der französischen Insel Mayotte	N24/AFP / NOB
19.11.08	1	N.N. (Mann)	Afrika	starb an Herzinfarkt im Krankenhaus, nachdem das Boot in der Nähe der Kanarischen Küste (ES) abgefangen wurde	ABC/AFP
13.11.08	1	N.N. (Mann)	Afrika	vermisst; fiel während einer Rettungsaktion 9 Meilen südlich von Lampedusa (IT) ins Meer	FE/AdnK/UnSarda / LS/NOB
11.11.08	3	N.N. (2 Kinder)	Afrika	1 starb im Boot, 1 bei Ankunft an der El Hierro Küste (ES) und 1 im Krankenhaus eine Woche später	ElDia/Top News/ABC/FE/PICUM
10.11.08	1	N.N. (Mann)	Subsahara-Afrika	starb im La Candelaria Krankenhaus auf Teneriffa (ES) fünf Tage, nachdem sein Boot abgefangen wurde	ElDia/Top News/ABC/FE
05.11.08	1	N.N. (Frau)	Afrika	Leiche von Boot in fortgeschrittenem Stadium der Verwesung im Mittelmeer vor Birzebbuga (MT) aufgefunden	TimesM
02.11.08	1	N.N. (Mann)	Afrika	Leiche von Boot in fortgeschrittenem Stadium der Verwesung im Mittelmeer vor Delimara (MT) aufgefunden	TimesM/NOB
02.11.08	1	Mohammed Ali (Mann, 80)	Irak	starb an Lungenkrebs, da ihm medizinische Behandlung verweigert wurde, obwohl er legal in Großbritannien lebte	IRR
01.11.08	1	N.N. (Frau)	Afrika	Leiche von Boot in fortgeschrittenem Stadium der Verwesung im Mittelmeer vor Delimara (MT) aufgefunden	TimesM/NOB

Tot aufgefunden	Zahl	Name	Herkunftsland	Todesursache	Quelle
29.10.08	3	N.N. (1 Kind)	Subsahara-Afrika	2 tot aufgefunden im Boot an der Küste von La Gomera (ES); 1 starb später an Unterkühlung im Krankenhaus	EP/NOB
29.10.08	2	N.N.	unbekannt	ertrunken; von der Grenzpolizei geborgen in der östlichen Ägäis, vor der türkischen Küste	PICUM
26.10.08	1	Muhammad Asraf	Pakistan	Tod durch Polizeigewalt in der Warteschlange von Asylsuchenden vor der Ausländerbehörde in Athen (GR)	ECRE/ST/Vluchteling/IRR/MNS
23.10.08	1	N.N. (Frau)	Afrika	Leiche von einem Boot in fortgeschrittenem Stadium der Verwesung im Mittelmeer zwischen Malta und Libyen aufgefunden	TimesM
23.10.08	1	N.N. (17)	Albanien	ertrunken in einer südalbanischen Lagune in der Nähe von Griechenland, nachdem das überfüllte Boot gekentert war	FE/Javno/NOB
23.10.08	2	N.N. (Kinder)	Albanien	ertrunken in einer südalbanischen Lagune in der Nähe von Griechenland, nachdem das überfüllte Boot gekentert war	Javno
20.10.08	1	N.N. (Frau, 22)	Albanien	ertrunken in einer Lagune in Südalbanien, als das Boot versuchte, einer Polizeikontrolle zu entkommen	Reuters/PICUM/Javno/NOB
20.10.08	1	N.N. (Baby, 3 Monate)	Albanien	ertrunken in einer Lagune in Südalbanien, als das Boot versuchte, einer Polizeikontrolle zu entkommen	Reuters/PICUM/Javno/NOB
20.10.08	1	N.N. (Mann)	Afrika	Todesursache unbekannt; Leiche im Boot mit 92 Überlebenden bei der Ankunft in Gran Canaria (ES) aufgefunden	NOB/TySp
20.10.08	1	N.N.	unbekannt	ermordet; von libyschen Zivilisten erschossen, als das Boot von Libyen nach Europa aufbrach	HRW
19.10.08	1	N.N. (Frau, 60)	Frankreich	Suizid; steckte sich selbst in Brand aus Protest gegen die Abschiebung ihres armenischen Partners	SP
18.10.08	1	N.N. (Frau)	Afrika	Leiche in fortgeschrittenem Verwesungszustand im Mittelmeer bei Delimara (MT) aufgefunden	TimesM
12.10.08	1	N.N. (Mann)	Serbien	Suizid in der Haftanstalt Vottem (BE), nachdem sein Asylantrag abgeleht worden war	IRR/MNS/GRAPPE/CRACPE/VRF
10.10.08	23	N.N. (1 Frau; 1 Mann)	Simbabwe	ertrunken; Boot sank auf dem Weg von Anjouan nach Mayotte (FR); 3 Leichen gefunden 20 vermisst	Malango
07.10.08	50	N.N.	Afrika	ertrunken; Boot erlitt Schiffbruch in stürmischer See in Kenitra (MA)	MNS/NOB

Tot aufgefunden	Zahl	Name	Herkunftsland	Todesursache	Quelle
06.10.08	2	N.N. (Männer)	Irak	ertrunken zwischen dem Delta des Flusses Evros und dem Hafen von Alexandroupolis (GR); von Fischerboot entdeckt	NOB/KI
05.10.08	18	N.N.	Pakistan, Myanmar	blinde Passagier*innen; erstickten bei einem Verkehrsunfall in einem Lkw aus Istanbul (TR) auf dem Weg nach Griechenland	PICUM/Nt7/TodZam/NOB
05.10.08	4	N.N. (1 Junge; 3 Männer)	Irak	ertrunken; Leichen zwischen dem Delta des Flusses Evros und dem Hafen von Alexandroupolis (GR) gefunden	NOB/KI
05.10.08	1	N.N. (Mann)	Marokko	blinder Passagier; auf der A381 (ES) von Auto erfasst, nachdem der Lkw, unter dem er sich versteckte, umgestürzt war	NOB/EP
05.10.08	1	N.N.	Subsahara-Afrika	blinde*r Passagier*in; Leiche von der Guardia Civil in Melilla entdeckt, versteckt im Kofferraum eines Autos bei der Einreise nach ES	NOB/Verdad
04.10.08	2	N.N. (Männer)	unbekannt	verweste Leichen von der Rettungswache entlang der Küste zwischen Estepona und Casares (ES) entdeckt	NOB/Sur
02.10.08	1	N.N. (Mann)	Irak	ertrunken; Leiche von Fischern entdeckt, die ihre Netze in der Nähe der Küste von Alexandroupolis (GR) einholten	NOB/KI
01.10.08	1	N.N. (Mann, 40)	Vietnam	Suizid; erhängte sich in der Haftanstalt von Bautzen (DE) aus Angst vor Abschiebung	IRR/ARI
01.10.08	2	N.N. (Kinder)	unbekannt	ertrunken; Leichen von türkischen und griechischen Polizisten in der nördlichen Ägäis entdeckt	PICUM/NOB
01.10.08	1	N.N. (Frau)	unbekannt	ertrunken; Leiche von türkischen und griechischen Polizisten in der nördlichen Ägäis entdeckt	PICUM/NOB
01.10.08	6	N.N.	Irak	ertrunken; Leichen von türkischen und griechischen Polizisten in der nördlichen Ägäis entdeckt	PICUM/NOB
01.10.08	11	N.N.	unbekannt	ertrunken; Leichen von türkischen und griechischen Polizisten in der nördlichen Ägäis entdeckt	PICUM/NOB
01.10.08	1	Eduardo (Mann)	Bolivien	starb ein paar Wochen nach Abschiebung aus Spanien zurück nach Bolivien; hatte ernste psychische Probleme	MUGAK
27.09.08	4	N.N. (2 Männer)	2 Georgien, 2 unbekannt	in ein Minenfeld in Kastanea bei Evros (GR) geraten auf dem Weg von der Türkei nach Griechenland	NOB/KI
12.09.08	25	N.N.	Subsahara-Afrika	verdurstet; Leichen im fortgeschrittenen Stadium der Verwesung von der algerischen Polizei in der Sahara (DZ) gefunden	MNS

Tot aufgefunden	Zahl	Name	Herkunftsland	Todesursache	Quelle
11.09.08	13	N.N.	Afrika	Leichen auf der Überfahrt von Libyens Küste nach Portopalo, Sizilien (IT) über Bord geworfen	RAI/FE/NOB
09.09.08	1	N.N. (Frau)	Afrika	ertrunken nach Schiffbruch des Bootes nahe Malta	TM
08.09.08	33	N.N.	Subsahara-Afrika	starben auf dem Weg zu den Kanarischen Inseln (ES); Überlebende von der marokkanischen Seepolizei entdeckt	PICUM/EP / NOB
07.09.08	1	N.N. (Mann)	unbekannt	Herzinfarkt im Krankenhaus; er kam mit 117 weiteren Migrant*innen mit dem Boot nach La Gomera (ES)	NOB/EP
06.09.08	1	Solyman Rashed (Mann)	Irak	getötet durch eine Autobombe in Kirkuk (Irak) 2 Wochen nach freiwilliger Rückkehr aus England	IRR
05.09.08	1	N.N. (Mann, 26)	Algerien	Berichten zufolge auf dem Weg nach Italien ertrunken; Leiche am Oued Saboun Strand bei Skikda (DZ) gefunden	NOB/FE
02.09.08	1	Frank Odame (Mann, 36)	Ghana	starb nach Sturz aus dem 3. Stock eines Hochhauses in Essex (GB) nach Angriff durch Polizei und Immigrationsbeamte	GuardianUn./IRR/INDgb/4wardUK
01.09.08	1	N.N. (Mann, 32)	Simbabwe	gestorben an Tuberkulose nach medizinischer Unterversorgung im Colnbrook Abschiebegefängnis (GB)	IRR
01.09.08	5	N.N.	Afrika	Berichten zufolge ertrunken beim Versuch, Malta mit einem Schlauchboot zu erreichen	Times of Malta
01.09.08	12	N.N.	unbekannt	ertrunken; Schiffbruch in stürmischer See; Leichen in Valetta (MT) gefunden	ANSA/JW/NOB
01.09.08	1	Baj Singh (Mann, 33)	Indien	vom Lkw in Trent Vale (GB) erdrückt; versteckte sich unter den Rädern	Ndtv/IRR
01.09.08	4	N.N. (Männer, ± 27)	unbekannt	verwesende Leichen in der Nähe der Küste von Vega Baja de Alicante (ES) gefunden	MNS/PICUM
01.09.08	13	N.N.	Ghana, Niger, Nigeria	ertrunken; waren noch am Leben, als sie in der Nähe der sizilianischen Küste (IT) ins Meer geworfen wurden	AFP/PICUM/jW
01.09.08	14	N.N. (Männer)	Subsahara-Afrika	13 Leichen in einem Boot gefunden, 1 später in Arguineguin (ES) nach 12-tägiger Reise aus Mauretanien	ABC/MUGAK/PrensaLibre/ElDia
30.08.08	14	N.N.	Algerien	Berichten zufolge ertrunken; Boot kenterte in stürmischer See zwischen Algerien und Sardinien (IT)	NOB/FE
28.08.08	5	N.N.	Tunesien	Berichten zufolge ertrunken; Boot sank nahe Zembra bei Sidi Daud (TN) auf dem Weg nach Italien	NOB

Tot aufgefunden	Zahl	Name	Herkunftsland	Todesursache	Quelle
26.08.08	20	N.N.	Afrika	mindestens 20 Leichen über Bord geworfen, um das Sinken des Bootes auf dem Weg von Marokko nach Spanien zu verhindern	SP/jW
25.08.08	61	N.N. (Männer)	Eritrea, Ghana, Somalia	ertrunken; Schlauchboot kenterte aus Libyen kommend in der Nähe der Küste von Malta	Telegraph/ MaltaIndependent/ PICUM
25.08.08	4	N.N. (Frauen)	Eritrea, Ghana, Somalia	ertrunken; Schlauchboot kenterte aus Libyen kommend in der Nähe der Küste von Malta	Telegraph/ MaltaIndependent/ PICUM
25.08.08	4	N.N. (schwangere Frauen)	Eritrea, Ghana, Somalia	ertrunken, Schlauchboot kenterte aus Libyen kommend in der Nähe der Küste von Malta	Telegraph/ MaltaIndependent/ PICUM
25.08.08	1	N.N. (Kind)	Eritrea, Ghana, Somalia	ertrunken; Schlauchboot kenterte aus Libyen kommend in der Nähe der Küste von Malta	Telegraph/ MaltaIndependent/ PICUM
24.08.08	1	Kalkouli Amin	Algerien	in Algier auf einem Boot festgenommen; wurde gestoßen und fiel 15 m auf einen Bunker; starb an Verletzungen	FE/SoirInfo
23.08.08	56	N.N.	Subsahara-Afrika	starben an Dehydration in der Sahara nach 10-tägiger Reise; Mangel an Wasser und Treibstoff	CMG
21.08.08	35	N.N. (Kinder; Frauen; Männer)	Subsahara-Afrika	verhungerten; Boot entdeckt nach Aufbruch von der marokkanischen Küste Richtung Almería (ES); 25 Überlebende	BBC/NYtimes/GuardianUn./ PICUM
18.08.08	1	N.N.	Somalia	ertrunken; Boot kenterte vor Didim (TR); 31 andere Somalier*innen von der türkischen Küstenwache gerettet	HurriyetDN/ NOB
10.08.08	1	Hussein Ali (Mann, 35)	Irak	Suizid; erschoss sich in seinem Zuhause in Sulaimania, Kurdistan 2 Tage nach der Abschiebung aus England	NOB
05.08.08	1	N.N. (Mann)	unbekannt	Todesursache unbekannt; Leiche an der Aguadu Küste von Melilla (ES/ MA) in Nordafrika entdeckt	NOB/Diario Sur
05.08.08	1	Nadir Zarabee (Mann)	Iran	Suizid; erhängt aufgefunden in England nach Aufforderung, seine Wohnung zu räumen	IRR
03.08.08	1	Mohammad Hussain (Mann, 36)	Irak	gestorben an Krebs nach medizinischer Unterversorgung im Lindholme Abschiebegefängnis (GB)	IRR
02.08.08	1	N.N. (Junge, 5)	Afrika	ertrunken; ein Teil der Leiche im Meer bei Motril (ES) entdeckt, wahrscheinlich aus dem Maghreb kommend	NOB/Ideal

Tot aufgefunden	Zahl	Name	Herkunftsland	Todesursache	Quelle
01.08.08	75	N.N.	Somalia	vermisst; Berichten zufolge auf dem Weg von Libyen nach Italien in zwei Booten mit defekten Motoren ertrunken	Mareeg
01.08.08	2	N.N. (Kinder)	Nigeria	verhungerten; wurden vom Vater im Mittelmeer (IT) über Bord geworfen	Ua
01.08.08	1	Adam Osman Mohammed (Mann, 32)	Sudan	von Milizen erschossen in Calgoo (SD), wohin er nach der Ablehnung seines Aslygesuchs in England zurückkehrte	MNS/Independent/Spits/Telegraph
31.07.08	14	N.N. (2 schwangere Frauen)	Nigeria	ertrunken; Schiffbruch auf dem Weg zur spanischen Küste auf stürmischer See	Ua/Raz/MUGAK
31.07.08	3	N.N. (2 Frauen; 1 Mann)	Afrika, Irak	ertrunken während einer Rettungsaktion der Armee auf dem Meer zwischen Malta und Libyen; tot an Land getrieben	NOB/TimesM
30.07.08	13	N.N.	Pakistan	blinde Passagier*innen; erstickten in überfülltem Lkw; Leichen auf einem Feld in Istanbul (TR) abgeladen	HURRIYET/NOB
29.07.08	7	N.N.	unbekannt	ertrunken nach Schiffbruch bei Lampedusa (IT)	PICUM/LR/NOB
01.07.08	38	N.N. (Jungen)	Algerien	Berichten zufolge ertrunken; Schiffbruch zweier Boote im Sturm zwischen Algerien und Sardinien	FE
25.07.08	1	N.N.	Afrika	Todesursache unbekannt; Leiche im Boot entdeckt, das 79 Migrant*innen nach La Gomera (ES) brachte	NOB/MAC
23.07.08	24	N.N.	unbekannt	Berichten zufolge ertrunken; 6 Tote, 18 Vermisste; Boot sank zwischen Mayotte (FR) und den Komoren	NOB/France24
23.07.08	1	Mansour Habib (Mann, 24)	Eritrea	erstochen bei Angriff von Bande auf Unterkunft für Asylsuchende in Norrent-Fontes, nahe Calais (FR)	Terred'errance
22.07.08	1	N.N. (Kind, ±4)	unbekannt	Leiche im fortgeschrittenen Stadium der Verwesung im Fluss Algarrobo, Málaga (ES) gefunden	EP/NOB
20.07.08	1	N.N. (Mädchen, 3)	Nigeria	verhungert; Leiche auf dem Weg nach Italien über Bord geworfen	Reuters
19.07.08	1	N.N. (Junge)	Nigeria	verhungert; Leiche auf dem Weg nach Italien über Bord geworfen	Reuters/PICUM
18.07.08	1	N.N. (Mann)	Afrika	Todesursache unbekannt; verweste Leiche aus dem Meer vor Malta geborgen	TimesM/NOB
16.07.08	1	David S. (Mann, 23)	Armenien	Suizid; Pulsadern aufgeschnitten in Gefängniszelle in Nürnberg (DE); sollte abgeschoben und von seinen Eltern getrennt werden	ARI
14.07.08	28	N.N.	Afrika	ertrunken; 3 Tote, 25 Vermisste, als das Boot in stürmischer See bei Lampedusa (IT) kenterte	NOB/ItalyMAG/VK

Tot aufgefunden	Zahl	Name	Herkunftsland	Todesursache	Quelle
14.07.08	1	N.N. (Mann)	Irak	Verkehrsunfall; aufgefunden auf der Autobahn bei Transmarck (FR), wo viele blinde Passagiere aufsteigen	Libelille
11.07.08	5	N.N.	Subsahara-Afrika	Todesursache Durst und Unterkühlung; Leichen an Bord eines Bootes gefunden, das auf La Gomera (ES) landete	IntHeraldTribune/NOB/VK/MUGAK
11.07.08	11	N.N.	Subsahara-Afrika	Leichen auf dem Weg nach La Gomera (ES) über Bord geworfen	GARA/FE
10.07.08	15	N.N. (9 Kinder)	Subsahara-Afrika	Berichten zufolge verhungert; Leichen in Almería (ES) entdeckt	Nation/IntHerald-Tribune/PICUM/MSN
10.07.08	3	N.N. (Frauen)	Afrika	nach Schiffbruch vor der Küste von Malta ertrunken	PICUM/FE/TOM/NOB
07.07.08	14	N.N. (1 Baby; 4 Frauen; 9 Männer)	Afrika	ertrunken, nachdem das Schiff vor der Küste von Motril, Granada (ES) gekentert war	MNS/EP/PICUM/NOB
04.07.08	1	N.N. (Mann)	Irak	blinder Passagier; tot gefunden auf einer griechischen Fähre im Hafen von Venedig (IT) unter dem Lkw, wo er sich versteckte	Reuters/PICUM/NOB
01.07.08	37	N.N.	Westafrika	ertrunken; Boot kenterte auf dem Weg nach Europa; Leichen wurden an der Küste vor Libreville, (GA) entdeckt	NOB/Reuters
01.07.08	15	N.N.	Somalia	verhungerten; Fahrzeugschaden auf dem Weg nach Italien; 10-tägiger Marsch durch die libysche Wüste	TRP
01.07.08	13	N.N.	Myanmar, Pakistan	blinde Passagier*innen; erstickten in einem Lkw nach einem Verkehrsunfall auf dem Weg von Istanbul (TR) nach Griechenland	TodZam
29.06.08	1	N.N. (Mann)	Afrika	erhielt keine medizinische Versorgung, obwohl seine Freunde die Wache riefen; starb in der Haftanstalt von Caltanisetta (IT)	PICUM/TL
27.06.08	1	N.N. (Mann, ±40)	Irak	blinder Passagier; erstickte in einem Lkw auf einer Fähre aus Griechenland in Venedig (IT)	NOB/UN-Sarda
26.06.08	3	N.N.	Afrika	Berichten zufolge ertrunken; Boot erlitt 32 Meilen südlich von Malta Schiffbruch	NOB/FE
22.06.08	1	N.N. (Mann, ±30)	Irak	blinder Passagier; verhungerte in einem Lkw auf einer Fähre aus Patrasso (GR) nach Venedig (IT)	CDS/LR/NOB
21.06.08	1	Abdel Karem Souli (Mann, 41)	Tunesien	starb an Herzinfarkt in der Haftanstalt in Vincennes (FR), nachdem Hilferufe 2 Stunden lang ignoriert worden waren	Mrap/IRR/BTB/Libération
18.06.08	4	N.N.	unbekannt	starben einen Tag, nachdem ihr Boot ankam, im Krankenhaus auf Teneriffa (ES); 78 Überlebende	NOB/Diario de Navarra

Tot aufgefunden	Zahl	Name	Herkunftsland	Todesursache	Quelle
15.06.08	6	N.N. (Kinder; Erwachsene)	Somalia	ertrunken; Boot sank 50 km südlich von Malta; 28 Überlebende von italienischem Fischerboot gerettet	NOB/LR
15.06.08	1	N.N. (Baby)	Somalia	starb bei der Geburt aufgrund der anstrengenden Überfahrt; Mutter wurde bei Schiffbruch 50 km vor Malta gerettet	NOB/TEMPO
12.06.08	1	N.N. (Mann)	Somalia	erschossen in Haftanstalt in Kirklareli (TR) während eines Aufstandes gegen die dortigen Lebensbedingungen	NOB/HurriyetDN
12.06.08	1	Alex Darkwah Oppong (Mann, 41)	unbekannt	sprang aus dem Fenster, als die Unterkunft für Asylsuchende in Klagenfurt, Kärnten (AT) in Brand gesteckt wurde	Falter
10.06.08	2	N.N.	Afghanistan, Pakistan	starben bei einem Unfall, als sich ein Bus mit blinden Passagieren in Dogubeyazit (TR) überschlug; 18 Überlebende	NOB/HaberT
10.06.08	15	N.N.	Somalia, Eritrea	ertrunken; Boot kenterte bei misslungener Rettungsaktion durch die italienische Küstenwache 56 Meilen vor Malta	NOB/LR/EB/GuidaS/ANSA
07.06.08	149	N.N.	Algerien, Ägypten, Marokko	ertrunken, als das Boot im Mittelmeer bei Tunesien sank	CDS/Giornale/Stampa/LR/SD/PICUM
05.06.08	13	N.N.	Afrika	ertrunken, als das Boot 50 km vor der libyschen Küste in stürmischer See sank	CDS/SP/NOB
05.06.08	1	Andy Bestman (Mann, 24)	Nigeria	ertrunken; sprang bei Flucht vor der Polizei nahe Basel (CH) in den Rhein	SSF
01.06.08	6	N.N.	Somalia	ertrunken, als das Boot bei Malta in stürmischer See sank	LR/SD
01.06.08	3	N.N. (1 Frau; 2 Männer)	unbekannt	ertrunken, als ihr Schiff sank, während ein italienisches Fischerboot sie vor der Küste Italiens zu retten versuchte	HNS
26.05.08	2	N.N. (Männer)	Tunesien	blinde Passagiere; erstickten auf einem Boot aus dem Hafen in Sfax (TN)	Sh/NOB/IRR
26.05.08	3	N.N. (Männer)	Subsahara-Afrika	starben an Dehydration; 2 im Boot, 1 im Krankenhaus auf Gran Canaria (ES)	ABC
26.05.08	5	N.N.	unbekannt	Berichten zufolge ertrunken; Boot kenterte bei rauer See 85 Meilen südöstlich von Malta; 13 Überlebende	NOB/TimesM
25.05.08	3	N.N. (Männer)	unbekannt	2 Leichen im Boot gefunden, 1 Meile vor Gran Canaria (ES); 1 starb im Krankenkaus; 65 Überlebende	NOB/FE

Tot aufgefunden	Zahl	Name	Herkunftsland	Todesursache	Quelle
24.05.08	1	Hassan Nejl (Mann, 38)	Marokko	starb an Lungenentzündung; keine medizinische Versorgung in der Haftanstalt Brunelleschi (IT)	LR/MP
23.05.08	1	N.N.	unbekannt	ertrunken; Leiche von der italienischen Küstenwache bei Pozzalo nahe Ragusa, Sizilien (IT) gefunden	NOB/AdnK
22.05.08	1	N.N.	Afrika	ertrunken; Leiche 50 Meilen vor Malta im Meer gefunden	TimesM/NOB
22.05.08	2	N.N.	Algerien	Berichten zufolge ertrunken beim Versuch, Spanien zu erreichen; Leichen im Meer bei Cherchell (DZ) gefunden	NOB/FE
20.05.08	12	N.N.	Afrika	Berichten zufolge ertrunken; 2 Leichen gefunden, 10 vermisst im Meer vor Malta	NOB/TimesM
10.05.08	47	N.N.	Afrika	verhungerten und erfroren, nachdem der Motor ihres Bootes kaputtging (TN)	Reuters/Ftcr/EP/NOB
08.05.08	3	N.N.	Afrika	Berichten zufolge ertrunken beim Versuch, nach Malta zu gelangen	TimesM
05.05.08	1	N.N.	unbekannt	blinder Passagier; verunglückte in einem Auto während einer Verfolgungsjagd mit der Polizei in Xanthi (GR)	NOB/KI
04.05.08	1	Hamidur Rahman (Mann, 31)	Bangladesch	Suizid; nahm 40 Pillen eines Antidepressivums in Birkenfeld (DE), als sein neuer Asylantrag abgelehnt wurde	ARI
01.05.08	1	Ebenizer Folefack Sontsa (Mann, 32)	Kamerun	Suizid; erhängte sich im Sanitätsraum in der Haftanstalt von Merksplas (BE) aus Angst vor Abschiebung	Hln/IRR/Afrik/MNS/Indymedia/NOB
01.05.08	21	N.N.	unbekannt	ertrunken, nachdem ihr Boot von Samos (GR) Richtung Türkei geschleppt wurde und der Treibstoff ausging	FE
01.05.08	1	N.N. (Mann)	Syrien	vom Auto überfahren auf der Autobahn von Nicosia (CY), als er vor einer Razzia floh	IRR/AFP/NOB
01.05.08	1	Lucy Kirma (Frau)	unbekannt	Suizid; Hungerstreik nach Ablehung ihres Asylantrags in der Unterkunft für Asylsuchende in Birmingham (GB)	IRR
28.04.08	36	N.N. (4 Babys; 2 Frauen)	Nigeria, Kamerun	ertrunken; marokkanische Grenzwache zerstörte ihr Schlauchboot mit einem Messer (MA)	FE/Welt/ST/MNS/PICUM/Reuters/AP
23.04.08	4	N.N. (Männer)	Iran, Syrien	ertrunken; von der türkischen Polizei gezwungen, den Grenzfluss zwischen der Türkei und Irak zu durchschwimmen	UNHCR
22.04.08	17	N.N. (Männer)	Tunesien	14 Vermisste; 3 Leichen an Bord eines Bootes aus Aouled al-Mabrouk (TN) gefunden	Ftcr/CPD/HNS/NOB

Tot aufgefunden	Zahl	Name	Herkunftsland	Todesursache	Quelle
22.04.08	1	Hamza Ben Hammadi (Mann, 21)	Tunesien	ertrunken; Leiche an Land gespült, gefunden in Aouled al-Mabrouk (TN)	Ftcr/CPD/HNS
22.04.08	1	Mohamed Dalhoum (Mann, 24)	Tunesien	ertrunken; Leiche an Land gespült, gefunden in Aouled al-Mabrouk (TN)	Ftcr/CPD/HNS
22.04.08	1	Rachid Jebeniani (Mann, 22)	Tunesien	vermisst; versuchte, das Meer von Aouled al-Mabrouk (TN) nach Europa zu überqueren	Ftcr/CPD/HNS
22.04.08	1	Abdelmounim Douiri (Mann, 27)	Tunesien	vermisst; versuchte, das Meer von Aouled al-Mabrouk (TN) nach Europa zu überqueren	Ftcr/HNS/CPD
22.04.08	1	Maalek Zarga (Mann, 21)	Tunesien	vermisst; versuchte, das Meer von Aouled al-Mabrouk (TN) nach Europa zu überqueren	Ftcr/HNS/CPD
22.04.08	1	Mourad Jlassi (Mann)	Tunesien	vermisst; versuchte, das Meer von Aouled al-Mabrouk (TN) nach Europa zu überqueren	Ftcr/HNS/CPD
22.04.08	1	Mohamed Jebeniani (Mann, 22)	Tunesien	vermisst; Todesursache unbekannt; versuchte, von Aouled al-Mabrouk (TN) nach Europa zu gelangen	Ftcr/HNS/CPD
22.04.08	1	Ayman Ben Taieb Hassine (Junge, 17)	Tunesien	vermisst; Todesursache unbekannt; versuchte, von Aouled al-Mabrouk (TN) nach Europa zu gelangen	Ftcr/CPD/HNS
22.04.08	1	N.N. (Mann)	Tunesien	ertrunken; Leiche an Land gespült; versuchte, von Aouled al-Mabrouk (TN) nach Europa zu gelangen	Ftcr/CPD/HNS
22.04.08	1	Ruslan Yatskevich (Mann, 32)	Weißrussland	nach falscher Abschiebedrohung im Wald bei der JVA bei Zella-Mehlis (DE) gefunden	jW/Karawane
21.04.08	2	N.N.	Elfenbeinküste	tote blinde Passagier*innen auf einem britischen Containerschiff von der Elfenbeinküste nach Vogo (ES); 11 Überlebende	NOB/EarthT
15.04.08	1	Robert Weniaminov (Mann, 43)	Armenien	gestorben an Folgen von Depressionen, die nach 6 Jahren ungeklärtem Aufenthaltsstatus zur Alkoholabhängigkeit führten	ARI
08.04.08	2	N.N.	unbekannt	vermisst; Boot sank nahe der Insel M'Tsamboro vor Mayotte (FR)	Malango
07.04.08	16	N.N. (±23)	Algerien	ertrunken; 11 von Küstenwache gefunden, 5 noch vermisst an der Küste von Arzew (DZ)	KH/FE/NOB
06.04.08	16	N.N. (Männer, ±20)	Algerien	ertrunken; 13 Leichen gefunden, 3 vermisst; Schiff sank, nachdem es vom Strand Mers el Hedjadj (DZ) gestartet war	MNS/PICUM/FE
04.04.08	1	Baba Traoré (Mann, 29)	Mali	starb an Herzinfarkt, nachdem er in den Fluss Marne in Paris (FR) gesprungen war, um einer Polizeikontrolle zu entkommen	IRR/20Mf
01.04.08	7	N.N.	Subsahara-Afrika	starben nach Abschiebung in Haftanstalt von Oujda (MA) unter unmenschlichen Bedingungen	FE

Tot aufgefunden	Zahl	Name	Herkunftsland	Todesursache	Quelle
01.04.08	1	Shirazi Abdullah Juma (Mann)	Tansania	Suizid; zündete sich in der Haftanstalt in Luxemburg selbst an	ASTI
30.03.08	1	Alfredo Castano-Fuentes (Mann, 24)	Ghana	Suizid; erhängt aufgefunden im Pentonville Gefängnis (GB); verurteilt, weil er einen gefälschten Reisepass hatte	IRR/BBC/OBS
29.03.08	1	N.N. (Mann)	Maghreb	Leiche auf einer Fischereiplattform in Melilla (ES/MA) entdeckt; Berichten zufolge kam er schwimmend aus Beni Enzar (MA)	MUGAK/Sur/EFE
29.03.08	1	N.N. (Mann, 30)	Vietnam	Suizid; sprang aus dem 19. Stock eines Gebäudes in Berlin (DE), nachdem sein Asylantrag abgelehnt worden war	ARI
23.03.08	1	Ayse Abdurrahman	Somalia	ertrunken, als das kleine Boot auf dem Weg in die Türkei kenterte	ChinaView
23.03.08	5	N.N.	Afrika	ertrunken; Schiffbruch des kleinen Bootes auf dem Weg in die Türkei	ChinaView
23.03.08	1	Abdi Daud (Mann, 40)	Somalia	starb wegen fehlender medizinischen Versorgung; bekam hohe Dosen Kortison in der Haftanstalt FG II in Zürich (CH)	NR/AugenAufCH
19.03.08	1	Ama Sumani (Frau, 39)	Ghana	starb in Ghana an Krebs, nachdem sie das Krankenhaus in England wegen des abgelaufenen Visums verlassen musste	BBC/WIK/Independent/Times
19.03.08	40	N.N.	Ägypten, Senegal, Nigeria, Somalia, Tunesien	mindestens 40 ertrunken; überladenes Boot sank vor der Küste von Zawia (LY) auf dem Weg nach Lampedusa (IT)	FE/CDS
14.03.08	4	N.N.	Palästina	ertrunken; Schiffbruch beim Dorf Kale in Iskenderun (TR) aufgrund von Stürmen; 3 Überlebende	TP/NOB
05.03.08	2	N.N. (Männer)	Subsahara-Afrika	Todesursache unbekannt; 2 Leichen im Boot gefunden, das 59 Reisende auf die Kanarischen Inseln (ES) bringen sollte	TySp/NOB/MPG/JA/NOB
Mar 08	1	Ahmad Mahmud El Sabah (Mann)	Ägypten	starb aufgrund unzureichender medizinischer Versorgung auf Haftboot in Rotterdamm (NL)	ST/IN/IKN
Mär 2008	1	Ayse Abdurrahman (Frau)	Somalia	ertrunken, nachdem das Boot beim Versuch, nach Europa zu gelangen, vor der türkischen Küste in der Nähe von Didim kenterte	Xi/NOB
Mär 2008	5	N.N.	Somalia	ertrunken, nachdem das Boot beim Versuch, nach Europa zu gelangen, vor der türkischen Küste in der Nähe von Didim kenterte	Xi/NOB
Mär 2008	1	Youcef (Mann, 25)	Algerien	ertrunken beim Versuch, Europa per Boot zu erreichen; im Hafen von Bethioua (DZ) gefunden	QUOTI/NOB

Tot aufgefunden	Zahl	Name	Herkunftsland	Todesursache	Quelle
Mär 2008	1	Bilal (Mann, 22)	Algerien	vermisst beim Versuch, das Meer von Bethioua (DZ) aus nach Spanien zu überqueren	QUOTI/NOB
Mär 2008	1	Nabil (Mann, 25)	Algerien	vermisst beim Versuch, das Meer von Bethioua (DZ) aus nach Spanien zu überqueren	QUOTI/NOB
Mär 2008	1	Omar (Mann, 24)	Algerien	vermisst beim Versuch, das Meer von Bethioua (DZ) aus nach Spanien zu überqueren	QUOTI/NOB
Mär 2008	1	Boubekeur (Mann, 24)	Algerien	vermisst beim Versuch, das Meer von Bethioua (DZ) aus nach Spanien zu überqueren	QUOTI/NOB
Mär 2008	3	N.N. (±25)	Algerien	vermisst; verschwunden beim Versuch, über das Mittelmeer nach Europa zu gelangen	QUOTI/NOB
Mär 2008	3	N.N. (Männer, ±30)	Algerien	vermisst; brachen von Mostaganem (DZ) nach Spanien auf; alle kamen aus der Stadt Tiaret (DZ)	FE/QUOTI
Mär 2008	1	N.N. (Mann, ±25)	Algerien	ertrunken; seine Leiche wurde gefunden und aus Spanien zurückgebracht; er kam aus Rahouia (DZ)	FE/QUOTI
Mär 2008	1	N.N. (Mann, 23)	Algerien	ertrunken; brach von Algerien nach Spanien auf; stammte aus Tiaret (DZ)	FE/QUOTI
18.02.08	1	Barhan Ahmed (Mann, 28)	Irak	Suizid; steckte sich selbst in Nelson (GB) in Brand; depressiv nach Ablehnung des Asylantrags	IRR
15.02.08	1	John Maina (Mann, 20)	Kenia	Suizid nach abgelehntem Asylantrag in Meudon, einem Vorort im Westen von Paris (FR)	MNS/IRR
06.02.08	1	Mohammed Ahmedi (Mann, 18)	Irak	starb an Herzleiden im Krankenhaus in Gloucestershire (GB), während er auf die Klärung seines Einwanderungsstatus wartete	IRR
05.02.08	1	N.N. (Mann, 28)	Indien	blinder Passagier; wurde in Ceuta (ES/MA) von den Rädern des Busses erfasst, unter dem er sich versteckte, um nach Gibraltar zu gelangen	MNS/NOB
03.02.08	1	Rachid Abdelsalam (Mann)	Algerien	starb in Haft an Herzversagen; bekam keine medizinische Versorgung; wurde mit falschen Medikamenten behandelt (NL)	Statewatch/VG/SCH/Dag
02.02.08	1	N.N. (Mann)	Marokko	ertrunken; Leiche an der Küste von Barranco Hondo in Tarifa (ES) gefunden	TySp/NOB
01.02.08	1	N.N. (junger Mann)	Marokko	ertrunken nahe Cadiz (ES) nach Schiffbruch	EP
29.01.08	1	N.N. (Mann)	unbekannt	blinder Passagier; verwesende Leiche im Schiff aufgefunden, das die Route Patras-Igoumenitsa-Venedig fuhr	KI/NOB
29.01.08	1	N.N. (Mann)	Marokko	ertrunken; Leiche nach Schiffbruch vor Conil de la Frontera (ES) an der La Luz Küste (ES) gefunden	TySp/NOB

Tot aufgefunden	Zahl	Name	Herkunftsland	Todesursache	Quelle
23.01.08	1	N.N. (Mann, 30)	Algerien	Todesursache unbekannt; Leiche am Strand von La Marsa (TR) geborgen	QUOTI/NOB
23.01.08	17	N.N.	Maghreb	ertrunken; 2 Leichen gefunden, 15 vermisst nach Sinken des Bootes einen Meter vor der Küste von Conil (ES)	EP/MUGAK/DiariodeNavarra/ELM
22.01.08	1	N.N. (Junge, 14)	Afghanistan	blinder Passagier; erdrückt in Panighina (IT); hing unter einem Lkw aus Griechenland	romagnaoggi/NOB/FE
22.01.08	8	N.N.	unbekannt	ertrunken; 2 Leichen gefunden, 6 vermisst; Schiff mit 32 Migrant*innen kenterte vor der Küste von Luz (ES)	PICUM/NOB
22.01.08	2	N.N. (Männer)	Subsahara-Afrika	ertrunken nahe Cadiz (ES), nachdem das kleine Boot auf dem Weg nach Spanien kenterte	EP
15.01.08	1	N.N. (Frau)	unbekannt	ertrunken; ins eisige Wasser des Flusses Evros (GR) gefallen, als das kleine Boot sank	KI/ANA/PICUM/HR
12.01.08	3	N.N.	Afrika	verhungerten; Boot kam mit 3 Toten und 88 Geflüchteten auf den Kanarischen Inseln (ES) an	EP/MFS/PICUM/NOB
10.01.08	1	N.N. (Mann)	Somalia	ermordet; suchte schwimmend nach Hilfe, der Kapitän des Schiffes warf ihn über Bord (IT)	LR/NOB
06.01.08	6	N.N.	Nordafrika	Berichten zufolge ertrunken beim Versuch, Cadiz (ES) zu erreichen	EP
04.01.08	2	N.N. (1 Frau; 1 Mann)	Maghreb	ertrunken; Leichen wurden in der Nähe der Barbate Küste (ES) treibend gefunden	Verdad/MUGAK/EP
01.01.08	9	N.N. (1 Frau, ±23; 8 Männer)	Maghreb	ertrunken, nachdem das Boot in der Nähe des Strandes von Cadiz (ES) gekentert war	EP/MUGAK/APDHA/PICUM/NOB
01.01.08	1	N.N. (Mann, 28)	Tunesien	Suizid in der Haftanstalt Berlin Grünau (DE) nach abgelehntem Asylantrag	MNS/IN/jW/IRR
01.01.08	8	N.N. (Männer, ±20)	Marokko	ertrunken; Leichen in der Nähe von Los Barrios (ES) geborgen; Verwandte identifizierten 3 der Toten	EP
2008	**1**	**Tekelay (Mann)**	**Eritrea**	**im Mittelmeer ertrunken**	
30.12.07	1	Mohamed Mechergui (Mann, 28)	Tunesien	Suizid; erhängte sich mit seinen Schnürsenkeln in der Unterkunft Berlin Köpenick (DE), nachdem sein Asylantrag abgelehnt wurde	IRR/ARI
28.12.07	1	N.N. (Mann)	Georgien	ertrunken; Schiffbruch bei Evros (GR); 20 Überlebende, 7 schwammen auf die türkische Seite	IntHeraldTribune/NOB
26.12.07	2	N.N.	Subsahara-Afrika	Leichen an Bord eines Bootes gefunden, das nahe Spanien während einer Regatta abgefangen wurde	EP

Tot aufgefunden	Zahl	Name	Herkunftsland	Todesursache	Quelle
25.12.07	1	Abdullah 'Joker' Idris (Mann, 18)	Sudan	Suizid; Asylsuchender vor der Abschiebung erhängte sich in Gefängniszelle in Chelmsford (GB)	Inquest/IRR
23.12.07	1	N.N.	unbekannt	Todesursache unbekannt; ein Fischer fand die Leiche bei Lesbos (GR)	TDN/NOB
17.12.07	8	N.N.	Afghanistan, Iran, Mauretanien	ertrunken; überladenes Boot sank in der Ägais vor Bodrum (TR) auf dem Weg nach Kos (GR)	TDN/KI/ Ya.D/NOB
13.12.07	1	N.N.	unbekannt	blinde*r Passagier*in; Berichten zufolge aus dem Fahrwerk eines Flugzeugs gestürzt; gefunden in einem Garten in Val d'Oise (FR)	MNS
12.12.07	7	N.N.	Marokko	ertrunken; 3 Leichen gefunden, 4 vermisst; 19 von Gastanker 30 Meilen vor Falcon (DZ) gerettet	NOB/FE/ QUOTI
11.12.07	1	Kamal X. (Mann, 28)	Iran	starb, nachdem er sich in Amberg (DE) angezündet hatte	IRR/ARI
09.12.07	44	N.N.	Subsahara-Afrika	vermisst nach Schiffbruch in der Nähe von Dakhla, West Sahara (EH) auf der Reise zu den Kanarischen Inseln (ES); 6 Leichen gefunden	DPA/MNS/ EP
09.12.07	1	N.N.	unbekannt	Leiche auf einem Boot gefunden, das in EL Hierro (ES) ankam	EP/NOB
09.12.07	6	N.N.	Subsahara-Afrika	ertranken bei Schiffbruch in der Nähe von Dakhla, West Sahara (EH) auf der Reise zu den Kanarischen Inseln (ES); 44 vermisst	EP/FE/NOB
08.12.07	86	N.N.	Irak, Palästina, Somalia	vor Seferihisar (TR) ertrunken, nachdem ihr überfülltes Boot gesunken war; 51 Leichen gefunden, 35 vermisst	ICARE/BBC/ GuardianUN/TheGlobe
08.12.07	1	N.N. (Mann, ±25)	unbekannt	Berichten zufolge ertrunken; Leiche im fortgeschrittenen Stadium der Verwesung aufgefunden; trug eine Rettungsweste	QUOTI
08.12.07	1	N.N. (Mann)	unbekannt	Leiche im fortgeschrittenen Stadium der Verwesung an Bord eines Bootes in Dakar auf dem Weg nach Spanien aufgefunden	SudQ
07.12.07	1	N.N.	unbekannt	Leiche im Boot auf Kreta (GR) gefunden; Schiff kam aus Ägypten	AthensNewsAgency/ NOB
07.12.07	1	N.N. (Mann, 24)	unbekannt	Suizid; Asylsuchender zündete sich im Rathaus von Haren (NL) an	NRC/Nopoliceraid/AD
04.12.07	1	N.N.	Subsahara-Afrika	an Bord eines Schiffes gefunden, das mit 51 Überlebenden bei Los Cristianos auf Teneriffa (ES) angekommen war	MUGAK/EP/ NOB
04.12.07	2	N.N.	unbekannt	Leichen an Bord eines Schiffes gefunden, das mit 37 Überlebenden bei Los Cristianos auf Teneriffa (ES) angekommen war	MUGAK/EP/ ABC/Diario de Noticias

Tot aufgefunden	Zahl	Name	Herkunftsland	Todesursache	Quelle
04.12.07	10	N.N.	Komoren	ertrunken; 2 Leichen gefunden, 8 vermisst; Boot kollidierte mit Schiff der französischen Polizei bei Mayotte (FR)	Le Monde/ NOB
03.12.07	10	N.N.	Algerien	ertrunken; 9 Leichen gefunden, 1 vermisst; Boot kollidierte mit einem holländischen Frachter während Rettungsaktion (IT)	MNS/VK/ NOB
02.12.07	40	N.N.	Subsahara-Afrika	verhungerten und verdursteten; Leichen auf dem Weg von Senegal nach Europa über Bord geworfen	MNS/VK/ NOB
29.11.07	1	N.N. (Mann, ±25)	unbekannt	Berichten zufolge ertrunken; Leiche im fortgeschrittenen Stadium der Verwesung nahe Marsa (MT) gefunden	QUOTI/NOB
29.11.07	2	N.N.	unbekannt	Leichen von galizischem Fischerboot entdeckt, das 48 Menschen von einem Boot nahe El Hierro (ES) rettete	NOB/TySp
17.11.07	1	Avtar Singh (Mann, 37)	Indien	Suizid; tot im Gefängnis gefunden; wegen gefälschtem Pass zu 7 Monaten verurteilt, sollte abgeschoben werden	IRR
16.11.07	1	N.N. (Mann)	unbekannt	tödlicher Bauchschuss während einer Polizeikontrollle gegen Geflüchtete in Pyla, Zypern (CY)	TDN/IRR/ MNS/NOB
14.11.07	36	N.N.	unbekannt	ertrunken; 30 vermisst, 6 am Strand von Sidi Ifni (MA) gefunden; Schiff sank auf dem Weg von Marokko nach Spanien	Can7/NOB
10.11.07	3	N.N. (1 Frau; 2 Männer)	unbekannt	Leichen bei an der andalusischen Küste gefunden (ES)	ABC/MUGAK/NOB
09.11.07	58	N.N.	Gambia	ertrunken, nachdem auf dem Weg von Banjul (GM) nach Spanien auf ihr Boot geschossen wurde	Afrol/APDA/ MUGAK/ DiariodeNoticias
09.11.07	5	N.N.	unbekannt	starben im Krankenhaus von Nuadibu (MR); Teil einer 49-köpfigen Gruppe; über Bord geworfen	ABC
08.11.07	1	N.N.	unbekannt	erschossen von der Grenzwache beim Versuch, die nordwestliche Grenze Griechenlands zu überqueren	Reuters/ PICUM
07.11.07	52	N.N.	Gambia, Mali, Senegal	verhungerten und verdursteten; Motor fiel auf dem Weg von Senegal nach Spanien aus	ELM/Diario-Vasco/Diario de Navarra
01.11.07	1	N.N. (Mann)	Elfenbeinküste	Leiche wurde in der Nähe von Ghazaouet (DZ) an Land gespült	QUOTI
01.11.07	1	Eid Shaaban (Mann, 37)	Ägypten	ertrunken; Schiffbruch auf dem Weg von Ägypten nach Italien; Bekannte identifizierten die Leiche	LAT
01.11.07	57	N.N. (Männer)	Ägypten	ertrunken; Schiffbruch auf dem Weg von Alexandria (EG) nach Italien	LAT

Tot aufgefunden	Zahl	Name	Herkunftsland	Todesursache	Quelle
01.11.07	59	N.N. (Männer)	Senegal	56 verhungerten auf einem Boot in Richtung Kanarische Inseln; 3 starben nach Landung in Lagüera	EP/Medios
29.10.07	17	N.N.	unbekannt	ertrunken; 9 Leichen gefunden, 8 vermisst; Schiffbruch nahe Catania (IT)	MUGAK/AFVIC
28.10.07	7	N.N. (Männer)	Palästina	ertrunken, als das Boot auf dem Weg von Ägypten kenterte; vor der Roccella Jonica Küste, Kalabrien (IT) gefunden	MNS/PICUM/LESP/jW/LR/MUGAK
28.10.07	9	N.N. (1 Kind)	unbekannt	ertrunken; Leichen vor Vendicari, Sizilien (IT) von der Küstenwache gefunden, nachdem das Boot gesunken war	LR/MNS/PICUM/MUGAK/AVUI
24.10.07	57	N.N.	Mali, Guinea, Afrika	Boot mit 7 Leichen entdeckt, 50 noch vermisst; versuchten, von Kap Verde nach Spanien zu gelangen	Icare/EFE/EPress/Le Soleil/AFVIC
18.10.07	10	N.N.	Mali	Suizid; sprangen aus Verzweiflung ins Meer, nachdem das Schiff auf dem Weg von Mauretanien nach Spanien abgedriftet war	MNS/PICUM/Le Courrier
17.10.07	1	N.N. (Mann, 25)	Maghreb	Suizid; erhängte sich im Garten der Unterkunft für Geflüchtete in Modena (IT)	INDi/ASGI/GLOPRO
16.10.07	49	N.N.	unbekannt	Todesursache unbekannt; Leichen auf dem Weg von Mauretanien nach Spanien über Bord geworfen	ABC
15.10.07	1	N.N. (Jugendlicher)	Subsahara-Afrika	starb an Dehydration im Krankenhaus von Teneriffa (ES) nach 12-tägiger Segelreise aus Gambia	MNS/PICUM/Can7/EFE/MUGAK
15.10.07	1	N.N. (Mann, 23)	Nigeria	Suizid; erhängte sich in seiner Zelle im Gefängnis in Modena (IT)	MP/INDi/ASGI/GLOPRO
10.10.07	1	Shaukat Ali (Mann, 61)	Pakistan	Suizid nach Ablehnung des Asylantrages; erhängte sich in seiner Wohnung in Birkby (GB)	HEXAM/IRR
08.10.07	3	N.N. (Männer)	unbekannt	ertrunken; 3 vermisst; Küstenwache fand Boot mit 117 Geflüchteten nahe Zakynthos (GR)	VK
08.10.07	1	N.N. (Mann)	Afrika	ertrunken; Leiche nahe Küste von Nijar (ES) gefunden	ELM
04.10.07	1	Mike Osei (Mann, 34)	Ghana	fiel aus dem 7. Stock auf der Flucht vor einer Polizeikontrolle in Amsterdam (NL)	Karawane
01.10.07	15	N.N.	unbekannt	ertrunken; Schiffbruch bei Balikesir (TR) beim Überqueren der türkischen Grenze zu Griechenland; 11 Überlebende	Kuna
01.10.07	3	N.N.	Algerien	ertrunken; Leichen wurden nahe der Sejname Küste (TN) aus dem Meer geborgen	QUOTI

Tot aufgefunden	Zahl	Name	Herkunftsland	Todesursache	Quelle
01.10.07	1	N.N.	Sri Lanka	Suizid; sprang vor einen Zug nach abgelehntem Asylantrag (GB); hatte den Job verloren	TheNews
26.09.07	1	Laucling Sonko (Mann, 29)	Senegal	Totschlag; spanischer Wachmann brachte ihn zurück nach Marokko, durchstach die Schwimmweste und zwang ihn zu schwimmen	GuardianUn./ST/Telegraph/PICUM
26.09.07	1	N.N. (Mann, ±25)	Subsahara-Afrika	starb nach seiner Rettung an Erschöpfung; versuchte, von Marokko nach Ceuta (ES/MA) zu schwimmen	EPress
25.09.07	3	N.N. (±25)	Algerien	Berichten zufolge ertrunken; verwesende Leichen an der Ghazaouet Küste (DZ) gefunden; wahrscheinlich auf dem Weg nach ES	NOB/FE
24.09.07	2	N.N. (1 Kind; 1 Mann)	unbekannt	ertrunken; Leichen aus dem Meer bei Samos geborgen, nachdem Holzboot gekentert war	KI/NOB
24.09.07	2	N.N.	unbekannt	ertrunken; Leichen nach Schiffbruch aus dem Meer nahe Chios (GR) geborgen	KI/NOB
23.09.07	1	N.N.	unbekannt	Leiche an Bord eines Bootes gefunden, das den Hafen von Los Cristianos, Kanarische Inseln (ES) erreichte	ElDia/EFE/EP/Can7/ELM
20.09.07	1	Chulun Liua (Frau, 51)	China	ins Koma gefallen, nachdem sie aus dem Fenster gesprungen war, um einer Polizeirazzia in Paris (FR) zu entkommen	MNS/PICUM/IRR
19.09.07	1	N.N. (Mann)	Rumänien	Suizid; zündete sich in Castellon (ES) an, nachdem Unterstützung für freiwillige Rückkehr verweigert worden war	MNS
18.09.07	1	Darius Witek (Mann, 39)	Polen	Selbstmord; Berichten zufolge erhängte er sich mit Hosenschnur während der Haft im „Foreigners' Guesthouse"	bianet/babelmed
16.09.07	6	N.N. (Männer)	Algerien	ertrunken; 5 Leichen gefunden, 1 vermisst, nachdem das Boot bei Cabo de Gata, Almería (ES) gesunken war	EP/ELM/EFE
16.09.07	1	N.N. (Mann)	unbekannt	ertrunken; Leiche von der Guardia Civil vor dem Strand von Nijar (ES) gefunden; vermutlich vom Schiffbruch bei Cabo de Gata	NOB/TySp
14.09.07	1	N.N.	unbekannt	ertrunken; von Schleppern nahe Pantelleria (IT) über Bord geworfen; segelten von Libyen aus	LR
13.09.07	3	N.N. (Mädchen, 6, 10, 13)	Tschetschenien	starben an Erschöpfung bei der polnischen Grenze auf der Flucht vor dem Krieg in Tschetschenien	MNS/VK
13.09.07	8	N.N.	Ägypten	ertrunken; Schiffbruch vor der Küste von Edko (EG) auf dem Weg nach Italien	IntHeraldTribune

Tot aufgefunden	Zahl	Name	Herkunftsland	Todesursache	Quelle
09.09.07	1	Amru Aljiti (Mann, 63)	Bosnien	starb wegen fehlendem Insulin 4 Wochen nach seiner Abschiebung nach Mostar (BA)	IRR/ARI
08.09.07	1	N.N. (Mann, ±27)	Subsahara-Afrika	Leiche an der Küste von Motril (ES) gefunden; Berichten zufolge war er auf einem Boot, das Tage zuvor abgefangen worden war	ABC
07.09.07	10	N.N.	Westafrika	mindestens 10 ertrunken, als das Boot vor Gran Canaria (ES) kenterte	MNS/BBC
06.09.07	1	Solyman Rashed (Mann, 28)	Irak	von Bombe am Straßenrand in Kirkuk (Irak) getötet; abgewiesener Asylsuchender, aus Großbritannien abgeschoben	IRR
04.09.07	19	N.N.	Komoren	4 ertrunken, 15 vermisst; Schiffbruch nahe l'Ile d'Anjouan beim Versuch, nach Mayotte (FR) zu gelangen	JA
01.09.07	4	N.N.	unbekannt	1 ertrunken, 3 vermisst, nachdem das Boot aus Libyen bei Portopalo (IT) gesunken war	LR/CDS/ Unita/RAI/ ANSA/ IlMess
01.09.07	30	N.N.	unbekannt	ertrunken nach Schiffbruch im Mittelmeer auf dem Weg nach Europa	HNS
30.08.07	25	N.N. (4 Frauen; 21 Männer)	unbekannt	ertrunken; Boot kenterte, als sich ein griechisches Schleppboot in den Gewässern vor Malta näherte	MP/Reuters/ GARA.net/ LV
29.08.07	1	Soran Ali Korshid (Mann, 35)	Irak	Suizid; Überdosis an Medikamenten; litt an Depressionen; starb in der Unterkunft für Asylsuchende in Rostock (DE)	IRR
28.08.07	2	N.N. (2 schwangere Frauen)	Eritrea, Äthiopien	Hungertod auf der Reise von Libyen nach Italien	FE/IlMess/KI
25.08.07	1	N.N. (Frau, 25)	Guinea	fiel herunter, als sie von einem Balkon auf einen anderen kletterte, um einer Polizeikontrolle in Genf (CH) zu entkommen	MNS/ Vivre/TribuneGen./ LeCourrier
25.08.07	45	N.N.	Subsahara-Afrika	Berichten zufolge ertrunken; Boot verschwunden, nachdem auf dem Weg nach Sizilien (IT) der Motor aussetzte	GARA/VK
24.08.07	3	N.N.	Gambia, Ruanda, Mauretanien	Berichten zufolge ertrunken; Schiff kenterte nahe Cesme (TR) auf dem Weg nach Griechenland	MNS
23.08.07	14	N.N.	unbekannt	ertrunken; verschwunden, nachdem das Boot aus der Türkei vor der Küste von Chios (GR) kenterte	MNS
21.08.07	6	N.N. (2 Frauen; 4 Männer)	unbekannt	verhungerten; Leichen über Bord geworfen, von Militärpiloten 60 Meilen vor Lampedusa (IT) gefunden	ANSA/FE/ LR/INF/ MAG/CDS
20.08.07	1	Festus Okey	Nigeria	erschossen durch einen Polizeibeamten während in Polizeigewahrsam in Beyoglu, Istanbul (TR); Fall wird untersucht	HurriyetDN/ Reu.

Tot aufgefunden	Zahl	Name	Herkunftsland	Todesursache	Quelle
20.08.07	1	N.N. (Mann, 25)	Nigeria	Arbeiter ohne Aufenthaltserlaubnis; sprang aus einem Gebäude in Thessaloniki (GR), um der Verhaftung zu entgehen	MNS/EarthT
19.08.07	11	N.N. (2 Kinder)	Subsahara-Afrika	starben an Hunger, Durst und Unterkühlung auf einem Boot nach Fuerteventura (ES)	EP/MNS
19.08.07	1	N.N.	Subsahara-Afrika	starb an Unterkühlung im Krankenhaus in Gran Canaria (ES), nachdem Boot 7 Tage lang auf dem Wasser trieb	MUGAK/Diariode-Navarra/LV/PerCat/ABC/SUR
19.08.07	1	N.N.	Subsahara-Afrika	starb an Unterkühlung und Dehydration; auf einem Boot gefunden, das auf Gran Canaria (ES) landete	ELM/Verdad/EP/LV/ElDia
17.08.07	11	N.N.	Afghanistan, unbekannt	6 ertrunken, 5 vermisst; Boot kenterte nahe Izmir (TR) auf dem Weg nach Griechenland	MNS
14.08.07	15	N.N.	unbekannt	mindestens 15 Personen starben; aus dem Meer nahe Lampedusa (IT) geborgen	MNS
14.08.07	2	N.N.	unbekannt	blinde Passagier*innen; starben, als Lkw mit 34 Geflüchteten bei Yukari Bakracli (TR) umstürzte	Anatolian
14.08.07	14	N.N.	unbekannt	im Meer treibende Leichen bei Lampedusa (IT) von Militärpiloten entdeckt; trugen Schwimmwesten	MAG/CDS
13.08.07	17	N.N. (8 Kinder)	Komoren	vermisst; Boot sank vor Mayotte (FR) im Indischen Ozean	Le Monde
13.08.07	19	N.N.	Komoren	vermisst; Boot sank vor Mayotte (FR) im Indischen Ozean	Le Monde
13.08.07	1	Amru Aljiti (Mann, 63)	Bosnien	starb an Insulinmangel 4 Wochen nach Abschiebung nach Mostar (BH); war krank während der Überführung	IRR/ARI
09.08.07	2	N.N. (Männer)	Irak, unbekannt	1 ertrunken, 1 vermisst; Boot auf dem Weg nach Levros (GR) vor Ayvalik (TR) gesunken	MNS/KI
07.08.07	1	N.N.	Maghreb	blinde*r Passagier*in; unter den Reifen eines Lkws erdrückt, der den Hafen von Algeciras (ES) verließ	EP
04.08.07	1	N.N. (Frau)	Sri Lanka	ertrunken; Boot mit 12 weiteren Geflüchteten kenterte bei Samos (GR)	NOB/PressTv
01.08.07	45	N.N. (4 Kinder; 4 Frauen; 33 Männer)	Subsahara-Afrika	Berichten zufolge ertrunken; Schiffbruch bei Lampedusa (IT); aus Libyen; 1 Überlebende*r	ANSA/GazzettaSud/AdnK/Migreurop
01.08.07	2	N.N.	Subsahara-Afrika	erschossen von der marokkanischen Polizei beim Versuch, die Kanarischen Inseln (ES) zu erreichen; 37 weitere verhaftet	Afrik

Tot aufgefunden	Zahl	Name	Herkunftsland	Todesursache	Quelle
30.07.07	20	N.N.	Komoren	Berichten zufolge ertrunken; Boot gesunken zwischen Mayotte (FR) und den Komorischen Inseln	NOB
30.07.07	4	N.N.	Komoren	starben im Krankenhaus auf Mayotte (FR), nachdem das Boot zwischen Mayotte (FR) und den Komoren gesunken war	NOB
28.07.07	8	N.N. (1 Frau)	unbekannt	1 Leiche gefunden, mindestens 7 vermisst; 21 Geflüchtete am Rand eines Thunfisch-Beckens in der Nähe von Libyen gefunden	MNS
25.07.07	9	N.N.	unbekannt	ertrunken; mindestens 9 starben, als zwei Schiffe aus Libyen an der sizilianischen Küste (IT) sanken	MNS
25.07.07	3	N.N.	unbekannt	Todesursache unbekannt; 3 der 46 Personen starben auf dem Boot von Libyen nach Italien	MNS
23.07.07	3	N.N.	unbekannt	ertrunken nahe der Küste von Malta; 2 Leichen gefunden, 1 vermisst	DPA
23.07.07	29	N.N.	Komoren	2 starben, 27 vermisst; Boot von den Komoren sank vor Mayotte (FR) im Indischen Ozean	NOB
22.07.07	2	N.N.	unbekannt	ertrunken, nachdem sie 80 km vor der libyschen Küste mit einem Fischerboot zusammenstießen	DPA
22.07.07	42	N.N.	Subsahara-Afrika	ertrunken; 2 Boote sanken auf dem Weg zu den Kanarischen Inseln (ES); 2 Leichen gefunden, 40 vermisst	FE
19.07.07	52	N.N.	Ghana, Guinea, Liberia	ertrunken, als spanisches Boot sie bei rauer See 150 Meilen südlich von Teneriffa zu retten versuchte	GuardianUn./BBC/DS/AP/FR/VK/LR
18.07.07	16	N.N.	unbekannt	ertrunken; 4 Tote, 12 Vermisste; das Boot sank 40 Meilen südlich von Lampedusa (IT)	MNS/Reuters/LR
17.07.07	1	N.N. (Mann)	Subsahara-Afrika	Leiche in einem Boot gefunden, das seit 10 Tagen von Mauretanien nach Teneriffa (ES) unterwegs war	EP/EPress
17.07.07	12	N.N.	Afrika	ertrunken; 1 Leiche gefunden, 11 vermisst; versuchten, in der Nähe von Libyen an Bord eines italienischen Fischerbootes zu gehen	HNS/Migreurop/MSN
14.07.07	3	N.N. (Männer, ±25)	Irak	blinde Passagiere; erfroren; nahe Mestre (IT) entdeckt; versteckten sich im Lkw nach Deutschland	LR/Unita/CDS/Tgcom/AP/MNS
08.07.07	1	N.N.	unbekannt	ertrunken; Leiche von der Malteser Armee im Meer gefunden	MNS
07.07.07	1	N.N.	unbekannt	ertrunken; Leiche im fortgeschrittenen Stadium der Verwesung nahe Marsascalas (MT) gefunden	MNS

Tot aufgefunden	Zahl	Name	Herkunftsland	Todesursache	Quelle
07.07.07	1	Luwan (Frau, 19)	Eritrea	starb bei Autounfall auf der Flucht vor der Polizei, während sie versuchte, die Grenze von Frankreich nach Großbritannien zu überqueren	Salam
05.07.07	20	N.N.	Subsahara-Afrika	ertrunken; Boot sank wegen defektem Motor vor Ben Guerdne (LY) auf dem Weg nach Lampedusa (IT)	NOB/Reuters
04.07.07	2	N.N. (Männer)	Subsahara-Afrika	Leichen auf einem Boot gefunden, das den Hafen von Cristianos, Kanarische Inseln (ES) erreichte	EP/EFE
02.07.07	4	N.N.	unbekannt	Berichten zufolge ertrunken; vermisst nach Schiffbruch nahe Azwen (DZ); 5 Überlebende	QUOTI
01.07.07	12	N.N. (1 Kind)	unbekannt	ertrunken; 1 Leiche gefunden, 11 vermisst; Schlauchboot prallte auf dem Weg nach Italien auf ein Fischerboot aus Libyen	LR
01.07.07	2	N.N.	Nordafrika	ertrunken; Schlauchboot auf dem Weg nach Italien kollidierte 80 Meilen vor Libyen mit einem italienischen Fischerboot	LR
30.06.07	11	N.N.	Afrika	ertrunken in den Gewässern zwischen Libyen und Malta nach Schiffbruch	taz/MNS
29.06.07	1	Vera Filantova (Frau, 47)	Kirgistan	Suizid nach Ablehnung des Asylantrages; wurde alleine gelassen; verzweifelte an einem Leben ohne Status	SVZV
28.06.07	3	N.N. (1 Kind; 1 Frau; 1 Mann)	unbekannt	verhungerten und verdursteten; Leichen auf dem Weg nach Italien über Bord geworfen	LR
27.06.07	1	Mustafa Alcali (Mann, 30)	Türkei	Suizid; erhängte sich in Abschiebehaft in Frankfurt am Main (DE), nachdem er von seiner Abschiebung erfahren hatte	FL/jW/IRR
27.06.07	1	N.N. (Mann)	Afrika	tot aufgefunden in einem Boot 400 Meter vor Gran Canaria (ES); 62 weitere überlebten	ELM/EFE
26.06.07	3	N.N.	Subsahara-Afrika	verdursteten auf einem Boot auf dem Weg nach Italien	LR
22.06.07	20	N.N.	unbekannt	Berichten zufolge ertrunken; vermisst nach Schiffbruch nahe Lampedusa (IT)	LR
20.06.07	22	N.N.	unbekannt	Berichten zufolge ertrunken; Schiffbruch 100 km südlich der Insel Malta	MNS
18.06.07	8	N.N.	Afrika	mindestens 8 Geflüchtete ertrunken nach Schiffbruch nahe der Südküste Siziliens (IT)	MNS
16.06.07	14	N.N.	unbekannt	ertrunken im sizilianischen Kanal (IT); 11 Leichen gefunden; 3 noch vermisst	LR/MNS

Tot aufgefunden	Zahl	Name	Herkunftsland	Todesursache	Quelle
16.06.07	1	N.N.	unbekannt	starb während einer Rettungsaktion; Überlebende wurden von einem Fischerboot nahe Libyen gerettet	MNS
14.06.07	1	N.N. (Mann)	unbekannt	blinder Passagier; erstickte an Bord eines Formel-1-Rennbootes aus Griechenland in Richtung Devon (GB)	BBC/IRR
13.06.07	1	N.N. (Mann, 18)	Libyen	bei Rettungsaktion tot auf einem Schiff gefunden, das Richtung Europa unterwegs war	ELDIA
13.06.07	1	N.N. (Mann)	unbekannt	blinder Passagier; Todesursache unbekannt; in einem Lkw aus Italien nach Frankreich mit 3 Geflüchteten entdeckt	Nouvel Obs
11.06.07	1	Moulay Mohammed (Mann, 27)	Marokko	Suizid; erhängte sich im Remand Centre in Bordeaux (FR); hatte einen Abschiebebescheid	MNS/METROF/IRR
09.06.07	2	N.N. (Männer, ± 21)	Afrika	ertrunken beim Versuch, von der Türkei aus Griechenland zu erreichen; Leichen in der Nähe von Samos (GR) gefunden	KI/FE/MNS
09.06.07	1	Osamyia Aikpitanhi (Mann, 23)	Nigeria	erstickt durch den Knebel, den Polizeibeamte bei seiner Abschiebung von Spanien nach Nigeria in seinen Mund gesteckt hatten	EP/ELM/APDHA/ProAsyl/IRR/AN
05.06.07	2	N.N. (Männer)	Gambia	Leichen unter den Passagieren eines Bootes in der Nähe des Hafens von Mogan, Kanarische Inseln (ES) gefunden	FE/MUGAK/Diario de Noticias/Can7
05.06.07	28	N.N.	Algerien	ertrunken; 8 Leichen gefunden, 20 vermisst zwischen Tunesien und Algerien beim Versuch, Sardinien (IT) zu erreichen	Reuters/FE/Diario de Noticias
01.06.07	21	N.N.	Afrika	ertrunken zwischen Malta und Libyen; Leichen von einem französischen Schiff geborgen	FE/TI/Malta Independent/MP/LR
01.06.07	1	N.N. (Mann)	unbekannt	Leiche im fortgeschrittenen Stadium der Verwesung von der Küstenwache nahe Lampedusa (IT) gefunden	LR
29.05.07	1	N.N.	Algerien	starb an Unterkühlung im Krankenhaus (TN); Leiche in einem Boot gefunden, das 15 Meilen vor der tunesischen Küste trieb	NOB
22.05.07	1	N.N.	unbekannt	Berichten zufolge ertrunken, als das Boot direkt vor der Küste von Malta sank	ANSA/LS
22.05.07	3	N.N.	Senegal	Leichen an Bord eines Bootes gefunden, das vor Lompoul (SN) in Richtung Spanien trieb	FE/TySp/Aps
21.05.07	57	N.N. (6 Kinder; 23 Frauen; 28 Männer)	Eritrea	ertrunken zwischen Malta und Libyen; maltesische Behörden wurden von einem Flugzeug benachrichtigt, aber die Hilfe kam zu spät	FE/LR/BBC/EB/Reuters/LS/ANSA

Tot aufgefunden	Zahl	Name	Herkunftsland	Todesursache	Quelle
19.05.07	1	Conrad Dixon (Mann, 40)	Jamaika	Suizid; abgewiesener Asylsuchender zündete sich in James Brindley Close (GB) an	Se/IRR
18.05.07	28	N.N. (3 Kinder)	unbekannt	28 Personen vermisst, nachdem ihr Boot nahe der Küste von Malta sank; segelten von Libyen nach Italien	Reuters/FE/TimesM/ANSA/MNS
12.05.07	2	N.N. (Männer)	Eritrea	Leichen ins Meer geworfen; starben auf der Route von Tripoli (LY) nach Lampedusa (IT)	FE/Tgcom/LS
07.05.07	1	N.N. (Mann)	Algerien	starb im Krankenhaus in Spanien, nachdem er vor Gibraltar von einem britischen Schiff aufgenommen worden war	IRR/TheHerald/SC
07.05.07	1	N.N. (Mann)	Marokko	verhungert; in einem Schlauchboot vor der Küste von Palermo (IT) gefunden	ANSA/LR/Unita/MP/Alicenews
30.04.07	1	N.N. (Mann)	Subsahara-Afrika	starb an Unterkühlung und Dehydration nach der Reise von Afrika nach Gran Canaria (ES)	ELM/EP
28.04.07	3	N.N.	Subsahara-Afrika	tot aufgefunden an Bord eines Bootes, das von Mauretanien nach Gran Canaria (ES) segelte	EP/FE/Cad-SER
27.04.07	3	N.N. (Kind; Mädchen, 15)	Kurdistan	1 ertrunken, 2 vermisst, nachdem Schlepper sie nahe Leros (GR) ins Meer geworfen hatten	KI/FE
25.04.07	1	N.N.	Subsahara-Afrika	tot aufgefunden in einem Boot, das Teneriffa (ES) erreichte	ELM/EP/EXP
25.04.07	1	N.N.	Subsahara-Afrika	starb am Strand von Archile, Teneriffa (ES) nach der Überfahrt aus Subsahara-Afrika	ELM/EP/EXP
23.04.07	12	N.N.	Subsahara-Afrika	Berichten zufolge 11 Leichen ins Meer geworfen; 1 auf dem Boot gefunden, das nahe der Küste Mauretaniens aufgegriffen wurde	EXP/EP/jW
23.04.07	1	N.N.	Subsahara-Afrika, Senegal	starb kurz vor Rettung auf See auf dem Weg von Senegal zu den Kanarischen Inseln (ES)	EP/EXP/jW/ELM
23.04.07	1	N.N.	Subsahara-Afrika, Senegal	starb kurz vor Rettung auf See auf dem Weg von Senegal zu den Kanarischen Inseln (ES)	EP/EXP/jW/ELM
23.04.07	132	N.N. (Männer)	Senegal	ertrunken; Schiffbruch vor der marokkanischen Küste; sie stammten aus der Region Kolda (SN)	LosInvisiblesDeKolda/MUGAK/ELM
23.04.07	1	Abdoulaye Ba (Mann)	Senegal	ertrunken; Schiffbruch vor der marokkanischen Küste; er stammte aus der Region Kolda (SN)	LosInvisiblesDeKolda/MUGAK/ELM
23.04.07	1	Ibrahima Mballo (Mann)	Senegal	ertrunken; Schiffbruch vor der marokkanischen Küste; er stammte aus der Region Kolda (SN)	LosInvisiblesDeKolda/MUGAK/ELM

Tot aufgefunden	Zahl	Name	Herkunftsland	Todesursache	Quelle
23.04.07	1	Ousmane Balde (Mann)	Senegal	ertrunken; Schiffbruch vor der marokkanischen Küste; er stammte aus der Region Kolda (SN)	LosInvisiblesDeKolda/MUGAK/ELM
23.04.07	1	Oumarou Balde (Mann)	Senegal	ertrunken; Schiffbruch vor der marokkanischen Küste; er stammte aus der Region Kolda (SN)	LosInvisiblesDeKolda/MUGAK/ELM
23.04.07	1	Hamidou Diallo (Mann, 35)	Senegal	ertrunken; Schiffbruch vor der marokkanischen Küste; er stammte aus der Region Kolda (SN)	LosInvisiblesDeKolda/MUGAK/ELM
23.04.07	1	Hamady Sow (Mann)	Senegal	ertrunken; Schiffbruch vor der marokkanischen Küste; er stammte aus der Region Kolda (SN)	LosInvisiblesDeKolda/MUGAK/ELM
23.04.07	1	Aliou Balde (Mann)	Senegal	ertrunken; Schiffbruch vor der marokkanischen Küste; er stammte aus der Region Kolda (SN)	LosInvisiblesDeKolda/MUGAK/ELM
23.04.07	1	Bouba Kande (Mann)	Senegal	ertrunken; Schiffbruch vor der marokkanischen Küste; er stammte aus der Region Kolda (SN)	LosInvisiblesDeKolda/MUGAK/ELM
23.04.07	1	Oumar Diabouyel Balde (Mann, 17)	Senegal	ertrunken; Schiffbruch vor der marokkanischen Küste; er stammte aus der Region Kolda (SN)	LosInvisiblesDeKolda/MUGAK/ELM
23.04.07	1	Saliou Seydi (Mann)	Senegal	ertrunken; Schiffbruch vor der marokkanischen Küste; er stammte aus der Region Kolda (SN)	LosInvisiblesDeKolda/MUGAK/ELM
23.04.07	1	Amadou Kande (Mann, 19)	Senegal	ertrunken; Schiffbruch vor der marokkanischen Küste; er stammte aus der Region Kolda (SN)	LosInvisiblesDeKolda/MUGAK/ELM
23.04.07	1	Moustapha Diallo (Mann, 24)	Senegal	ertrunken; Schiffbruch vor der marokkanischen Küste; er stammte aus der Region Kolda (SN)	LosInvisiblesDeKolda/MUGAK/ELM
23.04.07	1	Ibrahima Diallo (Mann, 22)	Senegal	ertrunken; Schiffbruch vor der marokkanischen Küste; er stammte aus der Region Kolda (SN)	LosInvisiblesDeKolda/MUGAK/ELM
23.04.07	1	Mokhtar Diallo (Mann, 25)	Senegal	ertrunken; Schiffbruch vor der marokkanischen Küste; er stammte aus der Region Kolda (SN)	LosInvisiblesDeKolda/MUGAK/ELM
23.04.07	1	Alassane Diallo (Mann, 20)	Senegal	ertrunken; Schiffbruch vor der marokkanischen Küste; er stammte aus der Region Kolda (SN)	LosInvisiblesDeKolda/MUGAK/ELM

Tot aufgefunden	Zahl	Name	Herkunftsland	Todesursache	Quelle
23.04.07	1	Moustapha Balde (Mann)	Senegal	ertrunken; Schiffbruch vor der marokkanischen Küste; er stammte aus der Region Kolda (SN)	LosInvisiblesDeKolda/MUGAK/ELM
23.04.07	1	Djembarou Mane' (Mann)	Senegal	ertrunken; Schiffbruch vor der marokkanischen Küste; er stammte aus der Region Kolda (SN)	LosInvisiblesDeKolda/MUGAK/ELM
23.04.07	1	Arfang Balde (Mann, 26)	Senegal	ertrunken; Schiffbruch vor der marokkanischen Küste; er stammte aus der Region Kolda (SN)	LosInvisiblesDeKolda/MUGAK/ELM
23.04.07	1	Mamadou Balde (Mann, 29)	Senegal	ertrunken; Schiffbruch vor der marokkanischen Küste; er stammte aus der Region Kolda (SN)	LosInvisiblesDeKolda/MUGAK/ELM
23.04.07	1	Nourou Balde (Mann, 20)	Senegal	ertrunken; Schiffbruch vor der marokkanischen Küste; er stammte aus der Region Kolda (SN)	LosInvisiblesDeKolda/MUGAK/ELM
23.04.07	1	Ousmane Balde (Mann, 24)	Senegal	ertrunken; Schiffbruch vor der marokkanischen Küste; er stammte aus der Region Kolda (SN)	LosInvisiblesDeKolda/MUGAK/ELM
23.04.07	1	Issaga Dieng (Mann)	Senegal	ertrunken; Schiffbruch vor der marokkanischen Küste; er stammte aus der Region Kolda (SN)	LosInvisiblesDeKolda/MUGAK/ELM
23.04.07	1	Mahamadou Konte (Mann)	Senegal	ertrunken; Schiffbruch vor der marokkanischen Küste; er stammte aus der Region Kolda (SN)	LosInvisiblesDeKolda/MUGAK/ELM
23.04.07	1	Sekou Omar Balde (Mann)	Senegal	ertrunken; Schiffbruch vor der marokkanischen Küste; er stammte aus der Region Kolda (SN)	LosInvisiblesDeKolda/MUGAK/ELM
23.04.07	1	Tidiane Balde (Mann)	Senegal	ertrunken; Schiffbruch vor der marokkanischen Küste; er stammte aus der Region Kolda (SN)	LosInvisiblesDeKolda/MUGAK/ELM
23.04.07	1	Yussuf Diao (Mann)	Senegal	ertrunken; Schiffbruch vor der marokkanischen Küste; er stammte aus der Region Kolda (SN)	LosInvisiblesDeKolda/MUGAK/ELM
23.04.07	1	Lamine Balde (Mann)	Senegal	ertrunken; Schiffbruch vor der marokkanischen Küste; er stammte aus der Region Kolda (SN)	LosInvisiblesDeKolda/MUGAK/ELM
23.04.07	1	Saliou Mballo (Mann)	Senegal	ertrunken; Schiffbruch vor der marokkanischen Küste; er stammte aus der Region Kolda (SN)	LosInvisiblesDeKolda/MUGAK/ELM

Tot aufgefunden	Zahl	Name	Herkunftsland	Todesursache	Quelle
22.04.07	3	N.N.	unbekannt	2 Leichen gefunden, 1 vermisst; Boot kenterte während Rettungsaktion durch die maltesische Armee	MNS
21.04.07	2	N.N.	Algerien	ertrunken, bevor ihr Boot bei Annaba (DZ) auf dem Weg nach Sardinien (IT) gerettet wurde	FE/LaN/ElW
16.04.07	1	N.N. (Mädchen, 2 Monate)	China	starb an plötzlichem Kindstot während einer Razzia in Aubervilliers, Paris (FR)	IRR/REF/ Libération
11.04.07	1	N.N. (Mann, 34)	unbekannt	Suizid in einer Unterkunft für Geflüchtete in Lotte, Nordrhein-Westfalen (DE)	IRR
03.04.07	2	N.N. (Männer)	Liberia	1 vermisst, 1 starb an Unterkühlung im Krankenhaus, nachdem er bei Málaga (ES) in einem Boot gefunden worden war	EP
01.04.07	13	N.N. (Männer, ±22)	Marokko	ertrunken, als ihr Schlauchboot vor Nador (MA) auf dem Weg nach Spanien sank	FE/Bladi
01.04.07	3	N.N. (Männer)	Subsahara-Afrika	starben an Bord eines kleinen Schiffes während der Überfahrt zu den Kanarischen Inseln (ES)	Bladi
27.03.07	7	N.N. (Männer)	unbekannt	erfroren, nachdem sie auf dem Weg Richtung Europa die türkisch-iranische Grenze überschritten hatten	TDN/FE/ TodZam
18.03.07	1	Uddhav Bhandari (Mann, 40)	Nepal	Suizid; zündete sich aus Furcht vor Abschiebung aus Glasgow (GB) selbst an	BBC/icS/ EveningTimes/INDgb/ Indep.
17.03.07	11	N.N.	unbekannt	7 Personen an Land gespült, 4 vermisst; Leichen auf Samos (GR) gefunden; kamen aus der Türkei	FE/KI/DPA
17.03.07	1	Marin Mogos (Mann, 57)	Rumänien (staatenlos)	Suizid; erhängte sich am Flughafen von Bukarest (RO) nach seiner Abschiebung aus Deutschland	WSWS/DPA/ IRR
08.03.07	3	N.N.	Subsahara-Afrika	auf einem Boot nahe Teneriffa (ES) gefunden; auf dem Weg aus Mauretanien	EP/FE/Reuters/EITB24
08.03.07	4	N.N.	Mauretanien	Berichten zufolge auf Boot von Mauretanien zu den Kanarischen Inseln (ES) verhungert	Mauritania
02.03.07	1	Baitul Atique (Mann)	Bangladesch	Suizid; Überdosis Schlaftabletten, nachdem er gezwungen wurde, mit seiner Frau nach Bangladesch zurückzukehren	Bangladesh
Mär 2007	1	N.N.	Subsahara-Afrika	starb auf einem Boot bei dem Versuch, von Mauretanien nach Teneriffa zu gelangen; Leiche über Bord geworfen	FE/EP
21.02.07	19	N.N.	unbekannt	Berichten zufolge vermisst; auf dem Weg von Libyen nach Sizilien (IT) aus dem Schlauchboot geworfen; Todesursache unklar	NYtimes/ QNE/deleteTB/PICUM

Tot aufgefunden	Zahl	Name	Herkunftsland	Todesursache	Quelle
16.02.07	24	N.N. (1 Frau)	Somalia	ertrunken; 4 Leichen gefunden, 20 vermisst; Boot sank bei Samos auf dem Weg von der Türkei nach Griechenland	Khaleej/PR/IntHeraldTribune/MNS
02.02.07	17	N.N.	unbekannt	ertrunken; 7 Leichen gefunden, 10 vermisst; Boot aus der Türkei sank vor Samos (GR)	KI/AthensNewsAgency/Khaleej
01.02.07	1	N.N.	Subsahara-Afrika	Leiche an Bord eines Schiffes gefunden, das an der westlichen Sahara-Küste driftete, auf dem Weg zu den Kanarischen Inseln (ES)	News24/NOB
30.01.07	1	N.N. (Mann, 31)	Nigeria	Suizid; erhängt in seiner Zelle im Gefängnis von Witzwil (CH) gefunden; hatte Angst vor Abschiebung	Vivre/Polbe
29.01.07	1	Abass Usman (Mann, 26)	Nigeria	Suizid; erhängt in seiner Zelle im Preston Gefängnis (GB) gefunden; wurde beschuldigt, gefälschte Papiere zu besitzen	IRR
22.01.07	2	N.N.	unbekannt	blinde Passagier*innen; Leichen unter einem Sarg aufgefunden, der aus Kyopi (GR) kam	MNS/TP
22.01.07	1	Samuel Peter Benjamin (Junge, 17)	Südafrika	blinder Passagier; Leiche im Fahrwerk eines Flugzeugs in L.A. (USA) gefunden; versuchte, nach London (GB) zu gelangen	NOB/IRR
17.01.07	7	N.N. (1 Frau; 6 Männer)	unbekannt	ertrunken; 2 Leichen gefunden, 5 vermisst; Boot aus der Türkei sank vor Samos (GR)	KI/NOB
15.01.07	1	N.N. (Mann, ±25)	Gambia, Senegal	blinder Passagier; erfroren im Fahrwerk eines Flugzeugs von Gambia nach Brüssel (BE)	Angola-Press/MNS/PICUM/Vivre
14.01.07	1	Mohammad Sillah (23)	Guinea	Verweigerung medizinischer Behandlung; Remscheider Unterkunft für Geflüchtete weigerte sich, einen Krankenwagen zu rufen	Karawane
01.01.07	3	N.N.	Subsahara-Afrika	verhungerten; 2 Leichen über Bord geworfen, 1 Leiche auf einem Boot gefunden, das an den Kanarischen Inseln (ES) angelegt hatte	FE/ELM/MNS
01.01.07	1	Imran Yousaf (Mann, 28)	Pakistan	Suizid; nach verweigerter Visum-Verlängerung erhängt im Haus eines Freundes in Bedford (GB) gefunden	IRR
29.06.05	50	N.N. (Kinder; Frauen; Männer)	unbekannt	starben; Schlepper zwangen sie, über Bord zu gehen, um schneller vor der Küstenwache von Samos (GR) flüchten zu können	GHM
31.12.06	33	N.N. (4 Frauen)	Algerien	ertrunken; Schiffbruch nahe Algerien; versuchten, nach Sardinien (IT) zu gelangen	LaN/FE

Tot aufgefunden	Zahl	Name	Herkunftsland	Todesursache	Quelle
30.12.06	20	N.N.	Subsahara-Afrika	ertrunken; 9 Leichen gefunden, 11 vermisst; 2 Boote sanken 60 km südlich von Laayoune (MA) auf dem Weg nach Spanien	APDHA/ABC
23.12.06	1	N.N.	Subsahara-Afrika	bei der Abschiebung erstochen von der marokkanischen Polizei in Rabat, um die Einwanderung nach Europa zu verhindern	APDHA/ICARE
20.12.06	24	N.N.	Subsahara-Afrika	verhungerten; Leichen über Bord geworfen; Boot erlitt Schiffbruch bei Yoff (SN) auf dem Weg nach Spanien	Reuters/WSWS
16.12.06	126	N.N.	Westafrika	vermisst, Berichten zufolge ertrunken; Boot kenterte auf dem Weg von Djiffer (SN) nach Spanien	TimesM/IntHeraldTribune/CNN
14.12.06	5	N.N.	Subsahara-Afrika	starben beim Versuch, die Kanarischen Inseln (ES) zu erreichen; Boot an marokkanischer Küste gefunden	APDHA
13.12.06	1	N.N.	unbekannt	ertrunken; Boot mit 29 Überlebenden erlitt Schiffbruch nahe Dakar (SN) auf dem Weg zu den Kanarischen Inseln (ES)	TimesM/IntHeraldTribune/PR/FE
13.12.06	3	N.N.	unbekannt	starben im Krankenhaus; Schiffbruch nahe Dakar (SN) auf dem Weg zu den Kanarischen Inseln (ES)	TmesM/IntHeraldTribune/PR/FE
11.12.06	51	N.N.	Ägypten, Syrien, Palästina	ertrunken, als das Boot bei Seferihisar (TR) kenterte; wollten die griechische Küste erreichen	TDN/TP/Ya.D
10.12.06	1	N.N.	Asien	ertrunken nach Schiffbruch bei Restinga Smir (MA); versuchte, nach Ceuta (ES/MA) zu reisen	APDHA
09.12.06	1	N.N. (Mann, 40)	Bulgarien	Suizid in der Haftanstalt in Lamezia (IT) beim Warten auf die Abschiebung	LR/PR
06.12.06	1	N.N.	unbekannt	starb an Dehydration und Unterkühlung; nach Landung des Bootes in Arguineguin (ES) gefunden	NOB/Gaymengc/FE/ELM/TS
06.12.06	1	N.N.	unbekannt	starb an Dehydration und Unterkühlung im Krankenhaus nach Landung des Bootes in Arguineguin (ES)	FE/ELM/MNS/APDHA/NOB/TySp
04.12.06	3	N.N.	Mauretanien, Afghanistan	ertrunken; vermisst, nachdem das Boot mit 29 Personen auf dem Weg nach Griechenland an der Westküste der Türkei sank	TDN/FE/PR
03.12.06	1	N.N.	unbekannt	erschossen von der marokkanischen Grenzwache beim Versuch, den Grenzzaun in Melilla (ES/MA) zu überwinden	eltelegramma/APDHA
02.12.06	1	N.N.	Subsahara-Afrika	starb an Dehydration und Unterkühlung im Krankenhaus nach Landung des Bootes auf Teneriffa (ES)	APDHA

Tot aufgefunden	Zahl	Name	Herkunftsland	Todesursache	Quelle
02.12.06	102	N.N.	Subsahara-Afrika	ertrunken; Schiffbruch bei stürmischer See nahe Dakar; kamen aus Senegal	PR
01.12.06	1	Kazım Kustul (Mann, 22)	Türkei	Suizid; erhängte sich in der Haftanstalt in Marseille (FR) beim Warten auf die Abschiebung	INDm/Vatan/PR/MNS/LaDep
01.12.06	50	N.N.	Subsahara-Afrika	verhungerten; wurden über Bord eines Schiffes geworfen, das versuchte, Spanien zu erreichen und bei Yoff (SN) landete	MNS/AP-DHA
01.12.06	2	N.N. (Männer)	Bosnien	blinde Passagiere; erstickt am Wassergas in einem Lkw in Ancona (IT)	FE/LR
30.11.06	1	N.N.	Subsahara-Afrika	auf Boot mit 15 Überlebenden gefunden, das auf dem Weg von Afrika nach Spanien von Regatta-Segler geborgen wurde	Yatching-World/FE/ELM/MNS/APDHA
27.11.06	1	N.N. (Frau)	unbekannt	starb bei Brand in einer Unterkunft für Asylsuchende in Horndal in Schweden	Dagens Nyheter/UNHCR
26.11.06	20	N.N. (13 Kinder)	Subsahara-Afrika	ertrunken, nachdem das Boot nahe Laayoune (MA) auf dem Weg nach Spanien sank	AFVIC/MP/Reuters/ELM/News24
26.11.06	24	N.N. (8 Kinder)	Subsahara-Afrika	ertrunken; 3 Leichen gefunden, 20 vermisst; Boot kenterte nahe Laayoune (MA) auf dem Weg nach Spanien	AFVIC/MP/Reuters/ELM/News24
26.11.06	1	Naji Dohatem (Mann, 30)	Subsahara-Afrika	ertrunken; junger Aktivist für Menschenrechte; Boot versunken nahe Laayoune (MA) auf dem Weg nach Spanien	MP/ELM
21.11.06	1	Kone Watara (Mann, 26)	Subsahara-Afrika	starb im Krankenhaus in Ceuta (ES/MA); Aufenthaltserlaubnis für 2 Wochen, nachdem das Boot auf dem Weg von MA sank	APDHA
19.11.06	3	N.N.	Somalia, Palästina	ertrunken; 1 Leiche gefunden, 2 vermisst; Boot kenterte an der Küste vor Izmir (TR) auf dem Weg nach Griechenland	IntHerald/KI/FE/NOB
01.11.06	18	N.N.	Subsahara-Afrika	Leichen über Bord geworfen; Boot von Regatta-Segler auf dem Weg von Afrika nach Spanien geborgen	MNS/APDHA/YatchingWorld
01.11.06	1	N.N. (Mann, ±40)	Afghanistan	blinder Passagier; starb in Harlow (GB), nachdem er von dem Lastwagen überrollt wurde, in dem er sich versteckt hatte	IRR
27.10.06	6	N.N.	Algerien	ertrunken, als sie von Wahran (DZ) nach Spanien segelten	NOB/KUNA/FE/APDHA
27.10.06	1	Artur Aivazov (Mann, ±40)	Aserbaidschan	Suizid nach 8 Jahren Wartezeit auf Annahme des Asylantrages in den Niederlanden; litt an psychologischem Trauma	Voorvlucht/Oz

Tot aufgefunden	Zahl	Name	Herkunftsland	Todesursache	Quelle
24.10.06	4	N.N. (1 Schwangere; 3 Männer)	Maghreb	ertrunken; 3 Leichen gefunden, 1 vermisst; Schiffbruch 8 Meilen vor Malta auf dem Weg von Libyen nach Italien	MP/MM/FE/Unipa/TimesM
12.10.06	1	Berrais Fethi (Mann, 30)	Tunesien	Leiche im fortgeschrittenen Stadium der Verwesung nahe der Küste von Fouka (DZ) gefunden	QUOTI
12.10.06	10	N.N. (Männer)	Tunesien	Berichten zufolge ertrunken; 9 vermisst, 1 Leiche im fortgeschrittenen Stadium der Verwesung nahe Fouka (DZ) gefunden	QUOTI
10.10.06	40	N.N.	Afghanistan	Berichten zufolge ertrunken; vermisst nach Sinken des Bootes nahe Kithira (GR)	KI/MP/PICUM/ABC/FE
08.10.06	1	N.N. (Mann, ±20)	Irak	blinder Passagier; Asylsuchender fiel vom Lkw auf die Fahrbahn bei Folkestone, Kent (GB)	Mirror/BBC/IRR
05.10.06	24	N.N.	Maghreb	ertrunken, als ihr Schlauchboot beim Versuch, die Kanarischen Inseln (ES) zu erreichen, leck schlug	APDHA/BBC/GuardianUn./PICUM
01.10.06	2	N.N.	Sudan	starben auf dem Weg ins Krankenhaus nach Kentern des Bootes nahe Malta	MNS
01.10.06	3	N.N.	unbekannt	ertrunken; Leiche Berichten zufolge in fortgeschrittenem Verwesungsstadium nahe Malta gefunden	MNS/FE
01.10.06	1	Abdullah Ahmed Maroof (Mann, 30)	Irak	Suizid; zündete sich aus Angst vor Abschiebung in den Irak in seinem Auto in Stockton (GB) an	IRR
26.09.06	9	N.N.	Nordafrika, Marokko	ertrunken; 6 Leichen gefunden, 3 vermisst; Berichten zufolge von griechischer Küstenwache ins türkische Meer geworfen	SC/TP/FE/TDN/MNS/FR-BB/NOB
23.09.06	2	N.N. (1 Kind; 1 Frau)	unbekannt	ertrunken; Schiffbruch durch Überladung 40 Meilen vor Lampedusa (IT)	LR/FE/IntHeraldTribune/NOB/PICUM
23.09.06	25	N.N.	unbekannt	ertrunken nach Sinken des Bootes nahe Kenitra (MA) auf dem Weg nach Spanien	APDHA
21.09.06	2	N.N.	Marokko	1 Leiche gefunden, 1 vermisst; Leiche trieb im Wasser bei Tarifa (ES); waren mit einem Jet-Ski von Marokko aufgebrochen	NOB/APDHA
21.09.06	1	N.N.	Afrika	ertrunken; Leiche am Strand nahe Balerma (ES) gefunden	HOY
17.09.06	1	N.N. (Mann)	Subsahara-Afrika	starb an mangelnder medizinischer Versorgung in Polizeigewahrsam, nachdem sein Boot bei Los Cristianos (ES) gelandet war	ELM/NOB/EITB24/PICUM/APDHA

Tot aufgefunden	Zahl	Name	Herkunftsland	Todesursache	Quelle
17.09.06	13	N.N.	unbekannt	ertrunken; 1 Leiche gefunden, 12 vermisst; Schiffbruch 115 Meilen südwestlich von Malta auf dem Weg nach Italien	FE/LR/MM/NOB/Unipa
16.09.06	1	N.N. (Mann)	Subsahara-Afrika	Leiche gefunden in einem Boot mit 56 Überlebenden, das bei Los Cristianos, Kanarische Inseln (ES) anlandete	ELM/FE/NOB/EITB24/APDHA
12.09.06	250	N.N.	unbekannt	vermisst; das den Wellen ausgelieferte Boot funkte SOS nahe Lampedusa (IT)	ANSA/Unipa
10.09.06	2	N.N.	Kurdistan	starben in einem Minenfeld an der griechisch-türkischen Grenze in der Region Vyssas in Evros (GR)	KI/FE/MNS/FR-BB
09.09.06	17	N.N. (3 Kinder; 5 Frauen; 9 Männer)	Somalia	verhungerten; über Bord eines Schiffes geworfen, das zwischen Libyen und Italien trieb	FE/agrigentoweb
07.09.06	1	Eugene Ejike Obiora (Mann, 48)	Nigeria	Asylsuchender; von einem Polizisten im Sozialamt in Trondheim (NO) erwürgt	MNS/NR
05.09.06	2	N.N.	unbekannt	ertrunken; Leichen am Strand von Torretta Granitola bei Mazara del Vallo (IT) gefunden	LR/FE
03.09.06	1	N.N. (Mann, 19)	Algerien	blinder Passagier; fiel aus dem Fahrgestell eines Flugzeugs aus Nordafrika auf ein Feld in Vivantes (FR)	MNS
03.09.06	1	Janvier Makiadi (Mann, 31)	Kongo	Suizid; erhängte sich unter einer Brücke; Asylantrag wurde abgelehnt (GR); auch als Paul Kiese bekannt	RochdaleObs/IRR
03.09.06	1	N.N.	Maghreb	gefunden bei Los Ancones (ES); Leiche über Bord geworfen; Boot landete auf Lanzarote (ES)	APDHA
02.09.06	8	N.N.	Eritrea, Somalia	verhungerten und verdursteten; Leichen während Überfahrt nach Italien über Bord geworfen	FE/MNS/PICUM/Unipa/Repubblica
01.09.06	1	N.N. (Mann, ±30)	Pakistan	ertrunken; Boot lief auf dem Weg von Ägypten nach Italien bei Hania (GR) auf Felsen	KI/FE/NOB
01.09.06	3	N.N.	Subsahara-Afrika	starben nach Rettung vor El Hierro, Kanarische Inseln (ES), nachdem ihr Boot gesunken war	ELM/FE/MNS/NOB/Rawstor./PICUM
01.09.06	7	N.N.	unbekannt	Berichten zufolge ertrunken; vermisst nach Sinken des Bootes nahe der Küste von Kreta (GR)	FE/FR-BB
30.08.06	10	N.N.	unbekannt	starben in Boot mit 13 Überlebenden; Leichen während Überfahrt nach Italien über Bord geworfen	LR/FE
29.08.06	132	N.N.	Subsahara-Afrika	ertrunken; 84 Leichen gefunden, 48 vermisst; Schiffbruch vor der Nouakchott-Küste, Mauretanien	EP/NOB/News24/MNS/GuardianUn.

Tot aufgefunden	Zahl	Name	Herkunftsland	Todesursache	Quelle
28.08.06	1	N.N. (Mann)	Mali	starb an Dehydration, nachdem er von marokkanischen Behörden in der Sahara ausgesetzt worden war	MNS/ Reuters/FE/ BBC/NOB
27.08.06	20	N.N.	Afrika	15 Leichen gefunden, 5 vermisst an der mauretanischen Küste; nach Tod durch Dehydration über Bord geworfen	MNS/FE/ EP/BBC/ ELM/MAG/ PICUM
27.08.06	1	N.N. (Mann)	Mali	starb an Dehydration; auf einem Boot gefunden, das von Mauretanien zu den Kanarischen Inseln (ES) segelte	APDHA
26.08.06	1	N.N. (Frau)	unbekannt	Leiche auf einem Schiff gefunden, das in der Nähe der Küste von Malta abgefangen wurde	MNS/Unipa
26.08.06	8	N.N.	unbekannt	Leichen auf einem Schiff gefunden, das auf dem Weg von Senegal zu den Kanarischen Inseln (ES) war	APDHA
25.08.06	1	N.N. (Mann, ±30)	Eritrea	verhungerte während der Überfahrt; im Boot gefunden, das in Portopalo di Capopassero (IT) ankam	ANSA/FE/LR
24.08.06	3	N.N. (Kinder)	Libyen	Berichten zufolge auf dem Weg nach Italien im Boot gestorben	LR
20.08.06	28	N.N. (1 Kind; 5 Frauen)	unbekannt	ertrunken; 6 Leichen gefunden, 22 vermisst; Schlauchboot kenterte an der Küste von Lampedusa (IT)	CDS/IM/ MET/LR/ FIEI/Statew./ NOB
20.08.06	1	N.N. (Mann)	unbekannt	Berichten zufolge von einem Hai getötet, nachdem das Schlauchboot nahe Lampedusa (IT) gekentert war	IM/LR
20.08.06	1	N.N. (Mann)	unbekannt	starb, nachdem er beim Versuch, den sizialianischen Kanal zu überqueren, ins Meer gefallen war	Statewatch/ FE/Unipa
19.08.06	50	N.N. (10 Kinder; 4 Frauen)	Afrika	ertrunken; 12 Leichen gefunden, 38 vermisst; Boot kollidierte bei Lampedusa (IT) mit einem Kriegsschiff	ANSA/CDS/ BBC/IM/GuardianUn.
19.08.06	30	N.N.	unbekannt	ertrunken; Leichen vermisst; Boot sank vor der Küste von Lampedusa (IT)	PICUM/ AFVIC
17.08.06	1	Zamira Sadigova (Frau, 51)	Aserbaidschan	Suizid; sprang aus Angst vor Abschiebung aus dem 11. Stock ihrer Wohnung in Knightswood (GB)	TheHerald/ IRR
17.08.06	3	N.N.	unbekannt	auf einem Boot mit 81 Überlebenden vor den Kanarischen Inseln (ES) gefunden	Statewatch/ FE/NOB/ APDHA
14.08.06	28	N.N.	Afrika	verhungerten und verdursteten auf dem Weg von Senegal zu den Kanarischen Inseln (ES)	NOB/APDHA/jW
14.08.06	1	N.N.	Afrika	verhungerte im Krankenhaus in Mauretanien nach Rettungsaktion auf dem Seeweg nach Spanien	NOB/APDHA

Tot aufgefunden	Zahl	Name	Herkunftsland	Todesursache	Quelle
12.08.06	28	N.N.	Afrika	verhungerten in einem Boot, das seine Route auf Befehl der spanischen Küstenwache ändern musste	Statewatch/ ELM/FE
12.08.06	5	N.N.	Maghreb	verhungerten; 4 Leichen über Bord geworfen; Boot auf dem Weg von Marokko nach Spanien; 1 starb im Krankenhaus in Marokko	APDHA
12.08.06	1	Pierre Palmaba Kabamba (Mann, 61)	Kongo	Suizid; sprang aus dem 5. Stock einer Erstaufnahmestelle für Asylsuchende in Margate (GB)	IRR
11.08.06	15	N.N.	Senegal	starben an Verletzungen nach Explosion einer Gasflasche auf dem Schiff aus Dakar (SN); Leichen über Bord geworfen	MNS/Statewatch/ELM/ Boston/ NOB
11.08.06	3	N.N.	Senegal	starben an Verletzungen nach Explosion einer Gasflasche; auf einem Schiff aus Dakar (SN) aufgefunden	MNS/Statewatch/ELM/ Boston/ NOB
06.08.06	1	N.N.	Marokko	starb in Haftanstalt in Bologna (IT) nach Ausbruch einer Revolte	Statewatch
06.08.06	1	N.N. (Mann, 24)	Afrika	Berichten zufolge ertrunken, vermisst; fiel während der Abschiebung von den Niederlanden nach Afrika vom Boot	VK
06.08.06	1	Mohamed Aloui (Mann, 33)	Tunesien	gefunden in Haftanstalt in Bologna (IT); Überdosis an Mitteln gegen Epilepsie; war kein Epileptiker	MP/ADUC/ SAP/AFFIT/ GLOPRO
05.08.06	1	N.N. (Mann)	Nordafrika	wurde von örtlichen Polizeibeamten am Strand von Caleta del Mero (ES) gefunden	TS/APDHA
04.08.06	2	N.N. (Männer)	unbekannt	1 Leiche über Bord geworfen, 1 Leiche auf Boot mit 66 Überlebenden, das vor Teneriffa (ES) abgefangen wurde, gefunden	TS/ELM/FE/ Statewatch/ NOB/APDHA
02.08.06	5	N.N.	China	starben bei einem Autounfall auf der Flucht vor der Polizei in Deutschland, nachdem sie aus der CZ eingeschleust worden waren	Berliner Zeitung/ MOZ/Tagesspiegel
01.08.06	28	N.N.	Subsahara-Afrika	ertrunken; Leichen nahe Blibilat (MA) an die Küste gespült; versuchten, die Kanarischen Inseln (ES) zu erreichen	ELM/FE/ BBC/TS/ Statewatch/ NOB
01.08.06	1	Van N. (Mann, 29)	Vietnam	Autounfall in Dannenreich (DE) auf der Flucht vor der Polizei während einer Passkontrolle	BF/VK/IN
01.08.06	1	Duc N. (Mann, 24)	Vietnam	Autounfall in Dannenreich (DE) auf der Flucht vor der Polizei während einer Passkontrolle	BF/VK/IN
01.08.06	1	Thi N. (Frau, 23)	Vietnam	Autounfall in Dannenreich (DE) auf der Flucht vor der Polizei während einer Passkontrolle	BF/VK/IN

Tot aufgefunden	Zahl	Name	Herkunftsland	Todesursache	Quelle
01.08.06	1	Karol (Mädchen, 18 Monate)	Sierra Leone	verhungerte bei Überfahrt von Libyen nach Lampedusa (IT); Eltern warfen sie ins Wasser	ANSA/LR
01.08.06	2	N.N. (Kinder, ±7)	unbekannt	Berichten zufolge auf dem Weg nach Lampedusa (IT) verhungert; Leichen über Bord geworfen	ANSA/LR
01.08.06	4	N.N.	Senegal	starben im Krankenhaus in Mauretanien nach Explosion einer Gasflasche auf Schiff aus Dakar (SN)	MNS/Statewatch/ELM/Boston/NOB
01.08.06	1	Modjtaba Farahian (Mann, 28)	Afghanistan	Suizid in seinem Haus in Vlissingen (NL) aus Angst vor Abschiebung	Oz
30.07.06	2	N.N.	unbekannt	Berichten zufolge an Hitzschlag gestorben; Leichen in einem Boot nach der Ankunft in Los Cristianos (ES) gefunden	NOB/TS
30.07.06	1	N.N. (Mann)	unbekannt	verhungerte nach Einlieferung ins Krankenhaus in Palermo (IT) nach Schiffbruch vor Lampedusa	IPL/LR/FE/Statewatch/NOB
29.07.06	13	N.N.	unbekannt	Berichten zufolge verhungert auf einem Boot mit 14 Überlebenden, das vor Lampedusa (IT) trieb	BBC/IPL/FE/LR/Statewatch/MNS
29.07.06	17	N.N. (7 Kinder; 5 Frauen)	unbekannt	ertrunken nach Schiffbruch nahe der Küste von Malta; italienisches Schiff rettete 12 Überlebende	MNS/LR/FE/IPL/Statewatch/NOB
28.07.06	2	N.N. (Männer)	Subsahara-Afrika	ertrunken während Rettungsaktion; Boot wurde nahe Teneriffa (ES) abgefangen	MNS/ELM/FE/Statewatch/NOB
28.07.06	2	N.N. (1 Junge; 1 Mann)	Subsahara-Afrika	starben auf dem Rettungsschiff; Boot wurde bei Teneriffa (ES) abgefangen	MNS/ELM/FE/Pravda/NOB
28.07.06	34	N.N.	unbekannt	ertrunken; 12 Leichen gefunden, 22 vermisst; Schiffbruch in den Gewässern von Senegal auf dem Weg nach Spanien	APDHA
27.07.06	1	N.N.	unbekannt	verhungerte; Leiche auf einem Boot gefunden, das mit 111 Überlebenden auf den Kanarischen Inseln (ES) ankam	Statewatch/APDHA
26.07.06	17	N.N.	Subsahara-Afrika	Berichten zufolge ertrunken; alle Leichen vermisst; Boot gesunken bei Mahdia (TN) auf dem Weg von Libyen nach Italien	Statewatch/ELM/FE/Reuters/IPL
26.07.06	1	Rahman Sadedim (Junge, 2)	Mazedonien	starb ohne ärztliche Versorgung in der Unterkunft für Asylsuchende Sweikhuizen, Geeuwenburg (NL) an Lungenentzündung	VK
25.07.06	2	N.N.	Asien	starben bei einer Explosion auf einem Minenfeld in Evros (GR) bei der Überquerung der türkisch-griechischen Grenze	PICUM/KI/MNS/NOB

Tot aufgefunden	Zahl	Name	Herkunftsland	Todesursache	Quelle
24.07.06	2	N.N.	Subsahara-Afrika	erfroren; Leichen in einem Boot mit 48 Überlebenden gefunden, das Gran Canaria (ES) erreicht hatte	MNS/ELM/FE/Statew./BBC/PICUM
24.07.06	3	N.N. (Frau, 24; 2 Männer)	unbekannt	Berichten zufolge ertrunken; Leichen von der Küstenwache am Strand in Gela (IT) gefunden	Statewatch/FE/CDS/IPL
23.07.06	4	N.N.	Subsahara-Afrika	verhungerten; über Bord geworfen; Boot kam mit 48 Überlebenden in Gran Canaria (ES) an	APDHA
23.07.06	4	N.N.	Subsahara-Afrika	Suizid; verließen auf ihrem Weg nach Gran Canaria (ES) das Boot	APDHA
22.07.06	2	N.N. (Männer)	Subsahara-Afrika	verhungerten im Krankenhaus nach Rettung von Schiff, das auf Teneriffa (ES) angekommen war	Statewatch/FE/ELM/PICUM/APDHA
22.07.06	2	N.N.	unbekannt	Leichen wurden an Bord eines geborgenen Bootes gefunden, das auf dem Weg zu den Kanarischen Inseln (ES) war	Statewatch
21.07.06	1	N.N. (Mann)	Subsahara-Afrika	Leiche auf einem Boot mit 43 Überlebenden gefunden, das den Hafen von Los Cristianos, Teneriffa (ES) erreicht hatte	MNS/ELM/FE/PICUM/APDHA
18.07.06	1	Adams John (Junge, 7 Monate)	unbekannt	Berichten zufolge an Herzversagen gestorben, verursacht durch Unterkühlung, nach Ankunft in Fuerteventura (ES)	PICUM/ELM/MNS/Statewatch/FE
16.07.06	1	N.N. (Frau)	Russland	Suizid; Asylsuchende, die in der Ausländerbehörde von Pabrade (LT) festgehalten wurde	MNS
07.07.06	9	N.N. (1 Kind)	unbekannt	Leichen an der Küste der Kanarischen Inseln (ES) gefunden	APDHA
07.07.06	3	N.N. (Männer)	Afrika	gefunden bei Ankunft des Bootes auf Teneriffa (ES); starben an Dehydration während Überfahrt	PICUM/MNS/Statewatch/FE/EP
06.07.06	3	N.N. (Kind, ±3; Frau, ±30; Mann)	Subsahara-Afrika	ertrunken; auf dem Weg zu den Kanarischen Inseln (ES) von Fischern bei Cape Bojard (MA) gefunden	MNS/PICUM/LV/ICARE/APDHA
05.07.06	1	Abiy Fessfha Abebe (Mann, 35)	Äthiopien	Suizid; erhängt aufgefunden beim Greenbank Drive Centre (GB) nach Ablehnung des Asylantrages	IRR/icliverpool
03.07.06	30	N.N.	Subsahara-Afrika	ertrunken; 26 Leichen gefunden, 4 vermisst; Schiffbruch nahe El-Ayun (MA) auf dem Weg zu den Kanarischen Inseln (ES)	Vita/MNS/PICUM/Statew./FE/ELM
03.07.06	3	N.N.	Subsahara-Afrika	starben, als sie über den Grenzzaun in Melilla (ES/MA) kletterten; Berichten zufolge eine*r von der Grenzwache erschossen	Statewatch/FE/ELM/ICARE/VITA

Tot aufgefunden	Zahl	Name	Herkunftsland	Todesursache	Quelle
01.07.06	11	N.N.	Afrika	starben beim Versuch, die Kanarischen Inseln (ES) von der mauretanischen Küste aus zu erreichen	Statewatch
01.07.06	30	N.N.	Afrika	ertrunken; Leichen in den Atlantik gespült, nachdem das Boot vor der Westsahara gesunken war	NYtimes
29.06.06	16	N.N.	Marokko	ertrunken; 3 Leichen gefunden, 13 vermisst; Schiffbruch 200 km vor El Aaiún (MA) auf dem Weg nach Spanien	MNS/APDHA
29.06.06	9	N.N.	Afrika	ertrunken, als Boot sank; Leichen wurden 60 Meilen nördlich von Laayoune (EH) gefunden	ABC
27.06.06	2	N.N.	unbekannt	tot auf einem Fischerboot mit 266 Überlebenden vor der Küste Maltas, auf dem Weg nach Italien aufgefunden	EB/Statewatch/FE
27.06.06	3	N.N.	Subsahara-Afrika	Berichten zufolge auf dem Weg zu den Kanarischen Inseln (ES) ertrunken	ELM
26.06.06	5	N.N. (3 Kinder)	unbekannt	ertrunken nach Schiffbruch; von türkischer Küstenwache nahe Kusadasi (TR) gefunden	Statewatch/TP/NCAs
19.06.06	1	Majid Samari (Mann, 37)	Iran	Suizid; nach abgelehntem Asylantrag erhängt aufgefunden in der Unterkunft für Asylsuchende in Hanstholm (DE)	CPH/MNS/NR/UNHCR
12.06.06	1	N.N. (Mann, ±25)	Indien	blinder Passagier; starb an Erschöpfung im Laderaum eines Lkws auf einer Straße in Essex (GB)	BBC/essex-chronicle/GuardianUn
10.06.06	1	Aleksey Baranovsky (Mann, 34)	Ukraine	Suizid; Insasse in der Haftanstalt Rye Hill (GB); aufgrund des Immigrationsgesetzes bevorstehende Abschiebung	NCADC/UNHCR/IRR
09.06.06	11	N.N.	Afrika	ertrunken; 3 Leichen gefunden, 8 vermisst; Schiffbruch wegen Überladung nahe der Küste von Malta	LR/Le Monde/GuidaS/MNS/Statew.
06.06.06	1	N.N. (Junge, 6)	Somalia	ertrunken nach Sinken des Bootes 2,5 km vor Samos (GR); weitere 22 Personen gerettet	PICUM/KI/NCAs/Statew./MNS/FE
05.06.06	1	N.N.	Maghreb	Leiche an Bord eines Bootes bei Cabo de Gata (ES) gefunden	APDHA
04.06.06	15	N.N.	unbekannt	ertrunken; 1 Leiche gefunden, 14 vermisst nach Kentern des Bootes 111 Meilen vor der Küste Maltas	FE/Statewatch/NOB/Unipa
04.06.06	1	Cams (25)	Kongo	ertrunken beim Versuch, nach Ceuta (ES/MA) zu schwimmen	EP
04.06.06	1	Joseph (28)	Kongo	ertrunken beim Versuch, nach Ceuta (ES/MA) zu schwimmen	EP

Tot aufgefunden	Zahl	Name	Herkunftsland	Todesursache	Quelle
03.06.06	4	N.N. (Männer)	unbekannt	ertrunken; Leichen an der Küste von Ragusa (IT) gefunden	Statewatch/FE/NOB
02.06.06	15	N.N.	unbekannt	ertrunken nach Schiffbruch im Mittelmeer	MNS
01.06.06	1	Dejere Kebede-Tulu (Mann, 25)	Äthiopien	Leiche in seiner Wohnung in London gefunden; einer der besten Läufer in Großbritannien, trainierte trotz 25 Pfund pro Woche	IRR/Telegraph/Independent
30.05.06	1	N.N.	Moldawien	starb im Minenfeld bei der Überquerung der türkisch-griechischen Grenze	IMK
30.05.06	7	N.N.	unbekannt	Leichen wurden mit 433 abgeschobenen Geflüchteten von Spanien zurück nach Marokko gebracht	APHDA
19.05.06	42	N.N. (±25)	Afghanistan, Bangladesch	blinde Passagiere; kleiner Lkw stieß mit einem parkenden Anhänger auf der Autobahn nahe Osmaniye (TR) zusammen	FECL/IPL/Ya.N/PICUM/MNS/FE
18.05.06	7	N.N.	unbekannt	auf einem Boot gefunden, das bei Sfax (TN) auf dem Weg von Libyen nach Italien in einen Sturm geraten war	IPL/Statewatch/FE/Unipa
15.05.06	1	Ese Elisabeth Alabi (Frau, 29)	Nigeria	keine medizinische Behandlung; hatte niedrigere Priorität für Herztransplantation als die Staatsbürger Großbritanniens	IRR/BBC
13.05.06	37	N.N.	unbekannt	26 vermisst; 11 Leichen auf einem Boot in der Karibik auf dem Weg nach Spanien gefunden	MNS/IRR/IPL/Statewatch/FE/EP
13.05.06	1	Sivanathan Gowthaman (Mann, 29)	Sri Lanka	Suizid; sprang vor einen Zug; verlor seine Arbeitserlaubnis nach abgelehntem Asylantrag (GB)	Thenews/IRR
11.05.06	1	Asif Azmad (Junge, 17)	Afghanistan	Berichten zufolge blinder Passagier; versteckte sich unter einem Fahrzeug; Leiche auf der A3 bei Clanfield (GB) gefunden	IRR
08.05.06	1	N.N. (Frau, 57)	China	Suizid; erhängte sich aus Furcht vor Abschiebung in der Unterkunft für Geflüchtete in Neuss (DE)	ProAsyl/PICUM/Hiergeb
02.05.06	2	N.N. (Männer)	unbekannt	ertrunken; 1 Leiche gefunden, 1 vermisst; Schiffbruch nahe Kusadasi (TR) auf dem Weg nach Samos (GR)	Statewatch/IPL/MNS/NOB/Pravda
01.05.06	1	Seiny Dabo (Mann)	Afrika	verhungert; Boot nach Verlassen der Kapverdischen Inseln Richtung Kanaren (ES) auf den Wellen treibend aufgefunden	VK
01.05.06	1	Bouba Cisse (Mann)	Afrika	verhungert; Boot nach Verlassen der Kapverdischen Inseln Richtung Kanaren (ES) auf den Wellen treibend aufgefunden	VK

Tot aufgefunden	Zahl	Name	Herkunftsland	Todesursache	Quelle
01.05.06	1	Diaw Sunkar Diemi (Mann)	Afrika	verhungert; Boot nach Verlassen der Kapverdischen Inseln Richtung Kanaren (ES) auf den Wellen treibend aufgefunden	VK
01.05.06	8	N.N. (Männer)	Senegal, Guinea B., Gambia	verhungerten; Boot nach Verlassen der Kapverdischen Inseln Richtung Kanaren (ES) auf den Wellen treibend aufgefunden	VK
27.04.06	1	S. D. (Mann, 31)	Marokko	starb an Asthma-Anfall in Haftanstalt in Tarajal, Ceuta (ES/MA); wartete auf seine Abschiebung	Statewatch/ FE/ELM/ NODO50
25.04.06	1	N.N. (40, Mann)	Algerien	Leiche an der Küste von El Tarajal (ES) gefunden; versuchte, nach Ceuta (ES/MA) zu gelangen	APDHA
25.04.06	25	N.N.	unbekannt	ertrunken nach Schiffbruch nahe Kenitra (MA) auf dem Weg nach Spanien	APDHA
23.04.06	1	N.N. (Mann, ±24)	Asien	Berichten zufolge blinder Passagier; fiel vom Lkw, wurde auf der A14 bei Cambridgeshire (GB) eine Meile mitgeschleift	IRR
14.04.06	1	Dominique Koumadio (Mann, 23)	Afrika	von der Polizei bei Straßenunruhen in Dortmund (DE) erschossen	Sparta
04.04.06	34	N.N.	unbekannt	ertrunken; Schiffbruch auf dem Weg von Mauretanien zu den Kanarischen Inseln (ES)	Statewatch/ FE/ELM/ NOB/APDHA
Apr 06	1	Mohammed Yussif (Mann, 28)	Subsahara-Afrika	ertrunken; Schiffbruch in der Nähe von Lampedusa (IT) beim Versuch, Italien wieder zu betreten; Zweitversuch eines zuvor Deportierten auf der 'Cap Anamur 37'	BorderlineEU
Apr 06	1	Danielle Dominy (Frau, 30)	Brasilien	Selbstmord, trank Frostschutzmittel aus Angst vor Trennung von ihrer Tochter durch Einwanderungsbeamten in Werrington, Cornwall (GB)	IRR
18.03.06	3	N.N.	unbekannt	Leichen an der Küste von Cabo Blanco (ES) gefunden	APDHA
17.03.06	13	N.N. (Jugendliche)	Afrika	vermisst; verschwunden auf dem Weg von Laayoune (MA) zu den Kanarischen Inseln (ES)	Statewatch/ AFVIC/APDHA
16.03.06	1	N.N.	Subsahara-Afrika	von der Guardia Civil in der Nähe des Hafens der spanischen Enklave Melilla (ES/MA) in Nordafrika gefunden	Statewatch
15.03.06	26	N.N. (Männer)	Subsahara-Afrika	ertrunken auf dem Weg nach Spanien; Leichen von spanischem Schiff in mauretanischen Gewässern geborgen	MAG/Statewatch/FE/ ELM/NOB
12.03.06	12	N.N.	Subsahara-Afrika	tot auf einem treibenden Boot vor den Kapverdischen Inseln auf dem Weg zu den Kanaren gefunden	MNS/PUB/ APDHA

Tot aufgefunden	Zahl	Name	Herkunftsland	Todesursache	Quelle
09.03.06	1	Naser Al Shdaida (Mann, 36)	Syrien	Suizid; sprang nach abgelehntem Asylantrag in London (GB) aus Angst vor Abschiebung vor einen Zug	IRR/Streathamguardian
07.03.06	45	N.N.	Afrika	ertrunken; 2 kleine Boote kenterten auf dem Weg nach Spanien; eines stieß mit Schiff der Küstenwache zusammen	MAG/NRC/IND/Statewatch/FE/ELM
07.03.06	3	N.N.	unbekannt	blinde Passagier*innen; tot aufgefunden auf einem Lkw, der aus Durazzo (AL) nach Bari (IT) kam	Statewatch/LR/FE
05.03.06	1	N.N. (Mann)	unbekannt	ertrunken; Schiffbruch vor Ahrax Point (MT) auf dem Weg nach Italien; flüchtete aus den Lagern Hal Far und Safi	Statewatch/NOB
05.03.06	9	N.N.	unbekannt	Berichten zufolge ertrunken; Schiffbruch bei Malta auf dem Weg nach Italien; flüchteten aus den Lagern Hal Far und Safi	Statewatch/NOB/Unipa
04.03.06	1	N.N.	Gambia	ertrunken beim Versuch, die Küste von Teneriffa (ES) zu erreichen	APDHA
22.02.06	16	N.N.	Marokko	auf einem Boot gefunden; starben an Unterkühlung, Hunger und epileptischen Anfällen auf dem Weg nach Spanien	AFVIC
22.02.06	4	N.N.	unbekannt	blinde Passagier*innen; erstickten; auf einem Schiff von der Elfenbeinküste bei Ankunft auf den Kanaren gefunden	Statewatch/MNS/APDHA
21.02.06	6	N.N.	Afrika	ertrunken, vermisst; Boot sank auf dem Weg von Anjouan nach Mayotte (FR)	Mayotte sans frontières
21.02.06	6	N.N. (schwangere Frauen)	Afrika	ertrunken; Boot sank auf dem Weg von Anjouan nach Mayotte (FR)	Mayotte sans frontières
20.02.06	1	Yadav Krishnakumar (Kind)	Sri Lanka	Baby einer Asyl suchenden Familie; starb an Dehydration im Krankenhaus in Fairfield (GB); keine medizinische Betreuung	Manchester
19.02.06	12	N.N. (1 junge Frau; 11 junge Männer)	Marokko	ertrunken nach Kentern des Bootes aus Jbel Boudinar mit 32 Geflüchteten bei Almería (ES)	AFVIC
19.02.06	1	N.N. (25)	Afghanistan	ertrunken; Schlauchboot aus der Türkei mit 6 Afghanen an Bord sank bei Chios (GR)	Statewatch/FE/KI
19.02.06	2	N.N.	unbekannt	ertrunken; Boot mit 24 Passagieren kenterte vor Alborán/Almería (ES)	MNS/Statewatch/APDHA/NOB
18.02.06	9	N.N.	unbekannt	Berichten zufolge ertrunken; Schiffbruch an der libyschen Küste auf dem Weg nach Italien	Statewatch
15.02.06	1	N.N. (Frau)	unbekannt	erfroren; starb bei der Überquerung der bulgarisch-griechischen Grenze am Falakon Berg	Statewatch/MNS

Tot aufgefunden	Zahl	Name	Herkunftsland	Todesursache	Quelle
13.02.06	1	N.N.	Afghanistan	starb an einem Schock, nachdem Cousin am Hafen von Patras (GR) von der Grenzwache zusammengeschlagen wurde	Statewatch/ MNS
10.02.06	1	Taufik Al-Karazeh (Mann, 27)	Syrien	Suizid; Asylsuchender erhängte sich aus Angst vor Abschiebung in seiner Wohnung in Rochdale (GB)	IRR/Rochda-leObs
01.02.06	2	N.N. (Männer, ±27)	Pakistan	ermordet; stolperten beim Durchgang der iranisch-türkischen Grenze; Schlepper durchschnitt ihre Kehlen, als sie nicht weitergehen konnten	witness (Sarfraz Ali Khan)
01.02.06	1	N.N. (Mann, ±30)	Bangladesch	Bein gebrochen, als er vom Iran in die Türkei rannte; die Gruppe musste ihn zurücklassen; genaue Todesumstände unklar	witness (Sarfraz Ali Khan)
30.01.06	9	N.N.	unbekannt	Berichten zufolge nahe der algerischen Küste ertrunken; verschwunden beim Versuch, nach Spanien zu gelangen	Statewatch/ Aujourd'hui/ FE
30.01.06	1	Salehdeim Fahssahi (Mann, 38)	Algerien	starb nach einem von Insassen gelegten Feuer in der Haftanstalt Schrassig (LU), wo er sich in Abschiebehaft befand	Odysseus/ PlaZa
24.01.06	1	Nuur Saed (Mann, 22)	Somalia	starb nach Sturz vom Balkon auf der Flucht vor Polizeirazzia in seiner Wohnung in Plumstead (GB)	IRR
23.01.06	8	N.N.	Marokko	ertrunken; 3 Leichen gefunden, 5 vermisst; Boot kenterte auf dem Weg nach Spanien an der Al-Hoceima Küste	AFVIC/MNS/ Statewatch/ APDHA
21.01.06	3	N.N.	Pakistan, Bangladesch	erfroren auf einem Schlauchboot von TR nach GR mit Geflüchteten aus Pakistan und Bangladesch aufgefunden	Statewatch/ KI/FE/NOB
19.01.06	1	Bereket Yohannes (Mann, 26)	Eritrea	Suizid; erhängte sich im Abschiebegefängnis Harmondsworth (GB); Abschiebung stand bevor	Statewatch/ NCADC/IRR/ NOB
11.01.06	1	N.N.	Irak	starb an Herzinfarkt in Polizeigewahrsam in Athen (GR) aus Angst vor Abschiebung	MNS
07.01.06	1	N.N. (Mann)	Marokko	von der Polizei erschossen bei dem Versuch, nach Melilla zu gelangen	ELM
04.01.06	1	N.N. (Mann)	unbekannt	ertrunken, als er nach Schiffbruch 80 Meter vor der Insel Lesbos (GR) zur Küste schwimmen wollte	NOB/MNS/ Statewatch/ KI/FE
03.01.06	1	Ousmane Sow (Mann, 20)	Guinea	Hungerstreik; starb an Dehydrierung im Gefängnis Altstätten	NR
01.01.06	1	Mhedy Aliy (Mann, 30)	Tunesien	starb in der Haftanstalt in Pian Del Lago (IT); bekam hohe Dosen Beruhigungsmittel verabreicht	ILM/MP/Lib
28.06.05	1	Ali Amen Nader (Mann)	Jemen	ermordet durch jemenitische Behörden; Abschiebung aus NL nach abgelehntem Asylantrag	IHRC

Tot aufgefunden	Zahl	Name	Herkunftsland	Todesursache	Quelle
27.12.05	1	N.N.	Marokko	ertrunken; Leiche von einem Taucher gefunden und von spanischem Seerettungsteam geborgen	Statewatch
25.12.05	1	N.N. (Mann, 30)	Marokko	ertrunken; neben zusammengebundenen Plastikbehältern gefunden, die ihm bei der Überquerung der Gewässer helfen sollten	Statewatch/ELM/FE
24.12.05	1	N.N.	unbekannt	ertrunken; aufgefunden durch Behörden am Strand von Cadiz (ES)	MNS/Statewatch/FE/ELM
24.12.05	1	N.N.	Marokko	ertrunken; aufgefunden durch Behörden am Strand von Cadiz (ES)	Statewatch/FE/ELM
21.12.05	2	N.N.	Nigeria	blinde Passagier*innen; starben während der Überfahrt nach Kallo (NL); wurden von Landsleuten vom Frachtschiff geworfen	MNS/News24/FE/VK
19.12.05	30	N.N.	Mauretanien, Senegal	Berichten zufolge ertrunken, als das Boot vor den Kanarischen Inseln kenterte; nur 4 Leichen gefunden	MNS/Statewatch/NOB
10.12.05	1	N.N. (Mann)	Afrika	auf einem Boot mit Geflüchteten in der Straße von Gibraltar von spanischen Behörden aufgefunden	Exodus
10.12.05	22	N.N.	Afrika	Berichten zufolge ertrunken; auf dem Weg nach Spanien in stürmischer See in der Straße von Gibraltar vermisst	Exodus
09.12.05	2	N.N.	unbekannt	in Minenfeld an der türkisch-griechischen Grenze geraten; Leichen von Behörden in Kastanies (GR) gefunden	MNS/KI/FE
08.12.05	1	Mohammed Hanif (Mann, 27)	Bangladesch	Suizid im Zentrum für Asylsuchende in Hechtel-Eksel (BE); zwei Selbstmordversuche im Vorfeld	Universal Embassy (BE)
30.11.05	1	N.N.	unbekannt	ertrunken; Leiche im fortgeschrittenen Verwesungsstadium am Strand von Tarifa (ES) von der Guardia Civil gefunden	Statewatch
28.11.05	18	N.N.	Subsahara-Afrika	ertrunken; 6 Leichen gefunden, 12 vermisst nach Kentern des Bootes an der Küste von Gran Canaria (ES)	MNS/Statewatch/FE/ELM/ABC/Raz
28.11.05	1	N.N. (Mann)	unbekannt	von der Polizei erschossen; Kleinbus auf dem Weg nach Europa hielt am Grenzübergang bei Carikci (TR) nicht an	FE
27.11.05	22	N.N.	Afrika	ertrunken; Berichten zufolge wegen Sturm vor der Küste von Almería (ES) von einem Floß gefallen	MNS/Statewatch/ELM/NOB/PICUM
27.11.05	1	N.N.	Afrika	während Rettungsversuch auf einem Floß mit 36 Geflüchteten vor der Küste von Almería gefunden	MNS/Statewatch/FE/ELM
25.11.05	1	N.N. (Junge, 4)	Rumänien	starb nach Sturz aus dem Fenster der Erstaufnahmestelle für Geflüchtete Villa Salus in Bologna (IT)	LR

Tot aufgefunden	Zahl	Name	Herkunftsland	Todesursache	Quelle
25.11.05	3	N.N. (Männer)	Asien	starben an Unterkühlung beim Versuch, die Grenze zwischen der Ukraine und der Slowakei zu überqueren	State Border Service (UA)
24.11.05	20	N.N.	unbekannt	ertrunken nach Schiffbruch in der Nähe der Küste von Sizilien (IT)	FE/LR/NOB
23.11.05	1	N.N. (Mann, 27)	unbekannt	sprang vom Balkon in Den Haag (NL) aus Angst vor Abschiebung	MAG/PICUM/Oz/NU
18.11.05	9	N.N.	Afrika	ertrunken, als das Boot nahe der sizilianischen Küste kenterte; von der maltesischen Küstenwache ignoriert	LR/MP/AD/MNS/Statewatch/FE/CD
15.11.05	1	N.N. (Mann, 20)	unbekannt	blinder Passagier; Fahrer verlor bei der Flucht vor der Polizei in Preveza (GR) die Kontrolle über den Lkw	KI/FE
12.11.05	1	Delroy Edward (Mann)	Jamaika	mit Gewehr erschossen 9 Tage nach seiner Abschiebung aus England nach Kingston (JM)	IRR/WIK
10.11.05	1	Lizwane Ndlovu (Frau, 29)	Simbabwe	starb im Krankenhaus in Birmingham nach Entlassung aus der Yarls Wood Haftanstalt (GB)	IRR
02.11.05	30	N.N.	unbekannt	12 ertrunken, 18 vermisst; Boot kenterte mit 36 Geflüchteten auf dem Weg nach Griechenland bei Cesme (TR)	MNS/Statewatch/Ya.N/KI/FE/NOB
31.10.05	2	N.N.	Subsahara-Afrika	Leichen auf einem treibenden Schiff an der Küste von Adra (Almería, ES) gefunden	MNS/Statewatch
26.10.05	1	Maribel M. Rodriguez (Frau, 30)	Dominikanische Republik	verbrannt bei einem Feuer im Abschiebegefängnis am Flughafen Schiphol (NL)	LR/MAG/MNS/Statewatch/VK/Vivre
26.10.05	1	Kemal Sahin (Mann, 51)	Türkei	verbrannt bei einem Feuer im Abschiebegefängnis am Flughafen Schiphol (NL)	LR/MAG/MNS/Statewatch/VK/Vivre
26.10.05	1	Taras Bilyk (Mann, 30)	Ukraine	verbrannt bei einem Feuer im Abschiebegefängnis am Flughafen Schiphhol (NL); er war als Vitaly Khvylovyy bekannt	LR/MAG/MNS/Statewatch/VK/Vivre
26.10.05	1	Mehmet Avar (Mann, 41)	Türkei	verbrannt bei einem Feuer im Abschiebegefängnis am Flughafen Schiphol (NL)	LR/MAG/MNS/Statewatch/VK/Vivre
26.10.05	1	Vladislav Leniev Petrov (Mann, 31)	Bulgarien	verbrannt bei einem Feuer im Abschiebegefängnis am Flughafen Schiphol (NL)	LR/MAG/MNS/Statewatch/VK/Vivre
26.10.05	1	Lofti Al Swaee (Mann, 32)	Libyen	verbrannt bei einem Feuer im Abschiebegefängnis am Flughafen Schiphol (NL)	LR/MAG/MNS/Statewatch/VK/Vivre

Tot aufgefunden	Zahl	Name	Herkunftsland	Todesursache	Quelle
26.10.05	1	Robert Jules Arah (Mann, 34)	Surinam	verbrannt bei einem Feuer im Abschiebegefängnis am Flughafen Schiphol (NL)	LR/MAG/MNS/Statewatch/VK/Vivre
26.10.05	1	Naiva Apensa (Mann, 43)	Surinam	verbrannt bei einem Feuer im Abschiebegefängnis am Flughafen Schiphol (NL)	LR/MAG/MNS/Statewatch/VK/Vivre
26.10.05	1	Gheorge Sas (Mann, 21)	Rumänien	verbrannt bei einem Feuer im Abschiebegefängnis am Flughafen Schiphol (NL)	LR/MAG/MNS/Statewatch/VK/Vivre
26.10.05	1	Oksana Nynych (Frau, 29)	Ukraine	verbrannt bei einem Feuer im Abschiebegefängnis am Flughafen Schiphol (NL)	LR/MAG/MNS/Statewatch/VK/Vivre
26.10.05	1	Dato Khidiritsj Kasojef (Mann, 20)	Georgien	verbrannt bei einem Feuer im Abschiebegefängnis am Flughafen Schiphol (NL)	LR/MAG/MNS/Statewatch/VK/Vivre
25.10.05	7	N.N.	Afrika	ertrunken nach Sinken des Schiffes an der Küste von Malta	MNS/MM/FE/NOB
25.10.05	1	N.N.	unbekannt	Leiche von der griechischen Küstenwache auf Boot mit 150 Geflüchteten auf dem Weg nach Italien gefunden	NOB
21.10.05	1	Michail Sh. (Mann, 32)	Russland	Suizid; erhängte sich mit Bettlaken im Polizeigewahrsam in Hamburg (DE)	ARI
12.10.05	1	N.N.	unbekannt	ertrunken; versuchte, an die Küste von Adra (Almería, ES) zu schwimmen	Statewatch/ELM/FENOB
06.10.05	6	N.N.	Subsahara-Afrika	starben beim Versuch, in die Enklave Melilla (ES/MA) zu gelangen	MNS/AFVIC/VK/LR/FE/ELM/NOB/AI
04.10.05	1	Yankuba Ceesay (Mann, 18)	Gambia	Suizid; in Sicherheitszelle in Linz (AT) tot aufgefunden; Hungerstreik aus Furcht vor Abschiebung	TheStandard/NR/MNS/ORF/PICUM
01.10.05	1	N.N. (Mann, 38)	Algerien	starb im Haus von Freunden; von Sicherheitsleuten erschlagen, als er die Abschiebung verweigerte	Le Matin/Vivre
01.10.05	17	N.N.	unbekannt	ertrunken; 3 Leichen gefunden, 14 vermisst bei Rettungsversuch nach Sinken des Bootes vor Fuerteventura	Statewatch/MUGAK/ABC/Raz
01.10.05	1	Hassan Mohammad (Mann, 30)	Afghanistan	Suizid; tötete Freundin und Sohn und sprang dann in den Niederlanden aus dem 5. Stock aus Angst vor Abschiebung	VK/DiariodeNoticias/DiariodeNavarra
01.10.05	2	N.N. (Junge, 8; Frau, 35)	unbekannt	ermordet; wurden in den Niederlanden vom Freund aus dem 5. Stock gestoßen aus Angst vor Abschiebung	VK
01.10.05	1	Suleiman Dialo (Mann, 30)	Guinea	Suizid; Asylsuchender litt an Depressionen, tötete sich in Newcastle (GB)	Cpgb

Tot aufgefunden	Zahl	Name	Herkunftsland	Todesursache	Quelle
01.10.05	11	N.N.	unbekannt	von Polizei erschossen beim Versuch, über die Zäune bei Ceuta (ES/MA) zu klettern	APDHA/ Chabacka
29.09.05	1	N.N. (Mann, 30)	Afrika	ertrunken nach harter Landung des Bootes; aufgefunden an der Küste von Agrigento (IT)	LR
28.09.05	5	N.N.	Subsahara-Afrika	erschossen durch marokkanische Grenzwache beim Versuch, nach Ceuta (ES/MA) zu gelangen	NR/NRC/ VK/NOB/AI/ Terra
27.09.05	34	N.N.	unbekannt	ertrunken nach Sinken des Bootes in stürmischer See an der Nordküste von Zypern	ILM/NOB
27.09.05	1	N.N. (Mann, 20)	Palästina	ertrunken; sprang aus einem auf Grund gelaufenen Boot an der Küste Siziliens, nahe Marina di Palma (IT)	LS/GDS
21.09.05	18	N.N.	Subsahara-Afrika	ertrunken an der marokkanischen Küste, nahe Dakhla, auf dem Weg zu den Kanarischen Inseln (ES)	AFVIC/NOB
21.09.05	4	N.N.	Afrika	tot aufgefunden auf einem Boot an der tunesischen Küste auf der Überfahrt von Libyen nach Italien	PICUM
19.09.05	1	N.N.	Syrien	erschossen von der türkischen Grenzwache auf einem Boot Richtung Griechenland	MNS/Spiegel/NOB
15.09.05	1	Manuel Bravo (Mann, 35)	Angola	Suizid; erhängte sich im Yarl Wood Abschiebegefängnis (GB), um seinem Sohn die Aufenthaltserlaubnis zu sichern	NCADC/ BBC/MNS/ Statewatch/ TI
15.09.05	1	N.N.	Kongo	starb im Krankenhaus in Melilla (ES/MA) nach versuchter Einreise in die spanische Enklave	AFVIC/AI
14.09.05	1	Edmore Ngwenya (Mann, 26)	Simbabwe	Suizid; ertrunken bei Salford Quays (GB) aufgefunden	NCADC/ ManchesterEve.News/ IRR
13.09.05	1	N.N. (Mann, 24)	Liberia	tot aufgefunden auf einer Straße in Genf (CH); aus dem Zentrum für Geflüchtete ausgewiesen	Le Courrier/ Vivre
10.09.05	11	N.N.	Eritrea	tot aufgefunden am Licata Strand (IT); ertrunken, als das Boot südlich von Gela (IT) strandete	MNS/LR/VK
10.09.05	1	N.N. (Frau, 44)	Albanien	erschossen durch die griechische Grenzwache nahe der mazedonischen Grenze	MNS
29.08.05	2	N.N.	Kamerun	starben an schweren Verletzungen, die sie beim Eindringen in die spanische Enklave Melilla (ES/MA) erlitten	APDHA/MP/ IND/NOB
22.08.05	25	N.N.	Afrika	ertrunken nach Schiffbruch auf dem Weg von Ajouan nach Mayotte (FR)	Mayotte sans frontières
19.08.05	26	N.N.	Sudan	ertrunken nach Sinken des Bootes südlich von Malta	MNS/NOB/ Unipa

Tot aufgefunden	Zahl	Name	Herkunftsland	Todesursache	Quelle
16.08.05	2	N.N.	Afrika	ertrunken nach Sprung von Bord beim Ausstieg in Lampedusa (IT)	GDS/Unipa
16.08.05	3	N.N.	Subsahara-Afrika	Berichten zufolge verhungert und verdurstet auf der Reise zu den Kanarischen Inseln (ES)	ELM
13.08.05	4	N.N. (Männer)	Subsahara-Afrika	blinde Passagiere; erstickten in einem Container aus Casablanca (MA) nach Rotterdam (NL)	PICUM/NOB
08.08.05	9	N.N.	unbekannt	2 ertrunken, 7 vermisst nach Kentern des Bootes an der Küste von Lesbos (GR)	PICUM
06.08.05	1	N.N. (Mann)	unbekannt	ertrunken nach Sinken des Bootes an der Südküste von Kreta (GR)	PICUM/NOB
04.08.05	23	N.N. (Männer)	Mali, Senegal	tot an der Küste von Tarfaya (MA) gefunden; ertrunken nach Kentern des Bootes auf dem Weg nach Spanien	MNS/PICUM/NOB
03.08.05	1	N.N. (Mann, ±30)	unbekannt	blinder Passagier; erfroren im Fahrwerk eines Flugzeugs in Brüssel (BE) aufgefunden	BBC
01.08.05	130	N.N.	unbekannt	Berichten zufolge ertrunken, nachdem Boot in der Nähe von Sizilien verschwand; nutzten Satellitentelefon, um nach Hilfe zu rufen	Repubblica
20.07.05	2	N.N.	unbekannt	ertrunken, als das kleine Boot auf dem Weg nach Kos in der Ägäis kenterte	ORF
13.07.05	3	N.N.	Somalia	ertrunken, nachdem ihr Boot an der türkischen Küste nahe Izmir kenterte	MNS/NOB
07.07.05	1	Babak Ahadi (Mann, 33)	Iran	Suizid; zündete sich im Aufnahmezentrum in Bristol (GB) aus Angst vor Abschiebung an	NCADC/IRR
04.07.05	2	N.N. (Männer)	Irak	1 blinder Passagier starb versteckt auf einem Lkw in Vicenza (IT)	LR
02.07.05	1	Nusrat Raza (Frau, 22)	Pakistan	Suizid; verbrannte sich in Bradford (GB); Depression nach abgelehntem Asylantrag	YP/IRR
01.07.05	1	N.N. (Mann, 22)	Irak	starb an Hitzschlag; auf einem Parkplatz in Ludwigsfeld (DE) gefunden; hatte den Schleppern 5.000 US-Dollar gezahlt	ARI
27.06.05	1	Ramazan Kumluca (Mann, 19)	Kurdistan	Suizid; erhängt aufgefunden im Abschiebegefängnis in Campsfield (GB), nachdem der 3. Asylantrag abgelehnt wurde	IRR/NCADC/BBC/PICUM/Indep.
26.06.05	2	N.N.	Tunesien	ertrunken nach Kentern des Bootes an der türkischen Küste nahe Dikili	MNS/NOB
23.06.05	27	N.N.	unbekannt	Berichten zufolge bei stürmischer See vor Malta ertrunken; maltesisches Rettungsteam kam zu spät	ORF/Unipa
18.06.05	12	N.N.	Subsahara-Afrika	verhungerten auf einem Boot auf dem Weg nach Gran Canaria (ES)	ELM

Tot aufgefunden	Zahl	Name	Herkunftsland	Todesursache	Quelle
17.06.05	11	N.N.	Komoren	Berichten zufolge ertrunken, nachdem Boot beim Versuch, Mayotte (FR) zu erreichen, gesunken war	Mayotte sans frontières
15.06.05	1	N.N. (Schwangere, ±20)	Subsahara-Afrika	Berichten zufolge ertrunken beim Versuch, nach Gran Canaria (ES) zu gelangen	EP
13.06.05	12	N.N.	Subsahara-Afrika	ertrunken nach Sinken des Bootes an der marokkanischen Küste auf dem Weg nach Spanien	APDHA
13.06.05	14	N.N. (6 Kinder; 6 Frauen; 2 Männer)	Subsahara-Afrika	ertrunken nach Schiffbruch an der Küste von Tanger auf dem Weg von Marokko nach Spanien	BBC/APDHA/AFVIC/NCAs
29.05.05	2	N.N.	Georgien	starben bei der Überquerung der türkisch-griechischen Grenze in einem Minenfeld	MAG
27.05.05	11	N.N.	unbekannt	starben an Dehydration nahe der algerischen Grenze nach Fahrzeugpanne in der Wüste	NOB/Thestar
25.05.05	16	N.N.	Subsahara-Afrika	gefunden im sizilianischen Kanal (IT); ertrunken nach Kentern des Bootes südlich von Lampedusa (IT)	LR/NOB/Unipa
25.05.05	1	N.N. (Mann, ±27)	Subsahara-Afrika	ertrunken beim Versuch, von Marokko nach Ceuta (ES/MA) zu schwimmen	ABC
12.05.05	3	N.N.	Afrika	blinde Passagier*innen; tot im Container eines dänischen Schiffes zwischen Marokko und Spanien entdeckt	MAG
11.05.05	1	N.N. (Kind)	Marokko	tot auf einem Schiff von Geflüchteten gefunden, das an der andalusischen Küste (ES) abgefangen wurde	AngolaPress
03.05.05	1	N.N.	unbekannt	ertrunken; tot aufgefunden am Strand von Morro Besudo, Kanarische Inseln (ES)	MNS
03.05.05	1	N.N.	Afrika	verhungert und verdurstet beim Versuch, Gran Canaria (ES) zu erreichen	ELM
25.04.05	1	Shiar Ahmad (Mann, 28)	Syrien	Suizid; nach 2 Monaten Haft erhängt aufgefunden; war aus der Schweiz nach Syrien abgeschoben worden	Tagesanzeiger/Swiss Parliament
19.04.05	1	N.N. (Kind)	Subsahara-Afrika	gestorben an Unterkühlung auf einem Boot mit 21 anderen Migrant*innen beim Versuch, nach Tarifa (ES) zu gelangen	ELM
15.04.05	24	N.N.	Afrika	5 ertrunken, 19 vermisst, als das Boot auf dem Weg von Libyen nach Italien sank	PICUM
10.04.05	2	N.N.	Marokko	verhungerten auf dem Weg nach Spanien; auf einem Boot vor der algerischen Küste treibend gefunden	AFVIC
10.04.05	16	N.N.	Marokko	Berichten zufolge auf dem Weg nach Spanien; vor der algerischen Küste ertrunken	AFVIC

Tot aufgefunden	Zahl	Name	Herkunftsland	Todesursache	Quelle
09.04.05	1	Limbaya Ndinga (Mann, 32)	Kongo	Suizid; erhängt aufgefunden in seiner Wohnung in Middleton (GB) nach Ablehnung des Asylantrages	Middleton Guardian Un./IRR
04.04.05	1	N.N.	Mauretanien	starb bei der Überquerung der türkisch-griechischen Grenze in einem Minenfeld	TI/MAG/DPA/taz
04.04.05	1	N.N.	Tunesien	starb bei der Überquerung der türkisch-griechischen Grenze in einem Minenfeld	TI/MAG/DPA/taz
01.04.05	1	N.N. (Junge, 3 Monate)	Subsahara-Afrika	starb an Unterkühlung in den Armen seiner Mutter auf dem Boot nach Spanien	PICUM
31.03.05	13	N.N.	Subsahara-Afrika	verhungerten auf einem treibenden Boot nahe El-Hierro (ES)	taz/NOB
31.03.05	1	N.N. (Mann)	Subsahara-Afrika	verhungerte auf einem treibenden Boot nahe El-Hierro (ES)	APDHA/ORF/MAG
25.03.05	5	N.N. (Männer)	China, Mongolei	ertrunken; von Schleppern 15 Meilen vor Punta Secca (IT) über Bord geworfen	STR
25.03.05	1	N.N. (Frau)	Mongolei	ertrunken; von Schleppern 15 Meilen vor Punta Secca (IT) über Bord geworfen	STR
25.03.05	3	N.N. (Männer)	China, Mongolei	Berichten zufolge ertrunken; von Schleppern 15 Meilen vor Punta Secca (IT) über Bord geworfen	STR
24.03.05	6	N.N.	China	Berichten zufolge ertrunken, nachdem sie gezwungen wurden, ins Wasser zu springen; an der sizilianischen Küste (IT) gefunden	PICUM/Statewatch/MNS/NOB/Unipa
24.03.05	100	N.N.	Libyen	Berichten zufolge ertrunken; Boot vermisst, nachdem es an der italienischen Küste nahe Lampedusa (IT) trieb	Repubblica
12.03.05	11	N.N.	Subsahara-Afrika	tot aufgefunden nahe der Küste Fum Wad, El-Aaiun, Westsahara (MA)	ACN/AFVIC/PICUM
12.03.05	50	N.N.	unbekannt	Berichten zufolge ertrunken beim Versuch, die Kanaren von Fum al-Wad, Westsahara (MA) aus zu erreichen	ACN
12.03.05	30	N.N.	Subsahara-Afrika	ertrunken; tot aufgefunden nahe der Küste von Fum Wad, El-Aaiun, Westsahara (MA)	AFVIC/APDHA
11.03.05	11	N.N.	Bangladesch	tot auf einem Boot von Marokko nach Spanien gefunden	MAG/MNS
07.03.05	36	N.N.	Komoren	Berichten zufolge zwischen Sada und Bouéni ertrunken, als das Boot beim Versuch, Mayotte (FR) zu erreichen, sank	Mayotte sans frontières
01.03.05	1	Ali Jafari (Mann, 25)	Afghanistan	vermisst nach 18 Monaten Aufenthalt in Bulgarien und Abschiebung nach Afghanistan	Evening Gazette

Tot aufgefunden	Zahl	Name	Herkunftsland	Todesursache	Quelle
Mär 2005	3	N.N. (Mädchen)	Nigeria	verdursteten; reisten durch die Wüste nach Tumu, Niger, um zur libyschen Grenze zu kommen	LESP/Gatti/Migreurop
27.02.05	1	N.N. (Frau)	Subsahara-Afrika	Berichten zufolge ertrunken beim Versuch, Algeciras (ES) zu erreichen	ElPeriodico-Mediterraneo
26.02.05	35	N.N. (Männer, ±24)	Marokko	Berichten zufolge ertrunken nahe Oran (DZ), auf dem Weg von al-Hoceima (MA) nach Spanien	AFVIC/ATMF/NOB
26.02.05	2	N.N. (Männer, ±24)	Marokko	starben im Krankenhaus in Oran (DZ), nachdem das Boot an der tunesischen Küste treibend gefunden worden war	AFVIC/ATMF/NOB
25.02.05	1	N.N.	Marokko	ertrunken; tot aufgefunden in einem treibenden Boot 12 km vor Cap Blanc, Oran (DZ)	YABI/AFP
25.02.05	2	N.N.	unbekannt	tot aufgefunden auf einem Boot, das nahe Oran (DZ) von Marokko nach Almería (ES) trieb	AFP/YABI
25.02.05	**1**	**Ramazan Kaya (Mann, 26)**	**Türkei**	**Suizid; nach vielen Jahren ohne gültigen Aufenthaltsstatus in Berlin (DE) aus dem Fenster gesprungen, im Krankenhaus seinen Verletzungen erlegen**	**taz/ARI**
22.02.05	1	Ben Habra Saharaouis (Mann)	Algerien	Suizid; erhängt aufgefunden während U-Haft; Behörden versuchten, den Fall zu vertuschen	NR
21.02.05	1	N.N. (Mann)	unbekannt	starb an Unterkühlung kurz nach der Ankunft in Alboran (ES) per Boot	MNS
18.02.05	9	N.N.	Ägypten	ertrunken nach Schiffbruch an der libyschen Küste, auf dem Weg nach Italien	LR/CDS/PICUM
18.02.05	26	N.N.	unbekannt	Berichten zufolge ertrunken nach Schiffbruch an der libyschen Küste, auf dem Weg nach Italien	CDS/LR
14.02.05	1	Vincent Shem (Mann, 32)	Ghana	Suizid; erhängt aufgefunden im HM-Gefängis in Wandsworth (GB)	Inquest/IRR
07.02.05	39	N.N.	unbekannt	Berichten zufolge ertrunken nach 10 Tagen Segelreise aus Al-Hoceima (MA) nach Spanien	APDHA
01.02.05	2	N.N.	Senegal	ertrunken nach Schiffbruch an der marokkanischen Küste nahe El-Aaiun auf dem Weg nach Spanien	Le Monde
25.01.05	1	Vladislav Babayan (Mann)	Armenien	Suizid; aus Angst vor Abschiebung erhängt in Merksplas (BE) aufgefunden	De Gentenaar
23.01.05	1	N.N. (Mann, ±27)	unbekannt	Suizid; im Gefängnis in Sarnen (CH) erhängt aufgefunden	Vivre
19.01.05	10	N.N.	unbekannt	tot aufgefunden auf einem Boot, das 480 km südlich der Kanarischen Inseln (ES) trieb	PICUM/PAJOL/MAG/APDHA/MNS

Zu Tode geduldet

Ende Februar 2005: Ramazan Kaya raucht seine letzte Zigarette. Er wünscht seiner Mutter eine gute Nacht, sie liegt schon im Bett. Dann geht er aus dem Zimmer, schließt die Tür und springt aus dem Fenster der Wohnung im dritten Stock. Seine Familie hört den Aufprall. Ramazan liegt schwer verletzt auf dem Asphalt im Hof des Gebäudes. Es dauert vierzig Minuten, bis der Notarzt eintrifft. Im Berliner Urban-Krankenhaus wird Ramazan operiert, aber es ist zu spät. Der Journalist Cem Sey hat seinen Tod für die die *tageszeitung* dokumentiert.

Es ist nicht viel bekannt über Familie Kaya. Sie stammt aus der türkischen Stadt Samsun am Schwarzen Meer und lebte zur Zeit des Suizids bereits seit vierzehn Jahren in Deutschland. Cemal Kaya, der Vater Ramazans, und seine Frau hatten vier Kinder, zwei Jungen und zwei Mädchen. Nach dem 25. Februar 2005 waren es nur noch drei. Der Familienvater wurde von den deutschen Behörden nur „geduldet" – der Status, der verliehen wird, wenn ein Asylantrag oder ein Antrag auf eine Aufenthaltsgenehmigung abgelehnt wird, aber der Antragsteller nicht abgeschoben werden kann. Für die Kinder bedeutet das: Sie dürfen zur Schule gehen, es gibt schließlich die Schulpflicht in Deutschland. Danach dürfen sie nichts mehr. Ausbildungsplätze, die die Kinder der Kayas sich selbst gesucht haben, müssen abgesagt werden, sie erhalten keine Genehmigung. Irgendwann schaffen sie es trotz der Duldung, eine uneingeschränkte Arbeitserlaubnis zu erhalten. Doch Arbeitgeber winken ab, als sie hören, dass ihr Aufenthaltsstatus unsicher ist.

Ramazan und seine Geschwister dürfen Berlin nicht verlassen, wie es andere Jugendliche in ihrem Alter so selbstverständlich tun. Für sie gilt die sogenannte Residenzpflicht. Sie haben keinen Ausweis. Sie haben keine Perspektive. Alle paar Wochen wird die Duldung verlängert. Und nicht einmal alle Familienmitglieder werden offiziell „geduldet". Sie sind einfach da. „Weder töten sie uns, noch lassen sie uns leben", sagte der Vater der *taz*.

Es gibt ärztliche Atteste für fast alle Mitglieder der Familie, die psychische Störungen bescheinigen. Besonders hart getroffen ist Ramazan:

Im Jahr 2000 diagnostizieren seine Ärzte „paranoid-halluzinatorische Schizophrenie". Am 12. Februar 2005 wird Ramazan wegen einer akuten Depression im Urban-Krankenhaus stationär behandelt. Zwei Wochen später springt er. Rüdiger Jung, der Anwalt der Familie, bezeichnet Ramazans Suizid gegenüber den Medien als „Hilferuf".

„Haben die Menschen keine Augen? Haben sie keine Ohren, keine Herzen? Wo bleibt die Menschlichkeit?", fragt Cemal Kaya, der Vater, im Februar 2005 in seiner nur spärlich möblierten Wohnung in einem bescheidenen Berliner Altbau immer und immer wieder.

Doch er zeigte sich im Interview mit der *taz* auch selbstkritisch. Verbittert habe er mit den Behörden um einen sicheren Aufenthalt gekämpft. Und er habe Fehler begangen: Nachdem er sich von seiner Frau scheiden ließ, habe er eine andere geheiratet, ebenfalls eine Türkin. Er holte sie zu sich, sie lebte ein Jahr lang illegal in Deutschland bei ihm. Das Paar fliegt auf. Die Ausländerbehörde habe ihm fortan nichts mehr geglaubt. 2002 wird sein Antrag von der Härtefallkommission endgültig negativ beschieden.

„Ich kann verstehen, dass meine Frau und ich uns schuldig gemacht haben. Aber was haben meine Kinder verbrochen?", fragte Cemal Kaya nach dem Tod seines Sohnes. Anwalt Jung bezeichnete die Kinder als „Opfer eines bürokratischen Krieges".

Tot aufgefunden	Zahl	Name	Herkunftsland	Todesursache	Quelle
11.01.05	1	Said Zigoui (Mann, 44)	Marokko	Suizid; sprang aus einem Fenster im Krankenhaus in Lamezia Terme (IT), wo er nach Selbstverletzung behandelt wurde	MP
07.01.05	**1**	**Oury Jalloh (Mann, 21)**	**Sierra Leone**	**verbrannt; in einer Gefängniszelle in Dessau (DE) an ein Bett gefesselt aufgefunden; Fall wird untersucht**	**VRF/IND/St.W/VRF/SP/AN/MDR**
07.01.05	1	Laye-Alama Kondé (Mann, 35)	Sierra Leone	starb in Bremen (DE); Polizei war auf der Suche nach Drogen, zwang ihn, Brechmittel zu nehmen	VRF/Statewatch/Karawane
05.01.05	1	N.N.	Afrika	starb an Erschöpfung; tot am Strand von Fuerteventura (ES) entdeckt	ANA/AP-DHA/NOB
02.01.05	1	N.N.	Iran, Somalia	ertrunken, als das Boot mit 15 Personen an Bord an der türkischen Küste sank	TP/PICUM/NOB
02.01.05	1	N.N.	Iran, Somalia	Berichten zufolge ertrunken, als das Boot mit 15 Personen an Bord an der türkischen Küste sank	TP/PICUM/NOB
01.01.05	1	N.N. (Mädchen)	Ghana	von wilden Hunden angegriffen und zu Tode gebissen in Madama, Niger während der Reise zur libyschen Grenze	LESP/Gatti/Migreurop
27.06.05	2	N.N.	unbekannt	Suizid; tot aufgefunden im Abschiebegefängnis am Flughafen Schiphol (NL)	Nova TV (27/10/05)
27.06.05	1	Abdullah Tokhi (Mann, 35)	Afghanistan	ermordet; nach erzwungener Abschiebung von England nach Afghanistan; Asylantrag wurde abgelehnt	Independent
27.06.05	106	N.N.	Nigeria	starben; Berichten zufolge während der Abschiebung nach Niger (gemäß einer IT-LY Abmachung) in der Wüste ausgesetzt	LESP/Gatti
30.12.04	6	N.N.	Marokko	ertrunken nahe Targha (MA) auf dem Weg nach Spanien	AFVIC
30.12.04	4	N.N.	Marokko	Berichten zufolge ertrunken nahe Targha (MA) auf dem Weg nach Spanien	AFVIC
30.12.04	1	N.N. (Mann)	Subsahara-Afrika	ertrunken; Leiche bei Agaete, Las Palmas de Gran Canaria (ES) treibend gefunden	MNS/MUGAK/APDHA
26.12.04	1	N.N. (Mann)	Subsahara-Afrika	Leiche bei San Cristóbal, Las Palmas de Gran Canaria (ES) treibend gefunden	MNS/APDGA/MUGAK
24.12.04	1	N.N. (Mann)	Subsahara-Afrika	Leiche nahe Gran Canaria (ES) gefunden	MNS/APDHA/MUGAK
23.12.04	13	N.N.	Subsahara-Afrika	Leichen auf einem treibenden Boot nahe Fuerteventura (ES) gefunden	AFVIC/SP/MP/MNS/PICUM/Vivre
23.12.04	2	N.N. (Männer)	unbekannt	Leichen auf einem Boot mit ca. 37 Personen nahe Fuerteventura (ES) gefunden	MP

„Sie – dieses Corps der Polizeibeamtinnen und -beamten, die Leitung eingeschlossen – alle haben dem Rechtsstaat geschadet.“

Oury Jalloh bat vier Jahre vor seinem Tod um Asyl in Deutschland. Er war vor dem grauenvollen Bürgerkrieg in seinem Land geflohen. Sein Asylantrag wurde abgelehnt, er lebte mit einer Duldung im Flüchtlingsheim in Roßlau, fünf Kilometer von Dessau entfernt. Wegen seiner Frisur nannten ihn seine Freunde Rasta. Er ging gern tanzen, sah sich gern Fußballspiele an. Ein Freund erinnert sich: „Er war so ein offener Mensch. Einmal kam er mit einem jungen Asiaten zu uns. Einige reagierten etwas ablehnend. Da sagte Oury, wir seien rassistisch.“

Oury Jalloh hatte eine deutsche Freundin und war Vater eines Sohnes. Nur am Tag der Geburt konnte er das Kind in den Armen halten, denn die Eltern der Freundin setzten sie so unter Druck, dass sie es zur Adoption freigab. Oury Jalloh kämpfte um sein Kind, aber sah es nicht wieder.

Am Abend vor seinem Tod wollen Oury Jalloh und sein Freund tanzen gehen, Oury Jalloh geht schon allein los. Am nächsten Morgen wird die Polizei gerufen, weil Frauen der Stadtreinigung sich gestört fühlen

durch einen betrunkenen Mann, der auf sie einredet und bittet, ihr Handy benutzen zu dürfen.

Oury Jalloh kann sich ausweisen, wird aber dennoch festgenommen. Er wird durchsucht, ihm wird alles aus seinen Taschen abgenommen, er wird mit Hand- und Fußschellen gefesselt und schließlich in der Dessauer Polizeistation, Wolfgangstraße 25, in Zelle 5 im Keller auf einer feuerfest ummantelten Matratze auf dem Rücken liegend an Metallgriffen in Wand und Boden festgemacht. Das ist illegal. Später wird man herausfinden, dass da seine Nase gebrochen war. Möglicherweise war er bewusstlos an die Matratze gefesselt worden.

Um 12 Uhr sei ein plätscherndes Geräusch im Zimmer des Dienststellenleiters zu hören gewesen – später wird man vermuten, dass es von einem Brandbeschleuniger verursacht worden ist – und der Alarm des Rauchmelders. Der Dienststellenleiter und seine Kollegen retten Oury Jalloh nicht; sie lassen sich Zeit, bevor sie überhaupt nachsehen gehen – inzwischen geht man davon aus, dass er schon im Sterben lag, als der Brand gelegt wurde. Der Dienststellenleiter und seine Kollegen sagen der inzwischen anwesenden Feuerwehr auch nicht, woher der Alarm kam. Erst nach 15 Minuten Suche im Gebäude findet sie den brennenden Leichnam von Oury Jalloh.

Nun beginnt eine beispiellose Vertuschung der Ereignisse und die Einschüchterung der Zeugen. In zwölf Jahren wird das Verfahren gegen die zuständigen Polizeibeamten mehrmals eingestellt oder sie werden freigesprochen. Die Polizisten decken sich gegenseitig und behaupten, Oury Jalloh habe sich, obwohl an Händen und Füßen gefesselt, selbst angezündet. Brandgutachten widersprechen der Aussage, Gutachter gehen davon aus, dass er bewusstlos gewesen sein muss, als der Brand gelegt wurde.

Der Vorsitzende Richter am Landgericht Dessau, der 2008 zwei Polizisten freisprechen musste, sagte: „Sie – dieses Corps der Polizeibeamtinnen und -beamten, die Leitung eingeschlossen – alle haben dem Rechtsstaat geschadet." Der Freispruch erfolge, weil das Gericht „im Namen des Volkes" zur Wahrheit verpflichtet sei. Diese sei von der Polizei mit Lügen zugehängt worden. Inzwischen prüft der Rechtsausschuss des Landtags Sachsen-Anhalt den Fall. Der Fall gilt als einer der größten Justizskandale der Nachkriegsgeschichte.

Die „Initiative in Gedenken an Oury Jalloh" hat 2018 Mordanzeige beim Generalbundesanwalt in Karlsruhe erstattet. Der Vater von Oury Jalloh sagte: „Er war der Große von allen meinen Kindern. Wir haben vorher gedacht, dass Deutschland ein friedliches Land ist, wo es Demokratie und Gleichheit gibt. Wir haben nur positiv gedacht. Wenn es ihm in Afrika gut gegangen wäre, wäre er doch hier geblieben. Warum hat man ihn umgebracht? Man hätte ihn lieber nach Hause schicken sollen, wo er noch die Möglichkeit gehabt hätte, weiterleben zu dürfen. Letzten Endes wird die Gerechtigkeit siegen."

Fragt sich nur wann?

Die Generalstaatsanwaltschaft in Naumburg hat im November 2018 die Beschwerde der Hinterbliebenen gegen die Einstellung des Verfahrens als unbegründet zurückgewiesen. Laut Staatsanwalt bestehe kein Tatverdacht gegen Polizeibeamte oder andere Dritte.

Die Linke-Fraktion im Landtag von Sachsen-Anhalt beantragte die Einsetzung eines parlamentarischen Untersuchungsausschusses, der die Todesumstände und die folgenden Ermittlungen aufarbeiten sollte. Aber der Antrag scheiterte Anfang März 2019 an der Enthaltung der Fraktionen der CDU, SPD und Grünen. Die AfD-Fraktion lehnte den Antrag ab.

Wann also soll die Gerechtigkeit siegen, wenn Verantwortliche in Justiz und Politik, die für Gerechtigkeit, wenigstens aber für Aufklärung sorgen könnten, das vereiteln?

Die Angehörigen hoffen nun, dass ihrem Antrag auf Klageerzwingung stattgegeben wird.

Tot aufgefunden	Zahl	Name	Herkunftsland	Todesursache	Quelle
22.12.04	2	N.N.	Subsahara-Afrika	Leichen auf einem treibenden Boot nahe Fuerteventura (ES) gefunden	MNS/Vivre
21.12.04	2	N.N.	Afrika	Leichen auf einem Boot 24 Meilen vor Fuerteventura (ES) gefunden	APDHA/ MUGAK
21.12.04	1	N.N.	Afrika	Berichten zufolge ertrunken, nach Sturz aus dem Boot 24 Meilen vor Fuerteventura (ES)	APDHA/ MUGAK
20.12.04	1	Razgar Rassool Hamad (Mann, 24)	Irak	starb an Unterkühlung; Leiche außerhalb einer stillgelegten Fabrik in West Bromwich (GB) gefunden	BBC/IRR
18.12.04	1	N.N.	Subsahara-Afrika	ertrunken; Leiche 2 Wochen nach Kentern des Bootes bei Fuerteventura in Lobos (ES) gefunden	MNS/MUGAK/APDHA
17.12.04	1	N.N.	Subsahara-Afrika	ertrunken; Leiche 2 Wochen nach Kentern des Bootes bei Fuerteventura in Lobos (ES) gefunden	MNS/MUGAK
17.12.04	2	N.N.	unbekannt	starben beim Versuch, nach Melilla (ES/MA) zu gelangen; tot auf einer Klippe gefunden	MUGAK
16.12.04	1	N.N. (Mann)	unbekannt	ertrunken; sprang an der Küste von Ghar Lapsi und Hagar Qim (MT) von einem Schiff	MNS/MM/ NOB/Unipa
14.12.04	1	N.N. (±19)	Afghanistan	ertrunken, nachdem ein Boot mit 17 Personen bei Samos (GR) 4 Tage zuvor gesunken war	MNS/NOB
10.12.04	3	N.N.	Afghanistan	ertrunken nach Sinken eines Bootes mit 17 Personen bei Samos (GR)	MNS/NOB
10.12.04	1	Necati Ozcan (Mann)	unbekannt	starb während der Haft im St George's Krankenhaus London (GB), Berichten zufolge an Krebs	IRR
04.12.04	1	N.N. (Frau)	Subsahara-Afrika	Berichten zufolge ertrunken nach Kentern eines Bootes mit 40 Personen bei Fuerteventura (ES)	MNS/MUGAK/APDHA
04.12.04	1	N.N. (Mann)	Subsahara-Afrika	Berichten zufolge ertrunken nach Kentern eines Bootes mit 40 Personen bei Fuerteventura (ES)	MNS/MUGAK/APDHA
04.12.04	2	N.N. (±20)	Türkei	starben bei Explosion im Minenfeld in Evros (GR) beim Versuch, die türkisch-griechische Grenze zu überwinden	PICUM/KI/ MNS/NOB
30.11.04	1	N.N. (Mann)	Afrika	blinder Passagier; fiel aus dem Fahrwerk eines Flugzeugs; Leiche in Louvain (BE) gefunden	MNS
28.11.04	14	N.N.	Subsahara-Afrika	Berichten zufolge ertrunken bei Rettungsaktion eines gekenterten Bootes in der Nähe von Antigua (ES)	AFVIC/ Statewatch/ APDHA/ MUGAK
28.11.04	2	N.N.	Subsahara-Afrika	ertrunken; Leichen nach Kentern des Bootes in der Nähe von Antigua (ES) geborgen	AFVIC/ Statewatch/ MUGAK/ APDHA

Tot aufgefunden	Zahl	Name	Herkunftsland	Todesursache	Quelle
27.11.04	1	Hemen Mahmood Faqia (Mann, 40)	Irak	ertrunken; im Fluss Tyne (GB) gefunden, nachdem er freiwilliger Rückkehr zugestimmt hatte	IRR
16.11.04	1	N.N.	Afrika	blinde*r Passagier*in; tot im Fahrwerk eines Flugzeugs aus Mali bei der Ankunft in Paris (FR) gefunden	MNS
14.11.04	12	N.N.	unbekannt	Berichten zufolge ertrunken nach Sinken des Bootes an der Küste von Malta	ANA/ANSA/Unipa
14.11.04	3	N.N.	unbekannt	starben in einem Minenfeld an der türkisch-griechischen Grenze nahe Evros (GR)	ORF/NOB
13.11.04	10	N.N.	unbekannt	ertrunken, nachdem das Boot bei stürmischer See an der maltesischen Küste gekentert war	MNS/NOB
12.11.04	5	N.N.	Subsahara-Afrika	Berichten zufolge bei einem Rettungsversuch nahe Fuerteventura (ES) ertrunken	MNS/AFVIC/Libertaddigital/NOB
12.11.04	2	N.N.	Subsahara-Afrika	bei einem Rettungsversuch nahe Fuerteventura (ES) ertrunken	MNS/AFVIC/Libertaddigital/NOB
10.11.04	7	N.N.	Somalia, Mauretanien	Berichten zufolge ertrunken, nachdem das Boot aus Afrika in der Ägäis gekentert war	MNS
10.11.04	9	N.N.	Somalia, Mauretanien	ertrunken, nachdem das Boot aus Afrika in der Ägäis gekentert war	MNS/NOB
07.11.04	1	Kenny Peter (Mann, 24)	Nigeria	Suizid; fiel vom Dach des Colnbrook Abschiebegefängnisses (GB) beim Versuch, sich zu erhängen	NCADC/IRR/Inquest/PPO
01.11.04	1	Bukola Ogunyemi	Nigeria	zu Tode geprügelt an einem französischen Flughafen wegen fehlendem ungarischen Visum	MLKO
28.10.04	1	N.N.	unbekannt	ertrunken; Leiche nahe Licata (IT) aufgefunden	LR/Unipa
23.10.04	1	N.N. (Baby)	Somalia	tot geboren und über Bord geworfen, bevor das maltesische Rettungsteam eintraf	ANA
15.10.04	28	N.N.	unbekannt	Leichen nahe Tarfaya (MA) gefunden	APDHA/MUGAK/AFVIC/DPA
15.10.04	1	John Kanau Manana (Mann, 24)	Kenia	Suizid; erhängt in seiner Zelle im Gefängnis von Leicester (GB) gefunden	NCADC/IRR
14.10.04	1	N.N. (Mann)	Ägypten, Pakistan	ertrunken nach Kentern des Bootes 70 Meilen vor Malta	MP/Statewatch/MNS/di-venews/Unip.
14.10.04	1	N.N. (Mann)	Ägypten, Pakistan	Berichten zufolge ertrunken nach Kentern des Bootes 70 Meilen vor Malta	MP/Statewatch
14.10.04	1	Majid Rafieei (Mann, 32)	Iran	Suizid; erhängt in seiner Wohnung in Sheffield (GB) gefunden, nachdem Asylantrag abgelehnt wurde	NCADC

Tot aufgefunden	Zahl	Name	Herkunftsland	Todesursache	Quelle
03.10.04	22	N.N.	Nordafrika	ertrunken nach Kentern des Bootes 170 km vor Tunesien	ANA/CDS/MT/Vivre/MUGAK/StW.
03.10.04	42	N.N.	Nordafrika	Berichten zufolge ertrunken nach Kentern des Bootes an der tunesischen Küste	ANA/CDS/Vivre/MUGAK/Statewatch
02.10.04	75	N.N.	Marokko, Tunesien	ertrunken nach Sinken des Bootes an der tunesischen Küste auf dem Weg nach Italien	PICUM/Unipa
01.10.04	30	N.N.	unbekannt	vermisst; Berichten zufolge ertrunken nahe Lampedusa (IT)	LR/Unipa
01.10.04	50	N.N.	unbekannt	gestorben bei Verkehrsunfall; prallten auf dem Weg zur libyschen Grenze in einen sich überschlagenden Lkw in Dirkou, Niger	LESP/Gatti/Migreurop
30.09.04	2	N.N.	unbekannt	Berichten zufolge ertrunken nach Sinken ihres Bootes auf dem Weg nach Fuerteventura (ES)	APDHA
30.09.04	1	N.N.	Türkei	in Minenfeld gestorben beim Versuch, die türkisch-griechische Grenze zu überschreiten	DerStandard
29.09.04	1	N.N. (Mann, 40)	Slowakei	Suizid; zündete sich in Paris (FR) vor der Botschaft seines Landes an	slovensko.com
29.09.04	2	N.N. (Jungen, 4 und 5)	Somalia, Kurdistan	ertrunken; beim Spielen vor der Unterkunft für Asylsuchende in Harlingen (NL) ins Wasser gefallen	VK
27.09.04	1	N.N. (Mann, 23)	Ex-Jugoslawien	starb in der Haftanstalt an Lungenembolie; Mangel an medizinischer Versorgung	INDd
26.09.04	1	Ceife Yimene (Mann, 24)	Äthiopien	Suizid; erhängt aufgefunden in einer Notunterkunft in Newcastle (GB)	NCADC/IRR
21.09.04	4	N.N.	unbekannt	ertrunken; tot aufgefunden auf einem treibenden Boot einige Meilen vor Zarzis (TN)	MP/AP/PICUM
20.09.04	5	N.N.	Afghanistan	ertrunken nach Kentern des Bootes in stürmischer See an der griechischen Küste nahe Samos	PICUM
19.09.04	5	N.N.	Tunesien	ertrunken in der Nähe von Algeciras (ES) nach Schiffbruch eines Bootes mit 36 weiteren Migrant*innen	Afrology
11.09.04	1	Kalan Kawa Karim (Mann, 29)	Kurdistan	starb durch Totschlag von hinten, auf der Strasse in Swansea, Wales (GB)	GuardianUn./IRR/Scotman News
10.09.04	1	N.N. (Mann, 32)	Algerien	Berichten zufolge ertrunken; an der Grenze zwischen la Playa de la Hípica (ES) und Beni-Enzar (MA) gefunden	APDHA
09.09.04	8	N.N.	unbekannt	Berichten zufolge ertrunken 50 km vor Entellada-Fuerteventura (ES)	MUGAK/APDHA/Statewatch

Tot aufgefunden	Zahl	Name	Herkunftsland	Todesursache	Quelle
09.09.04	5	N.N.	Afrika	Berichten zufolge ertrunken nach Schiffbruch nahe Fuerteventura	MUGAK/PICUM/MNS
09.09.04	1	N.N. (Mann)	Marokko	Suizid während seiner Abschiebung aus Almería (ES) nach Al-Hoceima (MA)	MUGAK/APDHA/PICUM
08.09.04	1	N.N. (Mann)	Kongo	Suizid; Leiche in Merksplas (BE) Haftanstalt gefunden; medizinische Hilfe bei Depression abgelehnt	UE/MNS/sgcv
03.09.04	2	N.N. (Männer)	unbekannt	ertrunken; an der Küste von Tanger (MA) treibend gefunden	APDHA/MUGAK/VK
03.09.04	1	N.N. (Mann)	Marokko	ertrunken beim Versuch, von Marokko nach Ceuta (ES/MA) zu schwimmen	EP
02.09.04	1	N.N. (Mann)	Maghreb	ertrunken; Leiche nahe Benzú, Ceuta (ES/MA) gefunden	MUGAK/APDHA
02.09.04	1	Rafiq Sjirinov (Mann)	Aserbaidschan	starb nach Abschiebung aus Schweden nach Aserbaidschan	MNS
01.09.04	1	N.N. (Junge), 17)	Nigeria	Suizid; erhängt in seiner Zelle in Bellinzona (CH) gefunden	Vivre/MNS
01.09.04	6	N.N.(1 Junge, ±16)	unbekannt	Berichten zufolge ertrunken nach Schiffbruch zwischen Capo Bon (TN) und Pantelleria (IT)	MP/Statewatch
29.08.04	2	N.N.	unbekannt	blinde Passagier*innen; Leichen in zwei Lkws in Kairo gefunden, auf dem Weg nach Italien	ANA
29.08.04	1	N.N.	Marokko	ertrunken; trieb in der Nähe des Hafens von Algeciras (ES)	MUGAK/APDHA
29.08.04	1	N.N. (Mann, 30)	Marokko	Berichten zufolge ertrunken; sprang vom Schiff, um Grenzkontrolle in Algeciras (ES) zu entgehen	EP
25.08.04	1	Amor Knis (Mann, 25)	Tunesien	blinder Passagier; im Kofferraum des Wagens seiner Freundin in Genova (IT) gefunden	RAI/ANSA/ILM
24.08.04	1	N.N. (Mann, 25)	Marokko	blinder Passagier; tot auf dem Dachgepäckträger eines Wagens auf dem Weg nach Spanien gefunden	MNS
23.08.04	5	N.N.	Afghanistan	1 ertrunken, 4 vermisst; Boot kenterte auf dem Weg von Altinoluk (TR) nach Lesbos (GR)	IMK
22.08.04	1	N.N. (Mann)	Afghanistan	ertrunken; Leiche nach Schiffbruch von Fischern an der türkischen Küste in der nördlichen Ägäis gefunden	DerStandard
22.08.04	4	N.N.	Afghanistan	Berichten zufolge ertrunken; vermisst nach Schiffbruch an der nordägäischen Küste (TR)	DerStandard
21.08.04	1	N.N. (Mann)	Maghreb	ertrunken; aus Angst vor der Grenzpolizei nahe Motril (ES) über Bord gesprungen	ELM/LOP/APDHA/MUGAK/StW
21.08.04	1	N.N. (Mann, 25)	Marokko	blinder Passagier; Leiche am Playa de Palmones-Los Barrios, Cadiz (ES) gefunden	LOP/MUGAK/APDHA/Statewatch

Tot aufgefunden	Zahl	Name	Herkunftsland	Todesursache	Quelle
21.08.04	3	N.N.	Subsahara-Afrika	ertrunken; nach Schiffbruch nahe Fuerteventura (ES) in Los Pajaritos (ES) gefunden	ELM/GRP/ANA/MUGAK/Statewatch
21.08.04	1	N.N.	Mali	ertrunken; nach Schiffbruch nahe Fuerteventura (ES) in Los Pajaritos (ES) gefunden	ELM/GRP/ANA/MUGAK/La Opinión
21.08.04	1	N.N.	Maghreb	Leiche am Strand in Granada (ES) gefunden	MUGAK/Statewatch
21.08.04	2	N.N.	Subsahara-Afrika	ertrunken nach Schiffbruch an der Küste von Fuerteventura (ES)	Statewatch
20.08.04	1	N.N. (Mann)	Nigeria	Suizid; tot aufgefunden im Lager in Rotterdam (NL); Angst vor Abschiebung	MNS/VK
17.08.04	14	N.N.	unbekannt	ertrunken; tot aufgefunden am Strand von El-Aaiún, Westsahara (MA)	APDHA
16.08.04	4	N.N.	Subsahara-Afrika	ertrunken; tot aufgefunden am Strand von El-Aaiún, Westsahara (MA)	APDHA
16.08.04	16	N.N.	unbekannt	ertrunken nach Kentern des Bootes mit 34 Personen auf dem Weg zu den Kanaren (ES)	APDHA
15.08.04	1	N.N. (Mann)	unbekannt	Arm eines Asylsuchenden bei Uznach (CH) gefunden	Vivre
13.08.04	32	N.N.	Subsahara-Afrika	Berichten zufolge ertrunken; Boot mit 39 Personen kenterte auf dem Weg nach Fuerteventura (ES)	MC/MP/ILM/MUGAK/APDHA/MNS
13.08.04	1	N.N. (Frau)	Subsahara-Afrika	ertrunken; Boot kenterte auf dem Weg nach Fuerteventura (ES)	MC/MP/ILM/GRP/MUGAK/APDHA
09.08.04	1	Chukwuemeka Onyegbule (Mann, 23)	Nigeria	Suizid; erhängt aufgefunden in Forest/Vorst Gefängnis, Brüssel (BE); Umstände ungeklärt	ISMD/UE/INDbe/Emekalst.
09.08.04	1	N.N.	Maghreb	Berichten zufolge ertrunken beim Versuch, nach Spanien (ES) zu gelangen	EP
08.08.04	26	N.N.	Nordafrika	starben in überfülltem Boot aus Libyen in Richtung Italien; Leichen über Bord geworfen	Vivre/BBC/IRR/LaS/RO/LS/MUGAK
08.08.04	1	N.N. (Mann)	Nordafrika	starb während Rettung eines überfüllten Bootes, das auf dem Weg von Libyen nach Italien war	Vivre/BBC/IRR/LaS/RO/LS/MUGAK
08.08.04	1	N.N. (Junge, 12 Monate)	Liberia	starb in einem überfüllten Boot auf dem Weg von Libyen nach Italien; über Bord geworfen	CDS/Vivre
08.08.04	1	N.N.	unbekannt	tot aufgefunden; trieb vor dem Strand von Punta Carnero, Algeciras (ES)	APDHA

Tot aufgefunden	Zahl	Name	Herkunftsland	Todesursache	Quelle
07.08.04	1	N.N.	Afrika	starb während Rettungsversuchs durch italienische Behörden in Syrakus (IT)	ANA/ART
05.08.04	1	N.N. (Schwangere, 30)	Sudan	Berichten zufolge von anderen Geflüchteten auf dem Weg nach Italien über Bord geworfen	LS/STR/ILM/ Unipa
05.08.04	1	N.N. (Mann)	Palästina	starb auf einem Minenfeld an der Grenze TR-GR; unterwegs mit 4 Palästinenser*innen und 2 Marokkaner*innen, die überlebten	Ya.N
02.08.04	5	N.N.	Nordafrika	Berichten zufolge ertrunken nach Schiffbruch an der Küste von Cadiz (ES)	ANA
01.08.04	1	Taher Mohamed Zanati (Mann)	Ägypten	ertrunken nach Schiffbruch an der libyschen Küste	MP/ANSA
01.08.04	1	N.N.	Marokko	blinde*r Passagier*in; Leiche in einem Auto in Cadiz (ES) entdeckt	MUGAK
01.08.04	1	Ako Mahmood Ahmed (Mann, 25)	Kurdistan-Irak	Suizid; sprang von einer Brücke beim Coventry Einkaufszentrum (GB); litt an Depressionen	IRR/NCADC
01.08.04	18	N.N.	unbekannt	ertrunken; tot aufgefunden bei Zelid (LY)	LR
01.08.04	23	N.N.	unbekannt	Berichten zufolge ertrunken bei Zelid (LY)	LR/Unipa
01.08.04	1	Edwin Ndupus (Mann, 37)	Nigeria	starb nach Anwendung von Tränengas durch die Polizei; Umstände unklar	Akin
01.08.04	5	N.N. (1 Frau; 4 Männer)	Sudan, Ghana	ertrunken, als das Schlauchboot auf dem Weg von Libyen nach Italien kenterte	Servir
31.07.04	3	N.N. (Männer)	Maghreb	ertrunken bei Punta Paloma in Tarifa (ES), als das Boot mit 33 Personen kenterte	MNS/MC/ MUGAK/ Terra/TN/ Vivre
31.07.04	1	N.N. (Frau)	Subsahara-Afrika	ertrunken bei Punta Paloma in Tarifa (ES), als das Boot mit 33 Personen kenterte	MNS/MC/ MUGAK/ Terra/TN/ Vivre
31.07.04	1	N.N. (Baby, 6 Monate)	Subsahara-Afrika	ertrunken bei Punta Paloma in Tarifa (ES), als das Boot mit 33 Personen kenterte	ADN
30.07.04	1	Carlos Requelme (Mann, 50)	Chile	Suizid; erhängt im Gefängnis in Livorno (IT) aufgefunden; wartete auf Gerichtsverhandlung	RIS
30.07.04	10	N.N.	unbekannt	Berichten zufolge ertrunken nach Kentern des Bootes mit 33 Geflüchteten nahe Punta Paloma (ES)	APDHA
28.07.04	1	N.N. (Mann, 34)	Dominikanische Republik	Suizid; erhängt aufgefunden im Gefängnis in Busto Arsizio (IT) nach 4 Tagen Haft	RIS
26.07.04	1	N.N. (Mann)	Subsahara-Afrika	Leiche vor der Küste von Melilla (ES/MA) treibend gefunden	MC/APDHA

Tot aufgefunden	Zahl	Name	Herkunftsland	Todesursache	Quelle
23.07.04	1	Tung Tran Quang (Mann, 23)	Vietnam	Suizid; im Abschiebegefängnis Dungavel erhängt aufgefunden (GB-SCT); er bekam keinen Übersetzer	IRR/SC/ The Herald/ NCADC
21.07.04	1	N.N. (Mann, 20)	Kuba	blinder Passagier; im Fahrwerk eines Flugzeugs aus der Dominikanischen Republik auf dem Weg nach Düsseldorf erfroren	SP
19.07.04	1	Sergey Barnuyck (Mann, 31)	Ukraine	Suizid; erhängte sich im Abschiebegefängnis Harmondsworth (GB) aus Angst vor Abschiebung	IRR/MSN/ ERB/NCADC
09.07.04	1	N.N. (Mann)	Marokko	ertrunken; Leiche auf Lanzarote (ES) gefunden	MUGAK
05.07.04	5	N.N.	unbekannt	Berichten zufolge ertrunken; tot aufgefunden nahe Tripoli (LY)	ANSA/Unipa
02.07.04	1	Nicolae Doru (Mann, 37)	Rumänien	Suizid; im Gefängnis in Frosinone (IT) erhängt aufgefunden; Angst vor Abschiebung	RIS
01.07.04	1	Salah Talbouz (Mann, 28)	Marokko	Suizid; erhängt im Gefängnis von Ivrea (IT) gefunden	RIS
01.07.04	1	N.N. (Mann, 25)	Bangladesch	Suizid; in psychiatrischer Behandlung der Akademiska S. in Uppsala (SE) nach Ablehnung des Asylantrages	MNS
01.07.04	1	N.N. (Mann)	unbekannt	blinder Passagier; starb wahrscheinlich im Frachter "Victoria"; seine Leiche wurde in der Nähe von Casablanca (MA) geborgen	MNS
01.07.04	1	N.N. (Mann)	Vietnam	von der Polizei vor seiner Wohnnung in Purmerend (NL) erschossen	IRR
29.06.04	9	N.N.	unbekannt	ertrunken nach Schiffbruch bei Cap Bon (TN)	LR
29.06.04	6	N.N.	unbekannt	Berichten zufolge ertrunken nach Schiffbruch bei Cap Bon (TN)	LR
25.06.04	1	Hussein Nasseri (Mann, 26)	Iran	Suizid; erschoss sich in seinem Auto nach Ablehnung des Asylantrages (GB)	SC/BBC/IRR/ NCADC
24.06.04	1	N.N.	unbekannt	ertrunken; Leiche bei Lampedusa gefunden (IT)	ILM/Unipa
14.06.04	1	Marisa Bartolomeu (22)	Angola	keine medizinische Versorgung; starb auf dem Weg vom Aufnahmelager in Eindhoven (NL) zum Krankenhaus	Eindhovens-Dagblad/ MAG/VK
14.06.04	1	N.N. (Mann)	unbekannt	Leiche am Vélez-Málaga Strand (ES) gefunden; Berichten zufolge ein Geflüchteter von einem gekenterten Schiff	MC/APDHA
10.06.04	1	Abdinassir Abdulatif (Mann, 24)	Somalia	getötet in Mogadischu (SO) nach Abschiebung aus den Niederlanden	MNS/Vivre/ VK
08.06.04	1	N.N. (Mann, 27)	unbekannt	Suizid; erhängte sich in der Unterkunft für Asylsuchende in Großbritannien; Polizei verweigerte Bekanntgabe von Details	PAIH
07.06.04	9	N.N.	unbekannt	verwesende Leichen im Südwesten von Kreta (GR) gefunden	ANSA

Tot aufgefunden	Zahl	Name	Herkunftsland	Todesursache	Quelle
06.06.04	6	N.N. (junge Männer)	Tunesien	ertrunken, als das Boot beim Hafen von Sfax auf dem Weg von Tunesien nach Italien sank	LS/ANSA
06.06.04	4	N.N. (Männer)	Tunesien	Berichten zufolge ertrunken, als das Boot auf dem Weg nach Italien an der tunesischen Küste sank	LS/ANSA
05.06.04	4	N.N.	unbekannt	ertrunken; verwesende Leichen im Meer vor Kreta (GR) geborgen	MNS
04.06.04	6	N.N.	Tunesien	ertrunken auf dem Weg nach Italien; nach Schiffbruch bei Sfax (TN) tot aufgefunden	MNS
04.06.04	4	N.N.	Tunesien	Berichten zufolge ertrunken auf dem Weg nach Italien; nach Schiffbruch bei Sfax (TN) tot aufgefunden	MNS
01.06.04	1	Mohamed Yahya (Mann)	Somalia	von einem Klan nach Abschiebung von Dänemark nach Mogadischu (SO) getötet	MNS/Vivre/VK
28.05.04	1	Azrar Ayub (Mann, 24)	unbekannt	starb im Prestwich-Krankenhaus (GB), nachdem das Personal ihn ruhiggestellt hatte	IRR
25.05.04	3	N.N. (Männer)	unbekannt	tot auf der Autobahn A7 gefunden, nachdem sie vom Fahrer eines Lkws bei San Roque (ES) zurückgelassen worden waren	APDHA/PICUM
25.05.04	1	Georgy Petko (Mann, 37)	Ukraine	starb aus Angst vor Abschiebung von Portugal in die Ukraine; Behörden lehnten Gerichtsurteil ab	PUB
24.05.04	1	Kiann Ghaemzade (Frau, 50)	Iran	Suizid im Abschiebegefängnis in Carlslund bei Stockholm (SE)	MNS/ERB/UNHCR
23.05.04	4	N.N.	Senegal	blinde Passagier*innen; Berichten zufolge ertrunken; wurden gezwungen, vor den Kanarischen Inseln über Bord zu gehen	SP/Statewatch/MNS/MUGAK/MC
21.05.04	5	N.N.	Subsahara-Afrika	blinde Passagier*innen; in Container in Las Palmas (ES) erstickt	EP
19.05.04	1	N.N. (Mann, 22)	Guinea	Asylsuchender; im Park in der Nähe der Unterkunft für Asylsuchende Tattes in Vernier (FR) ermordet	JdeGe/CO
18.05.04	1	Zekria Ghulam Moham (Mann, 27)	Afghanistan	Suizid; erhängt aufgefunden in seiner Wohnung in Glasgow (GB); Abschiebung stand bevor	IRR/PAIH/SCOT/SM/NCADC
18.05.04	1	N.N. (Mann)	Afrika	blinder Passagier; tot aufgefunden im Fahrwerk eines Flugzeugs aus Afrika, 10 km südlich von Lissabon (PT)	MNS/PUB/OCPM
17.05.04	1	N.N.	Afrika	blinde*r Passagier*in; tot aufgefunden am Flughafen Charles de Gaulles (FR) auf einem Flug aus Madagaskar	MNS
17.05.04	5	N.N.	Afrika	blinde Passagier*innen; starben an giftigen Gasen in einem Schiff auf dem Weg nach Las Palmas (ES)	MNS

Tot aufgefunden	Zahl	Name	Herkunftsland	Todesursache	Quelle
15.05.04	1	Kebba "Dobo" Jobe (Mann, 42)	Gambia	starb, nachdem die Polizei versucht hatte, ihn in London (GB) zu verhaften	IRR
15.05.04	1	N.N. (Junge, 4)	unbekannt	ertrunken; bei der Unterkunft für Asylsuchende in Kuidertocht in Luttelgeest, Flevoland (NL) gefunden	VK
10.05.04	1	Julia Kowaltschuk (Frau)	unbekannt	Suizid; Überdosis an Medikamenten, psychisch krank; ihr wurde von Sozialarbeiter*innen nicht geholfen	FR-Th
07.05.04	2	N.N. (Frauen)	Bolivien	getötet bei der Kollision mit einem Zug auf einem Bahnübergang in Hellin (ES)	MNS
07.05.04	2	N.N. (Männer)	Bolivien	getötet bei der Kollision mit einem Zug auf einem Bahnübergang in Hellin (ES)	MNS
07.05.04	1	N.N. (Schwangere)	Bolivien	getötet bei der Kollision mit einem Zug auf einem Bahnübergang in Hellin (ES)	MNS
05.05.04	1	N.N.	unbekannt	ertrunken; gefunden in der Nähe von Kerkenah (TN)	ANSA/Unipa
01.05.04	1	Kabeya Dimuka Bijoux (Mann, 35)	Kongo	starb im Abschiebegefängnis Haslar, Gosport (GB) durch Verletzungen, die er während der Haft erlitt	PORTS/ERB/IRR/NCADC
01.05.04	1	N.N. (Mann)	unbekannt	Suizid; erhängte sich in Barlinnie, Schottland (GB) aus Angst vor Abschiebung	PAIH
27.04.04	2	N.N. (Männer)	Nordafrika	blinde Passagiere; tot im Laderaum eines türkischen Frachters im Hafen von Cartagena (ES) gefunden	MNS/Statewatch
23.04.04	1	N.N. (Mann)	Subsahara-Afrika	Unterkühlung auf dem Seeweg von Afrika nach Fuerteventura (ES) zusammen mit anderen Personen	MC
22.04.04	1	N.N. (Frau, ± 25)	Marokko	ertrunken bei der Landung des Schiffes aus Marokko in Granada (ES)	MNS
19.04.04	1	N.N. (Mann)	Asien	sprang vom Boot ins Meer, um der Guardia Civil zu entkommen (ES)	MC
19.04.04	1	Orhan B. (Mann)	Türkei	Suizid; erhängt in Hamburger Gefängnis aufgefunden (DE); 2. Selbstmordversuch aus Angst vor Abschiebung	jW/taz/EPP
17.04.04	15	N.N.	Subsahara-Afrika	ertrunken; zwei Boote liefen auf dem Weg von Afrika nach Fuerteventura (ES) auf Felsen	FR-NRW/Vivre/MC/Statewatch/Ya.N
17.04.04	1	Esther Down (Mädchen, 9 Monate)	Nigeria	ertrunken; 2 überladene Boote kollidierten in der Nähe der Küste von Fuerteventura (ES)	FR-NRW/MC/VK
17.04.04	1	N.N. (Mann)	Pakistan	blinder Passagier; von der Polizei erschossen, als der Lkw an der ungarisch-slowakischen Grenze nicht anhielt	MNS

Tot aufgefunden	Zahl	Name	Herkunftsland	Todesursache	Quelle
17.04.04	1	N.N.	Asien	blinde*r Passagier*in; von der Polizei erschossen, als der Lkw an der ungarisch-slowakischen Grenze nicht anhielt	MNS
17.04.04	14	N.N.	Afrika	ertrunken; 2 überladene Boote kollidierten in der Nähe der Küste von Fuerteventura (ES)	VK
17.04.04	1	Ronald Down (Mann)	Nigeria	ertrunken; 2 überladene Boote kollidierten in der Nähe der Küste von Fuerteventura (ES)	FR-NRW/ MC/VK
11.04.04	1	Mohamed Ezzoubair	Marokko	von der Polizei in Ceuta (ES/MA) erschossen; Leiche wurde einige Tage an der marokkanischen Grenze versteckt	IRR
11.04.04	1	N.N.	Albanien	Suizid; erhängte sich im Gefängnis von Fuhlsbüttel (DE) aus Angst vor Abschiebung	ProAsyl
10.04.04	30	N.N.	Somalia	ertrunken auf dem Weg von Libyen nach Italien	FR-NRW/ ANA/ANSA/ Unipa
04.04.04	1	N.N. (Mann)	Algerien	versuchte, schwimmend nach Ceuta (ES/MA) zu gelangen; Leiche am Strand von Tarajal gefunden	MC/MNS/ Statewatch
04.04.04	1	John Williams (Mann)	Afrika	medizinische Versorgung verwehrt in der Unterkunft für Asylsuchende in Halberstadt (DE)	RP/Indymedia
02.04.04	1	Shahid Aziz (Mann, 25)	Asien	tot aufgefunden in der Gefängniszelle in Großbritannien; Berichten zufolge von einem rassistischen Zellengenossen getötet	IRR/GuardianUn.
01.04.04	12	N.N.	Nordafrika	starben nach 14-tägiger Seereise ohne Essen und Wasser in der Straße von Gibraltar	IRR
29.03.04	10	N.N.	Komoren	nahe Mayotte (FR) ertrunken nach Schiffbruch mit 12 Migrant*innen	Mayotte sans frontières
14.03.04	1	Kingsley Williamson (Mann)	Jamaika	Suizid; erhängte sich im Gefängnis in Norwich (GB); Depression wegen bevorstehender Abschiebung	IRR
08.03.04	1	N.N. (Mann)	unbekannt	verwesende Leiche gefunden; Berichten zufolge versuchte er, nach Ceuta (ES/MA) zu schwimmen	MC
28.02.04	1	Ümit Abay (Mann, 23)	Türkei	zündete sich in Köln (DE) aus Angst vor Abschiebung in die Türkei an	AN
26.02.04	1	N.N. (Mann)	Nordafrika	Leiche am Strand von La Barrosa in Chiclana de la Frontera, Cadiz (ES) aufgefunden	MC
24.02.04	13	N.N.	Somalia	Berichten zufolge ertrunken, als das Schiff an der Westküste der Türkei sank	NOB/MNS

Tot aufgefunden	Zahl	Name	Herkunftsland	Todesursache	Quelle
24.02.04	15	N.N.	Somalia	ertrunken; Schiff sank an der türkischen Küste; Leichen nahe Ayvalik an Land gespült	NOB/MNS
22.02.04	1	N.N.	Marokko	von Grenzpolizei erschossen beim Erklettern des Zauns zwischen Marokko und Ceuta (ES/MA)	Médecins Sans Frontières
11.02.04	16	N.N.	Ägypten	ertrunken, als ihre 2 Boote auf dem Weg nach Italien in einem Sturm kenterten	NOB/Vivre
11.02.04	20	N.N.	Ägypten	Berichten zufolge ertrunken, als ihre 2 Boote auf dem Weg nach Italien in einem Sturm kenterten	NOB/Vivre
05.02.04	2	N.N.	unbekannt	blinde Passagier*innen; verwesende Leichen auf einem Frachtschiff aus Ghana Richtung Hull (GB) gefunden	MET/IRR
01.02.04	1	N.N. (Mann, 39)	unbekannt	Suizid; erhängt im Gefängnis in Lachen (CH) aufgefunden	Vivre
30.01.04	5	N.N. (Männer, ±25)	China, Afghanistan	ertrunken; nahe Rafina (GR) entdeckt nach Sinken des Bootes in stürmischer See	MNS
30.01.04	14	N.N.	China, Afghanistan	Berichten zufolge ertrunken nach Sinken des Bootes in stürmischer See bei Rafina (GR)	MNS
30.01.04	5	N.N. (Männer)	unbekannt	erfroren bei Schneesturm; versuchten die türkisch-griechische Grenze bei Feres zu überqueren	NON
30.01.04	5	N.N. (±25)	Asien	ertrunken beim Versuch, den Fluss Evros zwischen der Türkei und Griechenland zu durchschwimmen	MNS
29.01.04	5	N.N.	Kurdistan	ertrunken; Leichen bei Karystos (GR) gefunden; Boot sank bei stürmischer See	NOB
29.01.04	14	N.N.	Kurdistan	Berichten zufolge ertrunken nach Sinken des Bootes bei Karystos (GR)	NOB
25.01.04	4	N.N.	unbekannt	ertrunken; Boot auf dem Weg von Libyen nach Italien gesunken; von der Küstenwache gefunden	NON/FORBES
24.01.04	11	N.N.	unbekannt	Berichten zufolge ertrunken; Boot auf dem Weg von Libyen nach Italien gesunken	Unipa
21.01.04	1	N.N. (Mann)	unbekannt	Leiche in den Gewässern von Fuerteventura (ES) gefunden; Berichten zufolge von einem früheren Schiffbruch	MC
21.01.04	1	N.N.	unbekannt	Berichten zufolge ertrunken; bei Lampedusa (IT) gefunden	ANSA/Unipa
18.01.04	3	N.N.	unbekannt	ertrunken nach Kentern des Bootes an der Küste von Fuerteventura (ES)	MC
16.01.04	14	N.N.	Subsahara-Afrika	ertrunken; Boot kenterte auf dem Weg von der nordafrikanischen Küste an einem Riff bei Fuerteventura (ES)	TirolerTageszeitung/ Salzburger Nach.

Tot aufgefunden	Zahl	Name	Herkunftsland	Todesursache	Quelle
16.01.04	2	N.N.	Nordafrika	ertrunken; Boot kenterte auf dem Weg von der nordafrikanischen Küste an einem Riff bei Fuerteventura (ES)	Ya.N/MNS/MC/NOB
16.01.04	3	N.N.	Afrika	Berichten zufolge ertrunken; Boot kenterte auf dem Weg von der nordafrikanischen Küste an einem Riff bei Fuerteventura (ES)	Ya.N/MNS/MC/NOB
12.01.04	21	N.N.	Albanien	ertrunken nahe Durres (AL) nach Schiffbruch des Bootes, das Migrant*innen nach Italien bringen sollte	MP
10.01.04	18	N.N. (Männer)	Albanien	erfroren auf einem Boot auf dem Weg von Vlora (AL) nach Italien	GuardianUn./KI/BBC/SD-Agencies
10.01.04	5	N.N.	Albanien	Berichten zufolge ertrunken nach Sinken des Bootes auf dem Weg von Vlora (AL) nach Italien	GuardianUn./KI/BBC/SD-Agencies
10.01.04	3	N.N. (Frauen)	Albanien	starben an Unterkühlung auf einem Boot auf dem Weg von Vlora (AL) nach Italien	GuardianUn./KI/BBC/SD-Agencies
03.01.04	1	N.N.	unbekannt	blinde*r Passagier*in in Pasaia (ES) in einem Frachtschiff aus Kamerun tot aufgefunden	Statewatch/MNS
01.01.04	1	N.N. (Mann)	Irak	Suizid; zündete sich in London aus Angst vor Abschiebung an	IRR
26.06.05	1	Tschianana Nguya (Frau, 34)	Kongo	schwanger aus Deutschland abgeschoben, in Kongo verhaftet; medizinische Versorgung kam zu spät, Baby starb	Statewatch/ProAsyl/FR-NieSa/ARI
26.06.05	1	N.N. (Baby, 1 Stunde alt)	Kongo	Mutter krank und schwanger aus Deutschland abgeschoben, verhaftet in Kongo; keine medizinische Versorgung	Statewatch
27.12.03	1	N.N. (Junge, 3)	unbekannt	ertrunken; Kind eines Asylsuchenden fiel in einen Graben beim Zentrum für Asylsuchende in Dalem (NL)	VK
20.12.03	7	N.N. (Männer)	Jordanien, Irak, Iran, Afghanistan	ertrunken; Boot sank vor der Küste von Marmaris (TR) auf dem Weg von der Türkei nach Griechenland	MNS/NI/AP/SP/Kurier/Vielfaltletter
20.12.03	51	N.N.	Jordanien, Irak, Iran, Afghanistan	ertrunken; Boot sank vor der Küste von Marmaris (TR) auf dem Weg von der Türkei nach Griechenland	MNS/NI/AP/SP/Kurier/Vielfaltletter
20.12.03	1	N.N. (Frau)	Jordanien, Irak, Iran, Afghanistan	ertrunken; Boot sank vor der Küste von Marmaris (TR) auf dem Weg von der Türkei nach Griechenland	MNS/NI/AP/SP/Kurier/Vielfaltletter
20.12.03	1	N.N. (Mädchen, 10)	Jordanien, Irak, Iran, Afghanistan	ertrunken; Boot sank vor der Küste von Marmaris (TR) auf dem Weg von der Türkei nach Griechenland	MNS/NI/AP/SP/Kurier/Vielfaltletter
12.12.03	1	N.N.	Subsahara-Afrika	blinde*r Passagier*in; erstickte auf einem Frachter auf dem Weg von Kamerun nach Spanien	MNS/Statewatch

Tot aufgefunden	Zahl	Name	Herkunftsland	Todesursache	Quelle
12.12.03	1	N.N.	unbekannt	ertrunken nach Schiffbruch bei Tripoli (LY) auf dem Weg nach Italien	IPL/Unipa
05.12.03	10	N.N.	Marokko	ertrunken nahe Granada (ES) nach Schiffbruch eines Bootes mit 48 Migrant*innen	EP
02.12.03	1	N.N.	unbekannt	Berichten zufolge ertrunken; Boot kenterte während eines Rettungsversuchs bei Fuerteventura (ES)	MNS/GuardianUn./MUGAK/ABC/Raz
02.12.03	1	N.N.	Marokko	Berichten zufolge ertrunken; Boot kenterte während eines Rettungsversuchs bei Fuerteventura (ES)	MNS/GuardianUn./MUGAK/ABC/Raz
02.12.03	2	N.N.	Gambia	Berichten zufolge ertrunken; Boot kenterte während eines Rettungsversuchs bei Fuerteventura (ES)	MNS/MUGAK/ABC/Raz
02.12.03	11	N.N.	Mali	Berichten zufolge ertrunken; Boot kenterte während eines Rettungsversuchs bei Fuerteventura (ES)	MNS/MUGAK/ABC/Raz
01.12.03	1	N.N. (Mann, ±27)	Subsahara-Afrika	Leiche am Strand von Fuente Caballos, Cadiz (ES) gefunden	SH
01.12.03	1	N.N. (Mann)	unbekannt	blinder Passagier; Todesursache unbekannt; Leiche auf einem italienischen Schiff im Hafen von Amsterdam (NL) gefunden	VK
01.12.03	1	Daniel (Mann, 19)	unbekannt	verdurstet auf der Reise nach Europa durch die Wüste Sahara	LESP
23.11.03	1	N.N.	unbekannt	ertrunken; Berichten zufolge beim Versuch, nach Ceuta (ES/MA) zu schwimmen; Leiche in Chorillo (ES) gefunden	MUGAK
10.11.03	1	N.N. (Mann, 25)	Irak	tot auf einem Boot gefunden, das 25 Meilen südlich von Pantelleria (IT) trieb	INDi/IPL/Unipa
10.11.03	1	Liang He (Mann, 23)	unbekannt	Suizid; erhängt aufgefunden im Bedford Gefängnis (GB)	NCADC
10.11.03	11	N.N. (3 Kinder)	Subsahara-Afrika	Berichten zufolge ertrunken nach Sinken des Bootes nahe Lampedusa (IT)	LR/IPL/Unipa
07.11.03	8	N.N.	unbekannt	verhungerten auf einem kleinen Boot auf dem Weg nach Motril (ES)	Statewatch/MUGAK/MNS
07.11.03	2	N.N.	Nordafrika	erfroren; auf einem Boot mit 40 Geflüchteten Richtung Motril (ES) aufgefunden	Indymedia/MUGAK
03.11.03	1	Abdul H. Ghernout Omar (Mann, 31)	Algerien	Suizid; erhängte sich in Polizeigewahrsam in Valetta (MT) aus Angst vor Abschiebung	Malta Independent/MNS/FIDH
03.11.03	1	Paul Yorke (Mann)	unbekannt	tot aufgefunden in seiner Zelle der Polizeistation Heathrow (GB)	MNS
01.11.03	17	N.N.	Marokko	ertrunken nach Schiffbruch in der Nähe von Larache (MA)	SOS

Tot aufgefunden	Zahl	Name	Herkunftsland	Todesursache	Quelle
01.11.03	1	N.N. (Mann)	Russland	Suizid; erhängte sich im Polmont Gefängnis (GB) aus Angst vor Abschiebung	PAIH
01.11.03	13	N.N.	Marokko	Berichten zufolge ertrunken nach Schiffbruch in der Nähe von Larache (MA)	SOS
26.10.03	1	N.N. (Mann)	Bangladesch	erfroren in einem Wald bei Eisenstadt (AT) nach Überquerung der ungarischen Grenze	MNS/Die Bunte
26.10.03	1	N.N.	Subsahara-Afrika	ertrunken beim Versuch, nach Ceuta (ES/MA) zu schwimmen	MUGAK
26.10.03	2	N.N.	Subsahara-Afrika	ertrunken nahe Cadiz (ES), nachdem ihr kleines Boot auf dem Weg nach Spanien kenterte	EP
25.10.03	37	N.N.	Nordafrika	ertrunken; Leichen geborgen oder an Land gespült nach Schiffbruch in der Bucht von Cadiz (ES)	Statewatch/ MNS/ Indymedia/ VK/AP
22.10.03	37	N.N.	Subsahara-Afrika	ertrunken nach Kentern des Bootes in der Nähe von Rota (ES)	MNS
21.10.03	22	N.N.	unbekannt	Berichten zufolge ertrunken nach Schiffbruch auf dem Weg von Tunesien nach Sizilien (IT)	MNS/Vivre/ TL
21.10.03	6	N.N.	unbekannt	ertrunken, als das Boot auf dem Weg von Tunesien nach Sizilien (IT) sank	MSN/WOZ/ TL/Vivre
21.10.03	5	N.N.	unbekannt	ertrunken nach Sinken des Bootes an der tunesischen Küste auf dem Weg nach Italien	NOB/TL/IPL
20.10.03	13	N.N.	Libyen	verhungerten auf einem Boot aus Libyen nach Italien nach 20 Tagen ohne Nahrung	Miami Herald/TL/
20.10.03	1	Mohammed Ben Duhri (Mann, 20)	Palästina	Suizid; erhängt aufgefunden im Belmarsh Hochsicherheitsgefängnis (GB)	IRR/NCADC/ ERB
19.10.03	12	N.N.	Somalia	erfroren oder verhungerten; auf einem Schiff aus Libyen nach Lampedusa (IT) gefunden	Statewatch/ LR/MNS/ Ya.N/Pogledi
19.10.03	58	N.N.	Somalia	Berichten zufolge erfroren oder verhungert auf einem Schiff aus Libyen nach Italien; über Bord geworfen	Statewatch/ LR/MNS/ Pogledi
19.10.03	1	N.N. (Frau)	Somalia	starb an Unterkühlung und Hunger auf einem Schiff aus Libyen nach Lampedusa (IT)	Statewatch/ LR/MNS/ Ya.N/Pogledi
18.10.03	4	N.N.	unbekannt	ertrunken; Leichen am Strand in Larache (MA) gefunden	APDHA/ MUGAK
17.10.03	1	N.N. (junger Mann)	Somalia	starb auf einem Schiff auf dem Weg von Libyen nach Lampedusa (IT) aufgrund schlechter Bedingungen	Statewatch/ MNS/LR/IPL
17.10.03	1	N.N. (15)	Somalia	starb auf einem Schiff auf dem Weg von Libyen nach Lampedusa (IT) aufgrund schlechter Bedingungen	Statewatch/ MNS/LR/ SP/IPL

Tot aufgefunden	Zahl	Name	Herkunftsland	Todesursache	Quelle
17.10.03	7	N.N. (Erwachsene)	Somalia	ertrunken nach Kentern des Bootes auf dem Weg von Libyen nach Lampedusa (IT)	Statewatch/ MNS/LR/ SP/TL
17.10.03	1	N.N. (Kind, 3)	Somalia	tot auf einem Schiff auf dem Weg von Libyen nach Lampedusa (IT) gefunden	Statewatch/ MNS/LR/SP/ IPL/DPA
17.10.03	1	N.N. (Junge, 13)	Somalia	ertrunken nach Sinken des Schiffes auf dem Weg von Libyen nach Lampedusa (IT)	Statewatch/ MNS/LR/ SP/TL
09.10.03	1	N.N. (Junge, ±16)	Kongo	blinder Passagier; auf dem Flug von Brazzaville (CG) nach Paris (FR) im Fahrwerk erfroren	AFP/MNS/ Vivre
04.10.03	2	N.N.	Nordafrika	ertrunken in den Gewässern von Bahía Feliz (ES); ihr Boot wurde zuvor abgefangen	AFP/MUGAK
04.10.03	2	N.N. (Männer)	Subsahara-Afrika	Berichten zufolge ertrunken nahe Gran Canaria (ES), nachdem das Boot beim Versuch, die Kanarischen Inseln zu erreichen, sank	EP
03.10.03	1	N.N. (Mann)	unbekannt	ertrunken; Schiff sank auf dem Weg von Nordafrika nach Lampedusa (IT) in internationalen Gewässern	Ya.N/GDS/ ILM/IPL/TL
03.10.03	5	N.N.	Irak, Pakistan	ertrunken bei Evia (GR) beim Versuch, die griechische Küste per Boot zu erreichen	MNS/ Flüchtlingsrat-Brandenburg/ILM
03.10.03	1	Lewon A. (Mann, 48)	Georgien	Suizid; Armenier verbrannte sich in Biedenkopf (DE); Asylantrag wurde abgelehnt	MNS/ERB
03.10.03	1	N.N. (Mann)	unbekannt	erschossen von der Grenzwache beim Versuch, die Grenze zwischen Marokko und Spanien zu überqueren	MUGAK
03.10.03	210	N.N.	unbekannt	50 ertrunken, 160 vermisst, nachdem das Boot aus Libyen vor der tunesichen Küste sank; 41 Personen gerettet	MNS
01.10.03	2	N.N. (Männer, ±30)	Subsahara-Afrika	blinde Passagiere; erstickten im Frachter auf dem Weg von der Elfenbeinküste nach La Coruña (ES)	MNS
01.10.03	3	N.N.	Guinea	ertrunken; sprangen an der Küste von Le Havre (FR) vom Schiff	NOB
01.10.03	1	N.N.	unbekannt	starb auf einem Boot auf dem Weg von Tunesien nach Sizilien (IT)	Haarlems Dagblad
01.10.03	3	N.N. (2 Kinder)	unbekannt	starben auf einem Boot auf dem Weg von Tunesien nach Sizilien (IT)	Haarlems Dagblad
01.10.03	5	N.N.	Nordafrika	Leichen in Kühl-Lkw gefunden, der auf dem Weg nach Algeciras (ES) Feuer fing	SOS
29.09.03	7	N.N.	Pakistan	starben in einem Minenfeld beim Versuch, die türkisch-griechische Grenze zu überwinden	MNS/ Flüchtlingsrat-Brandenburg/BBC

Tot aufgefunden	Zahl	Name	Herkunftsland	Todesursache	Quelle
23.09.03	1	Vullnet Bytyci (Mann, 18)	Albanien	erschossen durch Grenzwache beim Versuch, die albanisch-griechische Grenze zu überqueren	AI
18.09.03	2	N.N. (Frau, ±23; Mann, ±23)	unbekannt	ertrunken beim Versuch, von Marokko nach Ceuta (ES/MA) zu schwimmen	MNS
18.09.03	1	Soran Karim (23)	Irak	Kurde; Asylsuchender starb bei Kleinbus-Kollision während illegalen Aufenthalts in England	BBC
09.09.03	26	N.N. (2 Frauen)	Pakistan, Asien	ertrunken im Fluss Evros an der türkisch-griechischen Grenze nach Kentern des Bootes	BBC/Statewatch/AP
07.09.03	1	N.N.	Subsahara-Afrika	ertrunken; über Bord gefallen, nachdem das Boot bei Fuerteventura (ES) abgefangen worden war	MNS/MUGAK
04.09.03	1	Tema Kombe (Mann, 32)	Uganda	Suizid; erhängte sich auf der Toilette der psychiatrischen Abteilung im Heatherwood Krankenhaus (GB)	icB/IRR/NCADC
03.09.03	1	Israfil Shiri (Mann, 30)	Iran	Suizid; verbrannte sich nach Ablehnung der notwendigen medizinischen Behandlung in Manchester (GB)	BBC/Socialist Worker/NCADC/IRR
02.09.03	1	N.N. (Mann, 34)	Algerien	sprang aus dem Fenster, um einer Polizeikontrolle in Sartrouville (FR) zu entkommen	MNS/Grand Paris
01.09.03	2	N.N.	unbekannt	ertrunken nach Sinken des überladenen Bootes an der tunesischen Küste auf dem Weg nach Italien	NOB
01.09.03	1	Vasiliy Todchuk (Mann, 24)	Russland	Suizid; erhängt auf einer Baustelle in Govan, Glasgow (GB) gefunden	NCADC/IRR
30.08.03	1	Andrej Donorov (Mann, 34)	Ukraine	Suizid 11 Tage nach Abschiebung aus den Niederlanden nach Spanien; war psychisch krank (Schizophrenie)	VK/NRC/Oz/Zelf
30.08.03	1	N.N.	unbekannt	Berichten zufolge ertrunken; tot nahe Lanzarote (ES) gefunden	MUGAK
26.08.03	1	N.N. (Junge, 16)	Afghanistan	blinder Passagier; kam aus Griechenland; tot in einem Lkw bei Rimini (IT) gefunden	AFP
23.08.03	1	N.N. (Mann, 33)	unbekannt	starb nach einer gewalttätigen Auseinandersetzung mit anderem Aslysuchenden in Unterkunft für Asylsuchende in Harlingen (NL)	Trouw/VK/PLi
18.08.03	1	N.N. (Mann, 25)	Liberia	starb an Herzinfarkt nach seiner Ankunft im Geflüchtetencamp in Lampedusa (IT)	LR/IPL/Unipa
17.08.03	1	N.N.	unbekannt	ertrunken; Leiche nahe Tarifa (ES) zwischen Felsen in 2,5 Meter Tiefe gefunden	MUGAK
17.08.03	1	Hekmat Karim Salih (Mann, 29)	Irak	Kurde; blinder Passagier; starb in einem Lkw, der von Frankreich nach Poole (GB) unterwegs war	BBC/CARF/Kurdmedia/IRR

Tot aufgefunden	Zahl	Name	Herkunftsland	Todesursache	Quelle
14.08.03	5	N.N. (3 Kinder)	Irak, Sudan, Somalia	ertrunken; Schlepper schlug auf dem Weg von Ayvalik (TR) nach Lesbos (GR) ein Loch ins Boot	Twee Vandaag
13.08.03	5	N.N. (4 Frauen; 1 Mann)	unbekannt	ertrunken; tot aufgefunden am Strand bei Edremit (TR)	MNS/AFP
09.08.03	1	N.N. (Mann, 24)	Tschetschenien	starb bei einer gewalttätigen Auseinandersetzung mit Moldawier*innen in der Unterkunft für Asylsuchende in Traiskirchen (AT)	MNS/Asyl in Not
01.08.03	10	N.N.	unbekannt	Berichten zufolge ertrunken nach Sinken des Bootes an der Küste von Fuerteventura (ES)	MNS/AFP/MUGAK
01.08.03	13	N.N.	unbekannt	ertrunken; wurden von den beiden Schleppern mit Messer bedroht und gezwungen, ins Wasser zu springen	SOS
01.08.03	9	N.N.	unbekannt	ertrunken nach Schiffbruch bei Barbate (ES)	SOS
31.07.03	15	N.N.	Afrika	ertrunken, als das Boot bei Fuerteventura, Kanarische Inseln (ES) kenterte	AFP/MNS/MUGAK/Statewatch
28.07.03	1	N.N.	Afrika	ertrunken an der Küste von Fuerteventura, Kanarische Inseln (ES)	AFP/MUGAK
27.07.03	1	Erdogan Tahir (Mann, 37)	Türkei	verdurstet; Leiche am Bahnhof von Gorizia (IT) am Zug hängend gefunden	IET/ILP
25.07.03	1	N.N.	Afrika	ertrunken an der Küste von Fuerteventura, Kanarische Inseln (ES)	AFP/MUGAK
19.07.03	21	N.N.	unbekannt	ertrunken; tot aufgefunden an der libyschen Küste	IPL/Unipa
18.07.03	25	N.N.	unbekannt	ertrunken; nach zwei Schiffbrüchen in der Nähe von Sur de Aiun (MA)	MUGAK
15.07.03	1	Cheibani Wague (Mann, 33)	Mauretanien	erstickte nach Misshandlungen durch die Polizei in Wien (AT)	IRR/Malmoe/COE
14.07.03	5	N.N.	Nordafrika	ertrunken nach Schiffbruch bei Barranco Hondo, Tarifa (ES); Leichen von der Guardia Civil geborgen	Statewatch/AFP/MNS/GuardianUn.
14.07.03	30	N.N.	unbekannt	Berichten zufolge ertrunken nach Schiffbruch bei Barranco Hondo, Tarifa (ES)	MNS
09.07.03	1	Elmas Ozmico (Frau, 40)	Türkei	starb an Blutvergiftung im Krankenhaus von Dover (GB), nachdem ihre Bitte nach einem Arzt ignoriert wurde	GuardianUn./Inquest/BBC/IRR
06.07.03	1	Faizullah Ahmedi (Mann, 19)	Afghanistan	Suizid; erhängte sich im Haus in Blackburn (GB), wartete auf die Entscheidung über seinen Asylantrag	IRR
01.07.03	1	Hüseyin Dikec (Mann)	unbekannt	Suizid; verbrannte sich in der Ausländerbehörde in Gütersloh (DE) aus Angst vor Abschiebung	ERB
01.07.03	15	N.N.	unbekannt	ertrunken beim Transfer zu einem Boot der Guardia Civil bei Fuerteventura (ES)	GuardianUn.

Tot aufgefunden	Zahl	Name	Herkunftsland	Todesursache	Quelle
01.07.03	2	N.N.	unbekannt	Leichen in Rettungsboot im Ärmelkanal gefunden; starben beim Versuch, nach England zu gelangen	IRR
29.06.03	9	N.N.	Libyen	ertrunken; Schiff kenterte bei Kap Bon (TN) auf dem Weg nach Italien	MNS/NOB/IPL/Vita/TL/Unipa
24.06.03	3	N.N. (Frauen)	Subsahara-Afrika	Berichten zufolge in der Nähe der Küste von Cadiz (ES) ertrunken	EP
23.06.03	2	N.N. (Frauen)	Subsahara-Afrika	ertrunken; Leichen vor Tarifa (ES) treibend gefunden	MUGAK
20.06.03	189	N.N.	unbekannt	Berichten zufolge ertrunken; Boot kenterte auf dem Weg von Tunesien nach Italien in der Nähe des Hafens von Sfax	Statewatch/MNS/AFP/GuardianUn.
20.06.03	20	N.N.	unbekannt	ertrunken; Boot kenterte auf dem Weg von Libyen nach Italien in der Nähe des Hafens von Sfax	Statewatch/MNS/AFP/GuardianUn.
18.06.03	1	N.N. (Mann, 25)	Elfenbeinküste	blinder Passagier; ertrunken; sprang im Ärmelkanal über Bord eines Frachtschiffes	BBC/MNS/Ya.N/IRR
16.06.03	63	N.N.	Nordafrika	Berichten zufolge ertrunken; Schiff sank auf dem Weg von Tunesien nach Lampedusa (IT)	Statewatch/MNS/AFP/TG/PLi/IND
16.06.03	3	N.N. (Männer)	Nordafrika	ertrunken; Schiff sank auf dem Weg von Tunesien nach Lampedusa (IT)	Statewatch/MNS/AFP/TG/PLi/IND
16.06.03	4	N.N. (Frauen)	Nordafrika	ertrunken; Schiff sank auf dem Weg von Tunesien nach Lampedusa (IT)	LR/IPL/CNNit/ILN/CDS/TL
14.06.03	30	N.N.	Marokko	Berichten zufolge ertrunken, als das Schlauchboot auf dem Weg nach Spanien bei Tarifa kenterte	MNS
10.06.03	11	N.N.	unbekannt	ertrunken; Boot kenterte während Rettungsversuchs durch die Guardia Civil (ES)	Statewatch/MNS/MUGAK
06.06.03	4	N.N	Komoren	Berichten zufolge ertrunken oder verbrannt, nachdem das Boot beim Versuch, Mayotte (FR) zu erreichen, in Brand geriet	Mayotte sans frontières
05.06.03	2	N.N.	Marokko	ertrunken; versuchten, in der Nähe von Salobreña (ES) der Küstenwache zu entgehen	MNS/MUGAK/APDHA
05.06.03	6	N.N.	unbekannt	ertrunken gemeldet; versuchten, in der Nähe von Salobrena (ES) der Küstenwache zu entgehen	MUGAK/APDHA
02.06.03	2	N.N.	Subsahara-Afrika	Berichten zufolge ertrunken; Boot kenterte während Rettungsversuchs bei Fuerteventura (ES)	Statewatch/MNS/MUGAK
02.06.03	9	N.N.	Subsahara-Afrika	ertrunken; Boot kenterte während Rettungsversuchs bei Fuerteventura (ES)	Statewatch/MNS/MUGAK

Tot aufgefunden	Zahl	Name	Herkunftsland	Todesursache	Quelle
02.06.03	3	N.N.	Subsahara-Afrika	ertrunken nahe Teneriffa (ES) nach Schiffbruch beim Versuch, die Kanarischen Inseln (ES) zu erreichen	EP
01.06.03	1	N.N. (Mann)	Kurdistan	tot im Laderaum eines griechischen Lkws an der Grenze zwischen Italien und Slowenien aufgefunden	IRR
01.06.03	1	N.N.	Indien	Leiche im Wald unweit der Grenze zwischen der Ukraine und der Slowakei gefunden	IRR
01.06.03	2	N.N.	unbekannt	ertrunken; versuchten, an die Küste zu schwimmen; Leichen in Ceuta (ES/MA) gefunden	MUGAK
31.05.03	15	N.N.	unbekannt	Berichten zufolge ertrunken; Boot kenterte während Rettungsversuchs bei Fuerteventura (ES)	Statewatch
17.05.03	1	N.N. (Mann, 33)	Kongo	abgelehnter Asylsuchender; an Bushaltestelle in Boxmeer (NL) tot aufgefunden	MNS/ANP
15.05.03	4	N.N. (Männer)	unbekannt	ertrunken; Leichen in Fischernetz bei Lampedusa (IT) gefunden	LR
07.05.03	1	Olga Blaskevica (Frau, 29)	Litauen	ermordet durch ihren Partner im Harmondsworth Abschiebegefängnis (GB); wartete auf Abschiebung	CARF/Metropolitan Police/IRR
06.05.03	5	N.N. (Männer)	Marokko	ertrunken; Leichen beim Strand von Ba Kacem, Tanger (MA) gefunden	MUGAK
06.05.03	4	N.N. (Frauen)	Marokko	ertrunken; Leichen beim Strand von Ba Kacem, Tanger (MA) gefunden	MUGAK
05.05.03	1	Liu Jin Wu (Mann, 35)	China	Suizid; ihm wurde kein Übersetzer gestellt; litt an paranoider Psychose	MNS/The Herald/NCADC/ERB/IRR
02.05.03	1	Nadim Hussaini (Mann, 18)	Afghanistan	stürzte von einer 60 Meter hohen Brücke bei Stockport (GB), nachdem sein Asylantrag abgelehnt worden war	IRR
01.05.03	1	N.N.	unbekannt	ertrunken; bei Lampedusa (IT) angeschwemmt	TL
01.05.03	1	N.N. (Kind)	Marokko	erstickt; im Grenzzaun bei Melilla (ES/MA) hängen geblieben	SOS
26.04.03	1	N.N.	unbekannt	Leiche im Golf von Cadiz (ES) in einem Boot gefunden	MUGAK
25.04.03	2	N.N.	unbekannt	ertrunken in Lanzarote (ES) nach Schiffbruch	MUGAK
01.04.03	10	N.N.	unbekannt	Leichen an der Küste von Lanzarote (ES) gefunden	SOS
01.04.03	76	N.N.	Subsahara-Afrika	ertrunken; Leichen am Strand von Tarifa (ES) gefunden	SOS
28.03.03	1	Hamisi Ismaili (Mann, 18)	Tansania	tot aufgefunden im Fahrwerk eines Flugzeugs, das auf dem Maastricht-Aachen (NL) Flughafen landete	Fabel van de Illegaal

Tot aufgefunden	Zahl	Name	Herkunftsland	Todesursache	Quelle
25.03.03	1	N.N. (Mann, 32)	Irak	Asylsuchender; verbrannte sich in Diever (NL), nachdem er bei einem Diebstahl gefasst worden war	MNS/VK
Mär 2003	12	N.N.	Afrika	Leichen im touristischen Strandbereich der Costa Teguise (ES) geborgen	SOS
Mär 2003	1	N.N.	Somalia	starb auf einem Minenfeld zwischen der Türkei und Griechenland	IRR
28.02.03	1	N.N. (Mann, 26)	Indien	Leiche bei Kamanitsa (UA) einige Meter von der ukrainisch-slowakischen Grenze entfernt gefunden	NOB
28.02.03	7	N.N.	Komoren	ertrunken nahe Kanikeli, nachdem kleines Boot auf dem Weg nach Mayotte (FR) kenterte	Mayotte sans frontières
25.02.03	1	N.N. (Mann)	Mali oder Gabun	blinder Passagier; fiel beim Landeanflug nahe Paris (FR) aus dem Fahrwerk eines Flugzeugs	MNS
24.02.03	1	Sarkawat Hussein (Mann, 18)	Irak	wurde in Calais (FR) beim Versuch, im Hafen der Fähren nach Großbritannien auf einen Lkw zu klettern, erdrückt	AFP/MNS/NO
23.02.03	1	N.N. (junger Mann)	Irak	überfahren von einem Lkw beim Versuch, Großbritannien von Calais (FR) aus als blinder Passagier zu erreichen	Vivre
22.02.03	1	Djedjik Fatiha (Frau, 39)	Algerien	Suizid; erhängte sich aus Angst vor Abschiebung mit ihrem Kopftuch in einer Zelle in Emmen (NL)	DVHN
20.02.03	12	N.N.	Subsahara-Afrika	verdursteten und verhungerten auf dem Weg von Marokko nach Fuerteventura (ES) nach 14-tägiger Seereise	PUB/NOB/MUGAK
12.02.03	1	Osuigwe Kenechukwu (Mann, 22)	Nigeria	starb aufgrund mangelnder medizinischer Versorgung im Transit-Zentrum für Geflüchtete Thurhof in Oberbüren (CH)	Vivre/MNS/Indymedia/Augen auf
07.02.03	18	N.N.	unbekannt	Berichten zufolge ertrunken, nachdem sie sich in der Nähe von Fuerteventura (ES) im Meer verirrt hatten	IRR
03.02.03	1	N.N.	Subsahara-Afrika	ertrunken; versuchte, nach Spanien zu schwimmen; Leiche in einer Bucht südlich von Ceuta (ES/MA) angeschwemmt	MNS
01.02.03	2	N.N.	Marokko	erstickten; blinde Passagier*innen in einem Bus auf einer Fähre von Nador (MA) nach Almería (ES)	SOS
01.02.03	3	N.N. (Männer)	Subsahara-Afrika	im kalten Wasser ertrunken; versuchten, von Beniezar (MA) aus Melilla (ES/MA) schwimmend zu erreichen	SOS
01.02.03	1	N.N.	unbekannt	blinde*r Passagier*in; starb bei Motril-Granada (ES) beim Versuch, das Boot zu verlassen	IRR

Tot aufgefunden	Zahl	Name	Herkunftsland	Todesursache	Quelle
31.01.03	1	Mikhail Bognarchuk (Mann, 42)	Ukraine	Suizid; mit seinen Schnürsenkeln erhängt im Abschiebegefängnis von Haslar (GB) auf der Toilette aufgefunden	IRR/NCADC/CARF/MNS
23.01.03	2	N.N.	Türkei	blinde Passagier*innen; fielen in China aus dem Fahrwerk; hatten sich in Frankreich in einem falschen Flugzeug versteckt	MNS
19.01.03	6	N.N.	Irak	bei Santa Maria di Leuca (IT) auf einem abdriftenden Boot erfroren; kamen aus der Türkei	MNS/Vivre/AFP/AP/TL
19.01.03	26	N.N.	Nigeria	ertrunken während des Versuchs, von Marokko aus die Kanarischen Inseln zu erreichen (ES)	MNS/Vita
19.01.03	23	N.N.	unbekannt	auf einem abgedrifteten Boot bei Leuca (IT) an Unterkühlung gestorben; kamen aus der Türkei	MNS/Vivre/AFP/AP/TL
19.01.03	16	N.N.	Marokko	Berichten zufolge nahe Tanger ertrunken, als das Boot bei dem Versuch, Spanien zu erreichen, sank	BBC
18.01.03	1	Mariame Getu Hagos (Mann, 25)	Somalia	erstickte während der Abschiebung aus Paris (FR) nach Johannesburg (SA)	NCADC/AI/AN/VK/Vivre/MNS
18.01.03	2	N.N.	unbekannt	Leichen am Strand von Motril (ES) geborgen	MUGAK
18.01.03	4	N.N.	Subsahara-Afrika	ertrunken nahe Fuerteventura (ES) nach Schiffbruch beim Versuch, die Kanarischen Inseln (ES) zu erreichen	ACN
17.01.03	19	N.N.	Subsahara-Afrika	bei Tanger (MA) ertrunken; hatten gehofft, heimlich über das Meer nach Spanien zu gelangen	MNS/Vivre/MUGAK
16.01.03	1	N.N.	unbekannt	Leiche am Strand von Ceuta (ES/MA) gefunden	MUGAK
15.01.03	14	N.N. (2 Frauen; 12 Männer)	unbekannt	Berichten zufolge ertrunken nach Sinken ihres Schlauchbootes vor der Küste von Fuerteventura (ES)	MNS/APDHA/MUGAK/IRR
14.01.03	1	Foussini Baraya (Mann, 31)	Burkina Faso	erstickte an seinem Erbrochenen; war im Grenzgefängnis Amsterdam Süd-Ost (NL) ernsthaft erkrankt	VK/AC/AFVIC/CW/demo
13.01.03	2	N.N.	Subsahara-Afrika	blinde Passagier*innen; starben, nachdem sie in den Frachtraum eines zypriotischen Schiffes nach Cadiz (ES) gekrochen waren	IRR/MUGAK
12.01.03	9	N.N.	Afrika	ertrunken; Boot sank auf dem Weg nach Spanien bei Fuerteventura (ES)	NOB
12.01.03	5	N.N.	Afrika	Berichten zufolge ertrunken nach Sinken ihres Bootes vor Fuerteventura (ES)	NOB
09.01.03	6	N.N.	Irak	starben an Unterkühlung auf einem griechischen Boot Richtung Italien	IRR/Vita

Tot aufgefunden	Zahl	Name	Herkunftsland	Todesursache	Quelle
09.01.03	23	N.N.	Irak	Berichten zufolge in der Nähe von Santa Maria di Leuca (IT) ertrunken; versuchten, auf einem griechischen Boot nach Italien zu gelangen	Vita
08.01.03	3	N.N. (± 25)	Indien	starben an Erschöpfung nach ihrem Weg durch die Berge zwischen der Slowakei und der Ukraine	NOB/Mumbaicentral
08.01.03	1	Said B. (Mann, 29)	Marokko	wurde in Ceuta (ES/MA) von einem Reisebus überrollt, als er sich darunter zu verstecken versuchte	IRR/MUGAK
04.01.03	2	N.N.	Burundi	starben an der thrakischen Grenze (TR/GR); betraten bei dichtem Nebel ein markiertes Minenfeld	KI
02.01.03	3	N.N.	Marokko	starben durch toxische Gase in einem Feuer, das mit Absicht im Polizeigefängnis in Málaga (ES) gelegt worden war	MNS/MUGAK/APDHA
02.01.03	7	N.N.	Algerien, Marokko	ertrunken; ihr Boot prallte in der Nähe von Tarifa an der spanischen Südküste gegen Felsen und sank	VK/AP/DPA/AFP/Statewatch/MUGAK
02.01.03	10	N.N.	unbekannt	Berichten zufolge ertrunken nach Schiffbruch im Mittelmeer bei Tarifa (ES)	MLKO
02.01.03	1	N.N. (Mann)	Palästina	erstickt an giftigen Gasen während eines Brandanschlags auf die Polizeistation in Málaga (ES)	MNS/MUGAK/APDHA
01.01.03	5	N.N. (Männer)	unbekannt	ertrunken; Leichen am Strand der Dodekanischen Insel Symi, Griechenland geborgen	KI/IRR
01.01.03	1	N.N. (Mann)	unbekannt	ertrunken; Leiche am Strand der Insel Evia, Griechenland gefunden	KI
01.01.03	1	David Mamedov (Mann, 45)	Georgien	Jeside; Suizid in der Stadt Schloss Holte-Stukenbrock (DE) nach Ablehnung seines Asylantrags	WB/FR-NRW/NW/MNS
01.01.03	1	N.N. (Frau)	unbekannt	ertrunken; tot am Strand der Insel Symi (GR) aufgefunden	KI/IRR
25.06.05	1	Olivier (Mann, ±20)	Niger	erstickt; aß Geld für Schleuser, um Diebstahl bei Kontrolle durch Militär in Agadez (NE) zu verhindern	LESP
30.12.02	1	Ricardo Barrientos (Mann, 54)	Argentinien	starb während seiner Abschiebung aus Paris (FR) nach Buenos Aires (AR) an Herzversagen	NCADC/AI/NOB/AN/Vivre/AFP
28.12.02	1	Zafar Mohammad (Junge, 16)	Afghanistan	Suizid; verbrannte sich aus Angst vor Abschiebung in der Unterkunft für Geflüchtete von Gribskov (DK)	ERB
27.12.02	3	N.N.	Marokko	auf einer Polizeistation in Málaga verbrannt; entfachten nach 2 Tagen Haft Feuer, die Beamten öffneten die Türen nicht	SOS/MUGAK/APDHA

Tot aufgefunden	Zahl	Name	Herkunftsland	Todesursache	Quelle
26.12.02	7	N.N.	unbekannt	ertrunken, nachdem überfrachtetes Boot aus Marokko vor Tarifa (ES) gekentert war	IRR
25.12.02	4	N.N.	unbekannt	ertrunken, als das Schlauchboot vor der Küste der Insel Chios (GR) sank	AP
25.12.02	4	N.N.	unbekannt	Berichten zufolge ertrunken; Schlauchboot sank vor der Küste der Insel Chios (GR)	AP
24.12.02	1	N.N. (Mädchen, 2)	Irak	Kurdin; ertrunken beim Versuch, an die Küste zu schwimmen, als das Boot vor Korfu (GR) gesunken war	MNS/AP
24.12.02	1	Sirous Khajehb (Mann, 29)	Iran	Suizid; erhängt in Huddersfield (GB); ihm wurde fälschlicherweise mitgeteilt, dass sein Asylantrag abgelehnt worden war	IRR/YT/ NCADC
24.12.02	1	N.N. (Mann)	Irak	Kurde; ertrunken beim Versuch, an die Küste zu schwimmen, als ihr Boot vor Korfu (GR) gesunken war	MNS/AP
19.12.02	20	N.N.	Irak, Afghanistan	Berichten zufolge ertrunken, als ihre zwei Boote vor der Insel Evia (GR) in ein Unwetter gerieten	MNS/AP
16.12.02	1	N.N. (junger Mann)	Irak	von der Polizei an der Mautstation von Saint-Omer (FR) bei Calais tot unter einem Laster gefunden	NOB/Telegraaf
13.12.02	1	N.N.	Afrika	starb nach strapaziöser Reise an Erschöpfung; nahe einem griechischen Dorf an der griechisch-türkischen Grenze gefunden	NOB
01.12.02	44	N.N.	Gambia, Ghana, Somalia	ertrunken, als ihr Boot auf dem Weg von Bodrum (TR) nach Kos (GR) sank	IRR/TL/Vita
01.12.02	1	Mahmot Slav (Mann, 18)	Irak	blinder Passagier; starb beim Sprung aus einem Lkw mit Fahrziel Patras (GR)	IRR
01.12.02	4	N.N.	Rumänien	blinde Passagier*innen; Leichen in einem zum Abtransport aus Livorno (IT) bestimmten Versandcontainer tot aufgefunden	IRR
30.11.02	1	N.N. (Junge, ±12)	Ghana	blinder Passagier; in Heathrow (GB) im Fahrwerk eines Flugzeugs aus Ghana erfroren aufgefunden	GuardianUn./ Annanova/ Telegraph
30.11.02	1	Immanuel Duah (Junge, ±12)	Ghana	blinder Passagier; in Heathrow (GB) im Fahrwerk eines Flugzeugs aus Ghana erfroren aufgefunden	GuardianUn./ Annanova/ Telegraph
30.11.02	12	N.N.	unbekannt	ertrunken; Boot erlitt vor der Küste von Tripolis (LY) auf dem Weg nach Italien Schiffbruch	VK/MNS/ DPA
30.11.02	56	N.N.	unbekannt	Berichten zufolge ertrunken; Boot erlitt vor der Küste von Tripolis (LY) auf dem Weg nach Italien Schiffbruch	VK/MNS/ DPA

Tot aufgefunden	Zahl	Name	Herkunftsland	Todesursache	Quelle
30.11.02	32	N.N.	Subsahara-Afrika	ertrunken, nachdem das Boot zwischen der westsaharischen Küste (MA) und den Kanarischen Inseln (ES) gesunken war	VK/AFP
30.11.02	2	N.N. (Kinder, ±12)	Ghana	blinde Passagier*innen; erfroren aufgefunden im Fahrwerk eines Flugzeugs von Ghana (GH) nach London (GB)	Edinburgh news
22.11.12	2	N.N.	Subsahara-Afrika	ertrunken in der Nähe von Ceuta (ES/MA) nach Schiffbruch	EP
21.11.02	1	N.N. (23)	Armenien	Suizid im Geflüchtetencamp von Szombathelyi (HU)	MGHR
15.11.02	1	Lata Aradinovic (Mann, 34)	Serbien	Suizid; Rom; verbrannte sich in Syke (DE) nach Ablehnung seines Asylantrags	ARI
13.11.02	2	N.N.	Afrika	ertrunken, als das Schlauchboot bei Larache vor der marokkanischen Küste sank	AFP
13.11.02	4	N.N.	Afrika	Berichten zufolge ertrunken, als das Schlauchboot bei Larache vor der marokkanischen Küste sank	AFP
02.11.02	1	A.K. (23)	Albanien	tödlich verletzt von der Küstenwache in der Region Mesopotamia bei Kastoria (GR-AL Grenze)	GHM/OMCT/Ya.N/ProAsyl
01.11.02	1	N.N. (Frau, 32)	Iran	starb nach strapaziöser Reise über die türkische Grenze nach Griechenland an Unterkühlung	IRR
01.11.02	1	Farideh Karimi (Frau, 42)	Iran	starb in der Unterkunft für Asylsuchende in Appelscha (NL) wegen fehlender medizinischer Versorgung; Krebs spät entdeckt	MAG/VK
27.10.02	23	N.N.	Komoren	Berichten zufolge ertrunken nach Sinken des Bootes auf dem Weg nach Mayotte (FR)	Mayotte sans frontières
21.10.02	2	N.N. (1 Kind; 1 Mann)	unbekannt	ertrunken; ihre Leichen wurden an der nordöstlichen Küste von Lesbos (GR) gefunden	MNS
16.10.02	6	N.N. (3 Mädchen)	unbekannt	ertrunken; Leichen bei Lesbos (GR) gefunden; alle sechs trugen Schwimmwesten	MNS/NCAs
11.10.02	5	N.N.	Nordafrika	blinde Passagier*innen; erstickten in einem Anhänger auf dem Weg von Agadir (MA) nach Sevilla (ES)	MNS/FR/taz/Tagesspiegel/AFP
10.10.02	2	N.N. (Frauen)	Nigeria	ertrunken, als das Boot in Richtung Griechenland vor der türkischen Westküste kenterte	AFP
10.10.02	7	N.N.	Nigeria, Iran	Berichten zufolge ertrunken; das Boot in Richtung Griechenland kenterte vor der türkischen Westküste	AFP

Tot aufgefunden	Zahl	Name	Herkunftsland	Todesursache	Quelle
08.10.02	2	N.N. (Frauen)	Subsahara-Afrika	Berichten zufolge ertrunken; das Boot kenterte vor Barbate (ES) beim Versuch, nicht von SIVE Kameras entdeckt zu werden	MNS/AFP
08.10.02	14	N.N. (7 Frauen; 7 Männer)	Subsahara-Afrika	Berichten zufolge ertrunken; das Boot kenterte vor Barbate (ES) beim Versuch, nicht von SIVE Kameras entdeckt zu werden	MNS/AFP
02.10.02	1	Beverley Fowler (Frau, 32)	Jamaika	Suizid; erhängte sich aus Angst vor Abschiebung; im Gefängnis von Durham (GB) aufgefunden	NCADC/IRR
01.10.02	1	N.N. (18)	Kongo	Suizid; sprang in Zwolle (NL) aus Angst vor Abschiebung vor einen Zug	MNS
01.10.02	9	N.N.	Afrika	ertrunken, als das kleine Boot auf dem Weg nach Sizilien (IT) vor der tunesischen Küste kenterte	AP/Tagesspiegel
01.10.02	1	N.N.	Afrika	Berichten zufolge ertrunken, als das kleine Boot auf dem Weg nach Sizilien (IT) vor der tunesischen Küste kenterte	AP/Tagesspiegel
01.10.02	3	N.N. (Männer)	Afrika	ertrunken vor der Küste von Barbate (ES), als das Boot mit 42 Migrant*innen sank	IRR
01.10.02	5	N.N. (1 Schwangere)	Afrika	ertrunken, als das Boot mit 42 Migrant*innen an der Küste von Barbate (ES) sank	IRR
01.10.02	5	N.N.	Afrika	Berichten zufolge vor der Küste von Barbate (ES) ertrunken, als das Boot sank	IRR
01.10.02	8	N.N.	unbekannt	ertrunken; Boot sank beim Versuch, die Insel Mayotte (FR) von den Komoren aus zu erreichen	AFP
01.10.02	12	N.N.	unbekannt	Berichten zufolge ertrunken; Boot sank zwischen der Insel Mayotte (FR) und den Komoren	AFP
01.10.02	1	N.N.	unbekannt	ertrunken; Leiche von einem Fischer in der westlichen Peloponnes (GR) geborgen	IRR
01.10.02	1	N.N. (Schwangere)	Afrika	ertrunken, als das Boot mit 42 Migrant*innen an der Küste von Barbate (ES) sank	IRR
26.09.02	3	N.N.	Palästina, Sudan, Sri Lanka	ertrunken, als das Fischerboot auf dem Weg nach Lesbos (GR) bei Narli (TR) sank	HRFT/AFP
26.09.02	10	N.N.	Palästina, Sudan, Sri Lanka	Berichten zufolge ertrunken, als das Fischerboot auf dem Weg nach Lesbos (GR) bei Narli (TR) sank	HRFT/AFP
22.09.02	15	N.N. (Männer)	Tunesien	Berichten zufolge ertrunken; von Schleppern gezwungen, bei Scoglitti (südl. Sizilien, IT) an die Küste zu schwimmen	VK/MNS/IRR/TL/LR/MUGAK/Vita

Tot aufgefunden	Zahl	Name	Herkunftsland	Todesursache	Quelle
22.09.02	1	Muhamed Sarad (Mann, 60)	Bangladesch	starb, als Sicherheitsbeamte versuchten, 70 Personen an der Überquerung der iranisch-türkischen Grenze zu hindern	HRFT
16.09.02	1	N.N. (Mann, ±25)	Kamerun	blinder Passagier; erfroren im Fahrwerk eines Flugzeugs aus Kamerun in Richtung Paris (FR)	Morgengr./ MNS
15.09.02	36	N.N.	Liberia, Nordafrika	ertrunken nach Kentern des Bootes mit weiteren 100 Geflüchteten südlich von Sizilien	VK/AP/ Morgengr./ MNS/HRFT/ ICARE
15.09.02	1	N.N. (Junge, 15)	Liberia	ertrunken nach Kentern des Bootes mit weiteren 100 Geflüchteten südlich von Sizilien	VK/AP/ Morgengr./ MNS/HRFT/ ICARE
14.09.02	1	Ramo Suljic (Mann, 37)	Serbien	Suizid; erhängte sich in einer Unterkunft für Asylsuchende in Deutschland aus Angst vor Abschiebung	ARI
12.09.02	1	N.N. (Mann)	Marokko	blinder Passagier; in Algeciras (ES) in einem Container mit 10 Migrant*innen entdeckt	MNS/IRR
05.09.02	2	N.N. (Männer, ±18)	Nordafrika	ertrunken; von Schleppern gezwungen, bei Tarifa (ES) an die Küste zu schwimmen	MNS
04.09.02	1	Peiman Bahmani (Mann, 29)	Iran	erstochen in Hendon, Sunderland (GB) in der Straße, in der er wohnte	Socialist Worker/IRR
01.09.02	9	N.N. (Männer)	Liberia	ertrunken, als das Boot 200 Meter vor der Küste Südsiziliens (IT) kenterte	SP
01.09.02	1	N.N. (Mann)	unbekannt	ertrunken, als das Boot 200 Meter vor der Küste Südsiziliens (IT) kenterte	SP
01.09.02	1	N.N. (Mädchen, 15)	Liberia	ertrunken, als das Boot 200 Meter vor der Küste Südsiziliens (IT) kenterte	SP
01.09.02	13	N.N.	unbekannt	ertrunken nach Kentern ihres Bootes; an der Küste vor Kenitra (MA) gefunden	Trouw
01.09.02	1	N.N. (Mann, 20)	Aserbaidschan	Suizid; erhängte sich in den Niederlanden nach Ablehnung seines Asylantrags	MNS
01.09.02	5	N.N.	unbekannt	Berichten zufolge ertrunken; wurden nahe der griechischen Küste in einem Boot ausgesetzt, das kenterte	IRR/MUGAK
01.09.02	1	N.N.	unbekannt	ertrunken; wurde nahe der griechischen Küste in einem Boot ausgesetzt, das kenterte	IRR
01.09.02	2	N.N.	Pakistan	ertrunken; wurden nahe der griechischen Küste in einem Boot ausgesetzt, das kenterte	IRR

Tot aufgefunden	Zahl	Name	Herkunftsland	Todesursache	Quelle
01.09.02	3	N.N. (Frauen)	Liberia	ertrunken, nachdem ihr Boot 200 Meter vor der sizilianischen Küste (IT) gesunken war	SP
31.08.02	5	N.N.	Kurdistan	Kurd*innen; blinde Passagier*innen; erstickten in einem Lastwagen; in der Nähe von Neapel gefunden; Lkw kam aus Griechenland	OBV/MUGAK
28.08.02	1	N.N.	Kurdistan	Kurd*in; starb in der Nähe des Dorfes Vyssa (türkisch-griechische Grenze), als er oder sie auf ein markiertes Minenfeld geriet	KI
22.08.02	9	N.N.	Afrika	bei Fuerteventura (ES) ertrunken; Schlepper zwangen sie, an die Küste zu schwimmen	ANP/AFP
19.08.02	4	N.N.	Marokko	blinde Passagier*innen; die bereits verwesten Leichen wurden in Billabona (ES) in einem Lkw gefunden	MNS/taz/AFP
10.08.02	1	N.N. (Mädchen, 4)	Komoren	Berichten zufolge ertrunken, nach Schiffbruch nahe Mayotte (FR)	EP
09.08.02	2	N.N.	Kurdistan	starben auf einem Boot mit Geflüchteten zwischen Italien und Griechenland	Kurdish Observer
06.08.02	1	N.N. (Mann, ±25)	Nordafrika	ertrunken; tot am Strand von Los Carabos bei Melilla (ES/MA) aufgefunden	MNS
04.08.02	34	N.N.	Komoren	Berichten zufolge ertrunken; Boot vermisst auf dem Weg nach Mayotte (FR)	Mayotte sans frontières
01.08.02	11	N.N.	Marokko, Subsahara-Afrika	ertrunken; von Schleppern gezwungen, bei Tarifa (ES) an die Küste zu schwimmen	VK/Reu./TheNews/MNS/MUGAK
01.08.02	17	N.N.	Marokko, Subsahara-Afrika	Berichten zufolge ertrunken; von Schleppern gezwungen, bei Tarifa (ES) an die Küste zu schwimmen	VK/Reuters/TheNews/MNS
01.08.02	2	N.N. (Schwangere)	Marokko, Subsahara-Afrika	ertrunken; von Schleppern gezwungen, bei Tarifa (ES) an die Küste zu schwimmen	VK/Reu./The News/MNS/MUGAK
01.08.02	2	N.N. (Frauen)	Kurdistan	Kurdinnen; tot aufgefunden; Schlepper setzten das Boot mit Geflüchteten in der Nähe von Bari (IT) aus	KO
01.08.02	5	N.N. (1 Kind)	Irak	kurdische blinde Passagier*innen; in einem Lkw, in Avellino (IT) auf dem Weg von Bulgarien nach Italien, erstickt aufgefunden	DPA/MNS/HRFT
30.07.02	1	N.N. (Mann, 23)	Kamerun	blinder Passagier; starb im Fahrwerk eines Flugzeugs aus Rio nach Paris (FR) an Unterkühlung	AP/MNS
30.07.02	1	Samba Fofana (25)	Kenia	starb an einer Folge von zwei hintereinander erlittenen Herzinfarkten auf einer Polizeistation auf Fuerteventura (ES)	Statewatch/IRR

Tot aufgefunden	Zahl	Name	Herkunftsland	Todesursache	Quelle
21.07.02	2	N.N.	unbekannt	ertrunken; das Schlauchboot kollidierte bei Vlora (AL) mit einem Boot der italienischen Küstenwache	Statewatch/VK/TL/Vita
21.07.02	15	N.N.	unbekannt	vermisst in der Nähe von Vlora (AL) nach Zusammenstoß von italienischem Zollboot mit Beiboot	ST/VK
21.07.02	5	N.N.	Albanien	ertrunken bei einer Kollision mit einem Boot der italienischen Grenzwache bei Vlora (AL)	VK
10.07.02	5	N.N.	Subsahara-Afrika	ertrunken, als das Schiff auf dem Weg zu den Kanarischen Inseln (ES) nahe Fuerteventura (ES) kenterte	EP
10.07.02	1	N.N.	Subsahara-Afrika	nahe Fuerteventura (ES) ertrunken beim Versuch, nach Spanien zu gelangen	EP
09.07.02	1	David Metrevelli (Mann)	Georgien	Suizid; erhängte sich in einem Geflüchtetencamp in Málaga (ES) aus Angst vor Abschiebung	MNS
01.07.02	2	N.N.	Kurdistan	blinde Passagier*innen; in einem Lkw aus Griechenland in Richtung Italien von der Ladung erdrückt	HRFT
01.07.02	1	N.N.	Subsahara-Afrika	ertrunken; kleines Boot mit 19 Migrant*innen erlitt vor der Küste von Fuerteventura (ES) Schiffbruch	IRR
01.07.02	4	N.N.	unbekannt	Berichten zufolge ertrunken; kleines Boot erlitt vor der Küste von Fuerteventura (ES) Schiffbruch	IRR
01.07.02	1	N.N.	unbekannt	Leiche auf einer Polizeistation in Fuerteventura (ES) gefunden	MUGAK
01.07.02	1	N.N.	unbekannt	Leiche an der Grenze zwischen Ceuta (ES/MA) und Marokko gefunden	MUGAK
01.07.02	1	Ahmet Mohammad Irak (Mann, 19)	Kurdistan	blinder Passagier; tot in einem Lastwagen auf einer Fähre aus Patras (GR) nach Brindisi (IT) aufgefunden	IRR
01.07.02	1	N.N.	Kurdistan	blinde*r Passagier*in; tot in einem Lastwagen auf einer Fähre aus Patras (GR) nach Brindisi (IT) aufgefunden	IRR
27.06.02	5	N.N.	Somalia	ertrunken; Boot sollte sie aus der Türkei nach Kos transportieren; bei Datca (TR) gesunken	VK/MNS/HRFT/IRR
27.06.02	6	N.N.	Somalia	Berichten zufolge ertrunken; Boot aus der Türkei in Richtung Kos (GR) war bei Datca (TR) gesunken	VK/MNS/HRFT/IRR
24.06.02	1	Mubarek Yagderi (32)	Afghanistan	starb bei einem Autounfall durch einen Taxifahrer, der versuchte, der Polizei an der türkisch-griechischen Grenze zu entkommen	HRFT
24.06.02	1	N.N. (Kind, 2)	Subsahara-Afrika	ertrunken; fiel vom überfüllten Schlauchboot, das vor Spanien gegen Felsen lief	MNS

Tot aufgefunden	Zahl	Name	Herkunftsland	Todesursache	Quelle
23.06.02	1	Tina (Mädchen, 3)	China	starb aufgrund mangelnder medizinischer Versorgung in einer Unterkunft für Asylsuchende in Vught (NL)	NRC
19.06.02	1	Sillih Peder (23)	Bangladesch	in der Nähe von Aslanyazi von Sicherheitskräften erschossen beim Versuch, in die Türkei einzureisen	HRFT/Pro-Asyl
19.06.02	1	Cahir (28)	Bangladesch	in der Nähe von Aslanyazi von Sicherheitskräften erschossen beim Versuch, in die Türkei einzureisen	HRFT
19.06.02	3	N.N.	Afrika	ertrunken, als ihr Boot nahe der Kanarischen Inseln bei Lanzarote (ES) kenterte	MNS
15.06.02	10	N.N. (junge Männer)	unbekannt	ertrunken; wurden gezwungen, zu einem Schiff zu schwimmen, das sie von Tunesien nach Italien transportieren sollte	Spits/MNS/MN/TL
12.06.02	1	N.N. (Mann)	Russland	Berichten zufolge ertrunken, als das Kanu auf dem Weg von Frankreich nach England kenterte	CARF/IRR
11.06.02	1	N.N.	Pakistan	ertrunken; Leiche an der Küste des Bezirks Menderes (TR) entdeckt	HRFT
10.06.02	5	N.N.	unbekannt	Berichten zufolge ertrunken; vermisst nach Sinken des Bootes nahe Antigua (Kanarische Inseln, ES)	MNS
10.06.02	1	N.N.	Subsahara-Afrika	ertrunken; Leiche an der Küste von Tuineje (Fuerteventura, ES) gefunden	MNS
08.06.02	1	N.N.	Kurdistan	ertrunken, als Schlepper ihn oder sie zwangen, in der Nähe von Puglia (IT) an die Küste zu schwimmen	HRFT
08.06.02	4	N.N.	Kurdistan	Berichten zufolge ertrunken, als Schlepper sie zwangen, in der Nähe von Puglia (IT) an die Küste zu schwimmen	HRFT/ECRE/Vita/TL
08.06.02	1	N.N.	Pakistan	ertrunken; Leiche an der Küste des Bezirks Menderes (TR) entdeckt	HRFT
05.06.02	1	N.N.	Kurdistan	Kurd*in; erschossen während einer Auseinandersetzung zwischen Migrant*innen in einem Geflüchtetencamp in Calais (FR)	VK/SP
29.05.02	4	N.N.	Pakistan	tot am Strand von Maydanoz in der Provinz Izmir, Westtürkei gefunden	Spits/MNS/HRFT
29.05.02	1	Hamid Mahmut (Mann)	Pakistan	tot am Strand von Maydanoz in der Provinz Izmir, Westtürkei gefunden	HRFT
26.05.02	1	N.N. (Junge)	Marokko	starb beim Versuch, nach Melilla (ES/MA) zu gelangen, verfing sich im Grenzzaun und erstickte	MNS
23.05.02	1	Hiva Fazil Emin (Frau, 32)	Irak	starb, als Lastwagen mit 35 Geflüchteten in der Nähe von Köprüköy (TR) umkippte	HRFT
22.05.02	1	Hidir Akay (Mann)	Türkei	bei Zypern auf einem Schiff auf dem Weg nach Italien von der türkischen Grenzwache erschossen	MNS/Vivre/Parool/HRFT

Tot auf-gefunden	Zahl	Name	Herkunftsland	Todesursache	Quelle
16.05.02	1	N.N. (Mann, ±30)	Westafrika	blinder Passagier; im Fahrwerk eines Flugzeugs aus Ghana nach England tot aufgefunden	IRR
15.05.02	1	N.N. (Mann, ±30)	Westafrika	blinder Passagier; im Fahrwerk eines Flugzeugs aus Accra (GH) in Heathrow (GB) tot aufgefunden	Telegraph
13.05.02	11	N.N. (2 Kinder)	Kurdistan	ertrunken, als das Boot beim Überqueren des Flusses Sava zwischen Bosnien und Kroatien kenterte	MNS/HRFT
13.05.02	1	Muhittin Ay (Mann)	Kurdistan	ertrunken, als das Boot bei der Überquerung des Flusses Sava zwischen Kroatien und Bosnien kenterte	MNS/HRFT/NCAs
12.05.02	1	N.N.	Afrika	blinde*r Passagier*in; in Deuil-la-Barre (FR) gefunden; Berichten zufolge aus dem Fahrwerk eines Flugzeugs gestürzt	MNS
11.05.02	1	Forsina Makoni (Frau, 79)	Simbabwe	Suizid; verbrannte sich, nachdem ihr Asylantrag abgelehnt worden war	Socialist Worker/NCADC/IRR
10.05.02	6	N.N. (Frauen; Männer)	unbekannt	ertrunken, als das Boot an der spanischen Küstenlinie kenterte	IRR
10.05.02	7	N.N.	unbekannt	Berichten zufolge ertrunken, als das Boot an der spanischen Küste kenterte	IRR
07.05.02	1	Shiraz Pir (Mann, 25)	Pakistan	Suizid; erhängt in Bristol (GB) aufgefunden, nachdem sein Asylantrag abgelehnt worden war	NCADC/CARF/IRR/ERB/BBC
01.05.02	1	John Jackson (Mann, 18)	Tansania	starb, nach mehreren Stunden im Krankenhaus, nach Sprung von einem Schiff in den korinthischen Golf (GR)	IRR
01.05.02	10	N.N.	Afghanistan	erfroren; Leichen wurden in der Gegend von Kaldiran (TR) von der Polizei gefunden	IRR
01.05.02	9	N.N. (Minderjährige)	Afghanistan	starben an Unterkühlung; in der Gegend von Kaldiran (TR) von der Polizei tot aufgefunden	IRR
01.05.02	1	N.N.	Tansania	nach Sprung von einem Schiff in den korinthischen Golf (GR) vermisst gemeldet	IRR
01.05.02	5	N.N.	Pakistan	erfroren; Leichen wurden von der Polizei in der Nähe von Menderes (TR) gefunden	IRR
24.04.02	11	N.N. (1 Frau; 10 Männer)	Afrika	ertrunken, als das Boot nahe der Kanarischen Inseln bei Lanzarote (ES) auf ein Riff lief	AFP/ARI/VK/StGallerTagblatt/BBC
17.04.02	3	N.N. (Männer)	unbekannt	ertrunken; Boot mit Geflüchteten kenterte und sank nördlich von Naxos (GR)	AFP/IRR
17.04.02	25	N.N. (4 Kinder; 1 Frau; 20 Männer)	unbekannt	vermisst; Boot mit Geflüchteten kenterte und sank nördlich von Naxos (GR)	AFP/IRR

Tot aufgefunden	Zahl	Name	Herkunftsland	Todesursache	Quelle
15.04.02	1	N.N.	Kurdistan	erschossen während einer Auseinandersetzung zwischen Migrant*innen in einem Geflüchtetencamp in Calais (FR)	SP
14.04.02	1	N.N. (junger Mann)	Uganda	blinder Passagier; erfroren im Fahrwerk eines Flugzeugs aus Uganda nach London (GB)	allAfrica/IRR
01.04.02	3	N.N.	Bangladesch	blinde Passagier*innen; in einem Lkw erstickt; wurden auf einem Parkplatz in der Nähe von Catalca (TR) aus dem Lkw geworfen	HRFT
27.03.02	1	N.N.	unbekannt	starb in einem Minenfeld in der Nähe des Flusses Evros (GR) beim Versuch, die türkisch-griechische Grenze zu überqueren	AFP/MNS/AP
20.03.02	1	Sezgin Sayan (Mann, 24)	Türkei	starb in einem Minenfeld in der Nähe des Flusses Evros (GR) beim Versuch, die türkisch-griechische Grenze zu überqueren	MNS/Vivre/HRFT/AP
20.03.02	1	Tahsin Esen (Mann, 22)	Türkei	starb in einem Minenfeld in der Nähe des Flusses Evros (GR) beim Versuch, die türkisch-griechische Grenze zu überqueren	MNS/Vivre/HRFT/AP
15.03.02	1	N.N. (Mann)	Subsahara-Afrika	blinder Passagier; seine Leiche hatte sich in der Achse eines Lastwagens von Marokko nach Melilla (ES/MA) verfangen	MNS
12.03.02	1	Mohsen Amri (Mann, 27)	Iran	Suizid in Birmingham (GB), nachdem sein Asylantrag abgelehnt worden war	NCADC/CARF/IRR
11.03.02	1	N.N.	Albanien	Berichten zufolge ertrunken; versuchte, Otranto (IT) in einem überladenen Schlauchboot zu erreichen	MNS/CNN/AFP/DPA/Vita
11.03.02	6	N.N.	Albanien	Leichen mit einem Seil an ihr Schlauchboot gebunden in Otranto (IT) gefunden	AFP/MNS/CNN/DPA/Statewatch/Vita
07.03.02	12	N.N. (5 Frauen; 7 Männer)	Nigeria, Sudan, Türkei	ertrunken, als das Schiff bei stürmischer See zwischen Lampedusa (IT) und Malta kenterte	VK/Migrant-News/MNS/AFP/CNN
07.03.02	47	N.N.	Nigeria, Sudan, Türkei	vermisst nach Kentern des Bootes bei stürmischer See in der Nähe von Malta	VK/Migrant-News/MNS/AFP/CNN
Mär 2002	11	N.N.	unbekannt	ertrunken bei Lanzarote, Kanarische Inseln (ES), nachdem das Boot auf ein Riff gelaufen war	IRR
Mär 2002	1	Riaz Omar Faruq (Mann)	Pakistan	von der Polizei an der bulgarisch-mazedonischen Grenze gefasst; von der Polizei nahe Skopje (MK) erschossen	IRR/MNS
Mär 2002	1	Syed Bilal (Mann)	Pakistan	von der Polizei an der bulgarisch-mazedonischen Grenze gefasst; von der Polizei nahe Skopje (MK) erschossen	IRR/MNS

Tot aufgefunden	Zahl	Name	Herkunftsland	Todesursache	Quelle
Mär 2002	1	Asif Javed (Mann)	Pakistan	von der Polizei an der bulgarisch-mazedonischen Grenze gefasst; von der Polizei nahe Skopje (MK) erschossen	IRR/MNS
Mär 2002	1	Khalid Iqbal (Mann)	Pakistan	von der Polizei an der bulgarisch-mazedonischen Grenze gefasst; von der Polizei nahe Skopje (MK) erschossen	IRR/MNS
Mär 2002	1	Ijaz Ahmad (Mann, 20)	Pakistan	von der Polizei an der bulgarisch-mazedonischen Grenze gefasst; von der Polizei nahe Skopje (MK) erschossen	IRR/MNS
Mär 2002	1	Hussayn Shah (Mann)	Pakistan	von der Polizei an der bulgarisch-mazedonischen Grenze gefasst; von der Polizei nahe Skopje (MK) erschossen	IRR/MNS
Mär 2002	1	Muhammad Riaz (Mann)	Indien	von der Polizei an der bulgarisch-mazedonischen Grenze gefasst; von der Polizei nahe Skopje (MK) erschossen	IRR/MNS
20.02.02	1	N.N. (Mann)	unbekannt	von einem Zug im Ärmelkanaltunnel auf dem Weg nach England erdrückt	MNS/AP/IRR
20.02.02	3	N.N. (Männer)	Afrika	ertrunken; versuchten, von Marokko nach Melilla (ES/MA) zu schwimmen	MNS/MUGAK
20.02.02	1	Nariman Tahmasebi (Mann, 27)	Iran	Suizid; erhängt aufgefunden im Gefängnis von Lewes (GB)	IRR
18.02.02	1	N.N. (Mann)	unbekannt	blinder Passagier; stürzte im Ärmelkanaltunnel zwischen Frankreich und England vom Zug	APMNS/IRR
17.02.02	1	Seval Sebahtin Rasin (Mann, 26)	unbekannt	erschlagen von der Grenzpolizei beim Versuch, die bulgarisch-türkische Grenze zu überqueren	AI
15.02.02	1	B.H. (Frau, 74)	Irak	Suizid; erhängte sich wegen schlechter Bedingungen in einer Unterkunft für Asylsuchende bei Allbruck (DE)	SAGA/ARI/IRR
12.02.02	1	Furat Orak (Mann, 22)	Türkei	Kurde; Suizid; erschoss sich nach Abschiebung aus Deutschland in die Türkei	ARI
12.02.02	4	N.N.	Afrika	ertrunken; Schiff kenterte; Leichen in der Nähe eines Strandes bei Cádiz (ES) geborgen	MNS/MUGAK
12.02.02	4	N.N.	Subsahara-Afrika	ertrunken nahe Tarifa (ES) nach Schiffbruch beim Versuch, nach Spanien (ES) zu gelangen	EP
11.02.02	1	N.N. (Junge, 17)	Irak	Suizid in einem Zentrum des Roten Kreuzes in Kopenhagen (DK); Asylantrag war abgelehnt worden	MNS/Grön Ungdom/IRR
10.02.02	9	N.N.	Marokko, Subsahara-Afrika	ertrunken, als das überladene Schiff vor Cadiz (ES) kenterte	Freies Wort
09.02.02	1	Hüseyin Vurucu (Mann, 40)	Türkei	Kurde; Suizid; warf sich in Stadtallendorf (DE) aus Angst vor Abschiebung vor einen Zug	INDd/jW/IRR
04.02.02	1	N.N.	unbekannt	erfroren beim Versuch, die schneebedeckte Grenze zwischen Bulgarien und Nordgriechenland zu überwinden	MNS

Tot auf-gefunden	Zahl	Name	Herkunftsland	Todesursache	Quelle
03.02.02	1	N.N.	unbekannt	starb wegen ausbleibender medizinischer Versorgung in einem Geflüchtetencamp in Belgien	Alg
02.02.02	1	N.N. (Mann)	Albanien	wurde vom Propeller des Motorbootes erfasst, als er aus dem Boot sprang, um an die italienische Küste zu schwimmen	Reuters
01.02.02	2	N.N. (Männer)	Marokko	blinde Passagiere; erstickten versteckt in einem Geheimfach in einem Bus von Marokko nach Spanien	MNS
01.02.02	1	N.N. (Frau)	Nigeria	in Dublin (IE) bei der Geburt ihres Kindes gestorben; Krankenhaus wusste nichts von ihrer medizinischen Vorgeschichte	MN
01.02.02	1	N.N. (Mann)	Kurdistan	Kurde; blinder Passagier; erstickt in einem Container während der Durchquerung Griechenlands Richtung Norditalien	NW
01.02.02	1	Mohamad Hussein Tamana (Mann, 25)	Iran	Suizid in der Unterkunft für Asylsuchende in Schneckenstein (DE) aus Angst vor Abschiebung	IRR
31.01.02	1	Najaat Alrikabi (Junge, 5 Monate)	Irak	starb wegen Verweigerung medizinischer Behandlung im Geflüchtetencamp in Leusden (NL)	NRC
26.01.02	1	N.N.	unbekannt	tot aufgefunden auf einer Polizeistation in Spanien	MUGAK
21.01.02	16	N.N.	unbekannt	Berichten zufolge ertrunken; Schiff kenterte an der Küste von Pozo Negro, Kanarische Inseln (ES)	MNS
20.01.02	1	Karim Tujali (Mann)	Iran	nach Abschiebung durch die türkische Polizei im Iran hingerichtet	IRAINC
19.01.02	1	N.N. (Mann, ±20)	unbekannt	blinder Passagier; von einem Stromschlag getötet, als der Zug bei Fréthun (FR) unter eine Hochspannungsleitung fuhr	MNS/AP/Telegraaf/MUGAK
12.01.02	1	Metin Güngör (Mann, 18)	unbekannt	erschossen beim Versuch, die Grenze zwischen der Türkei und Iran zu überqueren	HRFT
12.01.02	1	Hasan Kalkan (Junge, 15)	unbekannt	erschossen beim Versuch, die Grenze zwischen der Türkei und Iran zu überqueren	HRFT
09.01.02	1	Ali Muhammet Musa El Decil (Mann)	Irak	erfroren beim Versuch, die türkisch-griechische Grenze bei Edirne (TR) zu überqueren	HRFT
04.01.02	1	Mohammad Hussein (Mann, 25)	Iran	Selbstmord, erhängte sich in der Dusche im Flüchtlingsheim in Schneckenstein (DE)	ARI
01.01.02	1	Souleyman Diallo (Mann, 28)	Guinea	Suizid; sprang aus Angst vor Abschiebung von einer Brücke in Tyneside (GB)	CARF/IRR/NCADC/ERB

Tot aufgefunden	Zahl	Name	Herkunftsland	Todesursache	Quelle
01.01.02	1	N.N. (Mann)	unbekannt	auf dem Dach eines Zuges nach England im Ärmelkanaltunnel durch Stromschlag getötet	IRR
01.01.02	4	N.N.	unbekannt	erschossen von türkischer Grenzpolizei	HRW
01.01.02	26	N.N.	unbekannt	in den Bergen erfroren beim Versuch, in die Türkei zu gelangen	HRW
01.01.02	1	N.N.	Somalia	ertrunken; wurde von Schleppern gezwungen, den Fluss March (SK-AT) schwimmend zu überqueren	DerStandarc
01.01.02	19	N.N. (9 Kinder)	Afghanistan	gestorben an Unterkühlung; tot in den Bergen nahe der türkisch-iranischen Grenze gefunden	Spits/VK/MNS/HRFT/BBC/NCAs
24.06.05	4	N.N.	unbekannt	ertrunken beim Versuch, die iranisch-türkische Grenze bei Örtülü (TR) zu überqueren	HRFT
24.06.05	4	N.N.	Nordafrika	ertrunken; Leichen bei Cabo de Gata (ES) von der spanischen Polizei entdeckt	ANP/AFP
27.12.01	1	N.N. (Mann)	Algerien	ertrunken beim Versuch, heimlich an Bord eines Handelschiffes zu gelangen, das bei Ceuta (ES/MA) ankerte	MNS
23.12.01	4	N.N.	Irak	starben auf einem Minenfeld im Norden Griechenlands beim Versuch, die türkisch-griechische Grenze zu überqueren	MNS/AP
17.12.01	4	N.N.	Afrika	ertrunken; am Strand von Punta Aceituno, Kanarische Inseln (ES) tot aufgefunden	MNS/MUGAK
12.12.01	1	N.N. (Mann)	Gambia	während der Haft auf einer spanischen Polizeistation tot aufgefunden	MUGAK
11.12.01	4	N.N. (junge Männer)	Rumänien	blinde Passagiere; tot aufgefunden in einem Container am Hafen von Livorno (IT) auf dem Weg nach Kanada	MNS/AFP/NCADC/DPA/NCADC
11.12.01	2	N.N. (1 Frau; 1 Mann)	unbekannt	blinde Passagier*innen; tot in einem Frachtschiff auf dem Weg von Italien nach Kanada aufgefunden	MNS/AFP
09.12.01	7	N.N.	Maghreb	Berichten zufolge ertrunken nach Schiffbruch nahe Fuerteventura (ES)	MUGAK
08.12.01	1	Hasan Kalendergil (Mann, 28)	Kurdistan	kurdischer blinder Passagier; in einem Container aus Belgien auf dem Weg nach Irland erstickt	AFP/VK/SZ/MET/AP/NCADC/MNS
08.12.01	1	Kalendar Kalendergil (Junge, 12)	Kurdistan	kurdischer blinder Passagier; in einem Container aus Belgien auf dem Weg nach Irland erstickt	AFP/VK/SZ/MET/AP/NCADC/MNS
08.12.01	1	Zeliha Kalendergil (Mädchen, 10)	Kurdistan	kurdische blinde Passagierin; in einem Container aus Belgien auf dem Weg nach Irland erstickt	AFP/VK/SZ/MET/AP/NCADC/MNS

Tot aufgefunden	Zahl	Name	Herkunftsland	Todesursache	Quelle
08.12.01	1	Saniye Guler (Frau, 28)	Kurdistan	kurdische blinde Passagierin; in einem Container aus Belgien auf dem Weg nach Irland erstickt	AFP/VK/SZ/MET/AP/NCADC/MNS
08.12.01	1	Berkan Guler (Junge, 4)	Kurdistan	kurdischer blinder Passagier; in einem Container aus Belgien auf dem Weg nach Irland erstickt	AFP/VK/SZ/MET/AP/NCADC/MNS
08.12.01	1	Imam Guler (Junge, 9)	Kurdistan	kurdischer blinder Passagier; in einem Container aus Belgien auf dem Weg nach Irland erstickt	AFP/VK/SZ/MET/AP/NCADC/MNS
08.12.01	1	Mostafa Demir (Mann, 23)	Kurdistan	kurdischer blinder Passagier; in einem Container aus Belgien auf dem Weg nach Irland erstickt	AFP/VK/SZ/MET/AP/NCADC/MNS
08.12.01	1	Yuksel Ucaroglu (Mann, 26)	Kurdistan	kurdischer blinder Passagier; in einem Container aus Belgien auf dem Weg nach Irland erstickt	AFP/VK/SZ/MET/AP/NCADC/MNS
01.12.01	2	N.N.	Afghanistan	ertrunken beim Versuch, per Schlauchboot von der Türkei nach Griechenland zu gelangen	AFP
01.12.01	4	N.N.	Afghanistan	Berichten zufolge ertrunken beim Versuch, per Schlauchboot von der Türkei nach Griechenland zu gelangen	AFP
01.12.01	2	N.N. (Männer)	Irak	Kurden; ertrunken in der südlichen Adria (IT); wurden von Schleppern ins Meer geworfen	IRR
01.12.01	1	N.N. (Schwangere)	Irak	Kurdin; ertrunken in der südlichen Adria (IT); wurde von Schleppern ins Meer gestoßen	IRR
01.12.01	1	N.N. (junger Mann)	Marokko	ertrunken; versuchte, von einer verlassenen Insel an die ägäische Küste (TR) zu schwimmen	WB
28.11.01	1	N.N. (Baby)	Kosovo	nach mangelnder ärztlicher Versorgung an Lungenentzündung gestorben; wartete auf einen Platz in einer Unterkunft in Österreich	Rosa Antifa
28.11.01	1	N.N. (Mann)	Maghreb	ertrunken; bei Fuerteventura (ES) vom Boot gestoßen	MUGAK
25.11.01	1	Joseph Crentsil (Mann, 39)	Ghana	fiel in London aus dem 3. Stock, als die Einwanderungsbehörde ihn zu verhaften versuchte	CARF/NCADC/IRR
25.11.01	1	N.N. (Mann, 30)	Kamerun	blinder Passagier; starb auf der Rampe eines Frachtschiffes zwischen der Elfenbeinküste und den Niederlanden an Unterkühlung	AmsStadsblad/VK
25.11.01	1	N.N. (Mann)	Maghreb	ertrunken; bei Ceuta (ES/MA) an die Küste geschwemmt	MUGAK

Tot aufgefunden	Zahl	Name	Herkunftsland	Todesursache	Quelle
22.11.01	1	Ricky Bishop (Mann, 25)	unbekannt	starb in Polizeigewahrsam in Brixton (GB), nachdem er verhaftet, gefesselt und gepeinigt worden war	IRR/INDgb
09.11.01	1	Ngoz-Dung Hoang (41)	Vietnam	Suizid; sprang aus Angst vor Abschiebung von einem Gebäude in Berlin (DE)	ARI
09.11.01	2	N.N.	Komoren	Berichten zufolge nahe Majicavo ertrunken, nachdem das Boot beim Versuch, Mayotte (FR) zu erreichen, sank	Mayotte sans frontières
07.11.01	1	N.N. (Mann)	Sudan	nahe Bodrum (TR) ertrunken, als das Boot kenterte	VK
07.11.01	12	N.N. (Männer)	Nigeria	ertrunken, als das Schiff nahe Bodrum an der Südwestküste der Türkei kenterte	MNS/VK/AFP
06.11.01	5	N.N.	Sudan	ertrunken, als das Schiff nahe Bodrum an der Südwestküste der Türkei kenterte	MNS/DPA
06.11.01	1	N.N. (Mann)	unbekannt	wurde bei der Flucht vor der Polizei, die afghanisch-pakistanische Geflüchtete in einen Bus zwang, vom Auto erfasst	DPA
01.11.01	1	N.N. (Frau)	Ecuador	starb beim Versuch, aus dem Fenster eines Krankenhauses in Mailand (IT) zu flüchten, weil ihr erforderliche Dokumente fehlten	IRR
30.10.01	1	N.N. (Junge)	unbekannt	blinder Passagier; vom Laster gefallen und auf die Autobahn gerollt auf dem Weg von Belgien nach Calais (FR)	MNS
28.10.01	1	N.N. (Junge)	Nordafrika	blinder Passagier; vom Anhänger, unter dem er lag, auf dem Weg von Marokko nach Algeciras (ES) erdrückt	MNS/MUGAK
25.10.01	1	N.N. (Mann, 28)	Georgien	in der Nähe von Guben (DE) ertrunken; versuchte, den Fluss Neiße (PL-DE) zu überqueren	ARI
25.10.01	25	N.N.	Komoren	Berichten zufolge ertrunken, nachdem das Boot auf dem Weg nach Mayotte (FR) sank	Mayotte sans frontières
23.10.01	1	N.N. (Mann)	Subsahara-Afrika	in der Meerenge von Gibraltar ertrunken; versuchte, von Marokko nach Spanien zu schwimmen	MUGAK
18.10.01	1	Omid Jamil Ali (Mann, 21)	Kurdistan	starb nach Sprung von einer Brücke auf einen Zug am französischen Ende des Ärmelkanaltunnels	IRR
18.10.01	15	N.N.	Komoren	Berichten zufolge ertrunken nach Schiffbruch beim Versuch, Mayotte (FR) zu erreichen	Mayotte sans frontières
15.10.01	1	N.N. (Frau, 27)	unbekannt	starb an Erschöpfung im Laderaum eines Schiffes aus der Türkei nach Italien; Berichten zufolge schwanger	Reuters

Tot aufgefunden	Zahl	Name	Herkunftsland	Todesursache	Quelle
06.10.01	7	N.N.	Komoren	ertrunken nahe Mayotte (FR) nach Schiffbruch eines Bootes mit 25 Migrant*innen	Mayotte sans frontières
30.09.01	1	N.N. (Mann, ±30)	unbekannt	starb in einem Minenfeld im Norden von Griechenland, als er versuchte, die griechisch-türkische Grenze zu überqueren	MNS
19.09.01	1	Hamid Bakiri (Mann, 30)	Algerien	Suizid; erhängte sich in einer Gefängniszelle in Les Grisons (CH) aus Angst vor Abschiebung	MNS/IRR
19.09.01	1	Samuel Yeboah (Mann)	Ghana	starb bei Brand in Flüchtlingsheim in Saarlouis, Fraulautern (DE)	Indymedia/SFR
17.09.01	5	N.N.	Marokko	ertrunken nahe Mulay Buselham (MA) nach Schiffbruch auf dem Weg nach Spanien (ES)	ELM
12.09.01	3	N.N. (Männer)	unbekannt	ertrunken; verwesende Leichen wurden in Cabestrante bei El Ejido (ES) an die Küste gespült	MNS/ODP
09.09.01	13	N.N.	Marokko	ertrunken; Leichen nahe Rabat (MA) nach einem Schiffbruch an die Küste gespült	MNS/AP/IRR/ODP
09.09.01	41	N.N.	Marokko	Berichten zufolge ertrunken; vermisst nach einem Schiffbruch nahe Rabat (MA)	MNS/AP/IRR/ODP
06.09.01	2	N.N.	unbekannt	blinde*r Passagier*innen; tot aufgefunden in einem Frachtschiff in Sevilla (ES)	ODP
05.09.01	5	N.N.	unbekannt	ertrunken beim Versuch, an den Strand der griechischen Insel Evia zu schwimmen	DPA
01.09.01	5	N.N.	unbekannt	starben beim Übersetzen in einem alten, defekten Schiff auf dem Weg von der Türkei nach Griechenland	DPA
23.08.01	9	N.N.	Afrika	ertrunken; von Schleppern nahe der Kanarischen Insel Lobos (ES) über Bord geworfen	MNS/AP
22.08.01	4	N.N.	unbekannt	ertrunken; wurden gezwungen, bei Almería (ES) an die Küste zu schwimmen; konnten nicht schwimmen	MNS/AP
21.08.01	1	Nasser Ahmed (Mann, 36)	Eritrea	Suizid; in Neslon (GB) erhängt aufgefunden, nachdem sein Asylantrag abgelehnt worden war	MNS/IRR/CARF/NCADC
20.08.01	1	N.N. (junger Mann)	Nordafrika	auf dem Weg nach Spanien ertrunken; nördlich von Cabo de Tres Forcas (MA) gefunden	MNS
20.08.01	1	N.N. (Mann, ±20)	Kosovo	ertrunken; sprang bei Dover (GB) während seiner Abschiebung über Bord einer Fähre	CARF/IRR/MNS
19.08.01	2	N.N.	Afrika	ertrunken, nachdem ihr Boot bei Fuerteventura (Kanarische Inseln, ES) gesunken war	MNS

Tot aufgefunden	Zahl	Name	Herkunftsland	Todesursache	Quelle
19.08.01	3	N.N.	Afrika	Berichten zufolge ertrunken; Boot sank vor Fuerteventura (Kanarische Inseln, ES)	MNS
18.08.01	1	N.N.	unbekannt	Leiche während einer Polizeiaktion nahe der Küste von Tarifa (ES) gefunden	OBP
13.08.01	2	N.N. (Kinder)	Afrika	verwesende Leichen in La Coruna (ES) im Frachtraum eines Schiffes aus Panama gefunden	MNS
11.08.01	8	N.N.	Komoren	Berichten zufolge ertrunken nach Schiffbruch in der Nähe von Mayotte (FR)	Mayotte sans frontières
09.08.01	1	N.N. (Mann)	Nordafrika	ertrunken auf dem Weg nach Spanien; in der Nähe des Strandes von Bolonia in Tarifa (ES) gefunden	MNS/ODP
09.08.01	1	N.N. (Mann)	Marokko	Leiche in Polizeigewahrsam in Ceuta (ES/MA) aufgefunden	ODP
08.08.01	11	N.N.	unbekannt	Berichten zufolge ertrunken; Boot wurde teibend aufgefunden (ES)	ODP
06.08.01	26	N.N.	Komoren	Berichten zufolge ertrunken; Schiff sank beim Versuch, Mayotte (FR) zu erreichen	Mayotte sans frontières
06.08.01	2	N.N.	Komoren	Berichten zufolge ertrunken; Schiff sank beim Versuch, Mayotte (FR) zu erreichen	Mayotte sans frontières
05.08.01	1	N.N. (Mädchen, 5)	Komoren	nahe Anjouan (ES) nach Schiffbruch ertrunken beim Versuch, Mayotte (FR) zu erreichen	Mayotte sans frontières
03.08.01	1	Johnson O. (Mann, 19)	Nigeria	Suizid; sprang aus dem Fenster eines Gerichtsgebäudes in Wien (AT); Asylantrag war abgelehnt worden	MNS/Malmoe
01.08.01	1	N.N. (junger Mann)	Afrika	ertrunken; Berichten zufolge kenterte sein Boot nahe Fuerteventura (ES)	SZ
22.07.01	1	N.N. (Frau)	Afrika	Asylsuchende; wurde Opfer der Haftbedingungen in der Türkei	MNS
19.07.01	1	Nguyen Thi Nga (Frau, 34)	Vietnam	fiel aus Angst vor Abschiebung aus dem Fenster der Unterkunft für Asylsuchende in Mespelbrunn (DE)	ARI
16.07.01	1	N.N. (Mann)	Indien	von der türkischen Grenzpolizei (TR/SY) erschossen, als ein Bus mit Flüchtlingen nicht anhalten wollte	NW
15.07.01	4	N.N.	Maghreb	ertrunken; Boot stieß bei Tarifa (ES) beim Versuch, vor der Polizei zu flüchten, gegen Felsen	MNS/ODP
15.07.01	2	N.N.	Maghreb	starben durch Inhalation von toxischen Chemikalien im Innern eines kleinen Bootes bei Tarifa (ES)	MNS/ODP
13.07.01	1	N.N. (Mann)	unbekannt	ertrunken; Leiche am Strand von Tarifa (ES) gefunden	Statewatch/MUGAK
10.07.01	2	N.N.	Indien	südlich von Sizilien (IT) ertrunken; wahrscheinlich von Schleppern ins Meer geworfen	MNS/NW DPA/Vita/TL

Tot aufgefunden	Zahl	Name	Herkunftsland	Todesursache	Quelle
10.07.01	2	N.N.	Nordafrika	südlich von Sizilien (IT) ertrunken; wahrscheinlich von Schleppern ins Meer geworfen	MNS/NW DPA/Vita/TL
05.07.01	1	N.N. (Frau)	Georgien	erfroren beim Versuch, die schneebedeckte Grenze zwischen Bulgarien und Nord-Griechenland zu überwinden	MNS
01.07.01	11	N.N.	Marokko	Berichten zufolge ertrunken beim Versuch, mit einem kleinen Schiff nahe Almería (ES) über Wasser zu bleiben	MNS
01.07.01	3	N.N.	Afrika	ertrunken; wurden von türkischen Soldaten gezwungen, durch einen Fluss nach Griechenland zurückzuschwimmen	MNS
01.07.01	15	N.N.	Afrika	Berichten zufolge tot; wurden gezwungen, zwischen der türkisch-griechischen Grenze hin und her zu laufen	MNS
28.06.01	1	N.N.	Afrika	starb auf einem Schlauchboot bei Tarifa (ES) auf dem Weg von Marokko nach Spanien	MUGAK
27.06.01	1	N.N. (Mann)	Nordafrika	starb durch die toxischen Gase eines Motorbootes auf dem Weg nach Spanien	MUGAK/ GARA/MNS
24.06.01	1	N.N. (Frau)	unbekannt	Suizid einer Asylsuchenden im Erstaufnahmezentrum in Gimo (SE)	MNS
16.06.01	1	N.N. (Mann)	unbekannt	ertrunken; sprang, als er entdeckt wurde, vom Boot und schlug mit dem Kopf auf; war auf dem Weg nach Spanien	MNS
14.06.01	1	Mohammed Ayaz (Mann, 21)	Pakistan	blinder Passagier; fiel aus dem Radschacht eines Flugzeuges aus Bahrain auf einen Parkplatz in Richmond (GB)	OBV/IRR
14.06.01	6	N.N.	Irak, Afghanistan	ertrunken, als das Boot in der Nähe von Mykonos (GR) auf Felsen auflief und sank	MNS
14.06.01	4	N.N. (3 Kinder)	Irak, Afghanistan	Berichten zufolge ertrunken, als das Boot in der Nähe von Mykonos (GR) auf Felsen auflief und sank	MNS
12.06.01	1	N.N. (junger Mann)	Nordafrika	ertrunken; Leiche an der Küste von Tarifa (ES) an Land gespült	MUGAK/ GARA
11.06.01	17	N.N. (Männer)	Indien	Berichten zufolge ertrunken beim Versuch, den Fluss Morava an der Grenze zwischen Tschechien und der Slowakei zu durchqueren	AP/IRR/ DerStandard
11.06.01	1	N.N. (Mann)	Indien	ertrunken beim Versuch, den Fluss Morava an der Grenze zwischen Tschechien und der Slowakei zu durchqueren	AP/IRR/ DerStandard
11.06.01	1	N.N. (Mann)	Nordafrika	Berichten zufolge auf dem Weg nach Spanien ertrunken; am Strand von Tarifa (ES) gefunden	MNS/ELM/ PUB

Tot aufgefunden	Zahl	Name	Herkunftsland	Todesursache	Quelle
11.06.01	5	N.N.	Albanien	ertrunken, als das Boot in der Nähe von Apulien (IT) sank	MNS
10.06.01	12	N.N.	Albanien	nach dem Sinken eines überfüllten Schlauchbootes nahe Trani (IT) ertrunken	IRR/Vita/TL/LS
30.05.01	15	N.N.	Subsahara-Afrika	Berichten zufolge ertrunken, nachdem ein Patrouillenboot bei Fuerteventura (ES) das Boot abgefangen hatte	MNS/IRR/MUGAK/EP/AFP
29.05.01	1	N.N. (Mann, 25,)	Ex-Jugoslawien	nach dem Ausbruch eines Feuers in der Unterkunft für Asylsuchende in Werdau (DE) an schweren Verbrennungen gestorben	ARI
24.05.01	1	N.N. (Mann)	Nordafrika	nahe Cadiz (ES) ertrunken, als das kleine Boot kenterte	MNS/ELM
24.05.01	1	N.N. (junger Mann)	Afrika	Berichten zufolge ertrunken; tot am Strand nahe Melilla (ES/MA) aufgefunden	MNS
23.05.01	1	N.N.	Nigeria	Suizid; nach Verhaftung in Soto del Real (ES) erhängt aufgefunden	MUGAK
22.05.01	2	N.N. (Männer, ±28)	unbekannt	starben auf einem markierten Minenfeld; kamen aus der Türkei über den Fluss Evros nach Griechenland	Athens News Agency
21.05.01	3	N.N.	unbekannt	starben auf einem Minenfeld in Griechenland; versuchten, die türkisch-griechische Grenze zu überqueren	DPA/Athens News Agency
21.05.01	1	Shurat Tamo (Junge, 14)	Irak	Kurde; Suizid nach abgelehntem Asylantrag im Geflüchtetenlager De Lier (NL)	PRIME
13.05.01	1	N.N. (20)	Iran	gefunden im Fahrwerk eines iranischen Flugzeuges am Flughafen Teheran; versuchte, nach Europa zu gelangen	Reuters
12.05.01	1	N.N. (Mann)	Marokko	Leiche bei Tarifa (ES) gefunden	MUGAK
09.05.01	1	N.N.	unbekannt	starb auf einem Schlauchboot auf dem Weg von Marokko nach Tarifa (ES)	MUGAK
09.05.01	1	N.N.	Nordafrika	Leiche entdeckt in der Nähe von Tarifa (ES), als eine Gruppe von 188 Migrant*innen abgefangen wurde	MUGAK
08.05.01	1	N.N. (45)	Marokko	tot an der Küste bei Tarifa (ES) aufgefunden; versuchte, die Meerenge von Gibraltar zu durchqueren	NW/MUGAK/ELM/Diario Vasco
06.05.01	3	N.N.	Somalia	getötet bei einem Autounfall; Auto stürzte nordwestlich von Rumänien auf dem Weg nach Ungarn in einen Fluss	MNS/IRR
01.05.01	1	Samson Chukwu (Mann, 27)	Nigeria	starb in Granges (CH); erstickte während der Abschiebung nach Nigeria	AugenAuf/CCSI/SOS-CH/BAZ

Tot aufgefunden	Zahl	Name	Herkunftsland	Todesursache	Quelle
01.05.01	1	Sinnathamby Thevathasan (Mann, 33)	Sri Lanka	starb nach der Flucht von Deutschland nach Frankreich aus Angst vor Abschiebung an Herzproblemen	ARI
18.04.01	1	N.N. (Mann, 25)	Vietnam	starb, nachdem er nahe Putzkau (DE/CZ) in eine Wassergrube stürzte beim Versuch, einer Polizeikontrolle zu entkommen	EIS/NW/Lausitzer-Rundschau
17.04.01	3	N.N. (2 Frauen, 1 Mann)	Georgien	im Belasica-Gebirge erfroren (BG/GR); versuchten, zu Fuß nach Griechenland zu gelangen	MNS
17.04.01	1	N.N. (Mann)	Ghana	im Belasica-Gebirge erfroren (BG/GR); versuchte, zu Fuß nach Griechenland zu gelangen	MNS
12.04.01	1	N.N. (junger Mann)	Afghanistan	durch einen Stromschlag getötet beim Versuch, in Calais (FR) heimlich an Bord eines Eurostar-Zuges zu gelangen	MNS
06.04.01	1	N.N. (30)	Nordafrika	starb beim Sturz von einer Klippe beim Versuch, vor der Guardia Civil in der Nähe von Tarifa (ES) zu flüchten	MNS/MUGAK/EP
29.03.01	1	Yusuf Isler (Mann)	Türkei	Skelett auf einem Minenfeld zwischen der griechisch-türkischen Grenze gefunden	ProAsyl
29.03.01	1	Adnan Cevik (Mann, 26)	Türkei	starb in Minenfeld an der türkisch-griechischen Grenze beim Versuch, nach Abschiebung und Folterung nach Deutschland zurückzukehren	ProAsyl
28.03.01	1	N.N. (Mann)	unbekannt	Berichten zufolge ertrunken beim Versuch, an die Küste zu schwimmen; Leiche am Strand nahe Tarifa (ES) gefunden	MNS/AP
27.03.01	1	N.N. (Junge, 17)	unbekannt	starb, als er in verwirrtem Zustand beim Verlassen der Haftanstalt Dronten (NL) von einem Lkw erfasst wurde	NOS
24.03.01	2	N.N. (1 Frau; 1 Mann)	Kurdistan	starben, als ihr Boot im Kanal Otranto (IT) mit einem Boot der italienischen Marine kollidierte	GARA
23.03.01	1	N.N. (Mann)	Nordafrika	blinder Passagier; auf der Autobahn nahe Darro (ES) tot aufgefunden; Berichten zufolge von einem Lastwagen gefallen	MNS
23.03.01	1	N.N. (Mann, 30)	Nordafrika	ertrunken auf seinem Weg nach Spanien; Leiche in fortgeschrittenem Stadium der Verwesung bei Tarifa (ES) gefunden	EP/GARA
22.03.01	1	N.N. (Mann, 40)	Guinea	wurde von einem marokkanischen Geflüchteten getötet, der nicht aus dem Gefängnis Almería (ES) abgeschoben werden wollte	GARA

Tot aufgefunden	Zahl	Name	Herkunftsland	Todesursache	Quelle
21.03.01	1	N.N. (±25)	Maghreb	bei Schiffbruch ertrunken; Leiche an den Strand an der Küste bei Tarifa (ES) gespült	MNS/Diario Vasco/GARA
21.03.01	7	N.N. (Männer)	unbekannt	auf ihrem Weg nach Spanien ertrunken; nahe Tarifa (ES) gefunden	GARA
21.03.01	3	N.N. (2 Frauen; 1 Mann)	Maghreb	ertrunken, nachdem das Boot kollidiert war; Leichen in der Nähe des Strandes von Tarifa (ES) gefunden	MNS/Diario Vasco/GARA
16.03.01	1	N.N. (Mann)	Irak	ertrunken vor der Küste von Melilla (ES/MA), nachdem er von Schleppern gezwungen worden war, über Bord zu gehen	MNS/EP
05.03.01	1	N.N. (29)	Marokko	blinde*r Passagier*in; bei Madrid (ES) tot in einem Container aus Casablanca (MA) aufgefunden	MNS
04.03.01	2	N.N.	Nordafrika	bei einem Schiffbruch ertrunken, der sich einen Monat zuvor ereignet hatte; Leichen wurden nahe Tarifa (ES) gefunden	MNS/EP
22.02.01	1	N.N. (Mädchen, 2)	Pakistan	starb an unzureichender medizinischer Versorgung in der Unterkunft für Asylsuchende in Waddingxveen (NL)	MNS
19.02.01	1	Tommy Klen Mayola (Mann, 19)	Kongo	blinder Passagier; erfroren im Fahrwerk auf einem Flug von Gatwick (GB) in die USA	NCADC/ INexile/Telegraph/IRR
19.02.01	1	N.N. (Mann, 29)	Iran	starb in der Unterkunft für Asylsuchende in Wien (AT); bei einer tödlichen Auseinandersetzung erstochen; die Wache griff nicht ein	Ya.N
10.02.01	2	N.N. (junge Männer)	Nordafrika	Leichen in fortgeschrittenem Stadium der Verwesung nahe Tarifa (ES) gefunden	GARA
06.02.01	30	N.N.	unbekannt	nahe Tarifa (ES) ertrunken, nachdem das Boot auf dem Weg nach Spanien (ES) kenterte	EP
05.02.01	10	N.N. (junge Männer)	Nordafrika	nahe Tarifa (ES) ertrunken, nachdem das Boot auf dem Weg nach Spanien (ES) kenterte	MNS/ELM/ EP/GARA/ DiarioVasco
05.02.01	1	N.N. (Frau)	Maghreb	nahe Tarifa (ES) ertrunken, nachdem das Boot auf dem Weg nach Spanien (ES) kenterte	MNS/ELM/ EP/GARA/ DiarioVasco
05.02.01	1	N.N. (Junge, 10)	Maghreb	nahe Tarifa (ES) ertrunken, nachdem das Boot auf dem Weg nach Spanien (ES) kenterte	MNS/ELM/ EP/GARA/ DiarioVasco
05.02.01	1	N.N. (Mann, ±17)	Maghreb	nahe Tarifa (ES) ertrunken, nachdem das Boot auf dem Weg nach Spanien (ES) kenterte	MNS/ELM/ EP/GARA/ DiarioVasco
01.02.01	1	N.N. (Mann, ±30)	Irak	blinder Passagier; beim Versuch, am Ärmelkanaltunnel (GB/FR) auf einen Güterzug aufzuspringen, getötet	MNS/IRR

Tot aufgefunden	Zahl	Name	Herkunftsland	Todesursache	Quelle
01.02.01	2	N.N.	China	getötet, als sie auf dem Weg von Ungarn nach Österreich die Schlepper nicht bezahlen konnten	IRR
01.02.01	1	Idris Demir (Mann)	Kurdistan	Kurde; Asylantrag abgelehnt; bei einem Fluchtversuch in Jönköping (SE) von der Polizei erschossen	IRR/MNS
25.01.01	7	N.N.	Afrika	Berichten zufolge ertrunken; Boot vermisst, seit es von der spanischen Küste nahe Almería (ES) abtrieb	MNS
22.01.01	1	N.N. (Mann)	Maghreb	Berichten zufolge nahe Tarifa (ES) ertrunken, nach der Kollision mit einem Patrouilleschiff der Küstenwache	GARA
21.01.01	6	N.N.	Nordafrika	1 Leiche gefunden; Berichten zufolge 5 weitere nach Kentern des Bootes nahe Tarifa (ES) ertrunken	MNS
20.01.01	1	N.N. (Mann)	Kosovo	blinder Passagier; auf einer Fähre auf dem Weg von Oostende (BE) nach Dover (GB) entdeckt, sprang vom Schiff	IRR/NCADC
18.01.01	1	Shokrola Khaleghi (Mann, 27)	Iran	Suizid; nach abgelehntem Asylantrag in einer Unterkunft für Geflüchtete in Leicester (GB) erhängt aufgefunden	CARF/MNS/Statewatch/IRR
12.01.01	1	N.N. (Mann, 63)	Libanon	starb an schweren Verbrennungen nach einem Feuerausbruch in einer Unterkunft für Asylsuchende in Eschwege (DE)	ARI
10.01.01	1	Renat Istanderov (Mann, 25)	Kasachstan	Suizid aus Angst vor Abschiebung aus Belgien	MNS
06.01.01	1	N.N. (Mann)	Marokko	ertrunken; am Strand von Bolonia, Tarifa (ES), aufgefunden	GARA/Diario Vasco
03.01.01	12	N.N. (4 Frauen; 8 Männer)	Ecuador	nicht gemeldete Wanderarbeiter*innen; starben in einem Lastwagen in der Nähe von Murcia (ES)	MNS
02.01.01	1	N.N. (Mann)	Subsahara-Afrika	Berichten zufolge ertrunken beim Versuch, nach Tarifa (ES) zu gelangen	EP
01.01.01	25	N.N.	unbekannt	blinde Passagier*innen; ertrunken, als Frachter bei stürmischer See in der Nähe von Antalya (TR) sank	DPA/Reuters/MNS/Morgengr./MN
01.01.01	6	N.N.	Indien, Pakistan	blinde Passagier*innen; ertrunken nach Sinken ihres Schiffes auf hoher See nahe Antalya (TR)	La Opinión
01.01.01	1	N.N. (Mann, 20)	Westafrika	Suizid; erhängte sich mit einem Bettlaken in der Abschiebehaft in Schaffhausen (CH)	CARF/IRR
23.06.05	2	N.N.	Tunesien	blinde Passagier*innen; im Rumpf eines Schiff in Brindisi (IT) erstickt aufgefunden	IRR
23.06.05	1	Khorany Abdulhabib (Mann, 25)	Afghanistan	ertrunken auf dem Weg von der Türkei auf die griechische Insel Lesbos (GR) in der Ägäis	Den Blanken

Tot aufgefunden	Zahl	Name	Herkunftsland	Todesursache	Quelle
23.06.05	5	N.N.	Afghanistan	ertrunken auf dem Weg von der Türkei auf die griechische Insel Lesbos (GR) in der Ägäis	Den Blanken
23.06.05	1	Gevour Gworkiyan (Mann, 20)	Armenien	Suizid; sprang in Den Bosch (NL) vor einen Zug	PRIME
31.12.00	1	N.N. (Frau, 23)	Bulgarien	im Belasica-Gebirge (GR/BG) beim Versuch, nach Griechenland zu gelangen, erfroren	MNS
27.12.00	1	N.N. (Mann, 30)	Subsahara-Afrika	in den Bergen nahe Ceuta (ES/MA) auf seinem Weg nach Spanien an Unterkühlung gestorben	Diario Vasco
25.12.00	1	Michael Fonseca (Junge, 16)	Kuba	blinder Passagier; fiel aus dem Fahrwerk eines British Airways-Flugzeuges in der Nähe des Flughafens Gatwick (GB)	MNS/ Parool/Telegraph
24.12.00	1	A. Vazquez Rodriguez (17)	Kuba	blinde*r Passagier*in; fiel aus dem Fahrwerk eines British Airways-Flugzeuges in der Nähe des Flughafens Gatwick (GB)	MNS/ Parool/Telegraph
21.12.00	2	N.N.	Albanien	bei Autounfall in der Nähe von Thessaloniki (GR) verbrannt; versuchten, nach Griechenland zu gelangen	MNS
21.12.00	1	N.N. (Mann)	Irak	Kurde; ertrunken, nachdem er von Schleppern gezwungen worden war, in der Nähe von Otranto (IT) von Bord zu gehen	MNS/ELM
21.12.00	2	N.N. (1 Schwangere; 1 Mann)	unbekannt	Berichten zufolge ertrunken; von Schleppern gezwungen, nahe Otranto (IT) das Boot zu verlassen;	MNS/ELM
21.12.00	1	N.N.	Nordafrika	ertrunken; am Strand von Bolonia (ES) gefunden	MNS
21.12.00	1	N.N. (Mann, ±25)	Nordafrika	Berichten zufolge nach einem Schiffbruch in der Nähe von Tarifa (ES) ertrunken; versuchte, nach Spanien zu gelangen	ELM/EP
21.12.00	1	Saeed Alaei (Mann, 26)	Iran	Suizid; in Nelson, Lancashire (GB) erhängt aufgefunden, nachdem sein Asylantrag abgelehnt worden war	CARF/IRR/ NCADC
19.12.00	1	Rasoul Mavali	Iran	Suizid; erhängte sich nach Erhalt des Abschiebebescheids (NL)	IFIR
18.12.00	1	Ebune Christian Ecole (Mann, 30)	Kamerun	starb an Herzversagen während seiner Abschiebung vom internationalen Flughafen Budapest (HU)	Reu./ UNHCR/ MNS/ MGHR/IRR/ HHC
17.12.00	2	N.N. (Männer)	Marokko	ertrunken; tot bei Tarifa (ES) aufgefunden	ELM
16.12.00	1	E.H.T. (24)	Marokko	Berichten zufolge ertrunken; am Strand bei Tarifa (ES) gefunden	MNS/EP
16.12.00	1	N.N.	unbekannt	Berichten zufolge ertrunken; am Strand bei Algeciras (ES) gefunden	MNS

Tot aufgefunden	Zahl	Name	Herkunftsland	Todesursache	Quelle
16.12.00	1	N.N. (Kind)	Algerien	starb an Kälte und Erschöpfung, nachdem er oder sie schwimmend die Küste von Ceuta (ES/MA) erreicht hatte	MNS/ELM/ Diario Vasco
16.12.00	1	N.N. (Mann, ±25)	Nordafrika	ertrunken; Leiche in fortgeschrittenem Verwesungszustand tot an der Küste vor Tarifa (ES) aufgefunden	ELM
15.12.00	1	N.N. (Mann, 32)	China	Suizid; sprang aus dem Zug in der Nähe der Bahnstation Thyrow (DE)	ARI
15.12.00	27	N.N.	unbekannt	Berichten zufolge ist das Boot mit 27 Personen im Golf von Almería (ES) gesunken; alle Insassen sind ertrunken	ELM/GARA
14.12.00	2	N.N. (Kinder)	Nordafrika	ertrunken; vor der Küste von Tarifa (ES) tot aufgefunden	MNS
14.12.00	1	N.N. (Kind)	Nordafrika	ertrunken; in der Nähe von Ceuta (ES/MA) in spanischen Gewässern tot aufgefunden	MNS
11.12.00	1	Gebeyehu E. (Mann, 33)	Äthiopien	Suizid in Kriftel (DE) aus Angst vor Abschiebung; Behörden verleugneten seine Psychose	IRR
09.12.00	3	N.N. (junge Männer)	Subsahara-Afrika	ertrunken, nachdem ihr Boot auf dem Weg nach Spanien zerbrach; in der Nähe von Cadiz (ES) gefunden	Diario Vasco
08.12.00	1	A. Subramaniam (Junge, 17)	Sri Lanka	Suizid; erhängte sich in der Haftanstalt in Hannover-Langenhagen (DE) mit seinen Schnürsenkeln	Morgengr./ Statewatch/ FR-NieSa
08.12.00	1	N.N. (Mann)	Nordafrika	auf seinem Weg nach Spanien ertrunken; in der Nähe von Ceuta (ES/MA) gefunden	Diario de Noticias
06.12.00	1	Mohamed Said Ahattach (Junge, 17)	Marokko	nach der illegalen Landung mit einem Schlauchboot auf der N340 nahe San Roque (ES) von einem Lastwagen überfahren	EP/ELM
05.12.00	1	Saulius Gonta (Mann, 19)	Litauen	Berichten zufolge in der Nähe von El Ejido (ES) vom Lastwagen vor ein Auto gefallen	EP
04.12.00	1	N.N. (Mann)	Nordafrika	starb nahe Tarifa (ES) an toxischen Gasen; versuchte, die Meerenge von Gibraltar in einem kleinen Boot zu überqueren	MNS/ELM
04.12.00	1	N.N. (Mann, ±30)	Afrika	Berichten zufolge ertrunken; in den spanischen Gewässern nahe Ceuta (ES/MA) gefunden	MNS/GARA/ ELM
04.12.00	2	N.N. (Männer)	Subsahara-Afrika	ertrunken; Leichen am Strand von Castillejos (ES) gefunden	ELM/GARA/ MNS
04.12.00	17	N.N.	Komoren	Berichten zufolge nahe Anjouan ertrunken beim Versuch, Mayotte (FR) zu erreichen	Mayotte sans frontières
03.12.00	1	Abdelhadi Lamhamdi (Mann, 23)	Marokko	von der Polizei am Strand von Tarifa, Cadiz (ES) beim Verlassen des kleinen Bootes erschossen	ELM/LV/ MNS/Diario/ VSF/MUGAK

Tot aufgefunden	Zahl	Name	Herkunftsland	Todesursache	Quelle
03.12.00	1	Kwuami Aziaku Prempe (Mann, 42)	Togo	Suizid; erhängte sich aus Angst vor Abschiebung in seinem Haus in Salzwedel (DE)	ARI
01.12.00	1	Hossein (30)	Bangladesch	Asylsuchender; beging aus Verzweiflung in Stockholm (SE) Suizid	Nätverket mot rasism
01.12.00	1	N.N.	Sri Lanka	starb an Erschöpfung auf dem Weg nach Deutschland bei der Überquerung der russisch-kasachischen Grenze in der Wüste	MNS
01.12.00	1	N.N. (Mann)	Bosnien	blinder Passagier; beim Versuch, im Kofferraum eines Autos illegal nach Schweden einzureisen, erstickt	MNS
01.12.00	3	N.N. (1 Schwangere; 2 Männer)	Afrika	ertrunken; Leichen in der Nähe von Ceuta (ES/MA) gefunden	VSF
01.12.00	1	N.N.	unbekannt	auf dem Weg nach Spanien ertrunken; in der Nähe von Ceuta (ES/MA) gefunden	Diario de Noticias
01.12.00	1	N.N. (Mann, 25)	Ruanda	gestorben an mangelnder medizinischer Versorgung; im Grenzgefängnis im Süd-Osten von Amsterdam (NL) ernsthaft erkrankt	VK
28.11.00	1	Samuel Bardhi (Baby, 6 Monate)	Kosovo	starb in Kärnten (AT) an Lungenentzündung; innerhalb der Regierung Streitigkeit über Verantwortlichkeit	RosaAntifa/ Format/ DerStandard
25.11.00	1	N.N. (Mann)	Sierra Leone	ertrunken beim Versuch, die spanische Enklave zu erreichen; nahe Ceuta (ES/MA) angeschwemmt	MNS
17.11.00	1	N.N. (Mann, ±20)	unbekannt	blinder Passagier; starb in Dover (GB), nachdem er von dem Lkw überfahren worden war, in dem er sich versteckt hatte	IRR
15.11.00	2	N.N. (Männer)	Bangladesch	beim illegalen Einreisen in die Türkei vom Iran aus von der türkischen Grenzwache erschossen	MNS
13.11.00	1	N.N. (Frau)	Komoren	ertrunken; sprang vom Boot, um nach Mayotte (FR) zu gelangen	Mayotte sans frontières
11.11.00	1	N.N. (Mann, ±27)	unbekannt	auf dem Weg nach Spanien ertrunken; Leiche in der Nähe von Tarifa (ES) gefunden	Diario Vasco
09.11.00	1	Hajzer Mehmeti (Mann)	Kosovo	Rom*Romni; getötet nach der Teilnahme an einem Rückkehrprojekt im Herkunftsdorf in der Nähe von Pristina (XZ)	ERRC
09.11.00	1	Agron Mehmeti (Junge, 16)	Kosovo	Rom*Romni; getötet nach der Teilnahme an einem Rückkehrprojekt im Herkunftsdorf in der Nähe von Pristina (XZ)	ERRC
09.11.00	1	Istref Bajrami (Mann)	Kosovo	Rom*Romni; getötet nach der Teilnahme an einem Rückkehrprojekt im Herkunftsdorf in der Nähe von Pristina (XZ)	ERRC

Tot aufgefunden	Zahl	Name	Herkunftsland	Todesursache	Quelle
09.11.00	1	Isuf Ahmeti (Mann)	Kosovo	Rom*Romni; getötet nach der Teilnahme an einem Rückkehrprojekt im Herkunftsdorf in der Nähe von Pristina (XZ)	ERRC
05.11.00	6	N.N.	Türkei	Berichten zufolge im Fluss Save (HR/BA) ertrunken, nachdem das kleine Boot gekentert war	MNS
01.11.00	1	N.N. (Mann)	Nordafrika	ertrunken; nahe Tarifa (ES) gefunden; versuchte, die Meerenge von Gibraltar zu überqueren	MNS
01.11.00	1	N.N. (Mann)	Albanien	Führer einer Gruppe von Geflüchteten; in der Grenzstadt Florina von der griechischen Polizei erschossen	MNS
01.11.00	1	N.N. (Mann)	Rumänien	starb bei einem Autounfall; versuchte, in der Nähe von Reitzenhain (CZ-DE) der Grenzwache zu entkommen	ARI
01.11.00	1	Bledar Qosku (Mann, 23)	Albanien	in der Region Mesopotamia bei Kastoria (griechisch-albanische Grenze) von der Grenzwache tödlich verletzt	GHM/OMCT
01.11.00	2	N.N.	Tunesien	ertrunken; versuchten, nachdem ihr kleines Boot gekentert war, 23 km nach Patelleria (IT) zu schwimmen	IRR
30.10.00	3	N.N. (Männer)	Nordafrika	an der Küste vor Ragusa (IT) tot aufgefunden; Berichten zufolge von Schleppern über Bord geworfen	MNS
30.10.00	1	Halil Aygun (Mann)	Kurdistan	von der Grenzwache getötet; bei einem Fluchtversuch aus dem Grenzlager Szombathely (HU) gefangen genommen	MLKO
30.10.00	11	N.N.	Komoren	ertrunken nahe Mayotte (FR) nach Schiffbruch von Boot mit 21 Migrant*innen	Mayotte sans frontières
29.10.00	1	Arman A. (Junge, 2)	Armenien	verbrannt bei einem Feuerausbruch in einer Unterkunft für Asylsuchende in Hamburg (DE)	ARI
29.10.00	1	Atak A. (Junge, 3)	Armenien	verbrannt bei einem Feuerausbruch in einer Unterkunft für Asylsuchende in Hamburg (DE)	ARI
26.10.00	1	N.N. (Mann)	Kurdistan-Irak	Kurde; blinder Passagier; erstickte in einem Container auf einem griechischen Schiff	MNS
24.10.00	1	N.N.	unbekannt	am Strand von Tarifa (ES) tot aufgefunden; gestorben beim Versuch, die Meerenge von Gibraltar zu überqueren	MNS
24.10.00	1	N.N.	unbekannt	in der Nähe von Almería (ES) tot am Strand aufgefunden; gestorben beim Versuch, die Meerenge von Gibraltar zu überqueren	MNS
22.10.00	3	N.N. (Männer)	Moldawien, Rumänien	starben bei einem Lastwagenunfall in der Nähe von Thessaloniki (GR)	MNS

Tot aufgefunden	Zahl	Name	Herkunftsland	Todesursache	Quelle
18.10.00	5	N.N. (Männer)	Irak	Kurden; tot am Rand einer Autobahn nahe Foggia (IT) gefunden; Berichten zufolge im Laster erstickt	MNS/IRR
18.10.00	1	Mustafa Amir (Mann, 22)	Irak	Kurde; tot am Rand einer Autobahn nahe Foggia (IT) gefunden; Berichten zufolge im Laster erstickt	MNS
13.10.00	1	Ferrid Xhevdet (Mann, 25)	Albanien	starb in der Isolationszelle der Haftanstalt Steenokerzeel (BE) nach versuchter Flucht	MRAX/MNS/ Statewatch/ IRR
04.10.00	1	N.N. (Mann)	Indien	blinder Passagier; starb, als der Lkw in der Nähe von Cheb (CZ) an eine Brücke prallte	VK/taz/NOS teletext/ DPA
02.10.00	1	N.N. (Mann, 29)	Russland	Suizid; sprang aus Angst vor Abschiebung aus einem schnell fahrenden Zug in Deutschland	DPA/IRR
29.09.00	1	N.N. (Mann, 21)	Pakistan	blinder Passagier; im Fahrwerk eines Lufthansa-Flugzeuges am Flughafen Frankfurt am Main (DE) erfroren aufgefunden	taz/IRR/ARI/ BBC
22.09.00	12	N.N.	Komoren	Berichten zufolge nahe Anjouan ertrunken beim Versuch, Mayotte (FR) zu erreichen	Mayotte sans frontières
19.09.00	1	N.N. (Junge, 13)	Bosnien	Suizid; sprang aus Angst vor Abschiebung vom Kirchturm in Villach (AT)	DerStandard
16.09.00	2	N.N. (Männer)	Indien	blinde Passagiere; erstickten im Container eines Schiffes im Hafen von Korinthos (GR)	taz/IRN
06.09.00	9	N.N.	Subsahara-Afrika	Berichten zufolge ertrunken in der Nähe von Kap Spartel (MA)	EP
05.09.00	2	N.N. (1 Frau; 1 Mann)	Afrika	in den marokkanischen Gewässern ertrunken beim Versuch, mit einem kleinen Boot nach Spanien zu gelangen	MNS/GARA
05.09.00	7	N.N.	Afrika	Berichten zufolge in den marokkanischen Gewässern auf dem Weg nach Spanien ertrunken	MNS/GARA
03.09.00	1	N.N. (Mann)	Nordafrika	ertrunken auf seinem Weg nach Spanien; Leiche in der Nähe von Bahia Plata (ES) gefunden	MUGAK
01.09.00	2	N.N.	Türkei	getötet in einem Minenfeld an der griechisch-türkischen Grenze beim Versuch, illegal nach Griechenland zu gelangen	MNS
30.08.00	1	Altankov Dagwasoundel (Mann, 28)	Mongolei	stürzte aus dem Fenster des 6. Stocks zu Tode; versuchte, in Berlin Köpenick (DE) einer Abschiebung zu entkommen	ARI/FRBer/ Liga für Mr./ MNS/taz
29.08.00	1	N.N.	Türkei	starb in einem Minenfeld an der griechisch-türkischen Grenze bei dem Versuch, die Grenze illegal zu überqueren	MNS

Tot aufgefunden	Zahl	Name	Herkunftsland	Todesursache	Quelle
29.08.00	7	N.N. (3 Kinder; 4 Männer)	Iran	im Fluss Save (HR/BA) ertrunken; versuchten, illegal nach Westeuropa zu gelangen	MNS/AFP/taz/IFIR
29.08.00	5	N.N.	Iran	im Fluss Save (HR/BA) ertrunken; versuchten, illegal nach Westeuropa zu gelangen	MNS/AFP/taz/IFIR
28.08.00	5	N.N.	unbekannt	ertrunken, als das Fischerboot in der Nähe der Isola Capo Rizzuto (IT) sank	IRR
28.08.00	1	N.N.	unbekannt	Berichten zufolge im Fluss Oder (DE/PL) nahe Genschmar ertrunken	German Government
26.08.00	7	N.N. (Männer)	Irak, Afghanistan, Iran	vermisst; Berichten zufolge in der Nähe von Kos (GR) ertrunken, nachdem das kleine Boot gekentert war	AFP/AP/BBC
26.08.00	1	N.N. (Frau)	unbekannt	vermisst; Berichten zufolge in der Nähe von Kos (GR) ertrunken, nachdem das kleine Boot gekentert war	AFP/AP/BBC
26.08.00	16	N.N.	Irak, Afghanistan, Iran	vermisst; Berichten zufolge in der Nähe von Kos (GR) ertrunken, nachdem das kleine Boot gekentert war	AFP/AP/BBC
13.08.00	4	N.N.	unbekannt	ertrunken, als das Schlauchboot sank; verwesende Leichen in Almería (ES) an Land gespült	InformeRaxen
12.08.00	1	N.N.	unbekannt	Berichten zufolge ertrunken beim Versuch, nach Spanien zu gelangen; Leiche in der Nähe von Almería (ES) angeschwemmt	MNS
12.08.00	26	N.N.	Komoren	Berichten zufolge ertrunken; Boot sank beim Versuch, Mayotte (FR) zu erreichen	Mayotte sans frontières
09.08.00	10	N.N.	Komoren	Berichten zufolge ertrunken; Boot sank beim Versuch, Mayotte (FR) zu erreichen	Mayotte sans frontières
08.08.00	2	N.N. (Frauen)	unbekannt	vermisst, Berichten zufolge von Schleppern gezwungen, in der Nähe von Bari (IT) in die Adria zu springen	taz/MNS
08.08.00	2	N.N.	unbekannt	vermisst, Berichten zufolge von Schleppern gezwungen, in der Nähe von Bari (IT) in die Adria zu springen	MNS
08.08.00	9	N.N.	Komoren	Berichten zufolge nahe Anjouan ertrunken beim Versuch, Mayotte (FR) zu erreichen	Mayotte sans frontières
07.08.00	1	N.N. (Mann)	Irak	starb an Verletzungen; sprang in der Nähe von Györ (HU) aus dem Polizeiwagen; versuchte, einer Abschiebung zu entkommen	AFP
06.08.00	1	N.N. (Mann)	unbekannt	blinder Passagier; auf dem Weg nach Spanien im Laderaum eines Lkws erdrückt	MUGAK
05.08.00	1	N.N.	unbekannt	tot aufgefunden; Berichten zufolge beim Versuch, nach Spanien zu gelangen, ertrunken	MNS/MUGAK/EP

Tot aufgefunden	Zahl	Name	Herkunftsland	Todesursache	Quelle
05.08.00	32	N.N.	unbekannt	ertrunken, als ihr Schiff in der Nähe von Tanger (MA) sank; Behörden halfen nicht bei der Rettung	MUGAK
04.08.00	6	N.N.	Komoren	ertrunken nach Schiffbruch beim Versuch, Mayotte (FR) zu erreichen	Mayotte sans frontières
01.08.00	24	N.N.	Türkei	ertrunken, als türkisches Boot mit 31 Migrant*innen in der Ägäis kenterte	ICARE
01.08.00	1	N.N.	unbekannt	tot aufgefunden; Berichten zufolge während des Versuchs, nach Spanien zu gelangen, ertrunken	MNS
30.07.00	1	Jasmin Mohamad Ali (Mann, 29)	Irak	Suizid; legte sich in Deutschland aus Angst vor Abschiebung in die Mitte einer Autobahn	ARI
27.07.00	1	N.N. (Mann)	Subsahara-Afrika	Berichten zufolge ertrunken, in der Nähe von Arinaga (ES) vermisst; versuchte, aus Marokko nach Spanien zu gelangen	MUGAK
24.07.00	2	N.N. (Männer)	Kurdistan	bei einer Kollision mit einem Polizeiboot in die Adria (IT) gestürzt und ertrunken	MNS/VK
24.07.00	2	N.N. (1 Frau; 1 Mann)	Afrika	Leichen in der Nähe von Tarifa (ES) aufgefunden; Berichten zufolge beim Versuch, nach Spanien zu gelangen, ertrunken	taz/MNS/VK
24.07.00	2	N.N. (Männer)	Nordafrika	Leichen in der Nähe von Ceuta (ES/MA) aufgefunden; Berichten zufolge beim Versuch, nach Spanien zu gelangen, ertrunken	MNS/VK
23.07.00	1	N.N. (Frau, ±22)	Marokko	tot in der Nähe von Ceuta (ES/MA) aufgefunden; ertrunken beim Versuch, nach Spanien zu gelangen	MNS/Diario de Navarra/EP/MUGAK
23.07.00	1	N.N. (junger Mann)	Marokko	ertrunken in der Nähe von Algeciras (ES) nach dem Schiffbruch eines Bootes, das weitere 36 Migrant*innen trug	Diario de Noticias/EP
22.07.00	2	N.N.	unbekannt	Leichen in der Nähe von Tarifa (ES) aufgefunden; Berichten zufolge versuchten sie, nach Spanien zu gelangen	MNS/VK
18.07.00	1	N.N. (junge Frau)	unbekannt	ertrunken; Leiche im Verwesungszustand an die Küste von Barbate (ES) geschwemmt	MNS
17.07.00	1	Mahalil Silva (Frau)	Sri Lanka	starb; wurde 11 Tage am Flughafen Larnaca (CY) festgehalten, angemessene medizinische Versorgung wurde verweigert	ISAGC
13.07.00	1	N.N. (Mann)	unbekannt	in der Nähe von Bojador, Kanarische Inseln (ES) ertrunken	ELM/MUGAK/ABC/Raz
13.07.00	13	N.N. (Männer)	unbekannt	Berichten zufolge in der Nähe von Bojador, Kanarische Inseln (ES) ertrunken	ELM/MUGAK/ABC/Raz

Tot aufgefunden	Zahl	Name	Herkunftsland	Todesursache	Quelle
10.07.00	1	N.N.	unbekannt	Berichten zufolge im Fluss Oder (DE/PL) in der Nähe von Groß Breesen (DE) ertrunken	German Government
08.07.00	1	Negmiye Beraj (Baby, 10 Monate)	Kosovo	von vor der Polizei flüchtenden Schleppern an der italienischen Küste zurückgelassen und gestorben	MNS/IRR
07.07.00	7	N.N.	Komoren	Berichten zufolge ertrunken; Boot sank beim Versuch, Mayotte (FR) zu erreichen	Mayotte sans frontières
07.07.00	13	N.N.	Komoren	Berichten zufolge ertrunken; Boot sank beim Versuch, Mayotte (FR) zu erreichen	Mayotte sans frontières
01.07.00	1	N.N.	Afrika	in Fuerteventura (ES) tot aufgefunden; Berichten zufolge beim Versuch, die Kanarischen Inseln zu erreichen, ertrunken	VK
01.07.00	2	N.N.	Afrika	in der Nähe von Tarifa (ES) tot aufgefunden; Berichten zufolge beim Versuch, nach Spanien zu gelangen, ertrunken	VK
23.06.00	1	Pat (Frau, 22)	Nigeria	Asylsuchende; beging in Dublin (IE) aus Angst vor Abschiebung Suizid	IrishTimes
19.06.00	1	Lin Rul Zhen (Frau)	China	erstickte im versiegelten Anhänger eines Lastwagens auf einer Fähre von Zeebrugge (BE) nach Dover (GB)	VK/Parool/dpa/AP/MUGAK/Reuters
19.06.00	1	Gao Yue Ru (Frau)	China	erstickte im versiegelten Anhänger eines Lastwagens auf einer Fähre von Zeebrugge (BE) nach Dover (GB)	VK/Parool/dpa/AP/MUGAK/Reuters
19.06.00	1	Lin Guang (Frau)	China	erstickte im versiegelten Anhänger eines Lastwagens auf einer Fähre von Zeebrugge (BE) nach Dover (GB)	VK/Parool/dpa/AP/MUGAK/Reuters
19.06.00	1	Ke Mei Zhu (Frau)	China	erstickte im versiegelten Anhänger eines Lastwagens auf einer Fähre von Zeebrugge (BE) nach Dover (GB)	VK/Parool/dpa/AP/MUGAK/Reuters
19.06.00	1	Yang Jiao Hua (Mann)	China	erstickte im versiegelten Anhänger eines Lastwagens auf einer Fähre von Zeebrugge (BE) nach Dover (GB)	VK/Parool/dpa/AP/MUGAK/Reuters
19.06.00	1	Li Yong (Mann)	China	erstickte im versiegelten Anhänger eines Lastwagens auf einer Fähre von Zeebrugge (BE) nach Dover (GB)	VK/Parool/dpa/AP/MUGAK/Reuters
19.06.00	1	Lin Zhao Hang (Mann)	China	erstickte im versiegelten Anhänger eines Lastwagens auf einer Fähre von Zeebrugge (BE) nach Dover (GB)	VK/Parool/dpa/AP/MUGAK/Reuters
19.06.00	1	Lin Chen Xing (Mann)	China	erstickte im versiegelten Anhänger eines Lastwagens auf einer Fähre von Zeebrugge (BE) nach Dover (GB)	VK/Parool/dpa/AP/MUGAK/Reuters
19.06.00	1	Sun Dao Xian (Mann)	China	erstickte im versiegelten Anhänger eines Lastwagens auf einer Fähre von Zeebrugge (BE) nach Dover (GB)	VK/Parool/dpa/AP/MUGAK/Reuters
19.06.00	1	Cheng Kam Kwon (Mann)	China	erstickte im versiegelten Anhänger eines Lastwagens auf einer Fähre von Zeebrugge (BE) nach Dover (GB)	VK/Parool/dpa/AP/MUGAK/Reuters

Tot aufgefunden	Zahl	Name	Herkunftsland	Todesursache	Quelle
19.06.00	1	Lin Li Guang (Mann)	China	erstickte im versiegelten Anhänger eines Lastwagens auf einer Fähre von Zeebrugge (BE) nach Dover (GB)	VK/Parool/dpa/AP/MU-GAK/Reuters
19.06.00	1	Kuo Chien Ming (Mann)	China	erstickte im versiegelten Anhänger eines Lastwagens auf einer Fähre von Zeebrugge (BE) nach Dover (GB)	VK/Parool/dpa/AP/MU-GAK/Reuters
19.06.00	1	Xue You Jie (Mann)	China	erstickte im versiegelten Anhänger eines Lastwagens auf einer Fähre von Zeebrugge (BE) nach Dover (GB)	VK/Parool/dpa/AP/MU-GAK/Reuters
19.06.00	1	Cai Fang Quing (Mann)	China	erstickte im versiegelten Anhänger eines Lastwagens auf einer Fähre von Zeebrugge (BE) nach Dover (GB)	VK/Parool/dpa/AP/MU-GAK/Reuters
19.06.00	1	Ni Yan Hua (Mann)	China	erstickte im versiegelten Anhänger eines Lastwagens auf einer Fähre von Zeebrugge (BE) nach Dover (GB)	VK/Parool/dpa/AP/MU-GAK/Reuters
19.06.00	1	Lin Yi Hua (Mann)	China	erstickte im versiegelten Anhänger eines Lastwagens auf einer Fähre von Zeebrugge (BE) nach Dover (GB)	VK/Parool/dpa/AP/MU-GAK/Reuters
19.06.00	1	Gao Jun Wie (Mann)	China	erstickte im versiegelten Anhänger eines Lastwagens auf einer Fähre von Zeebrugge (BE) nach Dover (GB)	VK/Parool/dpa/AP/MU-GAK/Reuters
19.06.00	1	Zheng Bo Ying (Mann)	China	erstickte im versiegelten Anhänger eines Lastwagens auf einer Fähre von Zeebrugge (BE) nach Dover (GB)	VK/Parool/dpa/AP/MU-GAK/Reuters
19.06.00	1	Lin Guo Liang (Mann)	China	erstickte im versiegelten Anhänger eines Lastwagens auf einer Fähre von Zeebrugge (BE) nach Dover (GB)	VK/Parool/dpa/AP/MU-GAK/Reuters
19.06.00	1	Cao Xiang Ping (Mann)	China	erstickte im versiegelten Anhänger eines Lastwagens auf einer Fähre von Zeebrugge (BE) nach Dover (GB)	VK/Parool/dpa/AP/MU-GAK/Reuters
19.06.00	1	Chen Xing Zhong (Mann)	China	erstickte im versiegelten Anhänger eines Lastwagens auf einer Fähre von Zeebrugge (BE) nach Dover (GB)	VK/Parool/dpa/AP/MU-GAK/Reuters
19.06.00	1	He Chang Ming (Mann)	China	erstickte im versiegelten Anhänger eines Lastwagens auf einer Fähre von Zeebrugge (BE) nach Dover (GB)	VK/Parool/dpa/AP/MU-GAK/Reuters
19.06.00	1	Xue Di Di (Mann)	China	erstickte im versiegelten Anhänger eines Lastwagens auf einer Fähre von Zeebrugge (BE) nach Dover (GB)	VK/Parool/dpa/AP/MU-GAK/Reuters
19.06.00	1	Cao Xian Xin (Mann)	China	erstickte im versiegelten Anhänger eines Lastwagens auf einer Fähre von Zeebrugge (BE) nach Dover (GB)	VK/Parool/dpa/AP/MU-GAK/Reuters
19.06.00	1	Jiang Jan Ming (Mann)	China	erstickte im versiegelten Anhänger eines Lastwagens auf einer Fähre von Zeebrugge (BE) nach Dover (GB)	VK/Parool/dpa/AP/MU-GAK/Reuters
19.06.00	1	Lin Ming Gui (Mann)	China	erstickte im versiegelten Anhänger eines Lastwagens auf einer Fähre von Zeebrugge (BE) nach Dover (GB)	VK/Parool/dpa/AP/MU-GAK/Reuters
19.06.00	1	Jiang Bin (Mann)	China	erstickte im versiegelten Anhänger eines Lastwagens auf einer Fähre von Zeebrugge (BE) nach Dover (GB)	VVK/Parool/dpa/AP/MU-GAK/Reuters

Tot aufgefunden	Zahl	Name	Herkunftsland	Todesursache	Quelle
19.06.00	1	Lin De Bin (Mann)	China	erstickte im versiegelten Anhänger eines Lastwagens auf einer Fähre von Zeebrugge (BE) nach Dover (GB)	VK/Parool/dpa/AP/MUGAK/Reuters
19.06.00	1	Chen Yi Hua (Mann)	China	erstickte im versiegelten Anhänger eines Lastwagens auf einer Fähre von Zeebrugge (BE) nach Dover (GB)	VK/Parool/dpa/AP/MUGAK/Reuters
19.06.00	1	Li Zheng Guang (Mann)	China	erstickte im versiegelten Anhänger eines Lastwagens auf einer Fähre von Zeebrugge (BE) nach Dover (GB)	VK/Parool/dpa/AP/MUGAK/Reuters
19.06.00	1	Lin Ming Kun (Mann)	China	erstickte im versiegelten Anhänger eines Lastwagens auf einer Fähre von Zeebrugge (BE) nach Dover (GB)	VK/Parool/dpa/AP/MUGAK/Reuters
19.06.00	1	He Yu Yuan (Mann)	China	erstickte im versiegelten Anhänger eines Lastwagens auf einer Fähre von Zeebrugge (BE) nach Dover (GB)	VK/Parool/dpa/AP/MUGAK/Reuters
19.06.00	1	Lin Tong Hui (Mann)	China	erstickte im versiegelten Anhänger eines Lastwagens auf einer Fähre von Zeebrugge (BE) nach Dover (GB)	VK/Parool/dpa/AP/MUGAK/Reuters
19.06.00	1	Lin Tong Yong (Mann)	China	erstickte im versiegelten Anhänger eines Lastwagens auf einer Fähre von Zeebrugge (BE) nach Dover (GB)	VK/Parool/dpa/AP/MUGAK/Reuters
19.06.00	1	Ke Yong Min (Mann)	China	erstickte im versiegelten Anhänger eines Lastwagens auf einer Fähre von Zeebrugge (BE) nach Dover (GB)	VK/Parool/dpa/AP/MUGAK/Reuters
19.06.00	1	Ye Qi Ban (Mann)	China	erstickte im versiegelten Anhänger eines Lastwagens auf einer Fähre von Zeebrugge (BE) nach Dover (GB)	VK/Parool/dpa/AP/MUGAK/Reuters
19.06.00	1	Dong Ti Di (Mann)	China	erstickte im versiegelten Anhänger eines Lastwagens auf einer Fähre von Zeebrugge (BE) nach Dover (GB)	VK/Parool/dpa/AP/MUGAK/Reuters
19.06.00	1	Li Xiao Xiang (Mann)	China	erstickte im versiegelten Anhänger eines Lastwagens auf einer Fähre von Zeebrugge (BE) nach Dover (GB)	VK/Parool/dpa/AP/MUGAK/Reuters
19.06.00	1	Lin Bin (Mann)	China	erstickte im versiegelten Anhänger eines Lastwagens auf einer Fähre von Zeebrugge (BE) nach Dover (GB)	VK/Parool/dpa/AP/MUGAK/Reuters
19.06.00	1	Weng Rui Ping (Mann)	China	erstickte im versiegelten Anhänger eines Lastwagens auf einer Fähre von Zeebrugge (BE) nach Dover (GB)	VK/Parool/dpa/AP/MUGAK/Reuters
19.06.00	1	Lin Fa Ming (Mann)	China	erstickte im versiegelten Anhänger eines Lastwagens auf einer Fähre von Zeebrugge (BE) nach Dover (GB)	VK/Parool/dpa/AP/MUGAK/Reuters
19.06.00	1	Lin Bing (Mann)	China	erstickte im versiegelten Anhänger eines Lastwagens auf einer Fähre von Zeebrugge (BE) nach Dover (GB)	VK/Parool/dpa/AP/MUGAK/Reuters
19.06.00	1	Lin Ming Hui (Mann)	China	erstickte im versiegelten Anhänger eines Lastwagens auf einer Fähre von Zeebrugge (BE) nach Dover (GB)	VK/Parool/dpa/AP/MUGAK/Reuters
19.06.00	1	Lin Bin Jian (Mann)	China	erstickte im versiegelten Anhänger eines Lastwagens auf einer Fähre von Zeebrugge (BE) nach Dover (GB)	VK/Parool/dpa/AP/MUGAK/Reuters

Tot aufgefunden	Zahl	Name	Herkunftsland	Todesursache	Quelle
19.06.00	1	He Hua Shun (Mann)	China	erstickte im versiegelten Anhänger eines Lastwagens auf einer Fähre von Zeebrugge (BE) nach Dover (GB)	VK/Parool/dpa/AP/MU-GAK/Reuters
19.06.00	1	Yang Xin Xiaun (Mann)	China	erstickte im versiegelten Anhänger eines Lastwagens auf einer Fähre von Zeebrugge (BE) nach Dover (GB)	VK/Parool/dpa/AP/MU-GAK/Reuters
19.06.00	1	Lin Feng Di (Mann)	China	erstickte im versiegelten Anhänger eines Lastwagens auf einer Fähre von Zeebrugge (BE) nach Dover (GB)	VK/Parool/dpa/AP/MU-GAK/Reuters
19.06.00	1	Yao Zhong Ai (Mann)	China	erstickte im versiegelten Anhänger eines Lastwagens auf einer Fähre von Zeebrugge (BE) nach Dover (GB)	VK/Parool/dpa/AP/MU-GAK/Reuters
19.06.00	1	He Ming Qiang (Mann)	China	erstickte im versiegelten Anhänger eines Lastwagens auf einer Fähre von Zeebrugge (BE) nach Dover (GB)	VK/Parool/dpa/AP/MU-GAK/Reuters
19.06.00	1	Lin Xian Long (Mann)	China	erstickte im versiegelten Anhänger eines Lastwagens auf einer Fähre von Zeebrugge (BE) nach Dover (GB)	VK/Parool/dpa/AP/MU-GAK/Reuters
19.06.00	1	Chen Jin Tian (Mann)	China	erstickte im versiegelten Anhänger eines Lastwagens auf einer Fähre von Zeebrugge (BE) nach Dover (GB)	VK/Parool/dpa/AP/MU-GAK/Reuters
19.06.00	1	Lin Xin Chai (Mann)	China	erstickte im versiegelten Anhänger eines Lastwagens auf einer Fähre von Zeebrugge (BE) nach Dover (GB)	VK/Parool/dpa/AP/MU-GAK/Reuters
19.06.00	1	Shi Wen Jie (Mann)	China	erstickte im versiegelten Anhänger eines Lastwagens auf einer Fähre von Zeebrugge (BE) nach Dover (GB)	VK/Parool/dpa/AP/MU-GAK/Reuters
19.06.00	1	Ding Xiang You (Mann)	China	erstickte im versiegelten Anhänger eines Lastwagens auf einer Fähre von Zeebrugge (BE) nach Dover (GB)	VK/Parool/dpa/AP/MU-GAK/Reuters
19.06.00	1	You Long Zhong (Mann)	China	erstickte im versiegelten Anhänger eines Lastwagens auf einer Fähre von Zeebrugge (BE) nach Dover (GB)	VK/Parool/dpa/AP/MU-GAK/Reuters
19.06.00	1	Lin Xue Luan (Mann)	China	erstickte im versiegelten Anhänger eines Lastwagens auf einer Fähre von Zeebrugge (BE) nach Dover (GB)	VK/Parool/dpa/AP/MU-GAK/Reuters
19.06.00	1	Li Zhen Quan (Mann)	China	erstickte im versiegelten Anhänger eines Lastwagens auf einer Fähre von Zeebrugge (BE) nach Dover (GB)	VK/Parool/dpa/AP/MU-GAK/Reuters
19.06.00	1	Guo Ting Xing (Mann)	China	erstickte im versiegelten Anhänger eines Lastwagens auf einer Fähre von Zeebrugge (BE) nach Dover (GB)	VK/Parool/dpa/AP/MU-GAK/Reuters
14.06.00	19	N.N.	Komoren	Berichten zufolge ertrunken; Boot sank beim Versuch, Mayotte (FR) zu erreichen	Mayotte sans frontières
06.06.00	1	N.N.	unbekannt	ertrunken; in der Nähe von Otranto (IT) von Schleppern gezwungen, in die Adria zu springen	MNS/taz
04.06.00	2	N.N.	Dominikanische Republik	blinde Passagier*innen; tot im Fahrwerk eines Flugzeuges am Flughafen Stockholm (SE) gefunden	taz/ICARE/Ananova/MNS

Tot aufgefunden	Zahl	Name	Herkunftsland	Todesursache	Quelle
04.06.00	1	N.N. (Mann, 39)	Afghanistan	Suizid; abgelehnter Asylsuchender; verbrannte sich in der Unterkunft für Geflüchtete Rüsselsheim (DE)	ARI
02.06.00	2	N.N.	Dominikanische Republik	blinde Passagiere*innen; versteckt in Flugzeug auf dem Weg nach Stockholm (SE) erfroren	BBC
01.06.00	2	N.N.	Afrika	blinde Passagier*innen; tot auf einem maltesischen Frachter aufgefunden; Berichten zufolge erstickt oder vergiftet	MUGAK
30.05.00	1	N.N. (junger Mann)	Marokko	starb nach Fall aus der Unterseite eines Lastwagens in der Nähe von Rinconcillo (ES) an Verbrennungen und Kopfverletzungen	MNS/EP
19.05.00	5	N.N.	Nordafrika	ertrunken, als das Schiff in der Meerenge Gibraltar nahe Tarifa (ES) sank	I Care/Town Crier
19.05.00	1	N.N. (Mädchen, 16)	Nordafrika	ertrunken, als das Schiff in der Meerenge Gibraltar nahe Tarifa (ES) sank	I Care/Town Crier
17.05.00	1	Hamid Sabur (Kind, 5)	Afghanistan	Asylsuchender; starb aus Mangel an medizinischer Versorgung in einem sog. Pensions-Auffanglager in Gols (AT)	MNS/Malmoe
16.05.00	9	N.N.	Afghanistan	erschossen von der Polizei nahe Dogubeyazit (TR) beim Versuch, aus dem Iran in die Türkei zu gelangen	I CARE news archive
14.05.00	3	N.N. (1 Frau; 2 Männer)	unbekannt	Berichten zufolge ertrunken, nachdem das Boot mit Geflüchteten in der Nähe von Cadiz (ES) gesunken war	I Care/The Entertainer Online/ABC
14.05.00	10	N.N.	unbekannt	vermisst; Berichten zufolge war das Boot mit Geflüchteten in der Nähe von Cadiz (ES) gesunken	I Care/The Entertainer Online/ABC
14.05.00	2	N.N.	unbekannt	Berichten zufolge ertrunken; versuchten, die Meerenge von Gibraltar (ES) zu durchqueren	I Care/The Entertainer Online
12.05.00	1	N.N. (30)	Albanien	starb beim Sprung in eine 300 Meter tiefe Schlucht beim Versuch, der griechischen Grenzpolizei zu entkommen	MNS
12.05.00	6	N.N. (1 Junge, 16; 5 Männer)	Nordafrika	ertrunken, als ihr Schlauchboot in der Nähe von Tarifa (ES) gegen ein Riff prallte und sank	MNS/EP
10.05.00	9	N.N.	Afghanistan, Pakistan, Bangla.	von der türkischen Grenzpolizei erschossen; versuchten, die türkisch-iranische Grenze illegal zu überqueren	taz/DPA/AFP
07.05.00	1	N.N.	unbekannt	Berichten zufolge im Fluss Oder (DE/PL) in der Nähe von Kienitz ertrunken	German Government
07.05.00	2	N.N. (Männer)	Nordafrika	ertrunken; Leichen im fortgeschrittenen Stadium der Verwesung in der Nähe von Tarifa (ES) gefunden	MNS
07.05.00	3	N.N.	unbekannt	ertrunken, als das kleine Boot in der Nähe von Tarifa (ES) kenterte	MNS

Tot aufgefunden	Zahl	Name	Herkunftsland	Todesursache	Quelle
07.05.00	11	N.N.	unbekannt	Berichten zufolge ertrunken; vermisst, seit das kleine Boot nahe Tarifa (ES) kenterte	MNS
06.05.00	1	Naimah H. (Frau)	Algerien	Suizid; beging in einer Transitstation für Asylsuchende (Haft) am Flughafen Frankfurt am Main (DE) Selbstmord	taz/Pax Christi/FR/IRR/MNS
05.05.00	1	Hytime Hadjari (18)	Albanien	ertrunken nach Kollision des kleinen Bootes mit der Küstenwache in der Nähe von Otranto (IT)	taz/Giuliano News Chronicle/AFP/IRR
05.05.00	1	Sulko Yenci (25)	Albanien	ertrunken nach Kollision des kleinen Bootes mit der Küstenwache in der Nähe von Otranto (IT)	taz/Giuliano News Chronicle/AFP/IRR
05.05.00	13	N.N.	Albanien	ertrunken nach Kollision des kleinen Bootes mit der Küstenwache in der Nähe von Otranto (IT)	taz/Giuliano News Chronicle/AFP/LS
05.05.00	3	N.N.	Albanien	vermisst; Berichten zufolge ertrunken nach Kollision mit der Küstenwache in der Nähe von Otranto (IT)	Giuliano News Chronicle/LS/Vita/TL
04.05.00	1	Lubomir B. (Mann, 40)	Slowakei	starb in Polizeigewahrsam in Wien (AT), nachdem er wegen illegalen Aufenthalts verhaftet worden war	SOS/Menschenrechte/Malmoe
03.05.00	12	N.N.	Afrika	ertrunken in der Nähe von El Aaiun (MA) nach Kentern des kleinen Bootes auf dem Weg zu den Kanarischen Inseln (ES)	taz
02.05.00	1	Richard Ibekwe (Mann)	Nigeria	starb in der Haftanstalt in Wien (AT), nachdem er von der Polizei geschlagen worden war	AFP/AHDA/I Care/Malmoe
02.05.00	1	Khouyi Mbarek (Junge, 13)	Marokko	an der Küste von Scicli (IT) tot aufgefunden; Berichten zufolge als blinde*r Passagier*in über Bord geworfen	Giuliano News Chronicle
02.05.00	1	N.N.	Marokko	an der Küste von Scicli (IT) tot aufgefunden; Berichten zufolge als blinde*r Passagier*in über Bord geworfen	Giuliano News Chronicle
02.05.00	1	N.N.	unbekannt	Berichten zufolge im Fluss Neiße (DE/PL) in der Nähe von Porajow ertrunken	German Government
01.05.00	1	N.N. (Mann)	unbekannt	starb in einem Minenfeld in der Nähe der Region Nea Vissa (GR) nahe der türkischen Grenze	MNS
01.05.00	21	N.N.	unbekannt	ertrunken nahe Tarifa (ES) nach Schiffbruch eines Bootes mit 22 Migrant*innen; 1 Überlebende*r	EP
01.05.00	7	N.N.	Iran	im Fluss Save (HR/BA) ertrunken; versuchten, nach Westeuropa zu gelangen	MNS

Tot aufgefunden	Zahl	Name	Herkunftsland	Todesursache	Quelle
01.05.00	1	N.N.	Marokko	in Cadiz (ES) tot aufgefunden; Berichten zufolge von einem Lkw überfahren, in dem er oder sie nach Spanien reiste	MUGAK
01.05.00	1	N.N.	unbekannt	nach Sinken eines Bootes mit 20 Migrant*innen in der Nähe von Tarifa (ES) ertrunken; weitere Personen vermisst	MUGAK
01.05.00	1	N.N. (Mann)	Nordafrika	halb verweste Leiche an der Küste von Ceuta (ES/MA) gefunden	MUGAK
30.04.00	2	N.N. (Männer)	unbekannt	Berichten zufolge nach einem Schiffbruch vor Cadiz (ES) ertrunken	Diario de Navarra
30.04.00	20	N.N.	unbekannt	ertrunken; nach einem Schiffbruch vor Cadiz (ES) in der Nähe von Málaga (ES) aufgefunden	Diario de Navarra
30.04.00	1	N.N.	unbekannt	fiel beim Verlassen der Fähre in Algeciras (ES) von der Unterseite eines Lastwagens und wurde von einem Auto überfahren	Diario de Navarra
30.04.00	1	N.N.	Maghreb	ertrunken; 550 Meter vor Ceuta (ES/MA) tot aufgefunden	Diario de Navarra
29.04.00	20	N.N.	Nordafrika	ertrunken, als das kleine Boot vor Tarifa (ES) auf dem Weg nach Spanien im Sturm sank	MNS
29.04.00	1	N.N.	Nordafrika	ertrunken; Leiche im fortgeschrittenen Verwesungszustand in der Nähe von Tarifa (ES) gefunden	MNS
23.04.00	1	N.N. (Mann)	Rumänien	im Fluss Evros (GR/TR) tot aufgefunden; versuchte die Grenze zu überqueren	MNS
23.04.00	1	N.N. (junge Frau)	China	in den Niederlanden von einer asylsuchenden Bekannten aus Angst vor Abschiebung erstochen	MNS
23.04.00	1	N.N. (junge Frau)	China	Suizid in den Niederlanden, nachdem sie ihre asylsuchende Bekannte aus Angst vor Abschiebung getötet hatte	MNS
22.04.00	1	N.N. (Mann)	Algerien	ertrunken; 200 Meter vor Melilla (ES/MA) tot aufgefunden	EP
19.04.00	1	Kalin Mohammed Fati (Mann, 26)	Irak	Kurde; ertrunken, als Schlepper versuchten, vor der italienischen Küste vor der Grenzpolizei zu flüchten	Giuliano News Chronicle
15.04.00	3	N.N. (Schwangere; Frau; Mann)	Afrika	ertrunken, als das Boot vor den Kanarischen Inseln sank (ES)	AFP/MNS/ Diario Vasco/TAZ
15.04.00	5	N.N.	Afrika	vermisst; Berichten zufolge ertrunken, als das Boot vor den Kanarischen Inseln (ES) sank	AFP/MNS/ Diario Vasco
14.04.00	1	N.N.	Ukraine	Berichten zufolge im Fluss Oder (DE/PL) in der Nähe von Lebus ertrunken	German Government
14.04.00	2	N.N. (Männer)	Marokko	blinde Passagiere; im Anhänger eines Lkws im Hafen von Almería (ES) tot aufgefunden	AFP/EP

Tot aufgefunden	Zahl	Name	Herkunftsland	Todesursache	Quelle
13.04.00	1	N.N. (Mann)	Marokko	blinder Passagier; ertrunken; sprang im Hafen von Genua (IT) von einem Schiff, um einer Grenzkontrolle zu entkommen	Giuliano News Chronicle/ANSA
08.04.00	1	N.N. (Frau)	unbekannt	in Sussex (GB) von einem Lastwagen erdrückt; versuchte, illegal nach England einzureisen	VK/No Pasaran/IRR/NCRM
07.04.00	1	Kandan Ravi (Junge, 12)	Sri Lanka	verschwunden nach der Entlassung aus einer Haftanstalt in Berlin (DE)	ARI
03.04.00	1	N.N. (Mann)	Nordafrika	starb nach Rettung aus einem kleinen Boot durch die Grenzpolizei vor der Küste von Almería (ES)	MNS
01.04.00	1	Glynnis Cowley (Frau, 40)	Südafrika	Suizid in Liverpool (GB) nach Ablehnung des Asylantrags; Mutter von 3 Kindern	IRR/CARF/NCADC
01.04.00	1	N.N. (Mann)	Marokko	Berichten zufolge ertrunken beim Versuch, die Meerenge von Gibraltar in einem kleinen Boot zu überqueren	AFP
01.04.00	8	N.N.	Marokko	vermisst; Berichten zufolge ertrunken beim Versuch, die Meerenge von Gibraltar in einem kleinen Boot zu überqueren	AFP
01.04.00	1	N.N.	unbekannt	Leiche in der Nähe von Ceuta (ES/MA) gefunden; Berichten zufolge ertrunken beim Versuch, nach Spanien zu gelangen	MUGAK
25.03.00	6	N.N. (3 Frauen; 3 Männer)	Kurdistan-Irak	Kurd*innen; Berichten zufolge nach dem Kentern ihres Bootes in der Nähe der Insel Kos (GR) ertrunken	MNS/taz
25.03.00	3	N.N. (Kinder)	Kurdistan-Irak	Kurd*innen; Berichten zufolge nach dem Kentern ihres Bootes in der Nähe der Insel Kos (GR) ertrunken	MNS
25.03.00	1	N.N. (Mann)	Nordafrika	in der Nähe des Hafens von Ceuta (ES/MA) tot aufgefunden	MNS
24.03.00	1	N.N.	unbekannt	in der Nähe von Nassau-Frauenstein nahe der deutsch-tschechischen Grenze tot aufgefunden	German Government
24.03.00	5	N.N. (1 Frau; 4 Männer)	unbekannt	auf ihrem Weg nach Spanien ertrunken; nahe Cadiz gefunden (ES)	GARA
23.03.00	1	N.N.	Nigeria	starb in der Unterkunft für Asylsuchende in Györ (HU) unter ungeklärten Umständen	MGHR/Hungary
22.03.00	1	N.N. (Mann)	Rumänien	Berichten zufolge ertrunken beim Versuch, den Fluss Morava (AT/SK) in Richtung Österreich zu durchqueren	Salzburger Nachrichten
22.03.00	3	N.N. (1 Frau; 2 Männer)	Afrika	ertrunken beim Kentern ihres kleinen Bootes in der Nähe von Ceuta (ES/MA)	MNS/GARA
20.03.00	1	N.N. (Frau)	unbekannt	vor der Küste von Brindisi (IT) tot aufgefunden; hatte Berichten zufolge versucht, das Meer nach Italien zu überqueren	ANSA

Tot aufgefunden	Zahl	Name	Herkunftsland	Todesursache	Quelle
14.03.00	1	Nasim Sarbat (Mann)	unbekannt	starb nach einem Feuer infolge eines Aufstands im Geflüchtetencamp in Vulpitta in Trapani (IT)	ANSA/ILM/CDS
11.03.00	3	N.N. (Männer)	Pakistan	ertrunken beim Versuch, den Fluss Donau (AT/SK) illegal nach Österreich zu überqueren	AFP/Salzburger Nachrichten/MNS
11.03.00	1	N.N. (Mann)	Afghanistan	ertrunken beim Versuch, den Fluss Donau (AT/SK) illegal nach Österreich zu überqueren	AFP/Salzburger Nachrichten/MNS
10.03.00	1	Nassim (Mann)	Tunesien	starb nach einem Feuer infolge eines Aufstands im Geflüchtetencamp in Vulpitta in Trapani (IT)	MP/AR-CI/L.B.CPT/GdV/quibla/INDi
08.03.00	1	N.N.	unbekannt	Berichten zufolge ertrunken; in einer Kläranlage in Frankfurt (Oder) (DE) gefunden	German Government
06.03.00	1	N.N. (Mann, 20)	Afrika	starb während der Abschiebung; sprang nahe Bari (IT) von einer Fähre, auf der er abgeschoben werden sollte	ILM
04.03.00	1	N.N.	unbekannt	tot aufgefunden in der Nähe von Olbernhau nahe der deutsch-tschechischen Grenze	German Government
03.03.00	1	Nelson Quinones-Palacios (Mann)	Kolumbien	starb in einem Gefängnis in Mannheim (DE) als Folge mangelnder medizinischer Versorgung	ARI
Mär 2000	1	Sahin Coban (Mann)	Kurdistan	Suizid in Weil im Schönbuch (DE) aus Angst vor Abschiebung	AN
Mär 2000	1	Murat Islak (Mann)	Kurdistan	Suizid in Kirchheim/Teck (DE) aus Angst vor Abschiebung	AN
Mär 2000	4	N.N.	unbekannt	Leichen an der Meerenge Otrantos (IT) gefunden; Berichten zufolge versuchten sie, illegal Italien zu erreichen	IRR
Mär 2000	2	N.N.	Mazedonien	starben beim Ausbruch eines Feuers in einer Fabrik (eine Unterkunft für nicht registrierte Arbeiter) in Legnano (IT)	IRR
Mär 2000	1	N.N. (Kind, 2)	Mazedonien	starb beim Ausbruch eines Feuers in einer Fabrik (eine Unterkunft für nicht registrierte Arbeiter) in Legnano (IT)	IRR
Mär 2000	1	N.N. (Schwangere)	Mazedonien	starb beim Ausbruch eines Feuers in einer Fabrik (eine Unterkunft für nicht registrierte Arbeiter) in Legnano (IT)	IRR
Mär 2000	1	Zdzislav Dudca (Mann, 40)	Polen	obdachloser Migrant; verbrannte in einer leeren Karosserie, in der er am Bahnhof von Neapel (IT) schlief	IRR

Tot aufgefunden	Zahl	Name	Herkunftsland	Todesursache	Quelle
Mär 2000	1	Bogdan Rajka (Mann, 40)	Polen	obdachloser Migrant; verbrannte in einer leeren Karosserie, in der er am Bahnhof von Neapel (IT) schlief	IRR
Mär 2000	1	Zahid Mubarek (Mann, 19)	Asien	in Großbritannien ermordet, nachdem er mit einem gewalttätigen Rassisten in eine Gefängniszelle geschlossen worden war	IRR/BBC/Mojuk/GuardianUn.
Mär 2000	1	N.N. (Kind, 6)	Mazedonien	starb beim Ausbruch eines Feuers in einer Fabrik (in Unterkunft für nichtregistrierte Arbeiter) in Legnano (IT)	IRR
28.02.00	2	N.N.	Asien	ertrunken, nachdem die italienische Küstenwache ihr Boot verfolgt hatte	IRR
19.02.00	17	N.N. (Männer)	Marokko	ertrunken, nach Schiffbruch in der Nähe der Kanarischen Inseln (ES)	GARA
15.02.00	1	Sultan Dogan (21)	Kurdistan	Suizid wegen der schlechten Lebensbedingungen in einer Unterkunft für Asylsuchende in der Nähe von Allbruck (DE)	SAGA/ARI
15.02.00	2	N.N.	Nordafrika	auf dem Weg nach Spanien ertrunken; Leichen nahe Bolonia (ES) gefunden	Diario Vasco
09.02.00	15	N.N.	unbekannt	Berichten zufolge ertrunken; das kleine Boot verschwand in der Adria nahe der italienischen Küste	Giuliano News Chronicle
01.02.00	1	Djamel Hanoun (Mann, 28)	Algerien	starb auf Korsika (FR) an akutem Asthma; hatte Angst, zum Arzt zu gehen	No Pasaran
01.02.00	15	N.N.	Marokko	vermisst; Berichten zufolge ertrunken, nachdem das Boot in der Nähe von El Aaiun (MA) gekentert war	MUGAK
30.01.00	1	Senida P. (Frau, 26)	Bosnien	Suizid; sprang in Frankfurt am Main (DE) aus Angst vor Abschiebung aus einem Fenster im 8. Stock	ARI
25.01.00	1	Ali Güzel (Mann)	Kurdistan	Suizid; erhängte sich aufgrund erniedrigender Behandlung und Unterbringung in der Unterkunft für Asylsuchende in Singen (DE)	ARI
24.01.00	1	Robertus Grabys (Mann, 49)	Litauen	Suizid; erhängte sich im Geflüchtetencamp in Harmondsworth (GB) aus Angst vor Abschiebung	NCADC/CARF/IRR
18.01.00	1	Christian Elmarasi (Mann)	Ägypten	Suizid durch Vergiftung in JVA Landshut (DE)	IMEDANA
14.01.00	1	N.N. (Frau, 29)	Ukraine	erfroren im Belasica-Gebirge (BG/GR) beim Versuch, nach Griechenland zu gelangen	MNS
14.01.00	1	N.N. (Mann, 24)	Rumänien	erfroren im Belasica-Gebirge (BG/GR) beim Versuch, nach Griechenland zu gelangen	MNS
13.01.00	1	N.N.	unbekannt	starb nach einem Feuergefecht bei einem Aufstand in der Haftanstalt in Seraino Vulpitta di Trappani (IT)	ILM/CDS

Tot aufgefunden	Zahl	Name	Herkunftsland	Todesursache	Quelle
13.01.00	1	N.N. (Mann, 25)	Albanien	ertrunken beim Versuch, der Abschiebung zu entkommen, als er von der Fähre Vega in Brindisi (IT) sprang	ILM
13.01.00	1	N.N. (Junge)	Elfenbeinküste	versuchte, der Abschiebung zu entkommen, indem er vom Handelsschiff Jolly Rubino in Genua (IT) sprang	ILM
12.01.00	1	N.N. (junger Mann)	Subsahara-Afrika	starb in einem Krankenhaus in Melilla (ES/MA) an Erschöpfung, nachdem er auf dem Weg nach Spanien in einen Sturm geriet	EP
07.01.00	6	N.N. (Männer)	Kurdistan	starben bei einem Lastwagenunfall auf dem Weg von der Türkei nach Thessaloniki (GR)	MNS
07.01.00	1	Brahim Akrouk (Mann, 36)	unbekannt	starb nach einem Feuergefecht bei einem Aufstand in der Haftanstalt in Seraino Vulpitta di Trappani (IT)	ILM/CDS
05.01.00	1	Vedat Yüksel (Mann, 22)	Türkei	schlug tödlich mit dem Kopf auf, als der Bootsführer in der Nähe von Otranto (IT) vor der Grenzpolizei flüchten wollte	ILM
05.01.00	1	N.N. (Mann, ±25)	Nordafrika	in der Nähe von Tarifa (ES) ertrunken beim Versuch, vom Schlauchboot aus nach Spanien zu schwimmen	EP
04.01.00	2	N.N. (Männer, 20 und 28)	Nordafrika	ertrunken beim Versuch, die Meerenge von Gibraltar per Boot zu überqueren und nach Spanien zu gelangen	MNS/EP
03.01.00	1	N.N. (junger Mann)	China	schlug sich den Kopf auf, als er von Schleppern gezwungen wurde, das Boot in der Nähe von Otranto (IT) schnell zu verlassen	ILM
03.01.00	2	N.N. (junge Männer)	Nordafrika	ertrunken; Leichen in der Nähe von Cadiz (ES) an die Küste gespült	EP
01.01.00	1	N.N. (Mann)	China	ertrunken in der Meerenge von Otranto (IT) beim Versuch, nach Italien zu gelangen	ILM
01.01.00	1	N.N. (Mann)	Albanien	ertrunken in der Meerenge von Otranto (IT) beim Versuch, nach Italien zu gelangen	ILM
01.01.00	1	Artur Muradov (Mann, ±35)	Aserbaidschan	Suizid; erhängte sich in einer psychatrischen Klinik in Mülhausen (DE)	ARI
01.01.00	1	Riza Karadag (Mann, 38)	Kurdistan	Asylsuchender in den Niederlanden; starb als blinder Passagier in einem Flugzeug in Richtung USA	IRR
01.01.00	1	N.N. (Kind)	Afrika	starb bei einem Sprung von einem Riff beim Versuch, die Grenze bei Melilla (ES/MA) zu überqueren	MUGAK
01.01.00	1	N.N. (Mann)	Nordafrika	Berichten zufolge ertrunken; Leiche im Verwesungszustand in der Meerenge von Gibraltar gefunden	MUGAK

Tot aufgefunden	Zahl	Name	Herkunftsland	Todesursache	Quelle
01.01.00	1	N.N. (Mann)	Nordafrika	ertrunken beim Versuch, die Meerenge von Gibraltar zu überqueren; nahe Tarifa (ES) tot aufgefunden	MUGAK
22.06.05	1	Mohsen Lalei (Mann)	Iran	abgelehnter Asylsuchender; starb in der Nähe von Eskilstuna (SE) beim Versuch, sich zu verstecken	MNS
31.12.99	1	N.N. (Mann)	unbekannt	vermisst; Berichten zufolge in der Meerenge von Otranto (IT) ertrunken, als er versuchte, Italien zu erreichen	ILM
31.12.99	14	N.N.	Albanien	ertrunken in der Adria, weil das Schlauchboot sank; versuchten nach Italien zu gelangen	DPA/Morgengr./taz/VK/CDS/LS/TL
31.12.99	1	Lenja Leci (Frau)	Albanien	ertrunken in der Adria, weil das Schlauchboot sank; versuchte nach Italien zu gelangen	DPA/Morgengr./taz/VK/CDS/LS/TL
31.12.99	1	Amed Agaj	Albanien	ertrunken in der Adria, weil das Schlauchboot sank; versuchte nach Italien zu gelangen	DPA/Morgengr./taz/VK/CDS/LS/TL
31.12.99	4	N.N. (Frauen)	Moldawien	ertrunken in der Adria, weil das Schlauchboot sank; versuchten nach Italien zu gelangen	DPA/Morgengr./taz/VK/CDS/LS/TL
31.12.99	39	N.N.	Kurdistan, Asien	ertrunken in der Adria, weil das Schlauchboot sank; versuchten nach Italien zu gelangen	DPA/Morgengr./taz/VK/CDS/LS/TL
31.12.99	78	N.N.	Kurdistan, Asien	ertrunken in der Adria, weil das Schlauchboot sank; versuchten nach Italien zu gelangen	DPA/Morgengr./taz/VK/CDS/LS/TL
29.12.99	1	Rabah (Mann)	Tunesien	starb nach Feuer infolge einer Rebellion in der Haftanstalt in Trapani (IT)	CDS/taz/MUGAK/MP/ARCI/L.B.CPT
29.12.99	1	Jamel (Mann)	Tunesien	starb nach Feuer infolge einer Rebellion in der Haftanstalt in Trapani (IT)	CDS/taz/MUGAK/MP/ARCI/L.B.CPT
29.12.99	1	Nasredin (Mann)	Tunesien	starb nach Feuer infolge einer Rebellion in der Haftanstalt in Trapani (IT)	CDS/taz/MUGAK/MP/ARCI/L.B.CPT
26.12.99	1	N.N. (Mann, 25)	Tansania	blinder Passagier; starb beim Versuch, die sizilianische Küste zu erreichen (IT), weil er auf dem Schiff als Sklave gehalten wurde	ILM

Tot aufgefunden	Zahl	Name	Herkunftsland	Todesursache	Quelle
25.12.99	1	Mohamed Ben Said (Mann, 39)	Tunesien	illegal in einer Haftanstalt festgehalten; starb, weil angemessene medizinische Behandlung verweigert wurde	ILM
22.12.99	1	Marun Adeba (Junge, 2)	Irak	erfroren in einem Kühltransporter beim Versuch, Griechenland von der Türkei aus zu erreichen	NCADC
22.12.99	1	Basil Adeba (Junge, 4)	Irak	erfroren in einem Kühltransporter beim Versuch, Griechenland von der Türkei aus zu erreichen	NCADC
21.12.99	1	Maulut Rozga (Junge, 3)	Irak	erfroren in einem Kühltransporter beim Versuch, Griechenland von der Türkei aus zu erreichen	NCADC
21.12.99	1	Zdravko Nikolov Dimitrov (Mann)	Bulgarien	von der deutschen Polizei in Braunschweig (DE) erschossen, als er seine Abschiebung verweigerte	FR-NieSa/ DIR-Büro/ taz/Osnabr. Zeit
21.12.99	1	N.N.	Vietnam	tot aufgefunden in der Neiße an der polnisch-deutschen Grenze in der Nähe von Bad Muskau (DE)	BT-Drucksache
18.12.99	1	N.N. (junge Frau)	Kongo	Suizid; beging in einer Haftanstalt in Luxemburg Selbstmord, wo sie auf die Abschiebung wartete	MNS
01.12.99	17	N.N.	unbekannt	ertrunken in der Nähe der Kanarischen Inseln (ES) beim Versuch, die Inseln mit einem kleinen Boot zu erreichen	Informe Raxen
01.12.99	1	N.N. (Mann, 22)	unbekannt	ertrunken beim Versuch, der Polizei zu entkommen, die nahe Fuengirola (ES) das Boot mit Migrant*innen aufgespürt hatte	MUGAK
01.12.99	5	N.N.	unbekannt	ertrunken, als das kleine Boot nahe El Aaiun (MA) auf dem Weg zu den Kanarischen Inseln sank (ES)	MUGAK/ ABC/Raz
01.12.99	10	N.N.	unbekannt	vermisst, nachdem ihr kleines Boot in der Nähe von El Aaiun (MA) auf dem Weg zu den Kanarischen Inseln (ES) gesunken war	MUGAK/ ABC/Raz
01.12.99	1	Ramsi (Mann)	Tunesien	starb bei Feuergefecht bei Rebellion im Geflüchtetencamp von Vulpitta in Trapani (IT)	MP/AR-CI/L.B.CPT/ GdV/quibla/ INDi
01.12.99	1	Lofti (Mann)	Tunesien	starb bei Feuergefecht bei Rebellion im Geflüchtetencamp von Vulpitta in Trapani (IT)	MP/AR-CI/L.B.CPT/ GdV/quibla/ INDi
25.11.99	1	H. S. (Mann, 30)	Tunesien	Suizid; verhaftet wegen des Diebstahls eines Huhns; erhängte sich im Gefängnis nach Erhalt seines Abschiebebescheids (IT)	ILM
20.11.99	1	N.N.	China	Berichten zufolge Suizid; erhängt aufgefunden auf der Toilette am Flughafen Frankfurt am Main (DE)	BT-Drucksache

Tot aufgefunden	Zahl	Name	Herkunftsland	Todesursache	Quelle
19.11.99	1	Fode Kenate	Guinea	vermutlich tot; verschwunden nach Abschiebung aus Büren (DE) nach Ghana	ARI
19.11.99	1	Ibrahim Kante (Mann)	Guinea	vermutlich tot; verschwunden nach Abschiebung aus Büren (DE) nach Ghana	ARI
19.11.99	1	Umar Balde (Mann)	Guinea	vermutlich tot; verschwunden nach Abschiebung aus Büren (DE) nach Ghana	ARI
19.11.99	1	Ibrahim Camara (Mann)	Guinea	vermutlich tot; verschwunden nach Abschiebung aus Büren (DE) nach Ghana	ARI
17.11.99	1	Hamida Mujanovic (Frau, 42)	Bosnien	starb aus Mangel an medizinischer Versorgung, 3 Monate nachdem sie gezwungen wurde, aus Deutschland nach Bosnien zurückzukehren	ARI
07.11.99	2	N.N. (Männer)	Syrien, Irak	ertrunken an der türkischen Küste; Boot kenterte bei schlechtem Wetter auf dem Weg nach Griechenland	AFP
01.11.99	2	N.N. (Männer)	unbekannt	Berichten zufolge Albaner; nahe Brindisi (IT) ertrunken, nachdem das kleine Boot gesunken war	AFP/taz/ILM/FECL
01.11.99	2	N.N. (Frauen)	Moldawien	Berichten zufolge nahe Brindisi (IT) ertrunken, nachdem das kleine Boot auf dem Weg nach Italien gesunken war	AFP/taz/ILM/FECL
01.11.99	11	N.N.	unbekannt	Berichten zufolge nahe Brindisi (IT) ertrunken, nachdem das kleine Boot auf dem Weg nach Italien gesunken war	AFP/taz/ILM/FECL
01.11.99	12	N.N.	Irak	kurdische blinde Passagier*innen; starben auf einer Fähre von Patras (GR) nach Lecce (IT) an Rauchvergiftung	Statewatch/VK/Ya Basta!/taz
31.10.99	5	N.N.	Irak	Kurd*innen; starben auf einem Minenfeld beim Versuch, die türkisch-griechische Grenze in der Nähe von Kipi zu überqueren	AP/taz
31.10.99	1	N.N.	Kurdistan	Kurd*in; ertrunken nahe Otranto (IT); aus Angst vor der Küstenwache von Schleppern über Bord geworfen	FECL
28.10.99	1	Esawy Rashedal (25)	Kurdistan	starb, als er von den Schleppern gezwungen wurde, das kleine Boot nahe Otranto (IT) zu verlassen	IRR
28.10.99	1	Ali Simsek (Mann, 29)	Kurdistan	starb beim Versuch, die Grenze zu überwinden, durch einen unglücklichen Sturz in den Fluss Isonzo (IT/SI)	ILM
22.10.99	1	Emad Fatihy Kafil Salem (Mann)	Palästina	Selbstmord; Asylgesuch wurde abgelehnt nach Gespräch über Rückführung; war Patient der Psychiatrie	VPRO

Tot aufgefunden	Zahl	Name	Herkunftsland	Todesursache	Quelle
12.10.99	1	N.N. (Mann, ±20)	unbekannt	blinder Passagier; beim Versuch, auf einem Güterhof in Wembley (GB) von Frachtzug zu steigen, durch Stromschlag gestorben	IRR
01.10.99	6	N.N. (3 Frauen; 3 Männer)	Rumänien	blinde Passagier*innen; auf einem in Zypern registrierten Schiff im Hafen von Sevilla (ES) erstickt aufgefunden	MNS/MU-GAK
01.10.99	1	Nestor Z. (17)	Burkina Faso	Suizid; sprang in Hamburg (DE) von einer Unterkunft für Geflüchtete auf einem Hausboot in den Fluss Elbe	ARI
27.09.99	1	N.N. (Kind)	Algerien	ertrunken beim Versuch, in einem kleinen Schlauchboot Ceuta (ES/MA) zu erreichen	MNS/MU-GAK
19.09.99	1	Roberto Garcia Q. (47)	Kuba	blinder Passagier; tot aufgefunden im Fahrwerk eines Alitalia-Flugzeuges am Flughafen von Mailand (IT)	MNS
15.09.99	3	N.N.	unbekannt	ertrunken; kleines Boot kenterte auf dem Weg nach Spanien vor der Küste von Tarifa (MA)	MNS/MU-GAK
07.09.99	2	N.N. (Männer)	Indien	nicht registrierte Arbeiter; Berichten zufolge erstickt in einem Laster nahe Mantova (IT)	IRR/ILM
07.09.99	1	Faiz Ahmed (43)	Pakistan	nicht registrierter Arbeiter; erstickt in einem Lastwagen nahe Mantova (IT) auf dem Weg nach Deutschland	IRR/ILM
07.09.99	1	Nadeem Ahmad (26)	Pakistan	nicht registrierter Arbeiter; erstickt in einem Lastwagen nahe Mantova (IT) auf dem Weg nach Deutschland	IRR/IILM
01.09.99	4	N.N.	unbekannt	nahe Cadiz (ES) ertrunken; Berichten zufolge versuchten sie, per Boot nach Spanien zu gelangen	MNS
30.08.99	1	Rachid Sbaai (19)	Marokko	Suizid; verbrannte sich in der Haftanstalt in Büren (DE) aus Angst vor Abschiebung	MNS/Statewatch/ARI
29.08.99	1	N.N.	Sri Lanka	blinde*r Passagier*in; nahe Hajdu-Bihar (HU) tot in einem Lastwagen auf dem Weg nach Italien aufgefunden	MNS
26.08.99	3	N.N.	Irak	Kurd*innen; starben auf einem Minenfeld beim Überqueren der türkisch-griechischen Grenze in der Nähe von Vissa (GR)	MNS
23.08.99	1	N.N. (31)	Algerien	Berichten zufolge ertrunken; tot aufgefunden an der Küste von Melilla (ES/MA)	MNS
21.08.99	1	Felix Garcia (28)	Kuba	blinder Passagier; tot aufgefunden im Fahrwerk eines British Airways-Flugzeuges am Flughafen Gatwick (GB)	MNS/Telegraph
19.08.99	1	Ousmane Sow	Guinea	starb an Leberinfektion in Krankenhaus in Conarky (GN) nach gewaltsamer Abschiebung aus Düsseldorf (DE)	ARI

Tot aufgefunden	Zahl	Name	Herkunftsland	Todesursache	Quelle
16.08.99	40	N.N.	Kosovo	ertrunken in der Adria; Roma*Romnja; versuchten, mit einem kleinen Boot nach Italien zu gelangen	Romnews/Independent/Tampere D.
16.08.99	60	N.N.	Kosovo	Roma*Romnja; Berichten zufolge in der Adria ertrunken; versuchten, mit einem kleinen Boot nach Italien zu gelangen	Romnews/Independent/Tampere D.
12.08.99	1	N.N. (Frau, 75)	Ex-Jugoslawien	Romni; starb nach 3-tägiger Überfahrt in der Adria bei Brindisi (IT)	ERRC
12.08.99	1	Manikam Thanividirasa (Mann, 40)	Sri Lanka	Suizid; erhängte sich nach Entlassung aus der Haftanstalt in Büren (DE) wegen eines erneut notwendingen Asylantrags	Hilfe MenschenAB
04.08.99	1	Tau Zohrd (Frau, 43)	Irak	ertrunken; Kurdin; von Schleppern vor der italienischen Küste in die Adria geworfen	Morgengr./IRR/MNS/ILM
02.08.99	1	Koita Yaguine (Junge, 14)	Guinea	blinder Passagier; erfroren im Fahrwerk eines Flugzeuges von Conakry (GN) nach Brüssel (BE)	VK/Morgengr./Trouw/PUB/IRR/MNS
02.08.99	1	Tounkara Fodé (Junge, 15)	Guinea	blinder Passagier; erfroren im Fahrwerk eines Flugzeuges von Conakry (GN) nach Brüssel (BE)	VK/Morgengr./Trouw/PUB/IRR/MNS
01.08.99	1	N.N. (Mann)	Irak	kurdischer blinder Passagier; in Dover (GB) erdrückt; hing an der Unterseite eines Lastwagens	IRR
01.08.99	1	N.N. (junge Frau)	China	starb, bevor oder nachdem Schlepper sie in der Nähe von Brindisi (IT) in die Adria geworfen hatten	IRR/Giuliano News Chronicle
01.08.99	18	Famile A. (9 Kinder)	Albanien	Roma*Romnja; ertrunken in der Adria, als das Boot auf dem Weg nach Italien sank	Rom e.v.
30.07.99	1	Bogdan Wszedybil (46)	Polen	Suizid aus Verzweiflung über Verweigerung der Aufenthaltserlaubnis nach 10-jährigem Aufenthalt in Frankreich	MNS/MUGAK/IRR
24.07.99	9	N.N.	Marokko	ertrunken; kleines Boot prallte beim Versuch, zu den Kanarischen Inseln (ES) zu gelangen, gegen Felsen	MNS
24.07.99	1	N.N. (Frau, 28)	Vietnam	verbrannte mit ihren zwei Kindern bei Feuerausbruch in der Unterkunft für Asylsuchende in Bad Kreuznach (DE)	ARI
24.07.99	2	N.N. (Kinder, 3 und 6)	Vietnam	verbrannten mit ihrer Mutter bei Feuerausbruch in der Unterkunft für Asylsuchende in Bad Kreuznach (DE)	ARI
15.07.99	1	N.N.	unbekannt	ertrunken; Berichten zufolge im Fluss Neiße (PL/DE) nahe Nieder Neuendorf	Interior Ministry Germany

Tot aufgefunden	Zahl	Name	Herkunftsland	Todesursache	Quelle
11.07.99	1	N.N.	unbekannt	ertrunken; Berichten zufolge Leichenteile im Grenzfluss Neiße nahe Keuner Wehr (DE) gefunden	German Government
07.07.99	38	N.N. (16–26)	Nordafrika	ertrunken in der Meerenge von Gibraltar, nachdem der Kapitän sich geweigert hatte, sie zu befördern	SOS
09.06.99	1	Bouna Wade (Kind)	Senegal	blinde*r Passagier*in; am Flughafen Abidjan (CI) tot aufgefunden; versuchte, nach Frankreich zu gelangen	MNS
28.05.99	1	Aamir Mohamed Ageeb (Mann, 30)	Sudan	erstickt unter Helm, der bei Abschiebung aus Frankfurt am Main zur Wahrnehmungseinschränkung des Asylsuchenden dienen sollte	taz/AP/SZ/CNN/VK/ST/Trouw
27.05.99	5	N.N. (2 Kinder)	unbekannt	ertrunken; das kleine Boot kollidierte mit einem Polizeiboot in der Adria nahe Otranto (IT)	MNS/AFP/LS/NCAs
21.05.99	19	N.N.	Angola	Kriegsdienstverweigerer; vermisst seit der Abschiebung aus Portugal nach Angola	IAADH
18.05.99	2	N.N.	Nordafrika	blinde Passagier*innen; erstickt in einem marokkanischen Laster nahe der französisch-belgischen Grenze	MNS
16.05.99	22	N.N. (8 Kinder)	Albanien	ertrunken in der Adria nahe Vlorë (AL) beim Versuch, nach Italien zu reisen	MNS/AFP/IRR/ILM/Vita
16.05.99	1	N.N. (Frau)	Albanien	ertrunken in der Adria nahe Vlorë (AL) beim Versuch, nach Italien zu reisen	MNS/AFP/IRR/ILM/Vita
16.05.99	1	N.N. (Kind, 3)	Albanien	ertrunken in der Adria nahe Vlorë (AL) beim Versuch, nach Italien zu reisen	MNS/AFP/IRR/ILM/Vita/NCAs
16.05.99	1	N.N. (Kind, 5)	Albanien	ertrunken in der Adria nahe Vlorë (AL) beim Versuch, nach Italien zu reisen	MNS/AFP/IRR/ILM/Vita/NCAs
10.05.99	1	Alabamou Mamah (30)	Togo	Suizid; sprang in Würzburg (DE) in den Fluss Main nach Ablehnung des Asylantrages	ARI/FR
06.05.99	13	N.N.	unbekannt	3 Schlauchboote mit 40 Personen an Bord 100 km südlich von Arzila (ES) gesunken; 27 Personen gerettet	ELM
05.05.99	13	N.N. (2 Frauen; 5 Männer)	Marokko	ertrunken beim Versuch, die Meerenge von Gibraltar zu überqueren; tot aufgefunden an der marokkanischen Küste	MNS/Informe Raxen
01.05.99	1	Marcus Omofuma (Mann, 25)	Nigeria	während der Abschiebung aus Wien (AT) nach Sofia (BG) erstickt; der Mund war zugeklebt	Statewatch/Morgengr./Ravage/IRR
01.05.99	1	Moshen Sliti (41)	Tunesien	nach verspäteter medizinischer Hilfe in der Haftanstalt von Arenc (FR) einem Herzinfarkt erlegen	MNS/IRR/EUMC

Tot aufgefunden	Zahl	Name	Herkunftsland	Todesursache	Quelle
19.04.99	12	N.N. (4 Kinder)	Pakistan, Afghanistan	ertrunken; Berichten zufolge im Fluss Theiß beim Versuch, die ukrainisch-ungarische Grenze zu überqueren	taz/AFP/IRR/ iN exile
16.04.99	1	K. Hamasediq Abdullah (45)	Irak	tot unter einer Brücke in Dessau (DE) aufgefunden, nachdem der Asylantrag abgelehnt worden war	ARI
12.04.99	1	N.N.	unbekannt	ertrunken im Fluss Neiße (PL/DE) nahe Görlitz; Berichten zufolge beim Versuch, die Grenze zu überqueren	Interior Ministry Germany
23.03.99	1	Veluppillai Balachandran (Mann, 39)	Sri Lanka	Suizid nach Hungerstreik in der Haftanstalt in Moers (DE) aus Angst vor Abschiebung	NCADC/IRR
20.03.99	1	N.N.	unbekannt	Berichten zufolge ertrunken; Migrant*in; tot am Strand von Ceuta (ES/MA) aufgefunden	Informe Raxen
12.03.99	1	Emin Acar (Junge, 17)	Türkei	vermutlich tot; nach der Abschiebung aus Stuttgart (DE) in die Türkei verschwunden	ARI
04.03.99	1	N.N.	Polen	ertrunken; Berichten zufolge Leiche am Grenzfluss Neiße (DE/PL) nahe Ostritz (DE) gefunden	German Government
03.03.99	1	Khaled Abuzarifeh (Mann, 27)	Palästina	erstickt; sein Mund war von der Polizei während der Abschiebung am Flughafen Kloten-Zürich (CH) geknebelt worden	Statewatch/ Morgengr./ Pressesp.
17.02.99	1	Azmon Qaka (Baby, 29 Tage)	Kosovo	starb im Krankenhaus in Maglie (IT), nachdem er oder sie von Schleppern ins Meer geworfen worden war	ILM
10.02.99	1	Amed Dauda (18)	Mali	ertrunken im Fluss Guadalquivir bei Sevilla (ES); blinde*r Passagier*in; versuchte, der Polizei zu entkommen	IRR/MNS
03.02.99	1	Idris Tey (31)	Tunesien	ertrunken nahe Syrakus (IT) beim Versuch, von einem Schiff an Land zu schwimmen	MNS/ILM
01.02.99	2	N.N. (Babys)	Bosnien	starben unter schlechten hygienischen Bedingungen im Geflüchtetencamp in Muratella (IT)	IRR
31.01.99	1	E.L. (28)	Phillippinen	beging in der JVA München (DE) Suizid mit einem Gürtel	IMEDANA
12.01.99	1	H. Merkebu Getachew (Mann)	Äthiopien	beging Suizid; erhängte sich in der Haftanstalt in Lübbecke (DE)	ARI
11.01.99	1	N.N. (Mann)	Kurdistan	blinder Passagier; geriet beim Verlassen der Fähre von Dover (GB) unter die Räder eines Lasters	MNS/IRR
04.01.99	1	Berzan Öztürk (Mann)	Kurdistan	verbrannte sich im Gefängnis Stuttgart-Stammheim (DE) aus Solidarität mit den kurdischen Häftlingen	ARI/AP/ZAG
01.01.99	1	N.N. (Baby, 3 Wochen)	Kosovo	von französischen Zollbeamten tot in einem Laster aufgefunden	IRR

Tot aufgefunden	Zahl	Name	Herkunftsland	Todesursache	Quelle
01.01.99	1	Elvane Vuciterna	Kosovo-Albanien	ertrunken in der Nähe von Brindisi (IT), nachdem das kleine Boot nach einer Kollision mit einem anderen Boot gesunken war	IRR
01.01.99	1	Tarik Vuciterna (Baby, 18 Monate)	Kosovo-Albanien	ertrunken in der Nähe von Brindisi (IT), nachdem das kleine Boot nach einer Kollision mit einem anderen Boot gesunken war	IRR
01.01.99	1	N.N. (Mädchen, 15)	Kosovo-Albanien	ertrunken in der Nähe von Brindisi (IT), nachdem das kleine Boot nach einer Kollision mit einem anderen Boot gesunken war	IRR
01.01.99	3	N.N.	Kosovo-Albanien	ertrunken in der Nähe von Brindisi (IT), nachdem das kleine Boot nach einer Kollision mit einem anderen Boot gesunken war	IRR
01.01.99	1	Süleyman Aksoy (Mann)	Kurdistan	Kurde; vermutlich in der türkischen Armee nach Abschiebung aus den Niederlanden getötet	AC/MNS/ ARI/Fabel van de Illegaal
01.01.99	1	Savas Cicek (Mann)	Kurdistan	Kurde; vermutlich in der türkischer Armee nach Abschiebung aus den Niederlanden getötet	MNS/ Fabel van de Illegaal/ Nederlands Dagblad
21.06.05	1	Cipriano I. M.	Angola	nicht registrierter Arbeiter; starb während "illegaler" Arbeit in Caspe (ES); fiel vom Traktor	IRR
21.06.05	1	Margota (Baby)	Rumänien	Roma-Baby; erlag während einer Polizeirazzia im Camp in Casalino (IT) einem Herzinfarkt	IRR
21.06.05	1	N.N. (Frau)	Sri Lanka	Asylsuchende; Suizid; sprang vor einen Zug in Rüsselsheim (DE)	ARI
21.06.05	1	N.N.	unbekannt	ertrunken beim Versuch, illegal nach Deutschland einzureisen	ARI
1999	1	Ibrahim Barry	Guinea	starb im Gefängnis in Guinea nach gewaltsamer Abschiebung aus Düsseldorf (DE) am 30. Juni	ARI/Guineenne des Droits de l'Homme
1999	1	Diallo	Guinea	starb im Gefängnis in Guinea nach gewaltsamer Abschiebung aus Düsseldorf (DE) am 30. Juni	ARI/Guineenne des Droits de l'Homme
1999	1	N.N.	Guinea	starb Berichten zufolge im Gefängnis in Guinea nach gewaltsamer Abschiebung aus Düsseldorf (DE) am 30. Juni	Guineenne des Droits de l'Homme/ARI
31.12.98	2	N.N.	Kurdistan	ertrunken, als das Boot mit Geflüchteten in der Adria (GR) sank	AFP/MNS
31.12.98	9	N.N.	unbekannt	ertrunken; Berichten zufolge als das Boot mit Geflüchteten in der Adria (GR) sank	AFP/MNS

Tot aufgefunden	Zahl	Name	Herkunftsland	Todesursache	Quelle
29.12.98	1	N.N.	Kurdistan	in einem Wald bei Nimfopetra (GR) erfroren und von Wölfen verstümmelt	MNS
29.12.98	1	N.N. (Frau, 39)	Ukraine	starb in Avelinno (IT) an Unterkühlung; wurde von einem italienischen Bäcker als "Sklavin" gehalten	MNS
26.12.98	1	Tesfa Bizuneh	Äthiopien	Suizid; sprang aus Angst vor Abschiebung aus dem 3. Stock eines Krankenhauses in München (DE)	IMEDANA/ ZAG
23.12.98	2	N.N.	Nordafrika	ertrunken, als kleines Boot mit Geflüchteten bei Cadiz (ES) sank	MNS
23.12.98	22	N.N.	Nordafrika	ertrunken; Berichten zufolge sank kleines Boot mit Geflüchteten bei Cadiz (ES)	MNS
21.12.98	3	N.N.	Marokko	ertrunken; kleines Boot mit Geflüchteten sank nahe der Insel Alborán (ES)	MNS/taz
20.12.98	3	N.N.	Nordafrika	ertrunken; kleines Boot mit Geflüchteten sank bei Ceuta (ES/MA)	AFP/MNS/ taz
20.12.98	5	N.N.	Nordafrika	ertrunken; Berichten zufolge sank kleines Boot mit Geflüchteten bei Ceuta (ES/MA)	AFP/MNS/ taz
10.12.98	30	N.N.	Marokko	ertrunken; Berichten zufolge sank das Boot auf dem Weg nach Spanien in der Meerenge von Gibraltar	AFP/VK
10.12.98	1	N.N.	Nordafrika	ertrunken in der Meerenge von Gibraltar, als das kleine Boot kenterte	MNS
10.12.98	32	N.N.	Nordafrika	ertrunken; Berichten zufolge vermisst nach Kentern des kleinen Bootes in der Meerenge von Gibraltar	MNS
06.12.98	8	N.N.	Sierra Leone	ertrunken; bei Malta auf ihrem Weg nach Italien Berichten zufolge von Schleppern ins Meer geworfen	AP/MNS
02.12.98	1	J. Danielle (Schwangere)	Algerien	Suizid; erhängt aufgefunden auf der Polizeistation in Ceuta (ES/MA); befand sich in Haft	AFP/IRR/AI
01.12.98	1	Lin Yan-Guang (Mann, 35)	China	Suizid; Asylsuchender litt im Krankenhaus in Brentwood (GB) an Depressionen	CARF/IRR/ NCADC
27.11.98	3	N.N. (1 Baby; 1 Frau; 1 Mann)	Albanien	ertrunken, als das Schlauchboot mit einem Schnellboot nahe Brindisi (IT) kollidierte	MNS/AFP/ Reu
27.11.98	4	N.N.	Albanien	ertrunken; Berichten zufolge als das Schlauchboot mit einem Schnellboot nahe Brindisi (IT) kollidierte	MNS/AFP/ Reu
25.11.98	27	N.N.	Marokko	ertrunken; Berichten zufolge kenterte das kleine Boot in der Nähe von Tanger (MA) auf dem Weg nach Spanien	MNS/AFP/ Statewatch
17.11.98	1	A. Rassal (34)	Irak	bei Soufli (GR) nach Überquerung des Flusses Evros (türkische Grenze) vom Zug erfasst	MNS

Tot aufgefunden	Zahl	Name	Herkunftsland	Todesursache	Quelle
14.11.98	1	Harrinder Singh Cheena (Junge, 16)	Indien	Suizid; erhängte sich in der Jugendstrafanstalt in Halle (DE) aus Angst vor Abschiebung	SZ/MNS/ARI/ZAG
09.11.98	1	Solomon Mforbei Fusi (Junge, 15)	Kamerun	blinder Passagier; fiel in Lauchringen (DE) vom Fahrwerk eines Flugzeuges zwischen Afrika und der Schweiz	AP/MNS/NZZ/ZAG
02.11.98	1	Kamran Gord	Iran	Suizid in der Unterkunft für Asylsuchende in Slagharen (NL)	Trouw/Prime
31.10.98	1	John Madu (Mann, 31)	Nigeria	verblutete in Liége (BE), nachdem ihm medizinische Versorgung verweigert worden war	BBC/MNS/IRR
25.10.98	4	N.N. (1 Baby; 2 Frauen; Mann)	Albanien	ertrunken, als das Beiboot nach Verlassen des Hafens von Vlorë (AL) kollidierte und Feuer fing	MNS/AFP/ARD/ZDF
25.10.98	16	N.N.	Albanien	vermisst; Berichten zufolge ertrunken; Boot kollidierte nach Verlassen des Hafens von Vlorë (AL)	MNS/AFP/ARD/ZDF
20.10.98	1	Irini P. (Frau, 20)	Weißrussland	Suizid in Thessaloniki (GR); wurde zuvor zur Prostitution gezwungen	MNS
06.10.98	1	Daniel Kassa Mehari (32)	Äthiopien	Suizid; sprang von einer Eisenbahnbrücke nahe Magdeburg (DE) und erlag seinen Verletzungen im Krankenhaus	ARI/ZAG
01.10.98	1	Mehretab Kidane (Mann, 28)	Eritrea	Suizid; erhängte sich am Tag, als die letzte Hörung für seinen Asylantrag in London (GB) bevorstand	IRR/iN exile/CARF/NCRM/NCADC
01.10.98	1	N.N. (Frau)	China	starb an Herzversagen; versuchte, den Fluss Maltsch von Tschechien nach Österreich zu überqueren	IRR
29.09.98	1	N.N. (Mann, 18)	Ungarn	Suizid; erhängte sich in einer Haftanstalt in Österreich nach seiner Verhaftung durch die Grenzpolizei	IRR
22.09.98	1	Semira Adamu (Frau, 20)	Nigeria	während der gewaltsamen Deportierung aus Belgien mit einem Kissen erstickt	VK/CCLE/AFP/MNS/IRR/AI/MN
17.09.98	1	N.N.	Mazedonien	ertrunken; Berichten zufolge nahe der deutsch-polnischen Grenze bei Bahren-Zelz (DE)	ARI
17.08.98	1	N.N.	Albanien	von der Polizei im Zug aus Belgien nach Italien erschossen, als die Grenzkontrolle eine Passkontrolle durchführte	MNS/IRR
06.08.98	1	N.N. (Kind)	Kurdistan	von Schleppern auf der Adria zu Tode gesteinigt, als er eine extra Zahlung verweigerte	MNS
01.08.98	1	N.N. (Mädchen)	Marokko	ertrunken im Mittelmeer während des 3. Versuchs, illegal nach Spanien einzureisen	IRR

Tot aufgefunden	Zahl	Name	Herkunftsland	Todesursache	Quelle
01.08.98	1	N.N.	unbekannt	blinde*r Passagier*in; wurde gesehen, als er oder sie von einem Flugzeug in der Nähe des Flughafens Heathrow (GB) fiel	MNS/OBV/IRR
01.08.98	1	Saber Abdelh	Marokko	nicht registrierter Arbeiter; gestorben unter ungeklärten Umständen in einem sizilianischen (IT) Gefängnis	IRR
30.07.98	1	Isuf Kosumi	Kosovo	starb bei einem Autounfall in Weisenborn (Grenze DE/CZ) beim Versuch, der Grenzkontrolle zu entkommen	Radio Bayern 5/WB/ARD/ZDF
30.07.98	1	Valdet Rezita	Kosovo	starb bei einem Autounfall in Weisenborn (Grenze DE/CZ) beim Versuch, der Grenzkontrolle zu entkommen	Radio Bayern 5/WB/ARD/ZDF
30.07.98	1	Xhevdet Krasnici	Kosovo	starb bei einem Autounfall in Weisenborn (Grenze DE/CZ) beim Versuch, der Grenzkontrolle zu entkommen	Radio Bayern 5/WB/ARD/ZDF
30.07.98	1	Sali Emini	Kosovo	starb bei einem Autounfall in Weisenborn (Grenze DE/CZ) beim Versuch, der Grenzkontrolle zu entkommen	Radio Bayern 5/WB/ARD/ZDF
30.07.98	1	Artan Dauti	Kosovo	starb bei einem Autounfall in Weisenborn (Grenze DE/CZ) beim Versuch, der Grenzkontrolle zu entkommen	Radio Bayern 5/WB/ARD/ZDF
30.07.98	1	Zaim Dauti	Kosovo	starb bei einem Autounfall in Weisenborn (Grenze DE/CZ) beim Versuch, der Grenzkontrolle zu entkommen	Radio Bayern 5/WB/ARD/ZDF
30.07.98	1	Lumni Brahimi	Kosovo	starb bei einem Autounfall in Weisenborn (Grenze DE/CZ) beim Versuch, der Grenzkontrolle zu entkommen	Radio Bayern 5/WB/ARD/ZDF
28.07.98	5	N.N.	Tunesien	blinde Passagier*innen; starben in Genua (IT), als das Schiff Feuer fing	NOS/Reuters/BBC
26.07.98	5	N.N.	unbekannt	ertrunken nahe Cadiz (ES) beim Versuch, in einem kleinen Boot nach Spanien zu gelangen	IRR
25.07.98	1	Mehmet K. (Mann, 24)	Kurdistan	Asylsuchender; gestorben an einer Angstpsychose in der Notaufnahme einer Klinik in Karlsruhe (DE)	MNS
20.07.98	8	N.N.	Nordafrika	ertrunken vor der Küste Süditaliens; wurden gezwungen, von Bord zu gehen, nachdem die Küstenwache sie entdeckt hatte	AFP/CDS
06.07.98	2	N.N.	unbekannt	ertrunken wegen starker Strömung beim Versuch, den Fluss Tresa (IT/CH) zu überqueren	NZZ

Tot aufgefunden	Zahl	Name	Herkunftsland	Todesursache	Quelle
06.07.98	7	N.N.	Marokko	ertrunken aufgefunden am Strand von Ceuta (ES/MA), nachdem das Boot in der Meerenge von Gibraltar gekentert war	IRR/IPS/MNS
05.07.98	38	N.N.	unbekannt	ertrunken bei Melilla (ES/MA) auf ihrem Weg nach Spanien	ELM
01.07.98	1	Haydar Findik (Mann, ±27)	Kurdistan	starb in der Unterkunft für Asylsuchende Altenburg (DE), nachdem ihm medizinische Hilfe verweigert worden war	FR-Thüringen/taz/AN/ZAG
01.07.98	1	Sofonias Alemseged (Mann, 22)	Eritrea	Asylsuchender; Suizid; erhängte sich im Gefängnis in Brixton (GB)	IRR/CARF/NCRM/NCADC
30.06.98	7	N.N.	Marokko	ertrunken, als das zu kleine Boot nahe Ceuta (ES/MA) kenterte	taz
29.06.98	2	N.N. (Kinder)	Afrika	verhungerten auf einem Boot mit Geflüchteten aus Libanon auf dem Weg nach Zypern	MNS
22.06.98	1	N.N. (Junge)	Nordafrika	ertrunken, als das zu kleine Boot in der Nähe der spanischen Küste gegen Felsen prallte	MNS
01.06.98	1	Hasan Akdag (Mann, 21)	Kurdistan	Suizid, verbrannte sich in der Haftanstalt in Lingen (DE) nach Ablehnung eines zweiten Asylantrags	FR-NieSa/MNS/Morgengr./ZAG
01.06.98	38	N.N.	Marokko	ertrunken, als das zu kleine Boot nahe Melilla (ES/MA) auf dem Weg nach Spanien kenterte	LR
16.05.98	1	Karim Hassan (Mann, 27)	Palästina	erhängte sich nach 8-monatiger Haft in Nieuwersluis (NL)	AC/VPRO
15.05.98	1	N.N.	Mazedonien	ertrunken im Fluss Oder (DE); sprang bei Verfolgungsjagd durch die Grenzpolizei von einer Brücke	MOZ/ZAG
14.05.98	1	N.N. (Mann)	Sudan	starb, nachdem er aus einem Fenster des 4. Stocks einer Haftanstalt in Breda (NL) gefallen ist oder gestoßen wurde	VK
02.05.98	3	N.N.	Albanien	ertrunken beim Sinken des Bootes nahe Vlorë (AL) beim Versuch, die Adria zu überqueren	MNS
02.05.98	1	Nouredine El Amrani (Mann, 26)	Marokko	beging nach 2 Jahren Haft in der Haftanstalt Kronach (DE) Suizid	taz/ZAG
16.04.98	2	N.N. (Männer, 22 und 26)	Marokko	beim Versuch, die griechisch-türkische Grenze zu überqueren, auf Minenfeld gestorben	MNS
12.04.98	1	Asan Asanov (Mann, 51)	Mazedonien	starb nach Abschiebung aus Deutschland nach Kocani (MK); Abschiebung war trotz ernster Krankheit erfolgt	ARI/ZAG
08.04.98	1	N.N.	Bangladesch	starb bei einem Autounfall in Klingental in der Nähe der tschechisch-deutschen Grenze	ARI/ZAG

Tot aufgefunden	Zahl	Name	Herkunftsland	Todesursache	Quelle
03.04.98	1	N.N. (Mann, 23)	Algerien	von Polizeibeamten erschossen (NL), nachdem er Berichten zufolge Wärter im Gefängnis mit einem Messer bedroht hatte	MNS
01.04.98	1	N.N.	Rumänien	ertrunken; wurde als blinde*r Passagier*in entdeckt und sprang vom Schiff in die Ostsee (DE)	ARI/ZAG
19.03.98	1	N.N. (Mann)	Nigeria	blinder Passagier; erstickte im Laderaum eines jamaikanischen Schiffes auf dem Weg nach Irland	MNS
16.03.98	13	N.N.	Nordafrika	ertrunken in der Meerenge von Gibraltar, als marokkanisches Schiff sank	PUB
16.03.98	10	N.N.	Nordafrika	ertrunken; Berichten zufolge nahe der Küste von Cadiz (ES) nach Kentern ihres Bootes	MNS
15.03.98	1	Sharif Hussein Ahmed (Mann)	Somalia	Selbstmord in Graz (AT) nach Verweigerung einer Aufenthaltsgenehmigung für Österreich trotz gewonnenen ECHR-Verfahrens	MNS/ UNHCR
14.03.98	1	Adrian Lucian Cretu (17)	Rumänien	starb bei einem Autounfall im Burgenland (AT) nach einer Verfolgungsjagd durch die Grenzpolizei	Presse
05.03.98	1	Edmond Kapraku (Mann, 30)	Albanien	fiel beim Versuch, nach Italien zu kommen, ins Meer und wurde von der Schiffsschraube zerstückelt	IRR
02.03.98	1	N.N. (Mann, 25)	Rumänien	starb beim Versuch, die bulgarisch-griechische Grenze mit dem Auto zu überqueren, an Schussverletzungen	MNS
Mär 1998	1	N.N. (Frau, 47)	Äthiopien	beging in Italien Suizid; geplagt von der Angst, dass ihre Aufenthaltserlaubnis nicht verlängert würde	IRR
Mär 1998	1	Aimer Busher	Tunesien	vermisst nach Sprung in die Meerenge von Messina (ES) mit der Hoffnung, an Land zu schwimmen	IRR
28.02.98	1	Muhamet Islami Gjeli (Mann, 70)	Kosovo	in Liskoshan (XK) nach der Abschiebung aus Deutschland von Serb*innen ermordet	ARI/ZAG
28.02.98	1	Naser Islami Gjeli (Mann, 37)	Kosovo	in Liskoshan (XK) nach der Abschiebung aus Deutschland von Serb*innen ermordet	ARI/ZAG
28.02.98	1	Beqir Sejdiu (Mann, 36)	Kosovo	abgeschobener Asylsuchender (DE) in Cirez (XK) durch serbische Sicherheitskräfte ermordet	IRR/ZAG
21.02.98	1	N.N. (Frau, 21)	Somalia	ertrunken; tot aufgefunden im Rhein bei Köln (DE)	ARI/ZAG
13.02.98	1	Sadik Genc	Türkei	vermutlich tot; verschwand nach der Abschiebung aus Bremen (DE) in die Türkei	ARI
09.02.98	5	N.N.	Albanien	ertrunken in Brindisi (IT); versuchten, die Adria zu überqueren	MNS/IRR

Tot aufgefunden	Zahl	Name	Herkunftsland	Todesursache	Quelle
09.02.98	5	N.N.	Albanien	vermisst gemeldet nahe Brindisi (IT); versuchten, die Adria zu überqueren	MNS/IRR
08.02.98	1	N.N. (Mann)	Aserbaidschan	blinder Passagier; im Fahrwerk eines Fluzeuges von Baku (AZ) nach Gatwick (GB) gefunden	IRR
07.02.98	1	N.N. (Mann)	unbekannt	blinder Passagier; erfroren aufgefunden im Fahrwerk eines Flugzeuges von Baku (AZ) nach London (GB)	MNS/IRR
01.02.98	1	N.N. (Frau, 50)	Armenien	Suizid in der Gefängniszelle in Renkum (NL); Asylantrag war zweimal abgelehnt worden	Respons
01.02.98	3	N.N.	Irak	ertrunken beim Versuch, den Fluss Mariza zwischen der Türkei und Griechenland schwimmend zu durchqueren	The Observer
19.01.98	1	N.N.	Albanien	tödlich verletzt durch den Propeller des Bootes auf dem Weg nach Italien	FR/MNS
08.01.98	1	Issah M. (30)	Togo	vermutlich tot; verschwunden nach der Abschiebung aus Deutschland nach Togo	ARI
05.01.98	1	N.N. (Mann, 24)	Kurdistan	Suizid; zündete sich nach der zweiten Ablehnung seines Asylsantrags selbst an (DE)	FR/MNS/ZAG
20.06.05	4	N.N.	Nordafrika	tot aufgefunden in einem Bewässerungsgraben nahe La Jonquera (ES)	SOS Racismo
20.06.05	1	N.N. (Mann, 20)	Nordafrika	blinder Passagier; Berichten zufolge nahe Almería (ES) während der Reise in einem Laster erstickt, in dem er sich versteckte	SOS Racismo
31.12.97	1	Salko L. (Mann, 39)	Bosnien	Suizid; erhängte sich in der psychiatrischen Abteilung des Tegeler Gefängnisses (DE)	CARF/ARI/ZAG
13.12.97	1	N.N.	unbekannt	ertrunken im Fluss Neiße (PL/DE) nahe Forst; Berichten zufolge beim Versuch, die Grenze zu überqueren	Interior Ministry Germany/ZAG
26.11.97	1	N.N.	unbekannt	ertrunken im Fluss Oder (PL/DE) nahe Frankfurt (Oder) (DE); Berichten zufolge beim Versuch, die Grenze zu überqueren	Interior Ministry Germany/ZAG
20.11.97	12	N.N.	Albanien	ertrunken; Berichten zufolge in der Adria, als das Schlauchboot leckte	MNS/VK/taz/AFP/Reu./FECL/Vita/LS
20.11.97	5	N.N.	Albanien	starben in der Adria an Unterkühlung, als das Schlauchboot leckte	MNS/VK/taz/AFP/Reu./FECL/Vita/LS
07.11.97	1	Akim (Mann, 24)	Togo	sprang während einer Polizeirazzia aus dem Fenster seiner Wohnung in Bremen (DE)	NCADC/Int. Menschenr. Ver. Bremen

Tot aufgefunden	Zahl	Name	Herkunftsland	Todesursache	Quelle
27.10.97	1	N.N.	unbekannt	ertrunken im Fluss Neiße (PL/DE) nahe Görlitz; Berichten zufolge beim Versuch, die Grenze zu überqueren	Interior Ministry Germany/ ZAG
22.10.97	4	N.N.	Nordafrika	ertrunken bei Tarifa (ES) auf dem Weg nach Spanien	EP/MNS/ Statewatch
22.10.97	13	N.N.	Nordafrika	Berichten zufolge ertrunken nahe Tarifa (ES) auf dem Weg nach Spanien	EP/MNS/ Statewatch
18.10.97	1	N.N.	unbekannt	ertrunken im Fluss Oder (PL/DE) nahe Frankfurt (Oder) (DE); Berichten zufolge beim Versuch, die Grenze zu überqueren	Interior Ministry Germany/ ZAG
18.10.97	1	N.N.	unbekannt	erfroren bei Kipsdorf (DE) in Grenznähe	Interior Ministry Germany/ ZAG
01.10.97	1	Vikas Singh	unbekannt	blinde*r Passagier*in; erfroren im Fahrwerk eines Flugzeuges während eines Flugs nach London (GB)	IRR
16.09.97	14	N.N.	Marokko	ertrunken bei Tanger auf ihrem Weg nach Spanien	VK/taz/EP/ MNS/ELM
16.09.97	10	N.N.	Marokko	Berichten zufolge ertrunken nahe Tanger auf dem Weg nach Spanien	VK/taz/EP/ MNS/ELM
15.09.97	3	N.N.	Irak	durch Minen getötet beim Versuch, die türkisch-griechische Grenze zu überqueren; 11 weitere Personen verletzt	taz/AP/FR/ Int. Herald Tribune / MNS
12.09.97	1	N.N.	Afghanistan	tot aufgefunden im Fluss Neiße (DE/ PL) nahe Bahren/Forst	ARI/ZAG
09.09.97	1	Afrim Magastena (Mann, 24)	Kosovo-Albanien	Suizid; Wehrdienstverweigerer; erhängte sich in der Unterkunft für Asylsuchende in Prenzlau (DE) aus Angst vor Abschiebung	CARF/ARI
07.09.97	1	N.N. (Mann)	unbekannt	ertrunken aufgefunden im Fluss Neiße in Sachsen (DE); versuchte, die polnisch-deutsche Grenze zu überqueren	ARI/ZAG
01.09.97	26	N.N.	Nordafrika	ertrunken beim Versuch, die Meerenge von Gibraltar zu überqueren	Morgengrauen, IRR
31.08.97	1	Kwame Osei (±30)	Ghana	sprang vor einen Zug in Eberstadt (DE), als die Abschiebung drohte	Morgengr./ CARF/ARI/ ZAG
27.08.97	1	Zülfü Demirkan	Türkei	Berichten zufolge tot; verschwunden nach Abschiebung aus Frankfurt am Main (DE) in die Türkei	ARI
22.08.97	1	N.N. (Frau)	unbekannt	ertrunken beim Versuch, die Grenze zu überqueren; tot aufgefunden im Fluss Neiße nahe Ratzdorf (DE)	MOZ/ZAG
16.08.97	1	Ali Polat (Mann)	Kurdistan	Kurde; Berichten zufolge tot; verschwand nach seiner Abschiebung aus Deutschland in die Türkei	ARI

Tot aufgefunden	Zahl	Name	Herkunftsland	Todesursache	Quelle
09.08.97	1	N.N.	unbekannt	ertrunken im Fluss Neiße (PL/DE) nahe Ratzdorf; Berichten zufolge beim Versuch, die Grenze zu überqueren	Interior Ministry Germany/ ZAG
02.08.97	7	N.N.	Nordafrika	ertrunken bei Pantelleria (IT), als ihr Boot auf dem Weg nach Italien sank	taz/DPA/TL
01.08.97	1	Mohamed Boughnahmi	Tunesien	ertrunken; tot aufgefunden nahe Pantelleria (IT)	TL
01.08.97	4	N.N. (Männer)	Marokko	tot aufgefunden in einem Graben nahe Valencia (ES); Berichten zufolge erstickt; versteckten sich in einem Laster	MNS
30.07.97	1	Ibrahim A. (Mann)	Türkei	Kurde; Berichten zufolge tot; verschwunden nach Abschiebung aus Deutschland in die Türkei	ARI
26.07.97	1	Mihai Sandu (25)	Rumänien	Suizid; ertrunken aufgefunden nahe Oldenburg (DE); die baldige Abschiebung drohte	FR/MNS/ taz/NW/OL/ ZAG
11.07.97	1	N.N.	unbekannt	ertrunken im Fluss Neiße (PL/DE) nahe Zentendorf; Berichten zufolge beim Versuch, die Grenze zu überqueren	Interior Ministry Germany
10.07.97	1	Halina Halim (Frau, 44)	Afghanistan	ertrunken; im Fluss Neiße (DE/PL) nahe Guben gefunden; Tochter (10 Jahre) ist vermisst	ZAG
04.07.97	1	N.N. (26)	Togo	ertrunken im Fluss Mosel nahe Schweich (DE) beim Versuch, vor der Polizei zu flüchten	Trierer Volksfreund/ ZAG
27.06.97	1	Liu Zen G.	China	getötet bei einem Busunglück, als deutsche und polnische Behörden einen Befehl zu rascher Umkehr erteilten	FFM/Pro-Asyl/FR/ MNS/ZAG
27.06.97	1	N.N.	unbekannt	getötet bei einem Busunglück, als deutsche und polnische Behörden einen Befehl zu rascher Umkehr erteilten	FFM/Pro-Asyl/FR/ MNS/ZAG
20.06.97	1	N.N.	unbekannt	ertrunken im Fluss Neiße (PL/DE) nahe Hirschfelde; Berichten zufolge beim Versuch, die Grenze zu überqueren	Interior Ministry Germany/ ZAG
17.06.97	1	N.N.	Afghanistan	ertrunken im Fluss Neiße (PL/DE) bei Bad Muskau beim Versuch, die Grenze zu überqueren	Interior Ministry Germany
12.06.97	24	N.N.	Marokko	ertrunken auf dem Weg nach Spanien bei Tanger (ES)	AFP/taz/ Tagesschau/ EP/MNS/VK
12.06.97	7	N.N.	Marokko	Berichten zufolge ertrunken in der Nähe von Tanger (ES) auf dem Weg nach Spanien	AFP/taz/ Tagesschau/ EP/MNS/VK
10.06.97	1	N.N.	Afghanistan	ertrunken im Fluss Neiße (PL/DE) nahe Guben; Berichten zufolge beim Versuch, die Grenze zu überqueren	Interior Ministry Germany/ ZAG

Tot aufgefunden	Zahl	Name	Herkunftsland	Todesursache	Quelle
09.06.97	1	F.F. (27)	Ägypten	beging in der JVA Augsburg Suizid mit einem Gürtel (DE)	IMEDANA/ZAG
04.06.97	1	Bektas Heval (26)	Kurdistan	verbrannt in der Unterkunft für Geflüchtete in Friedrichshafen (DE); vermutlich infolge einer Brandstiftung	taz/DPA/Querblick/MNS/CARF/ZAG
02.06.97	1	N.N. (Baby)	Afghanistan	ertrunken im Fluss Neiße (DE/PL) nahe Görlitz	taz/German authorities/FR/MNS/SZ
01.06.97	23	N.N.	Nordafrika	ertrunken nahe Tanger (MA) auf dem Weg nach Spanien, als das Boot kenterte	EP/MNS
01.06.97	1	Dinari Elai Ben Lazar (Mann, 33)	Tunesien	starb nach 3-monatigem Hungerstreik aus Protest gegen Haft ohne Prozess (IT)	CARF
22.05.97	1	N.N.	unbekannt	ertrunken im Fluss Oder (PL/DE) nahe Frankfurt (Oder) (DE); Berichten zufolge beim Versuch, die Grenze zu überqueren	Interior Ministry Germany/ZAG
06.05.97	1	N.N. (16)	Bosnien	Suizid in der Unterkunft für Asylsuchende in Chur (CH)	Bündner Tagblatt/SFH
01.05.97	1	N.N. (Mann, 33)	Russland	Suizid in einer Haftanstalt in Halle (DE) aus Angst vor Abschiebung	ARI/ZAG
26.04.97	1	N.N.	unbekannt	ertrunken im Fluss Neiße (PL/DE) nahe Bad Muskau; Berichten zufolge beim Versuch, die Grenze zu überqueren	Interior Ministry Germany/ZAG
15.04.97	1	N.N. (Mann)	Senegal	wurde unterkühlt und mit Frostbeulen nahe Deutschneudorf (DE) aufgefunden und starb im Krankenhaus	ARI/ZAG
03.04.97	1	Peter San Pedro (Mann, 25)	unbekannt	gestorben; lief nach Entlassung aus Haft wegen des Verdachts, sich illegal in Kent (GB) aufzuhalten, vor einen Lastwagen	NCRM
01.04.97	1	N.N.	unbekannt	ertrunken im Fluss Neiße (PL/DE) nahe Köbeln; Berichten zufolge beim Versuch, die Grenze zu überqueren	Interior Ministry/ZAG
28.03.97	87	N.N.	Albanien	ertrunken, als das Boot der Geflüchteten nach einer Kollision mit einem italienischen Armeeschiff kenterte	Reuters/taz/VK/MNS/SD/Statewatch
23.03.97	1	N.N. (Junge, 12)	Kenia	beim Versuch, sich als blinder Passagier in einen Flug von Nairobi nach Gatwick (GB) einzuschleusen, von Flugzeugreifen erfasst	CARF/GuardianUn./IRR
16.03.97	11	N.N.	Marokko, Libanon	gestorben bei einem Lkw-Unfall in Figueres (ES); zwischen Ladung erdrückt	DPA/taz
16.03.97	18	N.N.	Iran, Irak	ertrunken, als das Boot zwischen Kas (TR) und Kastellorizon (GR) kenterte	MNS/FR/Libération

Tot aufgefunden	Zahl	Name	Herkunftsland	Todesursache	Quelle
12.03.97	1	Vijay Sainu (Mann, 19)	Indien	blinder Passagier; erfroren im Fahrwerk eines Flugzeuges von Delhi nach London (GB)	IRR/OBV
Mär 1997	1	N.N. (Junge)	Nigeria	blinder Passagier; erfroren im Fahrwerk eines Flugzeuges von Nigeria nach London (GB)	IRR
15.02.97	1	N.N. (Mann)	unbekannt	ertrunken oder erfroren aufgefunden im Fluss Neiße (DE/PL) nahe Ostriz	SZ/ZAG
02.02.97	2	N.N.	Nordafrika	tot aufgefunden als blinde Passagier*innen auf dem zypriotischen Schiff Deike in Pasaia (ES)	taz/DPA/Statewatch
02.02.97	1	Ivan Zamecznik (Mann, 35)	Kroatien	Bürgerkriegsgeflüchteter; Selbstmord in Regensburg (DE) aus Furcht vor einer bevorstehenden Abschiebung	taz/ARD/ZDFvideotxt/MNS/CARF
01.02.97	1	N.N.	Afrika	blinde*r Passagier*in; in Delfzijl (NL) in einem Schiff aus Kamerun erstickt aufgefunden	AD
22.01.97	1	Bouasrai Benothmane	Algerien	wurde während der Haft in Algerien aus Fenster geworfen, nach der Deportation aus Belgien	Vers l'Avenir/Solidaire/IRR/CARF
11.01.97	3	N.N.	Marokko	ertrunken in der Meerenge von Gibraltar, als das kleine Boot kenterte	taz/EP/MNS
11.01.97	7	N.N.	Marokko	ertrunken in der Meerenge von Gibraltar, als das kleine Boot sank	taz/EP/MNS
10.01.97	3	N.N. (Kinder)	Kosovo	gestorben bei einem Feuer in einem Containercamp für Geflüchtete ohne Feuerschutz in Monheim (DE)	taz/Monitor/Berliner Ztg/ARI/CARF
10.01.97	1	Herbert Gabbidon (Mann, 68)	Jamaika	gestorben in Walsall (GB) in Polizeigewahrsam, als die Abschiebung drohte	NCADC
04.01.97	1	Jean Masinga	Zaire	Suizid in der Haftanstalt in Neuenburg Cernets (CH) als Folge von Depressionen	SFH/IRR/CARF
01.01.97	1	Vasyl Balakin (Mann, 26)	Ukraine	Suizid; erhängte sich nach dem Abschiebebescheid an einem Baugerüst in Trieste (IT)	IRR
01.01.97	1	Tarek Ben Abdelatif Refgui (Mann, 27)	Tunesien	schlug sich den Kopf an bei der Landung mit einer Gruppe von Geflüchteten auf Lampedusa (IT)	ILM/IRR
01.01.97	2	N.N.	Tunesien	gestorben auf der Schiffsreise nach Lampedusa (IT)	ILM/IRR/Italian authorities
01.01.97	2	N.N.	Afrika	blinde Passagier*innen; verhungerten im Container auf einem Schiff aus Kenia nach Antwerpen (BE)	Le Soir/La Libre Belgique/MNS
01.01.97	2	N.N.	Afrika	blinde Passagier*innen; gestorben an einer Vergiftung durch Insektizide in einem ghanaischen Schiff nach Saint-Malo (FR)	Le Monde/Libération/MNS

Tot aufgefunden	Zahl	Name	Herkunftsland	Todesursache	Quelle
19.06.05	1	M'Bicha	Zaire	während der Abschiebung am Flughafen Brüssel (BE) mit einem Kissen erstickt	Público
19.06.05	3	N.N.	Nigeria, Liberia	starben als blinde Passagier*innen auf einem dänischen Schiff an einer Gasvergiftung	BAZ
19.06.05	2	N.N. (Männer)	Afrika	starben als blinde Passagiere im Frachtraum eines Schiffes auf dem Weg nach Amsterdam (NL) an einer Gasvergiftung	AmsStadsblad
19.06.05	40	N.N.	unbekannt	ermordet; beim Überqueren der türkisch-iranischen Grenze in Baskale (TR) von Gendarmen erschossen und vergraben	StreetJ/No-Human
25.12.96	283	N.N. (Kinder, Frauen, Männer)	Indien, Pakistan, Sri Lanka	ertrunken, nachdem ihr Schiff bei Malta von griechischem Kapitän in internationalen Gewässern versenkt worden war	taz/UNHCR/DPA/MNS/ZDF/LR/VK
25.12.96	1	Anpalagan Ganeshu (17)	Sri Lanka	ertrunken, nachdem das Schiff bei Malta von griechischem Kapitän in internationalen Gewässern versenkt worden war	MNS
06.12.96	1	P. Subramaniyam (Frau, 35)	Sri Lanka	unterkühlt und erschöpft an der deutsch-tschechischen Grenze bei Eggersberg gestorben	VK/SZ/Morgengr./BGS/ZAG
01.12.96	1	Mustafa Diffalah (Mann, 32)	Algerien	Suizid durch Sprung aus dem Fenster nach Ablehnung einer Aufenthaltserlaubnis für Frankreich	CARF
24.11.96	1	Alfa Biyao Sabi Touré (Mann, 35)	Togo	Suizid; erhängte sich in der JVA Lörrach (DE) aus Angst vor Abschiebung und Verfolgung	ProAsyl/MNS/ZAG
06.11.96	1	Mohammed Sharkeri (Mann)	Iran	Suizid; die Abschiebung stand bevor (SE)	FARR/MNS
04.11.96	1	Senad Becirovic (Mann)	Bosnien	Suizid nach Erhalt des Bescheids, Deutschland verlassen zu müssen	SZ/FR/MNS/ZAG
03.11.96	3	N.N. (junge Männer)	China	beim Versuch, entlang der Bahnlinie nach Frankreich zu laufen, in der Nähe von Ventimiglia (IT) vom Zug erfasst	IRR
27.10.96	1	N.N. (Mann)	unbekannt	ertrunken bei Lebus im Fluss Oder (DE/PL)	MOZ/FFM/ARI/Bundesregierung/ZAG
21.10.96	1	N.N.	unbekannt	in der Nähe von Cadiz (ES) von der Polizei tot aufgefunden	MUGAK
16.10.96	4	N.N.	unbekannt	in der Nähe von Cadiz (ES) von der Polizei tot aufgefunden	MUGAK
11.10.96	3	N.N.	unbekannt	in der Nähe von Tanger (MA) von der Polizei tot aufgefunden	MUGAK
09.10.96	25	N.N.	Marokko	ertrunken in der Meerenge von Gibraltar, als das kleine Boot sank	ELM

Tot aufgefunden	Zahl	Name	Herkunftsland	Todesursache	Quelle
01.10.96	1	Mohamed Korrich (Mann, 25)	Algerien	Suizid durch Sprung aus dem Zug nahe Opicina (IT); befürchtete seine Abschiebung nach Slowenien	CARF/IRR/ILM
01.10.96	1	Vijay Saini (Mann, 19)	Indien	blinder Passagier; fiel während der Landung eines Flugzeuges aus Neu Delhi (Indien) in London (GB) aus dem Fahrwerk	MNS
23.09.96	1	Ahire Naruna Awaifo (Mann, 25)	Nigeria	starb auf einer Demonstration in Guinea Bissau nach Abschiebung aus Spanien	MNS/EP/AI
21.09.96	1	N.N.	Ukraine	starb bei einem Brandanschlag auf die Unterkunft für Asylsuchende in Menden (DE)	ZAG
12.09.96	1	N.N.	Marokko	blinde*r Passagier*in; ertrunken in der Seine-Mündung (FR) nach Sprung aus einem Schiff	MNS/Le Monde
09.09.96	1	N.N.	unbekannt	ertrunken im Fluss Oder (DE/PL) nahe Frankfurt (Oder) beim Versuch, illegal die Grenze zu überqueren	BT-Drucksache/ZAG
08.09.96	1	N.N.	unbekannt	blinde*r Passagier*in; Leiche im Rumpf eines Flugzeuges in Frankfurt am Main (DE) aufgefunden	BT-Drucksache/jW/ZAG
07.09.96	2	N.N. (Männer)	unbekannt	ertrunken im Fluss Neiße (DE/PL) nahe Görlitz	SZ/FFM/ARI/Bundesregierung/ZAG
05.09.96	1	N.N.	Marokko	erschossen beim Versuch, über Ceuta (ES/MA) illegal nach Spanien einzureisen;	ABC
04.09.96	1	N.N. (Minderjährige*r)	Bangladesch	Berichten zufolge Suizid; Leiche im Hof einer Unterkunft für jugendliche Geflüchtete in Berlin (DE) aufgefunden	ARI/ZAG
02.09.96	1	Ibrahim Demiri	Albanien	ertrunken bei Puglia (IT), nachdem er aus einem Motorboot gefallen war, das von der Küstenwache verfolgt wurde	ILM/IRR
01.09.96	1	N.N.	Russland	blinde*r Passagier*in; erfroren im Fahrwerk während eines Flugs von Russland nach Rom (IT) aufgefunden	MNS
25.08.96	1	N.N.	unbekannt	ertrunken im Fluss Neiße (DE/PL) nahe Guben beim Versuch, die Grenze illegal zu überqueren	BT-Drucksache/ZAG
22.08.96	1	N.N.	unbekannt	ertrunken im Fluss Neiße (DE/PL) nahe Guben beim Versuch, die Grenze illegal zu überqueren	BT-Drucksache
06.08.96	1	Lenley Nestor Yengnagueba (Mann, 25)	Togo	sprang in Stockholm (SE) aus dem Fenster, als die Abschiebebehörde an seiner/ihrer Tür klingelte (SE)	Svenska Dagbladet/Dagens Nyheter
01.08.96	1	N.N. (Mann, 32)	Albanien	Suizid; erschoss sich in Gelsenkirchen (DE)	ZAG

Tot aufgefunden	Zahl	Name	Herkunftsland	Todesursache	Quelle
01.08.96	1	Metin Akbel	Türkei	Berichten zufolge tot; verschwunden nach Abschiebung aus Deutschland zurück in die Türkei	ARI
01.08.96	1	Ivica Matic (34)	Serbien	kehrte aus Angst vor einer erzwungenen Abschiebung aus Deutschland "freiwillig" nach Sarajevo zurück; geriet auf eine Mine	ZAG
01.08.96	1	Mohammed Yaqoob (Mann, 49)	Pakistan	verstorben 2 Tage nach Gewährung eines Visums für GB zur medizinischen Versorgung, das 7 Monate lang verweigert worden war	IRR
29.07.96	1	El Hassam Rizk	Marokko	mit zahlreichen Wunden am Kopf tot aufgefunden; Cieza (ES)	ELM/Diario Vasco
29.07.96	1	N.N.	Ghana	blinde*r Passagier*in; erstickt; gefunden in Coruña (ES)	Egin
28.07.96	1	N.N.	Maghreb	mit zahlreichen Wunden tot aufgefunden in Aitona (ES)	Diario Vasco/Egin
16.07.96	1	N.N.	Kurdistan	Suizid; erhängte sich in einem Gefängnis in Kassel (DE)	IRR
14.07.96	1	Juri Palienko (Mann, 49)	Ukraine	Suizid in einer Haftanstalt in Erding (DE)	AN/jW/ARI/ProAsyl/ZAG
01.07.96	1	Amir Salehi (Mann, 24)	Iran	Suizid; verbrannte sich in Crailo (NL) aus Protest gegen seinen langen Asylprozess	VK
01.07.96	1	N.N.	Nigeria	Suizid; erhängte sich in einem Gefängnis in Kassel (DE)	jW/IRR
30.06.96	1	N.N.	Irak	in einem Minenfeld bei Alexandropolis (GR) gestorben	Diário de Notícias
30.06.96	3	N.N.	Irak, Algerien	beim Versuch, die türkisch-griechische Grenze zu überqueren, in einem Minenfeld gestorben	Diário de Notícias/BRC
30.06.96	1	Reza Hashemy	Iran	starb unter mysteriösen Umständen nach Abschiebung; Asylantrag war durch niederländische Behörden abgelehnt worden	MNS/NRC/AD/Trouw/CARF
29.06.96	2	N.N. (Männer, 18 und 21)	Rumänien	in Altenberg (DE) auf der Flucht vor der deutsch-tschechischen Grenzkontrolle tödlich gestürzt	SZ/ZAG
25.06.96	1	Victor Onag Hnor	Nigeria	Suizid; sprang in Berlin (DE) in den Fluss Havel, weil die Abschiebung drohte	Asyl in der Kirche/ARI/ZAG
10.06.96	1	N.N.	Nigeria	starb unter ungeklärten Umständen im Geflüchtetencamp Ter Apel (NL); hatte Angst vor Menschenhändlern	VK/Focus
06.06.96	1	Jude Akubakar (16)	Sierra Leone	ertrunken in Hamburg (DE) auf der Flucht vor Personen, die er für Polizisten hielt	ND/OL/FR-H/ARI/ZAG
01.06.96	1	Mohamed S.	Iran	Suizid, nachdem schwedische Behörden seinen bereits gewährten Asylantrag neu prüfen wollten	Artikel14

Tot aufgefunden	Zahl	Name	Herkunftsland	Todesursache	Quelle
27.05.96	1	Yemu Kebede (Mann, 27)	Äthiopien	Suizid; erhängte sich im Hellersen Krankenhaus in Lüdenscheid (DE)	ARI/ZAG
26.05.96	1	N.N.	unbekannt	ertrunken im Fluss Neiße (DE/PL) bei Sagar (Krauschwitz); versuchte, die Grenze illegal zu überqueren	BT-Drucksache
26.05.96	2	N.N. (Männer, 20)	Algerien	Suizid; starben in einem Gefängnis in Kassel (DE)	FR/jW/Berliner Zeitung/ZAG
21.05.96	1	N.N.	Marokko	ertrunken; bei Cádiz (ES) von der Polizei tot aufgefunden	MUGAK
17.05.96	1	N.N.	Marokko	ertrunken; bei Cádiz (ES) von der Polizei tot aufgefunden	MUGAK
11.05.96	1	N.N.	Maghreb	ertrunken bei San Amaro/Ceuta (ES/MA) auf dem Weg nach Andalusien (ES)	SOS/Egin/Police
26.04.96	14	N.N.	unbekannt	ertrunken; tot aufgefunden an der Küste von Lampedusa (IT)	TL
25.04.96	1	Apedo Lossou-Gavo (Mann)	Togo	Suizid; erhängte sich in Landshut (DE), nachdem sein Asylantrag abgelehnt worden war	MNS/Pro-Asyl/AG3F/jW/ZAG
25.04.96	26	N.N.	Sri Lanka, Afrika	ertrunken bei Vieste (IT), als die zwei Boote in stürmische See gerieten	taz/TL
25.04.96	1	N.N.	Iran	Suizid; erhängte sich in Haarlem (NL), nachdem der Asylantrag abgelehnt worden war	VK
25.04.96	4	N.N. (Männer)	Sri Lanka	ertrunken in stürmischer See in der Nähe von Vieste (IT)	TL
25.04.96	2	N.N. (Frauen)	Sri Lanka	ertrunken in stürmischer See in der Nähe von Vieste (IT)	TL
24.04.96	1	N.N.	Rumänien	ertrunken in Le Havre (FR) beim Versuch, an Bord eines kanadischen Schiffes zu gelangen	MNS/Le Figaro
24.04.96	1	Tatjana Kabakchieva	Bulgarien	ertrunken im Fluss Oder (DE/PL); versuchte, die Grenze illegal zu überqueren	FFM/ND/Uckermark-Kurier/ZAG
23.04.96	1	N.N.	unbekannt	tot aufgefunden in der Oder bei Frankfurt (Oder) (DE); versuchte, die Grenze illegal zu überqueren	Bt-Drucksache
01.04.96	1	N.N.	Rumänien	blinde*r Passagier*in; wurde auf dem Weg von Algericas (ES) nach Kanada von einem Seemann über Bord geworfen	MNS
22.03.96	1	Abdellah E.K. (Mann)	Marokko	ertrunken bei Barbate (ES), nachdem er aus Angst vor der Grenzkontrolle über Bord gesprungen war	SOS/Egin
22.03.96	1	N.N.	Marokko	ertrunken bei Barbate (ES), nachdem er oder sie aus Angst vor der Grenzkontrolle über Bord gesprungen war	SOS/Egin
16.03.96	1	Ibrahima Sey (Mann, 29)	Gambia	starb auf der Polizeistation in London (GB) infolge einer CS-Spray-Attacke; seine Hände waren gefesselt	MNS/NCRM

Tot aufgefunden	Zahl	Name	Herkunftsland	Todesursache	Quelle
15.03.96	1	N.N.	Irak	ertrunken nach dem Sprung von einem Frachtschiff bei Hamburg (DE)	Jelpke/jW
15.03.96	1	Noorjahan Begum (Frau, 35)	Bangladesch	stürzte vom Balkon ihres Hauses in den Tod; versuchte, vor den Einwanderungsbehörden zu flüchten (GB)	NCADC/IRR
11.03.96	1	N.N.	Albanien	ertrunken; versuchte, die Meerenge von Otranto zu durchqueren	ILM
02.03.96	1	N.N.	Sudan	starb beim Versuch, die Hafenbehörden in Melilla (ES/MA) zu umgehen	Diario de Noticias/IRR
29.02.96	4	N.N.	Liberia	ertrunken; wurden gezwungen, vor Gran Canaria (ES) von einem maltesischen Schiff zu springen	Egin
22.02.96	1	Jean-Baptiste Malan (Mann, 33)	Elfenbeinküste	Suizid in Murrhardt (DE); fürchtete die Abschiebung noch am selben Tag	taz/Morgengr./jW/ZAG
26.01.96	1	N.N. (19)	Algerien	Suizid; zündete das Bett in der Haftanstalt in Bergen (NO) an, wo er länger als erlaubt festgehalten wurde	Samora/SvenskaDagbladet/ST
25.01.96	1	Enver Bolut (Mann, 45)	Kurdistan	Suizid in Delmenhorst (DE) aus Angst vor der Abschiebung	taz/Morgengr./ARI / ZAG
23.01.96	1	Thavalojan Kandasamy	Sri Lanka	Suizid in der Haftanstalt von Linz (AT) aus Angst vor Abschiebung	DerStandard/SOS Mitm./Asylkoord.
22.01.96	1	Mohammed Chetef	Nigeria	Suizid in Norwegen; aus Zweifel an seiner Identität 9 Monate lang von der Polizei festgehalten	CARF
18.01.96	1	Christelle Makodila Nsimba (Mädchen, 6)	Zaire	starb bei einem Brandanschlag auf eine Unterkunft für Asylsuchende in Lübeck (DE)	IRR/Independent/BAIN news/ZAG
18.01.96	1	Christine Makodila (Frau, 19)	Zaire	starb bei einem Brandanschlag auf eine Unterkunft für Asylsuchende in Lübeck (DE)	IRR/Independent/BAIN news/ZAG
18.01.96	1	Françoise Makodila Landu (Frau, 27)	Zaire	starb bei einem Brandanschlag auf eine Unterkunft für Asylsuchende in Lübeck (DE)	IRR/Independent/BAIN news/ZAG
18.01.96	1	Jean-Daniel Makodila Kosi (Junge, 12 Monate)	Zaire, Deutschland	starb bei einem Brandanschlag auf eine Unterkunft für Asylsuchende in Lübeck (DE)	IRR/Independent/BAIN news/ZAG
18.01.96	1	Legrand Makodila Mbongo (Junge, 4)	Zaire, Deutschland	starb bei einem Brandanschlag auf eine Unterkunft für Asylsuchende in Lübeck (DE)	IRR/Independent/BAIN news/ZAG
18.01.96	1	Miya Makodila (Mädchen, 12)	Zaire	starb bei einem Brandanschlag auf eine Unterkunft für Asylsuchende in Lübeck (DE)	IRR/Independent/BAIN news/ZAG

Tot aufgefunden	Zahl	Name	Herkunftsland	Todesursache	Quelle
18.01.96	1	Monica Maiamba Bungo (Frau, 27)	Angola	starb bei einem Brandanschlag auf eine Unterkunft für Asylsuchende in Lübeck (DE)	IRR/Independent/ BAIN news/ ZAG
18.01.96	1	Nsuzana Bunga (Mädchen, 6)	Angola	starb bei einem Brandanschlag auf eine Unterkunft für Asylsuchende in Lübeck (DE)	IRR/Independent/ BAIN news/ ZAG
18.01.96	1	Rabia el Omari (Junge, 17)	Libanon	starb bei einem Brandanschlag auf eine Unterkunft für Asylsuchende in Lübeck (DE)	IRR/Independent/ BAIN news/ ZAG
18.01.96	1	Sylvio Bruno C. Amossou (Mann, 27)	Togo	starb bei einem Brandanschlag auf eine Unterkunft für Asylsuchende in Lübeck (DE)	IRR/Independent/ BAIN news/ ZAG
17.01.96	1	Igor Horvat	Bosnien	Suizid; erhängt aufgefunden im Gefängnis von Den Bosch (NL)	Dk
14.01.96	1	Peter Q.	Ghana	nach 3 Monaten im Koma gestorben, das die Folge einer Befragung durch die Polizei in Antwerpen (BE) war	Chris de Stoop
11.01.96	3	N.N. (2 Kinder; 1 Frau)	Irak	ertrunken, als sie vor der Insel Kos (GR) von einem türkischen Boot geworfen wurden	Ta Nea/MNS
09.01.96	1	N.N.	Indien	in einem Wald bei Varena (IT) tot aufgefunden; gestorben beim Versuch, illegal nach Litauen zu gelangen	MNS
03.01.96	1	A. Yhan (Mann, 25)	Kurdistan-Türkei	Suizid; erhängte sich, nachdem sein Asylantrag in Frankreich abgelehnt worden war	IRR/Libération
01.01.96	1	N.N.	Albanien	ertrunken bei Valona (IT), als das kleine Boot aufgrund schlechter Wetterbedingungen kenterte	IRR/ILM
28.12.95	2	N.N.	Afrika	blinde Passagiere*innen tot aufgefunden, als das Boot den Hafen von Antwerpen (BE) erreichte	MNS/Le Soir/CRIDA report
17.12.95	1	Naen Akram (Mann, 24)	Pakistan	ertrunken im Fluss Neiße (DE/PL) bei Zels-Bahren	LausitzerR/ ND/FFM/ LRBrand/ ZAG
15.12.95	2	N.N.	Benin	tot auf deutschem Frachtschiff gefunden in Antwerpen (BE)	Le Soir/MNS
13.12.95	1	Necmettin T. (Junge, 17)	Kurdistan	Suizid; verbrannte sich in Hamburg (DE), weil sein Asylantrag abgelehnt worden war	ZAG
01.12.95	2	N.N.	Albanien	ertrunken nach Kentern des Bootes bei Santa Cesarea Terme (IT)	VK/IRR/ILM/ CDS/FECL/TL
01.12.95	17	N.N.	Albanien	ertrunken; Berichten zufolge nach Kentern des Bootes bei Santa Cesarea Terme (IT)	VK/IRR/ILM/ CDS/FECL

Tot aufgefunden	Zahl	Name	Herkunftsland	Todesursache	Quelle
30.11.95	19	N.N.	Albanien	ertrunken nach Sinken des Schlauchbootes vor der italienischen Küste im Kanal von Otranto (IT)	TL
19.11.95	1	N.N.	Zaire	gestorben beim Sprung aus einem Wohnblock, um einer Verhaftung durch die Ausländerbehörde zu entgehen (NL)	Trouw/MNS
16.11.95	1	N.N. (Mann, 24)	Algerien	Suizid; erhängte sich in einem Gefängnis in Dresden (DE) aus Angst vor Abschiebung, die in einer Woche bevorstand	BT-Drucksache/ZAG
09.11.95	1	Masut Iqubal (Mann, 24)	Pakistan	ertrunken im Fluss Neiße (DE/PL) bei Podrosche	FFM/ZAG
08.11.95	1	N.N.	Neuseeland	starb beim Sturz von einer Fähre in Harwich (GB), nachdem die Einwanderung abgelehnt worden war	The Standard/IRR
05.11.95	1	Esser F. (Mann, 35)	unbekannt	Suizid; erhängte sich aus Angst vor Abschiebung im Gefängnis Holstenglacis/Hamburg (DE)	ARI/ZAG
01.11.95	1	Garim Fokassian	Armenien	Suizid in Wien (AT) nach Ablehnung des Asylantrages	Asylkoordination Österreich
28.10.95	1	Djemal Flissa (Mann, 29)	Algerien	starb nach seiner Abschiebung aus Großbritannien nach einem Hungerstreik an Schwäche	CARF/IRR
25.10.95	2	N.N.	Afrika	1 ertrunken, 1 vermisst, als das kleine Boot bei Gibraltar kenterte	EP
25.10.95	1	N.N. (Junge, 16)	Bangladesch	in Regensburg (DE) vom Auto überfahren; wurde in der Nacht von Schleppern ausgesetzt	ZAG
24.10.95	1	N.N.	Afrika	ertrunken im Kanal von Saint-Denis (FR) auf der Flucht vor einer Polizeikontrolle	Le Monde/MNS
22.10.95	1	Bayeh Arefayne (Mann, 19)	Äthiopien	Suizid; verbrannte sich in London (GB), nachdem sein Asylantrag abgelehnt worden war	CARF/NCRM/IRR
07.10.95	1	N.N. (23)	Algerien	tödlich gestürzt beim Versuch, aus einer Haftanstalt in Paris zu flüchten	Le Monde/MNS
06.10.95	1	Solomon Mersha Mergia (Mann, 32)	Äthiopien	beging Suizid, indem er sich im Rhein-Main-Donau Kanal bei Bamberg (DE) ertränkte	IMEDANA/ZAG
01.10.95	4	N.N.	Pakistan	ertrunken im Fluss Neiße (DE/PL) bei Zels-Bahren	LausitzerR/TS/ND/FFM/LRBrand.
01.10.95	2	N.N. (Männer)	Iran	Asylsuchende; aus der Türkei abgeschoben; nach ihrer Ankunft im Iran ermordet	TAZ
24.09.95	1	N.N. (Mann)	Afrika	ertrunken aufgefunden in der Nähe von Ceuta (ES/MA), wohin er zu flüchten versuchte	El Pueblo de Ceuta

Tot aufgefunden	Zahl	Name	Herkunftsland	Todesursache	Quelle
19.09.95	3	N.N.	unbekannt	Berichten zufolge ertrunken, nachdem sie vom Boot gesprungen waren; Leiche wurde im Golf von La Spezia (IT) gefunden	Giuliano News Chronicle/ANSA
13.09.95	1	N.N.	unbekannt	ertrunken im Fluss Oder (DE/PL) bei Brieskow-Frinkenheerd	FFM/ZAG
13.09.95	4	N.N.	Pakistan	getötet auf einem Minenfeld in Kastanea (GR) in der Nähe der türkischen Grenze	ANA
11.09.95	3	N.N.	Albanien	ertrunken; ihr kleines Boot fing Feuer und kenterte in der Meerenge von Otranto (IT)	VK/taz/CDS/FECL/TL
11.09.95	12	N.N.	Albanien	ertrunken; Berichten zufolge fing ihr kleines Boot Feuer und kenterte in der Meerenge von Otranto (IT)	CDS/FECL/TL
29.08.95	2	N.N.	Ghana, Tschad	starben bei einem Brandanschlag in Ulm (DE)	ZAG
25.08.95	1	Muttavel Vasananthan (Mann, 25)	Sri Lanka	Tamile; Asylsuchender; erhängte sich in einem Gefängnis in Norwich (GB)	CARF/IRR/Searchlight
25.08.95	1	N.N. (Mann, 60)	Polen	Suizid; erhängte sich in einem Gefängnis in Frankfurt am Main (DE)	taz/ZAG
22.08.95	1	N.N. (Mann, 21)	Marokko	Suizid; erhängte sich in einem Geflüchtetencamp in Frankfurt am Main (DE)	taz/ZAG
20.08.95	1	Todor Bogdanovic (Junge, 8)	Ex-Jugoslawien	Rom; beim Weg aus Italien durch die Berge von der französischen Polizei erschossen	Reuters/AP/AFP/Statewatch/IHFHR
16.08.95	1	Selliah Jeyakularajah (Mann, 35)	Sri Lanka	Suizid durch Stromschlag in Görisried (DE)	ZAG
16.08.95	1	Louis I. (Mann, 29)	Nigeria	Suizid; erhängte sich in der Haftanstalt Wolfenbüttel (DE) aus Angst vor Abschiebung	taz/Morgengr./SZ/ProAsyl/ZAG
10.08.95	1	Djouabi Azzeddine (Mann)	Algerien	ertrunken oder ermordet bei Angulo (ES) beim Versuch, seiner Abschiebung zu entkommen	El Pueblo de Ceuta
26.07.95	1	N.N. (Mann, 36)	Bosnien	Suizid; sprang aus dem Fenster seiner Unterkunft aus dem 6. Stock in Berlin (DE)	Berliner Zeitung/ZAG
20.07.95	1	N.N. (Mann)	Marokko	dehydriert aufgefunden in Castres (FR) in einem spanischen Fahrzeug, das aus Tanger kam	Libération/MNS
17.07.95	1	Abdullah A. (Mann)	Afghanistan	erdrosselt aufgefunden in der Unterkunft für Asylsuchende Trausnitzstraße in München (DE); Berichten zufolge Suizid	ZAG
15.07.95	1	Chandima Endirisinghe	Sri Lanka	erstickt in einem versiegelten Anhänger in Györ (HU)	Reuters/AP/Budapest-sun/ZAG

Tot auf-gefunden	Zahl	Name	Herkunftsland	Todesursache	Quelle
15.07.95	1	Chinteka Silva	Sri Lanka	erstickt in einem versiegelten Anhänger in Györ (HU)	Reuters/AP/Budapest-sun/ZAG
15.07.95	1	Haridar Kuman	Sri Lanka	erstickt in einem versiegelten Anhänger in Györ (HU)	Reuters/AP/Budapest-sun/ZAG
15.07.95	1	Jaya Kumar F. Pulle	Sri Lanka	erstickt in einem versiegelten Anhänger in Györ (HU)	Reuters/AP/Budapest-sun/ZAG
15.07.95	1	Manoj Arizrathan	Sri Lanka	erstickt in einem versiegelten Anhänger in Györ (HU)	Reuters/AP/Budapest-sun/ZAG
15.07.95	1	Ormandas	Sri Lanka	erstickt in einem versiegelten Anhänger in Györ (HU)	Reuters/AP/Budapest-sun/ZAG
15.07.95	1	Pradeepan	Sri Lanka	erstickt in einem versiegelten Anhänger in Györ (HU)	Reuters/AP/Budapest-sun/ZAG
15.07.95	1	Prince Fernando	Sri Lanka	erstickt in einem versiegelten Anhänger in Györ (HU)	Reuters/AP/Budapest-sun/ZAG
15.07.95	1	Raja Dhama	Sri Lanka	erstickt in einem versiegelten Anhänger in Györ (HU)	Reuters/AP/Budapest-sun/ZAG
15.07.95	1	Rames Sobramanium	Sri Lanka	erstickt in einem versiegelten Anhänger in Györ (HU)	Reuters/AP/Budapest-sun/ZAG
15.07.95	1	Rilwan Abdul Salam	Sri Lanka	erstickt in einem versiegelten Anhänger in Györ (HU)	Reuters/AP/Budapest-sun/ZAG
15.07.95	1	Sitrambalam V. Murthy	Sri Lanka	erstickt in einem versiegelten Anhänger in Györ (HU)	Reuters/AP/Budapest-sun/ZAG
15.07.95	1	Siwa Loganathan	Sri Lanka	erstickt in einem versiegelten Anhänger in Györ (HU)	Reuters/AP/Budapest-sun/ZAG
15.07.95	1	Sumanasena	Sri Lanka	erstickt in einem versiegelten Anhänger in Györ (HU)	Reuters/AP/Budapest-sun/ZAG
15.07.95	1	Tennekoon	Sri Lanka	erstickt in einem versiegelten Anhänger in Györ (HU)	Reuters/AP/Budapest-sun/ZAG
15.07.95	1	Tusara Fernando	Sri Lanka	erstickt in einem versiegelten Anhänger in Györ (HU)	Reuters/AP/Budapest-sun/ZAG
15.07.95	1	Ukkuwa Malkanthi	Sri Lanka	erstickt in einem versiegelten Anhänger in Györ (HU)	Reuters/AP/Budapest-sun/ZAG
15.07.95	1	Vasu	Sri Lanka	erstickt in einem versiegelten Anhänger in Györ (HU)	Reuters/AP/Budapest-sun/ZAG

Tot aufgefunden	Zahl	Name	Herkunftsland	Todesursache	Quelle
14.07.95	1	N.N.	unbekannt	ertrunken im Fluss Oder (DE/PL) bei Eisenhüttenstadt	FFM/ZAG
08.07.95	1	N.N. (Frau)	Peru	in Menton (französische Alpen) vom Zug erfasst, als sie auf der Eisenbahnlinie nach Italien lief	Libération/ MNS
01.07.95	1	Habib Hammouda (Mann, 37)	Tunesien	starb bei einem rassistischen Angriff, der vom Krankenhauspersonal in Ragusa (IT) ignoriert wurde	CARF/IRR/ Searchlight
01.07.95	1	Mohamed Bezgour (Mann)	Marokko	ertrunken bei Marbella (ES), nachdem er von Schleppern über Bord geworfen worden war	ELM/EP/IRR
01.07.95	2	N.N.	Marokko	ertrunken, als ihr Boot bei Tarifa (ES) kenterte	ELM/EP/IRR
26.06.95	1	Celal Akan (Mann, 36)	Kurdistan	starb an Leber-Funktionsstörung in Celle (DE), nachdem die Erstattung der Operationskosten nicht bewilligt worden war	taz/DPA/ MNS/ZAG
22.06.95	1	Eisam Chandin (Kind, 9)	Libanon	starb an Rauchvergiftung nach Brandanschlag auf eine Unterkunft für Asylsuchende in Bochum (DE)	ARI
17.06.95	1	Dalb Abad	Irak	ertrunken bei Algeciras (ES); blinde*r Passagier*in; wurde gezwungen, zypriotisches Schiff zu verlassen	CEAR/Spanish authorities
17.06.95	1	Majar Abrahem (Mann)	Irak	ertrunken bei Algeciras (ES); blinde*r Passagier*in; wurde gezwungen, zypriotisches Schiff zu verlassen	CEAR/Spanish authorities
17.06.95	1	Vo Xuan Cuong (Mann, 38)	Vietnam	von der Polizei bei der Jagd auf Schmuggler in Berlin (DE) überfahren	jW/BeZe/ Was geht ab?/ZAG
14.06.95	1	Suppiah Selvarajah (Mann, 31)	Sri Lanka	erstickte in Madrid, als seine Unterkunft, ein großer Container, Feuer fing	Egin/Diario Vasco
13.06.95	1	Moses Ganaja (Mann, 30)	Sudan	Suizid; erhängte sich in der Abschiebehaft in Halle (DE)	ProAsyl/ZAG
11.06.95	1	Kondeca Dealmeda aka Mapasi Jeancy (Mann, 30)	Zaire	Suizid; erhängte sich aus Angst vor Abschiebung in der JVA Volkstedt (DE)	FR-SA/ADN/ DPA/Pro-Asyl/ZAG
07.06.95	1	N.N.	unbekannt	ertrunken im Fluss Neiße (DE/PL) bei Lodenau	FFM/ZAG
03.06.95	1	N.N.	unbekannt	ertrunken im Fluss Oder (DE/PL) bei Brieskow-Frinkenheerd	FFM/ZAG
01.06.95	1	Khalid Moufaghid (Mann)	Marokko	ertrunken im Fluss Murazzi (IT), nachdem er von Club-Türstehern geschlagen worden war	CARF/IRR/ Searchlight
01.06.95	1	Frau Rostas	Rumänien	ertrunken im Fluss Neiße (DE/PL)	Aktion Zuflucht/ZAG
01.06.95	1	N.N. (Baby)	unbekannt	ertrunken im Fluss Oder (DE/PL), als die Mutter versuchte, den Fluss zu überqueren; sie hatte das Baby an ihren Bauch gebunden	ZDF/ZAG

Tot aufgefunden	Zahl	Name	Herkunftsland	Todesursache	Quelle
27.05.95	1	N.N.	unbekannt	ertrunken im Fluss Neiße (DE/PL) bei Hohenwutzen	FFM/ZAG
19.05.95	1	Jaswant Singh (Mann, 33)	Indien	Suizid; erhängte sich aus Angst vor Abschiebung in Regensburg (DE)	ESG/Pro-Asyl/taz/SZ/BT-Drucks.
09.05.95	1	N.N.	unbekannt	ertrunken im Fluss Neiße (DE/PL) bei Görlitz	FFM/LRBrand/ZAG
01.05.95	1	Brahim Bouraam (Mann, 29)	Marokko	ertrunken in der Seine (FR), nachdem er bei einer Front National-Großveranstaltung in die Hände von Skinheads geraten war	CARF/IRR/Searchlight
01.05.95	1	N.N. (Baby)	Zaire	starb bei der Geburt, als ein Arzt auf einer Erste-Hilfe-Station bei Caserta (IT) die Hilfe verweigerte	CARF/IRR/Searchlight
30.04.95	1	N.N.	unbekannt	ertrunken im Fluss Oder (DE/PL) bei Aurith	FFM/ZAG
28.04.95	1	N.N.	unbekannt	tot aufgefunden in den Schweizer Bergen bei Monte Capriano (CH)	TA/Arbeitsstelle für Asylfr.
17.04.95	1	Ahmed Polap (Mann, 23)	Kurdistan-Türkei	Suizid; warf sich aus Furcht vor Abschiebung in München (DE) vor einen Zug	ESG/ARI/SZ/IMEDANA/ZAG
17.04.95	1	N.N.	Iran	Suizid in einer Unterkunft für Asylsuchende in Haarlem (NL)	Parool/MNS
08.04.95	1	Kassimou-Djibril Ouro-D.T. (Mann, 27)	Togo	Suizid; erhängte sich mit einer Bettdecke in einem Gefängnis in Hamburg (DE) aus Angst vor Abschiebung	taz/Hamburger Abendblatt/ZAG
29.03.95	1	N.N.	Albanien	von der griechischen Grenzkontrolle erschossen, als er aus Albanien einreiste	Trouw
28.03.95	2	N.N. (Männer)	unbekannt	blinde Passagiere; in einem rumänischen Schiff nach Amsterdam (NL) tot aufgefunden	VK
20.03.95	1	N.N.	Marokko	starb beim Sprung ins Wasser, als die spanische Polizei ihn oder sie entdeckt hatte	SOS
12.03.95	1	EL Kadaoui (Mann, 22)	Marokko	Suizid; wartete auf die Abschiebung in der Jugendstrafanstalt in Wiesbaden (DE)	taz/jW/FR/Konkret/ProAsyl/ZAG
09.03.95	1	N.N.	Elfenbeinküste	blinde*r Passagier*in; ertrunken in Le Havre (FR), als er oder sie von der französischen Polizei zurückgeschickt wurde	Libération
07.03.95	1	N.N.	unbekannt	blinde*r Passagier*in; erstickt in Valencia (ES) auf einem Schiff von der Elfenbeinküste	EP/Egin/Diario/Statewatch
06.03.95	1	N.N.	Liberia	blinde*r Passagier*in; erstickt in Valencia (ES) auf einem Schiff von der Elfenbeinküste	EP/Egin/Diario/Statewatch

Tot aufgefunden	Zahl	Name	Herkunftsland	Todesursache	Quelle
06.03.95	1	N.N.	unbekannt	blinde*r Passagier*in; erstickt in Valencia (ES) auf einem Schiff von der Elfenbeinküste	EP/Egin/Diario/Statewatch
Mär 1995	1	N.N. (Baby)	unbekannt	starb, nachdem Ärzte kostenlose Hilfe in einem Krankenhaus bei Rom (IT) verweigert hatten	CARF/IRR/Searchlight
26.02.95	1	Abiyou Tilaye (Mann, 37)	Äthiopien	Suizid in der Haftanstalt in Würzburg (DE)	taz/SZ/AN/ESG/Pro-Asyl/ZAG
26.02.95	1	N.N.	Albanien	bei Florina (GR) von Polizeibeamten erschossen, als 11 Albaner verhaftet wurden	Libération/MNS
13.02.95	1	Bat Bold	Mongolei	starb im Krankenhaus Löwenströmska, Stockholm (SE), nachdem ihm medizinische Erste Hilfe verweigert worden war	FARR
10.02.95	1	N.N.	Gambia	Asylsuchender; in einem Zug zwischen Hamburg und Bremen (DE) erstochen	CARF/IRR/Searchlight
09.02.95	1	Yohannes Alemu (Mann, 27)	Äthiopien	Suizid; sprang aus Angst vor Abschiebung in Regensburg (DE) in die Donau	Morgengr./AN/ESG/ZAG
02.02.95	1	Sammy Nelson (Mann, 26)	Liberia	von der Polizei während einer Blitzaktion in einem Containercamp bei München (DE) erschlagen	Was geht ab?/IRR/ZAG
01.02.95	1	Valentina Featherstone (Frau, 39)	Litauen	Suizid im Bezirk Durham (GB); befürchtete die Abschiebung ihrer Mutter	Independent/NCRM/IRR
01.02.95	1	Zinaida Mitzofanova (Frau, 63)	Litauen	Suizid im Bezirk Durham (GB) aus Furcht vor Abschiebung	Independent/NCRM/IRR
21.01.95	1	Kazim Kustul (Mann, 23)	Türkei	bei Rehefeld/Erzgebirge (DE) erfroren auf seiner Flucht über Tschechien nach Deutschland	Infobrief ASYL/GSA Pirna/ZAG/
20.01.95	1	Amar M. Tair (Mann, 26)	Algerien	Suizid; erhängte sich 2 Tage nach einer Befragung durch das algerische Konsulat in der Haftanstalt Wittlich (DE)	jW/Was geht ab?/Morgengr.
17.01.95	2	N.N. (Männer)	Ghana	blinde Passagiere; in einem Frachtschiff in St. Malo (FR) von Pestiziden vergiftet aufgefunden	CARF/MNS
15.01.95	1	Papie Mukuna	Zaire	Suizid in einer Unterkunft für Asylsuchende in Den Helder (NL); fürchtete die Abschiebung	PRIME
08.01.95	3	N.N. (Kinder)	Serbien	verbrannt nach einem Brandanschlag auf eine Unterkunft für Geflüchtete in Mellendorf bei Hannover (DE)	GuardianUn./taz/ARI/ZAG
08.01.95	1	N.N. (Frau, 27)	Serbien	verbrannt nach einem Brandanschlag auf eine Unterkunft für Geflüchtete in Mellendorf bei Hannover (DE)	GuardianUn./taz/ARI/ZAG
04.01.95	2	N.N. (Mädchen, 2 und 4)	Kosovo	verbrannt in einer Unterkunft für Geflüchtete in Zell im Wiesental (DE)	Konkret/ZAG

Meine geniale Freundin

Shafiqa bedeutet „die Mitfühlende". „Sie war sehr respektvoll, aber sie war misstrauischer als ich", sagt Mahbuba Maqsoodi. Und dann setzt die Münchner Künstlerin zu einer Geschichte über eine Freundschaft an, über die sie lange nicht gesprochen hat. Sie trägt die Erinnerung nicht auf der Zunge, aber sie trägt daran in ihrem Herzen.

Herat, Afghanistan, in den 1940er Jahren. Shafiqas und Mahbubas Väter besuchen dieselbe Schule. Die Familien der beiden Jungen symbolisieren unterschiedliche Gesellschaftsschichten: Shafiqas Vater, ein Jurist und Diplomat, entstammt dem grundbesitzreichen Bürgertum, der andere ist Sohn eines Intellektuellen. Letzterer, Mahbubas Vater, arbeitet später als Lehrer. Shafiqas Vater wird lange als Richter arbeiten und in lokalen und nationalen Gremien als Berater tätig sein, in späteren Lebensjahren verwaltet er seine Ländereien. Schon Shafiqas Großeltern hatten viele Angestellte, Bauern brachten die Feldfrüchte für die Familie ein. Der Großvater war ein angesehener Mann, der all seinen Kindern Bildung ermöglichte. Shafiqas Onkel, Fazal Haq Chaligyar, wird Anfang der 1990er Premierminister; die Familie Temori ist im ganzen Land bekannt.

Die kleine Shafiqa, die mit ihren Eltern in einer Villa lebt, hat sechs Brüder und vier Schwestern. „Shafiqa war wahnsinnig klug und ein ganz lieber Mensch", sagt Jamila Alam, ihre jüngere Schwester, die Bewunderung überdeutlich in der Stimme – „Sie war in vielerlei Hinsicht begabt, sie war zum Beispiel die beste Schneiderin." „Shafiqa war immer Klassenbeste – bis ich kam, das Mädchen aus dem Dorf", sagt Mahbuba Maqsoodi. Shafiqa war und blieb sogar stets Schulbeste, darauf besteht ihre Familie heute. Die beiden jungen Frauen sitzen ab der 4. Jahrgangsstufe im selben Klassenzimmer. Mahbuba erzählt: Die rebellische Shafiqa war nicht länger unangefochtene Nummer eins, und das tut ihr weh. Jetzt war da die ausgeglichene und bescheidene Mahbuba: der Liebling der Lehrer. Eine Konkurrenz um die Gunst der Vorbilder sei entstanden und ab der siebten Klasse dominant geworden. Sie schafft Situationen, die Mahbuba noch heute zurück ins Klassenzimmer versetzen: die beiden gescheiten Mädchen aus der letzten Reihe, ihre Charaktere wie Feuer und Wasser. „Einmal hat Shafiqa meine Gedanken als ihre ausgegeben. Ohne mit der Wimper zu zucken. Ich habe daraus gelernt", sagt Mahbuba. Die Geschichte erinnert in geradezu unheimlicher Weise an Elena Ferrantes Saga über die Freundschaft zweier Mädchen aus Neapel: gegenseitige Bewunderung und Anziehung, aber auch Neid und das Gefühl, unbedingt besser sein zu wollen. Es ist die Geschichte einer Hassliebe, bei der mal das eine Gefühl überwiegt und dann wieder das andere.

Ferrantes Erzählung beginnt mit dem Verschwinden ihrer „genialen Freundin" im Erwachsenenalter. Auch Shafiqa ist verschwunden, doch zunächst zurück ins afghanische Klassenzimmer: Mahbubas Erzählung ist von Mitgefühl geprägt. Heute hat sie viel Verständnis für die junge Shafiqa. „Sie war klug und zielstrebig. Das passte nicht ins Bild, das man sich von jungen Frauen in Afghanistan gerne machte", sagt Mahbuba. Ihr Selbstvertrauen zieht Shafiqa aus ihrem Erfolg in der Schule. Deshalb die Missgunst, als Mahbuba kommt. Mahbuba mit ihrem spielerischen Ehrgeiz, der so ganz und gar ohne Ellbogen auskam. „Sie hat mir sehr leidgetan", sagt Mahbuba über Shafiqa.

Die beiden kommen in die elfte Klasse. Eines Tages kommt Shafiqa nicht in die Schule, Mahbuba sorgt sich um die Konkurrentin. Eine Woche bleibt sie weg. „Als sie zurückkam, war sie kraftlos, müde und traurig", erinnert sich die Freundin. Shafiqa zieht sie Jahre später ins Vertrauen: Sie hatte sich verliebt. In einen jungen Mann, sie hatte Kontakt mit ihm. Keine gute Idee für ein junges Mädchen in einer patriarchalischen Gesellschaft.

Nach der 12. Klasse, die beiden Mädchen machen Abitur, besuchen die beiden jungen Frauen das pädagogische College. Aus der Konkurrenz wird Freundschaft. Mahbubas Solidarität schweißt sie zusammen, mit ihrem ausgeprägten Gerechtigkeitssinn übernimmt sie die Verteidigung der Freundin. Eines Tages gehen die Mädchen zu weit, ohne es zu ahnen. Sie gehen gemeinsam in ein öffentliches Bad. Der Hamam-Besuch ist für Mahbubas Eltern kein Problem, sie vertrauen ihrer Tochter. Als Mahbuba am nächsten Tag zur Schule geht, fehlt Shafiqa. Kommilitonen kommen auf Mahbuba zu. „Sie will sich umbringen", sagen sie. Mahbuba läuft los und sucht ihre Freundin. Neben dem College ist ein Bach. Dort sitzt Shafiqa, sie ist am Boden zerstört. Das Bild wird Mahbuba nie vergessen. Ihre Freundin sei in der Familie geschlagen worden, von wem, habe sie nicht sagen wollen. Die Mutter habe ihr eine Ohrfeige verpasst, sagt die Familie heute. „Dass sie so weit gehen, hat mich sehr überrascht", sagt Mahbuba. Sie sprach mit den Familienmitgliedern, glättet die Wogen, soweit ihr das möglich ist.

Für Mahbuba steht fest: Shafiqa muss heraus aus ihrer Familie. Die beiden jungen Frauen lernen weiter zusammen, Mahbuba fängt als Leiterin einer Organisation für Frauen an, die in der Königszeit gegründet worden war. Dort gibt es einen Kindergarten, Frauen können Kochkurse besuchen. Und sie können sich bilden, Bildung ist der Schlüssel, das findet Mahbuba bis heute.

An Mahbubas und Shafiqas College gibt es einen Lehrer, er heißt Fazel. Über ihn entdecken die beiden Mädchen ihre Liebe zur Malerei und Mahbuba, zart und leise, ihre Liebe zu ihm. Sie wird ihn später heiraten und bis zu seinem Tod mit ihm glücklich sein. Lehrer Fazel fördert beide junge Frauen, doch zur verträumten Mahbuba fühlte er sich von Beginn an mehr hingezogen. Als er erfährt, dass die Stadt ein Stipendium zum Studium in der Sowjetunion für junge Mädchen vergibt, berät er sich zunächst mit Mahbuba. Es gibt nur ein Stipendium. „Ich habe lange darüber nachgedacht", gibt Mahbuba zu. Die beiden entscheiden, das Stipendium Shafiqa zuzuspielen. Shafiqa macht dort einen Sprachkurs und studiert Medizin. Jahre später ziehen Mahbuba und Fazel zusammen nach Leningrad. Dort treffen sie Shafiqa, doch bald nach dem Studium geht sie zurück nach Afghanistan. In Kabul arbeitet sie in einem Krankenhaus. Der Kontakt zwischen Mahbuba und Shafiqa wird lose. Sie schreiben sich ab und zu Briefe und sehen sich, wenn Fazel und Mahbuba ihre Ferien in der Heimat verbringen.

1989. Die Sowjetarmee zieht aus Afghanistan ab, der Bürgerkrieg beginnt. Das Land verändert sich. Die Taliban sind da. Shafiqa verlässt Afghanistan. Fast die gesamte restliche Familie, die bis zu diesem Zeitpunkt noch in der Heimat geblieben war, flieht. Die meisten leben heute in den Vereinigten Staaten, nur Shafiqas Schwester Jamila, die Schöne, lebt schon seit 1981 in Hamburg. Shafiqa war da gerade zum Studium in Leningrad, seitdem haben sie sich nicht gesehen. Sie haben ab und zu telefoniert.

Shafiqa heiratet in Pakistan. Es ist nicht der junge Mann, in den sie vor Jahren verliebt war. Der Name ihres Mannes ist Mohammad Nasir Nasar.

Sie leben in Peshawar. Shafiqa arbeitet ab März 1989 in einem Frauen- und Kinderkrankenhaus. Die Kinderärztin erhält am 31. Dezember 1993 ein Zeugnis, in dem steht: „Wir haben sie als harte Arbeiterin kennengelernt, fleißig und kompetent, mit einer guten moralischen Haltung." Shafiqa wechselte später ans Mercy Hospital in derselben Stadt, auch dort wird ihr ausgesprochen umgängliches Verhalten hervorgehoben: „Sie hat den Job auf eigenen Wunsch aufgegeben. Wir wünschen ihr für ihre Zukunft viel Erfolg." Der Kinderspezialist und Chefarzt schreibt am 2. November 1994: „Dr. Shafiqa hat einen guten moralischen Charakter und eine sehr sympathische Art gegenüber den Patienten, ihren Begleitern und den Kollegen. Sie hat jetzt genug Erfahrung, um unabhängig als Kinderspezialistin zu arbeiten."

Winter 1994: Shafiqa erzählt ihrer Schwester Jamila von einer offiziellen Einladung nach Russland, dem Land ihrer Studienjahre, das einen Systemwechsel hinter sich hat und auf sprachkundige Fachkräfte aus dem Ausland baut. Am 5. Dezember reist Shafiqa mit ihrem Mann ein, sie haben ein Visum.

Anfang Januar 1995. Jamilas Telefon klingelt. Sie hört die Stimme ihrer Schwester. Es wird das letzte Mal sein. „Jamila, wir gehen jetzt nach Minsk. Ich hoffe, du kannst mich bald in Stockholm besuchen", sagt sie. Shafiqa will nach Kerneuropa. Russland: Das war nur der erste Schritt in die Freiheit. Sie habe falsche Dokumente aufgetrieben. Sie haben jemanden bezahlt, der sie in einer Gruppe über Lettland oder Estland in den nächsten Tagen nach Schweden bringen möchte.

„Im März haben wir erfahren, dass Shafiqa in Minsk war. Vermutlich wollte sie von dort mit dem Containerschiff nach Dänemark reisen. Das war damals eine übliche Fluchtroute. Wir haben damals Geschichten gelesen von Containern, die im Meer versenkt wurden, wenn sie blinde Passagiere entdeckt haben", sagt ihre Freundin Mahbuba, die von Jamila alarmiert wurde.

Jamila sucht ihre Schwester. Überall. Sie telefoniert mit einem Mann in Moskau, dessen Angehöriger sich auch in der Gruppe der Geflüchteten befand. Irgendwann ist er nicht mehr erreichbar. Sie schreibt Briefe an Organisationen, ans UNHCR, ans Rote Kreuz, sie organisiert Dolmetscher, sie reist nach Riga, wo ein Polizist ihr sagt, er glaube, sie sei hier.

Am nächsten Tag wird Jamila bei der Polizei nicht mehr vorgelassen, die Spur verläuft im Sand. Jamila aktiviert russische Medien, es wird berichtet. Ohne Ergebnis. Die Familie verzweifelt daran. Sie vermissen Shafiqa, die geliebte Rebellin, die es oft nicht leicht hatte bei ihnen. „Mein Vater ist vor vierzehn Jahren am Schmerz gestorben", sagt Jamila. Ihre Mutter in den USA, eine kranke Frau in ihren Neunzigern, mache sich bis heute Sorgen. „Wissen Sie, das tut so weh", sagt Jamila. „Ich hoffe so sehr, sie zu finden. Das Verschwinden ist so schmerzhaft; das Schmerzhafteste ist die Ungewissheit. Und gleichzeitig kann ich die Hoffnung einfach nicht aufgeben. Was mit meinem Schwager ist, weiß ich nicht. Aber ich habe das Gefühl, dass Shafiqa lebt", sagt Jamila.

Jamila Alam hat bis heute ihre Telefonnummer aus den 1990er Jahren behalten. „Ich hoffe jeden Tag, dass mein Telefon klingelt", sagt sie. Dass sie wieder die Stimme ihrer geliebten Schwester hört, die sagt: Jamila, meine Liebe, bald kannst du mich besuchen.

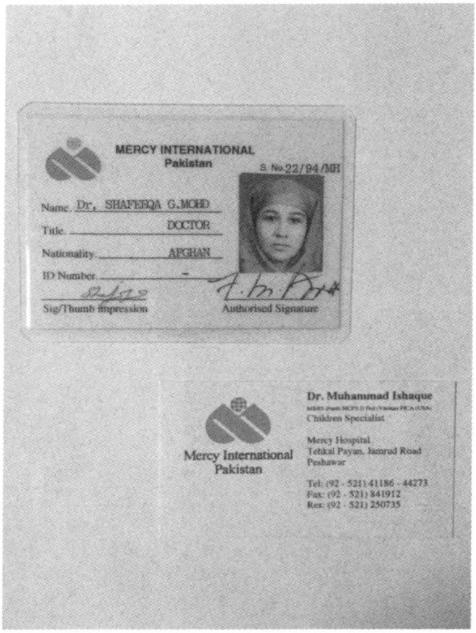
MERCY INTERNATIONAL
Pakistan
S. No.22/94/MH
Name. Dr. SHAFEEQA G.MOHD
Title. DOCTOR
Nationality. AFGHAN
ID Number. -
Sig/Thumb impression
Authorised Signature
Dr. Muhammad Ishaque
Children Specialist
Mercy Hospital
Tehkal Payan, Jamrud Road
Peshawar
Tel: (92 - 521) 41186 - 44273
Fax: (92 - 521) 841912
Res: (92 - 521) 250735
Mercy International
Pakistan

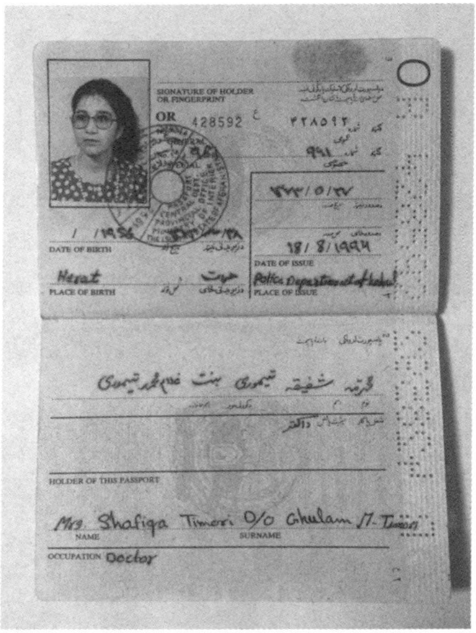
SIGNATURE OF HOLDER
OR FINGERPRINT
OR 428592
DATE OF BIRTH
Herat
PLACE OF BIRTH
18/8/1994
DATE OF ISSUE
Police Department of Kabul
PLACE OF ISSUE
HOLDER OF THIS PASSPORT
Mrs. Shafiqa Timori D/O Ghulam M. Timori
NAME
SURNAME
OCCUPATION Doctor

[redacted]

Raphaels-Werk
16. JUNI 1995
Eingang

Hamburg,12.06.95

Sehr geehrte Damen und Herren,

ich wende mich mit einem für mich sehr schwerwiegendem Problem an Sie.
Mein Name ist Alam, ich komme aus Afghanistan und lebe seit 13 Jahren in Deutschland.
Ich habe eine Schwester, die früher Medizin in Rußland studiert hatte, danach war sie einige Jahre als Ärztin in Pakistan tätig. Dort heiratete sie ihren jetzigen Ehemann, der ebenfalls aus Afghanistan stammt. Ende 94 reisten beide nach Moskau.

Im Januar 95 hat sie mich in Hamburg und meine Mutter in den USA angerufen und mitgeteilt, daß jemand sie und ihren Ehemann für einen bestimmten Betrag in einer Gruppe über Lettland oder Estland in den nächsten Tagen nach Schweden bringen möchte und sie wird sich nochmal melden.
Seit diesem Telefonat wissen wir von den beiden nichts mehr. Ich habe mehrmals mit einem Bekannten von ihr in Moskau, dessen Angehöriger, sich auch in dieser Gruppe befindet und inzwischen nicht mehr erreichbar ist, telefoniert. Die einzige Information, die er mir geben könnte, war, daß diese Gruppe sich eventuell in Gewahrsam der estnischen Regierung befindet.

Mein Mann und ich sind wir beide berufstätig, haben zwei Kinder. Mein Mann ist außerdem gesundheitlich, wegen einer Nierentransplation nicht in guter Verfassung und deswegen auch nicht in der Lage so etwas zu recherchieren.Uns geht es inzwischen darum, ob die beiden am Leben sind und eventuell, wo genau sie sich befinden.

Meine Bitte an Sie ist, bei der estnischen und lettischen Regierung wegen dieses Vorfalls nachzufragen.Unten auf dieser Seite sehen Sie eine Abbildung der beiden und ihre Namen. Mit was für einemReisepaß bzw. unter welchen Namen die beiden unterwegs sind, ist mir leider nicht bekannt.

Ich wünsche Ihnen viel Erfolg und danke Ihnen für Ihre Bemühung herzlich.

Mit freundlichen Grüßen

Schafiqa Temori Naser Nassar

Tot aufgefunden	Zahl	Name	Herkunftsland	Todesursache	Quelle
01.01.95	1	Akim Mama (Mann)	Marokko	Suizid; erhängte sich, während er auf seine Abschiebung im Polizeihauptquartier in Paris (FR) wartete	CARF/IRR/Searchlight
01.01.95	1	Gnanasegaram Selvarajah (Mann)	Sri Lanka	starb nach einem rassistischen Angriff, der vom Krankenhauspersonal in Palermo (IT) ignoriert wurde	CARF/IRR/Searchlight
01.01.95	1	N.N.	Algerien	Asylsuchender; Psychiatrie-Patient; erschlagen in Amersfoort (NL)	CARF/IRR/Searchlight
17.06.05	1	Mathias Zohere (Mann)	Elfenbeinküste	Suizid; erhängte sich in einem Gefängnis in der Elfenbeinküste, nachdem sein Asylantrag in Deutschland abgelehnt worden war	ZAG
28.12.94	1	M.D.D. (Frau)	Dominikanische Republik	Suizid; fürchtete sich vor der Abschiebung aus Bilbao (ES)	Egin
23.12.94	1	Mamoudu (27)	Guinea	blinde*r Passagier*in; eingesperrt tot aufgefunden in einer Kabine auf einem Schiff in Santurtzi (ES); durchquerte RU/DE/BE	Egin
16.12.94	1	Shiji Lapite (Mann, 34)	Nigeria	erstickt am Würgegriff eines Londoner Polizeibeamten während der Haft (GB)	Independent/MNS/Searchlight/1990
16.12.94	1	N.N.	unbekannt	starb auf einem von drei Schlauchbooten mit 63 Geflüchteten in der Ostsee bei Gotland (SE)	FECL
01.12.94	1	Jeyakumar R.	Sri Lanka	Suizid in St. Gallen (CH) aus Angst vor Abschiebung	Arbeitsst. Asylfragen/TA
01.12.94	1	N.N.	Irak	starb auf einem von drei Schlauchbooten mit 63 Geflüchteten in der Ostsee bei Gotland (SE)	MNS
29.11.94	4	N.N.	Algerien	blinde Passagier*innen; ertrunken nach Sprung in die Seine (FR), nachdem sie in Le Havre (FR) entdeckt wurden	Le Monde/MNS/de Stoop
17.11.94	9	N.N.	Ruanda	ertrunken, als zwei türkische Boote, die sie transportierten, bei Pserimos (GR) sanken	Ta Nea
01.11.94	1	Moussa Touibregueba (Mann)	Algerien	Berichten zufolge tot; verschwunden nach der Abschiebung aus Frankfurt am Main (DE) nach Algerien	ARI
26.10.94	1	N.N.	Albanien	ertrunken nach Kentern eines Bootes mit weiteren 17 Geflüchteten in der Adria	MNS
23.10.94	1	Joseph Nnalue (Mann, 31)	Nigeria	starb durch einen Sturz aus dem 4. Stock während einer Razzia der Immigrationsbehörde in London (GB)	GuardianUn./IRR/MNS/Indep./CARF
18.10.94	2	N.N. (Babys)	Kurdistan	nach Schiffbruch bei Cesine-Otranto (IT) tot aufgefunden	TL

Tot aufgefunden	Zahl	Name	Herkunftsland	Todesursache	Quelle
16.10.94	1	Abdullah J. (Mann, 35)	Marokko	Suizid; erhängte sich aus Angst vor Abschiebung in einem Gefängnis in Ludwigsburg (DE) mit einem T-Shirt	ProAsyl/SZ/ZAG
12.10.94	2	N.N. (Frauen)	Albanien	ertrunken nach dem Kentern von 2 Booten im Kanal von Otranto (IT)	MNS/FECL/TL
12.10.94	10	N.N.	Albanien	vermisst nach dem Sinken von 2 Booten im Kanal von Otranto (IT)	MNS/FECL/TL
12.10.94	1	N.N. (Kind)	Albanien	ertrunken; Berichten zufolge nach dem Kentern des Bootes im Kanal von Otranto (IT)	TL
06.10.94	1	N.N. (Mann)	Sri Lanka	ertrunken im Fluss Neiße (DE/PL) bei Groß-Gastrose	ARI /ZAG
01.10.94	2	N.N.	Marokko	ertrunken im Mittelmeer, bevor sie Pantelleria (IT) erreichen konnten	ILM/IRR
30.09.94	2	N.N.	Marokko	vermisst nach Kentern des Bootes mit weiteren 30 Geflüchteten bei Pantelleria (IT)	MNS
28.09.94	1	Bukurjie Haliti (Frau, 23)	Kosovo	Romni; bei Brandanschlag auf das Geflüchtetencamp in Herford (DE) verbrannt	taz/Jelpke/CARF/ZDF/Berliner Ztg.
28.09.94	1	Navgim Haliti (Junge, 11)	Kosovo	Rom; bei Brandanschlag auf das Geflüchtetencamp in Herford (DE) verbrannt	taz/Jelpke/CARF/ZDF/Berliner Ztg.
27.09.94	2	N.N. (1 Frau; 1 Mann, ±70)	Bosnien	stürzten während des Versuchs, zu ihrer Tochter zu gelangen, in den Alpen bei Bayrischzell (DE) in den Tod	ZDF/BGS/German Government/ZAG
04.09.94	1	Lampo Kanapathippillai	Sri Lanka	ertrunken im Fluss Neiße (DE/PL) bei Zasieki	ARI/Morgengr./ZAG
04.09.94	1	Mosses Raian	Sri Lanka	ertrunken im Fluss Neiße (DE/PL) bei Zasieki	ARI/Morgengr./ZAG
04.09.94	1	Pava Sathiarathi	Sri Lanka	ertrunken im Fluss Neiße (DE/PL) bei Zasieki	ARI/Morgengr./ZAG
04.09.94	1	Sellaiah Subathira	Sri Lanka	vermisst, vermutlich ertrunken im Fluss Neiße (DE/PL) bei Zasieki	ARI/Morgengr./ZAG
04.09.94	1	Sutharsan Kanthasamy	Sri Lanka	ertrunken im Fluss Neiße (DE/PL) bei Zasieki	ARI/Morgengr./ZAG
04.09.94	1	Thevek Pathmanathan	Sri Lanka	vermisst; vermutlich ertrunken im Fluss Neiße (DE/PL) bei Zasieki	ARI/Morgengr./ZAG
04.09.94	1	Alosies Jeyaratnam	Sri Lanka	ertrunken im Fluss Neiße (DE/PL) bei Zasieki	ARI/Morgengr./ZAG
04.09.94	1	Arunagiri Rasaiah	Sri Lanka	ertrunken im Fluss Neiße (DE/PL) bei Zasieki	ZAG
30.08.94	1	Kola Bankole (Mann, 30)	Nigeria	starb bei Abschiebung nach Nigeria am Flughafen Frankfurt am Main (DE), nachdem er gefesselt und ruhiggestellt worden war	taz/ProAsyl/IRR/Statewatch/NCADC
25.08.94	1	N.N. (Mann)	Nepal	ertrunken im Fluss Neiße (DE/PL) bei Forst	ARI/BGS/ZAG
23.08.94	1	N.N. (Mann)	Algerien	ertrunken im Fluss Neiße (DE/PL) bei Guben	ARI/BGS

Tot aufgefunden	Zahl	Name	Herkunftsland	Todesursache	Quelle
22.08.94	1	N.N. (Mann)	unbekannt	ertrunken im Fluss Neiße (DE/PL) nahe Guben	ARI/BGS/ZAG
21.08.94	2	N.N. (Kinder)	Kosovo	in der Nähe eines schwedischen Geflüchtetencamps erfroren, nachdem die Polizei eine effiziente Suche verweigert hatte	Svenska Dagbladet/MNS
13.08.94	1	N.N. (Mann, 20)	Marokko	ertrunken beim Versuch, zu flüchten, um als blinder Passagier Antwerpen (BE) zu erreichen	Le Soir/MNS
01.08.94	1	N.N.	Bosnien	Suizid in Gelsenkirchen (DE), nachdem ein Umzug zu Verwandten abgelehnt worden war	ZAG
25.07.94	1	N.N. (Mann)	Kroatien	Suizid auf einer Polizeistation in Bayern (DE) 2 Tage vor der geplanten Abschiebung	Jelpke/ZAG
25.07.94	1	J.K. (Mann)	Ex-Jugoslawien	Suizid; erhängte sich in einem Krankenhaus in Wasserburg am Inn (DE)	ZAG
18.07.94	1	Mohamed F. B. (Junge, 14)	Marokko	starb, als er ins Wasser fiel, während er auf ein Transmed-Line Schiff kletterte, das nach Spanien fuhr	Egin
09.07.94	1	Gabriel Juliao Mavonda (Mann, 21)	Angola	Suizid; sprang aus Angst vor Abschiebung in Berlin (DE) von einem Baugerüst	taz/ZAG
03.07.94	1	Sinathamby Mohanadas (Mann, 26)	Sri Lanka	Suizid; erhängte sich aus Angst vor Abschiebung in Hattorf (DE) in einem Wald,	taz/ProAsyl/ARI/Stern/ZAG
03.07.94	1	N.N. (Mann)	Iran	Suizid; erhängte sich in der Haftanstalt in Bützow in Mecklenburg-Vorpommern (DE)	wib/FR NieSa/ZAG
30.06.94	1	Halim Dener (Junge, 17)	Kurdistan	ermordet; in Hannover (DE) von Polizist in Zivil erschossen, als er ERNK-Poster aufhängte	ZAG
29.06.94	1	Moussa Daoudi (Mann, 28)	Algerien	Suizid; sprang aus einem Fenster der Haftanstalt in Homberg (DE), nachdem sein Asylantrag abgelehnt worden war	ProAsyl/ARI/ZAG
29.06.94	1	N.N. (Mann, 19)	Kurdistan	Suizid; erhängte sich in der Haftanstalt in Vechta (DE) aus Angst vor Abschiebung	KlaroFix/ZAG
22.06.94	1	Mohamed Badaoui (Junge, 9)	unbekannt	starb an Rauchvergiftung nach einem Brandanschlag auf eine Unterkunft für Asylsuchende in Bochum (DE)	ARI
15.06.94	1	N.N. (Mann, 19)	Rumänien	in Kyritz (DE) von Polizei in den Kopf geschossen	ARI/ZAG
02.06.94	1	Zhou Zhe Gun (Mann, 43)	China	Suizid; erhängte sich in der Haftanstalt in Volkstedt (DE), nachdem sein Ayslantrag abgelehnt worden war	ProAsyl/OL/CARF/ZAG
01.06.94	1	N.N.	Mazedonien	nach Abschiebung aus den Niederlanden in Mazedonien zu Tode gefoltert	AD/MNS

Tot aufgefunden	Zahl	Name	Herkunftsland	Todesursache	Quelle
29.05.94	1	Kuldeep Singh (Mann)	Indien	wurde 2 Tage nach seiner Abschiebung aus Deutschland von der indischen Flughafenpolizei in Neu-Delhi getötet	ProAsyl/OL/ZAG
24.05.94	1	N.N. (Mann)	unbekannt	ertrunken im Fluss Neiße (DE/PL) bei Görlitz	ARI/BGS/ZAG
09.05.94	1	N.N. (Mann, 20)	Algerien	Suizid; starb an Verletzungen infolge eines Feuers in seiner Zelle in der Abschiebehaft in Dresden (DE)	Sächs. Staatsministeriumfür-Justiz
07.05.94	7	N.N.	unbekannt	ertrunken, als ihr kleines Boot bei Malabate/Ceuta (ES/MA) kenterte	Diario Vasco
05.05.94	1	Owusu Mensa (Mann, 26)	Ghana	Suizid; erhängte sich mit Handtuch in der JVA Stadelheim in München (DE)	ProAsyl/ESG/ZAG
01.05.94	1	N.N.	Türkei	war von der Abschiebung bedroht; erhängt aufgefunden auf einer Polizeistation in Hengelo (NL)	CARF
27.04.94	1	Kwanele Eldah Siziba (Frau, 27)	Simbabwe	stürzte in London (GB) bei ihrer Flucht vor der Polizei zu Tode; fürchtete sich vor der Abschiebung	IRR/MNS/Voice
25.04.94	1	N.N. (Frau)	Rumänien	ertrunken im Fluss Neiße (DE/PL) beim Versuch, die Grenze bei Rothenburg zu überqueren	ARI/BGS/ZAG
20.04.94	1	N.N. (Mann, 40)	Albanien	starb bei Brandanschlag auf die Unterkunft für Asylsuchende in Gieboldehausen (DE)	Konkret/ZAG
01.04.94	1	N.N.	Angola	starb beim Sprung aus einem Zug bei Cierne nad Tisou (SK) während der Abschiebung	UNHCR
01.04.94	1	N.N.	Ghana	blinde*r Passagier*in; vor Ghana von einer dänischen Schiffsbesatzung zu Tode geprügelt und über Bord geworfen	MNS/Libération/LeNouveau-Quotidien
22.03.94	1	N.N. (Mann)	unbekannt	ertrunken im Fluss Neiße (DE/PL) bei Guben	ARI/BGS/ZAG
16.03.94	1	N.N. (Mann, 22)	Kosovo	war Asylsuchender; nach der Verfolgung seines Autos bei Bad Endorf (DE) schoss ihm ein Polizist in den Kopf	taz/CARF/IRR/ZAG
12.03.94	1	Jasminka (Mädchen, 11)	Bosnien	starb nach einem Brandanschlag auf ihre Roma-Familie in der Unterkunft für Asylsuchende in Humboldt-Gremberg (DE)	ARI/ZAG
11.03.94	1	N.N. (Mann)	unbekannt	ertrunken im Fluss Neiße (DE/PL) bei Zittau	ARI/BGS/ZAG
25.02.94	1	N.N. (Mann, 18)	Rumänien	Polizist schoss ihm während einer Inspektion seines Autos bei Trebnitz (DE) in den Rücken	ARI/ZAG
07.02.94	1	Raina Jovanovic (Frau, 61)	Bosnien	starb nach einem Brandanschlag auf ihre Roma-Familie in der Unterkunft für Asylsuchende in Humboldt-Gremberg (DE)	ARI/ZAG

Tot aufgefunden	Zahl	Name	Herkunftsland	Todesursache	Quelle
01.02.94	1	N.N. (Mann)	Zaire	ertrunken; blinder Passagier; von der Schiffsbesatzung eines deutschen Frachtschiffs über Bord geworfen	OL/ZAG
01.02.94	5	N.N.	Kurdistan	vermisst; Berichten zufolge im Mittelmeer ertrunken, bevor sie Italien erreichen konnten	ILM/IRR
31.01.94	1	Okwudiliri Collins (Mann)	Nigeria	blinder Passagier; starb, nachdem er bei Tanger (MA) aus dem russischen Schiff Scvetstivk Hudozhuik "gefallen" war	Diario Vasco
27.01.94	1	Son Ha Hoang (Mann, 25)	Vietnam	Suizid in München-Ramersdorf (DE); verbrannte sich, nachdem sein Asylantrag abgelehnt wurde	IRR/CARF/ESG/FR-NRW/ProAsyl
01.01.94	4	N.N.	Rumänien	blinde Passagiere*innen; erstickten im Container in Felixstowe (GB)	de Stoop/IRR
01.01.94	1	N.N.	Syrien	Suizid im Krankenhaus (NO); hatte 2 Jahre auf den Asylentscheid gewartet	CARF
1994	1	N.N. (Baby)	Kurdistan	im Dunkeln nach Erreichen des italienischen Strandes von einem Auto überfahren	Il Manifesto/IRR Race Audit
1994	2	N.N.	Rumänien	ertrunken beim Versuch, aus dem Gefängnis in Fort Walem (BE) zu flüchten	de Stoop
1994	1	Lejla Ibrahimovic (Frau)	Bosnien	Suizid, nachdem das britische Innenministerium die Erteilung eines Visums an ihren Mann abgelehnt hatte	GuardianUn./Statewatch/IRR
1994	1	N.N.	Rumänien	in Niesky (DE) von der Müllabfuhr in seinem/ihrem Versteck in einem Container erdrückt	Offene Grenzen-Offene Menschen
1994	4	N.N.	unbekannt	ertrunken in der Donau nahe der ungarisch-österreichischen Grenze	ZDF/Hungarian authorities
1994	2	N.N.	Ruanda	ertrunken; blinde Passagier*innen; von einem holländischen Schiffskapitän auf dem Weg nach Griechenland über Bord geworfen	Eleftherotipra/MNS
1994	1	N.N.	Peru	Suizid bei der Verhaftung durch Grenzbeamte; sprang in der Nähe von Freiburg (DE) aus einem Zug nach Basel	ZAG
1994	1	N.N.	unbekannt	Suizid aus Angst vor Abschiebung in Thüringen (DE)	ZAG
25.12.93	1	Emanuel Thomas Tout (Mann, 23)	Sudan	starb im Gefängnis in Herne (DE) an Verletzungen, die er sich bei einem Suizidversuch zugezogen hatte	ProAsyl/taz/SP/WIB/FR-NRW/ZAG
25.12.93	1	N.N. (Mann)	Türkei	starb durch einen Brandanschlag auf eine Unterkunft für Asylsuchende in Kaltenkirchen (DE)	CARF/ZAG

Tot aufgefunden	Zahl	Name	Herkunftsland	Todesursache	Quelle
11.12.93	1	Ignace Mabassa (Mann, 27)	Gabun	starb aufgrund mangelnder medizinischer Versorgung in einem Gefängnis für "Illegale" in Bois-d'Arcy (FR)	Libération
08.12.93	1	Emmanuel Ehi O. Omah (Mann, 23)	Liberia	Suizid; erhängte sich aus Angst vor Abschiebung im Gefängnis in Regensburg (DE)	ESG/OL/CARF/Pro-Asyl/ZAG
01.12.93	1	N.N.	Ex-Jugoslawien	Suizid durch Sprung ins Meer im Gefängnis von Hellevoetsluis (NL)	CARF
23.11.93	1	Haydar Kaya	Türkei	Kurde; Berichten zufolge tot; vermisst nach der Abschiebung aus München (DE) in die Türkei	ARI
12.11.93	1	N.N. (Junge, 2)	Ex-Jugoslawien	gestorben an Rauchvergiftung durch ein Feuer in der Unterkunft für Asylsuchende in Bad Waldsee (DE)	ARI/ZAG
10.11.93	1	Mihail Bunja (Mann, 23)	Rumänien	erfroren, nachdem er bei Schwandorf (DE) aus einem Zug gesprungen war; war auf der Flucht vor Kontrolle und der Abschiebung	IMEDANA/OL/ZAG
25.10.93	1	N.N. (Mann)	Äthiopien	Suizid in Diedersdorf bei Bremen (DE) aus Angst vor Abschiebung	Diakonie Seelow/Büro für Asylfragen
15.10.93	1	Massivi Daniel Lobez (Mann, 27)	Angola	Suizid; erhängte sich in Abschiebehaft in Trier (DE)	ProAsyl/OL/ZAG
01.10.93	1	N.N.	Kurdistan	Abschiebung aus der Schweiz; von Milizen in der Türkei getötet	Caritas/DAZ
10.09.93	1	N.N. (Mann)	Mazedonien	ertrunken im Rhein; versuchte, aus Österreich über die Grenze in die Schweiz zu gelangen	TA/OAZ
02.09.93	2	N.N. (1 Frau; 1 Mann)	unbekannt	sprangen aus dem Fenster, um einem Feuer in einer Unterkunft für Asylsuchende in Biberach (DE) zu entkommen	ZAG
01.09.93	1	André Nkala (Mann, 23)	Zaire	ertrunken in der Seine (FR) bei der Flucht vor einer polizeilichen Aufenthaltskontrolle	CARF
15.08.93	1	N.N.	Angola	ertrunken in einem Fluss in Paris beim Versuch, einer Passkontrolle der Polizei zu entkommen	MNS
09.08.93	1	N.N. (Kind, 2)	Libanon	verbrannte; Brand wurde durch Überhitzung des Schlafzimmers einer Unterkunft für Asylsuchende in Emstek (DE) ausgelöst	ZAG
01.08.93	1	Joy Gardner (Frau, 40)	Jamaika	erlag in London (GB) ihren Gehirnverletzungen nach einer Auseinandersetzung mit Abschiebebeamten	IRR/MNS/Times/Independent
23.07.93	1	Nazmieh Chahrour (Frau, 23)	Palästina	Suizid in einem Gefängnis in Berlin (DE), nachdem ihr mitgeteilt worden war, dass sie abgeschoben werden sollte	CARF/AR InfoNetw/taz/ZAG

Tot aufgefunden	Zahl	Name	Herkunftsland	Todesursache	Quelle
17.06.93	1	Abdi Atalan (Mann, 41)	Kurdistan	vor einer Unterkunft für Geflüchtete in Dülmen (DE) von Neonazis erschossen	CARF/Konkret/ZAG
10.06.93	1	N.N. (Mann)	Mosambik	verletzt bei einem Feuerausbruch in der Unterkunft für Asylsuchende in Dresden (DE); am nächsten Tag verstorben	ZAG
26.05.93	1	N.N. (Baby, 12 Monate)	Eritrea	starb bei einem ungeklärten Brandanschlag in Heppenheim in Hessen (DE)	CARF/ZAG
26.05.93	1	N.N. (Kind, 2)	Eritrea	starb bei einem ungeklärten Brandanschlag in Heppenheim in Hessen (DE)	CARF/ZAG
26.05.93	1	N.N. (Kind, 4)	Eritrea	starb bei einem ungeklärten Brandanschlag in Heppenheim in Hessen (DE)	CARF/ZAG
06.05.93	1	Miroslawa Kolodziejska (Frau, 59)	Polen	am Flughafen Frankfurt am Main (DE) von der Grenzpolizei mit Tüchern erstickt	Wib/FR-Nie-Sa/FR/ProAsyl/ZAG
01.05.93	1	Yilma Wondwossen B. (Mann, 31)	Äthiopien	Suizid; im Teltowkanal in Berlin (DE) ertränkt, nachdem sein Asylantrag abgelehnt worden war	taz/ProAsyl/ZAG
23.04.93	1	N.N. (Mann, 25)	Senegal	Asylsuchender erhängt aufgefunden in einer Gefängniszelle in Eislingen (DE); Suizid aus Angst vor Abschiebung	IRR/CARF/ZAG
07.04.93	1	N.N.	Zaire	erschossen aus geringer Entfernung auf der Polizeistation in Paris (FR)	Le Monde/MNS
01.04.93	2	N.N. (28 und 35)	Albanien	vom Zug in Balerma erfasst (Schwedische Alpen); liefen auf den Eisenbahnschienen in die Schweiz	TA/NZZ
23.03.93	1	N.N. (Mann, 27)	Afghanistan	Suizid; sprang aus dem Fenster der Unterkunft für Asylsuchende (DE)	ARI
20.03.93	1	N.N. (22)	Albanien	vom Zug in Coldrerio (Schweizer Alpen) erfasst; lief auf den Eisenbahnschienen in die Schweiz	TA/DAZ/NZZ
16.03.93	1	Turan Pekoz (Mann, 43)	Türkei	Suizid; verbrannte sich in der Ausländerbehörde von Croydon (GB)	IRR
03.03.93	1	N.N. (Mann)	Türkei	beging in der Strafanstalt Dinslaken (DE) Suizid	WIB/FR-Nie-Sa/ZAG
26.01.93	1	Bush Bacuma	Sri Lanka	erstickte bei Wien (AT) in einem Busabteil	Asylkoordination Austria/SP
26.01.93	2	N.N.	Sri Lanka	erstickten bei Wien (AT) in einem Busabteil	Asylkoordination Austria/SP
26.01.93	1	Pieris	Sri Lanka	erstickte bei Wien (AT) in einem Busabteil	Asylkoordination Austria/SP
26.01.93	1	Wasantha di Barrova	Sri Lanka	erstickte bei Wien (AT) in einem Busabteil	Asylkoordination Austria/SP

Tot aufgefunden	Zahl	Name	Herkunftsland	Todesursache	Quelle
21.01.93	1	Lorin Radu (21)	Rumänien	erschossen bei einem Fluchtversuch vor der Polizeistation in Staßfurt in Sachsen-Anhalt (DE)	taz/Konkret/jW/ZAG
20.01.93	1	Robert Karandja-Kouria (Mann, 39)	Kenia	Suizid; sprang vor die U-Bahn in München (DE), nachdem sein Asylantrag abgelehnt worden war	ARI/ZAG
04.01.93	1	Kwaku Agyei (Mann, 35)	Ghana	Suizid in Moosach bei München (DE), nachdem ihm seine Abschiebung mitgeteilt wurde	IRR/CARF/ESG/ZAG
01.01.93	1	Gerry Johnson (Mann)	Liberia	starb an Erschöpfung/Belastung; in Feldkirch (AT) in einem Eisenbahn-Container aufgefunden	Neue Vorarlberger Tageszeitung
01.01.93	11	N.N.	Albanien	ertrunken, nachdem ihr Boot im Kanal von Otranto (südliche Adria) gegen Felsen geprallt war	CDS/MNS/TL
01.01.93	2	N.N. (Frau, 18; Mann, 25)	Rumänien	starben bei einem Brandanschlag auf ein Geflüchtetencamp in Baden-Württemberg (DE)	ZAG
1993	1	Jaffarzadeh	Iran	starb nach Abschiebung aus Österreich im Evin-Gefängnis in Teheran (IR)	Asylkoordination Austria
1993	3	N.N.	unbekannt	ertrunken im Fluss Oder/Neiße (DE/PL) beim Versuch, illegal die Grenze zu überwinden	Jelpke/Interior Ministry Germany
1993	1	N.N.	Ex-Jugoslawien	an der deutsch-österreichisch-tschechischen Grenze tot aufgefunden	Jelpke/Interior Ministry Germany
1993	1	Kimpua Nsimba (Mann, 24)	Zaire	Suizid; 5 Tage nach der Ankunft in der Haftanstalt Harmondsworth (GB) erhängt aufgefunden	CARF

Nachwort

Europa, deine Toten

Wir leben in einer Zeit, in der europäische Politiker, das Gesicht zur Faust geballt, Flüchtende als „Touristen" und Schutzbedürftige als „Menschenfleisch" bezeichnen. In einer Zeit, in der Ehrenamtliche vor Gericht gestellt werden, weil sie Ertrinkende aus dem Wasser retteten, während Staaten ihrer Pflicht nicht nachkamen und die europäischen Regierungen alle staatlichen Rettungseinsätze auf dem Mittelmeer eingestellt haben. In der Menschenwürde viel zu oft unwidersprochen als linker Kampfbegriff diffamiert wird.

Wir teilen eine Aussage, die häufig als populistisches Instrument missbraucht wird: In unserer Zeit geht es nicht länger um links oder rechts. Wir sind, und das ist furchtbar, an einem Punkt in der Debatte angekommen, an dem wir nicht mehr darüber reden, ob und wie die Integration schutzbedürftiger und neu angekommener Menschen in unserem Land gelingen kann. Europa diskutiert darüber, ob man Menschen leben oder sterben lassen soll. Das aber ist eine Frage, zu der man keine Meinung haben darf. Hier muss Gewissheit herrschen. In Wahrheit – und das ist unser Schluss – geht es heute um die Versicherung, dass ein Mensch von einem anderen als Mensch behandelt wird. Um die Herausforderung, ohne Angst aufeinander zuzugehen. Letztlich geht es allein darum, Mensch zu sein.

Die Liste.

Das europäische Netzwerk UNITED for Intercultural Action mit Sitz in Budapest stellt sich dieser Herausforderung jeden Tag (vgl. den Beitrag auf S. 11–16). UNITED führt seit 1993 die Liste derjenigen, die auf der Flucht nach oder in Europa gestorben sind. Mit Stand vom 3. Januar 2019 dieses Jahres sind 36.609 Menschen auf der Liste verzeichnet, nur die durch internationale Presse und Organisationen belegten Fälle. Die überwiegende Zahl der Toten ist namenlos geblieben, ein Umstand, der das unerlässliche Gedenken erschwert, wie Bernd Mesovic von Pro Asyl in seinem Text (S. 17–20) erklärt.

Der erste Eintrag in der Liste datiert auf das Jahr 1993. In diesem Jahr schränkten Vertreter von Union, SPD und FDP das Asylrecht in unserem

Grundgesetz ein; seitdem gilt die Drittstaatenregelung, nach der nicht länger allein auf Grundlage der Fluchtgründe entschieden wurde, wer bleiben darf. Die Route, die die Menschen nach Deutschland genommen hatten, sollte fortan entscheiden, welches Land für das Asylverfahren zuständig ist. Durch Gesetz kann die deutsche Regierung seither auch bestimmen, welches Land sie als sicher einstuft. Es war der Beginn oftmals bigotter Debatten über angeblich sichere Herkunftsländer und der Gleichgültigkeit der nördlichen Staaten Europas gegenüber den südlichen: Kaum ein*e Asylsuchende*r kam zuerst in Deutschland an. Und es war der Beginn von Kettenabschiebungen, an deren Ende sich die Geflüchteten womöglich in dem Land wiederfinden, aus dem sie geflohen sind.

Auf Anregung der türkischen Künstlerin Banu Cennetoğlu wurde die Liste ins Deutsche übersetzt und 2017 als Beilage des Berliner *Tagesspiegel* in voller Länge veröffentlicht. 2018 wurde sie vom britischen *The Guardian* gedruckt und erschien übersetzt in Italien und Spanien. Dieses Buch greift auf die Übersetzung für den *Tagesspiegel* zurück; für den Zeitraum ab Juni 2017 haben wir eine eigene Übersetzung veranlasst. Und wir haben uns auch erlaubt, einige Ergänzungen vorzunehmen, die wir im Zuge unserer Recherchen in Erfahrung bringen konnten.

In der Liste fehlen oft Namen und weitere Informationen. Wir haben mit geflüchteten Menschen aus Eritrea, Guinea, Kamerun, Sierra Leone, Somalia, aus Syrien, Irak und Afghanistan gesprochen, und sie haben uns die Namen ihrer Toten genannt. Andere Fälle haben wir über internationale Presseberichterstattung recherchiert. Wir haben unsere Eintragungen in die Liste gekennzeichnet. Zu manchen waren die Daten schon enthalten, bei anderen kam der Todestag noch gar nicht vor.

Natürlich ist die Liste kein Dokument, das wissenschaftlichen Standards genügt. Sicher haben sich auch fehlerhafte Angaben eingeschlichen. Man kann darüber streiten, ob alle Menschen, die darin aufgenommen wurden, einzig und allein „aufgrund der restriktiven Politik der Festung Europas zu Tode kamen“, wie der Titel von UNITED es zu fassen versucht. Und doch sind wir davon überzeugt, dass der Versuch, das Massensterben zu dokumentieren, eine zwingende Notwendigkeit ist. Denn mit Sicherheit ist das wahre Ausmaß der Tragödie in dieser Liste nur gestreift. Die Dunkelziffer wird um mindestens ein Dreifaches höher geschätzt.

Viele Menschen, die auf der Flucht nach Europa verschwinden, werden nie gefunden. Für die Familien und Freunde bedeutet das blanken Horror: „Das Verschwinden ist so schmerzhaft; das Schmerzhafteste ist die Ungewissheit. Und gleichzeitig kann ich die Hoffnung nicht aufgeben." Sie habe nächtelang nicht schlafen können, als sie von unserem Buch hörte, sagte Jamila Alam. Sie sucht ihre Schwester Shafiqa Temori (S. 440–448) seit 1995. Die beiden Schwestern sind Nichten des früheren Premierministers von Afghanistan Fazal Haq Chaligyar, die Familie ist im ganzen Land bekannt. Sie haben alles versucht, um Shafiqa zu finden, doch Prominenz schützt in diesem Fall nicht vor der Ohnmacht. Nie wurde eine Leiche der jungen Frau gefunden. Vielleicht lebt sie noch. Wir haben Shafiqa Temori nicht in die Liste der Toten aufgenommen. Ihre Schwester Jamila und Mahbuba Maqsoodi, ihre Freundin seit der Jugend, haben uns ihre Geschichte erzählt. Sie kann stellvertretend gesehen werden für all die Menschen, deren Angehörige und Freunde keine Möglichkeit haben, zu trauern. Ihnen bleibt nur, traurig zu hoffen.

Wir wollen in einer Zeit leben, in der wir miteinander in Dialog treten und gemeinsam darüber nachdenken, was unser Mensch-Sein und -Bleiben ausmacht. Darüber, was das Beste ist für das Gemeinwohl, um einen aus der Mode gekommenen Begriff zu gebrauchen – und wie man ihm am nächsten kommt. Das Beste für uns Europäer*innen. Und das Beste für die, die nicht das Glück hatten, in Frieden, Stabilität und Wohlstand auf die Welt gekommen zu sein. Bevor wir dies tun können, dürfen wir nicht vergessen, worüber wir eigentlich sprechen.

Verantwortung annehmen.

Wir sprechen über Leben, Gedanken und Gefühle einzelner Menschen. Das Politische ist privat, es ist persönlich. Nackte Zahlen schützen uns vor Nähe, die uns befällt, wenn wir Geschichten hören, die hinter ihnen stehen. Doch: Ohne Nähe, ohne Mitgefühl, Anerkennung und Respekt auch gegenüber Andersdenkenden und -lebenden erstarrt die Welt in Kälte. Das lebenswerte Leben aber ist warm, es ist voller Gefühle, die die Menschen teilen: Wünsche und Träume können uns einen, die Liebe kann es, und: die Hoffnung.

Hinter jedem Eintrag in dieser Liste stehen Menschenleben. Wer aufmerksam durch die Liste blättert, wird einige dieser Geschichten finden, wir haben sie aufgeschrieben. Es war nicht leicht, sie zu finden. Und es war nicht einfach, nach dem größten Schmerz zu fragen: nach dem Verlust eines geliebten Menschen. Wir haben deshalb auch Geschichten aufgenommen, die sich recherchieren ließen, ohne neuen Schmerz zu erzeugen, ohne Angehörige oder Freunde erneut mit ihrem Verlust zu konfrontieren.

Wir planten, mithilfe von Verwandten, Freund*innen und Bekannten über manche der Gestorbenen Porträts zu schreiben, die ausschließlich von ihrem Leben vor der Flucht erzählen. In den Gesprächen stellte sich jedoch schnell heraus, dass die traumatischen Erfahrungen im Heimatland und auf dem Fluchtweg zu übermächtig sind und berichtet werden müssen. Das haben wir hier versucht. Es kostete die Überlebenden viel Kraft, sich zu erinnern. Nicht nur, weil die Erinnerung schmerzhaft ist, sondern auch die Gegenwart mit der zermürbenden Angst vor Abschiebung, den Fallstricken der Bürokratie, die ihr Leben bestimmen, mit fehlerhaften Entscheidungen von Ausländerbehörden und dem Bundesamt für Migration und Flüchtlinge (BAMF). Mit der Erfahrung hier, in Deutschland und Europa, angekommen zu sein, und doch keinen Schutz und keine Ruhe zu finden. Der Erfahrung, über ihr Leben immer noch nicht selbst bestimmen zu können.

Die Diskrepanz zwischen Erwartung und Erfahrung ist es, die vielen den Rest gibt. „Krieg ist Krieg", sagte eine Frau, die aus dem Kosovokrieg geflohen war. „Da weiß man, dass es gefährlich ist. Ich habe so viele schlimme Sachen erlebt. Aber am schlimmsten war es in Deutschland – wie die Leute uns behandelt haben."

Der Artikel 1 des Grundgesetzes sei an dieser Stelle einmal ausführlicher zitiert als gemeinhin:

(1) Die Würde des Menschen ist unantastbar. Sie zu achten und zu schützen ist Verpflichtung aller staatlichen Gewalt.
(2) Das Deutsche Volk bekennt sich darum zu unverletzlichen und unveräußerlichen Menschenrechten als Grundlage jeder menschlichen Gemeinschaft, des Friedens und der Gerechtigkeit in der Welt.

Die Schicksale der Menschen, die in diesem Buch porträtiert werden, werfen Schlaglichter – mitsamt ihren Schatten – auf Debatten, die heute in unserem Land geführt werden. Weil wir uns seit Jahren mit diesen Diskussionen auseinandersetzen und weil wir durch unsere tägliche Arbeit mit Schutzsuchenden wissen, worüber wir sprechen, möchten wir an dieser Stelle explizit werden.

In seinem Beitrag für unser Buch (S. 94–96) bezeichnet Stephan Lessenich die „tödliche Gleichgültigkeit" als „soziale Beziehung – eine Beziehung der Beziehungslosigkeit". Dass wir Mitverantwortung tragen für viele der Fluchtursachen auf unserem Planeten, dass unser Wohlstand, unser Konsumverhalten und unser Umgang mit den Ressourcen der Erde bittere Nebenwirkungen für andere hat, das hat der Münchner Soziologe in seinem Buch *Neben uns die Sintflut* dargestellt. Auch der Text von Rolf Gössner (S. 51–64) nennt handfeste Fakten, die unsere Mitverantwortung für das Sterben Flüchtender untermauern: unsere Verantwortung für gravierende Fluchtursachen und tödliche Fluchtbedingungen.

Der junge, nach Europa geflüchtete Somali Husein (S. 65–68) benennt den internationalen Waffenhandel als schuldig für den seit 1991 in Somalia herrschenden Bürgerkrieg. „In unserer Heimat produziert man keine Waffen. Aber die Mörder erhalten die modernsten Waffen." Und: „Die größte Hilfe, damit niemand mehr fliehen muss, wäre, keine Waffen mehr zu liefern." Er vergleicht den Frieden mit einem ungeborenen Kind, das nicht auf diese Welt kommen will.

Wenn von den reichen Staaten die Wirtschaftsbedingungen diktiert werden und andere Staaten dadurch arm bleiben und Menschen sich zur Flucht gezwungen sehen, dann sind das Fluchtgründe, die politisch verursacht werden. Dann sind das Fluchtgründe, für die es Verantwortliche gibt, die man benennen kann. Armut ist kein individuelles Verschulden. Moustapha Diallo führt in seinem Text (S. 86–93) das Beispiel eines senegalesischen Dorfes an, dessen Existenzgrundlage zerstört wurde, weil die EU der Regierung des Landes Fangrechte für die dortigen Gewässer abgekauft hat. 48 verzweifelte Menschen aus diesem Dorf bauten ein Boot und stachen in See. Sie kamen nie in Europa an, das Dorf ist heute kollektiv traumatisiert.

Wenn hierzulande in höhnischer Selbstgerechtigkeit über den Unterschied zwischen „Wirtschafts-" und „Bürgerkriegsflüchtlingen" geredet wird, wird allzu oft vergessen, dass kein*e Deutsche*r es sich erarbeitet hat, in Deutschland geboren worden zu sein. Unsere Nationalität ist nicht unser Verdienst, sondern ein Zufall.

Natürlich ist es wahr, dass Europa nicht alle Menschen aufnehmen kann, die Hunger leiden oder deren wirtschaftliche Situation niederschmetternde Perspektivlosigkeit hervorruft. Es ist durchaus nicht so, dass alle diese Menschen nach Europa kommen möchten. Es gehört ein großes Maß an Verzweiflung dazu, sich auf einen lebensgefährlichen Weg zu machen. Und es stimmt auch, dass es oft nicht die Ärmsten der Armen sind, die sich nach Europa aufmachen können. Es sind Menschen, die unseren Kontinent mit Hoffnung verbinden, mit dem Versprechen auf die goldene Mitte zwischen Sicherheit und Freiheit, die beiden Pole, an denen das menschliche Bedürfnis sich ausrichtet. Das macht die Anziehungskraft Europas aus. Die Sehnsucht nach unserem Kontinent ist zunächst einmal ein großes Kompliment. Wir müssen dabei helfen, dass diese Perspektive auch in anderen Teilen der Welt entsteht. Dafür müssen wir an uns arbeiten: an unserer Selbstsucht und am System der Entwicklungshilfe. Damit sie dort ankommt, wo sie ankommen muss. Wir gehören nicht zur Fraktion derer, die weltweit offene Grenzen fordert, auch wenn wir diese Idee – als Idee – grundsympathisch finden.

Auch in unserer heutigen Welt gelte, „dass es in den Peripherien und Zentren des Westens noch immer gefährlicher ist, schwarz zu sein als weiß", schreibt der Politikwissenschaftler Lorenz Narku Laing (S. 78–85) über die besonders schwierige Situation schwarzer Geflüchteter, die sich am häufigsten als „Wirtschaftsflüchtlinge" bezeichnen lassen müssen.

Wenn wir auf Afrika schauen, müssen wir festhalten: Von dort kommen tausende Menschen, die nach den Maßstäben unseres Asylrechts und der Genfer Flüchtlingskonvention (GFK) Anspruch auf unseren Schutz haben: Weil sie politisch oder gesellschaftlich diskriminiert und verfolgt werden. Zum Beispiel, weil sie vor einer Umgebung fliehen, die ihren Glauben oder ihre Sexualität verdammt. Oder weil sie – wie das privat betriebene Mammutprojekt zu den „vergessenen Kriegen" von Alexander Kitterer deutlich vor Augen führt – genauso wie die Menschen aus dem Nahen Osten versuchen, dem Krieg zu entkommen. Die Fluchtgründe vermischen sich, meistens sind es mehrere, für manche ist die wirtschaftliche Not am bedrohlichsten. Diesen Menschen zu erklären, dass sie unserer Gesetzgebung nach die falschen Nöte spüren, ist nicht einfach. Manche werden erst auf der Flucht zu Verfolgten, Gefolterten, Vergewaltigten, Versklavten, Traumatisierten. Libyen ist dabei ein Dreh- und Angelpunkt der Erschaffung von Fluchtgründen. Nur findet dieser Horror im falschen Land und nicht im Herkunftsland statt, um im deutschen Asylverfahren standhalten zu können.

Die Gründe, aus denen sich die Menschen in dieser hier veröffentlichten Liste auf den Weg nach Europa gemacht haben, sind also breitgefächert. Dass wir ihren Tod nicht in Kauf nehmen dürfen, muss ganz unabhängig davon eine Selbstverständlichkeit sein. Und es gibt sehr konkrete Möglichkeiten, Leben zu retten.

Sterben verhindern.

„Zehn Tage auf dem Meer. Ich will mich nicht erinnern. Von Libanon nach Ägypten und dann nach Italien. Ich will nicht daran denken. Einer ist bei uns gestorben.“ Das hat der heute 16-jährige Mahmoud Juma, Schüler in Göttingen, über seine Flucht geschrieben (S. 99).

Ein junger Mann, dessen Namen wir nicht kennen, ist im Mittelmeer ertrunken, Elisabeth Plessen hat ihm ein Gedicht gewidmet (S. 116). Der junge Gambier Ali Mbengu (S. 201 f.) ist ertrunken. Die 19-jährige Fatim Jawara (S. 204 f.), auch aus Gambia, ist ertrunken. Die Syrerin Suzan Hayider und ihre beiden Kinder (S. 192 f.) sind ertrunken. Familie Kurdi (S. 237 f.) ist ertrunken, das Bild des zweijährigen Alan hat die ganze Welt gesehen. Ibrahim Jabuti (S. 213 f.) und Mahamed Sheik Abdillahi Shide (S. 214 f.) aus Somalia sind ertrunken. Sara aus Syrien hat auf dem Meer ihr ungeborenes Kind verloren. Es wurde im Mutterleib zerquetscht, als eine große Welle kam und die im siebten Monat schwangere Frau zwischen zwei Booten eingeklemmt wurde. Sara hatte schon einen Namen ausgesucht für ihr Baby, für das sie den Weg nach Europa auf sich nahm: Es sollte Youssef (S. 247 f.) heißen.

Ein Raubtier namens Mittelmeer heißt ein Gedichtband des palästinensisch-syrischen Autors Ghayath Almadhoun, der kürzlich in deutscher

Sprache erschien. „Die EU-Politik betrachtet das Meer als Verbündeten", schreibt Heribert Prantl in seinem Beitrag in diesem Buch (S. 21–24). Die Marburger Schülerin Helene Seipelt hat ein Gedicht (S. 25) geschrieben. „Wir gehören alle zusammen, auch wenn sie sich dagegen sträuben oder versuchen, sich zu wehren", lässt sie das Meer sagen.

Die deutsche Diskussion über die Seenotrettung hat auch in traditionell besonnenen Medienformaten Züge angenommen, die unter die Haut kriechen. Sie wird auch von Politiker*innen diskreditiert, die ihr eigenes Wertefundament als christlich bezeichnen. Eine andere letztmögliche Form der Rettung – das Kirchenasyl – steht mittlerweile auch am Pranger. Monika Hoenen von matteo hat das in einer Rede in München beschrieben (S. 118–120). Pfarrer*innen werden in Bayern mit Strafanzeigen gegängelt. Wir können diesem Umgang mit Retter*innen einen Satz des Vorsitzenden des Rates der Evangelischen Kirche in Deutschland entgegensetzen. Heinrich Bedford-Strohm schreibt in seinem Beitrag für unser Buch (S. 26–28) ganz unmissverständlich: „Seenotrettung ist eine christliche und humanitäre Pflicht." Mit dem Text der Historikerin Angela Hermann (S. 97–98) kann man hinzufügen: Es ist eine völkerrechtlich bindende Pflicht.

Wenn die Alternative zur Rettung von ertrinkenden Menschen deren Tod bedeutet, ist sie keine Alternative, über die wir diskutieren dürfen. Hinter diesen Satz muss man einen Punkt setzen, bevor man weiterredet und das Schlepperwesen ins Feld führt. Die privat organisierten Seenotretter*innen, die derzeit kriminalisiert werden, können sich sicher nichts Besseres vorstellen, als dass man sie nicht braucht. Dass sie zu wenige sind, um alle zu retten – das macht ihnen zu schaffen. Den zweijährigen Alan Kurdi haben sie nicht retten können. Er wurde an den Strand von Bodrum gespült, mitten hinein ins türkische Ferienparadies. Wenn wir in unserem Urlaub nicht länger in Leichenwasser baden wollen, wenn wir es vorziehen, dass ein Junge wie Alan Kurdi lebt, müssen wir ein funktionierendes System der (mehr-)staatlich organisierten Seenotrettung etablieren. Mehr als 210 Bundestagsabgeordnete von fünf Parteien haben „den Aufbau eines europäisch organisierten und finanzierten zivilen Seenotrettungssystems" gefordert. AfD und CSU schlossen sich dieser Forderung nicht an.

Nicht nur das Mittelmeer frisst das Leben tausender schutzsuchender Menschen. Libyen gilt vielen Flüchtlingen als das Tor zur Hölle. Dort starb im November 2015 der 14-jährige Somalier Nalo (S. 228). Er verhungerte in einem Schleppergefängnis. Fu'aad, Fajac und Ban Bas (S. 225), ebenfalls aus Somalia, starben auch im Schleppergefängnis, Todesursache: Hunger und Krankheit. Ali Fakat wurde erschossen, weil er Frauen vor Vergewaltigung schützen wollte (S. 223).

Seit die Europäische Union 2017 eine Vereinbarung mit Libyen schloss, die dortige Küstenwache auszubilden, um die Menschen daran zu hindern, libysche Gewässer zu verlassen, sank zwar die Zahl derer, die die Boote nach Italien bestiegen. Es stieg jedoch die Zahl derer, die in Libyen starben. Die Vereinten Nationen belegen in einem Bericht vom Dezember 2018 die immer grausameren sexuellen Misshandlungen von Frauen und Männern, Mädchen und Jungen durch Menschenhändler. Auch in den von Europa unterstützten sogenannten offiziellen Haftlagern sind Vergewaltigungen und Folter an der Tagesordnung. Das wissen alle europäischen Regierungen.

Und seit die Seenotrettung systematisch behindert und verhindert wird, stieg die Zahl der Toten auf dem Mittelmeer dramatisch. 2018 hat sich die Zahl der Toten im Vergleich zum Vorjahr auf dieser Fluchtroute fast verdreifacht. Und es gibt andere, noch gefährlichere Fluchtrouten auf dem Weg nach Europa. Die derzeit wichtigste führt durch die staubtrockene nigrische Sahara – ein Massengrab, in dem auch Bacayaco Alhasane aus Elfenbeinküste, Boubacar Bah und Moustafa Barry aus Guinea (S. 220 f.) irgendwo liegen, wie uns ein Überlebender berichtete. Europa darf die Menschen mit seiner Politik nicht in die Wüste treiben.

Natürlich wäre es besser, wenn die Menschen erst gar nicht fliehen und diese gefährlichen Wege nach Europa auf sich nehmen müssten. Denen, die sagen, dass Geflüchtete in möglichst kulturnahen Ländern untergebracht werden sollen, sagen wir: Ja, das ist so. Und wer glaubt, dass es für ganz Syrien keine schönere Vorstellung gibt, als nach Deutschland zu kommen, irrt fundamental. Wer verlässt seine Heimat freiwillig? Heimat ist da, wo man verstanden wird. Wenn man dieses Gefühl örtlich begreift – und das tun viele Menschen –, ist das Leben in einem geographisch und kulturell nahen Umfeld zunächst einmal einfacher. Es gibt gute Gründe dafür, warum so viele Syrer*innen so nah wie möglich an ihrem Land geblieben sind, als um sie herum ihre Welt zusammenbrach. Die meisten nämlich sind im Libanon, in Jordanien und in der Türkei. Auch Rehan, Ghalip und Alan Kurdi (S. 237 f.) lebten eine ganze Weile in Istanbul, bevor sie weiterfliehen mussten. Mohammed Ibrahim vom Verein Aynouna hat in einer langen Reportage für unser Buch (S. 33–50) einige Menschen porträtiert, die dem syrischen Krieg entkommen sind und nach wie vor in den Nachbarländern leben. Er beschreibt die schwierige Situation, in der sich viele von ihnen befinden. Und er beschreibt Menschen, die ihnen helfen.

Was Menschen in diesen Ländern – oftmals Ehrenamtliche, oftmals selbst Geflüchtete – für die Versorgung Notleidender und Schutzsuchender in den vergangenen Jahren geleistet haben und noch immer leisten, sollte Europa kollektiv vor Scham erröten lassen. Wir sprechen über Dimensionen, die sich hierzulande niemand vorstellen kann. Es sollte nicht nur mit politischer Berechnung zu tun haben – also der Hoffnung darauf, dass die Menschen dort bleiben, wo sie sind, damit sie irgendwann dorthin zurückkehren, woher sie kamen –, wenn wir diese Länder finanziell unterstützen. Das ist zunächst einmal ein Gebot des Respekts. Und es lässt sich nicht mit dem Hinweis auf problematische politische Verhältnisse in diesen Ländern beiseite wischen. Es gibt auch zivilgesellschaftliche Organisationen, die man unterstützen kann. Es gibt sogar deutsche Organisationen, der Verein Aynouna der Hannoveraner Medizinstudent*innen ist ein gutes Beispiel. Wenn wir den Menschen eine Perspektive ermöglichen wollen, nahe an ihrer Heimat zu bleiben, und wenn es nur deshalb ist, weil wir nicht wollen, dass sie zu uns kommen, dann müssen wir wirklich finanziell unterstützen. Und wenn wir verhindern wollen, dass die Menschen auf dem Weg nach Europa sterben, müssen wir ihnen vor Ort helfen. Das Gegenteil passiert: Das UNHCR klagt beispielsweise regelmäßig über fehlendes Geld für die Flüchtlingslager in Syriens Nachbarländern, vergeblich.

Die auf der Flucht Gestorbenen und die Überlebenden, die heute unter uns sind: Das sind zwei Diskussionen, die man zunächst einmal getrennt voneinander führen muss. In mancherlei Hinsicht stehen sie aber in engem Zusammenhang. Das wird zum Beispiel deutlich, wenn wir über das Thema Familiennachzug sprechen. Die Aussetzung des Familiennachzugs für subsidiär Schutzberechtigte in Deutschland hat Leben gekostet. Die Syrerin Suzan Hayider, ihr Baby und die dreijährige Tochter, sie wurden bereits genannt, sind im Meer ertrunken, nachdem monatelang nicht zugelassen wurde, dass sie nach Deutschland kommen – „es ist der schlimmste Fall meines Lebens", sagte der Anwalt ihres Ehemanns. Wenige Wochen nach dem Tod in der Ägäis erhielt Salah J., der Familienvater, doch noch den Flüchtlingsstatus nach Genfer Konvention zugesprochen. Er hatte gegen die Entscheidung des BAMF geklagt. Das Verwaltungsgericht Düsseldorf bestätigte schließlich: Die Behörde hatte falsch entschieden. Von der BAMF-Entscheidung bis zu ihrer Aufhebung verging mehr als ein halbes Jahr, eine Dauer, die Suzan Hayider mit ihren Kindern in der Türkei nicht durchstehen konnte.

Man muss das nicht gut finden, aber es ist eine Tatsache: Die Menschen gehen dieses Risiko ein, wenn sie von ihren engsten Angehörigen getrennt sind und die Gefahr um sie herum noch bedrohlicher scheint. Wenn wir möchten, dass es denen, die es zu uns geschafft haben, gut geht, müssen wir im Rahmen unserer Möglichkeiten dafür sorgen, dass es auch denen gut geht, die sie lieben. Die Zahlen zum Familiennachzug wurden in der öffentlichen Debatte von einigen Politiker*innen dramatisiert. Es geht nicht um zu viele Menschen, die Deutschland aufnehmen müsste.

Auch Abschiebungen können tödlich enden. Die bittere Realität auf deutschen Abschiebeflügen hat eine lange Tradition, darauf verweist Heribert Prantl, wenn er das Schicksal von Aamir Ageeb anführt (S. 21). Ageeb war 1999 nach dem Start des Fliegers am sogenannten Positional-Asphyxia-Phänomen gestorben: eine medizinische Bezeichnung für den Zustand von Festgenommenen nach hoher Gewaltanwendung und anschließender Fixierung. Heute werden immer wieder auch schwer traumatisierte und unter anderen psychischen Krankheiten leidende Geflüchtete abgeschoben, zum Teil direkt aus der Klinik heraus – mögliche Suizide sind damit einkalkuliert. Man kann in solchen Fällen vorhersehen, was eine Abschiebung für die Betroffenen bedeutet.

Besonders kontrovers diskutiert wird die (Un-)Möglichkeit der Abschiebung von Menschen nach Afghanistan. Eine Neubewertung der Sicherheitslage am Hindukusch durch das Auswärtige Amt ließ lange auf sich warten – mit dem Hinweis, dass die Sicherheitslage eine solche nicht zulasse. Es wurden angeblich sichere Teile des Landes konstruiert, die zu nennen nicht möglich war, weil die Lage sich ständig verändere. Liegt es daran, dass in Kabul der einzige Flughafen steht, in den wir unsere Abschiebeflüge schicken können, dass die afghanische Hauptstadt von deutschen Behörden als sicher bezeichnet wird? Obwohl dort immer wieder terroristische Anschläge verübt werden?

Es ist indiskutabel, nach Afghanistan abzuschieben. Das Land ist nicht sicher. Wir nehmen den Tod eines jeden Menschen in Kauf, den wir nach Afghanistan abschieben. Für Rückkehrer aus Europa ist die Gefahr, dort ums Leben zu kommen, um ein Vielfaches höher als für die kriegs- und terrorgebeutelte Bevölkerung im Allgemeinen. Das liegt daran, dass sie gesellschaftlich geächtet sind, sie gelten vielen als Versager. Familien wenden sich ab, Freunde sind misstrauisch; die Rückkehrer wissen nicht, wohin sie gehen sollen, wenn sie in Kabul den Flieger verlassen. Von vielen hört man nie wieder; Menschenrechtsorganisationen versuchen, ihre Schicksale zu verfolgen, und scheitern oftmals daran. Die Suizidrate ist hoch. Einer der 69 Flüchtlinge, die als Horst Seehofers unerwartetes Geburtstagsgeschenk im Juli 2018 abgeschoben wurden, hat sich noch am Tag seiner Ankunft in Kabul erhängt. Sein Name war Jamal Nasser Mahmoudi (S. 143 f.). Er wurde 23 Jahre alt.

Das Schicksal des jungen Mannes verdeutlicht noch etwas anderes: Er kannte das Land, das von deutschen Behörden als sein „Herkunftsland" bezeichnet wird, nämlich überhaupt nicht. Er war der Sohn afghanischer Geflüchteter, deshalb wird er als Afghane behandelt. Sein Leben aber hat er im Iran verbracht. Es handelt sich hierbei nicht um ein Einzelschicksal. Viele Menschen, deren Abschiebung nach Afghanistan hierzulande zur Diskussion steht, kennen dort niemanden. In einer nach wie vor von Stammesstrukturen geprägten Gesellschaft aber ist Familie die einzige Überlebensmöglichkeit in einer unsicheren Welt.

In den Debatten um Afghanistan wird auch immer wieder darüber gesprochen, dass man gut Integrierte nicht abschieben solle. Der Anspruch auf Schutz im Rahmen unseres Asylrechts und im Rahmen der Genfer Flüchtlingskonvention ist aber nicht an die charakterliche Eignung oder kognitive Fähigkeit eines Menschen zur Integration gebunden. Er gilt auch für Menschen, mit denen man nicht gerne Kaffee trinkt oder feiern geht. Für Menschen, denen man seine Kinder nicht anvertrauen würde. Für Menschen, die Juden hassen. Für Menschen, die unsere Vorstellung von Respekt gegenüber Frauen nicht teilen.

In der Diskussion um das Schicksal Jamal Nasser Mahmoudis betonte das Bundesinnenministerium, dass dieser von deutschen Gerichten mehrfach verurteilt worden sei. Das darf kein Argument sein, ihn in ein unsicheres Land abzuschieben. Nach dem Grundgesetz (Artikel 16a) müssen auch dort „Menschenrechte und Grundfreiheiten sichergestellt" sein.

Die Würde eines jeden Menschen ist unantastbar. Sie gilt auch für Menschen, die Straftaten begangen haben. Für Menschen, die grapschen, die vergewaltigen, die töten. Man kann die menschliche Würde nicht verwirken. Sie gilt sogar für Terroristen. Und diesen Satz muss man erst einmal aushalten. Sie gilt für die, die nach Europa kommen, um Angst und Terror zu verbreiten. Es sind wenige, die viel Leid verursachen. Man darf ihre Taten niemals rechtfertigen. Man muss Schuldige bestrafen, aber auch für Schuldige gilt Recht. Und man muss versuchen, die Gründe für Hass und Gewalt zu analysieren, um zukünftiges Leid zu verhindern.

Leben ermöglichen.

Wir nennen diese dunkle Seite der Realität, die es immer gibt, wenn Menschen beteiligt sind. Auch wenn es uns nicht leichtfällt, dies in einem Buch zu tun, das sich dem Erinnern an so viele Menschen verschrieben hat, die heute nicht mehr leben. Wir tun es, weil wir es uns nicht leicht machen wollen. Jeder, der sich über Jahre intensiv mit Geflüchteten auseinandersetzt, weiß um die Herausforderungen der Integration. Wir sind davon überzeugt, dass man beim Namen nennen muss, womit wir – neben beschämender Dankbarkeit für Selbstverständlichkeiten und liebevoller Zuneigung für unsere Hilfe – auch immer wieder zu tun haben. Rassismus und Antisemitismus, Homophobie und Sexismus.

Geflüchtete Menschen sind schutzbedürftig. Aber sie sind genau wie wir Produkte ihrer Gesellschaften, mit all ihren schönen und hässlichen Seiten. Eine Romantisierung des menschlichen Charakters liegt uns fern. Die Menschen, die nach Deutschland geflohen sind, werden sich aber nicht in Luft auflösen, egal, wie sehr man sich das in manchem deutschen Wohnzimmer wünscht. Viele, wahrscheinlich die meisten, werden bleiben. Das gilt nicht nur für die Syreri*nnen, deren einst so wunderschöne Heimat in einer Bankrotterklärung der Menschenrechte durch die Weltgemeinschaft zur Hölle auf Erden gemacht wurde. Sie dürfen, um Georg Simmel zu bemühen, nicht zu Fremden gemacht werden, die bleiben. Auch in unserem ureigenen Interesse. Wenn wir nicht wollen, dass sie sich fatale Alternativen suchen, an denen sie sich in einer feindlich gesinnten Umgebung festhalten, müssen wir dafür sorgen, dass sie hier angenommen werden. Die Menschenfänger sind erfolgreich in einer Gesellschaft, in der es hier ein Vakuum gibt. Oft sind es angebliche Gläubige, Fanatiker, die die Religion missbrauchen. Die Missionierungsversuche in deutschen Erstaufnahmeeinrichtungen waren zahlreich, und wir haben auch nichtsahnende Geflüchtete mit Broschüren von Scientology in der Hand getroffen.

Bevor wir uns der Herausforderung der Integration stellen können, müssen wir die grundlegenden Bedürfnisse der schutzsuchenden Menschen decken und ihre Rechte achten. In vielerlei Hinsicht geschieht dies in unserem Land nicht. Ob es den Geflüchteten bei uns gut geht, hängt von etlichen Faktoren ab. Viele leben unter der steten Angst vor Abschiebung. Es macht sie mürbe, es lässt sie verzweifeln, die Furcht ist ihr ständiger Begleiter. Und das oft jahrelange ängstliche Warten. So geht es auch allen „Geduldeten". Sie warten auf den Tag, an dem sie nicht mehr „geduldet" werden. Das macht viele krank und hat in Deutschland eine lange Geschichte. Ramazan Kaya (S. 343 f.), seine Eltern stammen aus Samsun in der Türkei, ist nach vielen Jahren ohne gültigen Aufenthaltsstatus im Jahr 2005 in seiner Wohnung in Berlin aus dem Fenster gesprungen. Fast alle Familienmitglieder hatten zu diesem Zeitpunkt psychische Störungen vom Arzt bescheinigt, bei Ramazan galt die Diagnose „paranoid-halluzinatorische Schizophrenie". Das änderte nichts an seinem zutiefst verunsichernden Nicht-Status in Deutschland.

Die meisten Geflüchteten sind traumatisiert, doch die wenigsten haben Zugang zu psychologischer Betreuung, derer sie so dringend bedürfen. Wir brauchen Therapeut*innen, die Erfahrung haben mit schwer Traumatisierten, denen diese sich in ihrer Muttersprache anvertrauen können. Vertrauenswürdige Übersetzer*innen, die Therapien begleiten können. Eine junge Frau aus Eritrea, die sich selbst nicht zu helfen wusste und der psychologische Hilfe verwehrt blieb, hat sich und ihr Kind getötet, ihr Name war Tsanait Tadese, das Kind hieß Nahom (S. 158).

In unseren Ämtern brauchen wir Dolmetscher*innen, die ihre Arbeit machen und nicht die politischen und gesellschaftlichen Konflikte aus Herkunftsländern importieren oder sogar Geflüchtete ausspionieren. Wir brauchen Mitarbeiter*innen, die sensibilisiert sind für kulturelle Verschiedenheiten, empathische Menschen, die nicht vorschnell urteilen. Im BAMF brauchen wir Menschen, die sich die Zeit nehmen, jede Geschichte aufmerksam anzuhören – gemäß der Bestimmungen unseres Asylrechts, das eine Einzelfallentscheidung garantiert. Unsere Gastautorin Heike Martin (S. 29–32) hat etliche Menschen auf ihren Anhörungstermin beim BAMF vorbereitet und dutzende dorthin begleitet. Ihre Erfahrungen sind alarmierend. Und niemand, der in den vergangenen Jahren regelmäßig Geflüchtete zum BAMF begleitet hat, wunderte sich lange über den Fall Franco A., der sich als Syrer ausgab, ohne Arabisch zu sprechen. Franco A. und Anis Amri, der Terrorist vom Berliner Breitscheidplatz, das sind die beiden Seiten derselben dumpfen Medaille: ein nicht funktionierendes System in unseren Behörden. Es gefährdet uns alle, uns, die wir schon lange in Deutschland leben, und alle Neuangekommenen.

Die Qualität der Gespräche beim BAMF steht und fällt mit den daran beteiligten Personen, die viel zu lange in einem unverantwortlichen Schnellverfahren „ausgebildet“ wurden. Meistens – und das muss betont werden – geschehen Fehler zum Nachteil der Asylbewerber*innen. Wir haben immer wieder unsägliche, unerträgliche Situationen erlebt, als wir Geflüchtete zu ihren Terminen bei den Ämtern begleitet haben. All das zu ändern kostet Zeit, und man muss dafür sorgen, dass die Menschen während des laufenden Asylverfahrens würdig untergebracht sind, auch wenn es Jahre sind.

Eine würdige Unterbringung bedeutet auch, dass das Personal in den Einrichtungen für Geflüchtete respektvoll mit den Menschen umgeht. Faraidun Salam Aziz (S. 155 f.), ein irakischer Kurde, ist in seinem Wohnheim in Apolda aus dem Fenster gesprungen, nachdem die Security ihn in seinem Zimmer einschloss, den Schlüssel stecken ließ und nicht mehr aufmachte, obwohl er darum flehte, wie Mitbewohner uns berichteten. Es war bekannt, dass er unter schweren Depressionen litt.

Auch an anderen Stellen unseres Rechtsstaats geschehen unfassbare Dinge. Amad A. (S. 132 f.), ein junger Syrer, ist in diesem Herbst im Bochumer Krankenhaus gestorben, nachdem seine Gefängniszelle brannte. Fast täglich kommen neue Absurditäten und Ungereimtheiten ans Licht – was wirklich passierte, ist noch lange nicht geklärt. Soviel jedenfalls steht fest: In der Zelle, in der er saß, saß Amad zu Unrecht.

Ebenfalls aufgrund seiner Haft starb Oury Jalloh (S. 346 f.) aus Sierra Leone. Er verbrannte in seiner Zelle in Dessau im Jahr 2005. Der Fall ist bis heute vor Gericht ungeklärt, er gilt als einer der größten Justizskandale der Nachkriegsgeschichte.

Nicht nur der Umgang mit Verhafteten kann in Deutschland tödlich enden. Auch mangelnde medizinische Versorgung der Geflüchteten entscheidet im Zweifel über Leben und Tod. Nur Zakaria Adam ist wahrscheinlich an den Folgen eines unerkannten Herzfehlers gestorben. Der Journalist und Wissenschaftler Ruben Schenzle hat für uns zum ersten Mal seit fünf Jahren vom Schicksal seines Freundes erzählt (S. 75–77). Ein Skandal unseres Gesundheitssystems spielte sich auch in Passau ab. Lamine Condeh (S. 162 f.), ein 20-jähriger Mann aus Sierra Leone, starb an Leberkrebs, nachdem die Krankheit monatelang nicht behandelt worden war. Anstatt ihn ordentlich medizinisch zu untersuchen und zu versorgen, wurde er – trotz der diagnostizierten Hepatitis B – nach Italien abgeschoben, wo er auf der Straße landete. Er schaffte es irgendwie wieder nach Deutschland, Blut spuckend. Er wurde trotzdem nicht an den Facharzt überwiesen; das geschah erst, als er die Unterkunft wechselte. Da war es aber schon zu spät. Drei Tage vor seinem Tod kam die Polizei in die Klinik, mit dem Auftrag der Ausländerbehörde, ihn wieder abzuschieben. Die Ärzte weigerten sich. Die Verantwortlichkeiten können nicht mehr geklärt werden, es wurde niemand zur Rechenschaft gezogen.

Es kostet natürlich Geld, die existenziellen Bedürfnisse der Asylbewerber*innen zu decken. Unsere Politiker*innen müssen deshalb damit aufhören, sozial Benachteiligte in Deutschland und Geflüchtete gegeneinander auszuspielen. Das für Europa so wichtige Buch *Rückkehr nach Reims* des französischen Soziologen Didier Eribon hat das Wählerpotential rechtsextremer Parteien im abgehängten Milieu überdeutlich vor Augen geführt. Wir können in diesen Zeiten nicht selbstzufrieden auf der schwarzen Null sitzen, sondern müssen deutlich machen, dass man den Bürger*innen nichts nimmt, wenn man den Schutzsuchenden gibt, was die Menschlichkeit gebietet. Wir müssen uns um soziale Gerechtigkeit bemühen, wir müssen den Abbau des Sozialstaates stoppen und den absurden Mietwucher in den Großstädten bekämpfen, wenn wir nicht wollen, dass sich die berechtigte Unzufriedenheit gegen diejenigen richtet, die unseres Schutzes am meisten bedürfen.

Für diejenigen, denen nach der Entscheidung des BAMF kein Schutz zugesprochen wurde, muss der Klageweg offenstehen. Dabei ist es nicht mit dem bloßen Verweis auf den Rechtsstaat, der diese Möglichkeit formal garantiert, getan. Viele finden keinen Anwalt, der sie vertritt, die Asylexpert*innen sind überlastet. Und viele wissen gar nicht, dass sie das Recht haben, zu klagen. Wir müssen sie über ihre Rechte aufklären. Der tatsächliche „BAMF-Skandal" nämlich ist: Im Falle der Afghan*innen werden mehr der eingeklagten negativen Asylbescheide durch deutsche Gerichte wieder aufgehoben, als sie dort standhalten, weil die Menschen in Wirklichkeit eben doch Anspruch auf Schutz haben. Die Häufigkeit der gerichtlich bestätigten Fehlentscheidungen des BAMF gebietet es, dass ein faires Gerichtsverfahren stattfinden muss.

All diejenigen, die in unserem Land sind, weil sie unseren Schutz brauchen, sollen keine Fremden bleiben. Dafür müssen wir zuhören und versuchen, zu verstehen. Nur so können sie sich uns öffnen. Nur so bleibt unsere Heimat das, was sie ausmacht: Ein Kompromiss zwischen Sicherheit und Freiheit, mit dem alle leben können. Und nur so helfen wir den Menschen, dies als neue Heimat zu finden. Wir müssen versuchen, uns zu verstehen. Heimat ist da, wo man verstanden wird.

Weitermachen.

Die Europäische Union funktioniert „heute nicht mehr als ein Projekt von Nationalstaaten für gemeinsamen Wohlstand und zur Durchsetzung gemeinsamer Werte, die Unterstützung mobilisieren und Grundlage für die Lösung von Konflikten sind", bilanziert Christoph K. Neumann in seinem Beitrag (S. 100–108) bitter. Die südlichen Staaten unseres Kontinents wurden von ihren angeblichen Partnern lange alleingelassen mit den Konsequenzen der Flucht – Stichwort Dublin. Osteuropäischen Staaten sieht man in Brüssel derzeit dabei zu, wie sie ihre Rechtsstaaten demontieren und für menschenverachtende Bedingungen für Geflüchtete sorgen, damit sie wegbleiben. Es kann aber nicht das Beste für Europa sein, die Konsequenz aus unserer Geschichte – das Streben danach, die menschliche Würde nicht anzutasten – aufzugeben.

Dass 152 Mitgliedstaaten der Vereinten Nationen (bei fünf Ablehnungen und zwölf Enthaltungen) im Dezember 2018 das erste globale Abkommen zur Migration unterzeichnet haben, lässt hoffen, hat Karl-Heinz Meier-Braun geschrieben (S. 109–115). Der Pakt verpflichtet sich erneut auf die Einhaltung der Menschenrechte, setzt ein klares Ausrufezeichen hinter die Legalität und die Gebotenheit der Seenotrettung und ein Zeichen gegen weltweit verbreitete Mythen und Legenden im Zusammenhang mit der Migration; er könnte zur Versachlichung der Debatte beitragen. Wenn er gelesen wird. Dieser Unterzeichnung muss praktische Politik folgen.

„Warum habt ihr nichts gemacht?!", könnten uns künftige Generationen fragen. Das hat die diesjährige Preisträgerin des Deutschen Buchhandels Aleida Assmann gesagt, Moustapha Diallo hat den Satz zitiert (S. 93). Haben wir Europäer aus unserer Geschichte wirklich nichts gelernt? Der Historiker Carlos Collado Seidel hat in seinem Text (S. 69–74) auf die Konferenz von Évian verwiesen, die israelische Ministerpräsidentin Golda Meir zitierend: „Wisst ihr denn nicht, dass diese verdammten ‚Zahlen' menschliche Wesen sind?" Bernd Mesovic hat an das Schicksal der boatpeople aus Vietnam erinnert (S. 17–20), das uns zeigt, dass der Umgang mit Geflüchteten immer ähnlichen Mustern folgt. Und NS-Expertin Angela Hermann schloss ihren Text (S. 97–98) mit dem Satz: „Wenn man eines aus der Geschichte lernen kann, dann ist es die Erkenntnis, dass sich Inhumanität zunächst gegen die Schwächsten richtet, bevor sie sich wie ein Flächenbrand ausbreitet".

Die vergangenen Jahre haben das Janusgesicht unseres Kontinents gezeigt, seine Hässlichkeit, aber auch seine Schönheit. Wir wollen all die Menschen in den europäischen Ländern nicht vergessen, die sich von der Selbstverständlichkeit zu helfen angesichts so vieler Schutzsuchender bewegen ließen; Menschen, die halfen und dies noch immer, Tag für Tag, tun. Es sind weniger geworden, aber es sind viele. Wer einmal entschlossen in diese Richtung gegangen ist, geht nicht mehr zurück.

Wir leben in einer Zeit, in der wir wachsam sein müssen, damit man uns unsere geschätzten Freiheiten nicht nimmt. Inzwischen gehen Zehntausende auf die Straße, um der Hetze, die den politischen Diskurs dominiert, etwas entgegenzusetzen.

Wir wollen nicht kapitulieren vor der lähmenden Macht der Ohnmacht, die droht, wenn wir uns mit dem Ausmaß der Tragödie auseinandersetzen, die sich an unseren Grenzen abspielt. Unsere Überzeugung ist: Das Recht auf ein menschenwürdiges Leben ist keine hohle Phrase. Es ist nicht verhandelbar. Und wir sind im Wortsinne konservativ, wenn wir diese Erkenntnis zu bewahren versuchen. In all den Diskussionen um Flucht und Asyl sollten wir aufhören, links oder rechts zu denken und uns gegenseitig anzuschreien. Letztlich ist es die Herausforderung unserer Zeit, endlich Herz und Kopf zusammenzubringen.

Vor meinem eignen Tod ist mir nicht bang,
nur vor dem Tode derer, die mir nah sind.
Wie soll ich leben, wenn sie nicht mehr da sind?
Allein im Nebel tast' ich todentlang
und lass mich willig in das Dunkel treiben.
Das Gehen schmerzt nicht halb so wie das Bleiben.
Der weiß es wohl, dem gleiches widerfuhr;
– und die es trugen, mögen mir vergeben.
Bedenkt: den eignen Tod, den stirbt man nur,
doch mit dem Tod der andern muss man leben.
(Mascha Kaléko)

Es ist wahr: Für die Menschen, von denen dieses Buch erzählt, ist es zu spät. Sie sind tot. Für sie wollen wir Khalil Gibran sprechen lassen:

Wenn ich bleibe, liegt in meinem Bleiben ein Gehen.
Und wenn ich gehe, liegt in meinem Gehen ein Bleiben.
Nur die Liebe und der Tod verändern alles.

Es ist nicht zu spät für all die anderen. Die Hoffnung darf nicht sterben. Wir haben die Wahl, sie leben zu lassen.

Kristina Milz und Anja Tuckermann
im Mai 2019

Kristina Milz und Anja Tuckermann haben sich Ende 2017 kennengelernt und beschlossen, gemeinsam die Liste von UNITED herauszugeben.

Anja Tuckermann, geboren 1961, ist Autorin von Romanen, Erzählungen, Theaterstücken, Libretti und Bilderbüchern. Sie hat die Porträts von Gestorbenen aus Afrika und die Geschichte Faraiduns geschrieben.

Kristina Milz, Jahrgang 1988, ist freie Journalistin und Historikerin. Sie lebt und schreibt zwischen München, Berlin und Nahost – für diese Region hat sie die Porträts im Buch geschrieben.

Vielen Dank für die Mithilfe an:

Fahim Alam, Jamila Alam, Saria Almarzook, Alpha, Amanuel, Mohammad Amin, Geert Ates, Adam Bangura, Ameed Baniowda, Annette Bastian, Gert Bedszent, Marcel Beißwenger, Monika Bilstein, Mario Boccia, Michael Buschheuer, Banu Cennetoğlu, Klaus Farin, Silvia Fischer, Lina Fries, Renate Fries, Tilla Fries, Gerebrehan, Gebrekidan, Ghassan, Govolunteer, Berna Gözgören, Elif Cansu Güler, Habte, Habtemariam, Angelina Harutunian, Manja Hellpap, Angela Hermann, Christine Louise Hohlbaum, Husein, Mohammed Ibrahim, Seth Josel, Mahmoud Juma, Lena Kapura, Ute Kleeberg, Linda Kutzki, Lamin, Kerstin Land, Jad Lehmann-Abi-Haidar, Maher, Mamadou, Mahbuba Maqsoodi, Marian, Marco Marelli, Sibilla Marelli, Heike Martin, Alassa Mfouapon, Nathalie Milz, Nicolas Milz, Moussa, Malte Müller, Sami Mustafa, Nowell, Yunus Özsoy, Alex Papaloukas, Samuel Rachl, Stephan Reichel, Gerlinde Schermer-Rauwolf, Christina Schmitt, Christina Söller, Benedikt Sepp, Robert Sigel, Cornelia Stauss, Anna Stelthove-Fend, Jamal Tuschick, Tekleweini, Tesfaldet, Tina Walz, Guntram Weber, Michael Wildenhain, Fabian Wippert, Sefa Yıldız u. a.

Für Übersetzung und Lektorat der Liste danken wir:

Murat Deha Boduroğlu, Emrah Cilasun, Yannick Geske, Katja Girr, Birge Heiland, Christine Louise Hohlbaum, Tunçay Kulaoğlu, Malte Müller, Çiğdem Özdemir, Alex Papaloukas, Annika Turkowski und Hannah Wiemer.

Besonders hinweisen möchten wir auf das Hörbuch, erschienen im Verlag *Der Diwan*, gesprochen von über 50 Schauspielerinnen und Schauspielern, Autorinnen und Autoren.

Erklärung der Abkürzungen in der Liste

Abkürzungen	Quelle	Abkürzungen	Quelle	Abkürzungen	Quelle
762	762-antifa (DE)	CR	Comite Rechtsherstel (NL)	GiovaniE	Giovani E Missione (IT)
20ME	20 minutos (ES)	CRACPE	Collectif de Résistance Aux Centres Pour Etrangers (BE)	GiulianoNews-Chronicle	Giuliano Chronicle (IT)
20Mf	20 minutes (FR)	CRIDA report	Centre de Recherche et d'Information sur la Démocratie et l'Autonomie (FR)	Globedia	Globedia (ES)
21Miles	Twenty One Miles (BE/NL/FR)	CRIDEM	Convergence Républicaine pour l'Instauration de la Democratie en Mauritanie (MA)	GloDP	Global Detention Project (CH)
24h	24 heures (CH)	CTV	CTV News (CA)	GLOPRO	Global Project (IT)
4wardUK	4wardever UK (GB)	CV	Comite de Vigilance Aubervilliers (FR)	Grand Paris	Grand Paris (FR)
7sur7be	7 Sur 7 (BE)	CypMail	Cyprus Mail (CY)	GRAPPE	Groupe de Réflexion et d'Action Pour une Politique Ecologique (BE)
ABC	ABC (ES)	Dagens Nyheter	Dagens Nyheter (SE)	GreekReporter	Greek Reporter (GR)
AC	Autonoom Centrum (NL)	DailyRec	Daily Record (GB)	Grön Ungdom	Grön Ungdom (SE)
Ach	Al Chourouk (TN)	DailySabah	Daily Sabah (TR)	GWM	Greek World Media (AU)
ACN	Agencia Canaria de Noticias (ES)	DailyStar	Daily Star (GB)	GRP	Grupo Payn (AR)
Acoge	Acoge (ES)	Dalje	Dalje (HR)	GRR	Giornali Radio Rai (IT)
AD	Algemeen Dagblad (NL)	De Gentenaar	De Gentenaar (BE)	GuardianUn.	The Observer Guardian Unlimited (GB)
ADN	Allgemeine Deutsche Nachrichtenagentur (DE)	Deia	Deia (ES)	GuidaS	Guida Sicilia (IT)
adn	adn diario (CO)	deleteTB	Delete The Border (US)	Gulf	Gulf Times (QA)
AdnE	ADN Spain (ES)	demo	Demo.e (NL)	GulfNews	Gulf News (AE)

Abkürzungen	Quelle	Abkürzungen	Quelle	Abkürzungen	Quelle
AdnK	AdnKronos (IT)	Demotix	Demotix (GB)	GulfToday	The Gulf Today (AE)
ADUC	Associazione per i diritti degli utenti e dei consumatori (IT)	Den Blanken	Den Blanken (NL)	Haarlems Dagblad	Haarlems Dagblad (NL)
AEDH	Association Européenne pour la Défense des Droits de l'Homme	DerBund	Der Bund (CH)	HaberT	Haber Türk (TR)
AFFIT	Affari Italianipaper (IT)	DerStandard	Der Standard (AT)	Hamburger Abendblatt	Hamburger Abendblatt (DE)
AFP	Agence France Press (NL)	DeStentor	De Stentor (NL)	Hart	Hart Van Nederland (NL)
Afr.Courier	The African Courier (DE)	De Stoop	Chris de Stoop (NL)	HeraldIRL	Herald.ie (IE)
AfricanPO	African Press Organization (SN)	DetainedVoices	Detained Voices (GB)	HessenR	Hessen Radio (DE)
Afrik	Afrik (SN)	DHA	Doğan Haber Ajansı (TR)	HEXAM	The Huddersfield Daily Examiner (GB)
Aftenposten	Aftenposten (NO)	di-ve news	di-ve.com (MT)	HHC	Hungarian Helsinki Committee (HU)
AFVIC	Amis et Familles des Victimes de l'Immigration Clandestine (MA)	Diagonal	Diagonal Periodico (ES)	Hiergeb	Hier Geblieben (DE)
AG3F	Antirassistische Gruppe Für Freies Fluten (DE)	Diario	Diario Madrid (ES)	Hilfe Menschen-AB	Hilfe für Menschen in Abschiebehaft Büren e. V. (DE)
Age	Agelioforos (GR)	Diario de Navarra	Diario de Navarra (ES)	HimalayanTimes	The Himalayan Times (NP)
AHDA	Association for Human Rights and Democracy in Africa	Diario de Noticias	Diario de Noticias de Navarra (ES)	HNA	Hessen Nachrichten A (DE)
AI	Amnesty International	DiarioRJ	Diario Rojo y Negro (ES)	HNS	Hactivist News Service (FR)
Aid	Amnesty International Sektion der Bundesrepublik Deutschland e. V. (DE)	DiarioVasco	El Diario Vasco (ES)	HRA	European Human Rights Centre (GB)
aida	Asylum Information Database (EU)	Die Bunte	die Bunte Zeitung (AT)	HRFT	TİHV / Türkiye İnsan Hakları Vakfı
AIM	Alternative Information Network (CH)	DIR-Büro	DIR-Büro (DE)	HRS	The Human Rights Server (DE)

Abkürzungen	Quelle	Abkürzungen	Quelle	Abkürzungen	Quelle
AKIN	Aktuelle Informationen (AT)	Diversity	Diversity is Chaos (US)	HRW	Human Rights Watch
Aktion Zuflucht	Büro Antirassistischer Initiativen/ Aktion Zuflucht (DE)	DM	DeMorgen (BE)	humanité	L'Humanité (FR)
Alahram	Ahram Online (EG)	DN	Daily News (US)	Humano	Periodismo Humano (ES)
AlArabia	Al Arabiya (SA)	DNA	Diario de Noticias de Álava (ES)	HURINet	Human Rights Information Network (GB)
AlgerieMonde	Algerie-Monde (DZ)	DNE	Daily News Egypt (EC)	HurriyetDN	Hurriyet Daily News (TR)
Alicenews	Alice News (IT)	DNG	Diario de Noticias de Gipuzkoa (ES)	I OuryJalloh	Förderverein der Initiative in Gedenken an Oury Jalloh e. V. (DE)
Aljazeera - Alj.	Al Jazeera (QA)	DokAg	Dokumentationsseite Ageeb (DE)	IAADH	Iniciativa Angolana Antimilitarista para os Direitos Humanos (BR)
allAfrica	All Africa Global Media (US)	Doorbraak	Doorbraak (NL)	IANS	Immigration Advocates Network (INT)
allebleiben	alle bleiben! (DE)	DPA	Deutsche Presse Agentur (DE)	IBTimes	International Business Times (GB)
AllWAfrica	All West Africa	DR	Danish National Broadcasting Corporation (DK)	ICARE	Internet Centre Anti Racism Europe (NL)
AmsStadsblad	Amsterdams Stadsblad (NL)	DRARI	Collective DRARI (DZ)	icB	icBerkshire (GB)
AN	antifaschistische nachrichten (DE)	DS	Danderyds sjukhus (SE)	icC	icConventry (GB)
ANA	Anarcotico (IT)	DutchN	DutchNews. nl (NL)	icliverpool	icLiverpool (GB)
AA	Anadolu Ajansi (TR)	DVHN	Dagblad van het Noorden (NL)	icS	icScotland (GB)
Ananova	Ananova (GB)	DW	Deutsche Welle Radio (DE)	Ideal	Ideal, Noticias e Granada (ES)
Anarkismo	Anarkismo.net (EU)	EADT24	East Anglian Daily Times (GB)	IET	Istituto Euromediterraneo di Trieste (IT)
Anatolian	The New Anatolian (TR)	EarthT	Earth Times (US)	IFIR	International Federation of Iranian Refugees (NL)

Abkürzungen	Quelle	Abkürzungen	Quelle	Abkürzungen	Quelle
AngolaPress	Angola Press (AO)	EB	European Business	IFRC	International Federation of Red Cross and Red Crescent Societies (CH)
ANSA	Agenzia Nazionale Stampa Associata (IT)	ECRE	European Council on Refugees and Exiles – EU Office (BE)	IHFHR	International Helsinki Federation for Human Rights (FIN)
Ansamed	Ansamed (IT)	EDP24	Eastern Daily Press (GB)	IHRC	Islamic Human Rights Commission (GB)
AOL	America Online (US)	EFE	Agencia EFE (ES)	ilClandestino	Il Clandestino (IT)
AP	Associated Press Amsterdam (NL)	Egin	Egin, Basque media (ES/PV)	ILD	Il Domani (IT)
APDHA	Asociación Pro Derechos Humanos de Andalucía (ES)	EHAR	Ennahar Online (DZ)	ILM	Il Manifesto (IT)
Aps	Agence de presse Sénégalaise (SN)	Eindhovens Dagblad	Eindhovens Dagblad (NL)	IlMess	Il Messaggero (IT)
ARCI	ARCI Association (IT)	EinNews	EIN Newsdesk (US)	ILN	Il Nuovo (IT)
ARD	Arbeitsgemeinschaft der öffentl.-rechtl. Rundfunkanstalten der BRD (DE)	EIS	Eberswalder Infosystem (DE)	ILP	Il Piccolo (IT)
ARI	Antirassistische Initiative e. V. (DE)	EITB24	Basque News and Information Channel (ES/PV)	IM	Il Mattino (IT)
ART	Articolo 21 (IT)	El Pueblo de Ceuta	El Pueblo de Ceuta (ES/MA)	IMA	International Migrants Alliance (HK)
Artikel14	Artikel14 (SE)	ELC	El Correo (ES)	IMEDANA	Institut für Medien und Projektarbeit (DE)
ASCA	Agenzia Stampa Quotidiana Nazionale (IT)	ElDia	El Dia (ES)	IMK	IMK Internationaler Verein für die Menschenrechte der Kurden e. V. (DE)
AsianT	Asian Today (GB)	El Diario	El Diario (ES)	Imkander	Imkander (TR)
ASKV	Amsterdams Solidariteits Komitee Vluchtelingen (NL)	ELM	El Mundo (ES)	INDbe	Independent Media Center (BE)
ASSI	Acción Social Sindical Internacionalista (ES)	Eltelegramma	El Telegramma de Melilla (ES/MA)	INDd	Independent Media Center (DE)

Abkürzungen	Quelle	Abkürzungen	Quelle	Abkürzungen	Quelle
Asyl in der Kirche	Ökumenische Bundesarbeitsgemeinschaft Asyl in der Kirche e. V. (DE)	ElW	El Watan (DZ)	Independent	The Independent (GB)
Asyl in Not	Asyl in Not - Unterstützungskomitee für politisch verfolgte Ausländer/innen (AT)	Emeka Ist	Emeka Ist Tot (DE)	INDf	Independent Media Center (FR)
Asyl Österreich	asylkoordination österreich (AT)	ENAR	European Network Against Racism (BE)	INDgb	Independent Media Center (GB)
AthensNewsAgency	Athens News Agency (GR)	eNCA	E-News Channel Africa (ZA)	INDi	Independent Media Center (IT)
ATMF	Association des Travailleurs Maghrébins de France (FR)	enikos	enikos (GR)	INDie	Independent (IE)
Augen Auf	Augen auf e. V. (DE)	EP	El País (ES)	INDm	Independent Media Center-Marseille (FR)
AugenAufCH	Augen auf – Zivilcourage zeigen! (CH)	EPD	EPD (DE)	INexile	Inexile (GB)
Aujourd'hui	Aujourd'hui Le Maroc (MA)	EpolisR	E Polis Roma (IT)	INF	Infinito Edizioni (IT)
Australian	The Australian (AU)	EPP	Eppendorfer (DE)	info	L'Info (FR)
Avgi	I Avgi (GR)	EPress	Europapress (ES)	Infomob	Infomobile (GR)
AVUI	AVUI (ES)	ERRC	European Roma Rights Center (HU)	Informe Raxen	Bulletin of Movimiento contra la Intolerancia (ES)
BAIN news	Berlin Antiracist Information Network (DE)	ERT	ERT (GR)	inq7	Inquirer 7 (US)
Balkaneu	Balkan News Agency	ESG	Evangelische Studierendengemeinde (DE)	Inquest	INQUEST – United Campaigns for Justice (GB)
BarentsObs	Barents Observer	essexchronicle	This Is Essex (GB)	Interaksyon	Interaksyon (PH)
BAZ	Basler Zeitung (CH)	EUMC	European Union Monitoring Centre Racism & Xenophobia	I.B.CPT	Bundesministerium des Innern (DE)
BBC	British Broadcasting Company (GB)	Euobserver	EU Observer (BE)	IntHeraldTribune	International Herald Tribune (FR)
BELT	Belt Ibérica (ES)	Euronews	Euronews (EU)	IOM	International Organisation for Migration

Abkürzungen	Quelle	Abkürzungen	Quelle	Abkürzungen	Quelle
BelT	Belfast Telegraph (GB)	Europe1	Europe1 (FR)	IP	The Islandpacket (US)
Berliner Ztg	Berliner Zeitung (DE)	Evening Gazette	Evening Gazette (GB)	IPL	Telematica per la Pace (IT)
Berria	Berria (ES)	Evening Standard	Evening Standard (GB)	IPS	International Youth Press Service (DK)
BGNES	BGNES News Agency (BG)	EveningTimes	Evening Times Scotland (GB)	IPSNA	Inter Press Service News Agency
BGS	Bundespolizei (DE)	EveryOne Group	Group for International Cooperation on Human Rights Culture	IRAINC	Iranian Refugees Alliance (US)
BirminghamMail	Birmingham Mail (GB)	Examiner	Irish Examiner (IE)	IrishTimes	The Irish Times (IE)
BIS	Body, Identity, Space (GB)	Exodus	Exodus Network (SE)	IrishIndependent	Irish Independent (IE)
Blackbox	Blackbox Abschiebung, Miltiadis Oulios, Ed. Suhrkamp, 2015 (DE)	EXP	Expatica, International Web Information Service (NL)	IRN	International Federation of Iranian Refugees (NL)
Bladi	Bladi (MA)	Express	Express Newspapers (GB)	IRR	Institute of Race Relations (GB)
Blic	Blic online (RS)	ExpressTribune	The Express Tribune (US/PK)	ISAGC	Immigrant Support Action Group Cyprus (CY)
BLINK	Black Information Link (GB)	Fabel van de Illegaal	De Fabel van de Illegaal (NL)	ISMD	Initiative Schwarze Menschen in Deutschland Bund e. V. (DE)
Blitz	Blitz Quotidiano (IT)	FaiNoti	Fai Notizia Agency (IT)	ISNA	Shafaqna, International Shia News Agency (GB)
BM	Bigotry Monitor (US)	Falter	Falter (AT)	IstitutoInnocenti	Istituto degli Innocenti (IT)
BorderlineEU	borderline-europe, Menschenrechte ohne Grenzen e. V. (DE)	FamagustaGaz.	Famagusta Gazette (CY)	ItalyMAG	ItalyMaga (IT)
Borderzerolist	Borderzerolist (IT)	Faro	El Faro (ES)	Javno	Javno (HR)
Boston	The Boston Globe (US)	FARR	Flyktinggruppernas och Asylkommittéernas Riksråd (SE)	JCWI	Joint Council for the Welfare of Immigrants (GB)

Abkürzungen	Quelle	Abkürzungen	Quelle	Abkürzungen	Quelle
BostonH	Boston Herald (US)	FE	Fortress Europe (IT)	Jelpke	PDS Bundestagsabgeordnete, Mitglied des Bundestages (DE)
br2	Bruxelles2 (BE)	FECL	FECL (SE)	JIJI	JIJI Press (JP)
BRC	British Refugee Council (GB)	FFM	Forschungsgesellschaft Flucht und Migration e. V. (DE)	Joop	Jouw Online OpiniePagina (NL)
Breitbart	Breitbart News (US)	FIDH	Fédération International des Ligues des Droits de l'Homme (BE)	JT	Jungle World (DE)
BrusselsTimes	The Brussels Times (BE)	FIEI	Federazione Italiana Emigrazione Immigrazione, Federation (T)	jW	junge Welt (DE)
BT-Drucksache	Bundestagsdrucksache (DE)	FMLN	Fmlnminnesota (US)	Kaosenlared	Kaos En La Red (ES)
BTB	Belfast to Brussels (GB)	Focus	Focus (NL)	KaosGL	Kaos GL (TR)
Budapestsun	Budapest Sun (HU)	FocusDE	Focus (DE)	Karawane	Karawane (DE)
Bundesregierung	Bundesregierung (DE)	FocusNews	Focus (BG)	Kein Mensch	Kein Mensch ist illegal (DE)
Bündner Tagblatt	Bündner Tagblatt (CH)	FORBES	Forbes (US)	Khaleej	Khaleej Times (AE)
BusStan	Business Standard	ForcedMigration	Forced Migration Review (GB)	KI	Ekathimerini (GR)
CadSER	CadenaSER (ES)	Foreigner	The Foreigner (NO)	Kinisi	Kinisi (GR)
Can7	Canarias7 (ES)	Fox	Fox News (US)	KISA	KISA (CY)
Canadian	The Canadian Press (CA)	FR	Frankfurter Rundschau (DE)	Klarofix	Klarofix (DE)
CARF	Campaign Against Racism & Fascism (GB)	FR-B	Bayerischer Flüchtlingsrat (DE)	Klassekampen	Klassekampen (NO)
Caritas	Caritas International	FR-BB	Flüchtlingsrat Brandenburg (DE)	KM	Kent (GB)
CaucKnot	Caucasian Knot (RUS)	FR-Ber	Flüchtlingsrat Berlin (DE)	Knack	Knack (BE)
CBC	Canadian Broadcasting Company (CA)	FR-H	Flüchtlingsrat Hamburg (DE)	KO	The Kurdish Observer (Kurdistan)
CBS	CBS News (US)	FR-NieSa	Flüchtlingsrat Niedersachsen e. V. (DE)	Konkret	konkret (DE)

Abkürzungen	Quelle	Abkürzungen	Quelle	Abkürzungen	Quelle
CCLE	Collectif Contre les Expulsions - Liège (BE)	FR-NRW	Flüchtlingsrat NRW e. V. (DE)	KTG	Keep Talking Greece (GR)
CDM	Corriere Del Mezzogiorno (IT)	FR-Th	Flüchtlingsrat Thüringen e. V. (DE)	KUNA	Kuwait News Agency (KW)
CDS	Corriere della Sera (IT)	France24	France 24 (FR)	Kurdmedia	Kurdish Media, United Kurdish Voice (Kurdistan)
Cesdop	Centro Studi e Documentazione Provinciale sulle dipendenze e l'emarginazione (IT)	France3	France 3 (FR)	Kurier	Kurier (AT)
CF	Casa free (MA)	Francetvinfo	France Info (FR)	KZ	Kantonspolizei Zürich (CH)
CGIL	Confederazione Generale Italiana del Lavoro (IT)	FreedomNews	Freedom Newspaper (GM)	L.B.CPT	Libro Bianco (IT)
Chabacka	Chabacka (MA)	Freie Presse	Freie Presse (DE)	Lacote	La Côte, Groupe ESH Médias (CH)
ChAfrica	Channel Africa (ZA)	Freies Wort	Freies Wort (DE)	LADDH	La ligue algérienne des droits de l'homme (AL)
CihanNews	Cihan Haber Ajansi (TR)	FRO	Radio FRO (AT)	LAInfo	Information from Latin America
Clandestina	Clandestina News (GR)	Frontexplode	Frontexplode (GR)	La Libre Belgique	La Libre Belgique (BE)
ClandestinE	Clandestinenglish (GR)	FTRC	Fédération des Tunisiens pour une citoyenneté des deux rives (FR)	LaDemo	La Democracia (PR)
CMau	Courier Mail (AU)	GARA	Glasgow Anti Racist Alliance (GB)	LaDep	La Dépêche (FR)
CMG	Concerned Migrant Group (MA)	gara.net	GARA (ES)	LaN	La Nuova Sardegna (IT)
CMS	Calais Migrant Solidarity	Gatti	Fabrizio Gatti (IT)	LaNVenezia	La Nuova di Venezia e Mestre (IT)
CNN	Cables News Network (US)	Gaymengc	Gay Men Gran Canaria (ES)	LAR	Luxembourg Against Racism (LU)
CNNit	Cables News Network (IT)	GazzettaSud	Gazzetta del Sud (IT)	LaS	Ladysilvia (IT)

Abkürzungen	Quelle	Abkürzungen	Quelle	Abkürzungen	Quelle
COE	Directorate General Human Rights and Rule of Law, Council of Europe Office (FR)	Gazzettino	Il Gazzettino (IT)	LAT	Los Angeles Times (US)
Congoo	Congoo (US)	GDS	Giornale di Sicilia (IT)	LatinAHTribune	Latin American Herald Tribune (VE)
Connect	ConnectAfrica	GdV	Girodivite (IT)	LausitzerR	Lausitzer Rundschau (DE)
COR	Cronache di Ordinario Razzismo (IT)	Geo	Geo.tv (PK)	Le360	Le360 (MA)
CorAdriatico	Corriere Adriatico (IT)	German Government	Bundesregierung (DE)	Le Courrier	Le Courrier (CH)
CPD	C'est pour dire (FR)	GFP	German-Foreign-Policy (DE)	LeCourrierdes-Balkans	Le Courrier des Balkans (FR)
CPH	The Copenhagen Post (DK)	GHM	Greek Helsinki Monitor (GR)	Le Figaro	Le Figaro (FR)
Le Matin	Le Matin (MA)	OL	Off Limits – Antirassistische Zeitschrift (DE)	StreetJ	Street Journalist (IR)
Le MatinDZ	Le Matin DZ (DZ)	OMCT	World Organisation Against Torture (CH)	Stuff	Stuff (NZ)
Le Monde	Le Monde (FR)	OpenDem	Open Democracy (GB)	SudQ	Sud Quotidien (SN)
LeMur	Le Mur (FR)	OpenGrenzen	Open Grenzen – Frontières Ouvertes (BE)	Sun	The Sun (GB)
Le Nouveau Quotidien	Le Nouveau Quotidien (FR)	ORF	Österreichischer Rundfunk – Minderheitenredaktion (AT)	SunaT	SunatimeS (SO)
Le Soir	Le Soir (BE)	OSF	Open Society Foundation (HU)	SUR	Diario Sur (ES)
Le Soleil	Le Soleil (SN)	Osnabr.Zeit	Neue Osnabrücker Zeitung (DE)	SurprisingE	Surprising Europe (NL)
Le Temps	Le Temps (CH)	Ouest-France	Société Ouest-France (FR)	Svenska Dagbladet	Svenska Dagbladet (SE)
LEAP	Ligali (GB)	PACE	Parliamentary Assembly of the Council of Europe	Sveriges	Sveriges Radio (SE)
Leedstoday	Leeds Today (GB)	PAIH	Positive Action in Housing (GB)	Swiss.ch	Swiss Info (CH)
LePhare	Le Phare Dunkerquois (FR)	PAJOL	Pajol (FR)	SydHerald	The Sydney Morning Herald (AU)

Abkürzungen	Quelle	Abkürzungen	Quelle	Abkürzungen	Quelle
Les Temps d'Algerie	Les Temps d'Algerie (DZ)	PANOR	Panorama (IT)	SOHR	Syrian Observatory for Human Rights
LESP	L'espresso (IT)	Parisien	Le Parisenpaper (FR)	SZ	Süddeutsche Zeitung (DE)
Libelille	Libelille (FR)	Parool	Het Parool (NL)	TA	Tages-Anzeiger (CH)
Libération	Libération (FR)	Passeurs d'hospitalités	Passeurs d'hospitalités – des exilés à Calais (FR)	Ta Nea	Ta Nea (GR)
Liberazione	Liberazione (IT)	patrasT	patrasTimes (GR)	Tagesanzeiger	Tagesanzeiger (CH)
Libero	Libero News (IT)	Pax Christi	Pax Christi International (BE)	Tagesschau	Aktuelle Nachrichten (DE)
Libertaddigital	Libertad Digital (ES)	PBS	Public Broadcasting Service (US)	Tagesspiegel	Der Tagesspiegel (DE)
LibOb	The Libya Observer (LY)	PCM	Peace & Conflict Monitor – University for Peace	Tampere Digest	Nettime-Tampere Digest
Liga für Mr.	Internationale Liga für Menschenrechte e. V. (DE)	PerCat	El Periódico de Cataluña (ES)	taz	die tageszeitung (DE)
Local	The Local (IT)	Peterborough-today	Peterborough today (GB)	TDN	Turkish Daily News (TR)
LOP	La Opinion Coruna (ES)	PICUM	Platform for International Cooperation on Undocumented Migrants (BE)	Telegraaf	De Telegraaf (NL)
LosInvisiblesDe-Kolda	Los Invisibles de Kolda, Jose' Naranjom Ed. Peninsula, 2009 (ES)	PlaZa	Plaza Luxemburg (LU)	Telegraph	Telegraph (GB)
LPC	La Presse Canadienne (CA)	PLi	Planet Internet (NL)	Tempo	Il tempo (IT)
LR	La Repubblica (IT)	Pogledi	Pogledi (RS)	Terra	Terra (ES)
LRB	La Repubblica Bari (IT)	Polbe	Berneser Polizei (CH)	Terred'errance	Terre D'Errance (FR)
LRBrand	Landesregierung Brandenburg (DE)	Politics UK	Politics UK (GB)	TF1	TF1 News (FR)
LRM	La Repubblica Metropoli (IT)	PORTS	Ports Muth Today (GB)	Tgcom24	Tgcom (IT)
LRP	La Repubblica Palermo (IT)	PR	Peace Reporter (IT)	The Courier	The Courier (GB)
LS	La Sicilia (IT)	pr	Prison Radio (US)	The News	The News International (PK)

Abkürzungen	Quelle	Abkürzungen	Quelle	Abkürzungen	Quelle
LSW	LaSiciliaWeb (IT)	Pravda	Pravda (RU)	The Standard	The Standard (GB)
LV	La Vanguardia (ES)	PrensaGrafica	La Prensa Grafica (SV)	TheEntertaine-rOnline	The Entertainer Online (ES)
MAC	Monsters and Critics (US)	PrensaLibre	Prensa Libre (GT)	TheGlobe	The Globe and Mail (CA)
MadD	Madrid Digital (ES)	Presse	Die Presse (AT)	TheHerald	The Herald (GB)
MAG	Magenta (NL)	Pressesp. Rassis.	Pressespiegel Rassismus (CH)	TheHuff	The Huffington Post (GB)
Mail Online	Daily Mail Online (GB)	PresseTV	Presse TV (IR)	TheNews	The News (GB)
MainP	Main-Post (DE)	PRIME	Participating Refugees in Multicultural Europe (NL)	Thestar	The Star (ZA)
Malango	Malango (FR)	PrivateSource	Nach Infor-mationen von Privatpersonen	ThisIsKent	This is Kent (GB)
Malmoe	Malmoe (AT)	PRO	PRO Radio (IT)	ThisIsNott	This Is Notting-ham (GB)
Malta Indepen-dent	The Malta Inde-pendent (MT)	ProAsyl	Pro Asyl – Bun-desweite AG für Flüchtlinge För-derverein PRO ASYL e. V. (DE)	TI	The Independent (GB)
MaltaStar	Malta Starpaper (MT)	Proto	Protothema (GR)	Times	The Times (GB)
MaltaToday	Malta Today (MT)	Provincias	Las Provincias (ES)	TimesM	The Times of Malta (MT)
Manchester	Manchester Evening News (GB)	PUB	Público (PT)	TimesofIsrael	The Times of Israel (IL)
Mareeg	Mareeg (SO)	Publico	Público (ES)	Tiroler Tageszei-tung	Tiroler Tageszei-tung (AT)
MAS	Migrants At Sea (US)	QNE	Quinordest (IT)	Tisc	Tiscali Notizie (IT)
MB	MoroccoBoard.com (MA)	Querblick	National Asso-ciation of Young People in Care (GB)	TK	Thrakinea (GR)
MC	Marina Civil (ES)	quibla	Quibla.net (FR)	TL	Terrelibere (IT)
MDR	Mitteldeutscher Rundfunk (DE)	QUOTI	le quotidien D'Oranpaper (DZ)	TN	TeleNoticies (ES)
Mediapart	Mediapartpaper (FR)	Quotidiano	Quotidiano (IT)	TNE	The Northern Echo (GB)
MEM	Middle East Monitor (GB)	Radio Bayern 5	Bayerischer Rundfunk (DE)	TNnum	Tunisie Nume-rique (TN)
MEOnline	Middle East Online (GB)	RadioErgo	Radio Ergo (SO)	TodZam	Today's Zaman (TR)

Abkürzungen	Quelle	Abkürzungen	Quelle	Abkürzungen	Quelle
MET	Metro (IT)	RAI	RAI, national broadcasting (IT)	Top News	Top News (IN)
Metro	Metro (GB)	Rawstory	The Raw Story (US)	ToV	To Vima (GR)
METROF	Metro (FR)	Raz	La Razon (ES)	TownCrier	The Town-Crier (GB)
Metropolitan Police	Metropolitan Police (GB)	RESF	Réseau Education Sans Frontières (FR)	TP	Turkish Press (TR)
MGHR	Mahatma Gandhi Human Rights Organisation (HU)	RefDeeply	Refugees Deeply (US)	Tribuna	Nueva Tribuna (ES)
Miami Herald	The Miami Herald (US)	Rel	ReliefWb.int	TribuneGeneve	Tribune de Geneve (CH)
Middleton Guardian	Middleton Guardian (GB)	RepublicR	Republic Report New York (US)	Trierer Volksfreund	Trierer Volksfreund (DE)
MigrantsOM	MigrantsOutreMer (FR)	ResearchTR	Center for Policy and Research on Turkey (GB)	Trouw	Trouw (NL)
MigrantTales	Migrant Tales (FI)	Respons	ReSpons Evenementen Monitor (NL)	TS	Think Spain (ES)
MigrantReport	Migrant Report (MT)	Reuters/Reu.	Reuters News Agency (NL)	TSA	Tout Sur l'Algerie (DZ)
Migreurop	Migreurop (FR)	RF	Radio France (FR)	TunisieSoir	Tunisie Soir (TN)
Mirror	The Mirror (GB)	RFI	Radio France Internationale (FR)	TVXS	TVXS (GR)
MLKO	Martin Luther King Organisation (HU)	Rheinpfalz	Die Rheinpfalz (DE)	TW	Turkish Weekly (TR)
MM	Malta Media (MT)	Rijnmond	Rijnmond (NL)	TweeVandaag	Twee Vandaag (NL)
MNS	Migration News Sheet (GB)	RIS	Ristretti (IT)	TySp	Typically Spanish (ES)
MOAS	Migrant Offfshore Aid Station (MT)	Rizo	Rizospastis (GR)	U4IB	United 4 Iran – Bayern (DE)
Modkraft	Modkraft (DK)	RNW	Radio Netherlands Worldwide (NL)	Ua	Uaedigest (AE)
Monitor	Monitor (NL)	RO	Roma One (IT)	UCGlasgow	Unity Centre Glasgow (GB)
Morgengr.	Morgengrauen – Antirassistische Zeitung (DE)	RochdaleObs	The Rochdale Observer (GB)	Uckermark-Kurier	Uckermark Kurier (DE)
MorningJournal	The Morning Journal (US)	Rom e. V.	Rom e. V. Köln (DE)	UE	Universal Embassy, Forum Ambassade Universelle (BE)

Abkürzungen	Quelle	Abkürzungen	Quelle	Abkürzungen	Quelle
MornStar	Morning Star (GB)	Romandie	Romandie News service (FR)	UN	United Nations News Centre
Moscow Times	The Moscow Times (RU)	Romnews	RomNews Society (DE)	UNHCR	United Nations High Commissioner for Refugees
MOZ	Märkische Oderzeitung (DE)	Rosa Antifa	Rosa Antifa Wien (AT)	Unità	L'Unità (IT)
MP	Melting Pot Europa (IT)	RoterP	Roter Pressespiegel (AT)	Universal	El Universal (CO)
MRAX	Mouvement contre le racisme, l'antisémitisme et la xénophobie (BE)	RoundTown	Round Town News in Spanish (GB)	Universo	El Universo (ES)
MSF	Médecins Sans Frontières– Ärzte ohne Grenzen	RP	Res Publica (DE)	UNMIK	UNMIK Division of Public Information (XZ)
MSN	MSNBC (US)	RTA	Refugee Tent Action (DE)	UnSarda	L'Unione Sarda (IT)
MT	MoroccoTimes (MA)	RTLNieuws	RTL Nieuws (NL)	UPP	Uppmana (SE)
MUGAK	Centro de Estudios y Documentación sobre Racismo y Xenofobia (ES)	RTVOost	RTV Oost (NL)	USAToday	USA Today (US)
Mumbaicentral	Mumbai Central (IN)	RTE	Radio One World (IE)	USNews	US News & World Report (US)
Myjoyonline	My Joy Online (GH)	Rue89	Rue89 (FR)	UxbGaz	Uxbridge Gazette (GB)
NA	Stowarzyszenie Nigdy Wiecej (PL)	S.S.Justiz	Freistaat Sachsen, Staatsministerium der Justiz (DE)	Vatan	Vatan Gazetesi (TR)
NAN	News Agency Nigeria (NG)	SachsZeit	Sächsische Zeitung (DE)	VDG	La Voz de Galicia (ES)
NationPK	The Nation (PK)	SAGA	Südbadisches Aktionsbündnis gegen Abschiebungen (DE)	Verdad	La Verdad (ES)
Nätverket mot rasism	Nätverket Mot Rasism (SE)	Salam	Association Salam Calais (FR)	Vers l'Avenir	Vers l'Avenir (BE)
NBF	Nigerian Best Forum (NG)	Salzburger N.	Salzburger Nachrichten (AT)	VG	Verdens Gang (NO)
NBK	Nederland Bekent Kleur (NL)	Samora	Samora (NO)	Vice	Vice News
NCADC	National Coalition of Anti-Deportation Campaigns (GB)	SFNM	Santa Fe New Mexican (US)	Vielfaltletter	Vielfalt (AT)

Abkürzungen	Quelle	Abkürzungen	Quelle	Abkürzungen	Quelle
NCAs	News Central Asia (TM)	SAP	Sindacato Autonomo di Polizia (IT)	Vita	Vita (IT)
NCRM	National Civil Rights Movement (GB)	SBS	Six Billion Stories (AU)	Vivre	Vivre Ensemble (CH)
ND	Neues Deutschland (DE)	SC	The Scotsman (GB)	VK	De Volkskrant (NL)
Nederlands Dagblad	Nederlands Dagblad (NL)	SCOT	Scotland Today (GB)	Vluchteling	Vluchtelingenwerk Vlaanderen (BE)
Nerja	Nerja News (ES)	ScrollToday	Scroll Today (IN)	VOA	VOA News (US)
Neue Vorarlberger T.	Neue Vorarlberger Tageszeitung (AT)	Searchlight	Searchlight (GB)	VoixDuNord	La Voix Du Nord (FR)
NewArab	The New Arab Outlet (GB)	SeaWatch	Sea-Watch e. V. (DE)	Voorvlucht	Voor Vluchtelingen (NL)
News24	News24 (ZA)	Seneweb	Seneweb News (SN)	VRF	The Voice Refugee Forum Germany (DE)
Newsaust	News from Australia (AU)	Servir	Servir (IT)	Vrijheid	Vrijheid van beweging! (NL)
NewsD	NewsDesk (SE)	SetDirecta	Setmanari Directa (ES)	VSF	Voix Sans Frontières
Newsweek	Newsweek (US)	SFH	Schweizerische Flüchtlingshilfe (CH)	Was geht ab?	Was geht ab? (DE)
NI	Nigeria Independent (NG)	SH	Sociedad Hispa-Vista (ES)	Watch TheMed	Watch The Mediterranean Sea
NigeriaToday	NigeriaToday (NG)	ShieldsG	Shields Gazette (GB)	waz	Wolfsburger Allgemeine (DE)
NMNH	Social Impact – Die Agentur für soziale Innovationen (AT)	Skai	Skai (GR)	WB	Westfalen-Blatt (DE)
No Pasaran	No Pasaran/Reflexes (FR)	Sky	Sky News (GB)	Welt	Die Welt (DE)
NOB	No Border Center	slovensko.com	Slovensko (SK)	WIKI	Wikipedia
NoBordersNott	No Borders Nottingham (GB)	SM	SundayMail (GB)	WorldBul	World Bulletin (TR)
NODO50	Contrainformación en Red (ES)	SmartG	Smart Groups, Service For Group Communication	WorldRadio	World Radio (CH)
NoHuman	No Human is illegal (IR)	Socialist Worker	Socialist Worker (GB)	WP	Waging Peace (GB)
Nopoliceraids	No Police Raids (NL)	SofiaGlobe	Sofia Globe (BG)	Wpost	Washington Post (US)

Abkürzungen	Quelle	Abkürzungen	Quelle	Abkürzungen	Quelle
NOS	Nederlandse Omroep Stichting (NL)	SofiaNewsAgency	Sofia News Agency (BG)	WSLS10	WSLS10 (US)
Nouvel Obs	Nouvel Observateur (FR)	SoirInfo	Soir Info (CI)	WSWS	World Socialist Web Site
NR	No Racism (AT)	Solidaire	Solidaire (BE)	WZ	Wiener Zeitung (AT)
NRC	NRC-next (NL)	Son Dakika	Son Dakika (TR)	Xinhua	Xinhua (CN)
NRK	Norsk Rikskring-Kasting (NO)	SOS	SOS Racismo – Madrid (ES)	XXI	XXI (FR)
NT	Nigerian Tribune (NG)	SOS-Menschenrechte	SOS Menschenrechte (AT)	Ya Basta!	Associazione Ya Basta! (IT)
NU	Nu.nlpaper (NL)	SP-Spiegel	Der Spiegel (DE)	Ya.I	Yahoo News (IT)
NW	Neue Westfälische (DE)	Sparta	Spartacist League (US)	Ya.N	Yahoo News (US)
NYboat	New York Boat Show (US)	Spits	Spits (NL)	YABI	Yabiladi (MA)
Ny Tid	Ny Tid (NO)	Sputnik	Sputnik News (RUS)	YatchingWorld	Yatching & Boating World (GB)
NYtimes	The New York Times (US)	SSF	Solidarite Sans Frontieres (CH)	YT	YorkshireToday (GB)
NZZ	Neue Zürcher Zeitung (CH)	ST	Statewatch (GB)	ZAG	ZAG – antirassistische zeitschrift (DE)
Obs.france24	Les Observateurs/France 24 (FR)	STAMPA	La Stampa (IT)	ZDF	Zweites Deutsches Fernsehen (DE)
OBV	Operation Black Vote (GB)	Star	The Star (GB)	ZDFvideotxt	Zweites Deutsches Fernsehen Videotext (DE)
OCPM	Obra Católica Portuguesa de Migrações (PT)	Stern	Stern (DE)	ZEIT	Die Zeit (DE)
ODILI	Odili.net (NG)	StGallerTagblatt	St. Galler Tagblatt (CH)	Zelf	Zelfmoord (NL)
ODP	Observatorio de Prensa (ES)	STR	Stranieri in Italia (IT)	ZimEye	ZimEye (ZW)
Odysseus	Odysseus – Academic Network Legal Studies Immigration Asylum (BE)	Streatham	StreathamGuardian (GB)		

Vom stürmischen Meer des Lebens
Zum stillen Meer der Ewigkeit
In einer unendlichen Umarmung

Die Stadt Castellammare del Golfo
In Erinnerung an die Opfer des Schiffbruchs

Foto: Kerstin Land. Friedhof für einige der am 03.10.2013 Verstorbenen.